KB091778

동독민 이주사

1949~1989

동독민 이주사 1949~1989
분단의 벽을 넘어 또 다른 독일로 간 동독민 이야기

초판 1쇄 인쇄 2019년 3월 25일 \ **초판 1쇄 발행** 2019년 3월 30일
지은이 최승완 \ **펴낸이** 이영선 \ **편집 이사** 강영선 김선정 \ **주간** 김문정
편집장 임경훈 \ **편집** 김종훈 이현정 \ **디자인** 김회량 정경아
독자본부 김일신 김진규 김연수 정혜영 박정래 손미경 김동욱

펴낸곳 서해문집 \ **출판등록** 1989년 3월 16일(제406-2005-000047호)
주소 경기도 파주시 광인사길 217(파주출판도시) \ **전화** (031)955-7470 \ **팩스** (031)955-7469
홈페이지 www.booksea.co.kr \ **이메일** shmj21@hanmail.net

ISBN 978-89-7483-980-2 93920
값 32,000원

이 도서의 국립중앙도서관 출판예정도서목록(CIP)은 서지정보유통지원시스템 홈페이지(http://seoji.nl.go.kr)와
국가자료공동목록시스템(http://www.nl.go.kr/kolisnet)에서 이용하실 수 있습니다.(CIP제어번호: CIP2019008697)

* 이 저서는 2014년도 정부(교육부)의 재원으로 한국연구재단의 지원을 받아 연구되었음(NRF-2014S1A6A4A02024628)

동독민
이주사
1949~1989

분단의 벽을 넘어
또 다른 독일로 간
동독민 이야기

최승완 지음

Flucht und
Ausreise aus
der DDR

서해문집

들어가는 말

북한을 이탈해 남한으로 넘어온 북한 이탈 주민이 어느덧 3만 명을 넘어섰다.[1] 최근에는 TV에서도 〈이제 만나러 갑니다〉, 〈남남북녀〉, 〈잘살아보세〉, 〈모란봉 클럽〉 등 북한 이탈 주민이 출연하는 예능 프로그램도 보게 된다. 이러한 상황은 북한 이탈 주민[2]이 더 이상 낯선 존재가 아니라 점차 우리 사회의 일부가 돼가고 있음을 말해준다.

그런데 우리는 동포인 이들에게 얼마나 관심이 있을까? 대다수의 남한 주민이 북한 이탈 주민을 주로 TV 프로그램, 그것도 북한과 이들의 이미지를 획일화하고 때로는 신빙성도 부족한 방송 매체를 통해 접하는 상황에서 과연 우리는 이들의 상황을 얼마나 제대로 이해하고 있을까?

북한 이탈 주민의 남한 사회 정착은 대부분 순탄치 못하다. 북한의 사회주의 체제에서 성장한 이들이 남한의 자본주의 체제에 적응하기가 결코 쉽지 않기 때문이다. 또 남한 정부의 북한 이탈 주민 수용 정책도 이들을 신속하게 안정된 상황으로 이끌기에는 여전히 부족한 점이 많다. 어디 그뿐인가! 북한 이탈 주민을 바라보는 남한 사회의 편견 혹은 무관심의 벽도 만만찮다. 북한 이탈 주민과 조선족을 구분하지 못하는 사람이 적잖다는 사실, 북한 이탈 주민의 자녀가 다닌다는 이유로 유치원에 항의하는 일부 학부모의 바람직하지 못한 행태가 바로 이러한 현실을 적나라하게 보여준다.[3] 앞으로 남한으로 유입되는 북한 이탈 주민은 더욱 늘어날 것이다. 그런 만큼 이들에 대한 사회적 관심을 촉진하고 정착지원제도를 체계적으로 정비하는 것이 시급하다.

이러한 문제의식에서 바라볼 때 우리와 마찬가지로, 아니 우리와는 비교할 수 없을 정도로 심각하게 이탈 주민 문제를 겪은 독일의 사례가 궁금해진다. 분단 이후 1989년까지 서독으로 넘어온 동독인은 무려 수백만 명에 달한다. 동독을 등지고 서독으로 간 동독인 수가 이처럼 많다 보니 이들의 존재는 독일 분단사에 결코 적지 않은 영향을 미쳤다. 단적인 예로 1950년대 수백만 명이 동독을 이탈하자 베를린 장벽이 세워졌다. 1989년 하반기에 다시 대규모로 확산된 동독 이탈 행렬은 동독 시민의 민주화 시위를 촉발함으로써 베를린 장벽을 무너뜨리는 중요 동인으로 작용했다. 그뿐만 아니라 서독에 정착한 동독 이탈 주민은 동독에 두고 온 가족 친지와 계속 연락을 취하며 분단으로 인해 동서독이 단절되지 않도록 양국을 잇는 가교 역할을 했다. 이러한 예만 보더라도 동독 이탈 주민의 역사는 분단사의 한 장으로 기록될 의미가 충분히 있다고 생각한다.

내가 동독 이탈 주민을 연구하게 된 것은 동독사 연구자로서 동독의 붕괴 원인을 밝혀보고 싶었기 때문이다. 그렇다면 왜 하필 동독 이탈 주민인가? 이들은 동독 사회주의 체제가 가진 다양한 문제를 직접 겪었고, 그 수도 무려 수백만 명에 달한다. 따라서 '왜 그토록 많은 동독인은 위험을 무릅쓰고 서독으로 갔을까?'라는 질문에 답을 찾다 보면 자연히 동독 사회주의 체제의 실상과 위기를 밝힐 수 있게 된다. 이는 곧 '동독 시민의 눈'을 통해 동독 붕괴의 원인을 좀 더 생생하고 입체적으로 살펴볼 수 있는 길이 될 것이라고 생각했다.

그런데 '동독인은 왜 동독을 떠났을까?'를 연구하다 보니 점차 '그렇게 떠난 동독인은 그 후 어떻게 됐을까?'가 궁금해졌다. 가족과 친지, 고향을 떠나 서독으로 간 동독 이탈 주민은 과연 행복했을까? 서독의 실상에 실망해 동독으로 돌아간 사람은 없었을까? 서독은 도대체 그 많은 동독 이탈 주민을 어떻게 다 받아들이고 정착시킬 수 있었을까? 동독 이탈 주민은 냉전과 분단이라는 특수 상황에서 흔히 자신을 간첩으로 의심하는 사회적 풍토를 어떻게 견뎌냈을까? 그런 면에서 동독 이탈 주민이 분단국의 이주민으로서 갖는 특수성은 무엇일까? 동독 이탈 주민은 이탈 후 어떻게 동독의 가족 친지와 연락하고 만날 수 있었을까? 실향민인 이들에게 통일은 얼마나 절실한 문제였고, 이들은 통일을 위해 어떤 노력을 했을까? 등의 질문이 꼬리를 이었다.

이처럼 많은 질문 앞에서 나는 동독 이탈 주민을 좀 더 다양한 면에서 살펴봐야 할 필요를 느꼈다. 대규모 동독 이탈이 동독 체제에서 비롯했다 해도 이것이 동독사로만 귀결되지 않기 때문이다. 동독 이탈 주민은 이탈 후 서독에 정착해 살면서 서독사의 일부가 됐다. 나아가 이들이 분단국의 이주민이라는 특성으로 인해 동서독을 잇는 연결고리 역할을 하면서 이들의 역사는 일부분 동서독 공동의 역사이기도 하다. 따라서 동독 이탈 주민 문제를 제대로 이해하기 위해서는 독일 분단사의 전체 맥락에서 이들의 동독 이탈과 서독 정착, 동서독의 경계인인 이들이 분단의 가교로서 수행한 역할까지 살펴보는 것이 바람직하다. 그리고 서독 이탈 주민으로 시야를 넓히는 것도 필요하다. 서독 이탈 주민은 분단 시기에 서독을 이탈해 동독으로 간 사람이다. 그런데 이들도 동독 이탈 주민과 밀접하게 관련되어 있다. 이들의 약 3분의 2가 서독에 정착하지 못하고 돌아간 동독 이탈 주민이었기 때문이다. 즉 동독 이탈 주민이 이번에는 서독 이탈 주민이 되어 동독으로 돌아간 것이다.

동독 이탈 주민은 냉전과 분단 상황에서 동서독 간에 벌어진 정치적 공방의 중심 대상이었다. 서독 정부는 이들을 내세워 서독 체제의 우위를 내세웠고, 동독 정권은 동독 이탈이 서독을 비롯한 서방국가의 유인, 납치와 같은 음모에서 비롯된 것이라고 비난하며 그 의미를 축소했다. 그에 비해 이들에 대한 깊이 있는 연구는 통일 전까지 매우 빈약했다. 통일 후 대규모 동독 이탈이 동독 붕괴에 미친 영향에 관심이 집중되면서 동독 주민이 동독을 떠나게 된 원인과 그에 따른 동독 체제의 위기 양상을 밝히는 연구가 진척됐지만, 그 외의 문제에 대해서는 여전히 공백이 많다. 더 큰 문제는 역사적 관점에서 동독 이탈 주민을 다룬 연구 성과가 국내외 공통적으로 찾아보기 힘들다는 점이다. 동독을 이탈하게 된 요인이나 이탈 방식은 시기에 따라 다른 모습을 보여준다. 서독의 동독 이탈 주민 정착지원제도 역시 사회적, 정치적 논의 과정을 거쳐 제도의 미비점을 끊임없이 보완하고 개선한 결과지 하루아침에 마련된 것이 아니다. 또 이탈 주민의 정치적 입지도 시간이 흐르면서 변했다. 따라서 동독 이탈 주민 문제는 분단사의 흐름 속에서 살펴봐야 마땅하다.

이 책은 바로 이러한 기존 연구의 편향성과 미비점을 종합적으로 보완하려는 시도다. 반세기 가깝게 지속된 동독 주민의 체제 이탈과 서독 정착을 분단과 냉전의 시대적 배경 속에서 재조명하고, 동독 이탈이 동독 사회주의 체제의 붕괴와 독일 분단사에 갖는 의미를 밝혀보고자 한다. 의아하게도 독일이 통일된 지 30년이 다 되어가는 데도 독일은 물론 한국에서도 동독 이탈 주민 전반을 깊이 있게 다룬 개론서는 거의 없다고 해도 과언이 아니다.[4] 이러한 상황에서 이 책이 부족하나마 동독 이탈 주민을 통해 독일 분단사를 이해하고, 나아가 우리가 당면한 북한 이탈 주민 문제에도 유용한 시사를 줄 수 있는 입문서 역할을 할 수 있기를 감히 기대해본다.

그럼에도 나는 이 책이 연구의 완성본이라기보다는 중간 결산임을 고백하지 않을 수 없다. 책을 쓰는 과정에서 일부 중요한 문제는 자료가 뒷받침되지 않아 다루지 못했고, 일부는 부족한 사료를 토대로 해석해야 하는 어려움이 있었다. 또 정해진 기간 내에 원고를 끝마쳐야 했기 때문에 시간이 부족해 다루지 못한 문제도 있었다. 따라서 이 책에 담지는 못했지만 동독 이탈 주민에 대해서는 앞으로도 직접 발로 뛰며 자료를 발굴해 연구하고, 재확인해야 할 문제가 여전히 남아 있다. 아쉽지만 이러한 작업은 후속 연구 과제로 남겨두기로 한다.

이 책을 쓰는 동안 많은 사람의 도움을 받았다. 출판되지 않은 문서며 자료를 많이 봐야 했는데 때로는 예외적인 지원까지 아끼지 않고 도와준 코블렌츠 연방문서고(Bundesarchiv Koblenz), 베를린 연방문서고(Bundesarchiv Berlin), 베를린 주립문서고(Landesarchiv Berlin), 구동독 정당 및 대중조직문서고(Stiftung Archiv der Parteien und Massenorganisationen der DDR im Bundesarchiv), 구동독 국가안전부 문서처리관청(Bundesbeauftragter für die Unterlagen des Staatssicherheitsdienstes der ehemaligen DDR), 마리엔펠데 난민수용소기념관(Erinnerungsstätte Notaufnahmelager Marienfelde), 기독교 봉사 및 개발도상국 지원활동 문서고(Archiv für Diakonie und Entwicklung), 기독교 청년회 베를린 지부 문서고(Vereinsarchiv des CVJM Berlins) 직원 여러분께 꼭 감사의 마음을 전하고 싶다. 또한 인터뷰 요청에 응해 생생한 경험담을 들려주신 이탈 주민 출신 독일인 아이젠펠트(B. Eisenfeld), 자이링(W. Seiring), 그로테(E. Grothe), 피스(H. Fiss), 오스트롭스키(M. Ostrowsky), 해외 체류 중임에도 초고를 읽고 날카로운 질문과 유익한 조언으로 큰 도움을 주신 이동기 선생님께 진심으로 감사드린다. 더불어 유학 시절부터 지금에 이르기까지 독일에서 연구 작업에 필요한 모든 뒷바라지를 해주신 나의 고모 최중옥 님, 고모부 페터 돌(Peter Doll) 님께도 감사의 마음을 전한다. 끝으로 부족함이 많은 원고를 정성껏 다듬어주신 서해문집의 강영선 상무님과 편집진의 노고에도 감사드린다.

일러두기
이 책에 나오는 외래어 표기는 국립국어원 외래어 표기법에 따랐다.

들어가는 말 • 4

2 동독 이탈 주민에서 서독 시민으로

3 또 다른 이탈 행렬: 서독 주민의 동독 이주

4 분단 독일의 가교: 동독 이탈 주민

1

독일에서
또
　　다른
독일로

분단 시기
　동독 주민의
이탈 행렬

동독
이탈 주민의
규모

1945년 10월 9일 독일민주공화국(DDR, 이하 동독)은 '진정한 인민의 국가'임을 표방하며 건국을 선포했다. 그럼에도 처음부터 수많은 동독인은 동독의 사회주의 체제에 등을 돌리고 서독으로 갔다. 분단 시기 동독을 이탈한 사람은 총 몇 명이었을까? 지금까지 알려진 동독 이탈 주민의 규모는 두 가지 경로로 산출됐다. 하나는 서독 주민의 전입과 전출을 기록한 주민등록사무소(Meldeamt)의 통계다. 이에 따르면 1950년부터 1989년까지 서독으로 넘어온 동독 이탈 주민은 무려 456만 6300명에 달한다. 다른 하나는 긴급수용심사[1]를 거쳐 등록된 동독인을 집계한 것으로, 1950년부터 1989년까지 그 수는 총 357만 3600명이다. 따라서 이 두 자료를 종합하면 분단 시기 동독을 이탈한 주민은 많게는 약 457만 명에서 적게는 약 357만 명에 달한다.[2]

그러나 이 두 통계 수치는 모두 정확하지 않다. 우선 서독 주민등록사무소의 집계는 실제 이탈 주민 수보다 많을 가능성이 높다. 서독에 정착하지 못하고 동독으로 돌아갔다가 또다시 동독을 이탈해 서독으로 넘어온 동독인을 반복해 계산했을 가능성이 크기 때문이다. 반대로 긴급수용심사를 토대로 한 통계 수치는 실제 이탈 주민 수보다 훨씬 적을 것이다. 이는 긴급수용심사를 통해 동독을 이탈한 주민이 제출한 서독 영주권 신청서를 집계한 것인데, 부부 혹은 가족의 경우 보통 가족 단위로 신청했기 때문이다.[3] 따라서 2인 이상의 가족이 함께 이탈했어도 신청서는 한 장만 제출했을 것이니 이탈 주민 통계는 한 명이 되는 것이다. 그뿐 아니라 모든 동독 이탈 주민이 긴급수용심사를 받은 것도 아니다. 긴급수용법을 바탕으로 한 동독 이탈 주민 수용 체계가 정비되기 이전에 서독으로 넘어온 동독인이나 서독에 거주하는 가족 혹은 친지의 도움을 받아 스스로 집과 일자리를 구해 정부의 정착 지원을 필요로 하지 않은 일부 동독인은 이 절차를 거치지 않았다. 따라서 분단 시기 동독 이탈 주민 수는 현재 정확히 파악할 수 없다.

이러한 한계를 염두에 두고 이탈 주민의 규모를 시기별로 살펴보면, 이탈 주민의 대다수는 1950년대에 동독을 떠났고 1961년 베를린 장벽이 세워진 후 그 수가 급격히 줄어들었다.[4] 주민등록사무소의 통계를 기준으로 보면 우선 1950년부터 1961년까지 동독 이탈 주민은 약 358만 명에 달했다. 이를 연평균으로 환산하면 해마다 약 30만 명이 동독을 이탈한 셈이다. 그러나 1962년에서 1989년까지 동독을 이탈한 주민 수는 베를린 장벽의 여파로 인해 약 98만 명으로 감소했다. 이 시기의 대부분에 해당하는 1962년 이후 1988년까지 동독 이탈 주민 수는 약 60만 명이었다. 연평균으로 봐도 약 2만 2000명으로 줄었으니 1950년대와는 큰 차이가 있다. 그러나 동독 체제의 위기가 걷잡을 수 없이 커진

1989년 여름 이후 동유럽 사회주의 국가를 통해 서독으로 탈출하는 동독인이 급격히 늘어나면서 1989년 이탈 주민 수는 39만 명에 육박해 다시 1950년대 수준에 도달했다. 이러한 통계를 종합해보면 동독 주민의 체제 이탈은 비록 시기에 따라 차이는 있지만 분단 시기 내내 결코 무시할 수 없는 규모로 지속된 현상임을 알 수 있다.

1950년대
탈동독 행렬과
베를린 장벽

사회주의로의 체제 변혁과 대규모 동독 이탈

동독인의 체제 이탈은 분단 시기 내내 지속됐지만, 전체 동독 이탈 주민의 약 3분의 2는 1950년대에 서독으로 넘어갔다. 왜 그토록 많은 동독인이 1950년대에 동독을 등지고 서독으로 갔을까? 이는 기본적으로 당시 동독에서 강도 높게 추진된 체제 변혁과 밀접하게 관련돼 있다.

소련 점령기부터 소련의 비호 아래 통합사회당(통사당, SED)[5]의 지배 기반을 다진 울브리히트(W. Ulbricht) 정권은 1952년 '사회주의 건설'을 천명하고 체제 전환에 박차를 가했다. 이른바 '계급투쟁'을 내세워 부르주아 정치 세력을 축출했고, 통사당의 정치 노선에 저항하거나 순응하지 않는 동독인을 탄압했다. 학교에서는 자본주의를 적대시하고 사회주의에 분명한 당파성을 갖도록 이데올로기 교육이 강화됐고, 교회는 낡은 착취 체제의 잔재라는 대대적인 반종교 캠페인과 함께 탄압의 대상이 됐다. 예를 들어 1952년 동독의 개신교회 청소년부는 "미국의 사주를 받아 전쟁 선동, 태업, 스파이 행위를 일삼는 위장 조직"으로 매도됐고, 1953년 초에는 그 여파로 고등학생 약 300명이 퇴학 처분을 받았다.[6] 나아가 탄압은 교회 지도부로도 확대돼 1953년 초에만 50여 명의 성직자와 신도가 체포됐다.[7] 이렇듯 건국 초기 동독 사회는 사회정치적 갈등과 마찰로 점철됐다.

그뿐만 아니라 울브리히트 정권은 중공업 중심의 계획경제 체제를 도입하고 농업과 상공업의 집단화를 통해 소련식 사회주의 계획경제 체제로 변혁을 추진했다. 마셜플랜을 통해 미국의 원조를 받으며 일찍이 경제 재건에 힘을 쏟을 수 있었던 서독과 달리 동독은 제2차 세계대전 패배의 대가로 소련에 막대한 배상을 해야 했다. 단적인 예로 소련은 1945년부터 1948년까지 배상을 명목으로 동독 지역에서 최소한 2000 내지 4000개에 달하는 공장 설비와 철로를 무분별하게 철거해 가져갔고, 막대한 양의 공업·농업 생산품도 걷어갔다. 소련의 이러한 조치는 가뜩이나 전쟁의 후유증으로 고전 중인 동독의 공업 생산력을 1936년의 50~70퍼센트 선까지 떨어뜨렸고, 장기적으로 동독 경제의 경쟁력을 약화시키는 요인으로 작용했다.[8]

이러한 상황에서 울브리히트 정권이 1952년 이래 사회주의 경제체제로 전환하기 위해 빠른 속도로 중공업 육성 정책을 추진하면서 소비재 생산을 제약해 고물가와 만성적 생활필수품 결핍이라는 민생 문제를 불러왔다. 이에 따라 버터, 육류, 설탕, 커피 등 기초 식료품 배급제가 시행됐고, 아예 살 수 없는 생활필수품도 많아졌다. 동독 국영 상점(HO)에서 별도로 물건을 구입할 수는 있었지만, 가격이 너무 비싸서 이용하기 어려웠다. 일례로 배급표에 명시된 버터와 돼지고기 가격은 1킬로그램에 각각 4.2, 2.68마르크였지만, 이를 국영 상점에서 사려면 각각 24, 15마르크를 지불해야 했다.[9] 더욱이 무리하게 추진된 농업과 상공업 분야의 집단화 정책은 생활필수품 조달을 더욱 어렵게 만들었고, 사적 생산 기반을 상실하지 않으려는 농민과 기타 자영업자와도 마찰을 일으켰다.

이처럼 사회주의 체제로 변혁하는 과정에서 사회정치적 억압을 직간접으로 경험하거나 물질의 궁핍에 불만을 지닌 동독인이 민주주의를 표방하고 경제적으로 더 풍요로운 서독을 대안으로 인식하고 탈출을 감행하게 된 것이다. 울브리히트 정권이 사회주의 건설을 선포한 이듬해인 1953년 동독을 떠난 이탈 주민이 40만 명을 웃돌며 이전에 비해 급격히 늘어난 것이 이러한 해석을 뒷받침한다.[10] 비록 살던 곳을 떠나 새로운 환경에 적응해야 하는 어려움은 있지만, 서독이 같은 언어를 사용하고 공통의 역사와 문화를 지닌 또 다른 독일인의 국가이기에 이들은 동독을 떠나겠다고 결심하기가 더 쉬웠다.

동독 초기의 억압적 상황은 1953년 스탈린(J. Stalin) 사망 후 동유럽 사회주의 진영 내부에 확산된 탈스탈린주의 노선에 힘입어 일시적으로 완화됐다. 6월 11일 동독 정권은 사회주의 건설 과정에서 일부 정책에서 무리가 있었음을 인정하고 이른바 '신노선(Neuer Kurs)'을 공표하며 부분적으로 정치적 자유화를 단행했다. 이러한 변화의 이면에는 무엇보다 소련의 압력이 있었다. 요컨대 스탈린 사후 소련은 가장 중요한 위성국인 동독이 주민의 불만 심화와 대규모 이탈로 인해 위태롭다고 판단하고, 동독 정권에 급진적 사회주의 건설 대신 일단은 상황을 안정시킬 수 있는 정책적 변화를 요구했다. 이에 따라 계급투쟁의 기치 아래 자행된 정치 테러와 종교 탄압이 중단됐고, 집단화 역시 유예됐으며, 학자의 해외 학회 참석이나 주민의 서독 여행 기회도 확대됐다. 나아가 동독 정권은 6월 17일 낮은 임금과 과중한 책임 노동량에 불만을 품은 노동자가 일으킨 봉기[11]를 겪은 후 체제 안정을 위한 타협책으로 생활과 소비수준을 개선하는 데 적극 나섰다. 예를 들면 날마다 일정 시간에 단전하는 조치를 없앴고, 기름 값도 낮췄으며, 소련에서 버터, 식용유, 생선 통조림 같은 생활필수품을 다량으로 들여왔다.[12] 1953년 주민등록 사무소와 긴급수용심사를 통해 집계된 동독 이탈 주민 수가 각각 약 40만 명, 약 33만 명에서 1954년 약 29만, 약 18만 명 대로 감소한 것도 일부 이러한 타협 정책이 반영된 것으로 볼 수 있다.

부분적 자유화의 움직임은 1956년 2월 흐루쇼프(N. Khrushchyov)가 스탈린의 독단적 정책과 정치적 억압, 그에 따른 대규모 인명 살상 등을 비판하면서 조성된 정치적 해빙 조류에 힘입어 한 걸음 더 나아갔다. 소련의 정치 노선은 동독을 비롯한 동유럽 사회주의 국가에 곧바로 영향을 미쳤기 때문에 동독 정권도 이에 편승했다. 그 결과 1956년 10월까지 2만 1000명에 달하는 정치범을 사면했고,[13] 비민주적 동독 체제를 개혁하려는 지식인의 논의도 허용했다. 이에 힘입어 동독의 예술가, 학자, 문인 등의 지식인은 동독 경제의 지나친 중앙집권화, 교조적 사회주의 이데올로기 교육, 동독 주민의 민주적 참여를 배제한 정치체제의 모순 등을 비판적으로 논의하고 개혁을 요구했다.[14]

그럼에도 탈동독 행렬은 1950년대 후반에도 멈추지 않았다. 1954년 서독의 나토(NATO) 가입과 1955년 동독의 바르샤바조약기구(WTO) 가입을 그 배경으로 들 수 있다. 이처럼 냉전이 심화되고 동서독 분단의 골이 더욱 깊어지자 동독 체제에 회의를 느끼고 있었던 동독인이 동요하기 시작했다. 이들은 1950년대 초 대다수의 독일인이 그러했듯 분단을 일시적 현상으로 보고 머지않아 통일이 될 것으로 생각했기 때문에 동독 이탈을 주저하고 있었다. 그러나 동서독이 각기 양대 군사 진영으로 편입되면서 갈등이 고조되자 어쩌면 분단이 영구화될지 모른다는 불안감에 휩싸였다. 그뿐 아니라 1955년 개최된 제네바정상회담[15]에서 독일 통일은 유럽의 긴장 완화를 바탕으로 독일인의 자유선거를 통해 달성한다는 원론을 재확인하는 데 그쳤고, 설상가상으로 소련이 동독을 주권국가로 인정할 것을 요구하며 두 국가론을 펴자 상황은 더 악화됐다. 그 결과 많은 동독인이 회담 결과에 실망했고, 더 이상은 참고 기다릴 수 없다는 생각에 서독으로 향하는 발길을 재촉했다.[16]

나아가 스탈린 사후 맞이한 정치적 해빙기도 1956년 헝가리와 폴란드에서 일어난 민주화 봉기의 여파로 막을 내렸다. 소련을 비롯한 동유럽 사회주의 지배층 내부에 위기의식이 확산되면서 울브리히트 정권은 1957년 다시 억압적 정치 노선으로 돌아섰다. 이에 따라 탈스탈린주의적 해빙 기류에 기대어 비판적 개혁 논의를 펼치던 동독의 지식인이 탄압받기 시작했고,[17] 종교 탄압도 재개됐다. 또한 모든 장르의 예술은 자율성을 상실한 채 사회주의 이데올로기를 전달하도록 강요받았다. 이처럼 숨 막히는 상황이 많은 동독인의 발길을 서독으로 향하게 만들었다.

물론 1950년대 후반 내내 동독의 체제가 불안정했던 것은 아니다. 정치적 억압은 계속됐지만 경제 상황은 다소 나아졌다. 1957년 동독의 공업 생산은 8퍼센트 늘고, 1958년 전반에는 12퍼센트까지 올랐다.[18] 이와 더불어 소비재 공급이 확대되면서 동독 주민의 생활수준도 개선됐고, 1958년에는 고기, 버터, 설탕의 배급 폐지를 마지막으로 배급제도를 없앴다. 경제뿐 아니라 복지시설도 좋아졌다. 동독 정권은 사회주의 건설 과정에서 국유화한 호텔이나 펜션을 휴양소 혹은 전시회, 음악회, 강연회, 무도회 등으로 사용할 수 있도록 복합 문화관으로 개조해 주민에게 제공했다.[19] 또 종합병원을 세워 의료 전문화도 꾀했다. 1958년 동독을 이탈하는 주민이 어느 정도 줄어든 데는 분명 이러한 개선된 생활 여건이 영향을 미쳤을 것이다.[20]

그러나 1953년 노동자 봉기 이후 잠시 주춤하던 집단화 정책이 1959년부터 강도 높게 다시 추진되면서 동독의 정권과 농민·자영업자 간에 갈등이 고조됐다. 이러한 상황은 1960년 1월부터 3월까지 불과 3개월 만에 약 45만 명에 달하는 농업 종사자가 농업협동조합(LPG)에 가입했다는 사실로 확인된다.[21] 이에 더해 1959년부터는 경제성장마저 둔화돼 생활필수품 공급에 큰 어려움을 겪게 됐다. 특히 1950년대 중반, 이른바 '라인강의 기적'이라 불릴 만큼 경제가 비약적으로 발전한 서독과 생활수준이 점점 벌어지자 동독인의 불만은 더욱 커져갔다.

1950년대 동독인의 대규모 이탈은 여러 면에서 동독에 심각한 후유증을 가져왔다. 사실 울브리히트는 1950년대 초까지만 해도 동독인 이탈 문제를 심각하게 여기지 않았다. 제2차 세계대전 이후 피해가 제대로 복구되지 못해 주택과 생활필수품 등 모든 것이 부족한 상황에서, 동독 체제에 불만을 가진 동독인이 서독으로 가면 국가 부담도 줄고 동독 체제를 반대하는 적대 세력도 빠져나가 오히려 사회주의 건설이 쉬울 수 있다고 보았기 때문이다. 또 대규모 동독 이탈 주민이 서독에 부담을 주어 서독 체제에 위기를 초래할 수 있다는 기대도 있었다.

그럴 뿐 아니라 1950년대 중반까지 동독 경제는 동독인의 대규모 이탈을 감당할 수 있었다. 제2차 세계대전의 여파로 동독에서도 1950년대 초까지는 일자리에 비해 노동 인력이 초과된 상태라 동독 이탈로 생긴 빈자리를 예비 인력으로 메울 수 있었다. 또한 동독의 경제 계획 담당 기관은 1950년대 중반까지 생산성이 낮은 분야의 인력을 동독인 이탈로 인해 타격을 입은 주요 생산 분야에 투입하면서 공백을 메웠다. 그러나 이러한 대응책은 장기적 해결 방안이 될 수 없었다. 수백만 명에 달하는 노동력이 계속 빠져나가자 인력을 재배치하는 방식으로 버티는 것은 한계에 달했고, 대체 인력의 속성상 노동력의 질적인 면에서도 문제가 생겼다.[22] 이에 따라 동독 경제의 피해는 점차 심각해졌다. 어디 그뿐인가. 서독과 체제 경쟁을 벌이는 상황에서 동독인의 대규모 이탈은 결국 동독 체제의 열세와 서독 체제의 우위를 드러내는 것이기 때문에 동독 정권에 심각한 위협이 됐다. 이에 따라 울브리히트는 1950년대 중반 이후 동독인 이탈 문제에 적극 대응하기 시작했고, 1957년 12월에는 여권법을 개정해 동독 탈출을 범죄행위로 규정, 엄중히 처벌하겠다고 공표했다.

그럼에도 이탈 행렬은 멈추지 않았고, 이로 인해 동독의 내상도 점차 깊어졌다. 고민 끝에 울브리히트는 서베를린을 봉쇄하는 데서 해법을 찾았다. 그 이유는 우선 베를린의 탈출구 기능 때문이었다. 4개국 공동 관리 지역이라는 특수성 때문에 분단 이후에도 동서 베를린 간에는 지하철과 도시고속전철이 운행됐다. 이에 따라 동독인은 대부분 동베를린에서 지하철이나 도시고속전철을 타고 서베를린 지역에 하차하는 방식으로 서독으로 넘어갈 수 있었다. 그러므로 이탈을 막으려면 먼저 베를린이라는 탈출구를 봉쇄해야 했다.

그뿐 아니라 서독 체제의 최전방에 위치한 서베를린은 서독 자본주의의 풍요로움과 번영을 과시하며 끊임없이 동독인을 끌어들이는 쇼윈도 역할을 했기 때문에 이를 봉쇄하는 것만이 최선이었다. 2014년 8월 24일 베를린에서 내가 인터뷰한 오스트롭스키(M. Ostrowsky)에 따르면, 1950년대에는 베를린의 특수한 상황 덕분에 동독 주민이 서베를린으로 가 동독에서 구하기 어려운 스타킹, 나일론 셔츠, 커피, 버터, 생크림, 초콜릿, 구두 등을 구입하고, 서베를린 극장에서 할리우드 영화를 보고 돌아오는 것은 흔한 일이었다. 그 과정에서 상대적으로 물질적 결핍이 더 심했던 동독인은 서방 자본주의 체제의 물질적 우위를 번번이 눈으로 확인했다. 그러니 동독 정권으로서는 서베를린이 매우 부담스러울 수밖에 없었다.

이런 상황에서 흐루쇼프는 1958년 베를린을 자유도시로 만들자고 제안하고, 서베를린에서 서방 연합국이 철수할 것을 요구했다. 그 이면에는 베를린이 자유도시가 되면 지리적으로 동독 내에 포위돼 있는 서베를린이 동독에 편입되는 것은 시간문제이므로 동독인의 탈출 사태를 막을 수 있다는 계산이 숨어 있었다. 그러나 서베를린 철수가 의미하는 것을 모를 리 없던 미국은 철수 불가를 천명했고, 이러한 상황은 양측 간에 전쟁이 공공연하게 점쳐질 만큼 갈등을 불러왔다.

베를린 장벽 수립으로 결말이 난 이 베를린 위기는 1950년대 말 동독인의 이탈을 가속화했다. 동독인은 베를린이 자유도시가 되면 서베를

브란덴부르크문 앞으로 설치되는
베를린 장벽

장벽으로 인해 하루아침에 둘로
나뉜 베를린

동서 베를린의 경계에 위치하여
분단의 상징이 된 브란덴부르크문

린이 곧 동독의 손아귀에 들어올 것이고, 소련의 요구가 관철되지 못하면 동독 정권이 자의적으로 서베를린을 차단할 것이기에 어떤 경우든 탈출이 불가능해질 것이라고 생각했다. 이에 따라 더 늦기 전에 서독으로 넘어가야 한다는 긴박감 속에서 수많은 인파가 탈출 대열에 가담했다. 베를린 장벽이 세워지기 불과 두 달 전인 1961년 6월 15일 열린 외신 기자회견에서 "아무도 장벽을 세우려는 의도를 갖고 있지 않다"라는 말로 속내를 감추었던 울브리히트였다. 그러나 1961년 상반기에만 탈출자가 10만 명을 넘어서자 그는 주저하는 소련에 압력을 넣어 결국 8월 5일 장벽을 구축해도 좋다는 동의를 얻었고,[23] 13일 새벽 1시 5분을 기해 장벽을 쌓기 시작했다.

이는 명백히 4개국 통치 협정을 위반하는 것이었지만, 서방 3개국은 이에 소극적으로 대응했다. 장벽을 쌓기 직전인 7월 25일 당시 미국 대통령 케네디는 한 라디오 방송 연설에서 베를린 주민의 자유 보장, 서방 군대 주둔, 서베를린 통행 보장이라는 이른바 '필수 3원칙'을 표방하며 소련에 맞설 의지를 표명했지만, 실제로는 현상 유지에 그쳤다. 그 이유는 우선 베를린 장벽이 생겨도 서방 3개국은 최소한 자신들의 세력권인 서베를린에 대한 권리는 보장받을 수 있었기 때문이다. 둘째, 이 시기 국제사회의 헤게모니 쟁탈전 무대는 이미 제3세계로 옮겨간 상황이었기 때문에 서방 3개국, 특히 미국은 유럽이 안정되기를 원했다.

당시 이들은 이미 유럽이 동서 두 개의 세력권으로 나뉜 상황을 기정사실로 받아들인 상태였다. 4개국 공동 관리 지역인 베를린만 예외였는데, 베를린 장벽은 베를린을 두 지역으로 나누어 유럽의 세력권 분할을 확정하고, 동독인 이탈 문제로 인한 갈등과 혼란이 일단락된다는 의미를 담고 있었다. 따라서 베를린 장벽 축조는 서방 연합국의 관심이 유럽의 현상 유지로 모아진 상황에서 정치적 불안의 근원지인 독일 문제의 뇌관을 제거할 수 있다는 점에서 나쁘지만은 않은 선택이었다. 그랬기 때문에 서베를린 주민이 서방 3개국의 소극적 태도에 "서방은 아무것도 하지 않는다"[24]라는 불만을 쏟아내며 항의했지만 달라진 것은 없었다. 당시 서베를린 시장인 브란트(W. Brandt)에게 보낸 서한에서 케네디는 유럽 문제에 관해서는 현상 유지와 더불어 두 개의 독일을 인정하는 것 외에 다른 가능성이 없다는 의사를 분명히 밝혔다.[25]

베를린 장벽이 세워지면서 서베를린까지 운행하던 전차와 지하철 노선은 모두 폐쇄됐고, 전화도 불통이 됐다. 간신히 국가 존립의 위기를 넘긴 울브리히트 정권은 베를린 장벽을 서방 제국주의의 야욕에서 동독을 지켜줄 '반파시즘 방어벽'이라는 명분으로 합리화했다. 그러나 이는 외부의 적이 아닌 어디까지나 자국민의 탈출을 막기 위한 최후의 수단에 불과했다.

서독으로 가는 길

1950년대에 수백만 명의 동독인이 서독으로 넘어갔다는 사실도 놀랍지만, 동서독이 대립하는 분단 상황에서 어떻게 가능했는지도 궁금하다. 동독 이탈은 크게 두 경로로 가능했다. 첫째는 동독 정부의 승인 아래 공적, 사적인 일로 서독을 방문한 동독인이 동독으로 돌아가지 않고 서독에 눌러앉았다. 이러한 방식으로 1954년에는 전체 동독 이탈 주민

의 47.4퍼센트가, 1955년에는 56.9퍼센트가 동독을 떠났다.[26]

둘째는 동서독 국경을 넘는 것이었다. 독일은 한국과 달리 동서로 분단됐기 때문에 국경선이 무려 약 1400킬로미터에 달했다. 동서독의 분계선은 기본적으로 제2차 세계대전 후 미국, 영국, 프랑스, 소련이 독일을 넷으로 나눠 점령 통치하면서 세워졌다. 처음에는 4개국 점령 지역을 구분하는 정식 경계 시설도 없었고 경비도 허술했다. 기껏해야 경계지역 주변의 나무에 각기 다른 색을 칠하거나 말뚝 혹은 표지판을 세워 구분했을 뿐이다.[27] 그러나 냉전이 깊어지면서 점차 분계선 경비가 삼엄해졌고 주민 통행도 제한됐다. 특히 1948년 6월 서방 연합국 세 나라가 서독 지역에서 단독으로 화폐개혁을 한 후 소련이 서베를린 봉쇄를 단행하면서 통행이 급격히 제한됐고, 1949년 분단과 함께 기존의 분계선은 국경선이 됐다.

분단 직후에도 동독 이탈이 불가능하지는 않았다. 1950년대 초까지만 해도 동서독 모두 분단은 어디까지나 일시적이고 곧 통일될 것이라고 생각했기 때문에 동독 정권은 감시탑이나 경계 초소 혹은 철조망과 같은 본격적인 국경 방어 체제를 구축하지 않았다. 이에 따라 동독을 떠나기로 결심한 동독인의 불법 월경이 가능했다. 더욱이 국경 지대의 상당 부분이 숲이었기 때문에 취약 지구가 많았다. 1950년대 초 지역 사정에 밝은 동독인은 일명 '녹음 경계선(Grüne Grenze)'이라고 하는 이러한 곳을 찾아내 어둠을 틈타 서독으로 탈출했다. 그러다 보니 자고 나면 주변의 지인이 사라져버리는 상황은 동독인에게 일상이 돼갔다.

1952년 서독이 유럽방위공동체조약을 체결하는 등 서방 편입을 본격화하자 울브리히트 정권은 동서독 국경 경비·방어 체제를 강화했다.

표지판 하나로 4개국 점령지역 경계를 표시했던
1950년대 베를린

동서 베를린의 경계지역, 서베를린의 미국 점령지역을 출발해
소련 점령지역인 동베를린으로 향하는 시가전차, 1950년대

우선 동서독 분계선을 따라 폭 10미터에 이르는 최전방 지역을 통제구역(Kontrollstreifen), 그로부터 폭 500미터에 달하는 지역을 보호구역(Schutzstreifen), 다시 그로부터 폭 5킬로미터에 달하는 지역을 차단구역(Sperrzone)으로 설정했다. 서독에 가장 가까운 통제 지역은 경보기, 지뢰 등이 설치된 '사망위험구역(Todesstreifen)'으로 민간인의 출입이 금지됐다. 보호구역과 차단구역은 동독의 비밀정보기관인 국가안전부(MfS)와 국경수비대의 엄밀한 감시하에 허가 없이는 출입할 수 없었다. 보호구역에 거주하거나 이곳에 근무처가 있는 동독인은 특별 출입 허가 인증 도장이 찍힌 신분증을 소지해야 했고, 차단구역에는 등록된 거주민 외에는 통행증을 발부받아야 출입이 가능했다.[28]

그뿐만 아니라 동독 정권은 국경 지대의 안전을 강화하기 위해 주민을 강제로 이주시켰다. 동독 정권이 볼 때 국경 인근 지역에는 통사당과 사회주의에 충성하는 사람만 거주하는 것이 바람직했다. 이에 따라 국가안전부는 차단구역 거주민 가운데 문제가 있는 사람을 파악해 블랙리스트를 작성했고, 1952년 5월 27일 급기야 '불순분자'로 간주된 이들을 다른 곳으로 강제 이주시켰다.[29] 또 시야를 가리는 나무와 덤불을 제거하고 시야 확보가 어려운 지형에는 나무 말뚝에 약 1.5미터 높이의 철조망을 쳤으며, 보호구역 감시를 위해 10미터 높이의 망루를 세우는 등 경비 시설을 구축해 나갔다.[30] 1952년 5월에는 불법 월경자를 향한 발포가 정당하다는 지령도 국경수비대에 내렸다. 이로써 동서독 국경 지대를 통해 서독으로 탈출할 가능성이 희박해졌다.

그러나 동독인에게는 베를린이라는 탈출구가 남아 있었다. 4개국 공동 관리 구역 규정에 따라 베를린 내에서는 여객 운송이 보장돼 있어 동독 정권은 서베를린 방문을 전면 금지할 수 없었다. 따라서 탈출을 마음 먹은 동독인은 일상적인 방문으로 위장해 도시고속전철이나 지하철을 타고 서베를린으로 갈 수 있었다. 1960년 동독 이탈 주민의 94.8퍼센트 가 베를린을 통해 서독으로 넘어갔다는 사실은 베를린이 탈출구라는 특수 역할을 했음을 잘 보여준다.[31]

물론 베를린을 통해 탈출하기 쉬웠다고 해도 위험부담이 없었던 것 은 아니다. 동독 정권은 동베를린의 도시고속전철과 지하철역 주변에 경찰을 잠복시켜 수상쩍은 사람을 검문했다. 또한 다른 지역에 사는 동 독인이 일단 동베를린까지 오는 데도 어려움이 많았다. 베를린의 탈출 구 기능을 잘 알고 있는 동독 정권이 동베를린행 기차 승객을 잠재적 탈 출자로 의심하고 신분증과 가방 등 소지품 검사를 철저하게 했기 때문 이다. 특히 짐이 많고 일가족이 함께 움직이거나 현금을 많이 지닌 사람 은 가차 없이 경찰의 심문을 받았다.

일례로 로스토크(Rostock) 출신의 한 동독 농부는 1961년 7월 25일 1 만 8000마르크라는 큰돈을 갖고 동독 이탈을 시도했지만 동베를린으 로 오는 도중 검문에 걸려 낭패를 보았다.[32] 그런가 하면 경찰의 치밀 한 유도 심문에 걸려들어 탈출에 실패한 경우도 많았다. 마그데부르크 (Magdeburg)의 훔볼트 고등학교 학생 칼트는 동독을 탈출하기 위해 동 베를린행 기차를 탔다가 동독 인민경찰의 검문을 받게 됐다. 칼트는 지 인의 도움으로 미리 알아놓은 한 동베를린 주민의 주소를 대며 그이를 만나러 가는 길이라고 말했다. 그러나 방학도 아닌데 고등학생이 동베 를린으로 가는 것을 수상하다고 여긴 경찰이 그 이유를 꼬치꼬치 캐물 었다. 칼트는 학교를 자퇴하고 취업하기 위해 베를린으로 간다고 둘러

댔지만, 결국 베를린을 코앞에 두고 경찰에 연행돼 기차에서 내려야 했다. 설령 칼트와 달리 검문을 받지 않고 동베를린에 무사히 도착한다 해도 거기서 또다시 불심검문에 걸려 여행 사유가 불분명하다고 의심을 받게 되면 신분증을 빼앗기고 돌려보내졌다. 신분증을 빼앗긴 동독인은 임시신분증을 받았지만 동독 내에서 자유로운 이동이 허락되지 않았고, 특히 베를린 방향으로는 갈 수 없었다.[33]

상황이 이러하다 보니 베를린을 통해 탈출을 시도하는 동독인은 의심을 피하기 위해 거의 맨몸으로 가야 했다. 일부는 궁여지책으로 외투나 가방의 안감 속에 지폐를 숨기고 꿰매거나 이탈 전 서독에 거주하는 친척이나 지인에게 미리 소포로 자신들의 살림살이를 하나씩 보내기도 했다. 한 예로 베를린 장벽이 세워지기 직전에 동독을 이탈한 에리카는 이탈 전에 속옷, 애장품, 책 등으로 꾸린 소포 50개를 서독으로 보냈다. 그 밖에 라디오나 소포로 보낼 수 없는 아이 침대, 욕조 등은 급히 팔았는데, 의심을 사지 않기 위해 야밤에 물건을 옮기는 등 극비리에 움직였다.[34] 그나마 에리카(Erika)는 운이 좋았다. 대부분 동독에 있는 재산이나 가재도구 등을 제대로 가져올 수 없었던 동독 이탈 주민은 서독 정착 초기에 많은 어려움을 겪었다.[35]

불법 탈출에서
합법 이주로:
베를린 장벽 수립 이후

체제 안정의 외피, 그러나 계속되는 주민 이탈

베를린 장벽 수립은 동독 역사에서 하나의 전환점이다. 베를린의 탈출
구가 사라짐으로써 서독으로 갈 수 없게 된 동독인은 대부분 체념하고
동독 체제를 받아들이기로 마음먹었다. 한숨 돌린 울브리히트 정권도
억압보다는 회유와 타협, 생활수준 개선을 통해 동독인의 지지를 이끌
어내려고 노력했다. 1963년 신경제 정책(NÖSPL)도 이러한 배경에서 이
해할 수 있다. 이는 중앙집권적 계획경제 체제를 수정해 기업의 자율적
책임 경영을 부분적으로 도입하고, 이윤이나 보너스를 지급해 노동생
산성을 높이는 데 목표를 두었다. 또한 동독 정권은 "공화국은 모든 인
간을 필요로 한다"라는 구호 아래 정치적으로도 융화 정책을 표방했다.
이런 맥락에서 역사학자 클레스만(C. Kleßmann)은 베를린 장벽 수립을
동독 지배 체제의 안정과 사회구조의 근대화에 필요한 새로운 전제 조

건을 마련하는 계기로, 역사학자이자 정치학자인 베버(H. Weber)는 스탈린주의적 테러에서 대중을 동원한 통치로의 전환점으로 해석한다.[36]

1971년 울브리히트의 뒤를 이어 통사당의 서기장이 된 호네커(E. Honecker) 역시 예술 활동에 대한 통제를 완화하는 등 부분적으로 자유화를 허용했고, "경제 정책과 사회 정책의 결합"이라는 슬로건 아래 단순히 경제성장에만 매몰되지 않고 주민의 생활수준 향상도 고려한 새로운 정책을 내놓았다. 이를테면 집세, 전기와 수도세, 교통 요금과 기초식품(빵과 감자 등) 가격을 국가가 보조해 저렴하게 유지했고, 노동자의 임금과 연금을 인상했으며, 주택 보급 사업도 추진했다.

이러한 변화에 힘입어 베를린 장벽 수립 이후 동독에서는 정치 테러가 감소했고, 동구권 국가 중 경제력이 두 번째를 차지할 만큼 생활 여건도 개선됐다. 일례로 1970년부터 1975년 사이에 승용차를 소유한 가구는 15.6퍼센트에서 26.2퍼센트로, 냉장고는 65.4퍼센트에서 84.7퍼센트로, TV 수상기는 69.1퍼센트에서 81.6퍼센트로 증가했다.[37] 이러한 변화와 함께 동독 체제를 지지하는 동독인도 많아졌다. 그러나 동독 이탈 행렬은 베를린 장벽이 세워진 이후에도 멈추지 않았다. 상대적으로 탈출하기 쉬웠던 1950년대보다는 훨씬 적었지만 1989년까지 동독을 떠난 이탈 주민은 90만 명이 넘었다.[38]

이 시기의 탈동독 행렬에는 어떤 배경이 있을까? 베를린 장벽으로 이탈이 어려워지자 동독인은 대부분 현실을 받아들였다. 그러면서 사회주의 체제에 거는 기대와 자유로운 사회정치적 활동 공간에 대한 요구도 커졌다. 울브리히트와 호네커 정권은 베를린 장벽 수립 이후 직접적인 정치 탄압은 자제했지만, 그렇다고 주민의 요구에 부응해 일당 통치를 포기하고 사회를 다원화할 의사는 없었다. 여전히 통사당의 지시에 따라 사회의 주요 결정이 내려졌고, 언론을 비롯한 전 사회 영역은 계속해서 감시와 통제 속에 놓였다. 특히 동서 진영의 긴장 완화와 동서독 관계 정상화가 본격화된 1970년대 이후 동독인과 서방 세계의 접촉이 늘자 그 부작용을 염려한 동독 정권은 한층 광범위하게 사회 저변을 감시했다. 이는 국가안전부의 규모와 업무 영역을 꾸준히 확장한 데서도 엿볼 수 있다. 요컨대 1950년 창설 당시 1000명의 요원을 보유한 국가안전부는 1989년 10만 명의 정규 요원[39]과 약 18만 명에 달하는 비공식 정보원(IM)[40]을 거느린 거대 비밀정보기관으로 확대됐다.

그뿐 아니라 확고한 사회주의 신념에 따라 민주적 개혁을 요구하는 비판의 소리를 억압한 사건, 예컨대 1968년 프라하의 개혁 공산주의에 지지를 표명한 동독인 탄압, 1976년 비어만(W. Biermann)의 국적 박탈 사건[41]과 '동독의 사하로프' 하베만(R. Havemann)의 가택 연금,[42] 1970년대 말 이래 평화·환경·인권 문제 등 냉전 이데올로기에 가려진 제반 사회문제에 관심을 촉구한 소규모 시민 운동 그룹[43]에 대한 탄압 등이 이어졌다. 표면적으로는 자유화를 내걸었지만, 그 이면에 감추어진 억압적 성격을 명확히 보여주는 사례였다. 이러한 부정적 경험은 특히 사회주의에 기대를 걸었던 젊은 동독인에게 사회주의 이상과 현실 간의 괴리를 거듭 확인시킴으로써 동독 체제에 등을 돌리게 만들었다. 과거 동독 체제 비판 세력에 속했던 아이젠펠트(B. Eisenfeld)는 나와의 인터뷰(베를린, 2001. 8. 13)에서 "1968년 프라하의 개혁 공산주의 운동이 좌절되고 이를 지지한 동독인을 정권이 탄압하자 동독 사회주의 체제가 진정한 사회주의를 구현할 수 없으리라는 회의에 빠지게 된 동독인이 동독 이탈을 결심하게 됐다"라고 언급했다.

동독 경제의 취약성 역시 동독 이탈을 불러온 구조적 배경에 해당한다. 베를린 장벽 수립 이후 동독인의 생활 여건은 1950년대에 비해 많이 개선됐지만, 동독 경제가 주민이 원하는 만큼 생활수준을 보장하기에는 역부족이었다. 이는 기본적으로 동독 경제 개혁의 호기였던 신경제 정책이 1965년 이래, 결정적으로는 호네커 정권 시기에 다시 중앙집권적 계획경제 체제로 돌아감으로써 동독 경제의 경쟁력을 약화시킨 데서 비롯했다. 신경제 정책이 이렇게 실패하게 된 배경에는 여러 요인이 있지만 가장 근본적인 요인은 개별 단위 기업의 책임과 주도를 강화할 경우 중앙집권적 계획경제 원칙에 금이 갈 것이고, 이러한 상황이 지속되면 결국 모든 것을 좌지우지 하는 통사당 지배 체제도 흔들리게 될 것이라는 당내 보수 세력의 우려 때문이었다.[44] 나아가 호네커가 표방한 사회보장 정책이 막대한 재정 지출을 불러오면서 취약한 동독 경제에 큰 부담을 안겨주었고, 그로 인해 외국의 차관 의존도도 커졌다. 물론 호네커는 외국 차관을 토대로 선진 기술을 도입해 경제를 활성화하고 수출을 확대해 얻은 수익으로 차관 변제는 물론, 사회 정책을 시행하기 위한 재정도 확보할 수 있다고 보았다.[45]

그러나 기대와 달리 기술 혁신이 원활하지 않았고, 덧붙여 1981년 유가 파동마저 일어나 동독 경제는 경쟁력을 상실했으며, 갈수록 차관 액수만 늘어났다. 급기야 1983~1984년에는 서독의 구제 차관으로 겨우 파산 위기를 모면했다. 이처럼 경제 상황이 악화되면서 젊고 전문 능력을 갖춘 사람에게 능력에 맞는 일자리를 보장해줄 수 없었고, 여전히 줄서기를 면하지 못하고 필요한 물건을 제때에 구하지 못할 만큼 소비재 공급에도 차질이 생겼다. 한 예로 드레스덴에 거주하는 한 동독인은 서독의 친척에게 보낸 1982년 6월 25일 자 편지에서 여름에 발코니에서 사용할 차양을 구하지 못한 얘기를 털어놓았다. 요컨대 그는 전화번호부를 샅샅이 뒤져 알아낸 판매처 약 열다섯 곳에 전화를 걸었지만 모두 4~6주 후에 다시 연락해보라는 기약 없는 답변만 했다면서, 서독에서는 가난한 사람도 이러한 물건 정도는 쉽게 소유하지 않느냐며 한탄했다.[46] 이러한 상황에서 더 나은 일자리와 결핍이 만성화된 일상에서 벗어나기를 원하는 동독인이 서독으로 이주를 시도한 것이다.

이처럼 베를린 장벽 이후 동독인의 이탈은 기본적으로 체제 내적 요인에서 비롯되었지만, 외부 요인의 영향도 컸다. 이와 관련해 주목할 것은 우선 서독의 존재다. 데탕트 시대가 찾아오면서 동서독 관계가 정상화되는 1970년대 이래로 동서독 주민 간에는 전화와 우편 교류는 물론이고 서로 방문할 기회가 많아졌다. 이는 이산가족 상봉을 비롯해 분단이 가져온 고통을 덜어주었지만, 다른 한편으로 동독인에게는 동독 체제를 바라보는 문제의식이 더 강해지는 계기도 됐다. 동독에서도 시청이 가능한 서독 TV 방송[47]을 보고 이미 서독 사회의 실상을 접한 동독인은 서독을 방문하거나 서독에 있는 가족 친지와 교류하면서 서독의 자유와 풍요를 직간접 경험하고, 동독 체제의 열세를 눈으로 확인하게 됐다. 이와 함께 서독은 동독 시민에게 항상 비교의 척도가 되어 동독 시민의 기대 수준은 점점 더 높아졌다. 이로 인해 베를린 장벽 수립 이후 동독 정권이 그 나름대로 생활수준을 개선했다는 의미도 퇴색될 수밖에 없었다. 이러한 상황은 동독인에게 서독 체제를 동경하게끔 했을 뿐 아니라, 더 나은 삶의 여건을 적극적으로 갈망하는 사람에게는 이탈의 동기로 충분히 작용했다.

　동독의 사회주의 체제는 서독뿐 아니라 고르바초프(M. Gorbachev)로 인해 1980년대 후반 본격적으로 시험대에 오르게 된다. 1985년 소련 공산당 서기장이 된 고르바초프는 소련이 당면한 총체적 위기를 해결하기 위해 소련 공산당의 지배 과정에서 축적된 고질적 문제를 비판하고 '페레스트로이카'의 기치 아래 광범위한 개혁을 표방했다. 동독인은 이러한 개혁의 움직임을 사회주의 진영을 이끄는 소련의 최고 지도자가 추진했기 때문에 동독 정권 역시 이를 따라 체제 개혁을 할 것이라고 기대했다. 그러나 호네커 정권은 분단으로 서독과 대치하는 중인데다, 더욱이 서독과의 체제 경쟁에서 이미 오래전부터 열세를 드러낸 상황에서 동독판 페레스트로이카의 시행은 곧 통사당 지배 체제를 와해시킬 수 있는 위험한 모험이라고 여겼다. 이에 따라 그간 "소련으로부터 배우는 것은 곧 승리하는 것을 배우는 것이다"라는 슬로건 아래 소련의 정치 노선을 철저히 추종했던 것과 달리, 고르바초프의 개혁 노선은 '동독 고유의 사회주의'를 내세워 거부했다. 단적인 예로 통사당 정권의 대표적 이론가였던 하거(K. Hager)는 1987년 4월 서독의 유명 잡지《슈테른(Stern)》과 한 인터뷰에서 "당신의 이웃이 집을 새로 도배하면 당신도 도배해야 한다는 의무감을 가져야 하나요?"[48]라고 반문했다. 이러한 동독 정권의 태도는 개혁을 기대했던 동독인에게 동독 체제는 변하지 않을 것이라는 인식을 심어줌으로써 1980년대 후반 동독 이탈을 증대시키는 촉매제가 됐다. 이런 맥락에서 베를린 장벽 수립 이후의 동독 이탈도 동독 사회주의 체제의 문제와 위기를 반영한 것이라고 볼 수 있다.

장벽을 넘어 또 다른 독일로 가는 길

장벽 완성 전 마지막 탈출 시도

베를린 장벽이 세워진 이후 동독 이탈은 급격히 줄었지만, 그래도 100만 명에 가까운 동독인이 서독으로 향했다. 1950년대와 달리 거대한 장벽이 동서 베를린을 나누는 상황에서 도대체 동독 이탈은 어떻게 가능했을까? 장벽을 세우기 시작한 1961년 8월 13일 이후에도 한동안은 여러 경로로 동독인의 탈출이 가능했다. 베를린 장벽이 허술했기 때문이다. 베를린 장벽은 처음부터 한꺼번에 콘크리트 벽돌로 만들어진 것이 아니다. 일부 지역을 제외한 동서 베를린의 분계선은 우선 철조망을 설치해 봉쇄했다. 그래서 동독인은 감시가 소홀한 틈에 철조망을 넘거나 펜치로 철조망을 자르고 탈출할 수 있었다. 또 아직 수중 차단 시설이 제대로 갖추어지지 않았기 때문에 슈프레 운하나 텔토 운하를 헤엄쳐서 서베를린으로 넘어가는 이들도 있었다.

그런가 하면 베르나워(Bernauer) 거리에서는 한층 더 세간의 주목을 끄는 방식으로 동독인이 탈출할 수 있었다. 이곳이 동서베를린의 접경지대다 보니 건물 자체는 동베를린에 속하지만 건물 앞 보도는 서베를린에 속하는 기묘한 경우도 있었다. 과거 이 지역 주민이던 힐데브란트 (R. Hildebrandt)는 "창문을 내다보면 내 머리는 서베를린에, 엉덩이는 동베를린에 속했다"라고 회고했다.[49] 이러한 특수 상황을 이용해 일부 동독인은 서베를린 쪽으로 난 창문을 통해 밧줄을 타고 내려왔다. 혹은 그렇게 탈출을 시도하는 동독 이탈 주민을 돕기 위해 출동한 서베를린의 소방대원이 깔아준 매트 위로 뛰어내렸다.

베르나워 거리 주택의 서베를린 쪽 창문을
통한 탈출. 서베를린 주민과 소방대원이
도움을 주기 위해 모여 있다.

베르나워 거리 주택의
서베를린 쪽 창문을 통한
탈출

탈출을 막기 위한 동독 측의
창문 봉쇄

베를린 장벽이 제 모습을 갖춘 후 베르나워 거리, 1962년 10월

그 과정에서 극적인 사건도 발생했다. 1961년 9월 24일 창문을 통해 탈출을 시도한 77세의 동독 여성 슐체(F. Schulze)를 위에서는 동독 인민 경찰과 국가안전부 요원들이 끌어올리고 밑에서는 서베를린 주민들이 잡아당기며 실랑이를 하는 진풍경이 벌어졌다. 한 달 전 8월 22일에는 동독 여성 지크만(I. Siekmann)이 3층 건물에서 서베를린 쪽으로 뛰어내 렸다. 하지만 안타깝게도 소방대가 설치한 매트를 벗어나는 바람에 중 상을 입고 병원으로 옮기는 도중에 사망했다.[50]

그런가 하면 동독의 기관사 데털링(H. Deterling)은 12월 5일 가족과 친지를 열차에 태운 후 아직 철조망으로만 막아놓은 동베를린의 슈타 켄과 서베를린의 슈판다우 접경지대를 돌파함으로써 서베를린으로 탈 출하는 데 성공했다. 당시 동독은 서베를린으로 연결되는 철로를 아직 제거하지 못한 상황이었는데, 12월 10일 이 철로가 차단된다는 소식을 접한 데털링이 서둘러 탈출을 감행한 것이다.[51]

그러나 1961년 가을부터 탈출의 길은 점차 봉쇄됐다. 베를린의 동서 분계선에 설치한 철조망은 점차 콘크리트 벽으로 바뀌었고, 운하의 수 중 분계선에도 창살이 설치됐다. 또 베르나워 거리를 통한 탈출을 저지 하기 위해 9월 24일부터 거의 2000명에 달하는 주민을 강제로 퇴거시 켰고, 10월부터는 서베를린 쪽으로 난 건물의 출입문과 창문을 벽돌로 막아 봉쇄했다. 그뿐 아니라 국경 탈출을 감행하는 사람에게는 총을 쏘 는 것이 허용됐고, 1970년부터는 국경 지대에 자동 감응 발사 소총이 설치돼 탈출자의 희생이 잇따랐다. 또 꾸준히 지뢰가 설치돼 전체적으 로 국경 탈출의 성공 가능성은 희박해졌다.[52] 통일 후 동독 관련 사법 청 산을 위해 마련된 특별경찰기구 '동독 정권이 자행한 범죄 및 통일 과정

1962년 8월 17일 베를린 장벽을 넘어 탈출을 시도하다 사살된 페히터(P. Fechter)

에서 발생한 범죄수사본부(Zentrale Ermittlungsstelle für Regierungs-und Ver-einigungskriminalität)'의 조사 결과에 따르면 국경 지대에서 지뢰와 총기 발포로 발생한 희생자는 584명에 달했다.[53] 베를린 장벽을 넘어 탈출을 시도하다 사망한 희생자도 최소 140명이었다.[54]

땅굴

불법 월경이 1950년대와 달리 목숨을 걸어야 하는 위태로운 모험이 되자 동독인은 특별한 방안을 마련해 탈출을 시도했다. 그 대표적 사례가 땅굴이다. 동서 베를린을 가로막는 장벽을 넘기 위해 장벽 밑 지하로 탈출구를 마련한 것이다. 베를린의 접경지대를 중심으로 서베를린 쪽에서 장벽 건너편 동베를린으로 연결되도록 땅굴을 팠다. 땅굴을 판 사람들은 보통 땅굴이 완성되면 동베를린 통행이 가능한 서독인을 연락책으로 보내 탈출 희망자에게 비밀리에 거사일과 만날 장소를 알리고 이들을 한곳에 집결시킨 후 땅굴 통로를 개방해 탈출시켰다.

 땅굴을 완성하기까지 짧게는 수 주일, 길게는 반년이 넘게 걸렸고, 작업도 매우 힘겨웠다. 기본적으로 땅굴을 파는 지점이 경비가 삼엄한 접경지대라 작업은 조심스럽게 진행됐다. 땅굴을 팔 때 생기는 진동과 소음 때문에 발각될 위험이 컸기 때문에 전동 드릴은 주로 낮에, 그것도 작업 지점 위로 버스나 전차가 지나갈 때만 사용했다. 작업 속도가 매우 느릴 수밖에 없어 보통 성인 남성 네다섯 명이 열두 시간 동안 작업해 겨우 1~2미터를 파는 정도였다. 그뿐만 아니라 땅굴을 파는 과정에서 물이 차 넘치기도 하고, 땅굴이 목표 지점에 정확히 도달할 수 있도록 끊임없이 방향을 수정해야 했다. 식사도 주로 통조림으로 해결했다.[55]

한꺼번에 57명을 탈출시킨 땅굴을 재현한 모습

땅굴을 통해 탈출에 성공한 동독인

이처럼 극한의 어려움 속에서도 1961년부터 1973년까지 70개가 넘는 땅굴이 완성됐다. 물론 이 가운데 실제 동독인을 탈출시키는 데 성공적으로 이용된 것은 18개에 불과했다. 대표적인 예로는 1962년 1월 24일 베를린 북쪽의 오라니엔부르거차우제 거리로 난 땅굴을 통해 동독인 28명이 탈출에 성공했고, 9월 14일에는 베를린 베르나워 거리로 난 땅굴을 이용해 29명이, 1964년 10월 푸크스(W. Fuchs)를 중심으로 34명의 대학생이 주축이 돼 만든 베르나워 거리의 다른 땅굴을 통해서는 무려 57명이 탈출에 성공했다.[56]

탈출 전문 도우미의 활약

처음에 땅굴을 판 사람은 주로 서독에 거주하는 동독 이탈 주민이었다. 베를린 장벽 수립 전 이미 동독을 이탈했거나 잠시 서베를린에 체류하던 중 갑자기 베를린 장벽으로 막히는 바람에 서베를린에 남게 된 이들이 동독에 두고 온 가족과 친지, 애인, 친구 등을 탈출시키기 위해 땅굴을 판 것이다. 그러나 1963년 이후 땅굴을 통한 탈출은 점차 동독 이탈 주민의 탈출을 돕는 전문 도우미(Fluchthelfer)가 담당했다. 이들은 대부분 동독 이탈 주민 출신으로 주로 팀을 짜 활동했다. 대부분은 일반인이었지만 서베를린 자유대학 학생이 중심이 된 기르만 팀(Girrmann-Gruppe)처럼 대학생도 참여했다.[57]

분단 상황에서 이처럼 동독 주민의 이탈을 돕는 행위는 당연히 많은 위험을 안고 있었다. 특히 동독 정권이 이들을 '인신매매단'으로 낙인찍고 공공의 적으로 선포했기 때문에 발각돼 체포되면 재판에 회부돼 중벌을 받았다. 1968년 새 헌법이 공표되기 전까지는 아는 사람의 탈출을 개인적으로 도와준 경우 최대 3년, 조직적으로 탈출을 지원한 탈출 전문 도우미에게는 최대 15년형을 부과할 수 있었다. 심지어 1977년 공표된 2차 형법보완법(Strafrechtsergänzungsrecht)은 탈출 전문 도우미에게 무기징역까지 선고할 수 있도록 처벌의 수위를 높였다.[58] 어디 그뿐인가, 탈출 과정에서 문제가 생기면 동독 보안 세력과 총격전을 벌이는 경우가 허다해 목숨을 잃기도 했다.

이들은 왜 이처럼 위험한 일을 감행했을까? 대부분은 동독 이탈 주민으로 동독에 남은 가족과 친지를 데려오기 위해 이 일에 동참했다. 또다른 일부는 서베를린 자유대학을 다니다 베를린 장벽이 세워져 더 이상 학교에 다니지 못하게 된 동독 출신 학우를 돕기 위해 땅굴 파는 작업에 적극 참여한 경우다. 앞서 언급한 기르만 팀이 대표적으로, 이들이 1962년 2월 중순까지 서베를린으로 탈출시킨 대학생은 500명이 넘었다.[59] 그런가 하면 정치적 신념도 중요한 역할을 했다. 요컨대 대다수가 동독 출신인 탈출 전문 도우미는 동독 주민의 탈출을 돕는 것이 비민주적인 동독 정권에 저항하고 통일을 가로막는 베를린 장벽에 맞서 싸우는 길이라고 여겼다. 물론 이는 동독 출신자에게만 해당되지 않았다. 갑자기 축조된 베를린 장벽은 동서독인 모두에게 엄청난 충격을 안겨주었고, 싸워서 극복해야 하는 분단의 상징이었다. 그 때문에 동독에 연고가 없는 서독 출신자도 통일에 대한 개인적 신념 혹은 장벽 너머의 동포에 대한 연대감에서 탈출 지원 활동에 힘을 보탰다.[60]

탈출 전문 도우미는 땅굴뿐 아니라 다양한 방식으로 많은 동독인의 탈출을 도왔다. 이들은 승용차 내부를 개조해 사람이 숨을 수 있는 비밀 공간을 만든 후 이곳에 동독인을 숨겨 탈출을 시도하기도 했다. 이러한 비밀 공간은 육안으로는 전혀 식별할 수 없었기 때문에 초기에는 성공률이 높았다. 또 탈출 전문 도우미는 훔친 미국인 차량 번호판을 자신들의 차에 부착해 외국인 차량으로 위장한 후 동독인을 태우고 국경 지대를 빠져나갔다.[61] 그런가 하면 동독인과 외모가 비슷한 서독인 혹은 외국인의 여권을 구해 동독인에게 넘겨주어 이들이 국경검문소를 무사히 통과할 수 있도록 했다. 이 탈출 방법은 국경검문소를 거치는 수많은 통행자를 일일이 정확히 식별하기가 어렵다는 점에서 처음에는 어느 정도 통했지만, 동독의 보안기관이 동독인의 이탈을 저지하기 위해 대조 작업을 강화하면서 점차 성공 가능성이 줄어들었다. 그러자 탈출 전문 도우미는 서독인이나 외국인의 여권 사진을 아예 동독인 것으로 바꿔 만든 위조 여권을 이용해 탈출시키는 방식으로 활로를 찾았다. 특히 이 방법은 베를린 장벽 수립 후 한동안 주민 왕래가 불가능했던 시기를 지난 뒤 1963년 서베를린시와 동독 정부 간의 통과사증협정(Passier-scheinabkommen)[62] 체결로 베를린 주민이 동독을 방문할 수 있게 되고, 또 1970년대에 들어와 동서독 관계 정상화로 동서독 주민의 방문 기회가 많아지면서 자주 시도됐다.

위조 여권을 이용한 동독 이탈은 해외를 통하기도 했다. 일례로 기르만 팀은 덴마크행 국제 열차가 동독 동부역(Ostbahnhof)에 정차한다는 사실에 착안해 동독인을 탈출시켰다. 일반적으로 스칸디나비아반도를 여행하는 사람은 서베를린 '동물원역(Bahnhof Zoologischer Garten)'에서 도시고속전철을 타고 동베를린까지 온 후 동부역에서 코펜하겐행 국제선 열차로 갈아탔다. 역사 안에는 당연히 동독의 보안 세력이 있었지만, 동독 주민이 아닌 이들에게는 검열이나 통제가 다소 느슨했다. 이를

탈출에 이용된 여권 원본   원본을 위조한 여권

간파한 동독인은 이 역에서 기다리다가 코펜하겐행 열차를 타려는 여
행객 무리에 은근슬쩍 끼어들어 기차를 타고 코펜하겐으로 간 후 그곳
에서 다시 서독으로 넘어갔다. 물론 이들은 검문에 대비해 기르만 팀이
마련해준 위조 여권과 서베를린 동물원역에서 발권된 기차표와 도시
고속전철 표까지 지녔다.[63]

그런가 하면 동유럽의 사회주의 국가도 이러한 탈출 공작의 핵심 루
트로 이용됐다. 해외여행에 제약을 받는 동독인이었지만 예외로 동유
럽 사회주의 국가로 여행을 갈 수 있었다. 바로 이 점을 이용해 동독인
은 동구권 여행을 가장해 이탈을 시도했다. 한 동독인은 헝가리 부다페
스트행 비행기 표를 산 후 환승지인 프라하 공항에서 탈출 전문 도우미
팀과 접선해 위조된 서독 여권과 서독행 비행기 표를 건네받아 서독으
로 탈출했다.[64]

탈출 전문 도우미를 바라보는 서독 사회의 여론은 처음에는 긍정적
이었다. 이들을 공산주의에 맞서 자유와 민주주의를 위해 싸우는 영웅
으로 여겼기 때문이다. 국가기관도 비공개적으로 이들을 지원했다. 앞
에서 언급한 57명의 탈출을 성공시킨 땅굴을 팔 때 팀의 일원인 코크로

(W. Kockrow)는 당시 동유럽강제추방민·난민·전상자부(Bundesministe-
rium für Vertriebene, Flüchtlinge und Kriegsgeschädigte) 장관 레머(E. Lemmer)
를 만나 재정적, 기술적 도움을 요청했다. 레머는 자신의 부처가 탈출
지원 활동에 개입한 것이 알려지면 발생할 정치적 파장을 우려해 처음
에는 망설였지만 모든 것을 비밀에 부치겠다고 약속하는 코크로를 보
고 결국 3만 5000마르크의 자금과 무전기, 방독면, 공사용 조명 장비 등
을 지원했다.[65] 그 외에도 서독 헌법수호청 베를린 지청은 1960년대 중
반까지 탈출 지원 팀과 자주 접촉하며 이들을 지원했다. 일례로 탈출 전
문 도우미로 활약한 쉬츠(A. Schütz)는 이 기관으로부터 무기는 물론 여
권 위조에 필요한 견본까지 제공받았다고 밝혔다.[66]

  그러나 1960년대 후반 이후 이들의 입지는 갈수록 좁아졌다. 그 이유
는 우선 탈출 비용 문제 때문이었다. 초창기 탈출 도우미는 주로 자신의
가족과 친지 등을 탈출시키려고 활동했기 때문에 사례비를 받지 않았
다. 그러나 1960년대 중반 이후 이들의 도움을 받은 이탈 주민은 탈출
비용을 내야 했다. 동서독 국경지대와 베를린 장벽의 방어 체제가 갈수
록 완벽하게 구축되고 감시가 강화되면서 탈출 지원 작업도 전문화돼
야 했고, 그로 인해 많은 비용이 들었기 때문이다. 예컨대 동독인을 숨
겨서 탈출시킬 수 있도록 차를 개조하는 데만 약 1만 5000에서 3만 마
르크가 들었다.[67] 때로는 검문을 받지 않고 국경 지대를 통과할 수 있는
외교관 차량으로 탈출을 시도했는데, 이 역시 1만 내지 1만 5000마르
크에 달하는 고액을 지불해야 했다. 그뿐 아니라 여권 조달과 위조 작업
에 들어가는 비용도 만만찮았다.[68] 따라서 거액의 탈출 비용은 동독인
에게 큰 부담이 됐다. 또 탈출 전문 지원 활동가가 이 일로 떼돈을 번다

거나 오로지 돈 벌 목적으로 동독 이탈 지원 활동을 한다는 부정적 인식도 확산됐다.

그러나 탈출 전문 도우미를 바라보는 사회 인식이 부정적으로 바뀌게 된 좀 더 중요한 배경은 정치 상황이 변했기 때문이다. 우선 1960년대 중반 이후 점점 가시화되는 긴장 완화 추세 속에서 서독의 정치인은 인도주의를 앞세운 정치적 협상을 통해 이탈 주민의 서독행을 이끌어내려고 했다. 그런 가운데 탈출 전문 도우미의 독자적 행위가 동독 정권을 반발하게 만드는 역효과를 우려해 이들의 활동을 탐탁잖게 여겼다.[69] 더욱이 1970년대 이후 본격적으로 국제사회의 긴장이 완화되고 동서독 관계가 정상화되면서 점차 이들을 동독 정권의 비위를 건드려 동서독 관계 개선을 방해하는 걸림돌로 여기게 됐다.

이러한 사회 인식의 변화는 언론 보도에서도 엿볼 수 있다. 1965년 서독 언론에 처음으로 탈출 도우미를 가리켜 '인신매매자', '장벽의 하이에나'와 같은 부정적 명칭이 등장한 이래 1970년대에 이르기까지 '탈출 사업 갱단', '장사꾼', '고소득자' 등으로 레퍼토리가 확대됐다. 심지어 《슈테른(Stern)》 1973년 11호에 실린 한 기사는 탈출 도우미의 활동을 매도하는 전형적인 동독 측 용어인 '인신매매'를 인용부호도 없이 그대로 사용했다. 그뿐만 아니라 1966년 이후 탈출 전문 도우미가 탈출 지원 과정에서 불가피하게 했던 불법행위를 놓고 사법처리가 빈번했다. 그 이전까지 이들은 문서 위조나 불법 무기 소유 정도로는 거의 처벌받지 않았다.[70] 이러한 상황 변화로 인해 결국 1970년대 서독 사회 내에는 돈을 받고 탈출을 돕는 이들을 멀리해야 한다는 인식이 널리 퍼졌고, 1960년대 맹위를 떨친 탈출 도우미의 활약은 1970년대 중반 거의 막을 내리고 극소수만이 활동을 이어갔다.

탈출 도우미가 많은 돈을 받고 활동한 것은 틀림없는 사실이다. 그렇다고 이들이 탈출 지원을 돈벌이로 삼았다고 비난할 수 있을까? 탈출 지원 활동은 동독 정권이 국경 수비 체제를 갈수록 강화하는 상황에서 자금 없이 이상주의만으로는 해낼 수 없는 일이었다. 게다가 탈출 시도가 실패하면 이들은 돈을 벌기는커녕 거사를 위해 투자한 비용도 회수할 수 없었기 때문에 오히려 손해도 많이 보았다. 물론 실제 탈출에 소용된 비용보다 부풀려 더 많은 액수를 청구한 사례도 있다. 하지만 일부 탈출 도우미를 제외하면 대부분 부자가 되지는 못했다.[71] 더욱이 이들 중에는 탈출 지원 활동 때문에 사망하거나 체포돼 옥고를 치르거나 인생 자체가 망가진 경우도 적잖았다. 이는 1966년 동독 이탈 후 탈출 전문 도우미로 활동한 리히터(H. Richter)의 사례에서 엿볼 수 있다. 동독인을 여러 차례 탈출시켰던 그는 1975년 자신의 누이와 그녀의 약혼자를 개조된 차량에 숨겨 탈출하려다 발각돼 체포됐다. 재판에 넘겨진 그는 무려 15년형을 선고받았지만, 5년간 복역 후 정치범 석방 거래를 통해 서독으로 풀려났다. 그러나 그가 돌아왔을 때는 거주할 집도 없었고, 여자 친구도 떠나고 없었다. 그런데다가 동독에서 복역 중 4년을 독방에서 지낸 그는 정신적 외상에 시달리며 알코올에 의존하게 됐다.[72]

이처럼 탈출 도우미 활동은 단지 돈만을 목적으로 하기에는 너무 위험한 일이었다. 그런 만큼 그 이면에는 가족과 지인을 데려오려는 개인적 동기와 무엇보다 동독 체제에서 고통 받는 사람에 대한 연대의식 그리고 냉전과 분단의 이중 모순 속에서 갖게 된 정치적 사명감 등 다양한 요인이 함께 작용했을 것이다. 따라서 이러한 면을 간과하고 이들의 활동을 돈벌이로만 몰아 부정적으로 평가하는 것은 바람직하지 않다.

이탈 주민 자력에 의한 탈출

베를린 장벽 수립 이후 동독 이탈이 오직 탈출 전문 도우미에 의해서만 있었던 것은 아니다. 이들과 상관없이 가족과 친지의 도움을 받아 탈출을 시도한 사람도 적잖다. 틸레(R. Thiele)는 베를린 장벽 축조 후 동독을 이탈했는데, 동독에 남은 엄마와 남동생이 곤경에 처하자 1964년 이들을 데려오기로 마음먹었다. 그녀는 헝가리에서 남동생을 만나 탈출용으로 개조한 차에 먼저 남동생을 숨겨 태운 후 유고슬라비아로 국경을 넘어 이탈리아로 탈출하는 데 성공했다. 또 다른 예로 뤼디거 프리치(Rüdiger Fritsch)는 1973년 동독에 사는 사촌 토마스(Thomas Fritsch)한테서 친구 둘과 함께 서독으로 탈출하고 싶다는 얘기를 듣고 이들을 도와주었다. 뤼디거는 체코슬로바키아에서 이들을 만나 불가리아를 통해 탈출하기로 계획을 세웠다. 이후 뤼디거는 여권을 위조하는 방법을 익히고 훈련한 뒤 주변에서 서독 여권을 조달해 위조 여권을 만들었다. 첫번째 탈출 시도 때는 여권 위조 과정에서 실수하는 바람에 탈출을 연기했지만, 1974년 7월 21일 마침내 불가리아에서 위조 여권을 이용해 탈출에 성공했다.[73]

그런가 하면 전혀 모르는 사람의 도움을 받아 동독을 이탈한 사례도 있다. 미군인 요(E. Yaw)는 1989년 8월 서베를린으로 여행을 왔다가 동베를린도 관광하게 됐다. 18일 승용차를 타고 체크포인트찰리 국경검문소를 거쳐 동베를린으로 간 그는 관광 후 한 러시아 음식점에 들어갔다. 그런데 그는 음식점 앞에서 한 동독인 남성한테서 자신과 딸을 차에

자동차 트렁크 안의 비밀공간에 숨어 탈출을
시도한 동독인

그림으로 보는 자동차 개조 탈출

차에 숨어 탈출하려다 발각된 동독인

숨겨 서베를린으로 데려가 달라는 부탁을 받았다. 외국인이라도 탈출을 도와주다 발각되면 처벌 받기 때문에 대부분은 이러한 부탁을 거절하지만 요는 흔쾌히 이 부녀를 차에 태웠고, 다행히 국경검문소를 무사히 통과해 탈출에 성공했다.[74]

탈출 전문 도우미가 많이 사용한 땅굴, 여권 위조, 자동차 개조 등의 방법은 초기에는 성공률이 높았지만 횟수가 거듭될수록 동독의 보안 기관에 노출돼 적발되는 사태가 속출했다. 동독인을 개조된 차량에 숨겨 탈출하는 사례가 알려지자 동독의 국경검문소 측은 조금이라도 미심쩍은 차량은 내부를 분해할 정도로 철저히 조사했다. 이로 인해 많은 동독인의 탈출 계획이 수포로 돌아갔다. 앞서 언급한 틸레도 남동생과 같은 방법으로 엄마를 헝가리에서 만나 차에 숨겨 태운 후 오스트리아 국경을 넘어 탈출하려고 했지만, 헝가리 국경수비대에 발각돼 본인과 엄마 모두 동독에서 징역형에 처해졌다.[75]

이러한 상황을 타개하기 위해 일부 동독인은 동독 보안기관의 손이 미칠 수 없는 탈출 방안을 강구했다. 예컨대 동독의 튀링겐 지역에 거주하던 슈트렐치크(P. Strelzyk)는 1979년 9월 16일 비밀리에 만든 열기구에 본인의 가족과 친구 베첼(G. Wetzel)의 가족을 태우고 국경을 넘어 서독 바이에른주 나일라에 안착함으로써 탈출에 성공했다. 비행은 불과 28분 걸렸지만 준비에서 실행에 이르는 탈출 과정은 그야말로 고난의 연속이었다. 무엇보다 대형 풍선을 만드는 데 필요한 우비용 천을 한꺼번에 구입하면 의심을 살 수 있어 오랫동안 조금씩 사서 하나하나 조각을 이었고, 한밤중 인적이 없는 곳에서 시험 테스트를 해야 했다.[76] 그밖에도 동독인은 글라이더를 타고 국경을 넘거나 윈드서핑 보드 혹은

슈트렐치크 가족이 타고 온 열기구

열기구를 타고 탈출한 슈트렐치크 가족

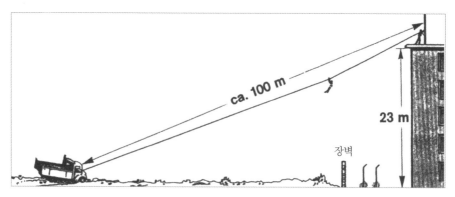

ca. 100 m

23 m

장벽

장벽 경계에 위치한 동독 건물에서 장벽 너머 반대편으로 자일 설치

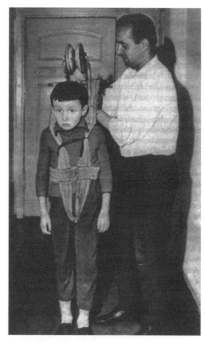

아들이 안전하게 와이어로프를 탈 수 있도록
장비를 만든 홀츠아펠

모터스쿠터를 타고 바닷속으로 잠수해 발트해를 건너 스칸디나비아반도에 닿는 방식으로 탈출을 시도했다.[77]

　그런가 하면 1965년 동독인 홀츠아펠(H. Holzapfel)은 아내와 아홉 살짜리 아들을 데리고 몰래 베를린 오토그로테볼 거리에 위치한 동독의 정부청사 건물 화장실에 숨어 있다가 밤이 되자 건물 옥상으로 올라간 후 망치에 둘둘 만 와이어로프를 서베를린 쪽으로 던졌다. 이 건물은 베를린 장벽과 맞닿아 있었기 때문에 바로 건너편에 대기하던 도우미가 이를 받아 지상에 튼튼하게 고정했다. 도우미들은 서독에 거주하는 홀츠아펠 부부의 가족으로, 사전에 함께 탈출 계획을 세운 후 실행에 옮긴 것이다. 홀츠아펠 가족은 그렇게 장벽 위로 와이어로프를 설치한 후 몸에 부착한 안전벨트와 롤러를 연결해 마치 케이블카를 타고 넘듯이 탈출할 수 있었다.[78]

　한걸음 더 나아가 남이 생각하지 못한 기발한 방법으로 탈출에 성공한 사례도 있다. 한 동독인은 해외로 운송되는 오디오 스피커 속에 몸을 숨겨 탈출했고,[79] 또 다른 동독인은 미군 장교 복장을 구해서 입고 동서 베를린 국경검문소 가운데 하나인 체크포인트찰리를 통과해 서독으로 넘어갔다. 이 검문소는 1961년부터 1990년까지 외교관, 독일 주둔 연합국 군인, 기자 등이 출입하던 곳이기 때문에 변장해서 동독의 보초병을 속인 그는 아무런 제재도 받지 않고 유유히 걸어 나갔다.[80] 그런가 하면 1979년 한 동독 남성은 여성으로 변장까지 해서 탈출을 감행했다. 그는 은퇴 연령대라 서독 방문이 가능했던 것으로 추정되는 자신의 어머니로 변장하고 어머니의 여권을 제시해 국경검문소를 빠져나가려고 했다. 이를 위해 그는 어머니의 여권 사진 모습과 최대한 똑같아 보이기

위해 어머니의 가발을 쓰고 화장까지 했다.[81]

　그 밖에도 동독인은 베를린 장벽이 세워지기 전과 마찬가지로 국외로 나가는 기회를 이용해 탈출을 시도했다. 무엇보다 동독인이 서독을 방문하고, 민간인 자격으로 해외 방문의 기회가 늘어난 1970년대의 상황이 유리하게 작용했기 때문이다. 이러한 상황에 편승해 일부는 방문 허가를 받아 서독에 있는 가족 친지를 만나러 갔다가 동독으로 돌아오지 않았다. 또 다른 일부는 직업과 관련해 부여된 해외 활동 기회를 이용했다. 대표적인 예로 동독의 유명 가수이자 TV 예능 프로그램 진행자였던 멘첼(A. Mentzel)을 들 수 있다. 롤링스톤스와 비틀스 등 서방의 록 음악에 심취한 그는 1973년 6월 알폰스 보네베르크 6인 중창단의 일원으로 서베를린에서 열린 한 축제에 공연차 왔다가 돌아가지 않고 서독에 정착했다. 그런가 하면 1976년 동계 올림픽 스키 금메달리스트인 동독의 운동선수 아슈엔바흐(H.-G. Aschenbach)는 현역 은퇴 후 스포츠닥터가 됐다. 동독에 불만을 품고 서독을 비롯한 서방 세계를 동경하던 그는 1988년 8월 서독 힌터차르텐에서 열린 스키 대회에 동독 국가대표팀 주치의로 참가하게 됐다. 이를 탈출의 기회로 여긴 그는 이곳에 도착한 후 탈출 전문 도우미의 지원을 받아 동독 팀을 이탈한 후 서독 정부에 정치적 망명을 신청했다.[82]

합법 이주를 위한 투쟁

베를린 장벽 수립 이후 동독인의 이탈이 불법 탈출로만 있었던 것은 아니다. 불법 탈출은 생명에 위협을 받을 만큼 수많은 위험을 감수해야 했고, 탈출 전문 도우미의 도움을 받기 위한 비용도 많이 들었다. 이에 따라 장벽이 세워진 이후 동독인은 점차 합법적 이주, 즉 스스로 동독 국적을 포기하고 서독 이주를 신청한 후 정부 승인을 받아 동독을 떠나는 방식을 택했다. 1971년에서 1979년까지 동독을 이탈한 전체 주민 가운데 65퍼센트가, 1980년에서 1988년까지는 74퍼센트가 이런 방식을 택했다.[83] 이를 통해 1970년대 이래 동독 이탈 방식이 불법 탈출에서 합법적 이주로 변화했음을 알 수 있다. 물론 이전에도 동독인은 정부의 승인을 받아 서독으로 이주할 수 있었지만, 대부분 퇴직한 노인이거나 상해 혹은 장애로 인해 경제활동을 하지 못하는 이들이었다. 반면에 1970년대부터는 정상적으로 취업 활동을 할 수 있는 이들의 이주 신청이 늘어났다.

이러한 변화는 무엇보다 1970년대 이후 국제적 긴장 완화와 그에 따른 동독의 문호 개방 덕분에 가능했다. 호네커 정권은 동서독 관계 정상화를 바탕으로 서방국가와 외교 관계를 수립했고, 동독은 1973년 국제연합에, 1975년 유럽안보협력회의(KSZE)에 가입했다. 동독 정권은 이를 통해 오랜 고민거리였던 국제적 고립에서 벗어나 동독의 위상을 높일 수 있었지만,[84] 그 반대급부로 회원국에 부과된 의무를 다해야 하는 부담을 지게 됐다. 무엇보다 동독은 국제연합 회원국이자 유럽안보협력회의 헬싱키 최종의정서 서명 국가로서 동독인에게 사상과 양심, 종교의 자유를 보장하고 이산가족 상봉을 도우며 시민의 거주 이전의 자유를 존중해야 할 의무가 있었다. 그 때문에 동독인은 이를 근거로 정부에 자신들의 서독 이주를 승인하라고 요구할 수 있었다. 일례로 드레스덴의 피르나 출신 동독인 41명은 국제연합 인권협약을 내세워 거주 이전의 자유를 보장하라고 공개적으로 요구했다.[85] 이러한 상황에 힘입어

1972년부터 1984년까지 10만 4850명이 이주 신청서를 제출했다.[86]

그러나 이주 신청을 했다고 끝난 것이 아니다. 이주 신청자는 신청 후 이주 승인을 받기까지 오랜 시간 동안 고난을 감수해야 했다. 1949년 제정된 동독 헌법에는 이민권이 명시돼 있지만 이는 곧 유명무실해졌다. 더욱이 1968년 개정된 헌법에서는 아예 이 규정이 삭제됐기 때문에 1980년대 초까지 동독인의 이주 신청 권리에 대한 법적 규정 자체는 존재하지 않았다. 동독 관청은 이를 근거로 이주 신청이 고려할 사안조차 되지 않는다고 통보하고 그 처리를 거부했다.

그러나 1970년대 이후 동독은 변화의 압력에 직면했다. 우선 동독 정권은 국제기구의 회원국이 된 상황에서 인권을 보장하라는 국제사회의 여론을 무조건 무시할 수만은 없었다. 더욱이 1980년대 동독의 경제 상황이 갈수록 악화돼 서독의 경제 원조에 의존하는 비율이 높아졌기 때문에 그 반대급부로 인권을 보장하라는 서독 정부의 요구를 부분적이나마 받아들여야 했다. 이러한 상황에 따른 압력과 동독 이탈을 원하는 주민의 거듭되는 요구에 따라 1983년 '이산가족 결합과 비동독인과의 결혼에 관한 규정'이 제정됐다. 이로써 동독에서는 처음으로 국외 이주와 관련한 법규가 마련됐지만, 그렇다고 이것이 서독으로 가겠다는 이들의 요구를 반영한 것은 결코 아니었다. 이 법은 퇴직자와 근무 불가능자, 정신적·육체적 장애나 만성 질병을 앓는 아동이 서독에 있는 가족과 함께 살기를 원하는 경우, 비동독인과 결혼해 동독을 떠나야 하는 경우에만 이주 신청의 권리를 부여했다.[87] 즉 허용 대상이 대부분 은퇴한 노년 세대와 소수의 특수 사례에만 국한됐다는 점에서 기존 관행과 크게 달라진 점이 없었고, 오히려 이를 근거로 일반 동독 주민의 이주 신청은 위법으로 몰려 묵살됐다.

그러나 동독을 떠나기로 마음먹은 이주 희망자는 쉽게 물러서지 않았다. 그들은 이미 많은 난관에 부딪힐 것을 각오하고 있었기 때문이다. 또 동독 정권이 위법이라면서도 일부 동독인에게는 이주를 승인했기 때문에 희망의 끈을 놓지 않았다. 예를 들면 동독의 국가 안보에 큰 지장을 주지 않으면서 동독에 유익할 경우, 그리고 동독에 남으라는 설득이 전혀 먹히지 않을 만큼 완강한 이들에게는 종종 이주 허가가 떨어졌다.[88] 이주 신청자의 상당수는 정치범 석방 거래 협상에서 동독 측 대리인으로 활약한 변호사 포겔(W. Vogel)에게 이주 승인을 좀 더 빨리 받을 수 있도록 도움을 요청했는데, 포겔은 이들이 소유한 집이나 농가를 값싸게 팔거나 아니면 국가에 헌납할 것을 종용했다. 이들의 재산을 인수한 이들은 대부분 국가안전부와 통사당 간부였다.[89] 1983년에서 1986년까지 서독으로 넘어온 동독 이탈 주민을 대상으로 한 표본조사 결과에 따르면, 이들은 보통 2년에서 많게는 5년 이상 동독 정권의 탄압과 사회적 불이익을 견디며 투쟁한 끝에 서독으로 이주할 수 있었다.[90]

이처럼 승인이 언제 날지 모르다 보니 이주 신청자는 신청서를 제출하는 데 그치지 않고 점차 공개적이고 적극적인 방법으로 투쟁을 이어갔다. 우선 이들은 거주 이전의 자유를 보장하라고 요구하는 피켓 시위를 벌였다. 예를 들면 1977년 1월 30일 동독 여성 두 명이 동베를린 도시고속전철 프리드리히 거리 역 주변에서 각각 "동독에서도 인권 보장이 제대로 실현돼야 한다", "국제연합 헌장 제12조: 모든 인간은 자신이 거주할 곳을 자유롭게 선택할 수 있어야 한다(그런데 우리는 어떠한가?)"라고 적힌 커다란 판지를 들고 시위를 하다 체포됐다.[91] 나아가 화력발전소 굴뚝에 올라가 자신의 서독 이주를 허용하라고 요구하며, 받아들여지지 않으면 뛰어내리겠다고 압박하는 사람도 있었다.[92] 때로는 도심에서 촛불 시위도 이어졌고, 백색회(Weißer Kreis)라 칭하는 이주 신청자들은 1983년 6월 18일 이후 토요일마다 예나의 도심 코스모나우텐 거리(Platz der Kosmonauten)에 모여 둥그렇게 손을 잡고 서서 한 시간 동안 침묵시위를 벌이기도 했다.[93]

그런가 하면 1978년부터 1987년까지 동독인 약 2만 5000명이 동베를린 주재 서독 상주 대표부, 서독 정부기관이나 저명인사에게 도움을 호소했다.[94] 1981년 1월부터 1986년 12월까지 기사련(기독교사회연합, CSU)의 슈트라우스(F. J. Strauß), 사민당(사회민주당, SPD)의 포겔(H. J. Vogel)과 라우(J. Rau) 같은 서독의 유명 정치인이 동독인의 이주 문제와 동서독인의 상호 방문 여행 등에 관해 선처를 부탁하는 청원서를 동독 정부에 제출한 것도 이러한 상황을 반영한다.[95] 나아가 이주 희망자는 동베를린이나 동유럽 주재 서독 혹은 여타 서방국가의 외교 대표부를 점거하고 망명을 요청했다. 이들의 수는 1984년에만 607명에 달했다.[96]

이러한 공개적, 도발적 행위는 자신들의 문제를 국내외적으로 공론화해 동독 정권에 압력을 가하기 위해서였다. 그 과정에서 체포된다 해도 동서독 정부 간의 정치범 석방 거래를 통해 서독으로 방면될 것을 기대할 수 있었기 때문에 그들은 의도적으로 도발적 행위를 감행했다.

이처럼 커지는 이주 희망자의 압력에 직면한 호네커는 1984년 초반 3만 명이 넘는 이주신청자에게 이주를 승인했다. 동독 정권은 경제위기가 심각했던 1983년 서독이 제공한 10억 마르크의 차관에 대해 인권보장이라는 반대급부의 부담을 안고 있었는데, 이참에 완강한 이주신청자를 방출해 고조된 압력의 수위를 낮추려고 했다. 그러나 이 조치도 이주 신청 행렬을 잠재우지 못했다. 오히려 참고 견디면 서독으로 갈 수 있다는 사실을 이주신청자에게 확인시켜주는 셈이 됐다. 그뿐만 아니라 이때 서독으로 간 동독인의 영향으로 이들의 친척과 지인까지 이주 신청서를 제출하는 역효과를 초래했다.[97]

더욱이 1987년부터는 이주 신청자도 조직화돼 집단행동에 나섰다. 대표적인 예로 1986년 이주 신청을 한 연극감독 예쇼네크(G. Jeschonneck)가 결성한 국적법연구회(Arbeitsgruppe Staatsbürgerschaftsrecht)를 들 수 있다.[98] 이 연구회는 기본적으로 해외 이주를 요구할 수 있는 국내 헌법이나 국제법적 근거를 홍보하고, 관심 있는 이들에게 상담을 해주었다. 나아가 이주 신청자들은 1980년대 후반 이래로 동독 체제의 비민주성을 비판하며 개혁을 주장하는 환경·평화·인권 운동 그룹의 행사에 참여해 자신들의 문제를 적극 알렸다.[99] 1988년 1월 17일에는 해마다 동독 정권이 공식 개최하는 로자 룩셈부르크(Rosa Luxemburg)와 카를 리프크네히트(Karl Liebknecht) 추모 행진에 참여해 시위를 벌이기도 했다. 이러한 급진적 움직임에 발맞추어 이주 신청자 수는 1987년 10만 5000명, 1988년 11만 3000명에 달했다.[100]

베를린 장벽 수립 이후 탈동독 행렬이 일으킨 파장

베를린 장벽이 세워진 뒤부터 1989년 대규모 탈출 사태가 시작되기 전까지 탈동독 행렬은 동독 사회에 어떤 영향을 미쳤을까? 이 시기의 탈동독 행렬은 1950년대보다는 수적으로 훨씬 적었지만, 장기적으로 인적 출혈이 계속되면서 동독은 생산 분야뿐 아니라 의료, 서비스업 분야에서도 인력 수급의 어려움을 겪었다.[101] 한편 독일계 미국 경제·사회학자 히르슈만(A. O. Hirschmann)은 탈동독 행렬이 통사당의 지배 체제를 안정시키는 역할을 했다고 강조했다. 체제에 적대적인 이들이 동독을 떠남으로써 동독 내 비판적 저항 세력이 약해졌다고 보았기 때문이다. 이러한 맥락에서 히르슈만은 폴란드나 체코슬로바키아의 반체제 세력이 동독에 비해 더 강했던 것도 서독과 같은 배출구가 없었기 때문이라고 주장했다.[102]

저항 가수 비어만의 방출, 1980년대 평화·환경·인권 운동 그룹의 주요 회원이 동독 정권의 탄압과 그에 따른 좌절감으로 서독으로 이주한 것 등을 볼 때 동독인 이탈이 동독 사회 내에서 반체제 세력의 구심점 형성을 어렵게 만든 점이 있다는 것을 부인할 수는 없다. 그러나 히르슈만은 떠난 자가 동독 사회에 남긴 파급 효과가 장기적으로 볼 때 동독 사회를 불안정하게 만들었다는 점을 과소평가한다. 이는 무엇보다 동독 사회가 동독 이탈 주민을 어떻게 바라보았는지를 보면 알 수 있다. 동독인은 1970년대까지는 전반적으로 이들에게 비판적이었다. 동독을 등지고 서독으로 떠나는 행위를 일종의 도덕적 배신으로 여겼고, 그 때문에 이주 신청자는 사회적 고립을 감수해야 했다. 그러나 끊임없이 이어지는 가족, 직장 동료 혹은 이웃사촌의 동독 이탈은 남아 있는 동독인에게 무엇 때문에 그들이 동독을 떠나는지에 대한 근본적인 질문과 토론거리를 던져주었다. 그 과정에서 동독 체제를 바라보는 문제의식이 강화됐다.[103] 이에 따라 동독 이탈 주민을 바라보는 태도 역시 변화돼 1984년 동독 시민을 대상으로 실시한 한 여론조사에서는 응답자의 56퍼센트가 동독 이탈을 이해한다고 했고, 14퍼센트만이 거부감을 나타냈으며, 1989년에는 응답자의 66퍼센트가 공감을 표명했다.[104] 이는 단지 동독 이탈 주민에게 보여준 관용의 태도를 넘어, 남아 있는 동독인 역시 탈동독 행렬에 가세할 수 있는 잠재적 가능성을 짐작게 했다.

그럴 뿐 아니라 불만을 가진 이들이 동독을 떠났다는 것으로 끝나는 것도 아니었다. 이들은 동독에 있는 가족 친지와 계속 연락을 주고받았다. 막연한 서독인을 통해서가 아닌, 동독에 살다 이주해간 그들이 서독에서 직접 전해오는 실상은 동독인에게 큰 영향을 미쳤고, 남은 자들의 새로운 이주 신청과 탈출 시도로 이어졌다. 이러한 상황은 1981년 여름 동유럽 사회주의 국가를 통해 동독을 이탈한 R부부의 사례를 통해 확인할 수 있다. 남편은 엔지니어, 아내는 의사인 이 부부는 서독으로 간후 동독에 있는 지인과 계속 연락하며 살았다. 이들은 편지로 자신들이 서독에서 짧은 시간 안에 성공적으로 정착했음을 알렸다. 부인은 병원을 열었고, 남편은 비행기 조종 면허를 따서 개인 비행기까지 장만했으며, 약85평의 단독주택에서 승용차 두 대를 두고 살며, 오스트리아, 이탈리아, 프랑스, 스위스 등지로 자유롭게 여행 다니는 근황까지 전해왔다. 그 여파로 1983년 7월 이 부부와 알고 지내던 다른 의사 부부가 가족과 함께 헝가리를 통해 서독으로 탈출했다.[105]

통사당 정권도 이러한 부메랑 효과를 막고자 동독 이탈 주민과 동독인의 접촉을 막는 데 심혈을 기울였다. 이를 볼 때 1989년 이전의 탈동독 행렬은 충분히 통사당 지배 체제에 위협이 될 수 있었고, 1989년의 대규모 탈출 사태 역시 이전 시기 탈동독 행렬의 영향과 분리해서 생각할 수 없을 것이다.

동독 이탈 주민의
사회적 프로필과
이탈 동기

성별, 연령, 직업, 학력으로 본 탈동독민

탈동독인이 어떻게 동독을 떠나왔는지도 중요하지만, 이들이 주로 어떤 부류였는지도 궁금하지 않을 수 없다. 그런데 이 문제에 대해서는 자세히 알려져 있지 않다. 이탈 주민을 대상으로 한 몇몇 조사 결과가 있지만, 이는 주로 특정 시기에 국한되거나 조사 규모가 크지 않아서 일반화하기가 어렵다. 하지만 연구 과정에서 발견한 일련의 자료를 활용해 동독 이탈 주민의 신상을 좀 더 구체적으로 파악해 볼 수 있다.

우선 동독 이탈 주민의 성별 분포다. 1961년 서독 전독일문제부(Bundesministerium für Gesamtdeutsche Fragen)가 펴낸 한 자료에 따르면, 베를린 장벽이 수립되기 전 동독을 이탈한 사람 가운데 남성은 46~53퍼센트였다.[106] 이 시기 동독 이탈 주민의 남녀 성별 비율이 비슷했음을 알 수 있다. 1950년 동독 전체 인구 가운데 남성은 44.5퍼센트, 1959년 말에는 45.1퍼센트 불과했다.[107] 동독을 이탈한 남성이 이처럼 많았다는 것은 제2차 세계대전의 여파로 남성 인구가 많이 감소한 상황에서 동독의 인구 구조에 불리하게 작용했다.

한편 1965년부터 1974년까지 긴급수용심사를 통해 집계된 이탈 주민 18만 6799명 중 남성은 6만 5597명(약 35퍼센트)이었다. 전체적으로는 여성이 압도적으로 많았지만 45세 미만 젊은 세대에서는 남녀의 비율이 2만 5539명 대 1만 7663명으로 남성이 더 많았다. 반면 65세 이상 이탈 주민 가운데 여성은 5만 9883명으로 3만 3433명인 남성 이탈 주민을 크게 앞질렀다.[108] 이를 통해 취업 연령대에서는 남성 인구의 유출이 더 컸음을 알 수 있다. 합법적 이주신청을 통해 이탈 주민 수가 크게 늘었던 1985년부터 1988년까지 이탈 주민을 다룬 한 자료에 따르면 남성이 5만 4144명, 여성이 5만 7186명으로 1950년대와 비슷하다. 이를 연령대별로 세분해보면 45세 미만 연령대에서는 남녀가 각각 4만 2658명 대 3만 8646명으로 큰 차이가 없다. 그러나 45세 이상 65세 미만에서는 남성이 7503명, 여성이 1만 1592명이고, 65세 이상에서는 3983명 대 6948명으로 격차가 커진다.[109] 즉 장년층과 노년층에서는 여성의 비중이 훨씬 더 높았다.

그렇다면 주로 어느 연령층이 동독을 이탈했을까? 1955년에서 1959년까지 동독 이탈 주민을 대상으로 실시한 조사 결과에 따르면, 베를린 장벽 수립 이전 시기에 동독을 이탈한 주민의 약 절반이 25세 미만이었고, 65세 이상은 5.4퍼센트에 불과했다. 즉 젊은 층이 대거 동독을 떠났고, 노년층은 매우 적었음을 알 수 있다. 이에 따라 대규모 동독 이탈은 1950년대 동독의 인구 구조에 부정적 영향을 미친 반면, 서독에는 유리

하게 작용했다.[110]

베를린 장벽이 세워진 이후의 추세를 알아보기 위해 동서독 통계 자료를 살펴보았다. 우선 1965년에서 1974년까지 동독을 이탈한 주민 18만 6799명을 조사한 결과에 따르면, 1950년대와 달리 65세 이상 이탈 주민이 약 50퍼센트(9만 3316명)로 압도적으로 많았다. 25세 미만은 약 9.9퍼센트(1만 8415명)에 불과했고, 45세 미만까지 확대해도 약 23.1퍼센트(4만 3202명)에 불과했다.[111] 1950년대와는 확연히 다른 이러한 결과는 베를린 장벽 수립으로 변화된 상황을 반영한다. 1960년대 이후에도 젊은 층은 위험을 무릅쓰고 동독 이탈을 감행했다. 그러나 베를린 장벽과 함께 구축된 철통같은 방어벽을 뚫기가 쉽지 않았기 때문에 아무래도 이들은 소수일 수밖에 없다. 나머지 다수는 이주를 신청해 합법적으로 동독 이탈을 시도했지만, 동독 정권은 1970년대 전반기까지 동독인의 해외 이주 승인을 완강히 거부했고, 젊은 층의 이주는 더더욱 허용하지 않았다. 그 때문에 1950년대와 비교해 젊은 층의 비중은 급감했고, 별 어려움 없이 서독으로 갈 수 있었던 노년층의 비중이 높았던 것으로 해석된다.

합법적 동독 이탈의 움직임이 더 활발했던 1970년대 이후 동독 이탈 주민의 주요 연령층은 다른 모습을 보인다. 1972년부터 1984년까지 서독 이주를 신청한 약 10만 4850명에 대한 동독 내무부 기관 보고서에 따르면[112] 18세 이상 40세 이하가 5만 7129명으로 약 54.5퍼센트였고, 40세 이상은 1만 7665명으로 약 16.8퍼센트에 불과하다.[113] 이를 통해 이 시기 이탈 주민의 주축은 다시 젊은 층이었음을 알 수 있다. 이러한 경향은 1980년대 후반에도 나타난다. 요컨대 1985년부터 1988년까지 합법적으로 동독을 떠난 11만 1330명 가운데 24세 이하가 3만 8137명으로 3분의 1(약 34.3퍼센트)을 넘었고, 44세 이하는 8만 1304명으로 약 4분의 3(약 73퍼센트)에 달했다.[114]

이처럼 동독 이탈이 전체적으로 볼 때 젊은 층의 현상이었던 것은 아무래도 젊은이가 자신의 미래에 좀 더 적극적인 기대를 갖고 있고, 탈출의 위험부담[115]과 낯선 곳에서의 새로운 삶을 감당할 만한 능력과 모험심이 많다는 것으로 설명할 수 있다. 생산의 중추 역할을 담당할 젊은 층이 주로 동독을 떠난 것은 당장의 노동력 손실뿐 아니라 제2차 세계대전의 여파로 노년층의 인구 구성비가 높아진 상황에서 동독 사회의 노령화를 심화시킨 부정적 요인으로 작용했다.

동독 이탈 주민이 주로 젊은 층이었다는 것은 이들의 다수가 노동인구였음을 뜻한다. 서독 연방 통계국 조사 결과에 따르면, 1952년부터 1961년까지 서독으로 넘어간 동독인의 60퍼센트 이상이 동독에서 취업자였다.[116] 당시 동독의 전체 노동인구가 47.1퍼센트에 불과했고[117] 1950년대 수백만 명에 달하는 이탈 주민의 규모를 고려할 때 이처럼 취업자의 비중이 높았던 것은 동독의 생산 인구를 감소시키는 데 충분히 부정적 영향을 미쳤다고 볼 수 있다. 반면에 1963년부터 1974년까지 서독으로 넘어온 동독인 가운데 취업자는 평균 약 20.5퍼센트에 불과했다.[118] 이는 앞에서 설명한 대로 베를린 장벽으로 탈출구가 봉쇄된 이후 이탈 주민의 대다수가 퇴직자였던 상황을 반영한다.

합법적 이주 시도가 늘어나는 1970년대 후반 이후 상황은 자료가 부족해서 부분적인 통계 자료를 통해 대강의 윤곽만 추정할 수 있다. 우선 1977년에서 1978년 사이에 서독 이주를 신청한 1만 72명의 신상을 분석한 동독 측 자료에 따르면, 이들의 약84퍼센트가 경제활동을 했다.[119] 그런가 하면 1984년 서독으로 넘어온 18세 이상 동독인을 대상으로 실시한 롱게(V. Ronge)의 조사 결과에 따르면, 이들 가운데 약 90퍼센트가 직업 활동을 했다.[120] 1981년 18세 이상의 전체 동독 인구 중 취업 인구가 차지하는 비율이 약 66퍼센트에 불과했다[121]는 점에 비추어보면 베를린 장벽 수립 이후에도 동독 이탈 주민 혹은 서독 이주 신청서를 낸 동독인의 다수는 취업 활동이 가능하고 취업 의지도 강한 부류였음을 알 수 있다. 비록 베를린 장벽으로 인해 이탈 규모가 줄어 1950년대처럼 동독 경제에 막대한 타격을 입힌 것은 아니지만, 이들의 이탈은 생산 인구를 감소시키는 요인이 됐다.

탈동독민은 동독에 있을 때 주로 어떤 일을 했을까?[122] 관련 자료를 보면 공업/수공업 분야에서 가장 많이 일했다. 1952~1961년까지 동독을 이탈한 이들 가운데 이탈 전 취업자인 사람의 평균 약 34.1퍼센트, 1963~1974년 이주민의 경우 평균 약 39퍼센트가 이 직종에 종사했다. 이처럼 비중이 높았던 것은 직업적 전망이 좋았다는 사실과 밀접한 관련이 있다. 서독은 1950년대 중반 경제 기적을 달성한 후 줄곧 최상위 공업 국가 자리를 지켰다. 이에 따라 이 분야의 직업을 가진 동독 이탈 주민에게도 취업의 문이 넓었다. 이러한 상황은 서독 기업이 동독인 인력을 모집한 사례로도 확인할 수 있다. 예컨대 서독의 전자제품 회사는 1960년 7월부터 9월까지 서베를린에서 동독의 젊은 숙련공을 대대적으로 모집했다. 심지어 이들을 소개하는 사람에게는 사례비까지 주었다. 세계적인 전기·전자 기업인 지멘스는 1인당 25~50마르크를 사례비로 지급했다.[123] 그런가 하면 1950년대 중반 서독의 여러 공장은 정문에 "동독 노동자 여러분, 우리 공장으로 와서 일하십시오. 우리도 5일 노동에 서독 돈으로 100마르크를 지불합니다"라는 내용의 표지판을 부착하기도 했다.[124]

3차 산업인 상업과 운수업 계통에 종사한 이탈 주민도 적잖았다. 이들의 비중은 1952~1961년 평균 약 19.5퍼센트, 1963~1974년 평균 약 18.4퍼센트에 달했다. 전문직 종사자 수도 무시할 수 없는 수준이었다. 우선 행정·법조계 종사자가 1952~1961년 평균 약 5.9퍼센트, 1963~1974년 평균 약 6.6퍼센트에 달했다. 이들 외에도 통상적으로 전문직으로 분류할 수 있는 전문 기술 분야, 지식인·예술 관련 직업을 가졌던 이탈 주민까지 합하면 전문직 종사자의 비중은 시기별로 각각 약 13.2퍼센트, 18.5퍼센트로 추산된다.[125]

반면에 농업 종사자의 비중은 크지 않았다. 그래도 베를린 장벽이 생기기 전까지는 농업 정책에 반발해 동독을 이탈하는 농민이 적잖았기 때문에 전체 이탈 주민 가운데 이들의 비중은 평균 약 9.5퍼센트에 달했다. 그러나 그 이후인 1963년에서 1974년까지는 평균 약 4.3퍼센트로 대폭 줄었다. 그 이유로는 우선 베를린 장벽으로 인해 동독 이탈이 힘들어졌고, 또 이 시기에는 집단화가 종료돼 1950년대와 같은 갈등 구조가 약화됐다는 점을 꼽을 수 있다. 동독 농민이 서독에 정착하는 데 필요한 기본 여건이 그리 좋지 않았다는 점도 작용했다. 서독 경제가 공업 위주로 발전하면서 농업은 축소됐고[126] 경작지도 충분하지 않았기 때문에 서독에서 본업이 아닌 소작인이나 농업 노동자로 전락하거나 아예 전업하는 경우가 많았다. 따라서 전통적으로 토지에 애착이 강한 농민이 이탈 후 안게 될 위험부담 때문에 이탈을 주저했을 가능성은 충분하다.

그렇다면 동독 이탈 주민의 학력 수준은 어떠했을까? 유감스럽게 도 1950~1960년대 이탈 주민의 학력을 알려주는 자료는 찾을 수 없 었다. 아쉬운 대로 1984년 실시된 룽게의 조사 결과를 보면, 합법적 이 주자 중 60퍼센트가 동독의 기초 교육과정인 10학년제 종합기술학교 (Polytechnische Oberschule)를 졸업했고, 약 33퍼센트가 대학입학자격시 험(Abitur)을 치렀으며, 대학이나 전문대학 졸업자는 10퍼센트였다. 10 학년제 종합기술학교 졸업 후 전문 직업교육을 받은 사람은 84퍼센트 였다.[127] 한편 1983~1986년 서독으로 넘어온 동독인 937명을 대상으 로 실시한 또 다른 조사 결과에 따르면, 대학 졸업자는 약 14퍼센트, 전 문대학 졸업자는 약 16퍼센트, 숙련 노동자 직업교육을 받은 사람은 약 50퍼센트였다.[128] 그런가 하면 1981~1986년 서독 이주를 신청한 동독 인의 학력을 분석한 한 동독 내무부 문서에 따르면, 이들의 약 80퍼센트 가 숙련 노동자 교육과정을 마쳤고, 대학이나 전문대학 졸업자는 약 15 퍼센트였다.[129] 1970년대부터 1980년대 초까지의 추세를 살펴보기 위 해 1972~1984년 '잠재적 동독 이탈 주민', 즉 서독 이주 신청서를 제출 한 동독인 5만 637명을 분석한 또 다른 동독의 통계 자료를 살펴보면, 이들의 약 64퍼센트가 숙련 노동자 교육과정을 마쳤고, 약 14퍼센트 가 대학 졸업자였다.[130] 이 모든 통계 수치를 종합해보면 1970년대부터 1980년대 중반까지 전문 직업교육 이상의 학력을 소지한 이탈 주민 내 지 이주 희망자는 대략 최소 78퍼센트, 최대 95퍼센트에 달했다. 이를 1971~1981년에 전문 직업교육 이상 학력 소지자의 동독 전체 평균이 72퍼센트,[131] 1984년에는 78퍼센트였다[132]는 점과 비교해볼 때 동독 이 탈 주민의 학력은 동독 시민의 평균 학력보다 다소 높았던 것으로 추정된다.

통계 자료가 부족해 다소 불완전하지만 이상의 내용을 토대로 동독 이탈 주민의 신상을 재구성해보면, 동독 이탈 주민의 다수는 젊은 세대였고, 고도의 전문직은 아니어도 최소한 다양한 생산 분야에서 충분히 제 몫을 다할 수 있는 숙련된 인력이었다. 이들이 소수가 아닌 수백만 명에 달했기 때문에 동독으로서는 인구 구조와 생산 인구 충원 면에서 결코 무시할 수 없는 인적, 경제적 손실이었다. 반면 이들을 받아들인 서독에서는 생산 인력을 늘리고 또 인력 양성에 필요한 비용을 들이지 않고도 필요한 숙련 인력을 충원할 수 있었다는 점에서 긍정적이었다.

이런 맥락에서 볼 때 동독 이탈 주민의 신상 파악은 이탈 주민 문제를 이해하는 데 중요한 의미를 지닌다. 분단 시기 서독 사회에서는 동독 이탈 주민을 죄를 짓고 도망쳐온 범죄자 혹은 일할 의욕 없이 기생적으로 살아가는 사회 부적응자, 서독 사회에 도움이 되기보다는 도와주어야 할 무능력자로 보는 부정적 인식이 강했다. 그러나 이탈 주민의 신상을 자세히 들여다보면 이들의 다수가 기본적으로 생산적이고 독립적인 사회 구성원으로서의 자격을 충분히 갖추어 서독 경제 발전에 일익을 담당했음을 알 수 있다. 이들을 주로 부양해야 할 '부담스러운 짐'으로 여긴 서독 사회의 인식은 오래 지속된 편견이었다.

개인적 이탈 동기

낯선 곳에서 새로운 삶을 개척한다는 것은 기본적으로 쉬운 일이 아니다. 더욱이 이탈 주민에게는 한동안 동독 방문이 허용되지 않았기 때문에[133] 동독 이탈은 곧 모든 사회관계의 상실을 의미했다. 그렇다면 그들은 왜 이러한 어려움을 감수하면서까지 서독으로 갔을까? 앞에서 살펴본 동독 체제의 정치적, 사회적, 경제적 모순은 동독 이탈의 거시적, 구조적 배경에 해당한다. 그러나 동독인이 동독을 떠난 이유는 개인에 따라 달랐다. 따라서 이들의 동독 이탈 원인을 좀 더 입체적으로 파악하기 위해서는 개인의 이탈 동기도 살펴볼 필요가 있다. 동독 이탈 주민의 진술을 담은 다양한 종류의 자료를 종합해보면 그들의 이탈 동기는 대략 넷으로 나눌 수 있다.[134]

정권의 탄압과 구속을 피하기 위해서

첫 번째 동기는 정치적인 이유다. 이탈 주민의 한 부류는 비민주적 동독 체제에 순응하지 않고 적극적으로 반대 의사를 표명했던 이들로, 정권의 탄압을 피하기 위해 동독을 떠났다. 이들은 주로 정치적 탄압이 심했던 1950년대 초반에 동독을 이탈했다. 대표적으로 통사당의 일당 통치에 문제를 제기한 동독의 부르주아 정당 정치가, 1946년 독일공산당(DKP)과 강제로 통합돼 통사당으로 흡수된 후 영향력을 완전히 상실한 사민당 정치 지도자, 억압적인 동독의 체제를 비판한 뒤 '제국주의 스파이'로 몰려 처벌 위기에 처한 지식인, 1953년 6월 노동자 봉기에 연루돼 체포 위기에 처한 동독인, 평범한 시민인데도 사상성을 의심받아 처벌될 상황에 놓인 동독인 등이 있다.[135]

직접적인 신변의 위협뿐 아니라 비민주적인 동독 체제에 대한 불만과 회의도 이탈 동기로 작용했다. 이와 관련해 동독 이탈 주민은 동독 체제가 시민의 기본권, 예컨대 언론·사상·종교·여행의 자유를 보장하지 않는다는 점을 이탈 동기로 빈번히 지적했다. 즉 건전한 사회 비판조차 허용하지 않고 체제에 순응하지 않는 사람에게 가하는 억압과 차별, 창작의 자유 대신 끊임없이 요구하는 예술의 정치화, 사회적·경제적 불이익을 무기로 교회 탈퇴를 강요하는 종교 억압, 서독에 거주하는 고령의 어머니가 아파도 병문안조차 갈 수 없는 현실,[136] 각급별 교육기관에서 교사와 학생 모두를 강제한 이데올로기적 통제, 도청과 우편 검열을 넘어 비공식 정보원까지 활용해 동독 주민을 광범위하게 감시한 국가안전부의 불법 행위 등이 동독 사회주의 체제에 대해 반감을 불러오면서 동독 이탈을 부추기는 동인으로 작용했다.[137]

청소년에게 동독 국가인민군에 자원입대하도록 압박한 것 또한 이탈의 동기였다. 1955년 서독이 나토에 가입하고 서독연방군을 창설하자, 이에 대응해 동독도 1956년 국가인민군을 창설했다. 국가인민군은 1961년까지 입대 연령에 해당하는 청소년의 자원입대를 통해 병력을 충원하는 모병제를 토대로 했다. 이에 따라 대대적으로 입대 권고를 선전하자, 그 과정에서 심한 압박감을 느낀 청소년이 18개월에 달하는 군복무를 피하기 위해 동독을 이탈했다.[138] 1950년대 이탈 주민 가운데 반 이상이 25세 이하의 젊은 세대였다는 사실도 이와 무관하지 않을 것이다.

그런가 하면 시민의 광범위한 조직화와 일상생활의 정치화 역시 빼놓을 수 없는 정치적 동기 요인이다. 대중 동원을 지배 수단으로 활용한 동독 정권은 동독인을 모두 다양한 사회조직에 가입시키고, 정치적 행사에 적극 참여하게끔 강요했다. 동독인이라면 또한 학교와 직장에서 정기적으로 이데올로기 교육도 받아야 했다. 이러한 정치화의 압력은 많은 동독인에게 부담으로 다가왔다. 더욱이 그 압력이 직업 활동의 영역까지 침해하는 경우가 많아 불만이 컸다. 일례로 엔지니어 출신의 한 이탈 주민은 1956년 국가인민군이 창설되자 '사회정치 활동'이라는 명목하에 청소년과 만나 국가인민군에 자원입대하라고 설득해야 했다. 연구원 출신의 한 이탈 주민도 1960년 3월 초 농민에게 집단화를 받아들이도록 설득하는 선전 활동에 동원됐다.[139] 또 다른 예로 1957년 이후 대학 강사나 박사 과정 학생은 정기적으로 자신이 맡은 학생에게 어떤 방식으로 사회주의를 교육할 것인지 보고하고 평가받아야 했고, 강의 내용이 마르크스-레닌주의와 연관성이 부족하면 질타를 받았다.[140] 이에 동독인은 정치적 피로감과 구속감을 느꼈다. 이와 동시에 겉으로는 체제에 대한 지지를 표명하는 자신의 이중적 태도와 그에 따른 자괴감 때문에라도 자유로운 삶을 동경하기에 이르렀다.

동독 이탈 주민의 진술을 종합해볼 때 정치적 동기에서는 베를린 장벽 이전과 이후 사이에 큰 차이가 없었다. 다만 1960년대 이후에는 계급투쟁과 정치적 테러를 토대로 사회주의 세력의 지배 체제를 굳히는 과정이 끝난 시기인 만큼 1950년대처럼 물리적 탄압을 피하기 위해 동독을 이탈하는 경우는 드물었다. 그 외에는 이전 시기와 비슷하다. 베를린 장벽 수립 이후에도 통사당 지배 체제가 갖고 있는 비민주적 성격은 크게 변하지 않았기 때문이다. 건설적 의도로 동독 정권의 정치적, 경제적 실책을 비판하고 탈당까지 감행한 한 통사당원은 종전의 간부직에서 하급직으로 강등돼 직업적으로 성공하는 길이 차단됐다.[141] 의사조차 서독 이주 신청을 한 자신의 환자에게 이를 철회하도록 설득해야 할 만큼 사회정치적 활동의 압력도 여전했다.[142]

이를 반영하듯 1984년 합법적 이주 신청으로 서독으로 넘어간 동독인을 대상으로 롱게가 조사한 결과에 따르면, 조사 대상자의 71퍼센트가 언론의 자유 부재, 55퍼센트가 정치적 억압, 56퍼센트가 여행의 부자유 등을 이탈 동기로 꼽았다.[143] 특히 베를린 장벽 수립으로 외부 세계와 자유롭게 접촉할 수 없게 되자 많은 동독인은 마치 감옥에 갇힌 것과 같은 답답함, 단조로운 여가 생활에 따른 불만과 외부 세계 동경 등이 겹치면서 불만이 커져갔다.

생업의 자유와 풍요로운 삶을 찾아서

두 번째 동기는 경제적, 직업적, 물질적인 이유다. 우선 농민과 상공업자의 탈출에서 알 수 있듯이 강제 집단화에 따른 반감이 크게 작용했다. 분단 이전까지 독립적으로 경제활동을 한 농민, 수공업자는 1950년대가 되자 농업협동조합과 생산협동조합에 가입할 것을 강요받았다. 순순히 가입하지 않으면 계속 거부 이유를 추궁하듯 강하게 압박했기에 위협을 느낀 이들은 동독 이탈을 고려하지 않을 수 없었다. 동독에서 꽃가게를 운영하던 한 이탈 주민은 1960년 정부의 집단화 요구를 거절한 후 두 명의 선전원에게서 "서명을 또다시 거부한다면 우리는 당신이 국가에 적대적이라고 볼 수밖에 없소. 이로 인해 벌어지는 결과는 스스로 감수해야 할 것이오"라는 협박을 받았다고 진술했다.[144]

계획경제의 비효율성에서 비롯된 노동 과정과 임금 문제 또한 이탈 주민이 계속 지적한 불만 사항이었다. 원활하지 못한 원자재 공급으로 생산 활동이 지연되고, 파종할 씨앗을 제때 공급받지 못해 농사에 차질이 빚어지고, 그럼에도 그 책임이 국가가 아닌 생산자에게 돌려진 것,

능력에 맞지 않는 일자리와 임금 수준 등이 대표적으로 꼽은 이탈의 동기였다.[145] 1950년대 중반 동독을 이탈한 한 특수직 노동자는 동독의 계획경제 체제가 생산에 필요한 원료와 기타 생산수단을 제대로 공급해주지 못해 몇 주일 동안 작업을 쉬어야 했고, 그로 인해 임금 손실이 많았다고 불만을 터트렸다.[146]

서독으로 가면 경제적으로 더 풍요롭게 살 기회가 많다는 점도 이탈 동기로 작용했다. 은퇴한 연금 생활자 가운데 일부는 동독보다 서독에서 더 많은 연금을 받을 수 있어 서독행을 택했다. 아스만의 사례가 그러하다. 동독 이탈 주민은 서독에서 다양한 연금을 받을 수 있었다. 기본적으로 과거 동독에서 연금보험을 납입한 후 얻은 연금수급권을 인정해주었기 때문이다. 그뿐 아니라 전쟁미망인연금과 같이 동독에서는 인정하지 않는 추가 연금이라는 혜택도 있었다. 아스만은 추가 연금까지 받을 수 있는 조건을 갖춰 서독에서 더 많은 연금을 받을 수 있었다. 그렇게 되면 동독에 거주하는 큰딸도 도와줄 수 있어서 서독으로 온 것이다.[147]

또 서베를린이나 서독 지역에서 취업하면 동독에서보다 시급이나 월급을 더 많이 받는다는 점도 동기가 됐다. 1955년 동독 플라우엔시의 한 국영 건설사에 근무하는 엔지니어 7명이 200 내지 300마르크가량 월급을 더 주겠다는 서독 기업의 제의를 받고 동독을 이탈했다.[148] 이런 경우 흔히 앞서 동독을 이탈한 동료나 지인이 편지로 서독에서 더 많이 돈을 벌 수 있다고 정보를 주어 이탈을 부추겼다. 또한 동독 지역에서 회사나 공장을 운영하던 기업가가 사회주의 체제로 바뀌는 과정에서 동독을 떠나 서독에서 사업을 재개한 후 과거 자신이 고용했던 엔지니

어 등에게 좋은 조건을 제시하며 스카우트하기도 했다.[149]

나아가 동독인의 기대에 못 미치는 소비수준을 비롯한 민생 문제 역시 빼놓을 수 없는 동기다. 중공업 위주의 사회주의 계획경제가 가진 취약함과 제2차 세계대전 전쟁배상금 지불로 인한 막대한 부담까지 겹치다 보니 1950년대 동독의 소비수준은 서독에 비해 한참 뒤떨어졌다. 전후의 생활필수품 배급 체제가 1958년에야 끝났다는 점만으로도 충분히 짐작할 수 있는 상황이다. 무엇보다 열악한 상품의 질, 생활필수품을 사기 위해 몇 시간씩 줄서기는 물론이고 자기 차례가 되기 전에 물건이다 팔려 빈손으로 돌아서야 하는 일상은 동독인에게 좌절감까지 맛보게 했다.

이러한 상황은 베를린 장벽이 세워진 뒤에도 계속됐다. 1960년대 이후 동독인의 생활 여건은 1950년대에 비해 많이 나아졌지만 여전히 기대에 못 미쳤다. 단적인 예로 대중이 선호하는 컬러 TV나 자동차는 주문 후 하염없이 기다려야 했고, 때로는 생활필수품도 원활히 공급되지 못했다. 이는 1980년대 후반 한 이주 신청자가 "(1000여 개에 달하는 다른 품목도 마찬가지지만) 아동용 양말 몇 켤레를 사려고 해도 세 번 이상 허탕 치고…… 안경 렌즈를 사기 위해 수개월이나 기다려야 하는 상황을 더 이상 참을 수 없다"라며 자신의 이주 신청 동기를 설명한 사례에서 엿볼 수 있다.[150]

더욱이 1970년대 이후 동독 주민이 서독의 풍요로운 자본주의 물질문화를 더 자주 접하면서 서독 제품에 한참 못 미치는 동독 상품의 질에 대해 불만도 심해졌다. 물론 인터숍(Intershop)[151]에서 서독을 비롯한 서방국가의 제품을 팔았지만, 결제 수단이 외화였기 때문에 동독의 특권

층이나 서독에 친척이 있어 서독 마르크 소지가 가능한 동독인만 이곳을 이용할 수 있었다. 상황이 이러하니 외화를 보유하지 못한 동독인은 스스로를 2등 시민으로 여기고 소외감을 느꼈다.[152]

이처럼 동독인이 만성이 되다시피 한 결핍의 일상에서 벗어나 풍요로운 소비를 누리고 싶은 욕구 그리고 그 연장선에서 '서독에서는 원하는 모든 것을 살 수 있고', 더 좋은 보수와 작업 여건에서 일할 수 있다는 때로는 환상에 가까운 기대감을 갖게 된 것도 동독인이 이탈을 결심하는 데 큰 영향을 미쳤다. 단적으로 이는 "서독 TV 방송을 통해 동독보다 서독에서 돈도 더 많이 벌고 물질적으로 더 풍요롭게 살 수 있다는 것을 알고 있다"라며 서독 이주 의사를 표명한 한 이주 신청자의 진술에서 확인할 수 있다.[153] 동독의 소비와 생활수준의 열악함 그 자체도 문제였지만, 서독이 끊임없이 비교의 척도로 작용한 것도 동독 이탈을 부추긴 요인이었다.

주택난 역시 심각한 문제를 불러왔다. 주택 보급은 민생 안정의 핵심 요소 중 하나다. 독일은 제2차 세계대전으로 수많은 주택이 파괴됐기 때문에 1950년대에는 동서독 모두 주택난이 매우 심각했다. 서독은 1950년대에 이미 주택난을 해결하기 위해 대규모 주택 건설 사업에 나섰지만, 동독에서는 그런 조치가 없었다. 더욱이 동독의 기존 주택 상당수가 대대적으로 보수하지 않고는 살 수 없을 만큼 열악했다. 주택 수급 문제는 1970~1980년대 호네커 정권기에도 여전히 해결해야 할 과제였다. 호네커 정권은 1990년까지 주택 문제를 해결하겠다며 1976년부터 1989년까지 280만 채의 주택을 신축, 개조해 보급하겠다고 공표했지만, 재원 부족으로 실제 성과는 이에 한참 못 미쳤다. 실제로 1971년부터 1989년까지 새로 보급된 주택은 95만 채에 불과했다.[154] 동독의 주택 문제가 얼마가 심각했는지는 1980년대까지도 이혼한 부부가 각자 살 집을 구하지 못해 수년간 한집에서 산 경우가 적지 않았다는 사실에서도 엿볼 수 있다.[155] 이렇듯 주택 문제는 많은 이탈 주민이 언급했듯이 동독 이탈을 감행하기에 충분한 동기가 됐다.

자기실현의 기회를 찾아서 혹은 가족 문제로

세 번째 동기는 자기 실현과 계발의 기회가 제약된 것에 대한 불만이었다. 1950년대 동독이 사회주의 체제로 바뀌면서 노동자와 농민 자녀에게는 교육 기회와 특혜가 확대된 반면, 의사·교수·기업가 등 옛 상류층 자녀에게는 정규 고등학교와 대학 진학의 길이 봉쇄됐다. 또 종교 탄압의 연장으로 기독교 신자도 차별 받아 신학교가 아닌 이상 일반 대학에 진학하기 어려웠다. 이처럼 출신 성분 때문에 자식의 앞길이 막히고 종교 때문에 차별 받아야 하는 상황은 이탈의 동기가 되기에 충분했다.[156] 이러한 상황은 호네커 정권기에 이르러 눈에 띄게 완화돼 당성이 확실하면 옛 상류층 출신도 대학에 진학할 수 있는 기회가 주어졌다. 그러나 동독의 사회주의 체제에 충성을 맹세하는 성인식(Jugendweihe)[157]에 불참하거나 동독의 대표적 청소년 단체인 자유독일청소년단(FDJ) 가입을 거부하는 등 체제에 거리를 두거나 종교적 신념을 포기하지 않으면 여전히 고등교육의 기회가 제한됐다. 체제에 순응하지 않는 동독 주민의 자녀들 역시 이러한 불이익을 받았다.

그 밖에도 승진이나 수공업 장인 자격증 획득, 영업 허가 등이 능력보다는 통사당 당적이나 정치적 충성도에 따라 좌우됐다는 점, 전문직 종사자에게 자기계발의 여건을 충분히 제공하지 못했다는 점, 예컨대 해외 학술대회 참가나 교류의 기회가 제한돼 새로운 이론이나 기술을 익힐 수 있는 기회가 적고, 연수 기회가 충분히 보장되지 않으며, 의료나 이공 분야의 발전에 필요한 첨단 장비를 갖추지 못했다는 점도 동독 이탈을 불러온 동기였다.[158] 1959년 동독을 떠난 한 의사가 "동독의 젊은 의사에게 미래는 없다"[159]라고 단언했듯이 전문 인력이 서독행을 택한 데는 동독이 자기실현과 발전 기회를 제대로 보장하지 못한 점 역시 중요하게 작용했다.

넷째로는 가정적·개인적 동기를 들 수 있다. 대표적으로 분단이나 동독 이탈로 일어난 이산가족의 결합, 이혼이나 불륜과 같은 부부 문제 혹은 서독인과의 결혼 등을 들 수 있다. 상대적으로 탈출하기 쉬웠던 1950년대에는 동독에 남은 사람이 먼저 서독으로 간 가족과 합치기 위해 동독을 떠나는 일이 종종 있었다. 그러나 베를린 장벽 수립 후 이런 일이 불가능해지자 서독에 가족이나 친지가 있는 동독인은 이산가족 결합의 명목으로 서독 이주를 신청했다. 서독에 거주하는 가족의 병구완, 가업 전승, 일가친척이 서독에 있는 동독인이 이혼 후 외로움을 달래기 위해서 등이 주요 동기였다. 이는 "내 어머니는 1979년 서독으로 갔지만 거기서 중병에 걸렸습니다. 그래서 나는 어머니를 병구완하기 위해 서독 이주 신청을 하게 됐습니다", "내가 서독으로 이주를 희망하게 된 것은 이혼 때문입니다. 이혼 후 외로워서 (서독에 있는) 어머니와 동생에게 가려고 한 것입니다"와 같은 동독 이탈 주민의 구체적인 진술에서 확인할 수 있다.[160] 또 가장이 먼저 동독을 탈출한 후 동독에 남은 가족이 가족 결합을 내세워 서독 이주를 신청하기도 했다. 이러한 사례는 앞서 이탈한 가족이나 친지가 또 다른 이탈을 부르는, 연쇄 효과를 가져왔음을 보여준다. 그런가 하면 독일은 한국과 달리 분단 상태였어도 교류가 가능했기 때문에 동독인과 서독인이 사귀다 결혼에 이르는 경우도 적잖았다. 이들이 결혼하면 누군가 거주지를 옮겨야 했는데, 대부분 동독인이 서독으로 이주했다. 이와 반대로 이혼하기 위해 서독으로 가는 사람도 있었다. 1950년 한 동독 남성은 바람이 나서 아내와 열세 살짜리 아들을 버리고 새 애인과 서독으로 도피했고, 아들을 위해 단 한 푼의 양육비도 지급하지 않았다.[161]

이탈 동기의 단순화를 넘어서

동독 이탈 주민이 밝힌 개인적 동기는 동독의 정치적, 사회경제적 모순이 일상에서 어떤 불만과 문제의식을 불러왔는지 구체적으로 보여준다. 직접적으로 정치 탄압을 받아 어쩔 수 없이 동독을 떠난 사람도 있지만, 그 밖에 동독인의 개인적 이탈 동기는 매우 다양했다. 그렇다면 동독 이탈을 불러온 결정적 동기는 무엇일까? 분단 시기는 물론 최근까지 이 문제를 둘러싸고 오랫동안 논의가 진행됐다. 한편에서는 정치적 동기를, 다른 한편에서는 경제적·물질적 동기를 강조했다. 일반적으로 통일 전까지, 특히 1950년대에 서독의 국가기관은 정치적 동기를 핵심으로 부각시켰다. 이는 객관적 조사 결과라기보다는 다분히 정치적 의도가 담긴 것이었다. 정치적 동기에 따른 이탈은 곧 동독 체제를 전면 부정하는 것과 직결되며, 서독의 우위를 명확히 드러내는 것이기 때문이다. 이런 맥락에서 이탈 주민 문제는 지극히 정치적 성격을 띠었다.

　정부기관뿐 아니라 일련의 학자도 동독 이탈 주민을 대상으로 한 설문조사를 바탕으로 정치적 동기를 강조했다. 예컨대 1988년 서독으로 이탈해 기센(Gießen) 수용소에 머물던 동독인 101명을 조사한 프리드리히(C. Friedrich)는 조사 대상자의 81.2퍼센트가 정치적 동기로, 단지 10.9퍼센트만이 경제적 동기로 동독을 떠났다고 주장했다.[162] 이탈 주민 출신 연구자 아이젠펠트도 "민주주의 체제에서는 비정치적으로 보이는 것이 독재 체제하에서는 즉시 정치적 마찰을 불러일으킨다"라는 말로 동독의 전 사회 영역을 둘러싼 정치적 영향력의 중요성을 강조하며, 이탈 주민의 동기를 정치적인 것과 물질적인 것으로 구분해서 보는 것은 옳지 않다고 주장했다.[163] 이와 달리 하이데마이어(H. Heidemeyer), 뢰슬러(J. Rösler)는 경제적 동기가 더 결정적이라는 의견을 피력했다.[164] 근거는 정치적 난민에 해당하는 자의 수가 소수에 불과하고, 일련의 조사 결과 다수는 오히려 경제적 동기에 의해 움직였다는 것이다. 즉 동독 정권의 정치적 탄압으로 인해 동독을 떠나야 할 절박한 상황에 처하지 않은 동독인은 정치체제에 문제의식을 가지기보다는 더 나은 일자리를 찾거나 풍요로운 소비 생활을 누리기 위해 혹은 자녀들의 미래를 위해 더 좋은 환경을 찾아 서독으로 갔다는 것이다.

이처럼 정치적, 경제적 동기 가운데 어느 것이 더 결정적인지를 둘러싼 논의는 충분히 흥미롭지만, 분단과 냉전이라는 이중의 갈등 상황 속에서 어느 한 요인에 절대적 의미를 부여하는 것이 과연 정당한지 의문이 든다. 왜냐하면 첫째, 결론을 내리기에는 분단 시기 전체를 아우르며 대표성을 인정받기에 충분한 수의 이탈 주민을 상대로 체계적으로 조사한 통계 자료가 부족하다. 둘째, 이탈 동기는 대부분 동독 이탈 주민의 진술을 토대로 파악하는데, 이것이 실제 동기를 그대로 반영한다고 보기 어렵다. 1950년대 서독은 공식적으로 어디까지나 정치적 탄압으로 인신의 위험을 느끼거나 기타 불가피한 이유로 동독을 떠난 사람만을 수용한다는 원칙을 표방했고, 수용 심사를 통해 이탈 주민의 동기가 이 기준에 맞는지 아닌지를 가려냈다. 따라서 동독 이탈 주민은 서독에 정착하기 위해 본래의 동기와 달리 자신이 정치적 이유로 동독을 등졌다고 주장했을 가능성이 크다. 또 반공주의가 깊게 뿌리 내린 서독 사회에 암묵적으로 물질적 동기보다 정치적 동기에 명분을 부여하는 분위기가 팽배했다는 점도 무언의 압력으로 작용했을 수 있다.

그런데 이탈 주민은 동독에 있을 때도 그 동기를 사실대로 언급하지 않았을 가능성이 크다. 예를 들면 서독 이주를 신청한 동독인은 정부기관의 심문을 받을 때 가족 결합과 같은 비정치적 동기를 내세우는 일이 많았다. 동독 정권과 마찰을 줄이고 이주 승인을 더 빨리 받기 위해서였다. 또 이산가족 결합을 이유로 이주 신청을 한 주민이라도 사실 서독에는 먼 친척만 있는 경우가 많았고, 동독을 떠나기 위해 위장 결혼을 하는 사람도 있었다. 그래서 동독 정권은 1983년부터 서독인과 약혼했다는 것만으로는 이주를 허용하지 않고 동독에서 먼저 결혼식을 올리게 했다. 따라서 동독 주민이 실제로는 동독 체제에 반감을 갖고 있으면서도 전략적으로 비정치적 동기를 내세워 이탈을 시도했을 가능성도 지나쳐서는 안 될 것이다.

셋째, 동독처럼 경제 운영이 정치 논리에 따르는 사회에서는 정치적인 것과 경제적인 것을 명확하게 구분하기 어렵다. 넷째, 이 두 가지 기준에 국한해 동독인의 이탈 동기를 논의할 경우 가족 결합을 비롯한 개인 차원의 동기를 저평가하게 된다. 일례로 1983년에서 1986년까지 동독을 이탈한 889명을 대상으로 한 설문조사 결과에 따르면, 이 동기 요인이 차지하는 비중은 37퍼센트로 결코 작지 않았다.[165] 끝으로 많은 동독 이탈 주민의 진술을 들어보면 그들 대부분이 하나의 동기 때문이 아니라 여러 동기가 겹쳐져 이탈을 결정했다는 것을 알 수 있다. 1961년 6월 동독을 이탈한 한 사진사의 진술이다.

나처럼 아무 조직에도 속하지 않은 사람은 보너스도, 여행 허가도 없었다. 그러나 특히 나를 힘들게 한 것은 작업에 필요한 재료가 부족한 것이었다. 나는 재생 종이와 필름 그리고 낡은 사진기로 작업해야 했다. 그럼에도 직원회의 때마다 매번 "1965년이 되면 서독을 추월할 것이다"라는 선전을 들었다. 어느 상점을 가든 버터도, 고기도, 과일도 구비돼 있지 않았다. 가장 간단한, 그야말로 가장 기본적인 생활필수품도 없었다. (……) 말 한마디도 항상 신중히 생각해서 해야 한다. 왜냐하면 나와 생각이 다른 직장 동료로 인해 곤란한 상황에 처해질 수 있기 때문이다. 이러한 상황을 참기가 어려웠기 때문에 나는 동독을 떠났다.[166]

이러한 문제점과 앞서 언급한 이탈 주민의 동기를 종합해볼 때 그들의 이탈 동기를 정치와 경제의 이분법적 구도로 파악하는 것은 타당하지 않다. 이들을 사회주의 이념과 체제를 거부하고 맞서 싸운 반공 투사로 이미지화하는 것은 이탈 주민 문제를 지나치게 정치적으로 해석하는 것이고, 이들을 단지 서독의 물질적 풍요를 찾아 넘어온 존재로만 규정하는 것은 단순화의 우를 범하는 것이다. 이들 가운데 일부는 정치적 이유 혹은 물질적 풍요로움을 찾아 동독을 이탈했겠지만, 대부분은 결국 자신의 삶에 필요한 여건이 동독 체제에서 충족되지 못했기 때문에 더 나은 환경을 찾아 서독으로 간 것이다.

권력을 가진 자의
무력함:
동독 정부의 대응

이탈 주민 문제에 대한 동독 정부의 기본 인식

동독 건국 이래 꾸준히 지속된 탈동독 행렬은 동독 정권에는 끊임없는 딜레마였다. 서독과 체제 경쟁을 하는 상황에서 동독 체제의 취약성을 드러낸 것이기 때문이다. 동독 정권은 이 문제를 해결하기 위해 힘겨운 싸움을 벌였지만, 결과는 실패였다. 실패한 원인을 밝히기 위해서는 우선 동독 정권이 이 문제를 어떻게 바라보는지부터 살펴봐야 한다. 울브리히트 정권은 기본적으로 동독 이탈을 국가 반역 행위로 규정했고, 이를 서독의 음모설로 정당화했다. 즉 동독인의 이탈은 "미국과 서독의 전쟁 선동가들이 대대적으로 꾸민 책략"[167]의 결과로, 사회주의 체제의 발전을 방해하기 위해 동독인, 특히 전문 인력과 농부를 유인해 사회적, 경제적 혼란을 불러왔다는 것이다. 그러므로 동독 이탈은 서독에 노동력을 공급해 나토 회원국인 서독의 군사적 기반을 강화하는 반면, 동독에는 노동력 상실을 초래해 사회를 위태롭게 하는 정치적·도덕적 배반행위였다.[168] 이를 근거로 동독 이탈 주민을 단호하게 맞서 싸워야 할 공공의 적으로 규정했다. 울브리히트 정권의 입장은 동독 이탈의 원인과 책임을 전적으로 서독에 떠넘긴 것이었다. 이러한 기조는 그대로 유지돼 호네커 정권도 탈동독 행렬을 서독의 제국주의자가 반사회주의 전략의 하나로 꾸며낸 조직적 음모의 결과라고 선전했다.[169]

그렇다면 통사당 정권은 동독 이탈 주민 문제에 어떻게 대응했을까? 사안이 중요한 만큼 동독 정권은 다양한 방안을 동원했다. 우선 탈동독 행렬에 맞서 서독 주민을 동독으로 끌어오려고 시도했다. 특히 이탈 주민의 규모가 크고 또 동베를린과 서베를린 간에 왕래가 가능했던 1950년대에 활발했는데, 의사·엔지니어·과학자·건축가·예술가 등의 전문 인력을 스카우트하는 데 힘쓴 것이다. 이를 위해 동독 정권은 많은 세미나와 학술대회를 개최해 승진과 특별대우를 내세워 서독 측 참가자를 포섭하는 데 주력했다. 반대로 서독에서 열리는 각종 직업, 학술 세미나에 동독인을 파견해 개인적으로 접촉했다.[170] 동독 정권은 분단 시기 내내 서독이 동독인을 포섭해 동독을 떠나게 했다고 비난했지만, 스스로도 같은 방법을 쓴 것이다.

그러나 서독인 유치보다 시급한 것은 동독인의 이탈을 저지하는 것이었다. 동독 정권은 신문과 라디오를 동원한 대대적인 흑색선전을 펼쳐 동독인이 체제 이탈을 포기하도록 유도했다. 일단 울브리히트 정권은 동독 이탈을 서독이 동독인을 유인해 사회주의 건설을 방해하려는 음모라고 규정하는 동시에, 동독 이탈은 명백한 국가 반역 행위임을 천명했다. 또 동독 이탈 주민이 임시로 기거하는 서독의 수용 시설을 온갖 질병과 악이 판치는 곳으로 묘사함은 물론, 대부분의 이탈 주민이 냉혹한 자본주의에 적응하지 못하고 가난에 허덕이며 여성은 매춘부로 전락하는 것이 다반사라고 주장했다.[171] 나아가 이러한 상황에서 벗어나기 위해 동독으로 돌아가려는 의사를 밝히는 이탈 주민은, 수용소 지도부가 비호하는 폭력 패거리에 의해 압박을 받거나 폭행을 당한다고 선전했다.[172] 이는 무엇보다 동독인에게 겁을 주어 섣불리 이탈을 시도하지 못하게 하기 위해서였다. 같은 목적에서 동독 정권은 서독으로 갔다 적응하지 못하고 돌아온 동독인을 내세워 서독의 실상을 끔찍한 모습으로 증언케 했다. 나아가 왜곡된 서독의 실상을 동독의 사회보장책과 비교 대비함으로써 동독인이 서독이 가진 물질적 풍요로움을 동경하는 것을 막으려 했다.

그러나 선전의 영향력은 한계가 있기 때문에 동독 정권은 좀 더 적극적인 대응책을 마련했다. 우선 울브리히트 정권은 동독인이 방문차 서독에 갔다가 돌아오지 않는 방식으로 동독을 이탈하는 것을 막기 위해 1957년 말 이후 서독 방문 허가 비자를 대폭 제한했다. 같은 해 12월에는 여권법을 개정해 동독 이탈 행위는 물론 준비 과정까지 모두 범죄 행위로 규정했다. 이를 어긴 사람은 죄의 경중에 따라 최고 3년의 징역형에 처해졌다. 나아가 다양한 형법 규정을 이용해 동독인의 탈출 행위를 저지하려고 시도했다. 예컨대 '불법 월경(213조)', '반국가적 인신매매(105조)' 규정에 따라 국경을 탈출하려는 사람이나 탈출 전문 도우미를 처벌했다. 또 호네커 정권기에는 '국제관계 혼란 조성(221조 1항)', '국가기관의 공무 집행 방해(214조 1항)', '공개적 국가 모독(220조 1항)' 등과 같이 이주 신청자를 억압하는 데 편리한 법규가 보충됐다. 사법부가 독립적으로 기능하지 못하는 동독에서 이러한 형법 규정은 얼마든지 정치적 목적으로 왜곡해 해석할 수 있었다. 이를테면 이주를 결심한 동독인이 이주 신청을 철회하지 않고 반복할 때는 214조 1항을, 거주 이전의 자유를 보장할 의무를 이행하지 않는다는 호네커 정권을 공개적으로 비판 또는 항의한 경우는 220조 1항을 적용해 탄압했다. 그뿐 아니라 이주 신청자가 서독을 비롯한 국제기구에 지원을 호소하며 동독 정권을 압박하는 행위는 221조 1항을 적용해 처벌할 수 있었다. 1976년부터 1988년까지 이러한 죄목 등으로 체포돼 국가안전부의 조사를 받은 이주 신청자는 1만 2000명에 달했다.[173]

형사 처벌까지는 아니더라도 국가안전부가 개입해 이주 신청자의 가택 수색은 물론이고 지갑이나 수첩과 같은 개인 소지품을 압수해 갔고, 이들을 지속적으로 심문하면서 비난과 협박을 일삼았다. 혹시라도 불법 탈출을 시도하지 못하도록 통장 거래도 정지했다.[174]

나아가 동독 정권은 주민의 이탈을 막기 위해 개별적 면담을 통해 압력을 가했다. 이는 무엇보다 서독 이주 신청서를 제출한 동독인을 겨냥했다. 우선 각 지역의 행정관청은 이주 승인을 요구하는 동독인과 면담하여 이주 신청을 철회하도록 압박했다. 특히 이데올로기로 무장된 담당 공무원은 이주 신청자의 권리 주장을 철저히 묵살했을 뿐 아니라, 심리적으로도 압박했다. 한 이탈 주민은 자신의 경험을 이렇게 회고했다.

담당 관청 직원은 내 주장이나 의견을 비꼬면서 깎아내리고, 우습게 보고, 무시했다. (……) 나는 자주 조롱받는다는 느낌이 들었고 굴욕감을 느꼈다. 아직도 나는 자다가 소스라친다. 그들이 나를 비웃는 악몽을 꾸기 때문

이다.[175]

다른 한편으로 동독 정권은 이주 신청자를 회유하려고 노력했다. 각 지역의 담당 기관은 이주 신청자의 인적 사항, 이주 신청 사유 등을 사전에 조사한 후 이들의 직장 상사와 동료, 각 사회조직의 간부, 대부 혹은 후견인 등을 동원해 이주 신청을 철회하도록 설득했다.[176]

그럼에도 끝까지 뜻을 굽히지 않으면 다양한 형태로 이들을 압박했다. 우선 이들은 직장에서 해고됐다. 특히 청소년에게 영향을 미치기 쉬운 교사나 서독으로 갔을 때 중요한 정보를 누출할 수 있는 자, 예컨대 무역 분야나 은행의 고위 간부, 정보 수집 기관이나 통계 기관 직원, 정치 단체 혹은 군사기관에서 활동하는 자 그리고 미용사, 점원, 식당 종업원처럼 많은 사람을 상대하는 서비스업 종사자는 즉각 해고됐다.[177] 다행히 해고를 면했다 해도 직업적 강등을 겪어야 했다. 의사가 병원 보조 인력으로, 전문 연구원이 청소부로 일하는 경우가 허다했고, 자연히 이주 신청자는 경제적으로 궁핍해질 수밖에 없었다. 특이하게도 일부 이주 신청자는 스스로 직장을 그만두거나 능력과 경력에 맞지 않는 미숙련 노동을 자처했다. 이는 스스로의 가치를 낮추어 동독 정권의 관심과 압력에서 벗어나 궁극적으로는 이주 승인을 앞당기기 위해서였다.[178] 아무래도 동독 정권이 전문 인력일수록 더 붙잡아두려고 했기 때문이다. 또한 젊은 이주 신청자 혹은 성인 이주 신청자의 자녀에게는 대학 입학 기회를 박탈해 고등교육의 길을 차단하는 불이익을 주었고, 퇴학 조치를 하기도 했다. 참고로 1983년에서 1986년 동안에 동독을 이탈한 약 1000명을 대상으로 실시한 설문조사에 따르면, 이들의 41퍼센트가 해고, 직업적 강등, 퇴학, 퇴직 강요, 직업 활동의 제약 등을 겪었고, 11퍼센트는 이주 승인을 앞당기기 위해 스스로 직업 활동을 중단했다.[179]

이주 신청자를 차별하는 조치는 이에 그치지 않았다. 이들은 긴급한 치료나 수술이 필요한 상황에도 의료 혜택을 제대로 받지 못했다. 동독 의사들이 종종 동독 정권의 지침을 따라 서독으로 가려는 사람의 치료를 거부했기 때문이다. 서독에 가서 치료 받으라고 떠민 것이다. 어느 이주 신청자의 아들이 큰 사고로 할레 대학병원으로 실려 갔는데, 의사들이 그가 이주 신청자 가족이라는 이유로 최소한의 응급수술만 하고 치료를 거부했다. 이로 인해 소년은 오른쪽 시력을 잃었다. 제대로 치료 받았다면 시력의 60퍼센트는 지킬 수 있었을 것이다.[180]

나아가 동독 정권은 이주 신청자를 사회적으로 고립되게 만들어 압박했다. 동독 관청은 이들의 친구나 직장 동료들을 불러 '국가의 적'인 이주 신청자와 교류하는 것은 불온한 행위임을 강조하며 교류를 끊을 것을 강요했다. 이에 따라 친한 친구와 동료들도 두려움을 느껴 점차 멀어졌고, 이주 신청자들은 고립될 수밖에 없었다. 이주 신청자도 자신의 주변인이 처하게 될 어려움을 생각해 인간관계를 제한하거나 단절하기도 했다.[181] 그렇기 때문에 이들은 이주 신청 후 직면하게 되는 모든 어려움을 혼자서 감내해야 했다.

동독 정권은 베를린 장벽이 세워진 뒤 불법 이탈을 저지하기 위한 방안도 강구했다. 벤트(H. Wendt)에 따르면 1961년 8월부터 1988년까지 불법 이탈한 동독인은 23만 5000명에 달하며, 이들 가운데 4만 명은 동서독 국경을 넘어 탈출했다.[182] 이를 막기 위해 동독 정권은 기본적으로 국경 지대의 경비 체제를 2중, 3중으로 강화했다. 나아가 베를린 장벽 수립 후 각종 탈출 경로를 철저히 파악해 대응책을 마련했다. 예를 들면 땅굴을 파는 과정에서 생기는 진동이나 소음을 잡아낼 수 있는 측정기와 같은 전문 도구를 투입했다.[183]

또 탈출 전문 도우미를 대상으로 공작을 벌여 탈출 계획을 사전에 파악하는 데 주력했다. 일례로 국가안전부는 탈출 전문 도우미로 활약한 헤르슐(H. Herschel)에게 비공식 정보원으로 포섭한 서독인 뵐플레(M. Wölfle)를 의도적으로 접근시켰다. 뵐플레는 탈출 지원 전문가 행세를 하며 헤르슐과 친분을 맺었고, 이를 통해 1971년 2월 26일로 잡힌 헤르슐의 땅굴 탈출 계획을 사전에 파악했다. 이후 뵐플레는 국가안전부에 거사일, 거사 장소, 탈출에 가담할 것으로 파악된 동독인을 낱낱이 보고했고, 이들은 모두 체포됐다.[184] 체포된 탈출 도우미에게는 최대 15년에서 무기징역에 이르는 처벌을 구형했다.

그뿐 아니라 동독 정권은 탈출 전문 도우미의 입지를 흔들기 위해 서독 사회에서 이들을 부정적으로 바라보게끔 여론을 조성했다. 1965년 8월 동독 정권은 게어만(H. Gehrmann)과 뢰플러(W. Löffler)가 이끄는 탈출 지원 팀을 위해 연락책과 같은 부수적 역할을 맡은 네 명에게 유죄 판결을 내린 후 불과 하루 만에 석방했다. 평소와 달리 이들을 조기 석방한 것은 이들이 탈출 전문 도우미에게 이용당한 희생자라는 점을 부각하기 위해서였다. 당시 풀려난 이들은 서베를린으로 돌아가 자신들에게 위험한 일을 시킨 탈출 전문 도우미를 비난했고, 서독의 한 신문사는 이를 특종으로 다루었다.[185] 이러한 방식으로 동독 정권은 동독 이탈 주민의 탈출 지원을 놓고 서독 언론의 부정적 보도를 이끌어내는 데 성공했다.

　나아가 동독 정권은 동독인을 탈출시키는 과정에서 생긴 인명 살상 사건을 빌미로 적극적인 선전 공세를 벌였다. 대표적으로 1964년 10월 땅굴을 통해 57명의 동독인을 탈출시키는 과정에서 동독 군인 슐츠(E. Schultz)가 사망한 사건을 들 수 있다. 당시 탈출 지점이 노출돼 도우미 팀과 동독 보안 세력 간에 총격전이 벌어졌는데, 사실 슐츠는 동료 병사의 사격 오발로 사망했다. 그럼에도 동독 정권은 이를 도우미 팀의 소행이라고 비난하며 책임자를 동독으로 보내라고 요구했다.[186] 이로 인해 탈출 전문 도우미는 도덕적으로 궁지에 몰리게 됐다.

　탈출 전문 도우미의 입지를 제약하는 공세를 펼친 동독 정권은 이들의 처벌도 요구했다. 1960년대 후반 이후 동서 진영이 긴장 완화를 추진하자 동독이 동서독 관계 정상화에 응하는 반대급부로 이를 내세운 것이다. 요컨대 통과사증협정 갱신을 위한 서베를린시와 동독 측의 회담 개최나 동독 방문 규정 완화 등의 조건으로 이 문제를 협상 테이블에 올렸다. 동독의 이러한 조치는 제법 효과가 있었다. 1960년대 전반까지만 해도 탈출 전문 도우미는 여권과 기타 문서 위조, 불법 총기 소지, 자동차 번호판 절도 등 동독인의 탈출을 돕는 과정에서 불가피하게 저지른 불법행위에 대해서 처벌을 면할 수 있었다. 그러나 1966년 이들은 갑작스럽게 서독 형법과 연합국 법령을 위반했다는 이유로 기소됐고, 이후 징역 혹은 벌금형에 처해지는 일이 빈번해졌다.[187]

　동독의 공세는 1970년대에 동서독이 본격적으로 교류하면서 더 강화됐다. 1972년 통과여행협정(Transitabkommen) 체결로 서독 주민이 동독 구간을 통과할 수 있게 됐고, 서베를린과 서독 간 왕복이 수월해졌다. 그러자 동독 정권은 탈출 전문 도우미가 이를 탈출로로 이용하지 못하도록 서독 정부에 대책을 강력히 요구한 것이다.[188] 동독 정권은 서독 정부를 압박하기 위해 서베를린과 서독 사이의 동독 측 통과 구간에서 차량 검문과 통과 절차를 고의적으로 까다롭게 하여 통행을 지연시키는 전략도 썼다.

이처럼 동독 정권은 탈출 전문 도우미를 사방에서 압박했다. 1970년대 중반 대부분의 탈출 도우미 팀이 해체됐지만 활동을 계속하는 도우미에게는 물리적 폭력까지 행사했다. 예컨대 동독 국가안전부는 1980년대 초 벨슈(W. Welsch)와 람플(J. Lampl)이 이끄는 탈출 도우미 팀의 핵심 구성원을 암살하려고 했다. 하지만 간발의 차이로 실패했다.[189] 100명이 넘는 동독인을 탈출시킨 베테랑 미렌도르프(K. Mierendorff)는 우편물로 위장해 배달된 폭탄이 폭발해 손가락 여러 개를 잃는 중상을 입기도 했다.[190]

한편 1960년대 중반 이후 동서독 주민 간의 방문이 늘면서 수많은 인파가 국경검문소를 지나게 되자 동독 정권은 그 틈을 이용한 불법 탈출을 막기 위해 대응책을 찾았다. 무엇보다 동독인이 서독인이나 기타 서방 국적인의 여권을 구한 후 최대한 비슷하게 변장해 감시원의 눈을 속이고 국경검문소를 빠져나가는 것을 막기 위해 감시원에게 특별 훈련을 시켰다. 이들은 변장해도 변하지 않는 신체의 기본 특징, 예컨대 키, 이마의 높이와 넓이, 눈과 눈썹, 코와 귀의 모양, 눈동자 색, 얼굴형 등을 유형별로 식별하는 이론 수업에서부터 사진과 슬라이드를 동원한 실전 구분 연습에 이르기까지 고도의 훈련을 반복했다. 또 국경검문소를 거쳐 입국하는 사람의 신체 특징은 물론이고 눈에 띄는 행동과 습관까

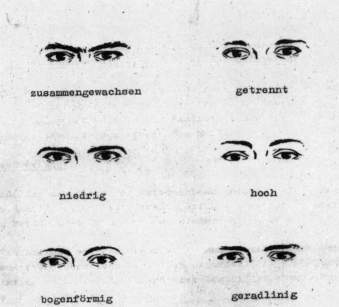

위장 탈출을 막기 위한 동독 국경검문소 출입국 감시·통제 인력의 눈썹 모양 식별 훈련

지 세심하게 체크하도록 교육했다. 즉 입국자가 평발, 오다리, 비만, 다리 한쪽이 없거나 계속 담배를 피우고 넥타이를 고쳐 매거나 코나 귀를 만지고 손톱을 물어뜯는 습관 등을 예리하게 파악해 동독인이 입국자로 위장해 탈출하는 것을 막는 데 주력했다.[191]

그뿐 아니라 동독 정권은 동유럽 사회주의 국가와도 협력 체제를 마련했다. 베를린 장벽 수립 뒤 1988년까지 불법으로 동독을 이탈한 이들 가운데 7000~8000명은 동유럽 국가, 특히 체코슬로바키아, 헝가리, 불가리아를 통해 탈출했다.[192] 이들 나라가 동서독 국경 지대와 비교할 때 감시가 허술하고, 무엇보다 같은 사회주의 국가라 동독인의 여행이 허용됐기 때문이다. 동독인은 휴가로 위장해 이곳에 온 뒤 위조 여권을 이용해 동유럽 국가와 국경을 맞댄 서방국가로 넘어간 후 다시 서독으로 향했다. 동독 정권은 1962년부터 불법 탈출을 저지하기 위해 동유럽 국가와 공동 법적 토대를 마련하는 협의를 시작했다. 그 첫 성과로 각국 검찰 간에 불법 이탈 주민 체포 시 처벌은 본국에 넘긴다는 내용을 담은 협상을 체결했다. 이를 통해 동유럽 국가에서 탈출을 시도하다 체포된 동독인을 송환하는 것이 가능해졌다. 이후 동독과 동유럽 국가의 내무부, 법무부 혹은 국가 보안기관 간의 조약, 협정 등이 체결되면서 구체적인 세부 원칙이 마련됐다. 또한 동독 국가안전부는 1964년 이후 체코, 불가리아, 루마니아의 관광 중심지에 공작조를 상주시키고 동독 여행사와 현지 보안기관과 협력해 의심이 가는 동독 여행자를 수배, 감시했다.[193] 이처럼 동독의 통제 체제가 동유럽 국가로 확장되면서 많은 동독인이 탈출에 실패했고, 동독으로 송환돼 처벌 받았다.

동독 정권은 사전 예방에도 주력했다. 1975년 12월 15일 자 국가안전부 명령 15에 명시돼 있듯이 동독을 떠날 가능성이 있는 자를 미리 파악하고 적절한 공작을 통해 그들의 동독 이탈을 저지하겠다는 것이었다. 이는 동독인의 행동뿐 아니라 생각까지 통제하겠다는 의미로, 국가안전부는 이를 위해 관심 대상자의 전화를 도청하고 우편물을 검열했으며, 비공식 정보원(IM)으로 하여금 감시하게 했다. 비공식 정보원은 대부분 감시 대상자의 주변 인물이기 때문에 이탈 계획을 알아내기 쉬운 위치에 있었다. 따라서 이들의 밀고로 종종 탈출 계획이 발각되기도 했다. 동독인도 국가안전부가 비공식 정보원을 붙여 자신을 감시한다는 것을 알았기 때문에 동독을 떠날 결심을 했어도 가까운 지인에게조차 함구하는 일이 많았다.[194] 동독 정권이 예방 차원에서 중점을 둔 감시 대상은 의사, 엔지니어, 학자, 경제 전문가, 예술인, 국가대표 급 운동선수 등 비중 있는 위치에 있는 이들이었다. 그 밖에도 스스로 직업 활동을 중단했거나 이미 이주 신청 경력이 있는 자 그리고 동독 정권과 갈등 관계에 있는 자도 동독 이탈을 시도할 확률이 높다는 점에서 감시 대상이 됐다.

이데올로기적 해결의 늪으로

이 같은 동독 정부의 대응은 근본적 해결책이 될 수 없었다. 이는 동독 정부가 내놓은 다양한 대책이 한계에 부딪힌 사실에서 확인할 수 있다. 우선 대규모 동독 이탈에 대한 맞대응으로 시행한 서독인의 동독 이주 장려 정책은 큰 성과를 거두지 못했다. 1950년에서 1989년 말까지 약

50만 명의 서독 주민이 동독으로 이주했다. 그러나 이들 가운데 상당수가 동독에 만족하지 못하고 다시 서독으로 돌아갔다는 점을 고려할 때 실질적으로 동독에 정착한 서독인 수는 이보다 훨씬 적었을 것이다. 따라서 이들로 대규모 동독 이탈로 생긴 출혈을 막기에는 역부족이었다.

이탈 행렬의 원인을 서독의 음모로 강조하는 선전 정책도 동독인을 충분히 설득하지 못했다. 예컨대 1957년 에버스발트시의 한 국영 기중기 제조 공장 엔지니어는 이 지역 통사당 지구당 서기와 대화하던 중 동독 이탈 주민의 70퍼센트가 서독의 꼬임에 빠져 서독으로 갔다는 정부의 주장을 반박하고, 직장 내 혹은 국가기관과의 부정적 경험이 동독 이탈의 근본 이유라고 주장했다.[195] 즉 동독 정권과 달리 근본 원인을 동독 체제의 모순에서 찾는 동독인도 적잖았다. 또 동독 이탈 주민의 비참한 생활상을 과장, 왜곡한 선전도 서독 TV와 여타 정보 채널을 통해 실상이 다르다는 것을 아는 동독인에게는 큰 영향을 미칠 수 없었다. 그뿐 아니라 동독의 사회보장책이 훌륭하다고 강조하는 선전도 역부족이었다. 나날이 동서독 간 생활수준의 격차를 실감하던 동독인에게 사회보장책을 통한 최저생활 보장만으로는 불충분했다. 이는 독자란에 기고된 동독 주민의 문제 제기, 예컨대 "우리는 사회보장에 대해 아무런 이의가 없다. 다만 그것만으로는 살 수 없다"라는 내용이나 "사회보장만으로 충분하다면 왜 서독의 실업자가 동독으로 오지 않을까?"라는 질문에서 확인할 수 있다.[196] 즉 그들도 서독인이 누리는 풍요와 안락함을 원했기 때문에 서독을 동경하는 것까지 막기는 어려웠다.

동독 이탈 의사를 사전에 파악해 저지하고 설득을 통해 이주 신청을 철회시킨다는 조치 역시 한계가 있었다. 감시 대상 동독인 수가 늘면서 국가안전부가 이들 모두에게 정치 공작을 펴기가 현실적으로 불가능했다. 또 동독의 국가기관 간부나 이주 신청자의 지인으로 구성된 이주 신청자 회유 팀도 큰 영향력을 발휘하지 못했다. 이들은 동독 체제의 문제점을 조목조목 비판하면서 동독을 떠나겠다고 주장하는 이주 신청자의 항변을 설득력 있게 반박할 수 없었다. 국가안전부는 면담자의 자질 내지 훈련 부족 때문에 이들을 제대로 설득하지 못한다고 비판했지만,[197] 더 큰 이유는 다른 데 있었다. 이들 가운데 일부는 이주 신청자가 지적하는 동독 체제의 모순에 부분적으로 공감했고, 또 다른 일부는 이주 희망자가 그토록 동독을 떠나 서독으로 가겠다는데 왜 굳이 이들을 붙잡아두어야 하는지 그 필요성에 의문을 가졌다.[198] 이에 따라 이들은 이주 희망자의 마음을 바꿀 수 있을 만큼 열과 성을 다해 설득 작업을 펴지는 못했다.

동독 정권에 더 큰 어려움을 안겨준 것은 탈출이나 이주를 시도하는 동독인을 겨냥한 억압 조치도 점차 효력을 상실했다는 것이다. 1957년 말 이래 공화국 탈출이 범죄로 규정돼 엄벌에 처해졌지만 실패에 따른 처벌을 두려워하기보다 탈출구가 봉쇄될지도 모른다는 조바심이 더 컸기 때문에 동독인은 기꺼이 위험을 감수하고 탈출을 감행했다. 또 호네커 정권기에 이주 신청자에게 가하던 직업상의 불이익과 법적 탄압도 단기적으로는 일부 억제 효과가 있었지만, 장기적으로는 오히려 역효과를 불러왔다. 부당한 해고나 사회적 강등을 통해 혹은 억지에 가깝게 왜곡된 법적 탄압을 경험하면서 이주 신청자는 동독 체제에 더욱 등을 돌리게 됐다. 그러다 보니 이주 신청서를 제출할 때만 해도 정치적 동기가 크지 않던 이주 신청자도 갈수록 동독 체제 자체를 부정하게 됐다. 즉 동독 정권의 탄압 조치가 오히려 이탈 의지를 더욱 확고하게 만든 것이다.

이처럼 동독 정부가 이탈 주민 문제를 해결하지 못한 것은 어찌 보면 자명하다. 동독인을 떠나게 만든 다양한 동기는 동독의 체제에서 비롯된 사회적 위기를 반영한다. 따라서 동독인이 왜 동독을 등지게 됐는지, 구체적으로 어떤 불만을 갖고 있는지 비판적으로 성찰하고, 그 요인을 근본적으로 개선하려는 노력이 있어야 해결될 수 있었다. 그러나 일방적으로 서독에 책임을 전가하고 동독 사회주의 체제의 모순을 부정하는 동독 정권의 입장은 이데올로기에 매몰돼 있었기 때문에 비현실적이었고, 당연히 동독인에게 설득력을 가질 수 없었다. 1950년대 전반기 일선에서 활동한 통사당의 하위 간부는 이데올로기적 투쟁이 해결책이 될 수 없다고 문제를 제기했다. 하지만 이는 적의 의도를 간과하는 것이라는 당 지도부의 압력으로 받아들여지지 않았고, 그나마 1956년 이후에는 이러한 비판을 담은 언급마저 자취를 감추었다. 체제 내부에서 동독 이탈의 원인을 찾는다고 해봐야 당과 지도부의 자성은 빠지고 고작 동독 주민의 고충을 제대로 이해하지 못하고 냉정하게 대하는 차가운 관료주의 탓으로 돌릴 뿐이었다.[199]

이처럼 이탈 주민 문제를 대하는 동독 정권의 인식이 비현실적이다 보니 문제 해결에 무력할 수밖에 없었다. 단적으로 1961년 '반파시즘 방어벽'이라는 구차한 명분으로 세운 베를린 장벽이 이를 잘 말해준다. 베를린 장벽은 한편으로는 동독 정권에 체제를 정비할 수 있는 시간과 기회를 부여했다. 즉 장벽 건설 이후 찾아온 안정기에 사회적 다원화와 단호한 경제개혁을 실시해 사회를 변화시키고 이를 통해 주민 이탈 문제도 누그러뜨릴 수 있는 기회가 있었지만, 통사당이 일당통치에 집착하면서 그 기회를 놓쳐버렸다. 따라서 국가안전부의 방대한 문서에도 나타나듯이, 동독 정권은 이탈 행렬을 불러온 동독인의 구체적인 불만 사항을 파악하고 있었는데도 결국 이데올로기적 해결 방식을 고집하는 자가당착에 빠질 수밖에 없었다. 다양한 대응책에도 이탈 행렬을 저지하지 못한 동독 정권의 무력함은 바로 이에 근거했다.

동독 붕괴의 서막: 1989년의 대규모 동독 탈출

1989년 여름 동독인의 대규모 탈출 사태가 발생하면서 탈동독 행렬은 새로운 국면을 맞았다. 1980년대 후반 고르바초프와 달리 개혁을 거부한 호네커 정권은 1989년 5월 지방선거 결과를 조작하기까지 했다. 이어서 6월에는 베이징 천안문을 중심으로 전개된 중국인의 민주화 항쟁을 비난하고 중국 정부의 강경 진압을 전폭 지지했다. 이 두 사건으로 동독 주민과 호네커 정권의 결별은 속도를 내기 시작했다.

우선 1980년대에도 계속 악화돼 모라토리엄 선언 직전까지 이른 경제 위기와 고르바초프의 개혁정치와 대비되는 정치노선으로 동독인의 불만이 커진 상황에서 공식 발표된, 거의 99퍼센트에 달하는 선거 지지율[200]은 조작이 아니고는 불가능했다. 또 베이징의 민주화 운동을 두고 동독 정부가 보인 적대적 입장은 곧 동독 정권의 민주적 개혁을 전혀 기대할 수 없다는 의미였다. 이로 인해 실망과 분노에 찬 동독인은 공개적으로 동독 체제의 모순을 비판하고 개혁을 요구하기 시작했다. 그런가 하면 많은 시민이 더 이상 동독에서 사는 것이 의미 없다고 여겨 동독을 떠나기로 마음먹었다. 이러한 상황을 반영하듯 1989년 상반기에 이주 신청이 12만 5400건에 달했다.[201]

그런 가운데 대규모 동독 탈출의 물꼬가 트이게 되는 위기 상황이 발생했다. 발단은 이웃 사회주의 국가 헝가리였다. 1985년 집권한 소련의 고르바초프가 개혁 정치의 하나로 군비를 축소하고 군사적 대결을 지양함에 따라 1979년 소련의 아프가니스탄 침공 이후 급격히 악화된 동서 진영의 관계가 점차 완화됐다. 이러한 추세에 힘입어 헝가리 정부는 1989년 5월 오스트리아와의 국경선에 설치한 철책의 일부를 제거했고, 6월에는 유엔난민협약에 서명했다. 이는 동독처럼 경제 위기에 처한 헝가리가 경제적 부담을 덜기 위해 군비 축소를 통해 긴장 완화의 의지를 보여준 것이다. 더불어 서방국가로부터 경제적 지원을 얻기 위해 그들이 요구한 자유화에 부응한다는 의미도 지녔다. 또한 '브레즈네프 독트린'[202] 공표 이후 소련이 동유럽 국가에 공공연히 행사해온 내정 간섭을 중단하겠다는 고르바초프의 결단[203]이 동유럽 국가가 운신할 수 있는 폭을 넓혀준 것도 주요 요인이었다.

많은 동독인은 이러한 헝가리의 역동적인 상황 변화를 동독을 탈출할 수 있는 호기로 생각했다. 1989년 5월 헝가리 정부가 헝가리-오스트리아 국경 차단 시설을 부분적으로 제거한 것에 이어 6월 27일 헝가리와 오스트리아의 총리가 양국 국경 지대에 설치된 철조망을 자르는 모습이 전 세계로 타전됐다. 동독에서도 시청이 가능했던 서독 TV 프로그램에서 이를 지켜본 동독 주민은 헝가리를 통해 오스트리아로 넘어갈 수 있는 가능성이 훨씬 커졌다고 보았다. 또 헝가리 정부가 난민협약에 서명했기 때문에 헝가리에서 탈출을 시도하다 체포돼도 이전처럼 무조건 동독으로 송환되지 않을 것이라는 기대감도 커졌다. 그 결과 이주 신청을 하고 기약 없이 기다리느니 차라리 헝가리-오스트리아 국경을 넘어 서독으로 탈출하는 것이 더 낫겠다고 생각한 동독인이 헝가리로 몰려들었다.

기대와 달리 한동안 탈출은 쉽지 않았다. 헝가리 정권이 국경 지대의 철책 일부분을 제거하는 대신 경비를 강화했기 때문이다. 그러던 중 8월 19일 국경 근처에 위치한 쇼프론시에서 평화 운동의 하나로 열린 '범유럽 피크닉' 행사 때 헝가리와 오스트리아 정부가 서로 합의하여 세 시간 동안 국경을 개방했다. 이 기회를 틈타 668명의 동독인이 오스트리아로 넘어갔고, 3일 후에 또다시 약 260명이 국경을 넘어 탈출했다.[204]

이것은 시작에 불과했다. 같은 시기에 부다페스트, 프라하, 바르샤바 주재 서독 대사관과 동베를린의 서독 상주대표부에도 많은 동독인이 몰려들어 서독으로 보내줄 것을 요구했다. 갑자기 몰려드는 동독인 때문에 당황한 서독 정부는 8월 중순 헝가리 주재 서독 대사관을 한때 폐쇄했다. 이처럼 동독인의 탈출 시도가 확산되며 사태가 심각해지자 동독 정권은 헝가리 정부에 1969년 동독과 맺은 여행협정을 내세워 헝가리에 체류하는 동독인을 돌려보내라고 요구했다. 이 협정의 내용은 양국이 합법적 여행증명이 없는 상대국 국민을 제3국으로 보내지 않는다는 것으로, 무엇보다 제3국을 통한 동독인의 탈출을 막기 위한 것이었다.

서독 정부 또한 인도적 차원에서 대사관을 점거한 동독인을 위해 협상에 나섰다. 그 결과 8월 24일 동독인 108명이 국제적십자의 신분증을 받아 서독으로 올 수 있었다. 그러나 당시 헝가리에는 아직 많은 동독인이 남아 있었다. 서독 정부는 헝가리 정부와 다시 협상을 벌이는 과정에서 헝가리에 10억 마르크의 경제적 지원을 제공하고, 헝가리는 동독인이 서독으로 갈 수 있게 하겠다고 약속했다. 헝가리 정부는 동독과 달리 고르바초프의 개혁 노선에 편승해 다당제와 시장경제를 도입하는 등 개방 정책을 추진하고 있었기 때문에 서독의 손을 들어준 것이다.[205]

이에 따라 헝가리 정부는 1989년 9월 10일 헝가리-오스트리아 국경을 완전히 개방하고, 동독과 맺은 여행협정을 파기함은 물론 헝가리에 체류하는 동독인의 서독 탈출을 허용한다고 발표했다. 이에 힘입어 1989년 9월 말까지 약 2만 5000명의 동독인이 헝가리를 통해 서독으로 갈 수 있었다.[206]

그러나 헝가리 외에도 체코슬로바키아와 폴란드 주재 서독 대사관에도 많은 동독인이 몰려든 상황이라 이 문제 역시 해결책이 필요했다. 체코슬로바키아만 하더라도 당시 수천 명의 동독인이 프라하에 있는 서독 대사관 뜰에 텐트를 치고 머물고 있었다. 결국 서독 외무부 장관 겐셔(D. Genscher)는 유엔 총회가 열리고 있던 9월 27일 폴란드와 체코슬로바키아의 외무부 장관을 만나 동독인의 탈출 허용을 요청했다. 폴란드는 이에 응했지만, 체코슬로바키아는 이를 거부하고 동서독이 직접 협의해 해결책을 마련하라고 요구했다. 이에 겐셔는 당시 유엔 총회에 참석 중인 동독의 외무부 장관과 협상을 벌인 끝에 9월 29일 대사관 점거 농성 중인 동독인을 동독이 추방하는 형식으로 서독으로 보내주겠다는 대답을 이끌어냈다. 그 결과 1989년 10월 1일 마침내 폴란드에 있던 800명, 체코슬로바키아에 있던 5500명의 동독인이 특별열차편으로 동독을 거쳐 서독으로 갈 수 있었다.[207] 그러나 그로부터 이틀 후 다

프라하 주재 서독대사관 앞에 천막을 치고 머물며 서독으로 보내줄 것을 요구한 동독인

시 수천 명의 동독인이 바르샤바와 프라하로 몰려들면서 동독 체제의 존립 기반을 뒤흔들게 되는 대규모 탈출 행렬이 걷잡을 수 없게 됐다. 동독 정권이 1980년대에 가까스로 누르고 있던 이탈의 압력이 동독 체제의 위기가 깊어지면서 결국 폭발한 것이었다.

이처럼 짧은 기간에 수만 명의 동독인이 극적으로 탈출하는 행렬은 서독 TV와 외국 언론을 통해 생생히 보도됐고, 이는 동독 체제를 뿌리째 흔드는 역할을 했다. 기약 없이 승인을 기다리던 이주 신청자는 어차피 동독을 떠날 결심을 한 상태인데다 상황이 어떻게 바뀔지 모르는 만큼 이 기회의 문이 닫히기 전에 서둘러야 한다는 조바심에 미련 없이 탈출 대열에 가담했다. 이주 신청을 하지 않았던 동독 시민 역시 수많은 사람이 등지고 떠나는 동독에 남을 것인지, 아니면 떠날 것인지 고민하게 되면서 베를린 장벽이 세워지기 전의 위기 상황이 재현됐다.

이처럼 급박한 상황에서도 호네커 정권은 현실적 대책을 강구하는 대신 정치적 방식으로 문제를 해결하려고 했다. 단적으로 1989년 8월 29일 비상시국에 열린 통사당 정치국 회의에서 동독 정치 수뇌부는 이러한 탈출 사태의 원인을 정부 실책에서 찾기보다는 적국의 배후 공격으로 규정했다.[208] 이에 따라 동독 정권은 대규모 동독 이탈이 서독 정부의 음모라는, 즉 당시 상황에서 동독인 다수에게 설득력을 가질 수 없는 교조적 선전만 일삼았다. 1989년 10월 7일에는 동독 건국 40주년 기념 축제를 성대하게 개최해 동독 사회주의의 업적을 예찬하며 사회주의의 승리를 다짐했다. 사실 과거와 달리 소련의 개입과 이웃 사회주의 국가의 지원을 기대할 수 없는 고립된 상황에서 동독 정권이 딱히 할 수 있는 것도 없었다. 설상가상으로 체코슬로바키아 정부는 11월 1일 체코-서독 국경을 개방했고, 이후 날마다 수천 명에 달하는 동독인이 동독을 떠났다.

이처럼 심각한 위기 상황에서도 동독 정부가 보여준 구태의연함과 무기력함, 계속되는 탈출 사태는 남아 있는 자에게 더 이상 보고만 있을 수 없다는 위기의식을 불러왔다. 이에 동독인은 용기를 내 공개 행동에 나섰다. 우선 1989년 9월 4일 월요일 라이프치히에서 니콜라이 교회를 중심으로 수백 명이 모여 여행의 자유와 정치 개혁을 요구하는 기도 모임과 시위를 시작했다. 이후에도 월요일마다 라이프치히에서 시위는 계속됐다. 10월에는 드레스덴, 마그데부르크, 포츠담 등 다른 도시에서도 시위가 이어졌고, 시위에 참여하는 동독인 수도 엄청나게 늘어났다. 라이프치히 월요시위를 예로 들면 10월 9일에 약 7만 5000명, 16일 12만 명, 23일 30만 명이 모였다.[209] 한편 9월 10일 '노이에스 포럼(Neues

Forum, 새로운 포럼)'에 이어 12일 '데모크라티 예츠트(Demokratie Jetzt, 즉시 민주주의)' 등의 시민운동 단체가 조직됐고, 10월 7일에는 동독 사민당이 결성돼 정치 개혁을 요구했다. 이들이 구심점이 돼 이끈 평화적 민주화 시위에 동독인이 대거 참여하면서 통사당 지배 체제 전반에 걸쳐 문제가 제기됐다.

결국 사태의 심각성을 인식한 동독 총리 슈토프(W. Stoph)는 10월 10일 당 정치국 회의에서 호네커의 퇴진을 제의했고, 이는 만장일치로 가결됐다. 그에 따라 18일 20년 가까이 권력의 정상에 있었던 호네커가 서기장직에서 물러났다. 이후 출범한 모드로(H. Modrow) 정권이 11월 9일 획기적으로 베를린 장벽을 개방하면서 동독 체제의 안정화를 꾀했지만 대규모 동독 이탈은 멈추지 않았다.[210] 갈수록 공산당 지배 폐지로 귀결되는 급진적 정치 개혁을 요구하는 시위가 계속됐고, 결국 이러한 정치적 대변혁의 소용돌이 속에서 동독 현실사회주의는 붕괴했다.

이러한 맥락에서 볼 때 1989년의 대규모 동독 이탈은 동독인의 위기 의식을 호네커 정권에 대한 저항으로 결집시키면서 동독 붕괴의 주요 동인으로 작용했다. 물론 탈출자들은 단지 서독으로 가고자 했을 뿐 통사당 지배 체제에 저항하거나 정권 붕괴를 목적으로 했던 것은 아니다. 그러나 대규모 동독 이탈의 여파는 이미 동독 체제에 문제의식을 갖고 있으면서도 주저하던 동독인에게 호네커 정권에 맞서 도전적 행동을 하도록 영향을 미쳤다. 이 점에서 동독 이탈 행렬은 불안하게 소용돌이 치는 동독의 정치적 위기를 마침내 폭발시키는 기폭제 역할을 했고, 동독 붕괴로 이어지는 정치적 대변혁의 시발점이 됐다.

베를린 장벽 추모지(Gedenkstätte Berliner Mauer)에 자리한 베를린 장벽 희생자 추모 공간

2

동독
이탈 주민에서

서독
시민으로

동독 이탈 주민의
수용 원칙

긴급수용법, 선 난민 후 동일국적주의

동독을 떠나 서독으로 오기까지 이탈 주민은 긴장과 불안에 떨었고, 때로는 생명의 위협마저 감수해야 했다. 우여곡절 끝에 서베를린 혹은 서독에 발을 내딛게 됐을 때 이들은 마치 세상을 얻은 것처럼 기뻐했다. 정치적으로 자유롭고 물질적으로 풍요로운 서독에서 새 인생을 시작할 수 있다는 기대감도 컸다. 그러나 동독 이탈에 성공했다는 안도감과 기쁨이 미처 가시기도 전에 이들은 냉엄한 현실에 맞닥뜨렸다. 서독이 비록 같은 독일인의 국가였지만 동독과는 완전히 다른 낯선 자본주의 체제였고, 모든 것을 동독에 두고 빈 몸으로 와 빈털터리로 시작해야 하는 상황이 결코 쉽지 않았기 때문이다. 더욱이 서독 사회가 이들을 두 팔 벌려 환영한 것도 아니다. 아무리 동포라 해도 수백만 명의 동독 이탈 주민을 받아들이는 것은 여러모로 부담이 됐기 때문이다. 그럼에도 이탈 주민의 다수는 심각한 사회적 마찰 없이 예상보다 빨리 서독에 정착할 수 있었다.

서독은 어떠한 정책적 기반을 갖추었기에 그 많은 동독 이탈 주민의 사회 통합을 달성할 수 있었을까? 그리고 그 과정에서 동독 이탈 주민과 서독 사회가 직면한 문제는 무엇이었을까? 서로 적대적으로 대립하는 분단 상황에서 동독인의 서독행은 한 나라 안에서 자유롭게 오가는 통상적 이주와는 성격이 달랐다. 따라서 이들을 받아들이기 위해서는 법적 근거가 필요했다. 이는 서독 헌법에 해당하는 기본법에 명시돼 있다. 분단을 일시적 상황으로 전제하고 통일을 지상 과제로 표방한 기본법은 모든 독일인에게 거주지와 상관없이 내국인에 상응하는 자격을 부여하고(116조), 거주 이전의 자유를 보장했다(11조). 이는 곧 동독인에게도 동일 국적을 부여하는 것으로, 별도의 국적 취득 절차 없이 동독 이탈 주민을 받아들일 수 있는 토대가 됐다.

그러나 서독 정부는 1950년 8월 제정된 긴급수용법에 의거해 이들을 무조건 받아들이지는 않았다. 이 법은 최초의 동독 이탈 주민 관련 법으로, 물밀듯 밀려오는 동독 이탈 주민의 수용 기준과 절차를 규정한 것이다. 동독 지역 거주민의 이탈은 제2차 세계대전이 끝난 후 소련이 동독 지역을 점령 통치하면서 이미 시작됐고, 1948년 이후 분단이 가시화되면서 본격적으로 진행됐다. 당시 소련 점령 지역 이탈 주민의 수용은 서방 연합국의 점령 통치하에 있던 주행정부가 담당했지만, 서독 건국 후 이 문제에 좀 더 효율적으로 대처하기 위해 긴급수용법을 제정했다. 그런데 이 법은 '난민', 즉 신체·생명에 대한 위협과 구속될 위기 혹은 기타 불가피한 사유로 동독을 이탈한 동독인에게만 서독 거주 허가를 부여하도록 규정했다. 따라서 기본법 제11조와 제116조에 명시된 권리도 일단은 이 기준에 부합해 서독 거주권을 인정받은 후에야 보장 됐다.

이러한 선별 수용 원칙은 1949년 긴급수용법의 입법 과정에서부터 논란을 불러왔다. 아데나워(K. Adenauer) 정부와 기민련(CDU)을 주축으로 한 여당은 직접적 위협에 처한 난민에 한해 동독 이탈 주민을 받아들이되, 그렇지 않은 이탈 주민은 동독으로 되돌려 보낼 것을 주장했다. 이는 우선 건국 초 서독의 사회경제적 여건에서 비롯했다. 제2차 세계 대전의 피해 여파와 1200만여 명에 달하는 동유럽 강제추방민의 유입 으로 인해 주택, 식량, 취업 문제가 심각한 상황에서 정부 여당은 동독 이탈 주민까지 받아들여 부담이 가중되는 것을 원치 않았다.[1] 동독 이탈 주민을 돕는 것도 중요하지만, 서독인의 민생 안정이 우선이었다.

나아가 냉전과 분단이라는 이중 모순이 불러온 정치적 굴레 또한 중 요한 역할을 했다. 요컨대 정부 여당은 이탈 주민을 모두 수용한다면 동 독 간첩이 대거 침투해 국가 안보를 위협할 것이라고 우려했다. 또 동독 이탈 주민을 무조건 수용하면 동독 이탈을 더욱 부추길 것이며, 그 과정 에서 동독의 반체제 세력까지 빠져나가 동독 정권만 이롭게 만들 것이 라고 주장했다.[2] 더욱이 이는 분단 초기의 지상 과제였던 통일을 위해 서도 허용할 수 없었다. 정부 여당은 탈동독 행렬로 인해 지속적으로 인 구가 감소하면 동독은 결국 동유럽 사회주의 국가 손에 넘어갈 것이라 고 경고하고, 이를 막기 위해서는 '진짜 난민'만 받아들여 동독인이 쉽 사리 동독을 떠나지 못하게 해야 한다고 강조했다.[3]

서방 연합국도 마찬가지였다. 1949년 12월 2일 서방 연합국은 각서를 작성해 이탈 주민 수용 문제 처리를 아데나워 정부에 위임했다. 단지 당시 서독의 민생 불안과 주택난을 고려해 감당할 수 있을 정도로만 이탈 주민을 받아들이라는 조건을 달았다.[4]

이와 달리 야당인 사민당(SPD)은 기본법에 명시된 거주 이전의 자유를 동포인 동독 이탈 주민에게 보장하는 것이 마땅하다고 보았다. 또 동독이 근본적으로 불법 국가이기 때문에 서독으로 넘어온 동독인의 수용을 거부하거나 이들을 강제로 송환해서는 안 된다고 강조하고,[5] 모두를 받아들일 수 없다면 차라리 동서독 분계선을 막아 동독인의 이탈 자체를 원천 봉쇄해야 한다고 주장했다. 사회경제적으로도 일찍이 사민당 내부에서는 동독 이탈 주민을 전적으로 부양해야 할 짐으로만 여기지 말고 이들의 노동력이 서독 경제에 기여할 수 있는 잠재력을 긍정적으로 인식해야 한다는 의견도 나왔다. 나아가 사민당은 통일을 위해서라도 동독 이탈 주민을 모두 받아들여 독일의 통일성을 유지해야 한다고 주장했다.[6] 즉 정부 여당이 통일을 대비해 동독의 공동화를 막고 영토 보존에 우위를 두었다면, 사민당은 모든 동독 이탈 주민을 수용함으로써 독일이 여전히 하나의 공동체임을 재확인하는 정책을 지향한 것이다.

사민당의 반대와 문제 제기에도 정부 여당의 입장은 완강했다. 결국 1950년 6월 연방참의원과 연방의회 공동으로 중재위원회가 구성돼 양측의 대립을 조정하려고 시도했다. 그 과정에서 중재위원회는 이탈 주민의 수용 범위를 구체적으로 규정하기보다는 "개인의 신상(身上)과 자유에 위협을 받거나 기타 불가피한 이유로" 동독을 이탈한 사람을 수용한다는 원칙을 제시했다. 이는 상황에 따라 이탈 주민의 수용 범주가 확대될 수 있다는 점에서 정부 여당의 엄격한 기준을 다소 완화한 것이다. 또한 중재위원회는 긴급수용법안 논의에서 특히 치열한 쟁점이던 강제송환 규정도 긴급수용법 조항에 포함하지 말 것을 제안했다.[7] 이러한 중재위원회의 제안은 정부 여당의 기준을 완화한 것이지만, 모든 동독 이탈 주민을 받아들여야 한다는 사민당의 주장이 반영된 것도 아니었다. 그럼에도 사민당은 강제송환 규정처럼 사민당이 특히 이의를 제기한 문제가 어느 정도 수정됐다고 여겨 중재안을 받아들였다.

아데나워 정부와 서방 연합국, 연방참의원 역시 이에 동의해 1950년 8월 22일 긴급수용법이 공표됐다. 이로써 실제로 신상에 위협을 받거나 기타 불가피한 상황에서 서독으로 넘어온 동독인에게만 문호를 개방하고 정착을 지원한다는 조건부 수용 원칙이 수립됐다. 이는 곧 서독 초기의 동독 이탈 주민 수용 원칙이 인도주의보다는 탈동독 행렬이 위험수위를 넘지 않도록 효과적으로 통제하는 데 더 큰 비중을 두었다는 것을 보여준다. 서독 거주 허가를 받지 못한 동독인은 원칙상 동독으로 돌아가야 했다. 그러나 정부 여당도 최소한의 인도주의적 견지에서 이들의 강제송환을 의무화하지는 않았다. 그 대신 이들은 불법체류자 신분으로 전락해 정부의 정착 지원을 받을 수 없었다.

희망과 좌절이 교차한 수용 심사

서독 영주권을 받기 전까지 동독 이탈 주민의 법적 지위는 동독인도 서독인도 아니었다. 이들이 서독에 정착하기 위해서는 첫 번째 관문인 수

수용 심사 단계별 진행을 보여주는 카드. 단계가 끝날
때마다 이 카드의 해당 칸에 도장을 받았다.

이탈 후 수용 심사 등록을 위해
줄지어 늘어선 동독 이탈 주민,
베를린 쿠노 피셔 거리에 위치한
신고소, 1953년

용 심사를 통과해야 했다. 이들은 곳곳에 마련된 임시 수용소에 머무르며[8] 긴급수용법 시행령(1951)에 따라 수용 절차에 응했다. 수용 절차는 15단계로 시작했지만 12단계로 간소화됐고, 마지막에는 11단계로 진행됐다.[9]

동독 이탈 주민은 우선 서독 거주 허가 신청서에 자세한 인적 사항과 이탈 동기를 적은 후 건강검진을 받았다. 무엇보다 이는 집단 수용 시설에 거주해야 하는 열악한 상황에서 전염병을 막기 위한 예방 조치였다. 검사 결과 전염성 질환자나 보균자로 의심되거나 이 혹은 부스럼이 있는 사람은 격리됐다. 별 문제 없이 검진을 마친 사람은 서방 연합국의 심문을 받았다. 이는 모든 동독 이탈 주민을 잠재적 간첩으로 의심하는 냉전 특유의 강박적 안보 불안에서 비롯된 것으로, 이른바 '양의 탈을 쓴 늑대'를 가려내기 위한 필수 절차였다.

이러한 심문은 서방 연합국과 서독의 정보기관이 소련과 동독의 정보를 얻을 수 있는 유용한 기회였다. 예를 들면 이들은 동독 이탈 주민에게 "언제, 어디서 동독 제트전투기 편대의 비행을 목격했는지", "동독에서 미사일을 보았는지", "주요 도로로 연결되는 교량을 알고 있는지", "군사훈련 시간을 아는지" 등의 질문을 던져서 군사 기밀과 관련한 세세한 정보를 수집했다.[10] 그래서 심문은 보통 오래 걸렸고, 한 번으로 끝나지 않고 여러 차례 하기도 했다. 1955년 동독을 이탈한 한 여성은 무려 5주 동안 68회 이상 심문에 응해야 했다.[11]

게다가 심문은 심문으로만 끝나지 않았다. 서방의 정보기관은 서독 정착에 필요한 특혜 보장을 미끼로 특정 이탈 주민을 포섭한 뒤 동독에 스파이로 침투시키기도 했다. 정보 수집을 비롯한 비밀공작을 위해서였다. 1954년 동독을 이탈한 한 동독인은 미국 정보기관의 심문 과정에서 수용 심사를 무사히 통과해 빠른 시간 안에 서독으로 갈 수 있게 해주겠다는 제의를 받고, 그들에게 협력하겠다는 문서에 서명했다. 이후 그는 1년 넘게 서독에서 가축 거래상으로 일하다가 1955년 11월 미국 정보부의 호출을 받았다. 일주일간 특별 훈련을 받은 그는 동독의 군사 기지를 파악하라는 임무를 받고 동독에 투입됐다.[12]

심문 단계를 통과한 이탈 주민은 자격 심사를 받았다. 이는 진짜 동독 이탈 주민인지를 확인하는 절차였다. 이탈 주민에게 제공되는 무료 숙식과 차표 등의 혜택을 탐내 서독인이나 외국인이 긴급 수용 심사를 받는 일도 적잖았기 때문이다.[13] 1950년대 초까지는 서독의 경제 상황도 매우 좋지 않았기 때문에 일부 빈곤한 서독인이 동독 이탈 주민에게 제공되는 혜택을 받기 위해 가짜 행세를 하는 일이 있었다.

이어서 동독 이탈 주민은 경찰에 신원 등록을 했다. 이들은 경찰서에서 자신의 신상 관련 질문으로 구성된 설문지를 작성했다. 이를 토대로 개인별 신상 정보 카드가 작성됐다. 그 과정에서 범죄자로 의심되거나 인적 사항을 제대로 밝히지 않은 사람은 사법경찰에 넘겨져 조사를 받았다.

이 단계를 마치면 예비 심사 A단계가 기다리고 있었다. 전체 수용 심사 절차 가운데 가장 빠른 시간 내에 끝나는 이 심사는 수용 심사 등록을 한 동독 이탈 주민이 수배 대상자인지 아닌지를 조사하는 것이었다. 수배자가 아닌 이탈 주민은 예비 심사 B단계로 넘어가 서독의 정부기관, 즉 전독일문제부, 헌법수호청(Bundesamt für Verfassungsschutz), 서독 연방정보부(Bundesnachrichtendienst)의 심문에 응해야 했다. 주로 동독 이탈 전의 일상생활, 예컨대 직장 상사나 동료의 이름, 직장 분위기, 거주 지역의 특성, 동독 주민의 일반적 상황 같은 세부적인 질문을 받았다.[14]

그런데 서독 정부기관의 조사에 앞서 서방 연합국 정보기관이 먼저 조사하는 것을 두고 서독 측은 불만이 컸다. 연합국이 먼저 심문하는 것은 일종의 주권 침해이며, 연합국의 심문으로 인해 동독에 남겨진 이탈 주민의 가족이 위태로워질 수 있다고 여겼기 때문이다. 동독 이탈 주민이 수용 심사 과정에서 서방 정보기관의 심문을 받는다는 것이 동독에도 알려졌기 때문에 동독 정권은 이들을 국가 기밀을 적에게 넘기는 반역자로 매도했다. 이러한 상황은 당연히 동독의 가족이나 친지에게도 불리하게 작용했을 것이다. 그러나 1949년 5월 10일 공표된 점령 조례에 따르면 서방 연합 3개국은 원칙적으로 모든 권한을 서독에 넘기되, 이탈 주민 문제와 같은 특별 사안에 대해서는 감독할 수 있다.[15] 따라서 서독 정부는 이를 감수해야 했다.

예비 심사 B단계를 마치면 서독 영주권 획득 여부를 가리는 수용 심사를 신청할 수 있었다. 담당 기관이 심사를 준비하는 데 시간이 필요했기 때문에 날짜는 바로 배정받을 수 없었다. 동독 이탈 주민은 연락이 올 때까지 기다리는 동안 지정 병원에서 흉부 사진을 찍고 결핵 검사를 받았다.[16]

이러한 단계를 모두 마친 후에야 비로소 동독 이탈 주민은 수용 여부를 가리는 심사를 받을 수 있었다. 이탈 직후 심신이 불안정할 수밖에 없는 이들에게는 매우 힘겨운 시간이었다. 이들은 이 모든 절차가 시작되기 전에 앞으로 거쳐야 할 각 단계가 명시된 카드를 받았고, 한 단계가 끝날 때마다 해당 칸에 담당처의 도장을 받아야 했다. 1950년대에는 워낙 이탈 주민이 많아서 단계마다 오랫동안 기다려야 했기 때문에 힘들고 지치기 일쑤였다. 1952년 동독을 이탈한 니스케(C. Nieske)에 따르면 당시 동독 이탈 주민은 번호표를 받고 서서 기다려야 했는데, 그 줄이 건물 복도와 계단은 물론 눈비가 오는 길거리까지 이어졌다. 이들은 줄을 서서 하염없이 기다렸다. 특히 주말에 동독을 이탈하는 사람이 많았기 때문에 월요일에는 한꺼번에 수천 명이 몰리기도 했다. 자연히 줄에서 벗어나면 큰 문제가 생길 수밖에 없어 끼니도 챙겨온 빵으로 서서 때우고 화장실도 제대로 가지 못했다.[17]

더욱이 1950년대 초반에는 이 모든 절차가 한곳에서 진행되지 않았다. 단계별로 이곳저곳으로 담당 부서를 찾아다녀야 해서 고생이 이루 말할 수 없이 심했다. 대다수의 이탈 주민이 거쳐 간 베를린의 경우 1953년 마리엔펠데(Marienfelde) 수용소가 모든 수용 심사 절차를 주관하는 연방 수용소로 문을 연 후 그나마 이탈 주민의 부담이 줄어들었다.[18] 서베를린의 마리엔펠데 수용소와 더불어 서독 지역, 즉 헤센주의 기센, 윌첸(Uelzen) 수용소가 이러한 역할을 담당했다. 기센과 윌첸 수용소에서는 1950년 긴급수용법 제정 후 마리엔펠데 수용소에 앞서 수용 심사가 진행됐다. 1950년대 이 두 곳을 거쳐 간 이탈 주민은 꾸준히 늘었지만, 1961년 베를린 장벽 수립 후 이탈 주민이 급격히 감소하자 1963년 윌첸 수용소는 문을 닫았다. 마리엔펠데와 기센 수용소는 1990년 긴급수용법이 효력을 상실할 때까지 이탈 주민 수용 절차를 담당했다.

수용 심사는 기민련, 사민당, 자민당(FDP) 대표로 구성된 복수의 심사

1950년대 수용소 상황

수용소에서 배식을 기다리는 이탈 주민,
마리엔펠데 수용소, 1956년

서베를린의 마리엔펠데 수용소

위원회가 담당했다. 사실상 이 단계가 수용 심사 절차의 핵심이었다. 심사는 동독인의 이탈 동기가 긴급수용법에 부합하는지를 판단하는 것이 관건이었다. 이를 위해 심사위원회에는 이전 단계에서 모은 이탈 주민의 모든 정보가 전달됐다. 심사를 통과하면 거주 허가를 받고 서독인과 동등한 법적 지위를 인정받았지만, 반대의 경우 동독으로 돌아가거나 불법체류자가 돼야 했다. 따라서 동독 이탈 주민은 절박한 심정으로 심사를 받았다.

그러나 수용 심사는 진행 과정에서 많은 문제점을 드러냈다. 이탈 주민이 워낙 많다 보니 심사위원은 시간에 쫓겨 개인적 이탈 사연을 경청하기보다 이탈 동기가 난민수용법이 규정한 난민 지위에 부합하는지를 형식적으로 따지는 데 급급했다. 그뿐 아니라 긴급수용법이 수용 대상을 구체적으로 규정하지 않은 탓에 판결이 심사위원의 주관적 해석에 의존하다 보니 같은 상황도 심사위원회에 따라 다르게 판결됐다. 그리하여 베를린 장벽이 수립되기 전에는 수용 심사를 통과하지 못해 동독으로 돌아간 이탈 주민이 다시 이탈해 두 번째로 받는 수용 심사에서 거주 허가를 받는 일도 적잖았다.

심사위원의 태도에도 문제가 많았다. 동독의 실상을 잘 모르는 심사위원은 동독 이탈 주민을 이해하지도 공감하지도 못해 차갑고 공격적인 어조와 질문으로 그들을 몰아세웠고, 이탈 동기를 거짓으로 진술한다고 의심했으며, 때로는 범죄자나 재판에 회부된 피고인처럼 대했다.[19] 이로 인해 많은 이들이 심사 과정에서 상처받고 모멸감을 느꼈으며, 심사 결과를 두고 불만과 불신도 팽배했다. 동독 이탈 주민은 심사위원회가 형식에 급급하고 동독 상황을 잘 모르는데다 인간적인 이해

심도 부족하다고 지적했다. 또 위원회의 판결이 정당별 노선에 따라 좌우되고 뇌물 수수에 따른 특혜도 있다고 비판했다.[20]

심사위원회의 판결에 승복하지 않을 경우 2주 이내에 이의 신청을 하면 재심을 받을 수 있었다. 통상적으로 4~6주 후에야 재심을 받을 수 있었기 때문에 동독 이탈 주민은 이 기간 동안 불확실한 미래에 불안해하며 조금이라도 자신에게 유리한 증빙 자료를 마련하려고 고군분투해야 했다. 그러나 예외로 24세 이하의 청년은 대부분 수용 심사를 통과해 영주권을 얻었다. 아직 나이도 어리고 대부분 단신으로 이탈한 이들이 심사에 통과하지 못해 어떠한 지원도 받지 못한다면 사회적으로 추락할 것을 우려했기 때문이다.[21]

동독 이탈 주민의 첫 번째 난관은 수용 심사만이 아니었다. 심사를 받는 동안 머무르는 수용소의 열악한 생활 여건을 견디는 것도 큰 문제였다.[22] 1950년대 수백만 명에 달하는 동독인이 유입되었다는 것은 흔히 생각하는 이주와 차원이 달랐다. 국가비상사태라고 해도 과언이 아닐 정도였다. 끝없이 밀려드는 동독인을 수용하기 위해서는 비용이 적게 들면서도 빠른 시간 내에 마련할 수 있는 대규모 숙소가 필요했다. 이에 따라 서독 곳곳에 가건물이 세워졌고, 폐공장이나 구민회관, 쇼핑센터 등의 대형 건물은 물론 마구간과 군대 막사, 벙커, 심지어 과거 형무소나 나치의 강제수용소였던 곳까지 수용 시설로 개조됐다. 나치의 강제수용소와 같은 혐오 시설까지 동원됐다는 사실은 당시 상황이 얼마나 급박했는지를 단적으로 보여주는 예다. 이미 많은 사람이 수용됐던 이러한 시설에는 수도나 화장실을 비롯한 기본 주거 여건이 갖추어져 있었기에 시간과 비용을 절약할 수 있었다. 이처럼 다급히 수용소를 마련하기 위해 1953년 연방긴급지원법(Bundesnotleistungsgesetz)이 공표되어 지자체에 일반 주택을 제외한 모든 건물을 차출할 수 있는 권한을 부여했다.[23]

동독 이탈이 최고에 다다른 1953년 전반기에는 서베를린으로 하루에 2000여 명씩 넘어와 불과 몇 시간 내에 수용소를 마련해야 하는 상황도 생겼다. 2월 20일 서베를린 사회복지부 장관이 쇄도하는 동독 이탈 주민을 더 이상 감당할 수 없으니 즉시 수용 시설로 사용할 수 있거나 빠른 시간 내에 증축이 가능한 건물을 신속히 알려달라고 산하 지자체에 촉구할 만큼 당시 상황은 긴박했다.[24]

자연히 1950년대 초 수용소의 생활 여건은 비참할 정도로 열악했다. 흔히 수백 명이 커다란 홀에서 담요에 의존해 생활했고, 차가운 시멘트 바닥에서 짚을 채운 매트를 깔고 잠을 자기도 했다. 벙커를 개조해 만든 수용소에는 햇빛이 들지 않아 수개월간 거주한 사람은 눈에 이상이 생기는 일도 있었다. 남녀를 분리 수용한 곳에서는 가족끼리도 떨어져 지내야 했다. 그뿐 아니라 많은 사람이 한 공간에 밀집해 생활하다 보니 악취와 소음이 만연했고, 이와 빈대는 물론 결핵과 독감을 비롯한 각종 전염병에 만성적으로 노출됐다. 특히 면역력이 약한 어린아이는 홍역, 백일해, 성홍열 등의 전염성 질환으로 사망하기도 했다.[25] 그나마 임산부는 해산 후 스웨덴 적십자사의 지원으로 설립된 '모자의 집(Mütterheim)'[26]과 같은 시설에 아기와 함께 한때나마 거주할 수 있었다.

한편 동독 이탈 주민은 수용소에 침투한 간첩이 신원을 파악해 자신과 동독에 남은 가족에게 보복을 할까 봐 불안감에 시달렸고, 그로 인해 수용소 내 분위기는 전반적으로 어두웠다.[27] 수용소 측도 수용소 내에서는 되도록 이름을 부르지 말라고 당부했고, 건물 내부에도 "말은 은이요, 침묵은 금이다"라는 경고문이 붙어 있었다. 이러한 불안감이 기우만은 아니었다. 실제로 이탈 주민을 가장한 스파이가 수용소에 침투해 수용소 상황을 파악했고, 이탈 주민 명단도 작성했다. 이탈 주민으로 가장해 서베를린으로 넘어온 동독인 오폴로니(J. Oppolony)는 파자넨 거리(Fasanenstraße)에 위치한 수용소에 머물며 많은 동독 이탈 주민에게 연합국 행정기관에 취업을 알선해준다고 약속한 후 돈과 함께 이력서를 요구했다.[28] 이력서야말로 이탈 주민의 신상과 리스트를 작성하는 데 자료로 활용됐을 것이다.

더욱이 이런 스파이에 의해 동독을 이탈한 주민이 다시 동독으로 유인되거나 납치되는 사건도 일어났다. 사실 납치가 흔한 일이 아니었지만, 수용소 내의 잦은 인원 변동이 납치에 대한 소문을 확산시켜 불안감을 조성한 것만은 확실하다. 수용 인원이 넘치는 수용소에서는 종종 이탈 주민의 일부를 다른 수용소로 보냈다. 또 이탈 주민이 수용 심사를 마치면 곧바로 배정받은 서독 지역으로 떠났고, 일부는 이탈을 후회하고 동독으로 돌아가기도 했다. 그러다 보니 수용소에 머물던 사람이 갑자기 보이지 않거나 소재가 파악되지 않기도 했는데, 그럴 경우 납치됐을 거라는 소문이 과장된 형태로 이들 사이에 회자됐다.[29] 이러한 불안정한 상황 때문에 동독을 떠나온 이들 간에도 서로를 믿지 못하고 스파이로 의심하는 등 불신이 팽배했다.

이처럼 비정상적인 주거 환경, 수용 심사 과정의 지난함, 앞날에 대한 불안감은 이탈 주민에게 엄청난 정신적 스트레스를 안겨주었다. 그러다 보니 신경이 예민해져 이탈 주민 간, 가족 간에 충돌과 폭력도 자주 발생했다. 그뿐 아니라 수용소 내에서 성폭력 사건도 발생했다. 1950년 대 초 대부분의 수용소는 시설이 열악해 문 잠금 장치가 없는 경우가 많았다. 그러다 보니 여성 이탈 주민을 성폭행하는 사건이 자주 일어났다. 베를린의 마리엔펠데 수용소에 머물렀던 한 여성 이탈 주민은 이렇게 회고했다.

강간이 다반사였다. (……) 방문은 잠글 수 없게 돼 있었다. 그 때문에 나는 의자를 가져다 방문 앞에 놓고 바리케이드를 쳤다. 그런데도 문고리가 움 직였다. 그때마다 잠이 깼다. 우리는 정말 두려웠다. (……) 우리가 비행기를 타고 윌첸으로 갔을 때 나는 정말 기뻤다. 그곳 수용소의 방문은 잠글 수 있었기 때문이다.[30]

당시 수용소의 이러한 비정상적인 상황은 이탈 주민의 자살로 극에 달했다. 수용 심사 결과에 대한 불안감 혹은 수용 심사를 통과하지 못해 느낀 낭패감, 수용소의 비참한 현실과 자신의 처지에 대한 좌절감 등을 견디지 못한 이탈 주민은 스스로 목숨을 끊었다.

이 모든 어려움을 견디고 수용 심사를 통과한 동독인은 최종 건강검 진을 받은 후 여러 연방주로 분산 배치됐다.[31] 이는 특정 지역에 동독 이 탈 주민이 집중되면서 벌어질 수 있는 문제를 막고, 이들의 정착 문제를 중앙정부가 홀로 감당하기보다 지자체로 분산해 좀 더 효율적으로 대 응할 수 있었다는 점에서 현명한 선택이었다. 주별 할당률은 경제 여건, 인구밀도, 제2차 세계대전으로 인한 피해 정도를 우선 고려해 결정됐 다. 1953년 1월부터 1958년 12월까지 서독의 공업 중심지인 노르트라인베스트팔렌주가 평균 약 37.6퍼센트로 가장 높았고, 바덴뷔르템베르크주가 약 20.1퍼센트로 그 뒤를 이었다. 브레멘주가 약 1.2퍼센트로 가장 낮았고, 베를린은 약 5.7퍼센트에 달했다.[32]

1950년대에는 이탈 주민이 워낙 많았기 때문에 이탈 주민이 정착지를 선택할 수 없었다. 수용 신청에서 정착지 이송에 이르는 모든 절차는 동유럽강제추방민·난민·전상자부(Bundesministerium für Vertriebene, Flüchtlinge und Kriegsgeschädigte),[33]가 주관했다. 모든 것이 최대한 순조롭게 진행되면 첫날 등록에서부터 배정된 정착 지역으로 출발할 때까지 약 2~3주일이 걸렸고, 좀 더 면밀히 검토해야 할 대상자는 수개월도 걸렸다. 이 모든 상황은 1950년대 동독 이탈 주민의 초기 정착 과정이 결코 순탄치 않았음을 말해준다.

완화된 수용 기준

엄격한 심사를 통해 진짜 난민만 수용하겠다는 서독의 공식 수용 정책은 1950년대 중반을 전후해 변화한다. 이것이 가시화된 것은 1953년 5월 7일의 연방헌법재판소 판결이다. 당시 헌법재판소는 충분한 생계 기반을 갖추어 사회에 부담을 주지 않는다면 거주 이전의 자유를 구속할 수 없다는 기본법 제11조를 근거로 긴급수용법에 의거한 기존의 수용 원칙을 위헌으로 판결했다. 이에 따라 스스로 집과 일자리를 구해 생계 능력을 입증할 수 있는 동독 이탈 주민은 거주 허가를 받게 됐다.[34] 더불어 초기에 내세운 정치적 난민의 틀은 무너지기 시작했고, 동독 이탈 주민을 수용하는 범위도 점차 넓어졌다.

이러한 변화는 기존 수용 원칙에 담긴 정치 논리와 1950년대 역동적 현실 사이에서 벌어진 긴장 관계에서 비롯됐다. 우선 가장 기본적인 문제는 긴급수용법의 수용 기준에 부합하는 동독 이탈 주민이 소수에 불과했다는 사실이다. 동독과의 체제 경쟁을 의식한 서독 정부는 동독 이탈 주민의 주요 이탈 동기가 동독 정권에 의한 정치적 탄압이라고 주장했지만, 1956년까지 이에 해당하는 동독인은 8~10퍼센트에 불과했다.[35]

무엇보다 서베를린이 처한 긴급한 상황이 수용 정책을 바꾸게 했다. 1952년 동독 정권이 계급투쟁과 계획경제를 내걸고 사회주의 체제로 강도 높게 변혁을 추진하면서 이탈 주민이 급증했는데, 1953년 긴급수용심사에 등록된 인원만도 33만 명을 넘어섰다.[36]

이러한 상황은 서베를린에 엄청난 부담이었다. 1952년 동독 정권이 동서독 국경 지대의 경비 체제를 강화하면서 거의 유일한 탈출구였던 서베를린이 대규모 동독 이탈 주민을 가장 먼저 떠안아야 했기 때문이다. 수용 심사를 통과한 이들은 대부분 다른 연방주의 정착지로 떠났지만 그때까지 최소한 수 주일은 걸렸고, 이들이 빠져나가기도 전에 또 다른 이탈 주민이 밀려들어왔다. 더욱이 수용 심사를 통과하지 못하면 서베를린 외의 다른 곳으로 이주가 허락되지 않았기 때문에 이들마저 불법체류자로 서베를린에 머물렀다. 따라서 이러한 과포화 상태를 해소하기 위해 서독 정부는 더 많은 동독 이탈 주민에게 거주 허가를 부여해 이들을 서베를린에서 방출하는 것을 고려할 수밖에 없었다.

또한 동서독 정권이 흑색선전을 일삼으며 치열한 정치적 공방을 벌이던 1950년대에 동독 이탈 주민을 불법체류자로 전전하도록 계속 방치할 수도 없었다. 이탈 주민 문제는 체제의 정당성과 직결됐기 때문이다. 서독 정부는 가급적 탈동독 행렬이 확대되지 않기를 바랐지만, 받아들인 동독 이탈 주민은 반공투사로, 동독 정권의 정치적 탄압에 희생된 자로 부각해 동독 체제의 부당성과 서독의 우위를 입증하는 증거로 내세웠다. 동독 이탈 주민 문제는 결국 사회주의 진영과의 또 다른 대결의 장이었다. 서독과 서방의 정치 지도자가 동독 이탈 주민이 머무르는 수용소를 방문해 사기를 진작하고, 동독을 불법 국가로 비판하는 공세를 펼친 것도 이와 밀접한 관련이 있다.[37] 처음에는 동독인의 체제 이탈에 소극적으로 대응하던 동독 정권도 1953년부터는 동독인의 이탈이 동독에 사회적 혼란과 경제 파탄을 조장하기 위한 미국과 서독의 음모라고 성토하고, 불법체류자로 전락한 동독 이탈 주민의 열악한 처지를 폭로하는 등 정치 선전을 펼쳤다.[38] 따라서 서독으로서는 동독인의 이탈을 억제하는 것도 중요하지만, 서독이 비인간적이고 사회경제적으로 무능한 체제로 비춰지는 것도 문제였다.

더욱이 끝없이 양산되는 불법체류 동독인이 서독에서 극빈층으로 전락하면서 자유민주주의에 대한 믿음을 상실하고 급진주의에 기울거나 동독에 의해 간첩으로 포섭될 위험도 무시할 수 없었다. 일례로 한 동독 이탈 여성은 불법체류자가 되어 실업자로 전락한 후 동독 스파이에 의해 포섭됐다. 그녀는 동독 출신 법조인이 결성한 단체인 '자유를 추구하는 법조인 조사위원회(Untersuchungsausschuß freiheitlicher Juristen)'에 위장 취업해 수개월간 스파이로 활동하며 이 단체에 관한 보고서를 작성해 동독에 넘겼다.[39]

나아가 사민당과 서독의 민간 사회 및 종교 단체도 수용 심사를 두고 문제를 제기했다. 동독 이탈 주민을 적극 도운 서베를린의 개신교 목사 아메(K. Ahme)는 인간적으로 충분히 공감할 수 있는 이들의 이탈 행위를 정치적 기준으로만 판단하는 것은 위험하다고 지적했다. 또 서방 연합국과 서독의 정보기관이 수용 심사 과정에서 서방에 정보를 제공한 이탈 주민이 마음을 바꿔 동독으로 돌아갈 경우 국가 반역자로 몰릴 수 있는 상황을 만들어놓고도 이들에게 거주 허가를 부여하지 않는다고 비판했다.[40]

경제적 요인 역시 변화를 요구했다. 서독은 서방 연합국 점령 통치기에 시행된 화폐개혁과 마셜플랜 원조를 발판으로 경제 부흥의 기반을 마련했다. 이어서 한국전쟁을 계기로 소비재와 자본재 수출이 급증하면서 1950년대 중반 비약적으로 경제가 발전했다. 그 결과 필요한 노동력이 급격하게 늘면서 서독 정부는 점차 동독 이탈 주민에게도 눈을 돌리게 됐다. 이들을 고용하면 노동력을 확보하는 동시에 서베를린의 만성적 포화 상태도 완화할 수 있어 일석이조지만, 그러기 위해서는 일단 이들이 서베를린에 발이 묶인 불법체류자 신분에서 벗어나야 했다.

이처럼 다양한 현실의 압력에 직면한 서독 정부는 변화가 필요하다는 것을 인식했지만 그렇다고 수용 심사를 전격 폐지하고 모든 이탈 주민을 받아들일 수는 없었다. 무엇보다 냉전 이데올로기가 맹위를 떨치던 1950년대의 특성상 간첩 혐의자를 걸러내는 수용 심사의 필터 기능을 포기할 수 없었다. 이에 더해 공식적으로 수용 기준을 전면 완화하면 더 많은 동독인의 이탈을 조장해 통일을 위태롭게 할 것이라는 우려도 떨쳐버리지 못했다. 또 동독 체제의 부당함을 드러내고 서독 체제의 우위를 과시하기 위해서라도 수용 심사를 통해 부각시킨 정치적 난민의 이미지를 포기하기 어려웠다. 또 그렇게 하는 것이 동독 이탈 주민이 대거 유입되면서 비롯된 사회경제적 부담에 반발하는 서독 주민을 무마할 명분이 되기도 했다.

결국 서독 정부는 정치 논리와 현실적 압력을 절충했다. 즉 수용 심사는 계속하되 수용 기준을 완화하고 이탈 동기도 관대하게 해석했다. 1956년 연방행정재판소가 동독 이탈 주민이 충분한 생계 기반을 갖추었는지를 인정하는 기준을 완화하면서, 당장 집과 일자리가 없어도 노동 능력만 있으면 거주 허가를 받을 수 있게 됐다. 이러한 과정을 거쳐 결국 1950년대 후반에는 범법자나 동독 정권과 밀착해 특혜를 누리고 동독 주민을 정치적으로 탄압하는 데 책임 있는 통사당 간부 등을 제외한 대부분의 동독 이탈 주민이 수용 심사를 통과했다. 수용 거부 판결을 받은 동독 이탈 주민은 1950년 62.6퍼센트에 달했지만, 1956년에는 12퍼센트, 1959년에는 1.5퍼센트에 불과했고, 베를린 장벽 수립 전까지 1퍼센트 이하로 감소했다.[41]

그뿐 아니라 수용 거부 판결을 받았던 사람이라도 1954년 10월 이후 재심을 받을 수 있게 됐다. 서베를린 노동사회부 조사에 따르면 1955년 7118명(신청자 8508명), 1956년 5539명(신청자 6581명), 1957년 6443명(신청자 6737명)이 재심을 받고 영주권을 얻었다.[42] 이로써 1950년대 후반으로 갈수록 관대해진 심사 기준과 더불어 재심을 통해서도 이탈 주민은 불법체류자 신분을 벗어날 수 있게 됐다.[43] 그럼에도 수용 심사는 중단되지 않고 계속됐다. 1986년에 들어서야 수용심사위원회가 폐지돼 심사가 아닌 등록 절차로 바뀌었고, 긴급수용법도 수용법(Aufnahmegesetz)

으로 명칭이 바뀌었다. 이 법이 궁극적으로 효력을 상실한 것은 1990년 7월이었다. 이는 동독 이탈 주민 문제에 분단과 냉전의 정치 논리가 얼마나 깊숙이 개입됐는지 그리고 그 점에서 동독인의 서독 이주가 통상적 이주와 어떻게 다른지를 명확히 보여준다.

정착에 필요한
서독의
제도적 지원

1950년대 정착지원제도

동유럽강제추방민·난민법: 긴급 수용을 넘어 정착 지원으로

동독 이탈 주민은 거주 허가를 받고 배정된 정착지에 도착하면서부터 본격적인 서독 생활을 시작했다. 숙식이 해결되는 수용소를 떠나 이제부터는 스스로의 힘으로 살아야 했기 때문에 생계 기반 마련이 시급했다. 그러나 1950년대 초반까지 서독 정부는 정착을 적극적으로 지원하지 않았다. 건국 초기의 어려운 사회경제적 여건 속에서 대규모 동독 이탈 주민을 감당하기가 어려웠기 때문이다. 또 분단을 일시적 현상으로 보고 곧 통일될 것이라는 기대가 컸던 점도 이들의 적극적 사회 통합을 지연시켰다. 어차피 이들은 머지않아 통일이 되면 돌아갈 존재로 생각했기 때문이다. 이에 따라 서독 정부는 1950년대 초반까지 임시 거처를 마련하고 최소 수준에서 이들을 부양하는 데 급급했다.

그러나 동독 이탈 주민의 적극적인 통합과 정착 지원은 점차 정치 현안으로 부각됐다. 1952~1953년 동독을 이탈한 주민이 무시할 수 없을 정도로 늘어났고, 동독 이탈이 일시적 문제가 아니라는 점이 점점 분명해졌으며, 또 이들의 존재가 동독과의 체제 경쟁 면에서 갖는 정치적 의미도 컸기 때문이다.

이러한 전환은 1953년 발효된 '동유럽강제추방민·난민법(Gesetz über die Angelegenheiten der Vertriebenen und Flüchtlinge)'에서도 확인된다. 이 법은 강제추방민과 난민에 해당하는 독일인에게 과거의 사회경제적 지위를 회복하도록 특별히 지원함으로써 사회 통합을 촉진하려는 목적으로 제정됐다. 동독 이탈 주민도 수혜 대상에 포함되면서 이들의 정착을 지원할 법적 토대를 갖게 됐고, 주무관청인 난민청도 각 연방주에 설립됐다. 이와 함께 동독 이탈 주민 정책은 초기의 비상 대책에서 통합 정책으로 한걸음 더 나아갔다.

그러나 이 법이 전체 동독 이탈 주민의 생활을 개선하는 데 미친 실효는 그리 크지 않았다. 동유럽강제추방민·난민법은 어디까지나 정치적 난민의 요건을 충족하는 동독 이탈 주민만을 수혜 대상으로 규정했기 때문이다. 일단 수용 심사를 통과한 이탈 주민은 다시 정치적 탄압으로 인신의 위협에 직면해 불가피하게 동독을 이탈한 '소련 점령 지역 난민(SBZ-Flüchtlinge)'[44]과 그 외의 사유로 영주권을 인정받은 기타 이탈 주민으로 구분됐다. 동유럽강제추방민·난민법은 전자에게만 취업과 주택을 우선 지원했고, 창업 융자 등의 특별 지원을 보장했다. 이는 동독 이탈 주민의 수용 기준은 완화하더라도 특별 지원 혜택은 정치적 난민에게만 부여하겠다는 뜻이었다. 입법 과정에서 야당인 사민당은 이탈 주민 일부만을 수혜 대상으로 정하는 것을 반대했다. 요컨대 사민당은 동독 체제의 억압성을 정치적 난민 인정 척도로 삼아 대다수의 이탈 주민에게 혜택을 주어야 한다고 주장했다. 그러나 아데나워 정부와 집권 정당은 그렇게 하면 더 많은 동독인의 이탈을 부추기게 될 것이고, 이는 결국 독일 전체의 이해관계에 역행하는 것이라는 반론하에 사민당의 제안을 거부했다.[45]

정치적 난민 자격을 인정받으려면 수용 심사와 별도로 자격 심사를 받아야 했다. 이를 위해 해당자는 먼저 수용 심사를 받은 후 배정받은 정착지 관할 난민청에 자격 인정 신청을 했다. 심사 결과 난민 자격을 인정받은 사람은 C신분증을 발급받았다. 서독 정부는 제2차 세계대전 이후 난민을 인정하는 A, B, C 세 종류의 신분증을 발급했다. A는 1938년 이전부터 과거 독일 제국에 속한 동유럽 지역에 거주하다가 패전 결과 강제로 추방된 독일인에게, B는 1938년부터 이 지역에 거주한 강제 추방민에게 부여됐다. 이 두 범주에 해당하는 독일인은 본인의 의사와 상관없이 강제로 추방된 경우라 모두 난민 지위를 인정받았다. 그러나 동독 이탈 주민은 어디까지나 자발적 이탈이기 때문에 정치적 탄압과 불가피한 사유로 이탈한 사람에게만 난민 지위를 인정해 C신분증을 발급했다.[46] 1950년에서 1961년 6월 5일까지 등록된 동독 이탈 주민 168만 9600명 가운데 41만 7200명, 즉 전체 이탈 주민의 약 4분의 1만이 소련 점령 지역 난민 지위를 얻었다는 것을 고려하면[47] 1950년대 동독 이탈 주민의 사회 통합은 소수에게 제공된 특별 지원에 의존한 것이 아님을 알 수 있다. 그렇다면 서독은 어떻게 그 많은 동독 이탈 주민이 정착할 수 있는 기반을 마련할 수 있었을까?

직업적 통합: 자립 기반을 마련하다

서독 정부는 목돈으로 정착금을 지급하기보다 동독 이탈 주민의 자립 기반 마련을 정착 지원의 원칙으로 삼았다. 이탈 주민이 워낙 많아서 정착금 지급을 위한 재원 마련도 어려웠고, 서독인과의 형평성도 지켜야 했기 때문이다. 따라서 이탈 주민에게 급선무는 취업이었다. 1950년대에 서독으로 넘어온 동독인의 대다수는 한창 일할 나이 대의 젊은 층이었다. 특히 농업과 상품 생산의 집단화에 반발한 농민과 수공업자도 많이 넘어왔지만, 대부분은 생산직 노동자와 상업, 은행업, 운수업 등 3차 산업 종사자였다.[48] 학력이나 직업적 전문성에서도 동독 이탈 주민은 경쟁력을 갖추었다. 노동자도 전문 직업교육을 받은 숙련 노동자가 다수였고,[49] 엔지니어와 의사를 비롯한 고학력자도 적잖았다. 다시 말해 1950년대 동독 이탈 주민은 취업에 유리한 조건을 갖추고 있었다.

그러나 1950년 10.8퍼센트에 달하는 서독의 실업률[50]이 말해주듯이 서독 초기에는 실업 문제가 심각했다. 이에 따라 동독 이탈 주민은 부족한 일자리를 놓고 서독 원주민은 물론 동유럽 강제추방민과도 경쟁해야 했고, 자연히 취업문은 좁았다. 그나마 서독에 가족이나 친지가 있는 동독 이탈 주민은 훨씬 유리했다. 주변에서 일자리가 나면 이들이 직접 알선해주거나 취업에 필요한 정보를 제공해주었기 때문이다. 운이 좋으면 가족이나 친지가 미리 일자리를 구해놓고 기다리기도 했다.

근본적으로 취업 문제를 해결하기 위해서는 제도적 지원이 필요했다. 동독 이탈 주민은 우선 거주지 지자체나 노동청에 구직 신청을 했다. 이런 기관은 동독 이탈 주민에게 취업 정보를 제공하고 일자리를 알선했는데, 소련 점령 지역 난민 자격자(C신분증 보유자)에게 우선권이 부여됐다. 취업이 힘든 비인기 직종 종사자는 특별 목록에 이름을 올려 서독 전역에서 일자리를 찾았다. 또 서독 정부는 공적 자금을 투입해 일자리를 마련했다. 일례로 동독 이탈 주민에게 5년간 보장된 일자리 다섯 개를 마련하는 기업에게 일자리 하나당 3000~5000마르크의 고용 지원 융자를 제공하는 방식으로 취업을 지원했다.[51]

그럼에도 서독 정부는 특별 취업 대책 마련에 주력하지 않았다. 얼마나 많은 동독인이 언제까지 넘어올지 불확실했기에 고정적 취업 대책을 마련하기 어려웠고, 설사 공적 자금 투입을 통한 일자리 창출과 같은 대책을 마련해도 재정적으로 그 많은 이탈 주민을 감당하기엔 역부족이었다. 이에 따라 동독 이탈 주민을 가장 많이 받아들인 노르트라인베스트팔렌주의 정책처럼 대규모 동독 이탈 주민의 직업적 통합을 경제 정책의 하나로써 서독 경제를 팽창시키는 방향으로 추진하는 것을 가장 바람직하게 생각했다.[52] 그 결과 연방정부와 주정부는 경제 정책과 노동시장의 요구를 철저히 고려해 인력이 필요한 곳으로 동독 이탈 주민의 취업과 정착을 적극 유도했다. 이를 위해 동독 이탈 주민 수용 문제를 담당하는 각 연방주 대표에게 정기적으로 인력이 부족한 직업 목록이 제공됐다. 또 연방 노동청은 1953년 6월부터 서베를린에 파견한 동독 이탈 주민 담당관을 통해 주 대표와 협의하에 노동시장의 요구에 맞춰 동독 이탈 주민을 분산 배치하는 데 힘썼다.[53] 이러한 조정 정책은 생계를 위해 취업 의지가 컸던 동독 이탈 주민의 유동성과 결합돼 취업을 촉진했다. 예컨대 노르트라인베스트팔렌주는 1950년대 서독의 경제 부흥에 중요한 요소인 석탄을 원활히 공급하기 위해 동독 이탈 주민에게 루르 광산 지대 취업을 적극 장려했다. 이를 위해 주 노동청은 동독 이탈 주민이 수용 심사를 받는 동안 머무르던 서베를린 수용소에서부터 구인 작업을 벌여 광산주에게 알선했고, 1955년부터는 아예 지원자를 수용소에서 탄광으로 직접 이송했다.[54]

이러한 적극적인 조정 정책에도 대규모 동독 이탈 주민을 흡수할 만큼 서독의 노동시장이 확대되지 않았다면 많은 이들이 실업을 면치 못했을 것이다. 이런 맥락에서 동독 이탈 주민의 취업을 촉진한 핵심 원동력은 서독의 경제성장이다. 1950년대 중반 비약적으로 경제가 발전하면서 공업 생산량을 급격히 늘린 서독은 1960년대 초 스위스와 더불어 세계 최대의 공업 국가가 됐다. 이러한 경제 발전 덕분에 동독 이탈 주민의 취업문도 확대됐다. 바덴뷔르템베르크주 하일브론시의 사례 연구에 따르면, 금속가공·기계·전기·제지·직물·유리·인쇄를 비롯한 제반 생산직 분야의 숙련 노동자는 일자리를 구하기가 어렵지 않았고, 금융·상업·보험 분야에 취업한 동독인도 적잖았다.[55] 이에 따라 동독 이탈 주민은 1950년대 중반 이후 더 이상 짐스러운 존재가 아니라, 경제 발전에 유용한 인적 자본이 됐다.[56] 1950년대 초 가급적 적은 인원을 받아들이려고 했던 주정부가 1958년에는 더 많은 동독 이탈 주민을 확보하기 위해 경쟁을 벌인 것이 이러한 변화를 반영한다. 예컨대 헤센주 내무부는 동유럽강제추방민·난민·전상자부 장관에게 보낸 1958년 3월 28일자 편지에서 헤센주가 베를린과 기센 연방수용소에서 시행된 동독 이탈 주민 배정 과정에서 차별 받았다고 항의하고 재검토를 요청했다.[57]

그렇다면 자영업 종사자는 어땠을까? 농업, 수공업 등 자영업에 종사했던 동독 이탈 주민이 서독에서도 같은 분야에서 생계 활동을 하려면 토지와 자본이 필요했다. 그러나 이들은 대부분 자산을 동독에 남겨

두고 와 거의 빈손이었다. 서독 정부는 이들의 창업을 돕기 위해 유리한 조건으로 융자를 제공했다. 일례로 자영농 출신 동독 이탈 주민 니스케는 1955년 전쟁부담조정법[58]에 따라 1만 마르크를 창업 융자금으로 지원받았는데, 무이자에 2년 후부터 연 2퍼센트씩 원금을 상환하는 좋은 조건이었다.[59] 물론 모두가 이런 혜택을 받은 것은 아니다. 이러한 특별 지원 신청은 대부분 소련 점령 지역 난민 자격자를 원칙으로 했고, 사업 계획서를 비롯한 복잡한 서류 심사를 거쳐 해당자를 선정했다. 그리고 농업 융자를 받으려면 먼저 스스로 농사지을 토지를 확보해야 했다. 부업 농가 지원 융자를 신청한 니스케에 따르면, 당시 융자 신청의 전제 조건 중 하나가 토지 2500제곱미터(0.25헥타르)를 소유하는 것이었다.[60] 따라서 이런저런 조건을 충족시키지 못한 동독 이탈 주민은 서독 농민에게 고용돼 농업 노동자로 일하든가, 전업을 통해 노동시장으로 흡수됐다.

의사, 법조인, 교사와 같은 전문직 종사자와 전문 기술을 갖춘 장인에게도 동유럽강제추방민·난민법 제92조에 의거해 동독에서 얻은 학력이나 자격을 인정해줌으로써 취업의 길을 열어주었다. 수공업자가 자영업을 하려면 서독의 수공업 회의소가 인정한 수공업자 명단(Hand-werksrolle)에 등록해야 했는데, 그 전제조건 가운데 하나가 장인 자격증이었다. 동독 이탈 주민은 서독의 장인 시험에 준하는 자격시험을 동독에서 치렀을 경우 새로 시험을 보지 않아도 자격을 인정받았다.[61] 다만 서독 상황에 맞게 보충 과정을 거치게 될 수도 있었다. 예컨대 법조인은 1951년 이후 동독에서 얻은 자격은 그대로 인정되지 않았다. 동독의 학제가 바뀌어 사법고시를 한 번만 치렀기 때문이다. 서독에서 정식 자격을 갖춘 법조인이 되려면 국가고시 2차 시험을 치러 이를 보충해야 했다. 1950년 이후 교사 자격을 얻은 동독 이탈 주민도 대부분 서독 대학에서 약간의 보충 학점을 이수하고 교사자격시험을 다시 봐야 했다. 공무원 출신 동독 이탈 주민도 전후 탈나치화 과정에서 해고된 공직 종사자의 복직을 허용한 기본법 제131조의 수혜를 입어 서독에서 공무원으로 임용될 수 있는 자격을 인정받았다. 또 서독 정부는 1953년 6월 기본법 제131조 개정에 따라 교육공무원에 해당하는 전임 교수 출신 동독 이탈 주민을 위해 정부가 보수를 지급하는 한시적 교수직을 만들었고, 비전임 교원이나 연구원을 위해 대학 강사, 조교 자리를 마련했다.[62] 다행히 1960년대 들어 대학이 신설, 확장됨에 따라 이들의 취업문도 다소 넓어졌다.

서독 정부는 1955년 완전고용을 달성했다고 평가했고, 동유럽강제추방민·난민·전상자부도 1959년부터는 동독 이탈 주민의 취업에 별 어려움이 없다고 공표했다.[63] 물론 모든 동독 이탈 주민이 취업에 성공한 것은 아니지만 정부의 적극적인 조정 정책과 노동시장을 폭발적으로 확장시킨 경제성장에 힘입어 이들의 취업은 예상보다 순조로웠다.

가건물 거주자에서 주택 거주자로

동독 이탈 주민을 정착시키기 위해 해결해야 할 또 다른 과제는 주택 마련이었다. 취업에 비해 주택문제는 더 오랜 시간과 노력이 필요했다. 제2차 세계대전으로 인한 가옥 파괴,[64] 서방 연합국 군대 주둔에 필요한 땅 압류, 동유럽 강제추방민과 동독 이탈 주민의 대규모 유입으로 인해 1950년대 내내 서독의 주택난이 심각했기 때문이다. 단적인 예로 1950

년대 서독의 주택 부족량은 무려 630만 채에 달했다.[65] 이로 인해 동독 이탈 주민이 정착지에 도착해도 서독의 가족 혹은 친지가 집을 구해주거나 이들에게 얹혀 살 경우, 아니면 고용주가 필요한 인력을 고용하기 위해 집을 제공하는 경우 등을 제외하고는 일반 주택에 입주할 가능성이 적었다. 대다수는 배정받은 연방주에 도착해 잠시 경유수용소에 머문 후 최종 정착지에 마련된 거주수용소로 갔다. 이들은 우선 이곳에 기거하며 집을 구했는데, 짧게는 수개월, 길게는 수년이 걸렸다.

동독 이탈 주민이 집을 구하려면 일단 거주지 관할 주택청에 신청해야 했다. 제2차 세계대전의 여파로 주택난이 심각했고 종전 후에는 주택청이 모든 권한을 쥐고 주택을 배정했기 때문이다.[66] 주택도 소련 점령 지역 난민 자격자에게 우선 배정됐다.

이처럼 주택난이 심각하다 보니 가장이 다른 지역에서 일자리를 구하게 되면 대부분 혼자 떠나 임시 거처에 살면서 가족과 함께 살 집을 구했고, 그동안 나머지 식구는 수용소에서 지냈다. 심지어 일부 이탈 주민은 1953년 말에서 1954년 초에 이르는 수개월 동안 서베를린에 위치한 플뢰첸 호수에 동독에서 넘어올 때 타고 온 배를 정박해놓고 그 안에서 생활하기도 했다.[67] 결국 선박 운행에 방해가 된다는 이유로 금지됐지만, 이러한 변칙이 일시적으로 허용됐다는 사실은 당시 주택난의 심각성을 잘 보여준다.

1950년대 초까지 수용소를 급조해 동독 이탈 주민의 임시 거처를 마련하는 데 급급하던 서독 정부는 점차 적극적으로 주거 대책을 모색했다. 우선 엄격한 수용 심사로 동독 주민에게 경종을 울려 탈동독 행렬을 제어하겠다는 긴급수용법의 취지가 무색할 만큼 동독인의 대규모 이탈이 계속됐음은 물론이고, 열악한 주거 환경을 비판하고 주택을 제공하라는 이탈 주민의 요구도 빗발쳤다.

서독 사회 내부에서도 비판이 제기됐다. 서독인은 곳곳에 즐비한 수용소를 문화적 수치로 여겼고, 혹자는 규정과 통제에 따른 강제적 사회화와 집단 거주가 특징인 수용소가 동독 이탈 주민을 무기력하게 만들고 건전한 시민 생활의 기반인 개인주의와 가족을 위협할 것이라고 주장했다. 또 동독 이탈 주민이 수용소에 거주하면 사회에서 고립돼 민주주의를 제대로 접하지 못할 것이며, 그런 상황에서 열악한 주거 환경에 장기적으로 노출되면 다시 공산주의에 포섭될 것이라는 우려의 목소리도 높았다.[68]

나아가 경제적 요인도 적극적으로 주택 문제를 해결해야 할 필요성을 높였다. 경제 발전에 따라 동독 이탈 주민의 노동력 수요는 늘어났지만 정작 일자리가 있는 곳에 이들이 기거할 주택이 부족해 고용할 수 없는 일이 허다했기 때문이다. 이러한 모든 상황은 더 이상 조야한 집단 수용 시설만으로는 이탈 주민 문제를 해결할 수 없음을 뜻했다.

이에 따라 서독 정부는 1953년 2억 8000만 마르크를 시작으로 해마다 연방주에 주택 건설 보조금을 제공함으로써 동독 이탈 주민을 위한 주택 공급 정책을 추진했다.[69] 처음에는 1인당 고정 지원 액수를 책정해 각 연방주가 받아들인 동독 이탈 주민 수만큼 보조금을 지급했다. 그러나 1950년대 중반 이후 주택 수급은 그 이상의 조치를 요구하는 중요 사안이 됐다. 무엇보다 갈수록 완화되는 이탈 주민 수용 심사로 인해 대다수의 이탈 주민이 영주권을 받으면서 주택 수요는 계속 늘어났다. 또 각 주정부가 1950년대 중반 이후 노동력 충원 문제를 동독 이탈 주민을 받아들여 해결하려고 했지만, 그 전제 조건인 주택 수급은 이에 한참 못 미쳤다.

이러한 상황은 자연히 지원을 확대해달라는 요청과 압력으로 모아졌다. 1956년 7월 20일 정부 부처, 연방참사회, 주정부 대표는 주택을 좀 더 신속하게 지을 수 있도록 지원금을 선금으로 지급하는 방향으로 뜻을 모았다. 그리고 각 연방주는 같은 해 9월 건설비 상승을 근거로 건설 비용 지원 액수도 한 사람당 1500마르크에서 2000마르크로 올려달라고 요청했다.[70] 그러나 이러한 요구는 재정 문제를 내세운 재무부 장관의 반대에 부딪혔다. 흔히 이탈 주민 정착 지원에 관한 법규나 제도를 마련할 때 연방과 주의 이해관계나 정당 간 차이 못지않게 재무부가 논쟁을 불러오는 요인으로 작용했다. 모든 정착 지원은 결국 재정 문제와 밀접히 연관됐기 때문이다.

1956년 큰 쟁점이 된 주택 건설 지원 문제를 둘러싸고도 주정부와 재무부 장관 사이에 줄다리기가 이어졌다. 그 과정에서 주정부는 정부가 빠른 시일 내에 건설 보조금을 지급하겠다고 약속하지 않으면 동독 이탈 주민의 수용을 즉각 중단하겠다고 압박하기도 했다.[71] 이러한 진통을 겪은 끝에 서독 정부는 1958년부터 이탈 주민 한 명당 책정된 건설 보조금을 연방주에 지원하는 대신, 주택 건설비의 50퍼센트를 연방정부가 부담하는 방식으로 해결책을 내놓았다. 이는 지원 규모를 확대한 것으로, 1958년에는 18억 510만 마르크가 제공됐다.[72] 더불어 1957년 수용소 개선을 위해 3000만 마르크를 책정한 예와 같이 수용소의 열악한 거주 환경을 바꿀 수 있도록 재정적으로 지원했다.[73] 이러한 지원이 가능했던 것은 무엇보다도 경제 발전 덕이지만, 동독 이탈 주민의 사회 통합을 진척시키려는 서독 정부의 의지도 작용했다.

정부의 재정 지원에 힘입어 지자체는 기존 수용소의 생활 환경을 개선했다. 동독 이탈 행렬이 1950년대 내내 대규모로 이어졌기 때문에 많은 인원이 기거할 수 있는 수용소를 무조건 폐지할 수는 없었다. 이에 따라 지자체는 수용소를 유지하되, 동독 이탈 주민에게 좀 더 정상적인 주거 환경을 제공하려고 노력했다. 대규모 수용소는 칸막이벽으로 공간을 나누어 가족별로 혹은 최대한 적은 인원이 한 공간에 거주하도록 배려했다. 또 초기에는 거의 없던 샤워실이나 세탁실, 유치원, 탁아소, 도서관 등을 갖추었고, 집단 배식에서 벗어나 가족을 위해 스스로 요리할 수 있도록 취사도구와 공간을 마련했다. 이에 따라 대략 다음과 같이 수용소 시설의 표준 형태가 갖추어졌다.[74]

1인당 할당 면적(숙소): 4제곱미터/ 강당이나 공장 내부에 칸막이벽을 설치해 여러 개의 침실로 분할/ 최소한 수용소 거주민의 3분 1이 이용할 수 있는 규모의 휴게 공간: 1인당 최소 0.5제곱미터, 라디오와 가능한 한 여러 대의 스피커 설치/ 세면장: 20명이 공동으로 사용/ 화장실과 샤워 시설: 40명이 공동으로 사용/ 세면 시 온수 제공/ 세탁실과 빨래 건조실/ 재봉실과 다림질실/ 유치원(되도록 유아원도 운영함)/ 청소년을 위한 공간/ 수용소 도서관/ 아동과 환자를 위해 음식을 직접 만들 수 있는 조리 시설

한편 지자체는 도시 외곽 지대에 난민 임대주택을 지어 보급했다. 주로 방 두세 개와 화장실, 주방으로 구성된 2~3층짜리 소형 연립주택으로, 외형상으로는 1가구 주택이었다. 하지만 주택난이 워낙 심각하고

동독 이탈 주민 수가 많아 한 주택에 두세 가구가 함께 거주하는 경우가 흔했다. 이는 집단 수용 시설과 1가구 주택을 절충한 것이었다. 다른 가족과 함께 살다 보니 공간이 좁아 2층 침대를 여러 개 놓아야 했고, 소파나 장식장 같은 것은 생각할 수도 없었다. 하나밖에 없는 주방과 욕실도 시간을 정해 교대로 사용해야 했다. 상황이 이러하니 이탈 주민이 잠시라도 긴장을 풀고 휴식을 취할 수 있는 사적인 공간은 어디에도 없었다. 자연히 스트레스가 클 수밖에 없었고, 신경이 예민해져서 작은 일에도 다툼이 잦았다.[75]

게다가 이러한 난민 주택 단지는 주로 변두리에 있었기 때문에 편의 시설이 부족해 불편함이 컸다. 예컨대 주변에 학교가 없어서 먼 곳까지 다녀야 했고, 교통편 연결도 좋지 않았다. 또 상권도 갖추어지지 않아 장을 보려면 대개 15분 이상 걷거나 대중교통을 이용해야 했다.[76] 그럼에도 동독 이탈 주민은 수용소를 벗어나 방 한 칸이라도 가족끼리 있을 수 있고, 겉으로나마 정상적인 주거 환경으로 복귀한 것만으로도 행복해했다.

이러한 연립주택 형태의 이탈 주민 수용 시설은 비정상적인 집단 수용소보다 한 단계 개선된 것이기 때문에 서독의 각 지자체는 기존의 거주수용소와 경유수용소도 이러한 주택 형태로 신축하거나 개조했다. 이는 우선 동독 이탈 주민에게 정상에 가까운 거주 환경을 제공하되, 탈동독 행렬이 멈추면 일반 임대주택으로 전환한다는 복안에서 비롯됐다. 가건물 형태의 수용 시설은 나중에 대부분 무용지물이 되므로 철거해야 하지만, 연립주택 형태의 수용 시설은 용도를 바꿔 계속 사용할 수 있다는 점에서 훨씬 실용적이고 재정 낭비도 줄일 수 있기 때문이었다.

실제로 1953년 이러한 형태로 지어진 서베를린의 마리엔펠데 수용소는 1962년 수용소 건물의 반을 건설 회사에 매각해 일반 임대주택으로 전환하는 개축 공사에 착수했다.[77]

나아가 서독 정부는 공공임대주택제도를 이용해 1주택에 1가구 거주가 가능하도록 주택 보급을 확대했다. 이는 정부의 보조를 받아 지은 주택을 사회적 취약 계층에 저렴한 월세로 제공하는 제도다. 정부는 건설 회사에 주택 건설 보조금을 지급하는 대신 완공된 주택의 일정량을 동독 이탈 주민에게 배당하도록 의무화했다. 이런 임대주택은 작은 평수 위주였고 시설도 단순했다. 다만 자녀가 여럿 있거나 공공 임대주택의 월세마저 감당하기 어려운 저소득층 이탈 주민은 입주가 어려웠다. 그나마 저소득층 이탈 주민은 배당받은 새 주택을 다른 희망자에게 넘기는 대신 자신의 형편에 맞는 옛 주택에 입주할 수 있었다.[78]

1950년대 후반 시행된 일련의 정책에 따라 이탈 주민의 상황은 개선됐다. 예를 들면 서베를린은 1955년 월세가 더 저렴한 공공 임대주택 보급 계획을 공표했다. 요컨대 앞으로 신축되는 공공 임대주택 가운데 3분의 1은 특별히 저소득층을 위해 월세를 더 낮게 책정해 보급한다는 내용이었다.[79] 서독 연방의회는 1956년 2차 주택건설법을 제정해 저소득층을 위한 임대주택 건설을 추진했다. 나아가 1958년에는 정부 보조 주택 가운데 동독 이탈 주민에게 배당될 몫이 잘 지켜지는지 조사하는 시찰위원회도 조직했다. 이는 1958년 2월 26일 서독 연방의회의 결의에 따른 것으로 주택건설부, 동유럽강제추방민·난민·전상자부, 재정부가 주정부의 동의를 바탕으로 설립했다. 시찰위원회는 비정기적이지만 종종 개별 주를 방문해 주 대표의 입회하에 표본조사를 실시해 동독 이

탈 주민의 입주 현황을 감독했다.[80]

결과적으로 서독 정부는 대규모 동독 이탈 주민 유입으로 비롯된 주택 문제를 수용소에서 1주택 다가구 거주로, 그다음 1주택 1가구 거주로 개선함으로써 단계적으로 해결해 나갔다. 이러한 노력과 함께 베를린 장벽 수립 후 동독 이탈 주민 수가 크게 줄면서 주택 사정이 많이 좋아졌고, 동독 이탈 주민이 단독 입주하는 경우도 점차 많아졌다. 이처럼 수용소에서 벗어나 정상적인 주택에 기거하게 된 것이 이탈 주민에게 얼마나 큰 의미를 가졌는지는 한 동독 이탈 주민이 1957년 11월 동독에 사는 친구에게 보낸 편지에서도 엿볼 수 있다.[81]

드디어 우리 11월 5일에 이사했다. 수용소 생활 4년 반 만에 처음으로 좋은 집을 얻었어. 우리 모두 얼마나 기뻐하는지 아마 너도 상상할 수 있을 거야. 이제 더 이상 매일 버스를 탈 필요가 없게 됐어. 우리 아이들도 이제 다른 환경 속에서 살게 됐고. 인간이 어느 정도는 환경의 영향을 받잖아. 이 좋은 집이 우리 아이들에게도 좋은 영향을 미칠 거야. (……) 이곳으로 이사한 뒤 아내가 집안일하기도 훨씬 수월해졌어. 부엌에 수도와 가스-석탄 가열대가 있으니까. 수용소에 살 때는 물을 떠와서 거주하는 동 현관부터 부엌까지 날라야 했어. 또 수용소에는 도시가스도 설치돼 있지 않았지. 여기서는 바닥 청소하기도 훨씬 편해. 지금 우리 집에는 세탁실도 갖추어져 있어. 수용소에 살 때 아내는 빨래를 모두 부엌에서 해야만 했지. (……)

더불어 수용소도 점차 문을 닫기 시작해 1970년대 초반에는 대부분 해체됐다. 이탈 주민 수용 심사를 하던 세 곳의 연방수용소 가운데 월

첸 수용소는 1963년 문을 닫았고, 마리엔펠데와 기센 수용소는 1990년까지 존속하며 이탈 주민의 수용 절차를 주관했다. 문을 닫은 수용소는 노숙자, 외국인 노동자, 사회 부적응자 등을 위한 숙소로 이용되기도 했다.[82]

서독의 사회보험제도로 흡수되다

취업과 주택 지원만으로 동독 이탈 주민 문제가 해결된 것은 아니다. 도와줄 가족 혹은 친지가 있거나 젊고 취업에 성공한 사람은 다행이지만, 나이가 많거나 병약해 취업이 불가능하고, 취업을 했어도 저소득층이면 생계가 어려웠다. 따라서 동독 이탈 주민에게는 사회보장 차원의 지원도 필요했다. 서독은 기본법 제20조에 의거해 사회복지 국가를 표방했다. 이를 위해 서독 정부는 사회적 강자와 약자의 격차를 조정하여 공정한 사회질서를 수립하고 시민의 생계를 지원한다는 목표 아래 다양한 제도적 방안을 마련했다. 거주 허가를 받은 동독 이탈 주민은 서독인과 동등한 지위였기 때문에 정부는 이들을 기존 제도 안으로 흡수했다. 특히 1950년대 후반으로 갈수록 경제 발전의 성과가 더 많이 사회보장제도로 환원되면서 동독 이탈 주민에게 사회적 지원을 넓힐 수 있는 여건이 조성됐다.

우선 동독 이탈 주민은 1952년 제정된 전쟁부담조정법(Lastenausgleichsgesetz)에 의거해 사회보상제도의 혜택을 받을 수 있었다. 이 법은 제2차 세계대전으로 인한 직간접적 피해 즉 폭격, 강제추방, 이향(離鄕) 등으로 생계 기반을 상실한 독일인에게 재산 피해를 보상하고 생계를 지원해 고통을 덜어주기 위해 제정됐다. 이 법에 따라 피해자에게 전쟁 때문에 생긴 토지나 건물 등의 자산 피해를 산정해 보상하고, 생계 보조, 주택 마련, 교육 등에 이르는 다양한 생활 지원이 시행됐다.

소련 점령 지역 난민 지위를 인정받은 동독 이탈 주민 가운데 이에 해당하는 자에게는 전쟁 부담 조정 예산에 특별 책정된 구호 기금을 토대로 생활비를 지원했고, 지역 의료보험 가입 혜택을 주었으며, 가구나 가재도구 마련 비용과 주택·창업 융자를 제공했다.[83] 그러나 강제추방민과 달리 동독 이탈 주민에게 재산 피해는 보상되지 않았다. 기본적으로 이들에게까지 보상할 경우 재정 부담이 너무 컸고 정치적 파급 효과도 고려해야 했다. 동독 지역의 재산 피해를 서독 정부가 보상하는 것은 곧 통일에 대한 기대를 부정하는 것일 뿐 아니라, 더 많은 동독인의 이탈을 조장할 위험이 있기 때문이었다.

동독 이탈 주민은 연방원호법(Bundesversorgungsgesetz)이 규정한 혜택도 받았다. 이 법은 1950년 제2차 세계대전으로 비롯된 신체·건강상의 피해 보상과 생계 지원을 목적으로 제정됐는데, 민간인 신분의 피해자도 해당됐다. 수용 심사를 통과해 영주권을 인정받은 동독 이탈 주민은 서독 원주민과 동등하기 때문에 신청 자격이 있었다. 해당자는 상이연금과 치료비를 지원받았고, 사망하면 장례비용과 유족연금도 지급됐다.[84] 남편이나 아버지가 전사한 동독 이탈 주민에게 이러한 지원은 초기 정착 과정에서 적잖은 도움이 됐다.

그뿐 아니라 동독 정권의 탄압으로 인해 12개월 이상 구금된 전력이 있는 동독 이탈 주민은 1955년 제정된 구금자지원법(Häftlingshilfegesetz)에 의거해 정착 지원을 받았다.[85] 이들에게는 100마르크의 정부 환영금과 200마르크의 석방금이 제공됐다. 또 1957년 1차 법 개정에 따라 수감으로 겪은 피해도 보상했다. 액수는 기간에 따라 달랐는데, 수감 기간이 24개월 이하이면 개월당 30마르크, 25개월부터는 60마르크를 지급했다. 그 밖에도 이들에게는 의료·취업·주택 지원과 함께, 사망 원인이 과거의 정치적 구금과 관련 있으면 유족의 생계도 지원됐다.[86]

이처럼 서독 정부가 동독 정치범 출신 이탈 주민을 지원한 것은 서독이 독일을 단독으로 대표한다고 주장하는 정부로서 모든 독일인을 책임진다는 의미도 있지만, 이를 통해 동독 체제의 억압성을 부각하려는 정치적 의도도 담고 있었다. 무엇보다 1960년 이 법의 2차 개정을 통해 구금자 중에서도 동독 정권에 맞서 적극적으로 저항하다 구금된 이탈 주민을 더 우대한 것이 이를 뒷받침한다.[87] 이처럼 냉전과 분단 상황에서 이탈 주민 문제는 정치적 차원을 배제하고는 이해하기 어렵다.

보상 차원의 지원 외에 서독 정부는 동독 이탈 주민에게 세금 감면 혜택도 부여했다. 예컨대 소련 점령 지역 난민 자격을 지닌 동독 이탈 주민은 1953년 추가된 소득세법 제33a조에 따라 3년간 과세 등급에 따라 최소 540마르크, 최고 840마르크의 세금 공제 혜택을 받았다. 또한 최하위 과세 등급에 속하면서 세 자녀 이상을 둔 경우 세 번째 자녀부터 자녀당 60마르크씩 추가로 세금 공제를 받을 수 있었다.[88] 자영업자에게는 생산 설비에 대한 감가상각 특례를 적용해 추가 감세 혜택을 주었다.[89] 또 다른 예로 소련 점령 지역 난민 자격자가 아니더라도 거주 허가를 받은 동독 이탈 주민이라면 가재도구를 구입한 영수증이나 소포를 보내 동독의 가족 친지를 지원한 행위에 대한 증빙 자료를 제출하면 세금 공제 혜택을 받았다.[90]

나아가 서독 정부는 동독 이탈 주민이 중단된 학업을 이어가거나 취업에 필요한 직업교육을 받을 수 있도록 지원했다. 앞서 언급한 전쟁부담조정법이나 원호법, 구금자지원법 등이 모두 교육 지원을 명시하면서 해당자는 생활비와 교육비를 지원받았다. 이에 해당하지 않는 사람은 노동청이 시행하는 직업교육지원제도의 도움을 받았다. 또 동독 출신 아동과 청소년을 위한 특별 수업 과정을 통해 서독 학교 체제에 적응하고 교과상의 차이를 조정할 수 있도록 지원했다. 동독에서 대입 자격을 얻었으나 서독에서 이를 인정받지 못한 이탈 청소년은 1년간 보충 과정을 이수해야 했는데, 그 기간 동안 숙식이 무료로 제공됐고, 매달 10마르크의 용돈과 통학을 위한 교통비가 지원됐다. 대학생에게도 다양한 방식으로 재정 지원을 했다. 1954년 4월 1일 이후 학업을 시작한 동독 출신 대학생은 첫 학기에 4회에 걸쳐 110마르크의 정착 지원금을 신청할 수 있었다. 서베를린시는 매달 90마르크를 지원하는 복지장학금제도를 시행했으며, 학생후생처는 동독 출신 대학생에게 최대 6개월 시한의 단기 융자와 더불어 졸업 직전 2~3학기 동안 학업에만 전념할 수 있도록 총 1200마르크에 달하는 장기 융자를 제공했다. 수혜자는 빠르면 3년, 늦으면 5년 후부터 할부로 이자와 원금을 상환해야 했다. 1959년에는 '청소년 이주민 통합을 위한 지원 프로그램(Garantiefonds)'이 시행돼 25세 이하의 동독 이탈 주민은 학교·직업 교육에 필요한 생활비, 용돈, 교통비, 교재 구입비 등을 지원받았다.[91] 그 외에도 대학생에게는 학교 식당의 식권이 무료로 제공됐다.[92]

　그러나 이상에서 언급한 지원 혜택은 대부분 조건부였다. 요컨대 소련 점령 지역 난민 자격이 요구되거나 연령 제한과 지원을 신청할 수 있는 자격의 시한이 있었고, 소득과 재산 상태를 조사해 도움이 필요할 만큼 궁핍할 경우에만 지원했다. 그에 비해 특별한 자격 조건에 구애받지 않으면서 동독 이탈 주민에게 실질적으로 큰 도움이 된 것은 서독의 사회보험제도였다. 서독 정부는 비스마르크가 토대를 마련한 사회보험제도의 전통을 이어받아 전 국민에게 사회보장을 시행했는데, 거주 허가를 받은 동독 이탈 주민도 이에 해당했다.

우선 서독 정부는 1953년 재외국민연금법(Fremdenrentegesetz)을 제정해 노령의 동독 이탈 주민이 동독에서 얻은 연금수급권을 인정함으로써 이들이 서독에서도 연금을 받을 수 있게 했다.[93] 아직 연금을 탈 연령이 아닌 경우 서독의 연금제도에 편입하되, 이들이 동독에서 보험료를 납입한 기간을 인정해주었다. 나아가 1960년에는 재외국민연금법을 개정해 연금액 산정의 기준인 근로소득을 서독의 기준에 맞게 재평가해 동서독의 임금 격차에서 발생하는 손실을 보완했다. 이는 동독에서 납입한 연금이 동독 근로소득액에 준해 산정될 경우 서독인과의 연금 수령액 격차가 커지고 노후의 생활수준이 낮아질 것을 조정하기 위해서였다.[94]

그뿐만 아니라 1956년 12월 제정된 취업알선·실업보험법(Gesetz über Arbeitsvermittlung und Arbeitslosenversicherung)에 의거해 서독으로 넘어오기 전 2년 안에 동서독에서 공통적으로 실업보험 가입이 의무화된 직종에 취업해 최소 26주 이상 근무한 동독 이탈 주민에게는 실업 급여도 지급했다. 실업 급여 지급 기간이 만료된 후에도 취업하지 못했거나 동독에서 실업보험에 가입하지 않아 실업 급여 혜택을 받을 수 없는 동독 이탈 주민은 실업자구호제도에 따라 생계 지원을 받았다.[95]

이처럼 동독 이탈 주민이 처음부터 서독에서 일하고 살았던 것과 다름없게 만든 파격적 혜택은 그 어떤 영역보다 서독인과 동등한 대우를 실현하는 데 기여했다. 이는 거의 무에서 시작해야 하는 동독 이탈 주민이 서독인과의 격차를 줄이고, 정착 초기 미취업 상태에서 생계를 꾸려 나가는 데 큰 도움이 됐다. 그 덕분에 이들은 시간이 갈수록 여러 자격 조건이 붙은 특별 지원에 의존하지 않게 됐다. 경제성장과 실업 급여 같은 사회복지 혜택이 확대되면서 굳이 복잡한 서류 제출과 심사를 요하는 특별 지원의 필요성을 느끼지 못했기 때문이다.[96] 다른 한편으로 동독 이탈 주민을 기존 사회보험제도로 흡수한 것은 이탈 주민을 위한 별도의 대책이나 특별 급여를 최소화해 서독인과의 형평성 논란을 줄이고 재원 마련의 정당성을 쉽게 확보했다는 점에서도 성공적이었다.

이처럼 동독 이탈 주민을 서독의 사회보험제도로 흡수하는 정책에는 여야 모두 이렇다 할 반대가 없었다. 모든 정치 진영이 동독 이탈 주민의 사회보장을 위한 제도적 지원에 동의한 것이다. 서독의 정당은 1950년대 중반 이후 동독 이탈 주민의 유입이 일시적 현상이 아님을 인식하고, 이들의 처우 개선과 사회 통합의 필요성에 공감했다. 게다가 사회보험제도를 바탕으로 한 정착 지원은 전쟁부담조정법상의 재산 피해 보상 문제와 달리 통일과 관련된 논의에서 벗어나 있기 때문에 정치적 부담도 적었다. 또 어차피 서독 사회의 구성원이 된 이탈 주민을 위해 사회복지 차원에서 재정 지출이 불가피했다는 점, 이탈 주민이 서독의 노동시장에 유효한 자원이었고, 서독의 급격한 경제성장으로 재정 지출의 여력이 한층 확대됐다는 점을 고려하면 비용 면에서도 그리 과중한 부담이 아니었다.

그렇다면 불법체류자 신분의 동독 이탈 주민은 어떻게 서독 사회에서 살아갈 수 있었을까? 이들 역시 사회구호제도의 혜택을 받았다. 강제송환은 면했지만 취업이 금지되고 정착 지원에서도 소외된 이들은 경찰에 신원 등록을 할 경우 극빈자구호제도에 따라 기초 생활은 보장받았다. 이들은 주로 거주수용소에서 기거했는데, 숙식과 생활비 그리고 약간의 용돈을 받았다. 일례로 1952년 아이가 둘 있는 가족이 받은 생계 보조금은 월 148마르크였다. 1953년 월 250마르크 이하 소득자의 월평균 지출이 194.45마르크였던 점에 비추어볼 때 이들의 궁핍함을 충분히 짐작할 수 있다.[97] 그 때문에 노동이 가능한 불법체류자 신분의 동독 이탈 주민 가운데 최소 80퍼센트가 정상 임금의 50~75퍼센트에 불과한 임금을 감수하며 불법 노동을 했다.[98]

일부는 고철을 주워 팔거나 동서독 마르크의 환율 차이를 이용해 암거래로 생계를 유지하기도 했다.[99] 동베를린 통행이 가능했던 1950년대에는 위험이 따르긴 했지만 동베를린으로 가서 물건을 사고 서베를린에 가져와 되팔아 시세 차익을 남기는 일도 가능했다. 당시 동서독 마르크의 환율 차이가 1 대 5 정도 됐으니 서독 마르크를 동독 마르크로 환전해 동독에서 물건을 구입하고 그것을 서독에 가져와 시세보다 저렴하게 판다 해도 충분히 생계에 보탬이 됐을 것이다.

다행히 1950년대 중반 이후에는 서독 정부가 수용 심사 기준을 완화하고 적극적 통합으로 노선을 바꾸면서 이들의 처지도 나아졌다. 예컨대 재심을 통해 불법체류자 신분의 동독 이탈 주민이 일부 구제됐고, 경제 발전으로 노동력 수요가 늘면서 서베를린에 불법 체류하는 동독인이 점차 서독의 노동시장으로 흡수됐다. 이들은 처음에는 노동력을 구하기 어려운 직종에 단기 투입됐다. 해당 분야는 주로 농업 노동자, 목장의 가축 착유자, 건설 노동자, 유리 세공사, 간호사, 운송 기사, 가사도우미 등이었다.[100] 이탈 주민 가운데 불법체류자는 자신의 원래 직업 분야가 아니어도 무위와 빈곤에서 벗어나기 위해 이를 받아들였다. 그러다 점차 상황이 나아지면서 이들에게도 취업을 알선해 정식으로 고용될 수 있는 기회를 부여했다. 일례로 베를린 노동청은 1955년 광산업계에만 1028명을 취업시켰다.[101] 이를 통해 이들은 충분한 생계 기반을 입증함으로써 거주 허가를 받을 수 있게 됐고, 이러한 법적 지위의 변화는 곧 정착 지원으로 연결돼 생활 여건도 나아질 수 있었다.

베를린 장벽 수립 이후 개선과 보완

1961년 기습적으로 세워진 베를린 장벽은 독일 분단을 고착화시켰지만, 탈동독 행렬에도 많은 변화를 가져왔다. 장벽 때문에 자유로운 통행이 불가능해졌고, 동독 이탈은 때로는 목숨까지 걸어야 하는 큰 모험이됐다. 그 대신 동독 이탈에 성공한 동독인은 1950년대보다 훨씬 좋은여건 속에서 새 출발을 할 수 있었다. 베를린이라는 탈출로가 봉쇄된 이후 동독 이탈 주민이 급격히 줄어든 덕분에 서독 사회는 한숨 돌리게 됐고, 지속적인 경제성장에 힘입어 동독 이탈 주민이 받을 수 있는 제도적지원이 한층 확대됐기 때문이다. 그렇다면 어떠한 정착지원제도를 통해 개선될 수 있었을까?

간단해진 수용 심사와 개선된 수용소 환경

베를린 장벽이 세워진 이후 동독 이탈 주민이 서독 사회에 정착하는 과정 자체에는 근본적으로 변화가 없었다. 대다수의 이탈 주민은 베를린 장벽 축조 이전과 마찬가지로 긴급수용심사 절차를 거쳤고, 긴급수용법 역시 여전히 유효했다. 그러나 수용 심사 절차는 1950년대에 비해 한층 간소화됐다. 일단 이탈 주민 수가 이전과 비교할 수 없을 정도로 줄어든 덕분에 행정 처리 시간이 단축됐다. 또 대다수의 이탈 주민은 불법 탈출을 했든, 합법적 이주 신청으로 넘어왔든 수용 심사를 통과할 수 있는 조건을 충분히 갖추었다. 이에 따라 수용 심사는 엄격한 의미의 심사라기보다 등록 절차에 가까워졌다. 동독 이탈 주민은 수용 심사 과정에서 거부돼 불법체류자로 전락할까 봐 걱정할 필요가 없었다. 게다가 빨라야 2~3주 정도 걸렸던 1950년대와 달리 수용 심사 절차에 소요되는 시간도 많이 단축되었는데, 1970~1980년대에는 짧게는 2~3일, 길게는 2~3주 정도 걸렸다.[02]

수용 절차가 개선됐을 뿐 아니라 이탈 주민이 정착지를 스스로 선택할 수 있는 기회도 확대됐다. 1950년대의 이탈 주민은 자신이 원하는 곳으로 가기가 쉽지 않았다. 당시에는 동독 이탈 주민이 워낙 많다 보니 개인의 희망을 고려하기보다는 주택, 인구, 경제 상황에 맞추어 이들을 받아줄 수 있는 곳으로 배정했기 때문이다. 그에 비해 1960년대 이후에는 이탈 주민 수가 대폭 줄었기 때문에 이들을 받아들이는 것이 큰 부담이 되지 않았고, 이탈 주민 개인의 의사를 존중할 수 있는 여지도 생겼다. 이에 따라 많은 동독 이탈 주민이 가족이나 친척, 지인이 살거나 자신이 특별히 원하는 곳에서 새 삶을 시작할 수 있게 됐다.

동독 이탈 주민이 머물던 수용소의 여건도 대폭 개선됐다. 1950년대 후반부터 수용소 환경을 개선하려는 노력이 1960년대 이후에도 계속됐고, 서독으로 넘어오는 동독인 수가 줄어든 것도 수용소의 환경이 좋아지는 데 한몫했다. 단적인 예로 동독 이탈 주민은 처음부터 가족끼리 혹은 소수의 인원만이 한 공간에 배치됐고, 소박하나마 생활에 필요한 가구와 시설이 갖추어진 상태로 수용소 생활을 시작했다. 2011년 8월 17일 베를린에서 내가 인터뷰한 마리엔펠데 수용소의 마지막 소장 피스(H. Fiss, 1985년 취임)에 따르면, 1980년대에는 보통 방 하나에 두 사람이 머물고, 침대, 장롱, 책상과 의자 등이 갖추어져 제법 지낼 만했다.[103] 그럼에도 1986년 동독을 이탈한 한 동독인이 서독에 거주하는 지인의 좁은 집에 얹혀살며 침대도 없이 소파에서 잠을 잤지만 수용소를 면할 수 있어 기뻤다고 회고한 것을 보면[104] 수용소 거주는 장벽이 세워진 이후에도 기피 대상이었음을 알 수 있다.

이처럼 이탈 주민의 수용 심사 절차나 수용소 거주 여건은 모두 개선됐지만, 서방 연합국과 서독 정보기관의 심문은 변함없었다. 이들 기관은 여전히 동독의 스파이 침투를 저지하고 무엇보다 동독의 기밀 정보를 계속해서 입수하길 원했기 때문에 이탈 주민을 대상으로 하는 심문을 중지할 의사가 전혀 없었다. 동독의 일상생활에서 군사 정보에 이르기까지 꼬치꼬치 캐묻는 것 자체가 동독을 이탈한 이들에게 많은 스트레스와 부담을 안겨주었다. 아무리 동독을 등졌다 해도 적대 관계에 있는 서방의 정보기관을 상대로 진술하자니 마치 배신자가 된 것과 같은 죄의식이 느껴졌기 때문이다.[105] 또 만에 하나 서독에 정착하지 못하고 동독으로 돌아가게 될 때 이 사실로 인해 반역자로 처벌될 수 있다는 점도 부담스러웠다. 더욱이 서독의 헌법수호청은 심문할 때 일반 범죄자를 다루듯 번호판을 들려 정면, 왼쪽, 오른쪽에서 각각 사진을 찍음으로써 이탈 주민에게 수치심과 불쾌함을 안겨주었다.

정착지원제도의 보완과 개선

서독은 1950년대에 이미 동독 이탈 주민이 서독에 정착하는 데 필요한 지원 제도의 기본 골격을 갖추었다. 이는 베를린 장벽 수립 후에도 관련 법 제정과 개정, 제도 보완을 통해 지속적으로 개선됐고, 동독 이탈 주민을 위한 정착 지원도 한층 확대됐다. 이러한 경향은 세 가지 질문을 염두에 두고 살펴볼 필요가 있다. 첫째, 1960년대 이후 시행된 동독 이탈 주민을 위한 정착지원제도는 1950년대의 미비점을 어떻게 보완했는가? 둘째, 동유럽 강제추방민과 비교해 동독 이탈 주민이 받는 차별 대우는 극복됐는가? 셋째, 정치적 난민 자격을 얻은 동독 이탈 주민과 그렇지 못한 주민 사이의 차별적 지원은 개선됐는가?

취업 지원과 주택 마련

1960년대 이후 동독 이탈 주민의 취업도 노동청의 주요 과제였다. 노동청은 이들의 취업을 늘리기 위해 수용 심사 단계에서부터 노력했다. 무엇보다 수용 심사 절차가 통합적으로 진행된 연방수용소와 동독 이탈 주민이 정착지로 배정되기 전까지 머무른 경유수용소에 취업 알선 부서를 상주시켜 이들의 취업을 적극 도왔다. 각 수용소에 게시판을 마련해 각종 구인 광고를 붙여 동독 이탈 주민과 고용주를 직접 연결해준 것도 노동청의 취업 지원 가운데 하나였다.[106]

제도적으로 동독 이탈 주민의 취업을 촉진하는 추가 조치도 뒤따랐다. 1969년 발효된 고용촉진법(Arbeitsföderungsgesetz) 제49조와 제54조에 의거해 동독 이탈 주민을 고용하는 고용주에게 최대 1년간 현행 임금의 60퍼센트를 보조해주는 제도를 마련했다.[107] 임시로나마 이탈 주민의 고용을 촉진하고 이것이 정규 고용으로 이어지도록 유도한 것이다.

이처럼 노동청은 동독 이탈 주민의 취업을 지원했지만, 흥미롭게도 이들의 약 70퍼센트가 노동청의 취업 알선에 의존하지 않고 스스로 일자리를 구했거나 친척 혹은 지인의 도움을 받았다.[108] 이는 곧 1960년대 이후에도 동독 이탈 주민이 서독에서 일자리를 구하는 것 자체에 큰 어려움이 없었다는 것을 뜻한다. 베를린 장벽 수립 이후에도 이탈 주민의 상당수는 숙련된 노동력을 갖춘 젊은 층인데다 서독으로 넘어오는 인원이 크게 잡아도 2만 명 정도였다. 그중에는 퇴직자도 있었기에 이들의 존재가 서독의 노동시장에 큰 부담이 되지 않았다. 물론 이러한 높은 취업률은 이탈 주민이 처음부터 만족스러운 일만 고집하지 않고 자신의 직업 경력에 못 미치는 일도 일단 받아들였기에 가능했다.

1950년대와 마찬가지로 대도시에 정착한 엔지니어나 제조업 분야의 숙련 인력은 비교적 취업문이 넓었다. 다만 이들이 서독의 신형 기계설비를 제대로 다루지 못하거나 생산기술을 따라잡지 못하는 어려움은 있었다. 이들 대부분이 동독에서 최소한 전문 직업교육 이상을 받았지만 동서독의 경제와 기술 격차가 시간이 갈수록 커지면서 서독의 최신 생산 시스템에 적응하기가 쉽지 않았기 때문이다.

반면 행정, 사무, 판매 서비스, 교육, 인문사회과학 관련 종사자 출신 이탈 주민의 취업 전망은 좋지 않았다. 이런 직종은 생산직이나 기술직보다 훨씬 더 체제와 밀접히 연결될 뿐 아니라, 서독의 노동시장에서도 원래 수요가 많지 않았다. 일례로 사회주의 계획경제 체제에서 판매직에 있던 동독 이탈 주민이 완전히 성격이 다른 시장경제 체제의 같은 직종에서 경쟁력을 갖기는 어려울 수밖에 없다. 또 다른 예로 1980년대에 동독을 떠난 교사 출신은 동독에서의 교사 자격이나 경력을 그대로 인정받기 어려워 취업에 애로가 많았다. 서독은 이미 오래전부터 교원 공급이 과잉인데다 동서독의 교사 양성 과정이 달랐기 때문이다.

서독 노동청은 이러한 취약점을 보완하기 위해 다양한 직업 재교육 프로그램을 마련했다. 동독 이탈 주민이 서독의 최신 기술을 익히고 서독 경제의 메커니즘을 이해할 수 있도록 지원하고, 불가피하게 전업해야 하면 그에 필요한 교육도 지원했다.[109] 또 1983년 뒤셀도르프 행정법원의 판결처럼 동독 출신 교사가 경력 인정 소송을 냈을 때 단순히 서독의 교사 교육 과정을 척도로 삼기보다는 이들이 질적으로 서독 교사에 필적하는지를 기준으로 심사하려는 변화도 모색됐다.[110]

동독 이탈 주민의 주거 마련을 위한 지원 상황은 어땠을까? 1960년대 이후 서독으로 넘어온 이탈 주민은 1950년대와는 비교할 수 없을 정도로 쉽게 주택 문제를 해결할 수 있었다. 물론 1960년대 초반까지 주택 문제는 여전히 심각했다. 만성적 주택난이 계속 이어졌고, 베를린 장벽이 세워지기 직전까지 동독인이 대거 서독으로 넘어왔기 때문이다. 그러나 장벽으로 인해 동독 이탈 주민의 유입이 급격히 줄고, 서독 정부가 주택 공급 정책을 지속적으로 확대한 덕분에 상황은 차차 나아졌다. 서독 정부는 월세가 저렴한 공공 임대주택 건설에 중단 없이 재정 지원에 나섰다. 특히 1982년에는 공공 임대주택 건설 지원금의 일부를 각 연방주가 받아들인 동독 이탈 주민과 다른 독일계 이주민의 규모에 따라 지급하기로 결정됐다. 이에 따라 1982년에는 8000만 마르크, 1983

년과 1984년에는 각각 1억 8400만 마르크가 주별 수용 규모에 맞게 분배됐다.[111]

이처럼 공공 임대주택을 꾸준히 공급하여 주택 시장이 안정된 덕분에 동독 이탈 주민이 집을 마련하는 데 유리해졌다. 공공 임대주택은 원래 영세민 지원이라는 사회복지 정책의 하나였기 때문에 소득이 일정 수준을 넘으면 혜택을 받을 수 없었다. 그러나 1980년 7월 2차 주택건설법 개정에 의해 서독으로 넘어온 지 5년이 넘지 않은 이탈 주민에게는 정착 초반에 겪게 될 여러 어려움을 고려해 소득 상한을 6300마르크로 상향 조정하여 공공 임대주택에 입주할 수 있도록 뒷받침했다.[112]

정부의 정책 지원뿐만 아니라, 서독 주민이 개인적으로 주택을 임대하는 경우도 늘어나 동독 이탈 주민이 집을 구하는 데 도움이 됐다. 1950년대에는 서독 사회 전체가 주택난이 심했기 때문에 동독 이탈 주민에게 집을 임대할 여유가 없었고, 또 주택청이 주택 수급을 통제하기도 했다. 그러나 1960년대 이후 주택 문제가 차차 안정되고 주택청의 통제도 해제되면서 개인적으로 주택 구입이 가능해졌다. 이에 따라 이탈 주민이 서독인 소유 주택을 임차함으로써 집을 구할 수 있는 기회가 늘어났다.

사회복지 혜택의 확대

1960년대 이후 동독 이탈 주민 역시 서독의 다양한 사회복지제도의 도움을 받으며 정착했다. 경제성장이 계속되면서 사회복지제도는 점차 개선됐고 동독 이탈 주민도 그 혜택을 누릴 수 있었다. 대표적인 예로 월세보조금제도가 있다. 1971년 발효된 월세보조금지원법

(Wohngeldgesetz)을 토대로 저소득층에게 보조금을 지급하는 것이었다. 가진 것이 별로 없는 동독 이탈 주민에게 이러한 지원금은 월세 부담을 줄여주어 이들이 거처를 마련하는 데 큰 도움이 됐다. 이 제도 역시 기본적으로 영세민 지원이 목표였기 때문에 가족 수, 월세, 소득을 기준으로 지원 여부와 지원액을 산정했다. 그러나 동독 이탈 주민에게는 서독 정착 초기에 수입이 적은 반면 새로 장만할 것은 많아 지출이 많다는 점을 고려해 4년간 소득의 일정 부분을 기초 공제함으로써 월세 보조금 수령액이 늘어날 수 있게 배려했다.[113]

사회복지 혜택 확대를 통한 이탈 주민 지원은 자녀수당제도로도 확인할 수 있다. 자녀수당제도는 이미 1954년 자녀수당법(Kindergeldgesetz)을 토대로 시행됐지만, 셋째 자녀부터 받을 수 있었다. 그러나 1960년대 이후에는 법을 개정해 혜택의 폭이 확대됐다. 요컨대 1961년부터는 둘째 자녀부터, 1975년부터는 첫째 자녀부터 받을 수 있게 했다. 나아가 1979년에는 소련 점령 지역 난민 자격자에 한해 동독에 거주하는 자녀 수당도 받을 수 있게 됐다.[114] 이주를 신청해 합법적으로 동독을 이탈한 사람은 대부분 가족이 함께 서독으로 갔는데, 그럼에도 자식과 떨어져 지내야 하는 사람도 있었다. 예를 들어 베를린 장벽이 세워지기 전에 먼저 서독으로 가서 자리를 잡은 후 데려갈 요량으로 조부모에게 아이를 맡기고 왔다가 갑자기 장벽이 세워지면서 떨어져 지내게 된 경우, 또는 위험을 무릅쓰고 불법 탈출을 감행하느라 자녀를 동반하지 못한 경우가 이에 해당한다. 또 다른 예로는 동독 체제에 반기를 들어 수감됐다가 서독과의 정치범 석방 거래에 따른 특혜로 서독으로 이송된 경우다. 이들은 미리 대절된 버스를 타고 감옥에서 곧바로 서독으로 가야 했기에 자녀를 두고 갈 수밖에 없었다.[115] 그뿐 아니라 부모의 동의 없이 자신의 거취를 스스로 결정할 수 있는 18세 이상인 자녀가 동반 이탈을 거부하고 혼자 동독에 남는 일도 있었다. 1950년대 후반 가족과 함께 동독을 이탈한 그로테(E. Grothe)는 이탈 당시 성년인 누나가 친구들과 떨어져 살기 싫다는 이유로 동반 이탈을 거부했다고 진술했다.[116]

이처럼 동독에 있는 자녀에게까지 수당을 지급한 것은 서독이 이탈 주민의 상황을 세심하게 고려하고 지원을 지속적으로 개선해 나갔다는 것을 보여준다. 1986년 1월 1일부터는 생활이 빈곤한 동독 이탈 주민에 한해 매달 자녀 1인당 최대 46마르크까지 추가로 지급하는 특별 수당제도도 시행했다.[117]

동독 이탈 주민에게 제공된 융자 혜택 역시 개선됐다. 대표적으로 살림장만융자(Einrichtungsdarlehen)가 있다. 거의 빈손으로 넘어온 이탈 주민으로서는 주택 마련도 시급했지만, 생활에 필요한 가구나 가재도구를 장만하는 것도 큰 문제였다. 대부분은 이주 허가를 받은 후 급히 동독을 떠나야 했기에 거의 빈손으로 넘어왔다. 따라서 이주 초기 생활에 필요한 살림살이를 장만하는 것이 이들에게는 경제적으로 큰 부담이 됐다. 서독 정부는 1976년부터 살 집을 구한 동독 이탈 주민이 가재도구와 가구를 마련할 수 있도록 저리로 융자를 제공했다. 독신은 3000마르크, 아이가 없는 부부는 5000마르크, 한 자녀 부부는 6000마르크, 자녀가 더 많으면 최대 1만 마르크까지 받을 수 있었다. 융자는 2년 무이자, 이후 최대 8년 내에 상환해야 하는 조건이었다.[118] 한걸음 더 나아가 1984년 3월 12일에는 내무부 장관이 이 융자금을 이사 비용으로 사용하는 데 동의하면서 동독 이탈 주민이 동독에 두고 온 살림살이를 서독

으로 가져오는 데 큰 도움이 됐다.[119]

그런가 하면 동독 이탈 주민에게 돌아가는 교육 지원도 확대됐다. 동독 이탈 주민은 학교·직업 교육에 드는 비용과 생활비 지원을 신청할 수 있었는데, 자격은 35세 이하로 제한됐다. 그런데 이들 가운데는 과거 정치 탄압이나 사회 부적응으로 인해 교육을 제대로 받지 못한 사례가 적잖았다. 따라서 이러한 연령 제한은 서독에 와서 뒤늦게나마 교육 기회를 얻고자 했던 이탈 주민의 기대에 부응하지 못했다. 그러던 차에 1978년 6월 22일 연방청소년·가족·보건부 장관이 '동독과 동베를린에서 서독으로 이주한 35세 이상 독일인 대학 입학 지원자의 직업적 통합 촉진을 위한 특별 방침'[120]을 공표했다. 이른바 대학 졸업자 육성 프로그램(Akademiker-Programm)이라고 불리는 지원 제도다. 서독 정부는 동독에서 정치적 이유로 대학을 그만두거나 대학을 졸업했지만 서독에서 학력을 완전히 인정받지 못한 35세 이상 50세 이하 이탈 주민에게 서독 대학에 진학하거나 대학에서 보충 학점을 이수해 대학 졸업 자격을 얻을 수 있는 기회를 제공했다.[121] 또 1971년 발효된 서독의 연방교육진흥법(Bundesausbildungsföderungsgesetz)에 따라 대학생이 학자금 대출을 받을 수 있게 되면서 경제적 여력이 부족한 동독 이탈 주민도 대학에 진학할 수 있는 길이 좀 더 넓어졌다.

동독 이탈 주민에게 제공된 세금 공제 혜택도 확대됐다. 이를테면 동독 이탈 주민이 동독을 방문해 그곳의 가족이나 친지에게 혹은 동독의 가족이나 친지가 서독을 방문했을 때 용돈의 범주를 넘어서는 액수의 돈으로 생계를 지원하면 소득세법 제33a조 제1항에 의거해 이를 이례적 부담으로 인정해 세금 공제 혜택을 주었다. 증빙 서류로는 상대방의 수령증이면 충분했다.[122] 1970년대 이후 동서독 관계가 정상화되면서 동서독 주민 간 방문 교류가 활발했던 만큼 이러한 공제 혜택도 이탈 주민에게는 보탬이 됐을 것이다.

그뿐 아니라 정치적 난민 자격을 인정받은 동독 이탈 주민이 세금 공제를 받는 데 유리한 방향으로 개선됐다. 이들은 원래 서독 입국 후 3년간 세금 공제 혜택을 받았다. 그러나 실질적으로 공제받기 위해서는 먼저 정치적 난민에게 주어지는 C신분증을 획득하고, 취업 후 소득이 있어야 했다. 그런데 문제는 정치적 난민에 해당해도 일단 난민 자격 심사를 거쳐 C신분증을 받을 때까지는 적잖은 시일이 걸렸고, 때로는 취업하는 데까지도 한참 걸렸다. 그 때문에 공제 혜택 시효를 무조건 서독 입국 후부터 따진다면 신분증 취득이나 취업에 소요되는 기간만큼 수혜 기간을 헛되이 날려버리는 셈이 됐다. 1962년 4월 13일 연방재정재판소가 세금 공제 혜택을 입국 후부터가 아니라 C신분증을 취득한 후부터 3년 동안 보장하라고 판결하면서 동독 이탈 주민에게 불리했던 상황이 개선됐다.[123] 1981년 1월 1일부터는 동독으로 보내는 소포에 대한 세금 공제액도 10마르크씩 증액됐다.[124]

동독 이탈 주민이 실업자 지원 혜택을 받을 수 있는 가능성도 커졌다. 1950년대에 마련된 실업자지원제도는 동독 이탈 전 일정 기간 동안 실업보험을 납입한 주민에게만 실업 수당과 기타 지원을 받을 자격을 부여했다. 이에 따라 동독 정권과 마찰을 빚고 정치적 탄압을 받아 취업 활동을 하지 못한 이탈 주민은 자격 미달이었다. 따라서 이들은 이탈 직후 취업을 비롯해 모든 것이 불안정한 상황에서 실업자 지원마저 받지 못해 생활고를 겪을 수밖에 없었다.

1985년 5월 30일 기민련/기사련, 사민당, 자민당이 강제추방민·난민법 개정안을 공동으로 제출하면서 비로소 이 문제가 개선됐다. 요컨대 정치적 이유 혹은 자기 잘못이 아니라 타의에 의해 구금됐던 동독 이탈 주민은 구금 기간만큼 실업보험 납입 의무를 다한 것으로 인정받게됐다. 이로써 이전까지 동독에서 정치적 이유로 취업 활동을 하지 못했던 이탈 주민이 실업 급여와 여타 지원을 받을 수 있는 법적 근거가 마련됐다.[125]

끝으로 서독의 연방정부는 베를린 장벽이 세워진 이후 수용 심사를 통과한 동독 이탈 주민에게 1회에 한해 200마르크에 달하는 지원금을 지급했다. 이는 동독 이탈 과정에서 제대로 재산을 챙겨오지 못해 빈손으로 시작해야 하는 막막한 상황에서 당장 필요한 것만이라도 살 수 있도록 배려한 것이다.

차별을 넘어 동등으로

이탈 주민을 위한 정착지원제도는 베를린 장벽이 세워진 이후에도 계속 보완, 개선됐다. 그러나 그것이 전부는 아니었다. 이 시기에는 1950년대부터 사민당과 동독 이탈 주민이 끊임없이 이의를 제기한 사안, 요컨대 같은 독일인 이주민인데도 동유럽 강체추방민은 우대하고 동독 이탈 주민은 차별하는 불공평함, 나아가 이탈 주민 중에서도 정치적 난민 자격을 인정받아 이른바 C신분증을 취득한 동독인만 특별 지원하는 것도 부분적으로 개선됐다.

동유럽 강제추방민과 동독 이탈 주민 둘 다 독일인 이주민인데도 서독 정부가 이들을 다른 범주로 분류하고 정착 지원에 차별을 둔 것은

1950년대 이후 내내 논쟁거리였다. 동독 이탈 주민은 동유럽 강제추방민 모두가 난민 자격을 인정받고 다양하게 정착 지원 혜택을 누리는 것을 보면서 자신들 역시 집과 재산을 모두 버리고 넘어온 희생자임을 강조하며 이의를 제기했다. 더욱이 동독 이탈 주민마저 두 부류로 나누어 차별 대우하는 것은 자신들을 이중으로 차별하는 것이라고 불만을 토로했다. 동독 이탈 주민은 한편으로는 강제추방민과 동등한 법적 권리와 제도적 지원을, 다른 한편으로는 모든 동독 이탈 주민의 동등한 대우를 끊임없이 요구했다.

정치권에서는 사민당이 이탈 주민의 편에 서서 적극적으로 이 문제를 공론화했다. 사민당은 일찍이 전쟁부담조정법 심의 과정에서 동독 이탈 주민에게 동유럽 강제추방민과 법적으로 동등한 지위를 인정하고 법에 규정된 지원을 받을 수 있도록 권리를 부여해야 한다고 주장했다.[126] 비록 당시 정부 여당의 반대로 성공하지는 못했지만, 사민당은 1960년대 이후에도 이 문제를 해결하기 위해 노력했다. 예컨대 동독 이탈 주민 출신 사민당 여성 의원 코르스페터(R. Korspeter)는 1962년 난민 법안을 제출하면서 이 문제를 현안으로 내세웠다. 그녀는 이 법안에서 세 가지를 요구했다. 첫째, 동독 이탈 주민을 난민 자격자와 비난민 자격자로 구분하는 것을 철폐하라. 둘째, 수용 심사를 통한 동독 이탈 주민 수용이라는 긴급수용법의 원칙이 이미 유명무실해진 상황이니 차라리 수용 심사를 등록 절차로 바꿔라. 셋째, 동독 이탈 주민도 강제추방민과 동등하게 전쟁부담조정법이 규정한 재산 피해 보상의 대상으로 인정하라.

코르스페터는 강제추방민은 제2차 세계대전 즉 전쟁 폭력의 피해자지만, 동독 이탈 주민은 냉전의 희생자라는 근거를 내세워 둘의 동등한 지위를 법적으로 인정해야 마땅하다고 주장했다. 또 직접적인 정치 탄압을 겪지 않은 이탈 주민도 통사당 정권이 개인의 사적 영역에 폭력적으로 개입하고, 집과 토지, 생계 기반을 강탈함은 물론, 아이들에게 양심과 신념에 따라 행동할 수 있는 자유까지 박탈했기 때문에 모든 것을 버리고 서독으로 넘어온 것임을 강조하면서 이들 역시 정치적 난민으로 인정받은 자와 동등하게 대우해야 한다고 주장했다.[127]

그러나 이러한 사민당의 입장은 관철되지 못했다. 1950년대 후반 이후 서독의 모든 정당은 이탈 주민을 수용하는 데 관대한 입장이었고, 1960년대에는 동유럽 강제추방민과 비교해 차별 대우를 받는 동독 이탈 주민에게 물질적 지원을 확대해 둘 사이의 격차를 줄여야 할 필요성도 점차 인정했다. 그러나 서독 정부와 오랫동안 여당의 위치에 있던 기민련/기사련은 강제추방민과 동독 이탈 주민의 법적 지위를 동등하게 인정하거나 동독 이탈 주민을 정치적 난민과 기타로 구분하는 것을 폐지하는 것만큼은 반대했다.

1961년 5월 4일 열린 서독 연방의회 제158차 회의에서 동유럽강제추방민·난민·전상자부 장관 메르카츠(H. J. v Merkatz)는 동독을 불가피하게 떠나야 할 만큼 억압적인 상황에 처한 동독 이탈 주민에게만 특혜를 주는 것이 서독 정부가 여전히 동독을 이탈하지 않고 견디고 있는 동독 주민에게 지켜야 할 의무라고 강조했다. 또 기민련 원내 의원인 아이헬바움(E. T. Eichelbaum)은 정부 여당을 대표해 정치적 난민 지위를 인정하는 것은 이들이 이탈 전 마지막 순간까지 동독에서 고초를 감내한 것에 대한 명예 훈장이라고 주장하며 이탈 주민을 두 개의 범주로 구분하

는 것을 정당화했다.[128] 즉 정부 여당은 여전히 정치 논리로 이 문제를
바라본 것이다.

그럼에도 1965년 7월 15일 동독이탈주민지원법[129]이 제정되면서 동
독 이탈 주민과 사민당의 요구는 부분적으로나마 결실을 맺었다. 이 법
은 동독 이탈 주민의 처우 개선이 목표였다. 구체적으로는 전쟁부담조
정법에 의거해 C신분증을 취득한 동독 이탈 주민에게만 주던 일련의
정착 지원 혜택을 다른 이탈 주민에게도 확대해 처우를 개선한다는 것
이었다. 이는 이탈 주민 모두에게 동등한 지위를 부여하지는 않지만, 소
련 점령 지역 난민 자격자에 비해 상대적으로 정착 지원에서 차별 대우
를 받아온 여타 이탈 주민의 처우를 개선한다는 일종의 타협안이었다.

이에 따라 동독 이탈 주민은 정치적 난민이 아니더라도 살림살이를
서독에서 장만할 때 1200마르크에 달하는 지원을 받을 수 있게 됐다.
또 질병이나 신체장애로 돈을 벌 능력이 없는 65세 이상 남성 이탈 주민
과 60세 이상 여성 이탈 주민에게는 생계를 지원했다. 그뿐 아니라 제조
업과 자유직업 그리고 농업에 종사하던 이탈 주민은 서독에서 생계 기
반을 마련할 수 있도록 창업 융자를 받을 수 있게 됐는데, 3퍼센트 이자
에 융자받은 지 3년 후부터 10년에 걸쳐 원금을 상환하는 매우 유리한
조건이었다. 게다가 주택 융자도 받을 수 있게 됐다.[130]

1965년에는 동독 이탈 주민이 전쟁부담조정법이 규정한 재산 피해
를 보상받을 수 있는 길도 열렸다. 베를린 장벽이 세워지기 전까지 모든
동독 이탈 주민은 제2차 세계대전으로 입은 재산 피해 보상 대상에서
제외됐다. 1950년대부터 동독 이탈 주민과 사민당은 이의를 제기하고
보상을 촉구했지만, 기민련이 중심인 정부 여당은 재정 부담과 통일 정

책에 위반된다는 이유로[131] 이를 거부했다. 그러나 1960년대 중반에 이르자 변화의 징조가 보였다. 우선 독일 경제가 큰 위기 없이 성장을 거듭하면서 동독 이탈 주민에게도 지원을 확대할 수 있는 여지가 마련됐다. 또 베를린 장벽 수립 이후 분단이 고착화되고 통일이 점점 요원해짐에 따라 통일을 내세워 동독 이탈 주민의 재산 피해 보상을 언제까지 미룰 수만도 없었다. 더욱이 기민련 외의 여러 정당이 이탈 주민의 요구를 받아들이기로 하면서 연방의회에서 이와 관련한 법이 통과될 가능성이 높아지자 기민련 역시 오랫동안 고수해온 노선을 바꾸어야 하는 상황에 맞닥뜨렸다.[132]

이러한 변화의 기운에 힘입어 1965년 우선 '증거확보 및 예비산정법(Beweißsicherungs-und Feststellungsgesetz)'이 제정됐다. 이 법은 동독 이탈 주민이 재산 피해를 증빙할 서류를 제출해 보상을 신청하도록 규정했다. 그러나 이 법은 재산 피해 보상 여부와 규모 조사 및 예비 산정에 그쳤다. 직접 배상은 1969년 제21차 전쟁부담조정법 개정으로 동독 이탈 주민에게도 재산 피해를 보상하기로 결정된 후에야 가능했다. 이로써 동독 이탈 주민은 제2차 세계대전으로 인한 재산 피해, 동독이 소련에 시행한 배상 과정 혹은 전후 동독 지역에서의 토지·산업 개혁으로 몰수된 토지와 기업 등에 대해 보상받을 수 있게 됐다.

그러나 이 역시 조건부로 제공됐다. 즉 재산 피해 보상의 혜택은 연소득 1만 5000마르크 이하인 이탈 주민에게 국한됐고, 총 배상액도 26억 마르크를 초과할 수 없었다.[133] 이 때문에 기대에 부풀었던 동독 이탈 주민의 실망은 매우 컸다. 다행히 1970년 제23차 전쟁부담조정법 개정으로 이러한 제한 규정은 폐지됐다.

그럼에도 한 가지 더 큰 제한 조건이 남아 있었다. 서독 정부는 동독 이탈 주민의 오랜 숙원인 재산 피해 보상 신청 자격을 모든 동독 이탈 주민이 아닌 C신분증을 소지한 자 그리고 이들과 가족 관계에 있으면 서 이산가족 결합이라는 목적으로 서독으로 넘어온 이탈 주민에게만 부여했다. 이 두 경우에 해당하지 않는 사람은 또다시 재산 피해 보상 대상에서 제외된 것이다. 1975년에는 전쟁부담조정법이 다시 개정돼 (제28차) 정치적 난민 자격을 지닌 동독 이탈 주민은 강제추방민과 동등 한 수준으로 재산 피해 보상을 받게 됐다. 요컨대 C신분증 소지자는 강 제추방민과 마찬가지로 재산 피해액의 10퍼센트를 실향수당(Entwurze- lungszuschlag)으로 받고, 재산 피해 보상 시행일도 1953년 1월 1일로 소 급 적용해 배상을 받지 못한 기간에 대한 이자도 받을 수 있게 됐다.[134] 이로써 재산 피해 보상에서 정치적 난민 자격을 가진 동독 이탈 주민과 강제추방민 간의 법적 차별은 극복됐다.

그러나 이러한 개선은 C신분증이 없는 이탈 주민에게는 그림의 떡이 었다. 결국 동독 이탈 주민의 동등한 지위 보장 문제와 관련해 어느 정 도 개선되기는 했지만, 정치적 난민과 일반 이탈 주민에 대한 차별대우 는 1980년대에도 유지됐다.

서독 민간단체의
정착 지원 활동

시민사회는 의무를 저버리지 않았다

수백만 명의 동독 이탈 주민을 받아들여 서독에 정착시키는 것은 정부 정책만으로는 해결할 수 없는 매우 어려운 과제였다. 연방정부는 긴급 수용심사를 하는 동안 이탈 주민이 머무는 수용소 체류 비용과 배정된 서독 정착지로 옮길 때 드는 교통비는 물론, 이들이 수용 심사 후 머무는 거주수용소의 운영비를 85퍼센트나 담당하기 때문에 경제적으로 매우 큰 부담을 안고 있었다.[135]

또 노동청이나 주택청이 취업을 알선하고 주택을 마련하는 데 도움을 주었지만, 수많은 이탈 주민이 낯선 환경에 적응하는 과정에서 맞닥뜨리는 문제를 그때그때 해결해주기에는 역부족이었다. 더욱이 관료적 행정으로 인해 이탈 주민이 법으로 규정된 정착지원제도의 혜택을 입기까지는 대부분 복잡한 서류 절차를 거쳐야 했고, 지원에 필요한 전제조건을 갖추지 못한 이탈 주민은 그나마도 기대할 수 없었다. 따라서 서독 시민사회가 이탈 주민을 지원하는 데 반드시 나서야 했다.

서독 시민사회는 이러한 의무를 저버리지 않았다. 비록 냉전과 분단이라는 이중 모순 속에서 동서독이 대립하는 상황이었지만, 동독 이탈 주민이 같은 동포라는 민족적 동질감과 어려운 처지의 사람을 도와야 한다는 휴머니즘을 바탕으로 많은 서독인이 이탈 주민에게 물심양면으로 도움의 손길을 내밀었다.

우선 서독인은 이탈 주민이 필요로 하는 물품을 기부했다. 예를 들면 서베를린 주민은 1952년 말에서 1953년 초에만 서베를린 정부에 수십만 벌에 달하는 중고 의류를 기부했고, 1952년 크리스마스 때 서베를린의 한 의류 회사는 9만 마르크에 달하는 새 옷을 무료로 제공했다. 그런가 하면 라디오 96대를 기부받아 이탈 주민 수용소에 비치했으며, 1953년 5월에는 신선한 우유 7만 5000리터를 이탈 주민에게 전달했다.[136]

물품뿐 아니라 성금도 많이 모였다. 1952년 6월 1일부터 1953년 6월 30일까지 13개월간 서베를린 사회복지부에 답지한 성금은 거의 100만 마르크에 달했다.[137] 성인뿐 아니라 청소년도 적극 동참했다. 1950년 동독 포츠담에서 서독으로 넘어온 아인슈타인 고등학교 학생들을 돕기 위해 브레멘의 모든 학교가 거리 모금에 참여해 3500마르크를 모았다.[138] 또 니더작센주 아인베크시의 괴테 고등학교 학생 137명은 농장에서 열 시간 가까이 순무 수확 작업을 하고 받은 일당으로 기부금 약 2465마르크를 마련했다. 이 학교의 일부 학생이 그 전해에 베를린을 방문했다가 한 동독 이탈 주민 수용소의 열악한 상황을 보고 온 것이 계기가 됐다.[139]

서독인은 자원봉사로도 이탈 주민을 도왔다. 미용사는 수용소를 방

기부된 옷을 고르는 이탈 주민

문해 머리를 깎아주었고, 전업주부는 이탈 주민이 수용 심사를 받는 동
안 아이들을 맡아 돌보았다. 특히 1950년대에는 이탈 주민 수가 많아
수용 절차 한 단계를 마치는 데도 매우 오래 걸렸기 때문에 아이들을
데리고 다니는 것이 무척 힘들었다. 따라서 누군가가 아이들을 돌봐줄
수 있다면 큰 도움이 됐다. 그런가 하면 수용소 주변 교회에 마련된 의
류 배부처에서 이탈 주민에게 옷을 나누어주는 일도 맡아했다. 일부 대
학생은 이탈 주민 가운데 몸이 불편한 장애인이 시내에 나가거나 관청

에 갈 경우 동행했고, 연금보험에 대해 필요한 정보를 전해주었으며,
여기저기 편지를 써야 하는 이탈 주민의 짐을 덜어주기 위해 대필도 해
주었다. 의식 있는 법조인은 수용소를 방문해 수용 심사에 필요한 법률
상담을 해주었고, 예술인은 수용소에서 음악, 미술 등 공연을 열어 이
탈 후 여러모로 불안정한 상황에 처한 이들에게 잠시나마 위안과 기쁨
을 주었다. 개념 있는 의사는 자신을 찾아온 이탈 주민을 무료로 치료
해주었다.[140]

이러한 개인 활동도 도움이 됐지만, 실상 동독 이탈 주민을 사회적으
로 통합시키는 데 더 중요한 역할을 한 것은 민간 사회단체의 활동이다.
개인의 도움이 일회성에 그치는 반면, 단체 지원 활동은 좀 더 장기적이
고 조직적으로 할 수 있었기 때문이다. 분단 40년간 서독의 많은 종교,
사회복지 단체는 다양한 방식으로 이탈 주민을 지원했다. 특히 동독 이
탈 주민을 가까이 접한 이들은 정부의 손길이 미치지 못하는 곳에서 그
들의 고충을 파악하고 도와줌으로써 보조 역할을 훌륭하게 해냈다.

분단 시기 이탈 주민 지원 활동을 전개한 대표적 서독 사회단체를 꼽
는다면 우선 전통적 구호단체인 독일 적십자사를 들 수 있다.[141] 또 다른
부류는 종교 단체로, 베를린 개신교난민구호회(Evangelische Flüchtlings-
seelsorge Berlin), 기독교청년회(Christlicher Verein Junger Menschen, 영어로는
YMCA), 가톨릭구호회(Katholischer Seelsorge) 등이 있다. 또 노동자복지
회(Arbeiterwohlfahrt), 난민새출발후원회(Flüchtlings-Starthilfe)와 같은 일
반 민간 사회복지 단체도 동독 이탈 주민의 정착을 적극 지원했다. 정
치적 차원에서 동독 이탈 주민을 지원한 인권투쟁회(Kampfgruppe gegen
Unmenschlichkeit) 같은 반공 단체도 있었다.

가장 시급했던 수용소 설립

서독 민간 사회단체는 동독 이탈 주민의 서독 정착을 어떻게 지원했을까? 우선 동독에서 갓 넘어온 이탈 주민이 임시로 거주할 수 있는 수용소를 만들었다. 베를린 장벽으로 인해 서독으로 넘어오는 동독인 수가 급감한 후 이탈 주민을 수용하는 문제는 비교적 쉬워졌지만, 동독 이탈 주민이 수백만 명에 달했던 1950년대에는 그야말로 전쟁터와 같았다. 당시 이탈 주민 수용 문제를 해결하는 데 역부족이었던 지자체는 서독 적십자사를 비롯한 다양한 종교·복지 단체의 협조를 구했다. 이들 단체는 최대한 빨리 수용소로 사용 가능한 곳을 물색해 임시 거처를 만들었다. 서독 적십자사만 해도 1954년 당시 서베를린을 제외한 서독 지역에 총 1만 3425명을 수용할 수 있는 31개의 수용 시설을 운영했다.[142] 특히 대다수의 동독 이탈 주민이 가장 먼저 거쳐 간 서베를린에는 전혀 준비되지 않은 상황에서 많게는 하루 2000~3000명의 동독인이 넘어왔는데, 그럼에도 이들이 거리에 나앉지 않은 데는 이러한 민간단체의 도움이 컸다.

1950년대에 서독의 민간단체가 운영한 수용소 대다수는 이탈 주민을 연령과 성별의 구분 없이 포괄적으로 수용했지만, 일부는 청소년만 따로 받았다. 청소년이 사춘기의 예민한 감성을 지닌 존재인데다 이들 가운데 상당수가 혼자 넘어와 부모의 보살핌 없이 지내야 하는 상황이라 특별 관리가 필요했기 때문이다. 일례로 노동자복지회 베를린 지부가 운영한 노이클라도(Neu-Kladow) 수용소는 18세에서 24세에 이르는 동독 이탈 청소년을 받았다. 처음에는 이탈 청소년이 배정된 정착지로 떠나기 전까지 숙식을 제공하며 돌보는 데 목표를 두었지만, 1957년부터는 미리 서독 정착에 도움이 되는 교육도 했다. 오전 두 차례 강의를 통해 이들이 서독의 정치, 경제, 사회 환경을 파악하고 민주주의 체제에서 살아갈 수 있도록 준비함은 물론이고 이력서 작성, 우편환 용지 기재 요령 등 실생활에 필요한 교육과 함께 취업 관련 정보도 건네주었다. 오후에는 음악과 스포츠 등 여가를 즐길 수 있도록 배려했다. 이를 위해 수용소 내에 무대를 갖춘 공연 장소도 마련했는데, 베를린의 여러 극단이 찾아와 무료 공연을 펼쳤다. 저녁에는 영화를 상영하기도 했다. 그런가 하면 답답한 수용소를 벗어나 베를린 시내 관광이나 도보 여행도 하게 했다. 수용소 측은 이러한 교육 프로그램을 실시하기 위해 서베를린시 청소년·스포츠부와 협력했고, 재정 지원도 받았다. 1950년대 어려운 상황에서 노동자복지회 소속 수용소가 기울인 이러한 노력은 가족과 떨어져 혼자 지내야 하는 동독 이탈 청소년이 서독 사회에 안착하는 데 기여했다. 이는 이곳을 거쳐 간 청소년이 서독 사회에 정착한 후 수용소의 교육 덕분에 서독인과 교제하는 데 도움이 됐다는 감사 편지를 보내온 데서도 엿볼 수 있다.[143]

또 서독의 민간 사회 단체는 자체적으로 수용소 환경을 개선하려고 노력했다. 이는 특히 서독 적십자사의 사례에서 확인할 수 있다. 민간단체가 이탈 주민을 위한 수용소를 운영하면 정부에서 운영비를 받는데, 보통 1인당 하루 의식주 비용으로 2마르크 50페니히가 책정됐다. 이는 질 좋은 식사와 쾌적한 잠자리를 제공하기에는 턱없이 부족한 액수였지만, 이탈 주민이 대규모로 들어와 초과 수용하게 될 때는 종종 흑자가 나기도 했다. 비영리 봉사 단체인 적십자사는 이 돈을 수용소 시설

을 개선하고 환경을 쾌적하게 만드는 데 사용했다.[144]

또한 적십자사는 아픈 어린이를 위한 특별 거처도 마련했다. 열악하고 비위생적인 수용소의 집단 거주 환경에서 가장 취약한 존재는 단연 어린이였다. 많은 이탈 주민의 자녀가 쉽사리 전염병에 노출됐고, 사망하는 일도 적잖았다. 그러나 1950년대에는 이탈 주민이 워낙 많아 아픈 아이를 모두 병원에 수용하기가 쉽지 않았고, 신속하게 치료받지도 못했다. 적십자사는 이 점에 주목해 아픈 아이를 격리 수용할 수 있는 특별 거처를 마련했다. 1954년 5월까지 적십자사가 보유한 특별 시설은 모두 여섯 곳으로, 총 400명을 수용할 수 있었다. 당시 이 시설에서 아동 8000여 명이 치료를 받았고, 이를 통해 수많은 어린이의 생명을 구할 수 있었다.[145]

나아가 적십자사는 수용소 내부의 의료 환경을 개선하는 데도 힘을 기울였다. 적십자사 베를린 지부는 1953년 1월 1일부터 수용소에 상주할 의사를 고용했고, 이들이 발행한 처방전으로 약을 살 수 있도록 조치했다. 이탈 주민이 너무 많아서 수용소 외부의 개업 의사에게 보내 치료받게 하는 일이 매우 번거로웠고, 신속하게 치료받지도 못해 사망률, 특히 아동 사망률이 높았기 때문이다.

수용소 소속 의사는 의무실로 찾아오는 환자를 진료할 뿐 아니라, 날마다 수용소 회진을 통해 제때 환자를 발견할 수 있었다. 그 효과는 매우 컸다. 1952년 12월 베를린의 한 수용소에서만 12명의 아이가 홍역으로 사망했는데, 수용소 내에 의사가 상주한 후부터 이런 안타까운 사건은 더 이상 일어나지 않았다. 그뿐 아니라 수용소 내에 상주하는 의사를 고용함으로써 의료비도 절감됐다. 일반적으로 적십자사가 운영하지 않는 다른 수용소는 동독 이탈 주민의 치료와 투약이 외부 의사의 처방전으로만 가능했는데, 이 경우 연방정부는 처방전 한 장당 25마르크를 의료보험사에 지불해야 했다. 그러나 수용소에 고용된 의사를 쓸 경우 비용은 4.4마르크, 즉 약 5분의 1로 줄었다.[146]

수용소 환경 개선을 위해 민간단체가 보여준 노력의 또 다른 예로는 기독교청년회를 들 수 있다. 이 단체는 자체적으로 운영하는 동독 이탈 주민 수용소 내에 '모두의 집(Haus für alle)'을 마련해 열악한 환경이지만 오락과 취미 활동 등을 할 수 있는 다목적 공간을 제공했다. 이곳에서 어린이와 청소년은 공작 놀이를 하거나 책을 읽고 게임도 할 수 있었다. 또 일부 공간은 다림질과 재봉질을 할 수 있도록 할애했다.[147] 많은 이들이 집단으로 거주하는 수용소 내에서 재봉틀이나 다리미판을 놓고 작업한다는 것은 거의 불가능했기 때문에 기구를 갖춘 이러한 별도의 공간은 이탈 여성의 짐을 덜어주었다.

수많은 사람이 몰려든 1950년대에는 수용소 시설이 전반적으로 열악해 이탈 주민의 불편이 컸지만, 수용소를 운영하는 민간단체도 어려움이 많았다. 이들 단체는 정부에서 운영비를 받았지만, 1인당 책정된 액수가 너무 적어서 재정 압박에 시달렸기 때문이다. 일례로 수용소 측은 이탈 주민의 위생을 위해 침대보를 정기적으로 세탁했는데, 이를 세탁소에 맡기면 정부 보조 운영비로는 감당할 수 없었다. 이탈 주민 수용소를 운영하는 민간 지원 단체가 운영비 인상을 요청했지만 정부는 이를 받아들이지 않았다. 이러한 상황에서 서독 적십자사 베를린 지부는 아예 폐업한 세탁소를 임대해 자체적으로 세탁함으로써 재정 문제를 해결하려고 노력했다.[148]

적은 액수라도 그나마 수용소 운영비가 제때에 지급되면 다행이었다. 정부가 수용소 운영비를 제때 결제해주지 않아 수용소 운영에 곤란을 겪는 경우가 흔했기 때문이다. 서독 적십자사는 수용소에 물품을 공급해주는 사람에게 진 빚이 수십만 마르크에 달하자 정부가 제대로 결제해주지 않는다면 더 이상 이탈 주민을 받지 않겠다는 최후통첩을 하고 나섰다. 그제야 정부가 운영비를 결제해주었다.[149]

다양한 방식으로 지원한 수용 심사

서독 민간 사회단체의 또 다른 활동 분야는 이탈 주민의 수용 심사 지원이었다. 동독을 등지고 서독으로 온 이탈 주민에게 우선 과제는 수용 심사를 통과하는 것이었다. 서독의 경제 발전에 따라 노동시장이 확대되면서 대부분의 이탈 주민이 수용된 1950년대 말 이래, 무엇보다 이탈주민 수가 급격히 줄어든 1960년대 이후 수용 심사는 일종의 형식에 불과했지만 그 이전까지 그들이 겪은 고충은 매우 컸다. 또 일반 이탈 주민에 비해 훨씬 더 많이 지원받을 수 있는 정치적 난민의 지위를 인정받는 과정도 매우 복잡했다. 서독의 민간단체는 이러한 상황에 관심을 갖고 이탈 주민이 최소한 수용 심사를 통과해 서독 영주권을 얻을 수 있도록 다방면으로 지원했다.

우선 동독 이탈 주민 지원 단체는 1950년대 긴급수용심사 절차를 지켜보면서 발견한 문제를 관련 기관에 제기하고 개선을 요구했다. 이들은 첫째, 수용 심사 기준이 불명확하다는 점을 지적했다. 가장 큰 문제는 수용심사위원회의 심사 기준이 일관적이지 못했다는 점이다. 긴급 수용법은 명백한 정치적 탄압 외에도 '기타 불가피한 사유'라는 조항을 이탈 주민의 수용 기준으로 추가했다. 또 1957년에는 양심의 자유 또한 불가피한 사유로 인정됐다. 그러나 그 기준을 구체적으로 규정하지 않았기 때문에 판결은 전적으로 심사위원의 주관에 따랐다. 그러다 보니 같은 혹은 비슷한 경우에도 다른 판결이 내려졌고, 따라서 이탈 주민의 불만은 당연히 클 수밖에 없었다. 민간단체는 이러한 문제점을 지적하며 개선이 필요함을 강조했다.[150]

둘째, 수용 심사 과정에서 동독 이탈 주민을 좀 더 인간적으로 대우하라고 요구했다. 베를린 장벽 수립 이후에는 많이 개선됐지만, 1950년대에는 동독 이탈 주민을 마치 범죄인 다루듯이 윽박지르고 몰아세우는 일이 다반사였다. 동독 이탈 주민 지원 단체는 이 점을 지적하며 이탈 주민이 모멸감을 느끼지 않도록 심사위원의 태도를 고쳐야 한다고 주장했다. 한걸음 더 나아가 독일인권연맹(Deutsche Liga für Menschenrechte)은 서베를린시 사회복지부에 보낸 서신에서 이탈 주민이 정신적, 신체적 문제로 수용심사위원 앞에서 자신의 이해관계를 제대로 대변하지 못하는 일이 종종 있다면서 이런 경우 위원회는 심사 일정을 연기하고 이들에게 도움을 줄 수 있는 민간 지원 단체와 연결해주어야 한다고 주장했다.[151]

셋째, 이탈 주민에게 불리한 심사 기준도 문제를 삼았다. 예를 들어 독일인권연맹은 통사당 적을 가진 이탈 주민 가운데 일부는 원래 사민당원이었으나, 1946년 동독 사민당과 동독 공산당의 강제 통합으로 인해 어쩔 수 없이 통사당원이 됐는데도 수용 심사 과정에서 무조건 동독 체제의 부당 수혜자로 취급해 불이익을 받을 수 있음을 지적하고, 심사에 신중을 기하라고 요구했다. 또 연맹은 수용심사위원회가 동독에서 위법행위를 했다는 점을 근거로 수용 거부 판결을 내리는 점에도 문제를 제기했다. 요컨대 동독은 민주 선거에 의해 수립된 나라가 아닌 불법 국가이고, 동독 법도 대부분 동독 주민의 의사에 반하는 것이기 때문에 민주적 법 해석에 어긋나는 동독 법규를 판결의 기준으로 삼을 수 없다고 강조했다.[52] 물론 일반 범죄는 예외였다.

넷째, 동독 이탈 주민 지원 단체는 이탈 주민을 수용 심사하는 과정에서 서방 연합국과 서독 정보기관이 심문하는 것에 대해서도 문제를 제기했다. 이들의 주장에 따르면, 1950년대 동독 이탈 주민 가운데 일부는 심사숙고하지 않고 경솔하게 동독을 이탈했다. 부부싸움 끝에, 부모와 불화가 있어서, 아니면 즉흥적으로 친구를 따라 서독으로 넘어오기도 했다. 따라서 이런 사람은 동독으로 돌아가라고 권하면 귀향할 소지도 충분히 있었다. 그러나 서방 연합국과 서독 정보기관의 심문을 받은 후에는 돌아가고 싶어도 갈 수 없는 상황이 됐다. 섣불리 돌아가면 서방 연합국과 서독 정보기관의 심문 사실을 잘 아는 동독 정권이 이들을 '국가 반역자', '스파이 혐의자'로 몰아 처벌할 위험이 컸기 때문이다. 동독 이탈 주민 지원 단체는 바로 이런 맥락에서 심문의 문제점을 지적했다. 특히 베를린의 개신교 구호단체를 이끌며 이탈 주민 지원 활동을 적극적으로 펼치던 성직자 아메는 심문 절차를 폐지할 수 없다면 최소한 수용 심사 절차의 마지막 단계에서 심문하는 것이 바람직하다고 주장했다.[53] 그렇게 하면 중간에 마음이 변할 경우 심문을 받기 전에 동독으로 돌아갈 수 있기 때문이었다.

이처럼 동독 이탈 주민이 받는 부당한 대우나 불합리한 심사 관행을 개선하려는 노력 외에도 서독의 민간 지원 단체는 실질적으로도 이탈 주민을 도왔다. 대표적으로 동독 이탈 주민의 신원 확인과 보증 작업을 들 수 있다. 1950년대 베를린 도시고속전철을 이용해 서베를린으로 넘어온 동독인은 도처에 깔린 동독 보안기관의 눈을 피하기 위해 물품은 커녕 학력, 직업 경력 등을 비롯해 자신의 신분이나 사회정치적 성향을 증명해줄 서류조차 제대로 챙기지 못했다. 이러한 상황은 수용 심사 과정에서 불리하게 작용했다. 그뿐 아니라 1950년대 전반 이탈 주민 수용의 핵심 기준이 신체와 신분상의 위협이었는데, 동독에서 정치범으로 수감됐던 사람을 제외하고는 이러한 위기 상황에 처해 있었다는 것을 증명하기란 쉽지 않았다. 1950년대에는 동독 주민이 서베를린으로 와서 증인을 서주기도 했지만, 동독 정권의 감시가 심해지면서 혹시라도 불이익을 받을지 모른다는 불안감 때문에 증인으로 나서는 사람은 갈수록 줄어들었다.

동독 이탈 주민 지원 단체는 이러한 문제를 해결하는 데 도움을 주었다. 특히 수용 심사를 통과하지 못한 이탈 주민의 재심을 위해 필요한 서류를 대신 조달한 베를린 개신교난민구호회의 사례가 주목된다. 독일 개신교회는 나라가 서독과 동독으로 분단됐어도 1970년대 초까지 전독일 교회 체제를 유지했다. 이에 따라 서독/서베를린과 동독 지역 교구는 서로 교류하는 하나의 조직체였다. 베를린 개신교난민구호회는 이러한 네트워크를 이용해 이탈 주민을 도왔다. 즉 서독 교구의 목사가 교회 일로 동독을 방문할 때 그곳의 목사, 집사 혹은 재심 청구자의 지인 등을 통해 도움이 될 서류나 증언 등을 확보해 돌아왔다. 예를 들어

베를린 개신교난민구호회는 동독 비텐베르크의 파울게하르트 개신교 종교 재단(Paul-Gehardt-Stift) 총책임자였던 한 이탈 주민이 1955년 6월 2일부터 1956년 5월 16일까지 구금됐다는 것을 증명할 수 있는 자료를 확보했다. 이 이탈 주민은 당시 동독의 정치, 경제 상황을 비판적으로 언급했는데, 충성심이 강한 재단 소속의 난방 기사가 이를 듣고 통사당에 밀고하는 바람에 체포돼 옥고를 치러야 했다.[154] 동독에서는 정치범일 경우 판결문을 공지하지 않기 때문에 그는 정치적 탄압을 받았다는 것을 증명할 자료를 지니지 못한 채 동독을 이탈했고, 이로 인해 어려움에 직면했던 것이다. 1950년대 분단 상황에서 이러한 지원 활동은 큰 위험을 감수한 헌신적 행위였고, 이를 통해 불법체류자로 전락할 운명에 처한 이탈 주민의 인생을 바꾸어놓았다.

그런가 하면 서독의 민간 지원 단체는 동독 이탈 주민의 신원을 확인하고 보증하는 역할도 했다. 1950년대에 서독의 일부 민간 사회단체는 자체적으로 동독 관련 정보 체제를 구축했다. 이들 단체의 정보망이 생각보다 광범위했기 때문에 수용심사위원회도 심사 과정에서 필요할 경우 이들에게 심사 대상자의 신상 정보를 요청하기도 했다. 일례로 동독정치범지원회(Hilfskommitee für politische Häftlinge der Sowjetzone)는 1960년 11월 동독 이탈 주민 쇼버(K. Schober)의 신원 확인서를 발행했다. 쇼버는 수용 심사 과정에서 자신이 1952년 '간첩 행위 및 사보타주' 혐의로 체포돼 징역 10년형이 구형됐다고 주장했다. 정치범지원회는 그와 함께 복역하다 먼저 풀려난 동료 수감자의 증언을 토대로 쇼버의 진술이 사실임을 확인했다. 더불어 쇼버가 서독의 한 기관과 연락한 것을 빌미로 동독의 국가안전부가 그에게 스파이 혐의를 씌워 체포한 것이라고 지적하며, 쇼버가 정치적 탄압을 받은 사실은 의심의 여지가 없다는 의견을 피력했다.[155] 이러한 활동은 동독 이탈 사유가 정치 탄압에 의한 것임을 명확히 입증할 수 없는 상황에 있던 이탈 주민의 주장에 신빙성을 불어넣어 수용 심사에서 유리하게 작용했다.

또 다른 예로는 교사 출신인 동독 이탈 주민 예슈케(H. Jäschke)의 경우다. 예슈케의 수용 심사 과정에서 근무지였던 동독 바이마르 교육청에 신원 확인을 의뢰하게 됐다. 바이마르 교육청은 1959년 8월 7일 자로 예슈케가 1946년 5월부터 1947년 7월까지 통사당원이었다는 답변을 보내왔다. 이에 대해 자유교원상담처(Pädagogische Beratungsstelle Freiheitlicher Lehrer und Erzieher)는 자체 조사 결과 그가 통사당이 아니라 사민당 소속이었다는 소견서를 제시했고, 사실 관계 확인 과정에서 바이마르 교육청의 착오가 있었거나 당명을 잘못 적었기 때문일 것이라는 의견도 덧붙였다.[156] 체제 유지에 가장 밀접하게 연루된 직종인 교사 출신에 통사당원 경력을 지닌 이탈 주민은 동독 체제의 대변자로 여겨져 수용 심사 과정에서 불이익을 당하기 쉬웠다. 이 점을 감안할 때 자유교원상담처의 이러한 지원 활동은 이탈 주민에게 충분히 도움이 됐을 것이다.

법률 전문가의 도움

서독의 민간 사회단체는 동독 이탈 주민에게 법적 도움도 제공했다. 동독에서 살다 온 이탈 주민이 복잡한 서독의 정착 지원 법규를 파악하고,

그에 맞추어 행동하기란 결코 쉽지 않다. 그 때문에 자신이 받을 수 있는 정착 지원도 제대로 파악하지 못하고 어려움을 겪는 일이 많았다. 이러한 점을 알고 있는 민간 지원 단체는 도움을 청하는 이탈 주민에게 상담 혹은 편지로 이들이 어떠한 지원을 받을 수 있고, 그러기 위해서는 어느 관청에 무슨 서류를 제출해야 하는지 알기 쉽게 안내해주었다.

또 민간 지원 단체는 간단한 상담이나 정보 제공을 넘어서는 사안인 경우 전문적 자문을 해줄 법조인 혹은 법률 지식을 갖춘 사람을 물색해 돕기도 했다. 이는 주로 재판을 해야 할 때였다. 예를 들면 수용 심사 과정에서 서독 영주권을 받지 못한 동독 이탈 주민은 일차적으로 수용심사위원회에 이의를 제기해 재심을 청구할 수 있었다. 재심에서도 똑같은 결과가 나오면 마지막으로 할 수 있는 것은 행정재판소에 항소하는 것이었다. 이 경우는 심사가 아니라 재판이 진행되기 때문에 전문가의 도움이 필요했다.

서독 정착에 필요한 특별 지원을 받을 수 있는 전제 조건인 소련 점령 지역 난민 자격(C신분증) 획득 문제 역시 마찬가지였다. 동독 이탈 주민 가운데 소수만이 난민 자격을 인정받은 것에서 알 수 있듯이 난민 자격 심사를 통과하는 것은 결코 쉽지 않았다. 첫 번째 자격 심사에서 실패하면 재심을 청구해야 했기 때문에 이 또한 전문가의 도움이 필요했다.

그뿐 아니라 정착 지원 관련 법규가 규정한 기본 자격을 갖춘 동독 이탈 주민도 때때로 혜택을 받지 못하는 경우가 있었기 때문에 불가피하게 재판을 해서 권리 주장을 해야 하는 경우도 있었다. 동유럽 강제추방민과 달리 동독 이탈 주민은 C신분증을 받아 수혜 자격을 갖추었다 해도 담당 부서의 심사를 거쳐 필요성이 인정될 때만 지원받을 수 있었다.

그러다 보니 종종 심사 결과를 놓고 법적 다툼을 벌여야 하는 일이 벌어졌다.

일례로 난민 자격을 인정하는 C신분증을 보유한 동독 이탈 주민 셰퍼(Schäfer)는 1958년 전쟁부담조정법이 보장하는 교육 지원을 신청했지만 담당 부서인 괴팅겐시 전쟁부담조정국은 이를 거부했다. 이후 셰퍼는 주 행정재판소에 이의를 제기했고, 재판관은 그의 손을 들어주었다. 그러나 전쟁부담조정국이 이에 반발해 상고하면서 결국 연방행정법원까지 가게 됐다. 일이 이렇게 된 데는 셰퍼가 앞으로 국가가 시행하는 다른 교육지원제도를 통해 교육을 받을 수도 있으므로 중복 지원의 가능성이 있다는 해석 때문이었다. 그러나 차후 다른 경로로 지원받을 수 있을지도 미지수고, 설령 받을 수 있다 해도 복잡한 절차를 거쳐야 하므로 지금 당장 필요한 지원을 받는 것이 더 필요했다. 셰퍼의 난민 자격 심사 때도 법적 지원을 아끼지 않았던 개신교 국내전도·구호회(Innere Mission und Hilfswerk der Evangelischen Kirche in Deutschland)는 또다시 문제에 직면한 그를 돕기 위해 직접 변호사를 물색해 문제 해결에 나섰다.[57]

정착지원제도 개선을 요구하다

이탈 주민을 지원하는 서독의 단체는 동독 이탈 주민 정착지원제도의 허점을 파악하고 개선안도 제시했다. 일선에서 동독 이탈 주민과 자주 접촉한 이들은 어찌 보면 정책 입안자보다 더 현실적으로 이탈 주민의 정착 현황을 파악하고 있었다. 그런 만큼 이들은 자신들이 현장에서 지켜본 것을 토대로 정부의 이탈 주민 지원 정책을 수정하고 개선하려고 애썼다.

예컨대 베를린 민간사회복지대표기관연맹(Liga der Spitzenverbände der freien Wohlfahrtspflege in Berlin)[158]은 1964년 1월 15일 여러 국가기관에 동독이탈주민정착지원법에 대한 제언을 서면으로 제출했다. 동독 이탈 주민에게 수용 심사가 끝나고 난 후에야 지불되는 환영금 200마르크를 이탈 직후 바로 지급하라는 내용이었다. 거의 빈손으로 넘어온 동독인이 서독에서 실업수당이나 연금 등을 받기까지는 시간이 걸리기 때문에 환영금을 미리 지급해 당장 필요한 것을 장만할 수 있게 하는 것이 바람직하다는 주장이었다.[159]

또한 연맹은 동독 이탈 주민이 서독에서 가구나 가전제품을 새로 장만할 경우 비용이 많이 드니 희망자에 한해 동독의 살림살이를 옮겨올 수 있도록 이사비를 지원하라고 제안했다. 동독 이탈 주민은 대부분 살림살이를 서독으로 가져오고 싶어 했다. 스스로 동독에서 공들여 장만한 것이니 애착이 갈 것이고, 가구나 TV 같은 가전제품은 물론 기타 생활에 필요한 가재도구를 서독에서 새로 구입하려면 비용이 많이 들었기 때문이다. 이주를 신청해 합법적으로 이탈하는 사람은 동독에서 사용하던 살림살이를 서독으로 운반할 수 있었지만 이사 비용이 문제였다.

이 점에 주목해 베를린 민간사회복지대표기관연맹은 동독 이탈 주민은 이사비를 감당할 수 없으니 정부의 지원이 절실하다고 주장했다. 만약 이것이 재정적으로 불가능하다면 정부기관이 비용을 미리 지불하고, 이탈 주민이 서독에 정착한 후 이를 갚아 나가는 방식으로라도 지원할 것을 요청했다.[160] 비록 정부가 이사비를 대주지는 않았지만 최소한 이탈 주민에게 제공된 살림 장만 융자를 1984년 이사비로 돌려쓸 수 있도록 한 데는 이처럼 꾸준히 문제를 제기한 민간단체의 노력도 한몫했을 것이다.

그런가 하면 민간 지원 단체는 동독이탈주민정착지원법이 정한 자격 시한을 폐지하라고 주장했다. 일례로 동독 이탈 주민이 동유럽 이주민 출신이면 전쟁부담조정법에 따라 지원받을 수 있지만, 1961년 12월 31일까지 서독에 이주한 경우로 시한을 제한했다. 베를린 민간사회복지대표기관연맹은 이 시한 이후 서독으로 이주하는 사람을 지원 대상에서 배제하는 것은 부당하다고 주장하며, 개정을 해서라도 시한을 폐지할 것을 요구했다.[161]

물질적 지원: 성금과 물품

서독 민간 사회단체의 동독 이탈 주민을 위한 활동 가운데 가장 큰 비중을 차지한 것은 물질적 지원일 것이다. 이탈 주민은 대부분 빈손으로 넘어왔기 때문에 숟가락 하나부터 새로 장만해야 하는 처지였다. 정부는 제도적으로 정착을 지원했지만 이탈 주민이 워낙 대규모라 정부 예산만으로는 부족했고, 또 많은 이탈 주민은 다양한 정착 지원법이 규정한 자격 조건을 갖추지 못해 지원받지 못했다. 따라서 부족한 부분을 메우기 위해서는 서독 주민의 도움이 반드시 필요했다. 동독 이탈 주민을 부정적으로 바라보는 시선이 팽배했지만, 동포를 위해 기꺼이 기부하는

바르바라의 호소

한 동독인 가정의 부모가 1981년 (동독 관청에) 서독 이주 신청을 했습니다. 1984년 3월 갑자기 이들에게 이주 승인이 내려졌습니다. 그래서 6명의 가족은 하노버로 왔습니다. 음악에 소질이 있는 세 아이, 즉 15세인 페터와 각각 14세, 10세인 그의 여동생 둘은 이제 이곳에서 음악교육을 계속 받아야 합니다. 오빠는 피아노와 파이프 오르간, 여동생들은 바이올린을 합니다. 그러나 정보 통신 기사인 아버지는 아직 실업자이고, 엄마도 마찬가지입니다. 우리는 우선 이 아이들의 음악 수업료를 지원하고자 합니다. 누가 함께 도움

바르바라의 호소 원본
출처: *Die Zeit*, 1984. 5. 18

을 주시겠습니까? 다른 아이들이 (서독으로 올 때) 인형을 갖고 온 것처럼, 이 소녀들은 작은 바이올린을 가져왔습니다. 그러나 그것 외에 이들과 세 살짜리 남동생에게는 아무것도 없습니다. (괄호 안의 내용은 독자의 이해를 돕기 위해 삽입했다.)

서독인도 적잖았다. 이탈 주민 지원 단체는 다양한 방식으로 물질적 도움을 이끌어내는 데 중요한 역할을 담당했다.

동독 이탈 주민 지원 단체는 우선 자체적으로 발행하는 홍보물에 이탈 주민이 얼마나 열악한 상황에서 살고 있는지 상세하게 알리고 기부를 호소했다. 또한 서독 신문을 통해 적극적으로 홍보했다. 난민새출발후원회는 독일의 유명 주간 신문 《차이트(Die Zeit)》에 매주 〈바르바라의 호소(Barbara bittet)〉라는 고정 난을 통해 이탈 주민의 어려운 사연을 소개했다.[162] 종교적 지원 단체도 교회 신문에 기부를 독려하는 광고를 냈다. 각 지원 단체는 성금을 모금하기 위해 각각 은행 기부 계좌를 운영했다. 베를린 개신교난민구호회는 1952년 9월 1일부터 1960년 10월 16일까지 성금 2억 2000만 마르크를 모았으니[163] 민간단체의 모금 활동이 이탈 주민의 정착 지원에 큰 도움이 됐음을 충분히 짐작할 수 있다. 이들의 기부 독려를 통해 성금뿐 아니라 의복, 구두, 비누, 그릇, 재봉틀, 책과 잡지, 가재도구 등 다양한 물품도 마련되었다.

민간 지원 단체가 모은 성금과 물품은 이탈 주민을 위해 다양한 방식으로 쓰였다. 기부는 개인이 할 수 있지만 그렇게 모은 많은 물품을 적절히 분배하는 데는 조직력이 필요했기 때문에 지원 단체의 역할은 매우 중요했다. 특히 지원 단체는 동독 이탈 주민과 접촉해 시급히 도움이 필요한데도 관의 손길이 미치지 못하는 수용소나 이탈 주민을 파악하고 이들에게 필요한 물품을 나눠주었다. 비록 새것은 아니라도 기부 받은 의복이나 구두는 경제적 여력이 없는 동독 이탈 주민에게 요긴하게 쓰였다. 한 이탈 주민의 말이다.

나는 허영심도 없고, 몇 년 동안 아무 옷이나 입으며 참고 견뎠다. 그러나 그동안 비에 젖고 햇빛에 쏘여 색이 바랜 낡은 외투를 입고 교회에 가고, 여성 구호 활동 담당 수녀님을 만나러 가는 것이 매우 부끄러웠다. 그런데 오늘 나는 난민구호회로부터 받은 새 외투를 입고 말할 수 없이 행복한 마음으로 여기에 앉아 있다. 이제 더 이상 여성 구호회에서 주최하는 소풍에 갈 때 창피해할 필요가 없게 됐다. (……) 아무도 내게 내색하지는 않았지만, 스스로 느끼기에 내 처지가 암울했다.[164]

기부 받은 잡지, 신문, 책 등은 수용소 내에 마련된 독서 공간에 비치돼 이탈 주민의 지루함을 달래주는 동시에 이들이 서독 사회를 파악하는 데도 도움을 주었다. 서독 적십자사는 1953년 이동도서관제도를 시행했다. 서독 출판사에서 기증 받은 새 책을 수용소에 비치하되, 2주일에 한 번씩 수용소별로 책을 교환하는 방식으로 운영해 이탈 주민이 다양한 책을 볼 수 있도록 했다.[165]

물품뿐 아니라 동독 이탈 주민을 위해 모은 성금도 민간 지원 단체를 통해 다양한 방식으로 활용됐다. 이들은 성금으로 크리스마스 때 동독 이탈 주민의 가족이나 혼자 넘어온 청소년에게 현금과 생활필수품을 넣은 선물 상자를 나누어주며 조금이나마 실향의 아픔을 달랠 수 있게 했다.[166] 또한 동독 이탈 주민이 거처를 마련하고 학업·직업 교육을 받을 수 있도록 재정적으로 지원했다. 예컨대 난민새출발후원회는 서독에 첫발을 디딘 이탈 청소년이 정부로부터 장학금이나 기타 지원을 받을 때까지 월세를 내주거나 가구, 생활비 등을 지원했다.[167] 또 비행사 출신의 한 동독 이탈 주민이 서독에서 비행사자격증을 다시 따기 위해 학원에 다니는 동안 수강료의 일부를 지원해주었다.[168] 이러한 도움 덕분에 그는 무사히 교육을 마치고 서독에서 비행사로 취직할 수 있었다.

민간 지원 단체는 이탈 주민의 창업도 지원했다. 정부가 저리로 창업자금을 빌려주었지만, 지원 자격을 갖추지 못한 이탈 주민은 혜택을 받지 못했다. 이러한 상황에서 일부 민간 지원 단체는 무이자로 자금을 제공했다. 예컨대 일회성 지원보다는 정착 기반을 마련하는 데 중점을 둔 난민새출발후원회는 1950년대 동독에서 5년간 징역살이를 한 한 젊은 사진사 부부가 사진관을 운영할 수 있도록 무이자로 자금을 융자해주었다. 그 덕분에 이 부부는 자립 기반을 마련했고, 원금도 분할해서 착실히 갚아 나갔다. 또 이 단체는 1954년 서독 적십자사 함부르크 지부로부터 가건물을 빌려 대규모 바자회를 열었고, 그 수익금의 일부로 동독 이탈 주민이 꽃집과 세탁소, 원예원을 창업할 수 있도록 자금을 무이자로 빌려주었다.[169] 민간단체인 난민새출발후원회가 지원할 수 있는 자금 규모는 정부 차원과는 비교할 수 없이 작았지만,[170] 제도적 지원망에서 소외될 수 있는 이들의 짐을 조금이나마 덜어주었다는 점에서 충분히 의미가 있다.

서독의 민간 지원 단체는 동독 이탈 주민을 위해 모은 성금을 토대로 초기 정착 과정에서 수용소에 거주하며 병들거나 지친 이들이 좋은 환경에서 편히 쉴 수 있게 해주기도 했다. 한 예로 베를린 노동자복지회는 네덜란드 노동당과 네덜란드 사회주의노조연맹의 초청을 받아 1955년 2월 중순 동독 이탈 주민 가정의 아동 100명을 석 달간 네덜란드로 휴가를 보냈다.[171]

또 이 단체는 1951년 8월 10일 아이를 둔 엄마로 정착 과정에서 너무

과로했거나 우울증에 빠졌거나 혹은 심각한 신체장애를 지닌 여성 이탈 주민이 임시로 머무르면서 쉴 수 있는 특별 시설도 마련했다. 정원은 18명 정도였고, 3주간 머무르는 것을 원칙으로 했다. 그 기간 동안 입주자는 내과 전문의의 진찰을 받고, 경치가 좋은 공원에서 산책하거나 발코니에서 휴식을 취했으며, 도서관에서 책을 빌려 읽거나 게임 등을 하며 여유롭게 시간을 보냈다.[172]

베를린 개신교난민구호회를 이끈 아메 목사도 이탈 주민을 위해 모은 성금으로 1961년 12월 31일 분텐보크(Buntenbock)라는 작은 산간 마을에 지은 지 200년이 넘은 낡은 펜션을 샀다. 보수를 마친 후 1962년 6월 4일부터는 휴양 센터로 운영했다. 이곳은 호수가 많아 경관이 빼어났고, 조용해서 휴양소로 제격이었다. 동독 이탈 주민은 이곳에 3주간 머물 수 있었는데, 교통비와 숙박비 모두 무료였고, 하루에 20페니히씩 휴양세(Kurtax)만 내면 됐다.[173] 또 혼자 서독으로 왔다가 결핵을 앓게 된 동독 출신 의대생은 난민새출발후원회의 도움으로 요양 치료를 한 후 완쾌될 수 있었다.[174]

그런가 하면 서독의 민간 지원 단체는 이탈 주민이 거처를 마련하는 것도 적극적으로 도왔다. 이는 특히 기독교청년회 베를린 지부의 사례에서 엿볼 수 있다. 이 단체는 1962년부터 길드 활동을 펼쳤다. 동독 이탈 청소년, 그중에서도 주로 정치적 탄압으로 징역을 산 젊은이를 돌보는 활동이었다. 이들 청소년 대부분은 일반 범죄를 저지른 것이 아니라 동독 체제와의 갈등으로 탄압 받았는데도 전과자라는 이유로 서독 사회에서 냉대를 받았다. 이에 따라 이들에게 방을 임대하려는 서독 주민을 찾기가 어려웠다. 기독교청년회 베를린 지부는 규모가 작고 월세가

저렴한 방을 자체적으로 임대한 후 이탈 청소년에게 이를 재임대하는 방법으로 도움을 주었다.[175]

상담, 정보 제공 그리고 계몽

서독의 민간 지원 단체는 기본적으로 이탈 주민에게 서독에 정착하는 데 필요한 정보를 제공했고, 다른 한편으로는 이들에게 우호적인 여론을 조성하기 위해 서독인을 대상으로 계몽에 나섰다. 이탈 주민이 서독에 정착하는 과정에서 맞닥뜨리는 어려움을 고려할 때 이러한 도움은 물질적 지원 못지않게 중요했다. 수용 심사를 통과한 이탈 주민은 배정된 정착지로 떠나기 전 수용소 내에서 간단히 서독 정착에 필요한 교육을 받지만, 이것만으로는 동독과 완전히 다른 서독 체제를 파악할 수 없었다. 이탈 주민의 상당수는 수용 심사 과정이 끝난 후에도 자신이 필요한 지원을 어디서, 어떻게 받을 수 있는지 제대로 알지 못했다.

또 서독 사회를 제대로 알지 못하는 어수룩함 때문에 손해를 보거나 사기를 당하는 일도 허다했다. 특히 대규모로 이탈하던 1950년대에는 이탈 주민을 노린 사기 범죄가 기승을 부렸다. 당시 서독 상인을 가장한 사기꾼이 이탈 주민이 장기적으로 거주하는 수용소를 돌며 허위 광고로 이들을 현혹해 선불을 받고 도망치는 일이 비일비재했다. 이로 인해 1961년 초 동독을 이탈해 서베를린의 마리엔펠데 수용소에 머물렀던 한 여성은 가구를 장만하려다 방문 판매 사기꾼에게 속아 돈만 날리고 그 충격으로 쓰러져 목숨을 잃기까지 했다. 지병으로 심장병을 앓고 있

었던지라 사기당한 충격을 이기지 못하고 사망한 것이다.[176]

어디 그뿐인가! 이탈 주민이 서독 사회에 적응하기 어려웠던 요인 중의 하나가 사회적 냉대와 차별이었다. 이탈 주민을 노동시장의 경쟁자로 보거나 스파이 혹은 잠재적 범죄자로 보는 부정적 시선 속에서 이들의 어깨는 움츠러들 수밖에 없었다. 따라서 이탈 주민에게 서독 정착을 위해 기본적으로 알아야 할 사항을 차근차근 알려주고, 서독 사회가 이탈 주민에게 가진 편견을 해소하는 것 역시 그들을 돕는 길이었다.

이러한 필요성을 잘 아는 서독의 민간 지원 단체는 우선 동독 이탈 주민과 만나 상담했다. 서독 적십자사, 노동자복지회, 개신교난민구호회 등 일련의 단체는 가장 먼저 수용 심사 절차가 진행되는 중앙 수용소에 상주하면서 이탈 직후 불안감을 느끼는 동독인에게 무엇을 어디서부터 시작해야 할지 안내했다. 또 이들은 이탈 주민이 수용소를 나간 후에도 고민을 상담해주고 조언을 아끼지 않았다. 이탈 주민의 주요 관심사 가운데 하나인 연금 문제는 많은 시간과 전문성이 필요해 민간단체의 인력만으로 감당하기에는 부담이 너무 커서 저렴한 수임료만 받고 봉사하는 연금 전문가의 도움을 구하기도 했다. 상담을 받으러 온 이탈 주민은 정착 지원을 받기 위해 알아야 할 법규나 절차에 대해 정보를 구하기도 했지만, 취업이나 가구, 침대보 혹은 전공 서적과 같이 필요한 살림살이를 마련하는 데도 도움을 받았다.[177]

상담 외에도 민간 복지 단체는 다양한 홍보물을 발행해 이탈 주민에게 필요한 정보를 제공했다. 적십자사는 《동독 이탈 주민을 위한 길잡이(Wegweiser für Zuwanderer aus der DDR)》를 발간해 정착 과정에서 알아야 할 행정 절차를 일목요연하게 설명했다. 전입신고, 사회복지 혜택,

주택 신청, 자녀 수당, 의료보험과 연금보험 가입, 운전면허증 갱신, 은행 계좌 신설 등과 관련해 어느 것을 먼저 해야 하는지 순서를 정해 각각 필요한 서류와 담당 관청의 주소 그리고 업무 시간 정보까지 제공했다. 또 취업과 학업 관련 상담을 받을 수 있는 취업정보센터와 오토베네케 재단(Otto-Benecke-Stiftung), 동독에서 취득한 학력·직업 경력 인정 업무 담당 기관, 정치적 난민 자격 심사 기관 등의 위치와 상담 시간도 자세하게 알려주었다. 그런가 하면 슈투트가르트에 위치한 개신교구호회 본부는 1950년대 초반 수용 심사를 통과하지 못한 이탈 주민을 위한 안내문을 만들어 불법체류자 처지에 있지만 도움 받을 수 있는 방법을 알려주었다.[178]

기독교청년회 실향민수용소지원회는 이탈 청소년을 위해《서독 생활 안내서(Wegweiser im Westen)》를 발행했다. 이 팸플릿은 서독의 노동시장 정보, 예를 들면 산업노동자의 경우 노르트라인베스트팔렌, 루르, 뷔르템베르크가 취업의 문이 넓고, 화물 운전사, 가구공, 전기 기사 등은 이미 포화 상태라 취업이 어렵다는 내용 등 구체적인 정보를 제공했다. 또 이 안내서는 동독 이탈 청소년이 빠지기 쉬운 위험을 경고하고 조심하라는 당부도 잊지 않았다. 특히 단신으로 넘어온 청소년에게는 기숙사 형태의 수용 시설에 들어가라고 권고했다. 남성 청소년에게는 서독에서 홀로 방황하다 쉽사리 빠질 수 있는 성매매와 성병의 위험을 경고했고, 여성 청소년에게는 또래와 모여 대화를 나누면서 어려움을 극복하라고 조언했다. 더불어 도움을 청할 수 있는 지역별 기독교청년회 조직의 주소 목록을 함께 게재했다.[179]

또 다른 예로 독일개신교구호회(Hilfswerk der Evangelischen Kirche in

Deutschland)는 주로 이탈 주민에게 법적 지식을 제공해주는 홍보물을 발간했다. 대표적으로《동독 이탈 주민을 위한 안내서(Leitfaden für Sowjetzonenflüchtlinge)》를 들 수 있다. 이는 이탈 주민이 받을 수 있는 각종 정착 지원 관련 법규 가운데 꼭 알아야 하는 내용만을 간추려 알기 쉽게 정리해놓은 매우 유용한 안내서였다. 이탈 주민 개인은 물론이고 이탈 주민 관련 각종 종교·사회 단체도 이를 많이 참고했다. 또한 독일 개신교 구호회는 젊은 이탈 주민을 대상으로 이들이 대학 교육을 받는 데 필요한 지원, 요컨대 학비 면제나 감면을 비롯해 서독의 정착 지원법에 따른 다양한 장학 지원 혜택을 소개하는 설명서를 발행했다.[180]

한편 서독의 이탈 주민 지원 단체는 서독인을 대상으로 이탈 주민한테 더 많이 관심을 기울이고 따뜻하게 대해달라고 호소했다. 서독 사회에 널리 퍼져 있는 이탈 주민에 대한 부정적 편견이 해소되지 않는 한 사회 통합은 반쪽자리에 불과할 뿐이기 때문에 많은 단체가 이 문제를 해결하려고 노력했다. 기독교청년회는 홍보물을 통해 동독 이탈 주민과 함께 일하게 된다면 직장 동료로서 그가 외톨이가 되지 않도록 신경을 써주고, 동독 여성 청소년을 가사도우미로 고용했다면 그녀가 아직은 엄마와 대화가 필요한 연령이라는 것을 염두에 두고 따뜻한 대화를 나누며, 또 휴일에는 그녀가 어떻게 지내는지 관심을 가져주길 적극 권했다.[181]

한걸음 더 나아가 편견을 없애기 위해 서독 주민과 동독 이탈 주민이 적극적으로 만날 수 있게 유도했다. 기독교청년회는 1959년에도 여전히 30만 명의 이탈 주민이 공장이나 군대 막사 등을 개조한 열악한 수용소에 집단 거주하고 있다면서, 이들을 교회로 초대해 교류하라고 호소했다.[182] 나아가 교회 청소년부에 동독 이탈 청소년을 초대해 스포츠를 비롯한 여가 생활을 함께하도록 당부했다. 일례로 니더작센주 올덴부르크에서는 매주 이탈 청소년이 주변 지역의 서독인 가정에서 함께 시간을 보낼 수 있도록 주선했고, 이를 위해 버스를 대절해 이탈 청소년을 각 가정으로 데려다주었다.[183] 또 다른 예로 서독 적십자사는 1951년 이탈 주민 가정의 어린이 40명을 서독인 가정과 일대일로 맺어주고 방학 동안 그곳에서 지내며 서로 친해질 수 있도록 주선했다.[184]

가정방문: 이탈 주민의 목소리를 직접 듣다

동독 이탈 주민 지원 단체의 또 다른 활동 분야는 가정방문이었다. 이는 타향살이와 사회적 편견, 차별로 인해 고달프게 살아가는 이탈 주민의 애로 사항을 구체적으로 파악하고, 나아가 이들을 위로하려는 목적에서 비롯됐다. 베를린 개신교난민구호회의 활동이 그 예다. 교회의 평신도 봉사자들은 어렵게 사는 이탈 주민을 찾아가 대화를 나누고 살피는 것을 일종의 선교 활동으로 생각하고, 교통비 외의 대가를 받지 않았다. 한 사람당 매월 평균 900회 내지 1000회 정도 방문했다.[185]

이러한 방문을 두고 이탈 주민은 다양하게 반응했다. 기독교 신앙을 지닌 이탈 주민은 거부감을 나타내지 않았지만, 신앙이 없는 이탈 주민은 놀라고 당황스러워했다. 무엇보다 이들은 동독에 있을 때 교회에 나가지 않았는데 서독의 종교 단체가 방문한 것을 의아해했다.[186] 동독 정권에게 받은 반종교적 선전과 교육으로 인해 마음의 문이 닫힌 이들은 종교 단체의 방문을 거부했지만, 대부분은 이러한 방문을 반기고 즐거

위했다.[187] 아무래도 실향민인데다 정착 과정이 녹록지 않고, 서독 사회에서 고립되는 경향이 많아 외로웠기 때문이다. 1950년대에 동독을 이탈한 한 주민의 언급에서 외로운 타향살이의 한 면이 잘 나타난다.

4년 반가량 이탈 주민으로 사는 동안 누군가가 나를 방문하러 찾아온 것이 처음이라 매우 기뻤습니다. 이탈 주민이 배만 고픈 것은 아닙니다. 우리는 인간적 교류에도 굶주려 있어요. 누군가가 가구가 갖춰진 이탈 주민의 거처로 찾아와 사진을 보며 부모님에 대해 물어보는 것이 어떤 의미를 갖는지, 이러한 행복은 실향민만이 이해할 수 있을 것입니다.[188]

방문 활동은 1960~1970년대에도 계속됐다. 베를린 장벽 수립 이후 동독을 이탈하는 주민이 급격히 줄고 또 이들의 정착 여건도 개선되자 서독 사회 내부에서 아직도 구호 활동이 필요하냐는 질문이 나왔다. 그러나 베를린 개신교난민구호회의 입장은 달랐다. 소속 봉사자가 일선에서 이탈 주민을 직접 접하면서 잘 드러나지 않던 이들의 문제를 알게 됐기 때문이다. 예를 들면 다음과 같은 두 봉사자의 보고가 이를 뒷받침한다.[189]

내 담당 구역에는 늙고, 고독하고, 가난하고, 병든 동독 이탈 주민이 많이 거주한다. 그들은 날마다 우리의 방문을 기다렸다. 정치범 거래로 석방됐거나 이른바 진짜 난민에 해당하는 동독인도 우리를 찾는다. 또 약혼자에게 버림받은 아이 딸린 젊은 여성도 있다. 이들은 모두 도움과 위로를 받고자 했으며, 함께 얘기 나누는 것을 무척 고마워했다.

대부분은 우리가 방문하면 매우 기뻐했고, 다시 와달라고 부탁했다. 거부 반응을 보인 이탈 주민은 소수에 불과했다.

이처럼 서독 사회와의 연결 통로가 거의 없는 노령의 이탈 주민이나 사회적 취약 계층 혹은 동독에 있을 때 정치범으로 수감 생활을 했을 뿐인데 서독에 와서 전과자라는 낙인이 찍혀 사회적으로 고립된 이탈 주민에게 필요한 인간적 울타리를 만들어주기 위해서라도 이러한 방문은 계속돼야 했다.

이탈 주민 지원 단체의 방문은 이들의 외로움을 덜어주었지만, 다른 한편으로는 이들의 상황을 가까이 지켜보고 고충을 파악함으로써 정착지원제도가 실질적으로 개선되는 데도 기여했다. 예를 들면 베를린 개신교난민구호회 소속 자원봉사자는 직장 생활을 하는 젊은 세대와 달리 나이 든 이탈 주민은 낯선 타향에서 아는 사람도 없이 고립될 위험이 더 크다고 보고, 이들을 분트로크 휴양소로 보내 같은 동년배와 만날 수 있게 해야 한다는 실태 보고와 건의를 올렸다.[190]

더불어 서독의 민간 지원 단체는 이탈 주민과 직접 접촉하면서 파악한 실태를 바탕으로 이탈 주민 문제에 사회적 관심이 필요함을 일깨웠다. 특히 이들은 베를린 장벽이 세워진 뒤 동독 이탈 주민이 줄면서 사회적 관심이 줄어들자 경고의 목소리를 냈다. 예컨대 개신교난민선교회는 1965년 7월 자체 소식지를 통해 여전히 수많은 동독 이탈 주민이 열악한 환경에서 살고 있다는 점을 상기시키면서 많은 서독인이 이탈 주민 문제를 완전히 잊어버렸거나 둔감해졌다며 우려를 나타냈다.[191]

민간단체의 활동에 미친 반공주의의 여파

다양하게 전개된 민간단체의 지원 활동은 이탈 주민에게 많은 도움이 됐지만, 한편으로는 부작용도 있었다. 이탈 주민을 반공 투쟁에 이용한 사례가 있기 때문이다. 이탈 주민을 지원하는 민간단체의 하나인 인권투쟁회는 1948년 힐데브란트(R. Hildebrandt)를 주축으로 조직된 반공 단체로, 동독 이탈 주민을 지원하는 많은 민간단체와 달리 정치 활동에 더 주력했다.

처음에 이 단체는 제2차 세계대전 직후 소련 점령 시기에 나치 범죄의 주요 책임자 혹은 소련군사행정부와 독일공산당 지배에 적대적이라는 죄목으로 체포돼 특별수용소(Speziallager)에 수감됐거나 러시아로 끌려가 행방이 묘연한 이들의 신원을 파악하고 가족이나 친지에게 알려주었다. 이러한 작업은 주로 동독에서 구금됐다가 풀려난 사람과 접촉해 얻은 정보를 토대로 했는데, 1952년 12월 1일 현재 9만 9120명에 달하는 신상 카드를 작성했다.[192] 이러한 정보력 덕분에 인권투쟁회는 전독일문제부와 서베를린 정부는 물론 미국 정보기관의 정보 제공처로 기능하며 재정 지원도 받았다. 특히 이 단체는 미군방첩대(CIC)와 긴밀하게 연락을 주고받았는데, 매주 미군방첩대장 사저에서 자신들이 수집한 정보를 보고하고 자료를 넘겼다.[193]

그러나 인권투쟁회는 1950~1952년 비민주적이고 반인권적인 동독 체제가 안정화되는 것을 막고, 억압받는 동독인에게 서독에도 반동독 세력이 엄연히 존재한다는 것을 보여주어야 한다는 뜻을 내세우며[194] 공격적인 반동독 활동으로 전환했다. 이에 따라 공산주의와 동독 정권을 비판하는 내용을 담은 전단을 동독에 살포하고 동독 교량이나 철도 혹은 쇼핑센터를 폭파하는 사보타주와 테러를 감행했다. 1950년대에는 베를린을 통해 동베를린과 여타 동독 지역 출입에 큰 어려움이 없었기 때문에 이러한 활동이 충분히 가능했다. 인권투쟁회는 동독에 정보망도 구축했는데, 1959년까지 그 정보원 수가 수백 명에 달했다.[195]

문제는 이 단체가 동독 이탈 주민을 비롯한 동독인을 비밀공작에 투입했다는 점이다. 인권투쟁회는 1951년 서베를린시의 재정 지원을 받게 된 후 동독 이탈 주민 상담소를 운영했다. 주로 서독 정착 과정에서 어려움에 직면한 정치범 출신 이탈 주민이 이곳을 많이 찾았지만, 동독 체제에서 여러 이유로 고통을 받아 이탈을 고려하던 동독인도 상담을 받았다. 인권투쟁회는 이들에게 필요한 조언과 기부 받은 생활필수품을 나눠주며 물질적으로도 지원했지만, 한편으로 이들에게서 정보를 수집했을 뿐 아니라 일부 이탈 주민에게는 동독으로 되돌아가 스파이 활동을 할 수 있겠느냐며 포섭했다.

이 사실을 알게 된 동독 정권도 대응에 나섰다. 1951년 동독 국가안전부는 이 단체에 스파이를 침투시켰고, 이를 통해 동베를린의 고속도로 교량 방화와 철로 폭파 계획 정보를 입수했다. 정보 누출로 인해 인권투쟁회의 계획은 여러 차례 실패로 돌아갔고, 가담자는 체포돼 중형을 선고받았다. 심지어 사형에 처해지기도 했다. 1952년에만 인권투쟁회 관련자 200여 명이 체포됐고, 이후에도 동독에 거주하는 협력자 수백 명이 체포돼 처벌 받았다. 이들의 다수가 바로 동독을 이탈했다가 인권투쟁회의 사주를 받고 다시 돌아온 이탈 주민이었다.[196]

상황이 이렇게 되자 서독 언론은 비판에 나섰다. 요컨대 인권투쟁회가 벌인 사보타주 행위가 실패하면 실제 행위자인 동독인을 아무도 보호해줄 수 없는데도 무책임하게 일을 벌인다는 것이었다. 시사 잡지 《슈피겔》은 1952년 11월 19일 서독 정부와 미군정청에 이 단체의 위험스러운 사보타주 행위를 중단시킬 것을 요청했다.[197] 정부기관 내에서도 비판하는 목소리가 커졌다. 전독일문제부 장관 테디에크(T. Thedieck)는 이미 1951년 5월 중순 미국 포드 재단 대표자와 면담할 때 인권투쟁회가 정치적 난민 자격을 지닌 동독인을 보살피는 자선단체의 역할에 머물지 않고 동독 체제에 직접 개입하려 한다고 비판했다.[198]

그러나 미국의 정보기관이나 미군정청 모두 인권투쟁회의 활동이 반공 투쟁에 유효하다고 생각했기 때문에 이러한 문제 제기를 무시했다. 결국 서독의 전독일문제부가 인권투쟁회의 활동을 규제하려 했는데도 이 단체는 미국의 재정 지원과 정치적 비호에 힘입어 1959년 3월 해체될 때까지 활동을 이어갔다. 이러한 사례는 1950년대 냉전의 치열한 대립 속에서 동독 이탈 주민이 미국과 서독의 반공 세력에 의해 반공투쟁의 도구로 이용됐음을 보여준다.

이탈 주민 단체가 동독 이탈 주민의 신원을 확인하는 작업에 참여하는 것도 종종 문제였다. 정보력이 뛰어난 일련의 민간단체는 이탈 주민의 심사 과정에 깊이 개입했다. 수용심사위원회에 특정 이탈 주민의 신상 정보를 제공했고, 또 이탈 주민의 요청으로 신원확인서를 작성해주기도 했다. 이들 단체가 해당 주민의 이탈이 정치적 동기에서 비롯됐거나 이탈이 불가피한 상황이었다고 인정해줄 경우 수용 심사에 유리하게 작용했기 때문이다.

그러나 신원 확인과 보증이 항상 정확한 판단에 따른 것은 아니었다.

일례로 라이프치히에서 은행원으로 일하던 한 동독 이탈 주민은 인권투쟁회에 이력서와 이탈 동기를 서면으로 작성해 제출한 후 자신을 정치적 난민으로 인정하는 신원 확인을 요청했다. 그가 경제적 동기로 동독을 이탈한 정황이 확실해 보이는데도 노련하고 아부를 잘하는 바람에 인권투쟁회는 그에게 호감을 갖고 신원확인서를 발부해주었다.[199]

반대로 정치적 난민이 확실한데도 이를 부정하기도 했다. 유대인 출신 이탈 주민 마이어(J. Meyer)는 1953년 스탈린의 반유대주의 숙청의 여파로 동독에서도 자행된 유대인 억압을 피해 서독으로 넘어왔다. 이탈 후 정치적 난민 자격을 심사하는 과정에서 관련 기관은 인권투쟁회에 의견을 물었는데, 이때 이 단체는 마이어가 "150퍼센트 공산주의자"라고 강조하며 그가 모함을 받았거나 혹은 반인권적 탄압으로 위기에 처해 불가피하게 동독을 떠났다고 볼 만한 증거 자료가 없다고 주장했다. 반공주의 성향이 강했던 인권투쟁회는 1945년 독일공산당에 가입했고, 이탈 당시에도 동독 인민의회 의원이던 마이어를 적대시했고, 이에 따라 그가 정치적 난민으로 인정받는 것을 막으려 했다.[200] 결국 마이어는 1954년 가족과 함께 브라질로 떠났다.

이러한 일련의 문제가 있었지만 전체적으로 볼 때 서독의 민간단체가 동독 이탈 주민이 서독 사회에 잘 정착하도록 적극적인 지원활동을 벌인 점은 부정할 수 없다. 이탈 주민의 사회 통합은 정부 차원에서만 감당하기에는 너무 어려운 과제였다. 따라서 다양한 시민단체의 지원활동은 정부 손길이 제대로 미치지 못하는 영역을 보완함으로써 민-관의 바람직한 협력 체제를 갖추고, 이를 통해 동독 이탈 주민이 서독에 정착하는 데 기여했다.

동독 이탈
주민 단체의
지원 활동

서독의 여러 민간단체는 서독인의 기부와 자원봉사를 조직하는 매개체가 되어 다양한 방식으로 동독 이탈 주민의 정착을 지원했다. 그렇다면 동독 이탈 주민은 자신들의 이해관계를 관철하기 위해 어떻게 노력했을까? 1950년대의 미흡했던 정착지원제도는 시간이 갈수록 꾸준히 개선돼갔다. 그 이면에는 서독의 지속적인 경제 발전과 정부와 민간 사회·정치 단체의 노력이 있었지만, 한편으로는 이탈 주민이 직접 요구하는 사회정치적 압력도 작용했을 것이다. 서독 정부의 정착지원제도가 개선됐다 해도 이탈 주민이 원하는 것만큼 신속히 진행되지는 않았고, 또 전쟁부담조정법상의 재산 피해 보상과 같이 정치적 이유로 제약이 있었기 때문에 이탈 주민은 꾸준히 문제를 제기하고 개선을 요구하는 목소리를 냈다.

이탈 주민의 움직임을 파악하기 위해서는 이들이 서독에서 조직한 단체의 활동을 살펴봐야 한다. 민주주의 체제에서는 주로 단체를 통해 정치적 목소리를 내고 영향력을 행사하기 때문이다. 이탈 주민은 낯선 환경에서 소수자로 살아가는 어려움을 극복하기 위해 일찍부터 크고 작은 모임을 갖고 단체를 조직했다.

우선 직업별로 조직된 자조(自助) 단체가 있다. 이들은 교사, 농민 혹은 기업가 등 동독에서 같은 직종에 근무했던 사람들의 이해관계를 대변하며, 이들의 정착을 지원했다. 기업몰수피해동독인협회 (Interessengemeinschaft der in der Zone enteigneten Betriebe)가 대표적이다. 이 단체는 소련 점령 통치기 이래로 소련과 동독 정권에 의해 개인이 운영하던 기업을 몰수당했거나 그 밖의 경로로 재산 피해를 입은 이들의 서독 정착을 지원하는 것에 목표를 두었다. 창립 10주년을 맞은 1959년까지 4000건에 이르는 지원 활동을 벌였는데,[201] 동유럽 강제추방민과 달리 동독 이탈 주민에게는 인정되지 않는 재산 피해 보상을 관철해 이들이 동독에서 상실한 개인 재산을 보상받는 것을 주요 활동으로 삼았다.

그런가 하면 특정 분야 종사자를 주축으로 구성됐지만 자조를 넘어 동독의 비민주성, 인권 탄압 문제를 제기한 정치적 성격을 띤 단체도 있었다. 자유를 추구하는 법조인조사위원회, 쾨니히슈타인 협회(Königsteiner Kreis) 등이 그러하다. 동독 이탈 변호사가 모인 법조인조사위원회는 이탈 주민을 위한 법률 상담은 물론이고 이들에게서 동독 주민과 동독의 상황이 어떤지 정보를 수집하고, 동독 정권의 불법행위를 폭로하는 활동을 했다. 쾨니히슈타인 출신 법조인과 경제 전문가를 중심으로 조직된 쾨니히슈타인 협회는 동독의 사법적 추이를 분석하고 서독 정치인에게 자문을 해주었다.

또 다른 부류는 출신 지역별로 조직된 단체로, 작게는 향우회(Heimatkreis)로부터 크게는 동향단(Landmannschaft)에 이른다. 향우회는 그야 말로 출신 고향별로 조직된 소규모 단체이고, 동향단은 1940년대 말에 서 1950년대 초에 동독 이탈 주민이 출신 주별로 조직한 전국적 단체 다.[202] 메클렌부르크, 베를린 브란덴부르크, 작센안할트, 튀링겐, 작센 동향단이 그것이다. 많은 향우회가 자신들의 고향이 속한 주 동향단의 지부로 가입했다. 동향단은 연방-주-기타 하위 지방자치단체로 되어 있는 서독의 행정 체제에 맞추어 중앙 본부와 각급별 지부로 조직됐다. 이들 지부는 각각 정기 모임을 가졌고, 대부분 1년 내지 2년에 한 번씩 전국 연합 모임을 열었다. 이러한 출신지별 단체는 무엇보다도 실향민 에게 심리적 위안을 주었다는 점에서 이탈 주민이 서독에 정착하는 데 중요한 역할을 했다. 특히 향우회는 한 달에 한 번씩 모여 타향살이의 설움을 달래고 고향 소식도 나누었다. 고향과 가족, 친지에 대한 그리움 그리고 서독인의 냉대와 차별로 고통받는 상황에서 동향 사람과의 만 남은 당연히 서로에게 위로가 됐다.

한편 동유럽 강제추방민에 비해 차별 대우를 받는 동독 이탈 주민을 대변할 수 있도록 정치적 영향력을 행사하기 위해서는 이탈 주민 조직 전체를 아우르는 연합 단체도 필요했다. 동독 이탈 주민의 중앙 조직 결 성은 비교적 늦었다. 1953년 동독이탈주민연합(Gesamtverband für Sow-jetzonenflüchtlinge)과 중부독일동향단연합(Vereinigte Landmannschaften Mitteldeutschlands)처럼 대표성을 띠는 단체가 결성됐지만, 이들이 전체 이탈 주민 단체의 구심점 역할을 하기에는 역부족이었다.

우선 동독이탈주민연합은 1700만 동독인을 대표한다면서 정치적 활동을 목적으로 내세웠지만, 회원수가 1960년까지 전체 이탈 주민의

3퍼센트 정도에 그쳤다.[203] 또한 중부독일동향단연합도 소속 동향단이 각각 출신 지역의 문화 유지 활동에 중점을 둠으로써 응집력이 떨어졌다. 더욱이 이 두 단체가 서로 경쟁하고 대립하면서 이탈 주민 사회는 분열됐고, 이탈 주민 관련 법을 제정할 때에도 통일된 목소리를 내지 못했다.

1962년에야 동독이탈주민연합과 중부독일동향단연합은 동독 이탈 주민 단체 전체를 총괄하는 대표 조직이 필요하다는 데 뜻을 모았다.[204] 협상은 1962년부터 시작됐으나 양측의 입장 차이로 협상과 결렬을 반복하다 1968년에야 겨우 합의했다. 그리하여 1969년 중부독일인연맹 (Bund der Mitteldeutschen, BMD)이라는 새로운 공식 대표 단체가 결성됐다. 이 단체에는 향우회, 동향단 및 기타 탈동독민 단체가 가입함으로써 이탈 주민 단체의 상부 조직 역할을 했다.

이들 이탈 주민 단체는 어떤 활동을 했고, 얼마나 성공을 거두었을까? 공통적으로 이들은 이탈 주민의 권리를 확대하고, 서독으로 갓 넘어와 어려움에 처한 이들을 도와주는 것을 목표로 삼았다. 예를 들면 메클렌부르크 동향단은 1953년 동향단 내에 동향민 지원 부서를 마련해 이탈 주민 수용 심사가 진행되는 수용소에 상주하며 수용 심사 절차를 밟는 동향 출신 동독인에게 서독 정착에 필요한 다양한 정보를 제공하고 조언도 했다.[205]

또 동독이탈주민연합과 같이 비중 있는 단체는 수용소를 포함해 이탈 주민이 집단 거주하는 곳에 상담원을 파견하고 정착지원법에 대한 강연을 통해 이탈 주민이 꼭 알아야 하는 법규를 알려주고, 다양한 문제를 상담해주었다.[206] 이탈 주민 수가 많지 않던 1988년 중부독일난민연합(Bund der mitteldeutschen Flüchtlinge, BMF) 자란트 지부가 시행한 상담만도 220시간에 달했다[207]는 것을 볼 때 상담을 통한 이탈 주민 지원은 분단 시기 내내 중단 없이 계속된 가장 기본적인 지원 활동이었음을 알 수 있다.

다른 한편으로 이탈 주민 단체는 동독을 이탈한 후 경제적 어려움을 겪는 이들에게 재정 지원도 했다. 일반적으로 이탈 주민 단체는 회비나 기부금 그리고 서독 정부의 보조금 등으로 조직을 꾸려갔는데, 규모가 큰 단체는 예산의 일부를 생계가 곤란한 이탈 주민을 지원하는 구호 기금으로 사용했다. 일례로 정치범 출신의 이탈 주민 암타게(W. Amtage)는 1969년 10월 4일 동독이탈주민연합에 보낸 편지에서 자신이 신체장애로 인해 경제활동이 어려운데다 수령하는 연금도 적어서 생계유지가 어렵다고 호소하며 이 단체가 한 차례 지급하는 생계 지원금을 요청했다. 그러나 이러한 경제적 지원은 재정의 한계로 모든 신청자에게 제공되지 못했다. 또 구호 기금으로 마련된 예산이 허락하는 선에서 가능했기 때문에 액수도 많지 않았다.[208] 중부독일인연맹의 경우 1970년대 초 최대로 지원할 수 있는 액수가 150마르크였으니 생계 해결에 큰 도움은 되지 못했다.[209]

나아가 이탈 주민 단체는 정착 지원을 받는 데 필요한 도움도 주었다. 정착 지원을 위해 다양한 법규와 제도적 장치가 마련돼 있었지만, 이탈 주민 모두가 자동으로 그 수혜자가 될 수는 없었다. 우선 각 지원 제도가 규정한 기본 자격을 갖추어야 하고, 신청 서류도 준비해야 했다. 이탈 주민 단체는 복잡한 규정 때문에 어찌할 바를 모르는 사람, 특히 노년층을 대신해 서독 관청에 정착 신청 자격 요건을 알아보고 서류 작성과 제출 과정을 도와주거나 대행했다. 예를 들어 동독을 이탈해 서독으로 오게 된 벤트(A. Wendt)가 1962년 11월 10일 서베를린 빌머스도르프구 사회복지과에 가구를 비롯한 가재도구 구입 자금 지원을 신청할 때 동독이탈주민연합이 벤트의 대리인 자격으로 지원 신청과 관련된 업무를 대행했다.[210]

그뿐 아니라 동독 이탈 주민 단체는 이탈 주민이 C신분증을 받을 수 있게 지원했다. C신분증 소지자는 정치적 난민으로 인정받아 다른 이탈 주민에 비해 훨씬 더 나은 정착 지원을 받을 수 있었던 만큼 심사 기준이 만만찮았다. 반공주의의 서슬이 시퍼렇던 1950년대에는 당연히 정치적 난민의 심사 기준이 훨씬 엄격했지만, 1960년대 이후에도 정치적 난민 자격을 인정받기는 쉽지 않았다.

일례로 중부독일인연맹은 1974년 동독을 이탈한 아렌스(Arens) 부부에게 정치적 난민 자격 심사와 관련해 도움을 주었다. 남편은 동독에서 화학 회사를 운영했고, 부인은 아버지에게서 건설 회사를 물려받았다. 동독 정권은 자영업자인 이들을 끊임없이 '착취자', '자본가', '체제 반대자' 등으로 매도하며 압박했고, 1972년 이들의 회사는 결국 국가 재산으로 몰수됐다. 이후 동독을 이탈한 아렌스 부부는 중부독일인연맹의 조언에 따라 억울하게도 자신들의 생계 기반이 완전히 파괴돼 동독을 이탈했다고 호소하며 정치적 난민 자격을 인정해달라고 요청했다.

그러나 서독의 심사 담당 기관은 이를 받아들이지 않았다. 그 이유는 남편이 회사 운영에서 손을 놓을 때까지 동독인 평균 소득 이상의 수입이 있었을 것이고, 지불 동결 계좌이긴 해도 9만 5000마르크가 입금된 통장이 있었으며, 1972~1974년에 3만 마르크를 인출할 수 있었던 점을 감안하면 생계 기반이 완전히 파괴됐다고 볼 수 없다는 것이었다.[211] 부인 역시 상속받은 회사가 강제로 몰수돼 국유화됐지만, 동독의 정치 체제에서는 그녀뿐만 아니라 모든 자영업자에게 해당되는 사항이므로 그녀의 동독 이탈이 불가피했다고 인정할 수 없다고 판결했다.[212]

난민 인정 신청이 기각되면 재심을 청구하고, 나아가 행정재판소에 도 항소할 수 있었는데, 이를 위해서는 1차 판정에 이의를 제기하고 재 심도 청구해야 한다. 따라서 재판 진행 과정을 도와줄 사람이 필요했다. 중부독일인연맹은 베를린에서 활약한 슈탕게(J. Stange)와 같은 변호사 와 손을 잡고 이탈 주민을 지원했다.

이처럼 동독 이탈 주민 단체는 다양한 방식으로 이탈 주민의 서독 정 착을 지원했다. 그러나 이들은 이탈 주민 개인의 문제를 도와주는 데 그 치지 않고 정착지원제도의 문제점이 정책적 차원에서 개선되도록 압 력을 행사해야 한다고 느꼈다. 그중 가장 기본적인 요구 사항은 동독 이 탈 주민과 동유럽 강제추방민 간의 지원 차별을 철폐하고, 동등한 법적 지위를 보장하라는 것이었다. 이탈 주민 역시 제2차 세계대전으로 피 해를 입은 만큼 전쟁부담조정법이 규정한 대로 자신들의 재산 피해를 보상하라고 요구했다.[213] 나아가 동독 이탈 주민에게도 동유럽 강제추 방민에게 제공된 실향수당을 보장하고, 재산 피해 보상이 늦어진 만큼 이자를 소급 지불할 것, 전쟁부담조정법이 규정한 소득 상한을 폐지할 것 등을 요구했다.[214]

그럴 뿐 아니라 이탈 주민 단체는 1984년부터 합법적 이주를 신청해 서독으로 넘어온 주민이 이사 비용 가운데 상당액을 서독 마르크로 지 불하게 된 상황을 감안해 이사 비용도 지원해줄 것을 요청했다. 특히 이탈 주민 단체는 서독 정부가 1950년대 이후 동유럽에서 서독으로 이주해온 독일인과 그 가족에게만 이사 비용을 지원하는 것을 비판했다. 이들이 동독 이탈 주민보다 더 많이 지원받는다는 것을 이해할 수 없었기 때문이다. 뒤늦게 서독으로 온 동유럽 지역의 독일계 이주민은 세월이 흐르면서 현지에 동화돼 독일어를 모르는 사람이 대부분이었고, 이들의 배우자 중에는 독일 혈통이 아닌 사람도 꽤 있었다. 이탈 주민 단체는 이 점을 지적하며 순수 독일 혈통인 동독 이탈 주민이 이들보다 낮은 대우를 받는 것은 부당하다고 주장했다.[215] 나아가 같은 동독 이탈 주민인데도 정치적 난민이냐 아니냐에 따라 지원에 차별을 두는 점 역시 폐지할 것을 강력히 촉구했다.[216]

또 다른 예로는 구금자지원법을 시행하는 과정에서 생기는 문제가 있었다. 동독 이탈 주민이 규정대로 정착 지원금을 받기 위해서는 구금 기간이 2년 이상이어야 했다. 1960년대까지는 동독의 정치범이 2년 내에 석방되는 경우는 드물었고, 대부분 4년 혹은 그 이상이었다. 그러나 데탕트와 동서독 관계가 개선된 1970년대에는 상황이 변했다. 예컨대 불법 탈출 과정에서 체포되더라도 형벌이 이전보다 훨씬 완화됐고, 감옥에서 2년을 채우기 전에 정치범 석방 거래로 풀려나는 경우가 많았다.

그런데 구금 기간에 따라 이탈 주민이 받을 수 있는 정착 지원금 차이는 매우 컸다. 예를 들어 동독에서 22개월을 복역한 이탈 주민은 660마르크 정도의 정착 지원금을 받지만, 25개월간 복역한 이탈 주민은 추가 지원금을 더해 총 5470마르크를 수령할 수 있었다. 동독 이탈 주민 단체인 스탈린주의희생자연합(Vereinigung der Opfer des Stalinismus)은 구금 기간이 22개월이었던 사람이나 25개월이었던 사람 모두 똑같이 정착 지원금이 필요한데, 이러한 차별을 두는 것은 부당하다고 지적했다. 그리고 2년 이상의 복역 조건을 바꿀 수 없다면 그 대안으로 2년 미만을 복역한 정치범에게 1회에 한해 2000마르크를 지불할 것을 요청했다.[217]

나아가 동독 이탈 주민 단체는 이탈 주민을 위한 정착지원제도가 공정하게 그리고 효율적으로 진행되도록 정부가 적극적으로 관리할 것을 요청했다. 예컨대 동독이탈주민연합은 1958년 이탈 주민의 주택 마련을 위해 책정된 정부 보조금이 연방주와 그 산하의 지자체에서 실제로 용도에 맞게 쓰이는지 엄격하게 조사해야 한다고 주장했다.[218] 또 1957년에는 건축 승인 절차를 단축하고 공장에서 생산된 조립식 건축재를 이용해 주택 공사 기간을 앞당겨 이탈 주민이 하루속히 거처를 마련할 수 있게 해달라고 요청했다.[219]

이러한 다양한 요구 사항을 관철하기 위해 동독 이탈 주민 단체는 각종 모임, 주관 행사 등에서 이탈 주민 지원 제도의 문제점을 공개적으로 지적하며 이슈화했다. 또 기회가 될 때마다 정부 인사나 정당 지도자를 만나 의견과 요구 사항을 전달했고, 필요하면 시위도 했다. 예컨대 동독이탈주민연합에 소속된 일련의 경제 관련 단체는 1965년 4월 10일 수도 본의 시민 대강당에 모여 정부와 정당 원내 대표를 상대로 동독 이탈 주민도 동유럽 강제추방민과 동등하게 대우하라고 시위를 벌였다.[220]

또한 이들은 정기 간행물을 발행해 서독 정착에 필요한 정보를 싣는 등 큰 도움을 주었다. 중부독일인연맹은《중부독일인연맹의 상담지원(BMD Beratungsdienst)》이라는 잡지를 발행했는데, 기본적으로 탈동독민 정착 지원 관련 법규의 기본 내용은 물론이고, 법 개정으로 변화된 내용까지 신속하게 알려주었다. 그리고 이 잡지는 동독 이탈 주민을 정치적 난민과 일반 이탈 주민으로 나누어 이들이 받을 수 있거나 받지 못하는 정착 지원의 내용을 도표로 작성해 복잡한 내용을 알기 쉽게 전달했다.[221]

이러한 출판물은 주로 발행자인 이탈 주민 단체가 회비를 내는 회원에게 배포됐다. 그러나 일부 출판물은 정부 지원을 받아 이탈 주민에게 무료로 제공됐다. 이는 동독이탈주민연합이 1957년 5월부터 1958년 3월까지 매달 3000마르크씩 총 3만 3000마르크를 전독일문제부에서 지원받아 이 단체의 기관지인 《동독 이탈 주민 신문(Flüchtlings-Anzeiger)》 1만 부를 수용소에 기거하는 이탈 주민에게 나눠준 것을 통해 엿볼 수 있다.[222]

그런가 하면 탈동독민 단체가 서독으로 갓 넘어온 이탈 주민을 돕기 위한 모금 운동도 빼놓을 수 없다. 예를 들면 중부독일인연맹은 1984년 호네커 정권이 파격적으로 이주를 승인함에 따라 서독으로 넘어온 수만 명의 이탈 주민을 지원하기 위해 서독의 모든 금융기관에 번호 121212로 계좌를 개설해 이른바 '동포 도와주기' 캠페인을 벌이며 모금 운동을 벌였다.[223] 중부독일인연맹은 미리 기자회견을 열어 모금 계획을 알렸고, 모든 일간 신문에 모금 광고를 냈다. 이를 바탕으로 1984년 서독으로 갓 넘어와 도움이 필요한 동독인 871명에게 총 52만 마르크 상당을 신속하게 지원했다.[224]

종합해보면, 동독 이탈 주민 단체는 이탈 주민이 서독 사회에 정착할 수 있도록 다방면으로 지원했다. 이탈 주민은 서독 사회의 일원으로 인정받고 국가의 정착 지원도 받을 수 있었지만, 낯선 서독 체제에 정착하기는 쉽지 않았을 것이다. 정착 지원을 받으려면 서독의 복잡한 법규와 제도를 알아야 했고, 또 가족이나 친지를 떠나 타향살이를 하면서 심적 고통도 만만찮았다. 이럴 때 동독 혹은 동향 출신 단체는 이들에게 위안도 되어주고 시행착오를 줄이는 데도 도움이 됐을 것이다. 나아가 이들 단체는 제삼자가 아닌 당사자로서의 체험과 절실함을 바탕으로 이주민이 겪는 문제를 제도적으로 개선해달라고 요구했다. 이것이 이탈 주민의 정착 여건을 실질적으로 개선하는 데 기여했음은 물론이다.

성공 신화의
빛과
그림자

1950년대 성공적 통합의 이면

직업적 강등, 차별, 착취: 경제적 통합의 또 다른 진실

전쟁의 후유증을 안고 건국한 서독이 1950년대에 수백만 명의 동독 이탈 주민을 받아들여 정착시킨 것은 실로 대단한 성공이다. 특히 이것이 민주적 입법 과정을 거쳐 심각한 사회적 마찰 없이 이루어졌다는 점도 높이 평가된다. 그러나 빛이 있으면 그림자가 있듯이, 이러한 성공 이면에는 수많은 동독 이탈 주민의 애환이 자리하고 있으며, 이 역시 서독 정착사의 일부다. 그럼에도 1950년대에는 동독과의 체제 경쟁을 의식해 이탈 주민의 어려움을 드러내는 공적 논의가 제한됐고, 베를린 장벽 수립 이후 이탈 주민 문제가 완화되고 수용소가 해체된 다음에는 사회적 관심사에서 멀어졌다. 2011년 베를린 마리엔펠데 난민수용소 기념관(Erinnerungsstätte Notaufnahmelager Marienfelde)이 이탈 주민 수용소를 주제로 기획한 전시회 〈사라지고 잊히다(verschwunden und vergessen)〉는 이러한 문제를 함축해 비판적으로 보여준다.[225]

이런 맥락에서 우선 동독 이탈 주민의 사회경제적 통합 이면에 담긴 문제를 살펴볼 필요가 있다. 1950년대 동독 이탈 주민의 다수가 취업에 성공한 것은 정책적으로 훌륭한 성과지만, 개개인으로 볼 때는 사회적 강등이라는 대가를 치른 경우가 적잖다. 낯선 환경에서 거의 빈손으로 새 삶을 일구어야 했던 이들은 생계를 위해 본업이 아닌 직종도 마다하지 않았고, 그 과정에서 자신의 학력과 경력에 못 미치는 일자리도 감수했다. 특히 새로운 기술을 익혀 전업하기 어려운 장년 세대는 대부분 비숙련, 육체노동 분야로 많이 흡수됐다. 원래는 배관공, 전기공과 같은 숙련 노동자였으나 동독 이탈 과정에서 미처 교육·경력 증명서를 갖고 오지 못했거나 취업 경력을 평가절하당해 간단한 수리 일만 맡기도 했다.[226]

비고용직에 종사했던 이탈 주민도 사회경제적 강등을 경험했다. 예컨대 농민은 농장 건립 비용 조달도 문제였지만, 인구밀도에 비해 턱없이 부족했던 서독의 경지 사정 때문에 소수만이 자영농이 됐고, 다수는 소작인이나 농업 노동자가 됐다. 소작도 생계를 완전히 해결하기에는 규모가 작아서 부업으로 겸하는 경우가 흔했다.[227] 이마저도 어려운 이들은 전업했는데, 다른 직업 경험이 없는 이들이 택하기 쉬운 것은 주로 건설 현장의 육체노동이었다.

수공업자와 제조업자의 상황도 그리 좋지 않았다. 이들은 개업 자금을 마련하기 위해 전쟁부담조정법이 규정한 창업 융자나 주정부의 융자 등을 신청할 수 있었다. 하지만 정치적 난민 자격증 소지, 사업의 수

익성과 안전성 입증 혹은 자기 자본율 20퍼센트 등 융자별로 요구되는 여러 조건을 갖춰야 했기에 융자 받기가 쉽지 않았다.[228] 업종에 따라서는 기술 격차나 생산 여건의 차이로 인해 개업을 포기해야 했다. 예컨대 동독에서 주로 달구지와 같은 농업용 마차를 제작한 수공업자의 경우 이미 농기구 차량이 보급된 서독의 농촌에서는 설 자리가 없었다.[229]

또 다른 예로 직물, 의류, 담배 분야의 제조업자 출신 이탈 주민도 대부분 서독에서 개업하기 어려웠다. 직물, 의류업은 자본이 많이 드는데다 서독에서는 경쟁이 치열하다 보니 판로 확보가 어려웠고, 담배업은 서독에서는 소수의 과점 체제인지라 자본 조달을 비롯해 여러 면에서 취약했다. 그 결과 많은 수공업자가 제조업 분야의 고용 노동자가 됐고, 과거 동독에서 공장을 경영했던 제조업자도 해당 업종 기업에 중견 사원이나 구매 담당 직원 등으로 취업했다.[230]

여성은 더 심각했다. 제2차 세계대전 후 남성이 일터로 복귀하면서 서독에서 여성의 취업문은 좁아졌다. 이러한 차별은 흔히 남성이 가족의 생계를 책임진다는 근거로 정당화됐다. 더욱이 남녀평등의 기치 아래 여성의 직업 활동을 장려한 동독에 비해 서독은 현모양처와 가정의 의미를 강조하며 취업을 장려하지 않았다. 상황이 이러하니 동독 이탈 주민 가운데 기혼 여성은 흔히 구직 과정에서 취업을 포기하고 전업주부가 되라는 권고를 받았다.[231]

그뿐 아니라 동독에서 남성 직종으로 알려진 분야의 직업교육을 받았거나 취업 경력이 있는 여성이라도 서독에서는 남성과 경쟁해 일자리를 얻기가 매우 어려웠다.[232] 이와 다른 분야의 전문 직업교육을 받은 젊은 여성은 그나마 취업 여건이 나았지만, 그래도 적잖은 수가 비숙련 직종에서 일하는 직업적 강등을 겪었다. 한 예로 1951년부터 1954년 까지 노르트라인베스트팔렌주에 정착한 젊은 여성 215명을 대상으로 1955~1956년 시행된 조사 결과에 따르면, 이곳이 다른 주에 비해 고용 여건이 훨씬 좋았는데도 숙련직 종사자 출신 여성 82명 가운데 23명(약 28퍼센트)이 비숙련 노동에 종사했다.[233] 이처럼 여러모로 여성의 취업 여건이 불리하다 보니 동독 이탈 여성의 상당수는 가정부와 청소부로 일하게 됐다. 특히 원칙적으로 취업이 금지된 불법체류 여성에게는 선 택의 여지가 별로 없었고, 결국 경제적 어려움에 직면한 여성은 매매춘 으로 몰리기도 했다.

원치 않는 전업이나 직업적 강등 외에도 또 다른 문제가 있었다. 서독 정부가 이탈 주민의 취업을 알선하면서 노동시장의 요구에 맞추다 보 니 취업률은 높아졌지만 부작용이 생겼다. 예컨대 노동청은 취업을 원 하는 이탈 청소년에게 시간을 갖고 적합한 일자리를 찾아주기보다는 많은 인력을 필요로 하는 농촌이나 광산 지대에 곧바로 취업시키는 경 우가 많았다. 그 결과 일이 적성에 맞지 않거나 고립된 농촌 환경에 마 음을 붙이지 못한 많은 청소년이 이직하거나 동독으로 되돌아갔다.[234]

동독 이탈 주민이 한꺼번에 대규모로 넘어오다 보니 노동시장에서 이들의 위치가 약화돼 저임금과 착취를 경험하기도 했다. 식당에서 고 작 100마르크의 월급을 받고 하루 열여섯 시간씩 일하거나[235] 서독 농 가에 고용돼 하루 열네 시간 이상 중노동을 강요받고, 심지어 주인이 시 간을 재며 작업 속도까지 체크한 사례도 눈에 띈다.[236] 1954년 15세에 단신으로 동독을 이탈해 서독에서 농업 노동자로 취업했던 한 청소년 은 자신이 마치 노예가 된 것 같았다는 말로 당시의 열악한 노동 상황을

표현했다.[237]

그런가 하면 인문사회 분야의 지식인은 1950년대 서독 사회에 깊게 뿌리내린 반공주의로 인해 취업에 어려움을 겪었다. 동독의 훔볼트 대학 독문과 교수였던 칸토로비츠(A. Kantorowicz)는 비민주적인 동독 사회주의 체제에 실망해 1957년 서독으로 넘어왔지만, 과거 그가 독일공산당원으로 에스파냐 내전에 참전한 이력 때문에 정치적 난민 지위도 인정받지 못했고, 대학 강단에도 서지 못했다.[238] 비록 동독을 등졌다 해도 사회주의자 경력을 지닌 이들 때문에 혹시라도 서독 사회에 좌익 사상이 침투할까 우려했기 때문이다.

종합해보면 큰 범주에서는 동독 이탈 주민의 경제적 통합이 성공적이었지만, 개인 차원에서 좀 더 미시적으로 접근하면 많은 동독 이탈 주민의 고충을 발견하게 된다. 즉 성공 신화의 이면에는 자영업자가 고용 노동자로 전락하고 경력을 쌓아온 직업 활동을 포기하는 것을 넘어 사회적으로 인정받지 못하는 직종을 받아들이고 차별까지 감수해야 했던 이들의 애환이 공존하고 있었다.

동정과 배척 사이에서: 지체되는 사회문화적 통합

동독 이탈 주민의 서독 정착을 평가하기 위해서는 이들의 사회관계도 살펴보아야 한다. 생계 기반을 마련해도 사회적으로 고립되면 반쪽짜리 통합에 불과하기 때문이다. 1950년대 동독 이탈 주민의 인터뷰나 회고 글을 살펴보면 상당수가 정착 과정에서 심리적 고통을 크게 겪었음을 알 수 있다.

이들이 서독에서 가장 먼저 맞닥뜨린 심리적 갈등은 서방의 라디오,

삐라, 잡지 혹은 서독에 거주하는 친지의 말을 통해 가졌던 환상, 즉 서독에 가면 쉽게 자리 잡고 잘살 수 있으리라는 기대와 동독 이탈 후 마주친 현실 사이의 괴리에서 오는 실망과 좌절감이었다. 특히 동독에서는 극빈자도 실업자도 아니었던 이들이 하루아침에 도움을 구걸해야 하는 처지로 전락했으니 매우 고통스러워했다. 또 살면서 가장 익숙했던 사람, 장소, 환경과 단절된 데서 오는 상실감과 향수도 이들을 괴롭혔다.

무엇보다 이들을 힘들게 한 것은 서독 사회의 편견이었다. 물론 서독인은 민간 사회단체를 통해 혹은 개별적으로 이탈 주민을 물심양면으로 지원했다. 그러나 이탈 주민은 1950년대 내내 서독 사회의 편견과 냉대에 부딪혔다. 서독 사회의 구성원이 모두 이탈 주민에게 호의적인 것은 아니었기 때문이다.

가장 큰 문제는 동독 이탈 주민을 잠재적 간첩으로 의심해 배척하는 것이었다. 1950년대는 냉전이 가장 치열하게 전개되는 시기였고 베를린을 통해 스파이가 침투하기 쉬웠기 때문에 이러한 불신 풍조가 서독 사회 내에 만연했다. 심지어 한 서독인은 당시 동유럽강제추방민·난민·전상자부 장관 오버렌더(T. Oberländer)에게 편지를 보내 서독의 공산당원인 자신의 조카가 어느 날 갑자기 동독으로 넘어갔다가 다시 서독으로 돌아와 정치적 난민 자격을 얻었는데, 그가 간첩이 확실하다며 간첩 침투 위협에 대해 경고했다.[239]

나아가 수용소가 양산한 부정적 이미지 역시 큰 문제였다. 집단 거주시설에서 주로 공공 부조에 의존해 살아가는 이탈 주민이 서독인의 눈에는 일할 의욕도 없이 무위도식하는 반사회적 존재로 보였다. 이들이

처한 열악한 환경과 무기력을 분단과 체제 이탈이라는 배경에서 이해하기보다는 개인의 무능력 혹은 노동 기피로 치부한 것이다. 이처럼 부정적으로 비추어진 이들이 모여 있는 수용소는 자연히 범죄와 전염병을 비롯한 모든 사회적 해악의 온상으로 간주됐다.

이탈 주민이 자행한 범죄를 체계적으로 조사한 연구는 없지만, 아쉬운 대로 1952년 서베를린시의 범죄 통계로 개략적이나마 윤곽을 파악할 수 있다. 1952년 전반부에 서베를린에서 일어난 전체 범죄 건수는 1000건이었는데, 이 가운데 이탈 주민과 관련된 범죄는 137건이었다. 이를 통해 서독 사회에 확산돼 있던 편견과 달리 실제 이탈 주민의 범죄율은 높지 않았음을 알 수 있다. 그리고 이탈 주민이 가장 많이 저지른 범법 행위는 절도, 무전취식, 불법 영업, 단순 사기와 같은 생계형 범죄였다.[240]

이러한 범법 행위자의 대부분은 서독으로 넘어온 지 얼마 안 된 이들로, 맨몸으로 오다 보니 가진 것도 없고 아직 취직도 못해 매우 궁핍한 상황이었다. 그 때문에 어떤 이는 과일 사먹을 돈이 없어 인근 과수원의 과일에 손을 댔고, 또 다른 이는 빈털터리인 자신의 암울한 현실을 견디지 못하고 서베를린의 상점에 진열된 화려하고 진기한 물건이 자극한 욕망 앞에서 범죄의 유혹에 넘어갔다. 일부 이탈 주민은 생계를 위해 제2차 세계대전 당시 폭격 맞은 건물의 잔해 속에 묻혀 있는 고철을 모으러 다니다 처벌 받았다. 서독에서는 이것이 불법임을 몰랐던 것이다. 동독 이탈 후 서독에 와서 수용 심사를 비롯해 불안정하고 긴장이 끊이지 않는 상황이 계속됐던 점도 그들이 잘못된 선택을 하는 데 영향을 미쳤다.[241]

일부 이탈 주민은 정착 지원을 받기 위해 허위 사실을 문서에 기재하거나 문서를 위조하는 사기 행각도 벌였다. 1960년 동독을 이탈한 한 남성은 자신이 1953년 동독 노동자 봉기에 참여해 8년형을 선고받고 복역했다고 거짓 진술했다. 그런 후 복역 기간을 입증하는 석방증은 물론 같은 시기에 정치범으로 복역했다는 증인의 증언까지 조작해 부당하게 정착 지원금을 받았다.[242]

또 이런 예도 있었다. 1956년 동독을 이탈한 한 여성은 자신의 남편이 동독에서 정치범으로 수감 중이라고 진술해 구금자지원법에 따라 5160마르크를 받았고 C신분증도 받았다. 그러나 이 여성은 1957년 1월 서독에서 다른 남자와 결혼했는데도 전 남편을 빌미로 또다시 구금자지원법에 따른 추가 정착 지원금을 신청해 6000마르크를 받아 챙겼다. 이때는 신청서에 자신을 전남편의 미망인으로 기재했다. 더욱 기가 막힌 것은 그녀가 1961년 동독으로 돌아갔다가 1962년 재이탈해 다시 서독으로 왔는데, 이때도 전남편을 팔아 똑같은 방법으로 정착 지원금과 C신분증을 신청했다.[243] 이러한 사실이 발각되면 벌금은 물론 그때까지 받은 정착 지원금을 모두 물어내야 했다.

전체적으로 볼 때 가장 큰 문제는 1950년대에 수용 심사를 통과하지 못하고 불법체류자로 전락한 이탈 주민이었다. 정식 지원이 아닌 빈민 구호 차원에서 최소 생계 지원만 받다 보니 생활이 궁핍할 수밖에 없었고, 자연히 범죄에 노출될 위험도 가장 컸다. 처음에는 아주 작은 범죄에서 시작되지만 전과가 늘어날수록 강도와 같은 폭력 범죄로까지 커졌다. 불법체류자가 되어 정상적인 시민의 범주에서 배제된 상황, 서독 사회의 냉대 그리고 그 과정에서 점차 만성화된 절망감과 무기력이 이

들로 하여금 다시 정상적 삶으로 복귀하는 것을 가로막았다.[244]

이처럼 동독 이탈 주민의 일부가 범죄와 잘못을 저지른 것은 사실이지만, 문제는 서독인이 이를 개인의 문제가 아닌 동독 이탈 주민 전체의 자질 문제로 확대 해석했다는 점이다. 이는 농민 출신 이탈 주민인 니스케 부부의 사례에서도 확인할 수 있다. 1950년대 초 동독을 이탈한 이 부부는 남편이 한 농가에 일꾼으로 고용되면서 서독 정착 초기 농촌에 거주하게 됐다. 이들은 주인집의 농사일을 하면서 생계에 보탬이 되도록 돼지 두 마리를 키웠는데, 한 마리는 자신들을 위해 도축하고 나머지 한 마리는 팔았다. 그러자 마을 주민은 니스케 부부가 주인집 사료를 훔쳐 돼지를 살찌웠다고 수군거렸다.[245] 동독 이탈 주민을 바라보는 부정적 편견이 여지없이 작용한 것이다. 또 다른 예로는 일부 동독 이탈 여성의 매매춘 사실이 알려지면서 서독으로 넘어온 모든 동독 여성을 매춘부로 보는 편견이 확산된 것을 들 수 있다.

이처럼 이탈 주민을 잠재적 범죄자로 바라보는 부정적 시선 때문에 이탈 주민을 위한 수용소나 연립주택이 설립되는 지역의 주민은 강력히 반발했다. 이러한 편견과 냉대가 얼마나 심각했는지는 이탈 주민 스스로가 반사회적 성향을 보이는 동독인을 형무소에 수용하거나 동독으로 돌려보내자고 제안한 것을 통해서도 짐작할 수 있다.[246]

서독 사회의 편견과 차별은 동독 이탈 아동·청소년에게까지 미쳤다. 이들은 이탈 주민을 꺼리는 서독 원주민 학생의 태도로 인해 학교에 적응하지 못하고 겉돌기 일쑤였다. 일례로 한 이탈 주민은 과거 학교 체육 시간에 조를 짤 때 아무도 자신을 끼워주지 않아 마음에 큰 상처를 입었고, 그때 이후 스포츠를 좋아하지 않게 됐다고 회고했다. 더욱이 서독인

학부모는 자녀가 동독 출신 아이와 사귀는 것을 꺼려했기 때문에 학교 친구를 만들기가 더욱 어려웠다.[247]

때로는 등굣길에 남루한 행색 때문에 이탈 주민임을 알아보고 업신여기는 서독 학생이 다가와 아무 잘못도 없는데 손찌검을 하기도 했다.[248] 이런 일로 마음의 상처를 입은 이탈 주민의 예는 인터뷰에서 자주 접할 수 있다. 거의 빈손으로 시작해야 했던 정착 초기에 동독 이탈 주민은 서독인이 기부한 옷과 신발로 다닐 수밖에 없었다. 기부 물품이다 보니 유행 혹은 철이 지났거나 치수가 맞지 않는 일도 많아 그야말로 얻어 입은 티가 적나라하게 났다. 성장기 아동이나 청소년은 어쩌다 새 옷이나 신발을 사도 오래 신을 수 있도록 제 치수보다 훨씬 큰 것을 구입했다. 그러다 보니 이탈 주민은 동독 출신이라고 말하지 않아도 티가 났고, 그런 자신을 바라보는 서독인의 시선을 감당해야 했다. 또 학교에서는 웃음거리가 되기 일쑤였다. "사람들은 매번 우리 옷차림을 보고 동독 이탈 주민임을 알아봤다. 옷이 낡고 해지기 일쑤다보니 알아차릴 수 있었다"라고 한 이탈 주민은 회고했다.[249]

이탈 아동과 청소년 문제는 단지 궁핍으로 인한 위축감이나 서독인의 무시에 그치지 않았다. 서독 정착 초기의 어려운 상황으로 인해 교육조차 제대로 받지 못하는 문제가 생겼다. 우선 긴급수용심사가 진행되는 동안 이탈 아동은 학교 교육을 받지 못했다. 수용소 주변 학교는 정원이 꽉 차 자리가 날 때까지 종종 오래 기다려야 했기 때문이다. 더욱이 수용 심사가 끝난 후에도 주택을 구하지 못해 거주수용소에 기거하면 학교를 제대로 다닐 수 없었다. 수용소의 상황에 따라 여러 차례 다른 수용소로 옮겨 다녀야 했기 때문이다.

수용소를 옮길 때마다 학교를 옮겨야 했던 이들은 친구를 제대로 사귈 수 없었고, 번번이 서로 다른 수업 형태와 교수 방법, 수업 진도 때문에 어려움을 겪었다. 그뿐 아니라 수용소 내부의 상황이 열악해 이들이 조용히 공부할 수 있는 공간도 마땅히 없었다. 그러다 보니 학교 진도를 따라가기 어려웠다. 자연히 이들은 열등감에 휩싸였고, 서독 학생이 이들을 우습게보고 배척하는 상황이 생기기도 했다.[250] 간혹 수용소 내에 학교가 마련되기도 했지만, 한 교사가 여러 학년의 학생을 한곳에 모아 놓고 한꺼번에 가르쳤던 만큼 정상적인 교육 환경이 되지 못했다.[251]

그나마 학교를 다닐 수 있으면 다행이었다. 동독 이탈 아동 중 일부는 거주지를 자주 옮겨 다니는 바람에 아예 학교를 다니지 못했다. 이러한 교육 공백은 동독 이탈 후 반년에서 1년 정도, 극단적인 경우 3년이나 됐다.[252] 1955년 동독을 이탈한 한 여성이 인터뷰에서 밝힌 안타까운 사연에서 이를 엿볼 수 있다.

나는 (이탈 후) 몇 년간 학교를 다니지 못했다. 몇 년간 학교 근처에도 못 갔다. (……) 수용소에는 이탈 주민을 위한 상담시간이 있었다. 내가 학교에 가야 한다고 말할 때마다 담당자는 너희가 이 수용소에 언제까지 머물지 모른다, 어차피 또 다른 수용소로 옮길 것 아니냐, 그러니까 좀 참고 기다리라고 할 뿐이었다. 실제로 상황이 그랬다. 처음에는 마리엔펠데 수용소에 잠시 머물렀다. 폴크스마르 거리에 있는 수용소 체류 기간도 길지 않았다. 다음은 카이저담 수용소, 이곳에서는 다소 오래 머물렀지만 또다시 브리츠 수용소로 옮겼다. (……) 나는 항상 (학교에 보내달라고) 졸랐다. (……) 브리츠 수용소에서도 그렇게 조른 덕에 결국 그곳의 한 여성 실무자가 나를 학교에 보내야 한다고 생각하게 됐다. 그러고는 나를 어떤 학교의 졸업 학년에 넣었다. (……) 결국 내가 서베를린에서 학교를 다닌 기간은 1년에 불과했다. 내가 학교를 다닌 기간은 (동독에서 살던 때까지 포함해) 총 5년이었다. 이것이 너무나도, 너무나도 창피하다.[253]

이상의 여러 사례를 종합해볼 때 동독 이탈 아동과 청소년이 자존감을 상실하고 심리적으로 위축된 채 생활했으리라는 것을 충분히 짐작할 수 있다. 이를 반영하듯 한 동독 이탈 주민은 다음과 같이 회고했다.

정확히 설명할 수는 없지만 나는 뭔가 내가 잘못됐다고 여겼다. (……) 다른 사람은 옳고 나는 그렇지 못한 것 같았다. 내가 달랐기 때문이다. 좋은 옷도 입지 못했고, 말하는 것도 달랐고, 의사 표현도 잘 할 수 없었다. 모든 것이 달랐다. 그것은 수치심이었다. 나는 창피스러웠던 것이다.[254]

서독인의 경쟁심과 시샘 역시 이탈 주민을 힘들게 했다. 많은 서독인이 이들을 일자리와 주택을 빼앗아가는 경쟁자로 인식했고, 이들이 받는 다양한 정착 지원을 보며 상대적 박탈감을 느꼈다. 예컨대 서독 농민은 정부 지원을 받는 이탈 농민과의 경쟁에서 밀려 자기 자식이 농지를 구입할 수 없었다고 불평했다.[255] 또 정부 보조로 지어진 주택의 일정량이 이탈 주민에게 할당되다 보니 서독인은 똑같이 집을 구하는 상황인데도 정부가 이탈 주민에게만 먼저 주택을 제공한다고 비난했다. 이로 인해 "집을 구하려면 우선 동독으로 이주했다가 정치적 난민이 되어 돌아와야 할 것"이라는 말까지 돌았다.[256] 나아가 많은 서독인은 이탈 주민이 모든 것을 공짜로 누리고, 이들의 직업적 성공도 노력의 결실이 아닌 특혜를 받아 거저 얻은 것으로 여겼다. 이러한 비뚤어진 시선에 대해 창업 융자를 받은 한 동독 이탈 주민은 비록 저리이긴 해도 이자와 원금을 모두 갚아야 하는 융자를 받은 것이지 공짜 선물을 받은 것이 아니라고 반박하며 억울한 심정을 토로했다.[257]

1965년 서독인 337명을 대상으로 한 설문조사에서 응답자의 61.4퍼센트가 동독 이탈 주민이 국가 지원을 받아 서독인보다 더 나은 상황에 있다고 답했는데, 당시 사회적 갈등이 어떠했는지 짐작할 수 있다.[258] 1950년대 후반 이후 취업과 주택 문제 등 여러모로 상황이 나아지면서 서독인의 불만은 점차 줄었지만, 자신의 처지가 불만족스러운 서독인은 언제든 이탈 주민 탓을 하며 불평했다.

이러한 모든 상황은 이탈 주민의 자존감을 파괴했고, 심리적 콤플렉스를 겪게 만들었다. 이는 다양한 방식으로 표출됐다. 예를 들면 일부 이탈 주민은 심리적 위축감 때문에 길을 갈 때도 한가운데로 가지 못하고 벽 쪽으로 붙어서 다녔다.[259] 또 다른 일부는 이탈 주민을 의식적으로 멀리하거나 서독 사회의 표준에 강박적으로 자신을 맞추었다. 요컨대 동독 사투리를 고치고 서독 표준어를 쓰는 데 집착했을 뿐만 아니라,[260] 서독인의 옷차림을 강박적으로 따라 하거나 서독 남성과 결혼하는 것을 하나의 탈출 방편으로 삼았다.[261]

그러나 많은 이들이 자의 반 타의 반으로 서독인과의 교류를 피했다. 어울릴 기회도 적었지만, 스스로 상처받을까 봐 두려워 주로 이탈 주민과 친하게 지냈다. 하다못해 지하철 타는 것을 물어보더라도 노선도를 보거나 역내 직원에게 묻지 않고 같은 동독인으로 보이는 사람에게 물었다.[262] 자연히 수용소나 이탈 주민의 연립주택 단지는 게토화됐고, 이는 이탈 주민이 서독 사회에 적극적으로 적응하지 않고 끼리끼리만 어울린다는 또 다른 비판을 불러왔다. 이러한 문제를 해결하기 위해서는 이탈 주민을 위한 사회 적응 프로그램과 서독인의 편견을 누그러뜨리고 양측의 교류를 활성화하는 제도적 방안이 필요했다. 그러나 수백만 동독 이탈 주민을 받아들인 1950년대에 서독의 정착 지원은 경제적 통합에 치중됐고, 사회문화적으로 통합하려는 노력은 미진했다.

물론 시간이 지나면서 이탈 주민의 사회적 고립과 갈등은 누그러졌다. 서독 정착 과정에서 차별과 무시를 겪은 많은 이탈 주민은 허리띠를 졸라맸고, 직업적으로 성공하는 데 매진했다. 이를 통해 서독인의 생활수준에 근접했을 때 비로소 이들은 서독인과 적극적으로 교류하기 시작했고, 관계도 조금씩 나아졌다. 이탈 주민 출신인 두브로우(D. Dubrow)는 서베를린에서 교사로 재직했는데, 처음에는 자신보다 훨씬 여유 있게 사는 서독 출신 동료 교사에게 열등감을 느꼈다고 회고했다. 그는 자녀를 갖는 것도 미루고 부인과 맞벌이하며 열심히 저축해 동료 교사만큼의 생활수준에 도달했고, 이후 열등감을 떨쳐버리고 이들과 원만한 관계를 맺을 수 있었다.[263]

그럼에도 여전히 서독 사회에서는 이탈 주민 수용소의 열악한 현실과 사회적 편견 문제가 거의 공론화되지 않았기 때문에 이탈 주민에 대한 차별과 편견은 완화되었지만 사라지지 않고 계속됐다. 많은 이탈 주민이 자신이 동독 출신이고 수용소에 거주했다는 사실을 선뜻 밝히지 않았다는 것만 봐도 사회적 통합이 여전히 완성되지 않은 과제였음을 알 수 있다.

베를린 장벽 수립 이후 이탈 주민 통합 문제

나아진 환경, 여전한 새 출발의 어려움

1960년대 이후 동독에서 서독으로 넘어온 이탈 주민 역시 새로운 곳에 정착하기 위해 많은 어려움을 극복해야 했다. 그래도 1950년대보다는 훨씬 좋은 여건에서 시작할 수 있었다. 베를린 장벽이 세워지기 전에 동독을 떠난 일부 이탈 주민은 상대적 박탈감까지 느꼈다. 이주민 연구 전문가 롱게가 1985년 1월 한 동독 이탈 주민에게서 받은 편지에서 이러한 상황을 엿볼 수 있다.

우리는 1948년 동독을 이탈해 서독으로 왔습니다. (……) 우리는 모든 것을 스스로 알아서 했습니다. 동독에서 농사를 짓던 사람은 서독 농촌의 마구간에서, 또 많은 동독 이탈 주민이 공사장의 낡은 가건물에서부터 시작했습니다. 왜냐하면 당시 관공서는 오늘날처럼 바로 돈과 주택을 주겠다고 손을 내밀 만큼 후하지 않았기 때문입니다.

우리는 서독 정부가 왜 그렇게 후하고, 무엇보다 점점 더 많은 동독인을 이곳으로 불러들이는지 이해할 수 없습니다. 일자리도 돈도 없는데 말입니다. (……) 이탈 주민이 무이자에 가까운 저리로 5000마르크 혹은 1만 마르크에 달하는 융자를 받을 수 있다는 소리가 계속 들립니다. 주택과 옷도 제공된다고 합니다. 우리도 그때 누군가의 도움을 받을 수 있었다면 얼마나 행복했을까요. 얼마 전 신문에서 동독을 이탈한 한 가족이 레스토랑에서 식사하는 사진을 보았습니다. (……) 그들은 돈을 받으면 즉시 술집에 갈 것이고, 새 옷을 장만하는 데 필요한 지원을 받기 위해 곧 다음 관청으로 향합니다. 그들이 원하는 것을 바로 얻지 못하면 목청을 높입니다.

존경하는 교수님, 이 모두가 과연 옳은 것인지 의심스럽습니다. 진짜 난민 혹은 이산가족 결합의 경우에만 그리고 무엇보다 이들에게 일자리를 제공할 수 있는 형편일 때만 이들을 받아들여야 합니다. (……) 1948년에 넘어온 우리가 보기에는 정부가 모든 것을 제대로 내다보지 못하는 것 같습니다. 이는 결코 질투가 아닙니다. 다만 과거와 비교할 때 불공평합니다.[264]

이 편지를 쓴 이는 1980년대 동독 이탈 주민의 상황과 과거 자신들의 열악한 상황을 비교하며 울분을 토한다. 그가 묘사한 이탈 주민은 정부의 지원하에 호사를 누리는 것처럼 보인다. 실제 1960년대 이후 이탈 주민이 물질적으로 정착할 수 있는 여건은 폭발적인 규모의 이탈 주민과 씨름해야 했던 1950년대에 비해 훨씬 나았다. 그러나 이탈 주민의 사회 통합이 단지 취업이나 주거지 마련으로 끝나는 것은 아니다. 서독의 경제 기적에 힘입어 취업이 원활했던 1950년대에도 이탈 주민은 향수, 사회적 차별 등으로 고통받았다. 따라서 1960년대 이후 표면적으로 드러난 성공적 정착의 이면에 자리한 이탈 주민의 문제 역시 이들의 관점에서 좀 더 미시적으로 살펴보는 것이 필요하다.

베를린 장벽 수립 이후 서독으로 넘어온 동독인의 개별적인 정착 사례를 살펴보면 이들의 서독 사회 정착도 결코 쉽지만은 않았다는 것을 알 수 있다. 우선 이탈 주민의 취업 상황은 통계적으로는 양호했지만, 역시 일부 이탈 주민은 취업 문제로 고생했다. 1984년에 시행된 한 노동시장 및 직업 조사 결과에 따르면, 동독 이탈 주민의 41퍼센트가 이탈 후 3개월 만에 취업했고, 6개월 후에는 취업자가 97퍼센트에 달했다.

그러나 이들의 교육이나 학력에 맞는 직장을 찾은 이는 이탈 주민의 반에 불과했다. 동독에서 전문 직업교육을 받은 이탈 주민의 72퍼센트가 보조 인력이나 비전문 분야에 취업했다. 이탈 주민은 더 나은 직장을 얻기 위해 직장을 자주 옮겼고, 이에 따라 이직률이 상당히 높았다. 그럼에도 이들이 원하는 수준의 직장을 얻기가 쉽지 않았기 때문에 결국 8개월 후에는 남성의 28퍼센트, 여성의 53퍼센트가 실업자 상태에 머물렀다.[265] 다시 말해 베를린 장벽 수립 이후에도 직업적 강등이나 여성의 취업난은 계속된 것으로 보인다.

이탈 주민이 취업 과정에서 어려움을 겪은 것은 서독의 경기나 노동시장 상황뿐 아니라 체제 문제도 작용했다. 특히 인문사회과학 전공자와 학자, 예술가, 교사, 판매직 종사자, 전문 기술자 등은 동독 체제와 밀접히 관련됐거나 서독의 기술 수준에 못 미쳐 서독의 노동시장에 쉽게 흡수되기 어려웠다. 따라서 재교육 과정을 거쳐 신속히 새로운 자격 여건을 갖추거나 전업을 통해 탈출구를 찾지 못하면 취업하기가 어려웠다. 상황이 이렇다 보니 40대 중반을 넘어선 이탈 주민은 훨씬 더 불리했다.[266] 이러한 문제들은 1960년대 이후 양호한 취업률 이면에 가려진 문제를 알려준다.

또 이탈 주민은 동서독의 체제 차이로 인해 정착 초기에는 일상에서도 어려움을 겪었다. 일단 쇼핑부터 어려웠다. 돈만 있으면 되는데 쇼핑이 뭐가 어려울까 하고 생각할 수 있지만, 취약한 사회주의 계획경제 체제에서 만성적으로 소비재 결핍을 겪은 이탈 주민은 서독 마트에 진열된 다양한 상품을 보고 충격을 받았다.[267] 그도 그럴 것이 소시지만 하더라도 수십 종류가 진열된 상황이니 처음에는 무엇을 골라야 할지 어리둥절할 수밖에 없었고, 물건을 사지 못하고 돌아오는 일도 많았다. 어렵게 물건을 골랐다 해도 동독에서 접해보지 않은 사용법 때문에 포장을 여는 데도 어려움을 겪었고, 하다못해 우유팩을 여는 것조차 진땀을 흘리곤 했다.[268]

동독 이탈 직후 서독 관청에서 겪은 부정적 경험도 큰 부담이 됐다. 정착 지원을 받기 위해서는 서류를 갖추어 각기 다른 담당 관청을 찾아다녀야 했는데, 서독의 제도에 어두운 이탈 주민은 이러한 관료주의 때문에 큰 스트레스를 받았다. 때로는 이러한 부정적 경험이 인생을 꼬이게 만들었다. 1978년 동독을 이탈한 20대 초반의 한 이탈 주민은 뤼베크에 있는 할아버지 집에서 거주하며 건설 회사에 취업했다. 그러나 얼마 후 그는 할아버지와 갈등을 겪으며 분가했고, 설상가상으로 직장 상사와도 잘 지내지 못해 회사를 그만두었다. 이후 그는 실업 급여를 받기 위해 노동부를 찾아갔지만, 담당자는 아직 젊고 서독 상황을 잘 모르는 그를 달래고 설득하기보다는 경솔하게 직장을 그만두었다며 비난하고 그 책임을 물어 4주간 실업 급여 지급을 중단했다. 이로 인해 그는 경제적으로뿐 아니라 심적으로도 큰 타격을 받았고, 이후 관청에 가는 것을 기피하게 됐다. 또 뤼베크를 떠나 2년간 이 도시 저 도시를 전전하며 기회가 될 때마다 공사장에서 막노동을 하고, 노숙자나 난민 보호 시설에서 지냈다.[269] 그가 관청을 기피했기 때문에 정착 지원을 받지 못했을 것이다.

그런가 하면 또 다른 이탈 주민은 가재도구 마련 융자를 신청하기 위해 관청에 갔다가 지극히 관료주의적이고 고압적인 공무원으로 인해 불쾌한 경험을 한 후 "이들은 시민에게 배정하는 돈이 마치 자신들 것인 양 행동한다"라고 불만을 토로했다.[270] 1984년 이탈 주민 1만 명을 대상으로 조사한 결과 대다수는 서독의 관료주의에 지치고 실망했다는 의견을 내놓았다.[271]

이탈 주민은 정착 지원을 신청하는 과정에서도 어려움을 겪었다. 다양한 정착 지원은 대부분 자격 여건 심사를 전제로 했다. 그 때문에 1960년대 이후에도 이탈 주민은 증빙 자료를 제출해야 했다. 그러나 베를린 장벽이 가로막고 있다 보니 필요한 서류를 제대로 구비하기가 어려웠다. 예를 들어 서독 영주권을 얻기 위해서는 일단 이탈 주민이 독일 혈통임을 입증해야 했다. 동독에 거주하던 독일인이 또 다른 독일 국가인 서독으로 이주했을 뿐인데, 독일 혈통임을 입증하라는 서독의 관료주의는 이탈 주민에게 문화적 충격을 안겨주었다. 서독 관청은 조부, 아버지, 자신에 이르는 3대의 출생증명서와 부모의 혼인증명서를 요구했는데, 이는 동독에서 구해야 하는 것이었다. 따라서 베를린 통행이 가능한 1950년대와 달리 다른 사람의 도움을 받기가 쉽지 않았다. 한 이탈 주민은 동독에 거주하는 아내의 친척에게 부탁해 국가안전부 감시망에 포착되지 않을 사람들을 동원해 증명서를 어렵게 구할 수 있었다.[272] 국가안전부는 동독 이탈 주민이 이탈 후 동독의 가족이나 친지와 연락하며 미칠 부정적 영향을 고려해 이탈 주민과 가까운 사람을 감시했다. 따라서 이들에게 부탁하면 문제가 생길 수 있기 때문에 친분이 없는 다른 사람을 동원한 것이다.

그런가 하면 동독 정치범 출신의 한 이탈 주민은 동독의 상황을 제대로 이해하지 못하는 서독의 법조인 때문에 전과자 신분으로 전락할 위험에 처하기도 했다. 1971년 동독 에른스트 텔만 사관학교를 졸업한 직업군인 루치(K. H. Rutsch)는 1973년 결혼 후 헝가리를 통해 탈출을 시도하다 체포됐다. 그는 재판에서 15년형을 선고받았으나 정치범 석방 거래로 1983년 9월 서독에 오게 됐다.[273] 그러나 이후 동독에서 내려진 판결을 심의하는 과정에서 당시 서독 담당 검사는 그가 동독에서 받은 처벌을 완전히 무효화하지 않았다. 그 이유는 탈영은 서독에서도 처벌 대상이기 때문에 동독 법원의 과거 판결은 부분적으로 정당하다는 것이었다. 즉 루치의 동독 불법 탈출 시도를 일부분 탈영으로 본 것이다. 루치는 즉각 항소해 이를 바로잡았지만, 동독 정권의 사법 체제와 동독의 상황을 충분히 고려하지 않은 일부 서독 법조인으로 인해 이탈 주민은 크게 실망했다.[274]

서독 사회의 편견, 질시 그리고 무관심

이탈 주민이 정착 과정에서 겪은 또 다른 문제는 서독 원주민과의 갈등 혹은 사회적 편견이었다. 이는 1950년대에 두드러졌지만 베를린 장벽이 생긴 것을 계기로 완화됐다. 서독인은 그동안 왕래가 가능하던 동베를린이 하루아침에 갈 수 없는 곳이 되고 동독의 친척이나 서베를린으로 출근하던 동독인 동료를 더 이상 만나지 못하게 됐다. 그러자 비로소 분단 현실을 피부로 느끼게 됐고, 동독 이탈 주민에 대한 여론도 호전됐다. 또 베를린 장벽 수립 후 동독인이 탈출을 시도하다 총에 맞아 사망하는 안타까운 사건이 알려지면서 서독인은 동독을 외부 세계와 단절된 일종의 감옥으로 인식하게 됐고, 이전 시기와 달리 이탈 주민이 진정으로 불가피한 이유로 동독을 이탈했는지에 대한 의구심도 완화됐다.[275] 이러한 배경으로 인해 서독 사회는 1950년대에 비해 이탈 주민에게 훨씬 더 관대했다.

그럼에도 갈등의 요소는 여전히 남아 있었다. 기본적으로 냉전과 분단 체제가 유지되는 상황에서 아무리 1970년대 이후 긴장 완화와 동서독 관계 정상화가 진전됐어도 강박적 안보 불안은 사라지지 않았다. 이에 따라 이탈 주민을 서독의 안보를 위협하는 잠재적 스파이로 의심하는 시선도 계속됐다. 단적인 예로 한 이탈 주민이 수용소에 도착한 날 밤 근처 술집에 가서 동독 얘기를 했더니 얼마 후 경찰이 출동했다. 알고 보니 그 술집에서 우연히 그를 지켜보던 한 서독인이 간첩으로 의심해 신고한 것이다. 그런가 하면 1974년 브란트 총리의 보좌관이었던 기욤(G. Guillaume)이 동독의 스파이임이 밝혀졌을 때 고학력의 동독 이탈 주민은 취업에 어려움을 겪었다. 서독의 기업은 이들이 처음에는 숨을 죽이고 있다가 요직으로 승진한 후 기욤처럼 회사 기밀을 동독으로 빼돌릴지 모른다는 불안감 때문에 이들의 고용을 꺼렸다.[276]

이러한 불신 풍조는 1980년대에도 지속됐기 때문에 동독 이탈 주민이 공직이나 첨단 기술력을 보유한 대기업에 취업하기는 어려웠다.[277] 심지어 1985년 11월 26일 시점에서도 서독 헌법수호청장 팔스(H. Pfahls)가 "3만 명의 동독 스파이 가운데 다수가 동독 이탈 주민으로 위장했다"[278]라고 언급한 것을 보면 이탈 주민에 대한 잠재적 불신이 분단 시기 내내 끊임없이 계속됐음을 알 수 있다.

그런가 하면 이탈 주민은 자신들을 마치 서독에 가기만 하면 만사형통일 것이라는 환상을 안고 온 사람으로 취급하는 서독 사회의 편견으로 인해 상처를 받았다. 단적인 예로 1975년 서독으로 풀려난 동독 정치범 출신 이탈 여성 티만(E. Thiemann)은 1977년 구금 후유증을 호소하며 지원을 신청했다. 그 절차로 건강검진을 받는 과정에서 그녀는 서독 원호청 소속 의사로부터 "동독에서 혹시 황금의 나라인 서독에 오면 구워진 비둘기가 당신 입으로 저절로 날아 들어올 것이라고 생각하지 않았나요?"라는 말을 들었다. 동독 체제에서 티만이 겪은 고통은 생각지 않고 이탈 주민을 그저 서독에 가면 무조건 잘살 수 있다는 헛된 생각을 하는 사람으로 치부하는 서독 의사의 편견은 그녀에게 "평생 결코 잊을 수 없는 오만함"으로 각인됐다.[279]

서독 원주민이 동독 이탈 주민을 경계하고 질투하는 일 역시 계속됐다. 특히 성공적으로 정착한 이탈 주민을 곱지 않은 시선으로 바라보는 서독인이 적잖았다. 이는 시기심과 더불어 이탈 주민에 대한 우월의식이 작용했기 때문인데, 한 이탈 주민의 불만에서 이를 확인할 수 있다.

서독 사람들은 시기하는 사회(Neidgesellschaft)에 사는 것 같다. 우리 동독 이탈 주민이 빠른 시간 내에 자리 잡고 적응하는 것을 시기한다. 그란카나리아에서 휴가를 보낸 것을 안 직장 동료가 한 말이다. "어떻게 그런 휴가를 (당신과 같은 탈동독자가) 보낼 수 있단 말인가?" 이처럼 뒤에서 비용이 많이 드는 휴가를 다녀온 것을 비아냥거리고 시기하고 뭐라고 수군거려도 나는 더 이상 알고 싶지도 않고 관심도 없다.[280]

베를린 장벽이 세워진 뒤에도 서독인은 이탈 주민을 노동시장의 경쟁자로 보고 이들 때문에 자신들이 불이익을 당할까 봐 우려했다. 이탈 주민에게 대놓고 "도대체 여기서 뭘 하려고 하나? 당신이 우리 일자리를 빼앗아간다", "여기 온 지 얼마 안 됐는데 벌써 취업했나?" 하며 타박하기도 했다.[281] 이는 이주민을 기본적으로 경계하고 배척하는 태도를 가진데다가 당시 상황의 소산이기도 했다. 1960년대까지 성장을 거듭하던 서독 경제가 사민당 정권기인 1970년대 들어 유가 파동으로 실업률이 오르고, 1980년대 기민당 정권기에는 어느 정도 경제가 회복됐지만 구조적 실업률이 여전히 높았기 때문이다.

서독인의 경계와 질투는 직장에서도 있었다. 이탈 주민의 일부는 초기 정착 과정에서 자신의 경력이나 기대에 못 미치는 일자리도 기꺼이 받아들여 일단 첫발을 내디딘 후 점차 더 높은 자리로 도약하기 위해 일에 몰두했다. 그러나 일부 서독인 동료는 이를 영달주의로 받아들여 거부감을 드러냈다.[282]

동독 이탈 주민이 서독 정착 과정에서 직면한 또 다른 어려움은 서독인의 무관심이었다. 분단이 고착화되면서 동독 주민은 서독을 향한 동경과 관심이 커졌던 반면, 서독 주민은 동독에 대해 점차 관심이 줄었고, 통일 의지도 약해졌다. 이탈 주민과 동료로서 혹은 지인으로서 친하게 지낸 서독인도 이탈 주민이 동독에서 어떻게 지냈는지, 또 동독 체제는 구체적으로 어떠한지 별로 관심이 없었다. 이에 따라 이들이 동독에서 보낸 과거의 삶은 서독인과 공유되지 못하고 침묵의 벽에 갇히게 됐다. 이는 정치범 출신인 한 이탈 주민의 회고에서 엿볼 수 있다.

내가 만난 서독인은 개인적으로 친절했고, 기꺼이 나를 도와줄 의사가 있었으며, 배려심도 많았다. (……) 그러나 그들은 내가 동독에서 어떻게 살았는지 알려 하지 않았고, 내 이야기에 귀를 기울여준 사람은 지극히 소수에 불과했다. 나는 항상 이들이 내 얘기를 믿지 않는다는 느낌을 받았다.

1979년 당시 서독인에게 동독은 아득히 먼 곳이었고, 베를린 장벽은 어차피 무너지지 않을 것처럼 보였다. (……) 아무도 나에게 과거에 무슨 일이 있었는지 묻지 않았고, 내가 감옥에 있었다는 사실도 제대로 알려 하지 않았다.[283]

　서독 사회가 동독 이탈 주민을 어떻게 바라보았는지는 1984년의 한 조사로 알 수 있다. 1984년 이례적으로 수만 명의 동독인이 이주 승인을 받고 서독으로 왔을 때 14세 이상 서독인 약 2000명을 대상으로 설문조사를 실시했다.[284] 당시 이들 중 응답자의 18퍼센트만이 동독 이탈 주민을 환영한다는 의사를 표현했고, 46퍼센트는 사안에 따라 긍정적, 부정적 태도를 보였으며, 22퍼센트는 확실하게 거부 의사를 나타냈다. 흥미롭게도 동독 경험이 별로 없는 젊은 세대와 고학력자가 이탈 주민 수용에 긍정적이었고, 부정적 태도를 보인 사람은 주로 실업자나 학력이 낮은 이들이었다. 이탈 주민에 대해서는 부정적으로 보는 경향이 강했다. 예컨대 조사 대상자의 42퍼센트가 동독인이 서독인보다 근면하고 규율을 잘 지키기 때문에 노동시장에서 경쟁력을 가질 것이라고 여겼고, 52퍼센트는 이탈 주민이 일자리를 빼앗아갈 것이라고 우려했다. 한편 응답자의 33퍼센트는 이탈 주민을 불만만 일삼는 자로 여겼고, 그래서 동독 체제에도 적응하지 못하고 서독으로 온 것이라고 생각했다. 이탈 주민을 지원하는 것이 정당하다는 응답은 43퍼센트에 그쳤다. 또 이탈 주민을 서독에 침투한 간첩으로 의심하는 의견도 응답자의 47퍼센트에 달했다.

불운한 가정사와 체제의 이질성

1960년대 이후 이탈 주민이 직면한 어려움은 서독 사회의 편견이나 냉대 때문만은 아니었다. 이들이 이탈 과정에서 겪은 불운한 가정사도 빼놓을 수 없다. 크루네발트(H. Krunewald)는 남편이 3년 먼저 서독으로 이주했다. 동독에서 심리상담가로 일한 그녀는 뒤늦게 두 아이를 데리고 뒤따라왔지만 그사이 남편은 서독에서 다른 여자와 결혼한 상태였다. 크루네발트는 서독에 의지할 일가친척도 없는지라 혼자 힘으로 두 아이를 양육해야 했다. 이탈 직후 바로 취업도 못한 상태에서 전남편이 생계 지원도 하지 않자 그녀는 정부 지원을 받기 위해 복잡한 서독의 법규 그리고 관료주의와 싸움을 벌여야 했다.[285]

그런가 하면 연애와 결혼으로 인한 동독 이탈도 행복만 가져다준 것은 아니었다. 동서독 분단으로 베를린 장벽이 가로막는 상황에서 남녀의 사랑과 만남은 제약이 있을 수밖에 없었고, 이것이 때로는 신중하지 못한 결혼 결정으로 이어지기도 했다. 동독 여성 되리어브라이트비저(V. Dörrier-Breitwieser)는 베를린 장벽이 세워질 무렵 우연히 동독을 방문한 서베를린 남성을 알게 됐다. 그녀는 이상형은 아니었지만 서베를린 주민이라는 것만으로도 그에게 호감을 갖게 됐다. 1961년 8월 20일 이후 서베를린 주민의 동독 방문이 허용되지 않자 둘은 편지를 주고받으며 관계를 지속했고, 약혼을 거쳐 결혼했다. 결혼 후 남성은 이산가족 결합을 명목으로 그녀를 서베를린으로 데려오려 했지만 동독 정권은 이를 승인하지 않았다. 결국 그녀는 1961년 12월 19일 탈출 도우미팀의 지원을 받아 탈출에 성공했다. 여기까지는 좋았으나 이들의 결혼 생활은 행복하지 않았다. 충분히 사귀고 난 뒤 결혼한 것이 아니다 보니

같이 살면서 서로 성격이 맞지 않아 불화가 생겼고, 결국 3년 만에 이혼했다.[286]

한편 정치범 출신의 이탈 주민은 자녀와 떨어지게 되어 또 다른 형태의 가정사 문제로 고통을 겪었다. 프랑케(U. Franke)는 1979년 남편과 함께 동독 체제를 비판하는 전단을 제작한 것 때문에 체포돼 '반국가적 비방'이라는 죄목으로 구속됐다. 이후 그녀는 1980년 옥중에서 서독으로 이주 신청을 했고, 1981년 7월 30일 남편과 함께 정치범 석방 거래로 서독에 오게 됐다. 하지만 딸을 두고 와야 했다. 쾰른에 정착한 후 딸을 데려오기 위해 딸의 이주 신청을 했지만 동독 정권은 그녀의 딸이 자본주의 국가보다 사회주의 체제에서 더 훌륭하게 성장할 수 있다는 근거로 이를 기각했다.

1981년 딸은 동독의 초등학교에 입학했지만 교회 부설 유치원을 다녀 사회주의 이데올로기를 익히지 못한 바람에 학교에서도 따돌림 당했고, 교사도 그녀의 부모가 이탈 주민이라는 이유로 적대적으로 대했다. 이처럼 어린 딸이 힘든 상황을 감수할 수밖에 없어 프랑케 부부는 이탈 후 하루도 마음 편히 지내지 못했다. 결국 이들은 동독 정권과 관계가 좋은 사민당 정치가 비슈네프스키(H. J. Wischnewski)의 도움을 받아 겨우 딸을 데려올 수 있었다.[287]

마지막으로 서독 체제의 이질성 문제가 있었다. 베를린 장벽 수립 이후 시간이 갈수록 물질적인 면에서는 이탈 주민의 수용과 정착 지원에 큰 문제가 없었다. 그러나 분단이 장기화되면서 깊어진 동서독 체제의 이질화는 이탈 주민이 서독 사회에 정착하는 데 무시할 수 없는 영향을 미쳤다. 동독 이탈 주민은 서독과 완전히 다른 체제에 살면서 다른 방식으로 사회화됐다. 그 때문에 서독인에게는 자연스러운 모든 사회적 가치관과 행동양식, 하다못해 쇼핑처럼 지극히 일상적인 삶의 기준까지도 완전히 낯설었다. 자연히 서독 체제도 이들에게 낯설 수밖에 없었다.

이로 인해 이탈 주민은 사회심리적 갈등을 겪었다. 경쟁을 배제하고 공동체 정신을 강조하며 개인의 삶이 자신이 속한 다양한 조직을 통해 세부적으로 규정되는 동독 사회화의 경험을 가진 이들이었다. 비록 이들이 동독에 등을 돌렸다 해도 개인주의와 물질주의 그리고 경쟁이 지배하는 서독 체제에 쉽게 동화되지 못한 것은 당연했다. 이러한 문제는 분단된 지 얼마 되지 않고 또 베를린을 통해 동서독 주민의 왕래가 가능하던 1950년대에 비해 베를린 장벽이 세워진 1960년대 이후 갈수록 두드러졌다.

1960년대 이후 동독을 이탈한 이들의 인터뷰나 회고록에는 이러한 상황을 뒷받침하는 이야기가 많다. 취업을 비롯한 생계 문제도 고통스럽지만, 서독 체제의 개인주의적, 물질주의적 경향에 적응하지 못해 힘들어하는 이탈 주민이 적잖았다. 동독에서는 돈독한 친구끼리는 서로 사전 연락 없이도 방문해 커피를 마시며 수다를 떠는 것이 일반적이었다. 그래서 이탈 주민은 서독 사회에서 경험한 인간적 끈끈함의 부족, 사전 약속 없이는 친구 집조차 방문하지 않는 관습,[288] 지인이 사심 없이 담배 한 개비를 주거나 맥주 한 잔을 사도 이내 곧 되돌려 갚는 기브앤드테이크 문화 같은 일상에 적응하기 어려웠다. 한 이탈 주민은 이러한 상황을 다음과 같이 꼬집어 지적했다.

(서독인은 호프집에서) 상대방이 맥주를 사면 머릿속으로 잔 수를 센다. 내

가 상대방에게 담배 한 개비를 주면 그는 분명히 한 시간 뒤에 내게 담배 한 개비를 권할 것이다. 안 그러면 마음이 불편해 편히 잘 수 없기 때문이다.[289]

또 다른 예로 동독 이탈 주민은 베를린 동물원역 주변에서 신문지를 깔고 자는 알코올의존자를 보면서 사회적으로 낙오된 사람에게는 동독이 더 낫다고 생각했다. 동독에서는 이러한 사람을 버려두지 않고 사회적으로 보살폈기 때문이다.[290]

그런가 하면 여성의 지위와 역할을 두고 동서독 간에 차이가 있어 이탈 여성을 힘들게 했다. 이는 동독을 이탈한 한스(Hans Noll)와 자비네(Sabine Klemke) 부부를 통해 엿볼 수 있다. 한스는 작가이고 자비네는 화가였다. 남녀평등과 여성의 사회활동을 장려하는 동독에서 성장한 자비네는 무엇이든 남편과 동등하게 하고 뒤로 물러서는 일이 없었다. 그러나 이탈 후 그녀는 완전히 다른 상황에 놓였다. 예컨대 파티에서 남자는 남자끼리, 여자는 여자끼리 모여 앉아 남자는 자동차나 사업 얘기를, 여성은 주로 쇼핑을 화젯거리로 삼는 것이 그녀가 경험한 서독의 통상적 관습이었다. 자비네는 이처럼 여성과 남성이 다른 존재로 구분되고, 여성이 약자의 위치에 처하게 되는 상황뿐 아니라 남편의 비서와 같은 존재로 바뀌어가는 자신의 모습 때문에도 불만스러워 했다. 여성, 예술가라는 이중의 제약으로 취업이 쉽지 않았던 자비네와 달리 한스는 작가로서 제법 유명세를 탔다. 그러다 보니 자비네의 존재는 점점 남편을 챙기고 손님 접대와 요리를 전담하는, 이를테면 '누군가의 부인' 역할로 축소됐다. 즉 동독에서는 오래전에 사라진 전통적 남녀관계를 서독에 와서 경험하게 된 것이다. 자비네는 당시 찍은 자신의 사진을 보면 표정에서 내적인 불안정이 보인다는 말로 그녀가 겪은 어려움을 대신했다.[291]

이상에서 살펴본 문제들이 결코 가벼운 것이 아니었다는 점은 한 조사 결과에서도 확인할 수 있다. 프라치와 롱게의 1985년 경험적 조사[292] 결과에 따르면, 이탈 주민의 사회적 통합은 불완전했다. 조사에 응한 이탈 주민은 서독인과 사고방식이 다르다고 느꼈는데, 반 정도가 서독인과 별 접촉이 없으며, 다수는 같은 동독 이탈 주민과 주로 왕래하며 지낸다고 답했다.[293] 당시 서독의 실업률이 10퍼센트에 육박하는 어려운 경제 상황이었는데도 이탈 주민은 프라치와 롱게의 예상과 달리 경제 문제보다는 사회 문제에서 고충이 더 많았다고 토로했다.[294]

그런데 분단 시기 서독에서는 이 문제를 인식하고 해결하려는 노력을 그리 적극적으로 하지 않았다. 1984년 동독 이탈 주민이 체제의 차이와 이질성 등으로 겪는 정착의 어려움을 해소할 수 있도록 사회학자, 심리학자, 사회교육학자가 지원안을 제시했다. 1984년 베를린 베딩구의 시민대학(Volkshochschule in Westberliner Bezirk Wedding)이 1년에 두 번 이탈 주민을 위해 오리엔테이션 강좌를 개설해 각 분야의 전문가가 서독의 대중매체, 사회 정책, 법, 정치, 경제 전반에 걸쳐 강의하게 한 것도 이러한 시도였다.[295]

시민대학의 강좌는 동독 이탈 주민에게 분명 큰 도움이 됐겠지만 여전히 문제는 남았다. 모든 동독 이탈 주민이 이러한 강좌에 참여할 수도 없었고, 또 서독의 사회 체제 전반에 대한 정보 교육을 받더라도 서독 주민과의 교류는 또 다른 차원의 문제였다. 따라서 동독 이탈 주민과 서독 원주민의 만남을 중재해 서로 생각하는 바를 개선하거나 서독 원주민이 동독 이탈 주민을 편견 없이 수용할 수 있게 하는 제도적 노력이 필요했는데, 이러한 노력이 적극 추진된 흔적은 별로 발견하지 못했다.[296]

이상의 논의를 종합해보면 분단 시기 동독 이탈 주민의 서독 정착에 대한 평가는 빛과 그림자라는 양면을 갖고 있음을 알 수 있다. 대규모 이탈 주민이 서독에서 생계수단을 마련하고 정착할 수 있었다는 점에서는 성공적이었지만, 그 이면에는 직업적 강등, 사회적 차별, 향수, 서독인과의 갈등과 더불어 이탈 전과는 완전히 다른 사회적 관행이나 행동양식에 적응해야 하는 문제 등 수많은 어려움을 감수해야 했다. 이는 두 가지 점을 시사한다. 첫째, 동독 이탈 주민의 사회 통합은 직업적, 경제적 통합을 넘어 이들이 사회적으로 고립되지 않고 서독 사회에 잘 녹아들 때 비로소 성공할 수 있는 복잡하고 시간이 오래 걸리는 과정이라는 것. 둘째, 같은 독일인이라는 것만으로 이탈 주민의 성공적인 정착이 보장되지 않았다는 점이다. 이탈 주민은 언어 문제도 없고 외국인 이주민에 비해 문화적 격차도 덜 느꼈다. 또 서독 원주민과 동등한 지위를 인정받아 외국인 이주민에 비해 정착 지원도 더 많이 받았다. 이런 맥락에서 동독 이탈 주민은 다른 이주민과 확연히 구분된다.

그러나 서독 원주민이 이들을 두 팔 벌려 환영한 것이 아니었고, 이들역시 이주민 소수자가 흔히 겪는 원주민의 경계와 불신을 피해갈 수 없었다. 또 동독과는 다른 자본주의 체제에서 모든 가치와 기준, 행동양식을 새로 익히고 적응해야 했기 때문에 서독은 동독 이탈 주민에게도 생소한 곳이었다. 이렇게 보면 이탈 주민도 정도의 차이는 있지만 외국인 이주민이 당면한 어려움을 겪을 수밖에 없었다. 따라서 이탈 주민의 서독 정착을 경제적 통합을 주축으로 한 성공 신화로 규정하고 일단락 짓기보다는 이들이 맞닥뜨렸던 사회적, 심리적 문제로까지 시야를 확대하고 이탈 주민의 개인적 경험에 더 귀를 기울여 이들의 정착사를 재구성해야 한다. 그래야 비로소 사회 통합의 현황을 총체적으로 이해할 수 있을 것이다.

3

또 다른
이탈
행렬

서독 주민의
동독 이주

잊힌 존재:
서독 이탈 주민

분단 시기 동서독 간에는 끊임없이 주민이 옮겨 다녔다. 앞서 살펴본 대로 분단 40년간 동독을 이탈해 서독으로 넘어온 동독인은 적게는 350만 명, 많게는 450만 명을 넘는다. 이처럼 대규모 탈동독 행렬은 동독이 정치적 대변혁에 나선 이후 언론의 관심을 크게 받았고, 최근에는 동독 이탈 주민을 다룬 학계 연구도 상당히 진척됐다. 그럼에도 또 다른 이주 행렬, 즉 서독에서 동독으로 넘어간 사람에 대해서는 별로 알려진 것이 없다. 분단 시기 서독 이탈 주민은 대략 50만 명 정도로 추산된다. 이들은 동독 이탈 주민에 비하면 매우 적은 수지만, 그렇다고 무시할 만큼 소수도 아니다. 그러나 이들은 분단 시기는 물론 통일 이후에도 한참 동안 잊힌 존재와 같았다. 무엇보다 서독 이탈 주민을 다룬 최초의 전문서가 2002년에 나왔다는 것이 이러한 현실을 말해준다.[1]

그렇다면 왜 서독 이탈 주민 문제는 이토록 독일의 사회적 논의와 학문 연구에서 배제됐을까? 이는 우선 냉전의 정치 논리로 설명할 수 있다. 분단 시기에 동독으로 이주한 서독인은 서독에서 사회정치적 논의의 대상이 되지 못했다. 동독과 체제 경쟁이 치열하게 전개되는 상황에서 서독이 아닌 동독 체제에 희망을 걸고 그곳으로 가려는 이들은 서독 체제의 취약성을 드러낸다는 점에서 당연히 반갑지 않은 존재였다. 그 때문에 이들보다는 동독 체제의 정당성을 부정하고 서독 체제의 우위를 주장할 수 있는 근거로 내세울 수 있는 동독 이탈 주민이 사회적 화제의 중심에 섰고, 서독 이탈 주민 문제는 서독 사회에서 거의 함구됐다.

통일 후에도 변함없이 독일 사회는 서독 이탈 주민에게 관심이 거의 없었다. 이는 기본적으로 독일의 통일 방식과 밀접하게 관련돼 있다. 동독이 붕괴해 서독에 흡수 통합되는 방식으로 통일되면서 통일 후 사회적 논의의 초점은 동독 붕괴의 배경과 원인을 규명하는 데 맞추어졌다. 동독 붕괴로 이어진 정치적 대변혁의 발단이 1989년 초여름에 시작된 대규모 탈동독 행렬이었기 때문에 동독 이탈 주민 문제는 자연히 언론과 학계의 관심사로 부각됐다. 나아가 통일 후 붐을 이룬 논의가 독일 사회를 떠들썩하게 했던 슈타지(Stasi) 스캔들[2]을 비롯해 '불법 국가', 즉 동독 체제의 억압성에 집중되다 보니 동독에 등을 돌리고 서독으로 넘어온 이들에게 계속 관심이 모일 수밖에 없었다.

서독 이탈 주민을 두고 관심과 논의가 저조한 것은 독일 분단사 연구자가 직면하는 자료의 불균형 때문이기도 하다. 동독은 이탈 주민 문제가 동독 체제를 위협하는 중요한 현안이었기 때문에 정부, 당, 정보기관이 이들에 관한 문서를 많이 남겼다. 이것들은 원래 공문서법에 따라 30년 동안 열람이 금지되지만, 현재 외무부를 제외한 구동독의 모든 국가기관과 정당, 정치 조직, 심지어 비밀정보기관인 국가안전부의 문서도 개인의 신상에 관한 것이 아니라면 예외적으로 열람이 가능하다. 또한 수백만 명에 달하는 이탈 주민의 수용과 정착은 1950년대 이후 서독 사회의 주요 현안 가운데 하나였기 때문에 이들의 발자취를 추적할 수 있는 자료는 주제에 따른 결함은 있지만 다양하게 존재한다.

그러나 동독으로 이주한 서독인을 다룬 자료는 훨씬 부족하다. 분단 시기 서독 정권은 서독이 거주 이전의 자유를 보장하는 민주주의 체제임을 부각하며 동독과 차별화했다. 이에 따라 서독 이탈 주민은 아무런 제재 없이 동독으로 이주할 수 있었기 때문에 특별히 사회적 관심을 끌 화제는 되지 못했다. 그러다 보니 이들에 대한 언론과 학계의 관심도 크지 않았고, 자연히 언론 보도나 연구 성과도 별로 나오지 않았다. 혹시라도 서독 연방정보부(BND)가 이들을 감시했을 수는 있지만, 서독 정보 기관의 문서는 현재 열람이 허용되지 않는다. 이러한 상황으로 인해 서독 이탈 주민을 연구하는 데 필요한 자료는 한정될 수밖에 없다.

그뿐 아니라 분단 시기에 동독 이탈 주민이 자유롭게 많은 출판물을 발간해 자신들의 정착 상황을 알린 것과 달리, 동독 정권에 의해 감시되고 통제됐던 서독 이탈 주민은 이에 상응하는 활동을 하지 못했다. 서독에 불만을 가졌기 때문에 동독으로 이주해서 행복하게 지낸다는 짧은 인터뷰나 입장을 표명한 글이 있지만, 대부분 관이 주도해 선전 목적으로 배포된 것이고, 이들이 정착 과정에서 닥친 문제를 구체적으로 다룬 정보는 담고 있지 않다.

분단 시기 동서독 모두에서 서독 이탈 주민의 이해관계를 대변하는 조직이 없었다는 점도 영향을 미쳤다. 서독 이탈은 사회적으로 공론화되지 않았고, 동독으로 이주하는 것 역시 본인이 마음만 먹으면 큰 걸림돌이 없었다. 따라서 서독 이탈은 지극히 개인적인 문제였지 단체를 통해 관철 혹은 요구할 필요가 전혀 없었다. 동독에서도 배경 원인은 달랐지만 서독 이탈 주민이 조직화되지 못했다. 통상적으로 이주민은 고향혹은 출신 국가별로 단체를 조직해 함께 향수를 달래고, 소수자로서 맞닥뜨리는 문제를 논의하고 이에 대응한다. 그러나 서독 이탈 주민은 동독에 정착한 후에도 이러한 단체행동을 할 수 없었다. 동독 정권과 국가안전부가 강박적 안보 불안 때문에 이들이 조직을 결성하는 것을 철저히 금지했기 때문이다. 이에 따라 서독 이탈 주민은 동독에서 이주민으로서 자신들의 목소리를 낼 기회가 없었다. 결국 이들은 분단 시기 내내동서독 모두에서 존재감을 잃었고, 이러한 상황이 통일 후에도 연장된것이다.

서독 이탈 주민의
사회적 프로필

서독 이탈 주민의 규모는 어느 정도인가

분단 시기 동독이 서독에 비해 정치적으로 억압적이고, 경제적으로도 한참 열세였다는 고정관념 때문에 서독 주민이 왜 동독으로 갔는지 선뜻 이해도 안 되고, 그 수 또한 보잘것없을 정도라고 짐작하기 쉽다. 그러나 분단 40여 년간 서독 이탈 주민은 적게는 47만 5000명에서 많게는 64만 6000명으로 보이며, 요즘은 중간에 해당하는 약 55만 명으로 추산하기도 한다.[3] 물론 전 시기를 아우르는 정확한 통계 자료가 없기 때문에 서독 이탈 주민의 규모는 제대로 파악하기 어렵다.

1964년까지 동독에서 이탈 주민을 조사한 통계는 통일된 기준을 바탕으로 체계적으로 시행되지 않았다. 그러다 보니 서독 이탈 주민이 동독으로 넘어와 계속 머물렀는지, 아니면 곧바로 되돌아갔는지, 아니면 여러 차례 동서독을 왔다 갔다 했는지를 명확히 구분하지 않고 통계를 냈다.[4] 베를린이 열려 있던 1950년대에는 막연한 기대와 꿈을 안고 동독으로 갔다가 동독의 실상을 마주하고 실망을 금치 못해 곧바로 서독으로 되돌아오는 주민도 적잖았다. 반대로 동독 측의 수용 기준에 못 미쳐 이주를 거부당해 서독으로 돌아간 사람도 많았다. 심지어 동독으로 이주했다가 서독으로 되돌아간 후 다시 동독으로 재이주한 경우도 있었다. 그 과정에서 중복 산정은 물론 서독으로 되돌아간 사람까지 통계에 포함됐기 때문에 동독 측 통계는 실제보다 높게 산정됐다.

서독의 통계국은 1957년에야 서독 이탈 주민의 규모를 파악했는데, 그나마 누락된 경우가 많았다. 예컨대 동서 베를린 간에 주민 왕래가 큰 어려움 없이 가능했던 1950년대에 동독으로 이주를 결심한 서독 주민의 일부는 퇴거 신고를 비롯해 이주에 필요한 절차를 밟지 않고 동독으로 갔다. 이에 따라 상당수일 것으로 추측되는 이들 불법 이주민은 서독 측 이탈 주민 통계에 포함되지 않았다. 따라서 서독의 통계 수치는 실제보다 낮은 경향을 띤다.

동독 이탈 주민의 사례에서 이미 살펴본 것처럼 이처럼 불명확한 이탈 주민 규모에 대한 통계 이면에는 통계의 기술적 문제를 넘어선 분단과 냉전의 정치적 대립도 자리하고 있다. 국경을 코앞에 두고 서로 대립하는 상황에서 이탈 주민은 체제의 정당성과 우위를 드러내는 지표와 같았기 때문에 이들의 규모는 동서독 정권 모두에게 민감한 정치적 사안이었다. 이에 따라 서독은 가급적 최소치에, 동독은 최대치에 기준을 두고 이탈 주민 통계를 냈다. 1950년부터 1968년까지 서독 이탈 주민을 두고 동서독의 통계는 각각 64만 6517명, 43만 5066명으로 20만 명 이상 차이가 난다.[5] 이러한 통계상의 차이는 자연히 양국 간에 진실

공방을 낳았다. 일례로 1965년 동독 통사당 기관지 《노이에스 도이칠란트(Neues Deutschland, ND)》는 서독의 동유럽강제추방민·난민·전상자부 장관이었던 레머(E. Lemmer)가 1964년 1월에서 8월까지 8개월간 서독 이탈자 수를 약 2800명이라고 언급한 것에 대해 같은 기간에 동베를린 블랑켄펠데(Blankenfelde) 수용소 한 곳에 수용된 서독 이탈 주민만 1725명에 달한다고 주장하며 레머가 서독 이탈 주민 수를 속였다고 반박했다.[6]

이처럼 불명확성이라는 한계를 염두에 두고 서독 이탈 주민을 50만 명 정도로 추정하지만, 엄밀히 보면 서독 이탈 주민은 둘로 구분해야 한다. 하나는 분단 이전 서독에 거주했던 서독 원주민이고, 다른 하나는 동독 이탈 주민이다. 후자는 동독을 등지고 서독으로 갔다가 서독 정착에 실패해 다시 동독으로 돌아간 사람, 즉 귀환자이다. 수적으로는 후자가 훨씬 많았다. 1954년에서 1968년까지 동독으로 간 서독 이탈 주민 53만 8966명 가운데 약 35만 3807명이 동독 귀환자였고, 서독 원주민 출신은 약 18만 5159명이었다.[7] 즉 전체 서독 이탈 주민 가운데 서독 원주민의 비중은 약 3분의 1, 동독 이탈 주민 출신은 약 3분의 2에 해당한다.

시기별로 다른 이탈 추이

분단 시기 서독 이탈 주민의 규모는 시기에 따라 차이가 뚜렷하다. 분단 초기 동독 정권은 서독 이주민 수용에 별로 적극적이지 않았다. 사회주의 체제가 안정되지 못한 상태에서 자본주의 체제에서 살다 온 서독 주민을 받아들이면 체제 불안정을 불러올 것이라는 우려가 컸기 때문이다. 또 제2차 세계대전으로 입은 피해와 소련에 시행한 막대한 배상, 사회주의 계획경제의 취약성 등으로 동독 주민이 생활필수품 품귀, 주택과 일자리 부족 등에 시달리는 상황에서 서독 이탈 주민까지 받아들일 여유가 없었다.

그러나 1952년 가을부터 1953년 초 이러한 상황은 변하기 시작했다. 끝없이 계속되는 대규모 동독 이탈의 부정적인 면을 무시할 수 없게 됐기 때문이다. 요컨대 1950년대 초반까지 대수롭지 않게 여긴 탈동독 행렬이 갈수록 확대되자 동독의 국가 위신은 하락했고, 젊고 유능한 노동력이 유출되어 경제적 타격도 점점 커졌다. 이에 따라 동독 정권이 1952년부터 서독 이탈 주민을 유치해 추락한 동독의 위신을 회복하고 유출된 노동력을 충원하려고 시도하면서 조금씩 변화의 조짐이 보였다.[8]

1953년에는 동독의 전 행정구역에 동독 안내소를 세워 서독 주민의 이주 관련 문의를 받았다. 특히 대중교통을 이용해 쉽게 올 수 있는 동베를린의 안내소는 서독인이 접근하기 쉬웠다. 동시에 1953년 스탈린 사후 일시적으로 해빙기가 오자 소련의 압력을 받은 동독 정권은 동독을 등지고 떠난 이탈 주민의 귀향을 적극 유도했다. 단적인 예로는 동독 이탈 주민이 돌아오면 죄를 묻지 않고 이들이 이탈 전 보유했던 기업이나 공장 혹은 농토를 돌려줄 것이고, 반환이 어려우면 그에 상응하는 가치로 배상해주겠다고 약속한 1953년 6월 7일 자 정치국 선언을 들 수 있다.[9] 실제로 이 약속이 이행된 정황도 발견된다. 1953년 6월 28일 서독에서 돌아온 이탈 주민 슈뢰더(C. Schröder)는 바로 그다음 날 이탈 전 그가 운영했던 제지 공장을 돌려받았고, 1953년 6월 귀환한 발트아우프(K. Baldauf), 마이어(F. Meyer)도 리큐어 생산 공장을 다시 운영할 수 있게 됐다.[10]

그럼에도 1953년까지 서독인의 이주와 동독인의 귀환 유도는 별로 성공하지 못했다. 일단 서독 체제에 제대로 적응하지 못해 불만을 가진 동독 이탈 주민은 동독으로 돌아가고 싶은 마음은 굴뚝같았지만 동독 정부가 과연 약속을 지킬지를 놓고 쉽게 믿지 못했다. 이들 가운데 다수는 동독 정권의 귀환 유도를 이탈 주민을 동독으로 유인하기 위한 '함정'이라고 의심했다. 그런데다가 동독 정권의 주장을 믿고 귀환한 사람이 재산을 돌려받기는커녕 체포되거나 총살됐다는 흉흉한 소문까지 확산됐다.[11]

서독 원주민 역시 동독으로 이주하려는 동기가 미약했다. 1952년 동독 정권이 사회주의 체제로의 변혁에 박차를 가하면서 자행한 정치적 탄압, 사유재산 몰수, 종교 탄압, 동독뿐 아니라 서독까지 떠들썩하게 했던 1953년 6월의 동독 노동자 봉기 등을 지켜본 서독인에게 동독의 이미지는 부정적이었기 때문이다.[12]

그러나 1954년에서 1957년까지 동독으로 이주한 서독 이탈 주민 수는 급증했다. 연평균 약 7만 5000명으로, 전체 분단 시기 중 가장 많았다.[13] 지속적으로 대규모 동독 이탈의 여파가 쌓이고 여러 부작용이 가시화되자 동독 정권은 이 시기에 동서독 간 인구 이동의 불균형을 바로잡기 위해 좀 더 제도화된 방식으로 서독 주민의 동독 이주 장려 정책을 펼쳤다. 요컨대 동독은 1954년부터 내무부 산하 인구정책부의 주도로 서독인의 이주를 적극 유도했다. 또 1955년 단행된 서독의 재무장[14] 결과로 병역 의무를 지게 된 데에 불만을 지닌 서독 청소년을 포섭하기 위해 대대적으로 선전에 나섰다. 나아가 1956년에는 동독 이탈 주민의 귀환을 장려하기 위해 각 지역에 '공화국탈출자 귀환추진위원회(Kommitees zur Rückgewinnung von Republikflüchtigen)'를 조직했다. 위원회는 지역 의회 의원과 주민, 이탈 주민의 친척, 동독으로 돌아온 이탈 주민 등으로 구성됐는데, 이들은 주로 편지로 이탈 주민과 접촉해 동독으로 돌아오도록 설득했다.[15]

서독 주민으로서도 1953년 6월 동독 노동자 봉기 사건을 겪은 후 동독 체제가 안정을 되찾고 또 스탈린 사후 사회주의권에 밀려온 해빙 기류에 따라 동독 정권의 정치 노선이 한층 유연해지자 동독의 유치 선전에 귀를 기울였다. 그리하여 동독 이주를 고려하는 서독 주민과 동독으로 되돌아가려는 이탈 주민이 늘어났다.

1950년대 초에 비해 서독 이탈 주민 수는 크게 늘었지만, 그에 따른 부작용도 나타났다. 그들 중에는 동독 정권이 원하지 않는 부류의 이주민, 예컨대 사기꾼, 범죄자, 사회 부적응자, 알코올의존자 등이 포함돼 있었기 때문이다. 동독 정권의 눈에 이들은 사회 발전에 아무런 도움이 되지 않을 뿐 아니라, 체제를 불안하게 만드는 위험 요소였다. 이에 따라 동독 정권은 한편으로는 서독 이주를 적극 유도하면서 다른 한편으로는 원치 않는 부류의 이주민을 걸러내기 위한 토대를 마련했다. 1954년 1월 공표된 '전독일 활동 개선을 위한 결의(Beschluß zur Verbesserung der gesamtdeutschen Arbeit)'가 그 시작이었다. 이에 따라 귀환자를 포함한 서독 이탈 주민은 동독 입국 후 6개월간 동독 인민경찰의 보호 관찰 대상이 됐고, 동독 주민증도 2주 내로 발부했던 기존 관행을 폐지하고 서독 이탈 주민이 동독에 충분히 정착한 후에 발부하는 것으로 바뀌었다. 또 신원이 불확실하고 친척이나 지인의 이름을 선뜻 언급하지 못하는 자, 백수건달, 기타 비사회적 성향을 지닌 자는 곧바로 돌려보내기로 했다.[16]

1958년부터 1961년 베를린 장벽이 세워질 때까지 서독 이탈 주민수는 다시 줄어들었다. 1957년 서독 이탈 주민이 약 7만 8000명이었다면 1960년에는 약 4만 2000명에 불과했다.[17] 여기에는 먼저 서독 이탈주민 정책과 관련해 동독 정권의 노선에 변화가 있었기 때문이다. 요컨대 이 기간에 서독 이탈 주민을 향한 불신이 커지면서 동독 정권은 서독이탈 주민을 적극 유치하던 것을 다시 고민하기 시작했다. 그 이유는 첫째, 동독이 받아들인 서독 이탈 주민은 기대했던 것과 달리 동독 경제에기여할 수 있는 우수 인력이 많지 않았다. 둘째, 서독 이탈 주민의 상당수가 동독 체제에 제대로 정착하지 못하고 방황하거나 서독으로 되돌아갔다.

셋째, 서독 이탈 주민의 범죄율이 동독 정권의 기준보다 높아 체제 안정에 불안감을 갖게 됐다. 1954년 이미 동독의 법무부 연례 보고서는적잖은 수의 서독 원주민이 동독에서 범죄를 저질렀거나 서독에서 자행한 범법 행위 때문에 동독으로 도망을 왔고, 동독의 관대한 수용 정책으로 인해 바람직하지 못한 부류가 대거 동독으로 유입됐다는 부정적평가를 내놓았다.[18] 1957년 삼사분기에 대한 동독 인민경찰의 조사 결과에 따르면 서독 이탈 주민의 범죄율은 동독 원주민에 비해 세 배나 높았고, 1958년 좀 더 범위를 좁혀 실시한 법무부의 한 표본조사에 따르면 이러한 차이는 여섯 배로 나왔다.[19] 이러한 추세에 따라 서독 이탈 주민은 다수가 범죄자라는 부정적 인식이 팽배했다. 특히 동독 기관이 서독 이탈 주민과 동독 원주민을 구분해 범죄 통계를 산출하고 수치를 대비했기 때문에 서독 이탈 주민은 더더욱 범죄자나 반사회분자로 부각됐다. 넷째, 1950년대에는 동독 원주민도 일상에서 체감하는 물질적 결핍이 많은데 동독 정부가 서독 이탈 주민을 받아들이고 이들에게 정착을 지원하자, 동독인 사이에 불만이 매우 커졌다. 따라서 동독 정권도 서독 이탈 주민 수용 규모를 두고 고민할 수밖에 없었다.

이처럼 여러 문제가 겹치자 동독 정권은 1957년부터 서독 주민을 적극 유치하려는 정책에서 한걸음 물러섰다. 어차피 대규모 동독 이탈 주민의 빈자리를 메우고 동독의 위신을 세워줄 만큼 서독 이탈 주민 수가 많지 않은데다 그나마 동독이 원하는 인재보다는 동독을 피난처로 이용하려는 범법자 혹은 동독에 큰 도움이 안 되는 사회적 약자가 많았다. 이에 따라 동독 정권은 갈수록 서독 이탈 주민을 받아들이는 심사 기준을 까다롭게 적용했고, 많은 서독 이탈 주민을 부적격자로 판정해 서독으로 돌려보냈다.

그러나 대규모 동독 이탈 행렬로 인해 동독의 노동력 부족이 심해지고 이를 메울 수 있는 방안이 딱히 없자 동독 정권은 1959년 다시 서독 이탈 주민을 제한적으로 수용한다는 방침을 완화했다. 이는 동독으로 온 서독 이탈 주민이 다시 서독으로 송환되는 비율이 1958년 28.1퍼센트에서 1959년 12.1퍼센트로 줄어든 것에서도 확인할 수 있다.[20] 이로써 1950년대 말까지 서독 이탈 주민 유치 정책은 계속 맥을 이어갔다.

1959년 서독 이탈 주민의 재이탈과 범법행위가 비약적으로 증가하자 이듬해 2월 통사당 중앙위원회는 각급별 지구당 제1서기에게 동독 이탈 주민의 귀환과 서독 주민의 이주를 유도하는 데 주력하는 것은 합당하지 않다고 강조하는 공문을 회람했다.[21] 이와 함께 서독 주민의 적극적 유치는 사실상 중단됐다.

이후 동독 정권은 서독 이탈 주민 수용 정책을 전면 개편했다. 우선 '양 보다 질'이라는 원칙하에 철저히 기준에 맞는 서독 이탈 주민만 선별해 받아들였다. 사회주의 건설에 적극 동참할 수 있는 사람을 수용 기준으로 내세웠고, 철저한 조사와 감시를 통해 서독 스파이나 사회 부적응자, 범죄자와 같은 불온 세력이 침투하는 것을 막는 데 주력했다. 자연히 동독으로 이주하는 서독 이탈 주민도 줄었다. 같은 시기 서독이 노동력 수요가 늘면서 거의 모든 동독 이탈 주민을 수용하고 이들을 통합하려는 노력을 제도적으로 확대한 것과는 다른 방향이었다.

물론 1950년대 후반 이후 동독으로 넘어오는 서독 이탈 주민이 급격하게 줄어든 것은 동독 정권의 정책 변화 때문만은 아니다. 또 다른 이유는 1958년 소련 지도자 흐루쇼프가 베를린의 비무장 중립화를 제안하면서 동서 진영 간의 정치적 갈등이 깊어진 상황에서 동독 정권이 동서베를린 분계선을 폐쇄할 것이라는 추측과 소문이 확산돼 서독 주민이 동독 이주를 꺼려했기 때문이다.[22] 만약 소문대로 베를린이 폐쇄되면 동독으로 이주했다 후회하게 돼도 서독으로 돌아오기 어렵기 때문에 주저할 수밖에 없었다.

베를린 장벽이 세워진 뒤 서독 이탈 주민 수는 더욱 줄었다. 동독 측통계를 토대로 할 때 1962년에만 약 1만 4000명에 달했고, 이후에는 줄곧 1만 명 이하에 머물렀다.[23] 1960년대에는 연평균 약 8235명, 1970년대에는 연평균 약 1534명, 1980년대에는 연평균 약 2252명의 서독 주민이 동독으로 이주했다.[24] 서베를린을 통해 왕래가 가능하던 1950

년대와 달리 베를린 장벽이 생겼다는 것은 동독으로 이주하면 이제 더이상 쉽사리 돌아올 수 없음을 의미했다. 이러한 상황이 서독 주민의 동독 이주를 가로막았고, 이후 동독이 붕괴될 때까지 서독 이탈 주민은 소수에 불과했다. 또한 1970~1980년대에도 동독 정권이 철저한 신원 조사를 통해 동독에 도움이 되지 않을 부류에는 이주를 허용하지 않는다는 선별 수용 원칙을 고수한 것도 배경 요인으로 작용했다.[25] 그럼에도 동독 정권은 베를린 장벽 수립 이후 동독으로 넘어오는 서독 이탈 주민 수가 소수에 불과했던 주된 원인을 서독이 동독을 비방, 왜곡 선전에 나섰고 적잖은 수의 서독 이탈 주민이 동독 안보를 위협하는 불온 세력으로 밝혀져 서독으로 송환됐기 때문이라고 주장했다.[26]

사회적 프로필

50만여 명에 달하는 서독 이탈 주민은 어떤 사람이었을까? 이를 파악하기 위해서는 이들의 연령, 성별, 직업 등을 분석해야 한다.[27] 우선 서독 이탈 주민은 주로 젊은 세대였다. 동독 이탈 주민과 마찬가지로 서독 이탈 주민 가운데 다수는 젊고 취업 활동을 할 수 있는 연령대였다. 예컨대 1954년과 1957년, 1960년과 1963년의 서독 이탈 주민 통계를 토대로 평균을 내보면 25세 이하가 약 62.2퍼센트에 달했다. 그중에서도 15~25세 청소년 및 청년이 약 42.2퍼센트로 가장 많았다. 그에 비해 1954년과 1957년의 이탈 주민 가운데 41세 이상은 약 13.4퍼센트(1954), 약 11.4퍼센트(1957)로 전체의 5분의 1에도 못 미쳤다.[28]

1954년과 1957년에 한해 이를 귀환자와 서독 원주민 출신으로 구분하면, 전자는 25세 이하가 평균 약 63.4퍼센트였고, 그중 15~25세의 평균은 약 49.1퍼센트, 14세 이하가 14.3퍼센트였다. 후자는 25세 이하가 전체의 약 59퍼센트였는데, 15세 이상이 약 27.7퍼센트, 14세 이하가 약 31.3퍼센트였다.[29] 서독 원주민 출신 이주민 가운데 14세 이하가 많다는 것은 가족 단위 이주민이 많았음을 의미한다. 1961년부터 1972년까지 동독의 최상위 행정구에 속하는 줄 지역(Bezirk Suhl)으로 되돌아온 동독 이탈 주민 105명을 조사한 결과 역시 25세 이하가 68.5퍼센트를 차지했다.[30]

그러나 1970년대 초 이후 서독 이탈 주민은 주로 은퇴 연령이거나 이미 은퇴한 사람이었다. 동독 국가안전부의 보고서에 따르면, 1969년 혹은 1970년 전반부까지 동독으로 이주한 서독 이탈 주민 가운데 3분의 1 이상이 60세 이상이었다. 이들 대부분은 은퇴 후 동독을 이탈해 서독으로 갔다가 다시 돌아온 동독인이었다. 한편 1987년 1월부터 1989년 7월 사이에 동독으로 되돌아온 성인 귀환자 중 가장 많은 연령대는 40세 이상이었고, 서독 원주민 출신은 은퇴 연령대가 가장 많았다.[31] 이처럼 1970~1980년대 서독 이탈 주민 가운데 비생산적인 노년층 비율이 높았던 것은 동독 이탈 주민이 주로 생산 활동에 종사할 수 있는 젊은 연령대였다는 점과는 대조적으로 동독 인구 구성에 불리하게 작용할 수 있는 요인이 됐다.

서독 이탈 주민의 성별 구성을 보면, 1954, 1957, 1960, 1963년에 동독으로 이주한 서독인 가운데 남성은 평균 약 64.3퍼센트, 여성은 약 35.2퍼센트로, 전체 이탈 주민의 약 3분의 2가 남성이었다. 서독 이탈 주민을 귀환자와 서독 원주민 출신으로 구분해서 봐도 별 차이가 없다. 요컨대 전자의 경우 남성 평균이 약 64퍼센트, 여성 평균이 약 36퍼센트, 후자는 각각 약 66퍼센트, 약 34퍼센트였다.[32] 그러니까 1950년대에서 1960년대 전반기까지는 주로 젊은 남성이 서독을 이탈해 동독으로 왔다.

주로 어떤 사회 계층이 동독으로 이주했는지도 궁금한데, 이는 서독 이탈 주민의 직업을 통해 엿볼 수 있다. 1952~1963년 서독 이탈 주민을 직종별로 구분하면 노동자가 가장 많았다. 이 기간 동안 서독을 이탈한 57만 1763명 중 취업 가능 인구는 44만 2251명에 달했는데, 이 가운데 54.6퍼센트가 노동자였다.[33] 그 뒤로 사무직 종사자가 9.9퍼센트에 달했다. 교사와 엔지니어, 의사가 주축인 전문직 종사자는 1.9퍼센트였다. 농민은 1.1퍼센트, 수공업자는 2.2퍼센트, 자영업자는 0.8퍼센트였다. 그런가 하면 전업 주부는 10.2퍼센트로 적잖은 비중을 차지했고, 대학생은 0.3퍼센트에 불과했다.[34] 한편 앞서 언급한 줄 지역 조사 결과에 따르면 1961~1972년 이곳에 정착한 동독 이탈 주민 출신 귀환자 가운데 약 10분의 9가 노동자였고, 전문직 종사자는 1퍼센트에 불과했다.[35]

종합해보면, 서독 이탈 주민의 다수는 노동자였고, 전문직 종사자 비중은 적었으며, 학력도 그리 높지 않았던 것으로 추정된다. 더욱이 노동자는 시간이 갈수록 늘어난 반면, 전문직이나 사무직 종사자는 줄어들었다. 예컨대 1952년 서독 이탈 주민 가운데 노동자 출신은 39.1퍼센트였지만 1958년에는 58퍼센트, 1963년에는 74퍼센트로 계속 늘었다. 반면 전문직/사무직 출신은 1952년 각각 5.6/14.9퍼센트에서 1958년 1.2/9.2퍼센트, 급기야 1963년에는 1.4/ 7퍼센트로 떨어졌다.[36] 이러한 상황은 전문직 종사자와 엘리트의 이주를 기대했던 동독 정권에 실망감을 안겨주었고, 결국은 서독 이탈 주민 유치를 통해 대규모 동독 이탈이 남긴 문제를 해결하려고 했던 정치 노선을 수정하는 데도 적지 않은 영향을 미쳤을 것이다.

서독 주민이
왜 동독으로
이주했을까

예나 지금이나 많은 사람은 동독인이 서독으로 간 것은 충분히 개연성이 있다고 생각하지만, 서독인이 동독으로 이주했다는 말을 들으면 '도대체 왜?' 하는 의구심을 갖는다. 심지어 동독 주민조차 서독 주민이 동독으로 오는 것을 '미친 짓'이라고 여겼다. 그렇다면 이처럼 불가사의한 서독인의 동독 이주에는 어떤 배경이 있었을까? 이를 밝히기 위해서는 무엇보다 이들의 개인적 서독 이탈 동기를 살펴보는 것이 필요하다. 서독 이탈 주민 가운데 다수가 동독 이탈 주민이었던 만큼 이는 서독 원주민 출신과 동독 귀환자로 나누어 분석하는 것이 타당할 것이다.

서독 원주민

정치적 동기

또 다른 이탈 행렬: 서독 주민의 동독 이주

서독 이탈 주민이 동독으로 이주한 동기로는 먼저 정치적 요인을 들 수 있다. 이들 가운데 일부는 동독 체제가 더 정당하다고 여겼다. 서독 이탈 주민 전체를 놓고 볼 때 이처럼 정치적 신념 때문에 동독행을 택한 사람은 상대적으로 소수였다. 우선 지식인과 예술가가 이 부류에 해당했는데, 대표적으로 화학자 로베르트 하베만(Robert Havemann, 1950년 이주), 유명 문인 슈테판 하임(Stefan Heim, 1952년 이주), 노래하는 음유시인 볼프 비어만(Wolf Biermann, 1953년 이주), 극작가 페터 하크스(Peter Hacks, 1955년 이주), 영화배우 볼프강 킬링(Wolfgang Kieling, 1968년 이주) 등을 들 수 있다.

하베만, 하임, 하크스는 나치 시대에 사회주의자로서 반나치 저항 운동을 전개한 이력이 있고, 비어만의 아버지는 반나치 운동을 조직한 유대인으로 아우슈비츠 수용소에서 살해됐다. 따라서 이들에게는 '재나치화'라고 불릴 만큼 나치의 과거 청산이 철저하지 못했던 서독보다 나치 인력의 축출이 좀 더 철저했고 반파시즘을 국가 이데올로기로 표방한 동독 체제가 더 정당해 보였을 것이다. 이는 1989년 비어만이 자신은 동독이 파시즘을 더 단호하게 청산했다고 여겨 동독으로 갔노라고 회고한 것에서도 엿볼 수 있다.[37] 그런가 하면 동독 영화에 출연하기도 한 유명 배우 킬링은 68운동의 열풍 속에서 서독의 정치 상황에 문제의식을 갖고 베트남 전쟁에 항의하는 의미로 1968년 서독을 등지고 동독으로 갔다.[38]

이들 외에도 정치적 신념 때문에 동독으로 간 서독 주민은 공산주의자가 많았다. 이념 대립이 펼쳐지던 냉전 시기, 특히 1950년대 서독 사회에 만연한 반공주의로 인해 서독공산당원의 정치적 입지는 매우 좁았다. 단적인 예가 1956년 서독공산당(KPD) 해체다. 사회주의에 대한 신념뿐 아니라 이러한 서독의 억압적 상황 때문에 일단의 공산당원은 동독 이주를 희망했다. 그러나 동독 정권은 이들이 서독에 남아 반자본주의 투쟁을 전개하기를 원했기에 이를 달갑게 여기지 않았다.[39]

물론 서독에서 정치적 탄압을 받게 돼 인신의 자유가 위협받을 경우 동독으로 이주할 수 있었다. 이는 서독의 자유독일청소년단(FDJ)에 소속된 서독 청소년의 사례에서 확인할 수 있다. 자유독일청소년단은 동독의 유명한 대중조직이지만, 서베를린과 서독에도 지부를 두고 활동했다. 1951년 서독 지부 단체의 열성 회원인 시르머(G. Schirmer)는 동독으로 이주 신청을 했다.[40] 이는 동서독 자유독일청소년단이 공동으로 기획한 '10만 자유독일청소년 모임'이라는 행사에서 비롯했다. 예정된 장소는 서독의 도르트문트였다. 그러나 1950년대 서독에서 반공주의가 기승을 부리다 보니 이러한 좌익 정치 집단의 활동이 순순히 허용될 리 없었다. 결국 서독 정부는 행사를 며칠 앞두고 이를 금지했다. 하지만 이 행사에 참여하려고 모인 청소년은 이에 맞서 시위를 전개했고, 그 과정에서 유혈 사태도 벌어졌다. 시르머도 이 시위에 참여했다가 '소요죄(Landfriedensbruch)'로 기소돼 최소 2년형을 받을 위기에 처하자 서독 자유독일청소년단을 통해 동독 이주를 신청했다. 서독 자유청소년단 중앙위원회는 신청자의 상황과 이주 동기를 검토한 후 동독 측에 이주 수용에 관한 긍정적, 부정적 의견을 전달했는데, 이는 동독 이주를 승인받는 데 꽤 중요한 역할을 했다. 시르머처럼 인신의 위기가 확실하면 동독 이주가 승인될 수 있었다.[41]

그런가 하면 정치적 동기를 가진 또 다른 유형은 동서독 관계가 경직

되고 분단이 심화되는 것을 막아보려고 했던 이들을 통해 확인할 수 있다. 대표적으로 귄터 게레케(Günter Gerecke)와 오토 욘(Otto John), 발터 하게만(Walter Hagemann) 등을 들 수 있다.

게레케는 바이마르 공화국 시절부터 정치가였다. 원래 동독 출신인 그는 제2차 세계대전 후 영국 점령 지역인 니더작센주에 정착해 1946~1947년 주 내무부 장관, 1948~1950년 주 부총리를 지냈다. 그는 기민련 소속의 보수주의자였지만 아데나워 정권과는 정치 노선이 달랐다. 예컨대 그는 철저히 시장경제에 초점을 맞춘 에르하르트(L. Erhard)의 경제 정책보다는 적절한 규제가 있는 사회적 시장경제를 지지했다. 또 서방 통합을 적극적으로 추진한 아데나워 정권과 달리 독일 통일이 우선 과제라고 주장했고, 독일의 재무장도 반대했다.[42]

이처럼 통일을 중요 현안으로 여긴 게레케는 동독과도 열린 마음으로 대화를 할 의사가 있었다. 일례로 그는 1950년 니더작센주에서 통조림 가공 및 수산 사업이 판로가 막혀 고전하자 반대로 이러한 물자가 부족해 어려움을 겪던 동독과 협상을 벌여 내독 교역을 성사시킴으로써 양측에 유리한 결과를 이끌어냈다.[43] 이를 위해 그는 1950년 여름 니더작센주 정부의 동의하에 동베를린을 방문했고, 방문 중에 울브리히트도 만났다.

게레케의 정치적 노선과 행보는 반공주의가 기승을 부리던 1950년대 초 서독 사회에서 그의 정치적 입지를 제약했다. 그가 울브리히트를 만나 무엇인가를 도모했다는 것은 일종의 정치적 금기를 깬 것이었다. 그 때문에 게레케는 곧 울브리히트와 손잡고 전 독일을 공산화하려 한다는 비난에 시달렸고,[44] 당의 이미지를 실추시켰다는 죄목으로 기민런 당원 자격도 박탈당했다. 이에 게레케는 1951년 정치적 중립, 서독의 재무장 반대, 동유럽 사회주의 국가와의 경제 협력, 시장경제에 대한 규제 등을 표방하는 독일사회당(DSP)을 창당하고 주 의회 선거에 출마했다. 그러나 서독의 보수 단체가 그의 당 선거 포스터에 "이 포스터는 소련이 지원한다"라는 딱지를 붙이고, "게레케를 뽑으면 곧 소련을 뽑는 것이다"라는 슬로건을 내거는 등 반게레케 공세를 펼쳤다.[45] 사면초가의 상황에 몰린 게레케는 결국 1952년 동독으로 넘어갔다.

윤도 게레케와 비슷한 양상을 보여준다. 서독의 헌법수호청장이었던 윤은 1954년 7월 20일 동독으로 넘어감으로써 서독 사회에 충격을 안겨주었다. 그러나 그는 1년 후 서독으로 되돌아왔고, 즉시 재판에 회부됐다. 그는 재판 과정에서 자신이 동독으로 납치됐고 동독 정권의 강압에 의해 어쩔 수 없이 협조했다고 주장했다. 그러나 그의 항변은 받아들여지지 않았고, 결국 징역 4년형이 선고됐다.

서독의 현직 고위 관료였던 윤은 왜 동독으로 갔을까? 윤도 아데나워 정권의 정치 노선에 동조하지 않았다. 나치 정권기에 반나치 세력의 일원으로 영국으로 망명까지 했던 윤은 아데나워 정권 출범과 함께 대부분의 옛 나치 엘리트가 복귀한 것이 민주주의를 위협한다고 여겼다.[46] 또 윤은 통일이 급선무였기 때문에 서방 통합에 주력한 아데나워 정권의 통일 정책에 불만을 가졌다. 특히 1952년 소련이 스탈린 각서를 통해 제시한 통일안을 신중한 검토도 없이 거부한 아데나워 정권의 정책으로는 독일 통일이 어려울 것이라고 보았다.[47]

이러한 상황을 타개하기 위해 윤은 독자적인 정치 활동을 벌였다. 그는 소련, 동독과 직접 만나 통일 문제를 주제로 대화하기로 마음먹고 비

동독으로 간 서독 고위 공직자 오토 욘(우측 두 번째), 동독
고위인사와 환담 중

공식적으로 접촉을 시도했다. 그리고 상대의 의사를 타진한 후 1954년
7월 20일 자신이 얼어붙은 정국을 타개하고 통일의 가교 역할을 할 수
있을 것이라는 기대를 안고 동독으로 넘어갔다. 이렇게 보면 욘은 법정
에서 한 진술과 달리 납치된 것이 아니라 최소한 자발적으로 동독에 간
것이다. 물론 그는 동독 정권과 비밀 회담을 갖고 곧 돌아올 생각이었다.

　이러한 욘의 행위는 정치적, 이념적, 군사적 대립이 치열하게 펼쳐지
던 당시 상황을 고려할 때 이상적이다 못해 단순하기까지 했지만, 반역
자가 될 생각은 전혀 없었다. 그러나 그는 갈 때와 달리 마음대로 돌아
올 수 없었다. 동독 정권이 7월 22일 라디오 방송에서 욘이 동독으로 넘

어와 동독 지도자와 회담했다고 공표했기 때문이다. 다른 것도 아니고 서독 국가정보기관의 수장이 서독 정부 몰래 동독에 갔다는 사실이 알려지면서 욘은 국가 반역자라는 오명을 피하기 어려웠다. 본의 아니게 동독에 발목을 잡힌 욘은 소련과 동독 정권이 내세우는 선전에 동원됐다. 우선 동독 측이 그의 동독 입국 사실을 공표한 1954년 7월 22일 공개 성명을 발표했다.

> 독일은 동서 대립으로 인해 영원히 분단될 위험에 처해 있습니다. 모든 독일인의 통일 의지를 고무하기 위해서는 상징적 행동이 필요합니다. 그 때문에 나는 7월 20일(히틀러 암살 시도 기념일)에 결단을 내렸고, 동독 측에 연락을 취했습니다.[48]

이후 그는 기자회견과 강연 등을 통해 서독에서 나치즘이 다시 활개를 치고 서독 정권이 미국에 빌붙어 오로지 재무장에 박차를 가하며 전쟁 준비에 주력하고 있다고 비판했다. 또한 자신은 독일 통일과 새로운 전쟁 발발을 막기 위한 책임감 때문에 동독으로 왔다고 강조했다. 나아가 그는 1954년 8월 25일부터 12월 7일까지 소련에 머물면서 소련 국가보안위원회(KGB)의 심문을 받았고, 그 과정에서 일련의 기밀 정보도 넘겼다.[49]

그러나 동독에 머물며 그곳의 실상을 직접 접한 욘은 곧 자신의 결정이 잘못됐음을 깨달았다. 그는 자신의 통일 노력과 서독의 옛 나치 세력 부상에 대한 투쟁 의지가 동독 정권에 의해 정치적으로 이용될 뿐이라는 사실을 깨달았고, 또 반파시즘 국가를 표방한 동독에서도 옛 나치 세력이 버젓이 등용되는 것을 목격했다. 이에 실망한 욘은 기회를 엿보다가 1955년 12월 친분이 깊은 덴마크 기자의 도움을 받아 서베를린으로 탈출했다. 서독으로 돌아온 그는 국가반역죄로 기소돼 옥고를 치렀다. 이후 욘은 1997년 사망할 때까지 40년 넘게 자신의 행위는 어디까지나 독일 통일을 모색하기 위한 것이었다고 항변하며 재심을 청구했지만, 그의 요구는 끝까지 받아들여지지 않았다.

이러한 부류의 서독 이탈자는 오직 정치가만이 아니었다. 뮌헨 대학 교수였던 하게만 역시 분단을 극복하고 평화를 달성하겠다는 신념으로 동독과 개인 차원에서 접촉했고, 1958년 10월 18일 동독을 방문했다. 더욱이 그는 방문 당시 한 정치 행사에 참석해 울브리히트 옆에 서서 연설까지 했다. 동독 언론은 이 사실을 대대적으로 보도하며 서독 지식인도 동독의 정책을 지지한다고 선전했다.[50] 하게만은 이미 서독에서 아데나워 정권의 서방 통합 정책과 서독의 재무장을 비판해왔기 때문에 그 연설 내용이 새로울 것이 없었다. 그러나 냉전과 분단 상황에서는 진의가 무엇이냐가 중요한 것이 아니라, 적진인 동독에 가서 그런 연설을 했다는 것 자체가 문제였다. 이 사건 이후 하게만은 걷잡을 수 없는 비난 여론에 직면했고, 결국 교수직을 잃는 등 개인적으로 많은 대가를 치러야 했다.[51] 흑백논리와 적과 동지의 이분법적 사고가 주류이던 1950년대 상황에서 욘과 하게만 같은 정치적 이상주의자가 설 곳은 없었다.

정치적 동기 때문에 동독으로 이주한 사람 가운데는 동독의 비밀공작원으로 활동한 서독인과 적군파(RAF) 출신도 있었다. 엔진 기술자로 서베를린에서 자동차공업소를 운영하던 바크스(H. Wax)는 1954년 동독 국가안전부에 비밀공작원으로 포섭돼 각종 범죄를 저질렀다. 그는 1955년 11월 서독을 포함한 서방 국가를 위해 스파이 활동을 하는 요주의 인물로 간주된 리커(W. Rieker)를 동독으로 납치했고, 1958년에는 망명 소련인 반공단체인 러시아 연대주의자 연합(NTS)이 운영하는 라디오 방송국을 폭파했다. 리커는 납치 후 재판에 회부되어 징역 15년을 선고받았고, 8년간 복역 후 정치범 석방 거래로 풀려났다. 당시 슈프렌들링겐(Sprendlingen)시에 위치한 이 방송국은 당연히 소련과 사회주의를 비방하는 반공주의적 성격을 띤 프로그램을 진행하였기에 동독이 자행한 테러의 목표물이 됐다. 그뿐만 아니라 바크스는 1956년에 미국 스파이로 활동한 동독인 명단을 비롯한 미국 정보국의 비밀 서류가 든 금고를 훔쳐 동독으로 보냈다. 이로 인해 동독에서 140명이 체포됐다. 이처럼 동독에 포섭돼 첩보 활동에 깊숙이 관여한 바크스는 베를린 장벽이 세워지기 직전 국가안전부가 보안상의 이유로 동독으로 불러들이면서 동독으로 이주했다.[52]

적군파는 68운동에 뿌리를 두는 서독의 급진 좌파 조직으로, 자본주의와 제국주의를 혐오해 테러를 자행했다. 이들 중 일부는 적군파 활동으로 체포될 위기에 처하자 동독으로 넘어갔다.[53] 1977년 드레스덴 은행장인 폰토(J. Ponto) 피격 사건에 가담했던 적군파 여성 대원 알브레히트(S. Albrecht)가 대표적이다. 알브레히트는 1979년 나토 사령관 하이크(A. Haig) 암살 실패 후 적군파를 탈퇴하고 동독으로 도피했다. 동독 정권은 그녀에게 잉그리트 예거(Ingrid Jäger)라는 이름으로 새 신분을 만들어 주었다. 마드리드에서 출생한 것으로 위장한 그녀는 콧부스에서 영어 번역가로 새 삶을 시작했고, 한 물리학자와 결혼까지 했다. 물론 남편은 그녀의 과거를 몰랐다. 알브레히트는 1985년부터 외국인에게 독일어를 가르쳤다. 그러던 중 1986년 서독에서 방영된 적군파 관련 TV 프로그램을 본 그녀의 동료들이 알브레히트의 과거를 알게 됐고, 그녀는 급히 동베를린으로 거주지를 옮겼다. 하지만 1990년 여름 결국 정체가 탄로돼 체포됐다. 그제야 비로소 남편과 아들도 그녀의 진짜 신분을 알게 됐다.[54]

경제적 안정과 사회보장

서독 주민의 발을 동독으로 향하게 한 또 다른 동기는 물질적 여건이다. 서독 이탈 주민을 대상으로 한 인터뷰나 설문조사에 따르면 많은 서독 이탈 주민은 동독에 가면 더 나은 경제적 여건과 사회보장을 누릴 수 있을 것이라는 기대를 갖고 있었다. 서독이 동독보다 경제적으로 우위에 있었기 때문에 얼핏 보면 이해가 되지 않는 상황이다. 그러나 서독 체제의 경제적 우위가 모든 개인의 경제적, 물질적 삶의 여건을 충족시킬 수 있는 것은 아니다. 시장논리와 경쟁이 근간인 서독 자본주의 체제에서 일자리를 잃고 불안정한 위치에 있거나 취업했어도 더 좋은 조건의 일자리를 원했던 사람, 대학 교육 혹은 전문 직업교육을 받을 형편이 되지 못하는 사회적 취약 계층, 장기적으로 지속된 주택난으로 집을 구하지 못한 사람 등은 동독에서 그 대안을 찾았다.

이러한 상황은 일련의 사례를 보면 잘 알 수 있다. 서독 이탈 주민 가운데 일부는 루르 지역 광산에서 일하던 광부였다. 루르 지역은 독일 최대의 탄광 지대였지만 1950년대 후반 이후 이른바 생산 합리화가 추진되면서 구조 조정에 이르렀다. 이에 따라 경쟁력이 약한 광산은 문을 닫

왔고, 생산 과정도 기계화되면서 많은 광부가 일자리를 잃었다. 이들 가운데 일부는 사회주의자가 아니었지만 동독에 가면 일자리를 얻을 수 있을 것이라는 기대를 안고 동독으로 갔다. 동독으로 이주한 서독의 광산 노동자 수가 1958~1959년 2년 사이에 세 배나 증가했다는 사실이 이러한 상황을 뒷받침한다.[55]

전문직 종사자도 경제적 동기로 서독을 떠났다. 1950년대 초 서독에서 의사는 취업이 어려웠다. 젊은 의사가 많이 배출돼 일자리가 부족했기 때문이다. 이에 따라 1950년대 초 일부 의사가 동독으로 향했다. 서독과 달리 동독에서는 의료 인력이 부족해 쉽게 일자리를 구할 수 있었고, 또 의사라는 직업이 이데올로기의 구속을 덜 받는 직종이라 이주를 결정하는 데 비교적 부담이 적었기 때문이다.[56]

그런가 하면 독일 통일 후 민사당(민주사회당, PDS) 대표를 지낸 비스키 (L. Wisky)는 1958년 대학 교육을 받기 위해 동독으로 갔다.[57] 그는 서독에서 대학입학자격시험을 치렀지만 가난해서 대학 진학을 포기해야 할 상황이었다. 동독은 서독에 비해 경제적으로 열세였지만 무상 교육과 장학금제도를 통해 가정형편과 상관없이 교육을 받을 수 있는 제도를 갖추고 있었다. 따라서 사회경제적으로 취약 계층에 속하는 서독 청소년은 동독을 기회의 땅으로 보았다. 더불어 동독에서 발달한 탁아제도 역시 서독 주민의 이탈을 불러올 만큼 흡인력이 컸다. 이는 특히 루르 지역 광부 출신 이주민의 전형적 이주 동기 중 하나다. 이들은 아이를 보살펴주는 유치원이 잘 갖추어졌다는 점에 호감을 갖고 동독으로 이주했다.[58]

주택난 역시 서독 이탈을 불러왔다. 특히 주택 문제는 1950년대의 만성적인 사회문제였다. 따라서 주택 마련의 어려움은 동독 이탈 주민뿐 아니라 서독 원주민에게도 마찬가지였다. 특히 자녀가 많은 가정은 집 구하기가 하늘의 별 따기였고, 집세도 계속 인상돼 경제적으로 큰 부담이 됐다. 프리치어 수용소의 1963년 9월 월례 보고서에 따르면 가족이 있는 이탈 주민의 주된 이주 동기가 바로 주택 문제였다. 이러한 처지에 놓인 서독 주민은 동독에 가면 정착 지원의 하나로 집을 제공받을 수 있고, 또 경제적으로도 안정될 수 있다는 기대를 갖고 동독으로 향했다.[59]

개인적, 가족적 동기

서독 주민이 동독으로 넘어간 데는 개인적, 가족적 차원의 동기도 있었다. 우선 분단을 초월한 연애와 결혼이다. 베를린 장벽이 세워지기 전까지는 베를린을 통해 동서독 주민 간에 접촉이 가능했고, 장벽이 세워진 다음 특히 동서독 관계가 개선된 1970년대 이후에는 다양한 차원에서 민간 교류가 가능했다. 그 과정에서 분단의 벽을 뛰어넘는 동서독 커플이 탄생했다. 대부분은 동독인 파트너가 서독으로 옮겼지만 반대의 경우도 있었다.

일례로 자브뤼켄 대학교회[60] 소속의 한 서독 여성은 1960년대 초 자매결연을 맺은 동독의 라이프치히 대학교회를 방문했다. 이후 양측 교회 신자는 주소를 교환하고 소포도 주고받았다. 그 과정에서 이 여성은 신학도인 한 동독 남성과 알게 됐고, 처음에는 2년 가까이 편지만 주고받았다. 그러다 1963년 말 통과사증협정 체결로 서독 여성이 동독을 방문할 수 있게 되었고, 둘은 동베를린에서 만나 연인 관계로 발전해 1966년 말 결혼까지 했다. 그러나 분단 상황에서 동서독 커플이 탄생하면 누군가는 상대편 체제로 가야 했다. 서독과 달리 동독 정권은 동독인에게 자유로운 이주를 허용하지 않았기 때문에 결국 이 서독 여성은 1967년 3월 동독으로 갔다.[61]

　개인적으로 처한 어려움을 모면하기 위해 동독으로 이주한 서독 주민도 있었다. 이는 대부분 범법 행위와 관련이 있었다. 법에 저촉되는 행위를 한 서독인이 처벌을 피하기 위해 동독으로 도주한 것이다. 1966년 한 서독 주민은 무전취식에 교통사고까지 낸 후 동독으로 넘어갔고, 이를 감추기 위해 가명을 사용했다.[62] 또 1967년에는 절도범이 다량의 훔친 담배와 원두커피를 가지고 동독으로 도주했다.[63] 그런가 하면 밀린 세금, 집세, 융자 원금과 이자, 임대료 등을 납부하지 않기 위해 동독으로 간 서독 주민도 있었다. 군복무 회피도 서독 이탈의 동기로 빼놓을 수 없다. 1957년 4월부터 1959년 5월까지 군 입대 연령에 해당하는 서독 청소년 4만 464명이 서독을 이탈했다.[64] 심지어 군복무 중이던 군인도 탈영해 동독으로 넘어갔다.

동독 출신 귀환자

서독에서 동독으로 넘어온 사람 가운데 다수는 동독을 이탈해 서독에 정착했다가 다시 돌아온 귀환자다. 이들은 또 강요된 귀환자와 자발적 귀환자로 구분할 수 있다. 동독 정권이 다양하게 압력을 가해 어쩔 수 없이 돌아오게 된 강요된 귀환자로는 동독의 유명 육상 장애물 경기 선수인 카트린 발처(Katrin Balzer)가 대표적이다. 국가대표 선수인 그녀는

1958년 코치이자 애인인 카를 하인츠 발처(Karl Heinz Balzer)와 함께 불법으로 동독을 이탈했다. 동독의 유명 선수가 서독으로 가서 선수 생활을 한다는 것을 용납할 수 없었던 동독 정권은 그녀의 아버지를 보내 귀환을 종용했다. 동독 스포츠계의 간부와 함께 온 아버지의 모습을 보고 심상찮음을 느낀 그녀는 결국 가족에게 화가 미칠 것을 염려해 이탈 후두 달 만에 동독으로 돌아갔다.[65]

비자발적인 귀환은 이후에도 계속됐다. 1965년 한 동독 이탈 주민 가족은 베를린 마리엔펠데 수용소에서 머무르다 몇 주 후 동독으로 돌아갔다. 당시 열네 살인 아들이 먼저 동독을 탈출하고 부모가 뒤를 따랐는데, 불행히도 이들은 서독에서 만나지 못했다. 아들은 부모가 아직 동독에 있는 줄 알고 혼자 동독으로 돌아갔고, 결국 부모도 다시 돌아갈 수밖에 없었다.[66] 그런가 하면 동독인 칠(A. Ziel)은 1988년 4월 22일 서독에 있는 친척을 방문했다가 돌아오지 않는 방식으로 동독을 이탈했지만, 8월 16일 다시 동독으로 돌아왔다. 그가 없는 동안 국가안전부가 그의 아내를 연일 강도 높게 심문하며 괴롭혔기 때문이다. 결국 칠은 아내와 아이들을 위해 서독에서 꿈꾼 새 인생을 포기하고 동독으로 귀환했다.[67]

이와 달리 동독을 등지고 떠났다가 스스로 다시 마음을 돌린 귀환자들도 있다. 자유 민주주의 체제에서와 달리 이들의 귀환에는 위험이 따랐다. 동독 정권은 1957년 12월 여권법 개정을 통해 동독 이탈을 공식적으로 불법행위로 규정했다. 이에 따라 이 시기 이후 1963년 동독 정권이 동독 이탈자 사면을 공표할 때까지 동독으로 귀환한 이탈 주민은 처벌받게 됐다. 또한 이들은 동독 이탈 후 수용 심사 과정에서 서방 정보기관의 심문을 받을 때 본의 아니게 동독 상황을 진술했기 때문에 잘못하면 국가 반역죄로 몰릴 수도 있었다. 무엇보다 동독 정권은 동독이 싫다고 위험을 감수하면서까지 서독으로 갔다가 자발적으로 돌아온 이들이 서방 측에 포섭된 스파이일 것이라고 의심했다.

그렇다면 이들은 왜 이러한 위험을 감수하면서까지 동독으로 되돌아왔을까? 우선 이들이 서독에서 직면한 경제적 어려움을 들 수 있다. 동독을 이탈한 많은 이들은 서독에 가기만 하면 더 좋은 직업을 얻고 경제적으로 윤택해질 것이라는 기대를 갖고 있었다. 그러나 동독 이탈이 모두에게 해피엔딩은 아니었다. 이들 가운데 일부는 취업에 실패했거나 동독에서 받은 직업교육이나 경력에 못 미치는 하위 직종에 종사해야 했다. 그러다 보니 벌이도 시원찮은 상황에서 동독보다 훨씬 비싼 월세와 생활비 등을 감당하기 어려웠다. 이러한 어려움 때문에 동독 이탈 주민의 일부는 서독 사회에 실망하고 동독으로 돌아가 안정된 생활을 찾고 싶어 했다.[68]

전문 교육의 기회를 비롯해 더 나은 발전 가능성을 기대하고 서독으로 갔지만 원하는 바를 이루지 못해 실망한 점도 동독 귀환 동기로 작용했다. 동독 이탈 후 서독 대학에서 엔지니어 과정을 밟으려 했으나 학기당 450마르크라는 수업료를 감당하기 어려워 포기하고 돌아온 기술공, 서독에서 마스터 과정에 도전하려고 했으나 역시 너무 비용이 많이 들어 포기한 재단사가 그러했다.[69] 또 다른 예로는 가수이자 TV 프로그램 진행자였던 멘첼(A. Mentzel)을 들 수 있다. 그는 서독에 가면 자유롭게 자신이 원하는 음악 활동을 할 수 있을 것이라 기대했지만 현실은 그렇지 않았다. 생계를 위해 용접공으로 공장에 취직해 3교대로 일하다 보니 음악을 할 시간이 없었고, 또 서독에서 자신을 원하는 밴드를 발견하지 못해 무대에 설 기회도 없었다.[70] 이렇게 6개월을 산 멘첼은 결국 동독으로 돌아갔다.

동독 이탈을 불러온 동기 가운데 하나인 주택 문제 또한 이탈 주민의 귀향을 부추겼다. 1957년 5월 동독을 이탈했다가 이듬해 다시 돌아간 한 동독인은 서독에서 집을 구하지 못해 애를 먹었고, 결국 아내와 두 자녀와 함께 수용소 생활을 견딜 수 없어서 귀향했다고 밝혔다.[71] 1950년대 서독에서도 심각한 문제인 주택난으로 인해 동독 이탈 주민 가운데 상당수가 오랫동안 수용소에 머물러야 했다. 수용소의 열악한 상황과 수용소를 대하는 부정적 사회 인식 등으로 고통받던 일부 동독 이탈 주민은 차라리 동독으로 돌아가는 것이 낫겠다고 생각했다. 설령 수용소 생활을 면했다 해도 아이가 많은 가정의 경우 너무 작거나 열악한 조건을 가진 주택을 제공받으면 불만을 품고 동독으로 되돌아가기도 했다.[72] 즉 정치적 동기가 강하지 않은 이탈 주민에게는 주택 문제가 충분히 귀향 사유가 될 수 있었다.

이들이 서독에 정착하는 과정에서 부딪힌 어려움은 오로지 물질적 여건 때문만은 아니다. 비록 동독을 떠났지만 사회주의 체제에서 사회화되면서 공동체의 가치를 익힌 이탈 주민이 경쟁과 실적을 요구하는 서독의 자본주의 체제에 적응하기란 쉽지 않았다. 나아가 개인주의와 익명성이 만연하고 또 이탈 주민에게 적지 않게 차별의 시선을 보내는 서독 사회에서 동독 이탈 주민이 새로운 인간적 유대관계를 맺기도 쉽지 않았다. 이에 따라 이탈 주민들은 서독 사회 내에서 주변인 혹은 아웃사이더로서 사회적 고립감을 느꼈고, 그럴수록 떠나온 고향, 가족,

친구, 지인을 향한 그리움이 커졌다. 일부는 시간이 지나면서 서독인 동료나 이웃과 융화하면서 이러한 문제를 극복했다. 서독에 관계가 좋은 친척이 있거나 서독인 배우자를 만난 이탈 주민이라면 훨씬 유리한 상황이었다. 그러나 이도 저도 아닌 이탈 주민은 동독으로 되돌아가기도 했다.

이러한 모습은 우선 시기적으로 베를린 장벽 수립 이전에, 연령층으로는 1950년대에 단신으로 동독을 이탈한 청소년에게서 많이 나타났다. 1958년 서독 전독일문제부가 동서독 국경검문소에서 수집한 서독 이탈 주민의 이탈 동기 조사 자료를 분석한 바에 따르면 동독 이탈 청소년의 약 80퍼센트가 귀환 동기를 부모에게 돌아가기 위해서라고 진술했다.[73] 당시에는 베를린 장벽이 없었기 때문에 동독을 이탈하는 것이 상대적으로 쉬웠다. 많은 청소년들이 때로는 부모의 잔소리 때문에, 때로는 친구 따라서, 때로는 치기 어린 모험심으로 동독을 이탈한 경우도 흔했다. 이처럼 신중하지 못하게 동독 이탈을 감행한 사람일수록 정착 초기에 여러 어려움에 부딪히면 그만큼 후회하기도 빨라 귀환 결정도 쉽게 내릴 가능성이 컸다. 1950년대에 귀환자 중에서 젊은 세대의 비중이 컸던 것도 이와 관련이 깊을 것이다.

물론 베를린 장벽 수립 이후 서독으로 간 동독 이탈 주민도 서독 사회에 쉽사리 적응하지 못한 사람들이 많았다. 그러나 이때 동독을 이탈한 사람들은 1950년대와 달리 간단치 않았던 이탈 과정이 귀환 의지를 약화시키는 데 영향을 미쳤다. 이 시기 동독 이탈은 주로 이주 신청이라는 합법적 경로를 통했다. 그러나 동독 정권이 이를 순순히 허용하지 않고 이주 신청자들을 다양한 형태로 압박하고 차별했기 때문에 원래 그렇지 않았던 사람도 점차 체제 비판적 성향을 갖게 됐다. 이러한 경험을 한 사람들은 서독 정착 과정에서 어려움에 처하더라도 쉽사리 동독으로 돌아갈 생각을 하지 않았다.

그렇다면 1970~1980년대 귀환자의 다수를 차지한 노령자들은 왜 귀환했을까? 첫째, 향수였다. 노령자들 가운데 향수에 시달리는 사람들이 꽤 많았다. 대부분의 삶을 동독에서 보내고 은퇴 후 서독으로 간 이들이 새로운 환경에 적응하고 새로운 인간관계를 만들기는 어려웠을 것이고, 고향을 향한 그리움이 컸을 것이다. 때로는 향수가 자유를 갈망하는 것보다 더 큰 영향을 미치기도 했다.[74] 나아가 1987년 동독 국가안전부의 한 조사 분석에 따르면 서독의 현실이 기대에 못 미쳤거나, 서독 친지의 도움이 부족하거나, 노령이나 건강 상태 악화로 동독에 있는 가족 친지의 도움이 필요하게 된 상황 등도 이들을 돌아오게 했다.[75]

그런가 하면 우발적인 귀환도 있었다. 골동품 거래상 출신의 동독 이탈 주민 프레트(Fred)는 1988년 홀로 서독으로 넘어갔다. 그는 먼저 자리를 잡고 이산가족 결합을 신청해 부인을 데려올 예정이었다. 그러나 동독 측이 부인을 쉽사리 보내주지 않는데다 서로 떨어져 있는 동안 부인이 춤을 배우러 다니느라 전화 연락도 제대로 되지 않았다. 그러자 그는 홧김에 술집을 전전하다 어느 날 새벽 4시 40분에 만취 상태로 차를 몰고 동베를린 분계선을 넘었다.[76]

때로는 동독 귀환 문제로 가정 파탄이 일어나기도 했다. 귀환 결정을 둘러싸고 부부간에 뜻이 맞지 않았기 때문이다. 1958년 부인과 함께 동독을 이탈한 젠켈(M.Senkel)은 1961년 부인을 서독에 둔 채 혼자 돌아왔다. 원래 그는 부인의 강권으로 동독을 이탈했다. 이탈 후 큰 문제 없이 적응한 부인과 달리 그는 서독 생활에 불만이 많았다. 동독으로 되돌아 가자고 부인을 설득했지만 부인은 이를 받아들이지 않았고 결국 그는 이혼과 귀환을 결심했다.[77] 반대로 드물게는 귀환으로 인해 재결합하는 부부도 있었다. 1984년 한 동독인 가장은 부인과 이혼까지 하고 자식마저 남겨둔 채 서독으로 갔다. 그러나 서독에서 그리 행복하지 못했던 그는 점차 이혼한 부인과 자식을 그리워했고, 급기야 동독 주민의 여행이 가능했던 제3국 체코에서 만남까지 가졌다. 이후 이들은 재결합하기로 합의했고, 그는 동독으로 돌아와 부인과 재혼했다.[78]

동독 귀환자의 세 번째 유형은 특수한 사례다. 스파이 임무를 띠고 동독 이탈 주민으로 위장해 서독으로 갔다가 정체가 탄로나 돌아오게 된 경우다. 가장 대표적으로는 1974년 서독을 발칵 뒤집어 놓고 브란트 총리를 사퇴로 몰아간 기욤 사건을 들 수 있다. 동독 국가안전부 소속이었던 기욤은 1956년 서독에 투입된 후 프랑크푸르트에 정착했다. 이듬해 아들까지 태어나 이들은 평범한 이탈 주민 가정의 외양까지 완벽하게 갖추었다. 기욤 부부는 1957년 사민당에 입당해 적극적으로 활동했고, 1960년대 중반에는 지구당 내에서 중요한 직책을 맡을 만큼 경력을 쌓았다. 나아가 1970년에는 총리실 노동조합 문제 담당관, 1973년에는 브란트의 개인비서가 됐다. 이후 그는 자신의 지위를 이용해 기밀 서류를 빼돌렸다. 그러나 1974년 4월 정체가 탄로나 부인과 함께 체포돼 각각 13년과 8년형을 선고받고 복역하다가 1981년 동서독 스파이 교환 협상을 통해 동독으로 돌아갔다.[79] 동독 정권은 그의 조기 석방과 동독 송환에 대한 대가로 동독 이탈 주민의 탈출 도우미로 활동하다 체포된 사람들과 스파이 혐의로 동독에 구금된 수십 명을 석방했다.[80] 또한 서

독에 있는 가족과의 결합을 동기로 내세워 서독 이주를 신청한 3000명에게도 이주를 승인했다.[81]

보론: 성직자의 서독 이탈

서독 이탈 주민 가운데는 성직자도 있었다. 그동안 언론을 통해 널리 알려진 독일의 첫 여성 총리 앙겔라 메르켈의 아버지가 이에 해당된다. 성직자 역시 사회 성원으로 자신에게 맞는 삶의 장소를 택할 권한이 있지만 분단 시기 동독으로 이주한 성직자들의 사례는 좀 다르다. 반은 자발적이지만 반은 상황이라는 압력 때문이다. 제2차 세계대전 이후 독일 개신교회는 성직자 충원 문제에 직면했다. 나치 치하에서 신학생 수가 줄어든데다 목회 인력의 상당수가 제2차 세계대전에 참전해 사망했기 때문이다. 더욱이 전쟁 직후 동유럽 지역에서 추방돼 서독으로 이주해 온 독일인의 다수가 개신교도였기 때문에 목사 부족 현상은 더 심각했다. 그나마 서독은 전후 서독으로 유입된 동유럽 추방민 가운데 목사들이 꽤 있었기 때문에 이러한 인력 부족을 어느 정도 메울 수 있었다. 반면 동유럽 강제추방민 중 동독으로 이주한 목사들도 있었지만 대부분 정치적, 개인적 이유로 동독을 떠나 서독으로 재이주했기 때문에 동독 측의 타격이 훨씬 더 컸다. 더욱이 분단 이후 서독에서는 종교의 자유가 보장돼 신학생 양성에 별 문제가 없었지만 소련 점령기 이래로 종교를 탄압하던 동독에서는 신학과 학생 정원이 줄어 목사 양성도 쉽지 않았다. 이로 인해 입학 허가를 받지 못한 많은 동독 청소년은 서독/서베를린 지역 대학에 입학해 신학을 공부했다. 1952년까지 서베를린 첼렌도르프 소재 신학교에서만 동독에서 입학 허가를 받지 못한 1200명의 학생이 수학했다.[82]

상황이 이렇다 보니 동독 지역 개신교 지도부는 서독 교구의 목회자나 신학도에게 동독으로 이주할 것을 권고했다. 사실 동독 지역의 성직자 부족은 동독만의 문제가 아니었다. 분단에도 불구하고 독일 개신교회는 1960년대까지 전독일 체제를 유지했기 때문이다. 일부 서독 출신 목사들은 이러한 부름에 응해 동독으로 갔다. 이들 가운데 일부는 서독에서 자리가 없어 교회 목사로 부임하지 못했거나 무언가 과오를 범해 징계받은 상황에서 복권의 계기를 마련하기 위해, 혹은 동독 여성과 약혼이나 결혼 때문에 동독으로 이주했다. 그러나 서독 출신 목사의 이주 동기는 대부분 직업윤리, 즉 위기에 처한 동독 개신교회를 부흥시키기 위해 동독 이주가 마땅하다는 성직자로서의 사명감 때문이었다. 더 나은 보수와 물질적 혜택을 기대하는 경제적 동기는 이들의 서독 이탈과는 관련이 없었다. 동독 이주 시 오히려 이들의 경제적 처우가 나빠질 것이 분명했기 때문이다. 정치적 동기 역시 이들의 동독 이주에 거의 영향을 미치지 못했다. 다만 동독으로 간 목사들이 종교를 부정하고 억압하는 동독 정권에 맞서 개신교회의 입지를 강화하려는 의지를 지녔다는 점을 확대 해석하면 정치적 동기가 간접적으로 작용했다고는 볼 수 있다.[83]

이처럼 일부는 서독 출신이었지만 동독으로 간 목회자 가운데 다수는 동유럽 강제추방민이나 동독 출신이었다. 서독 지역에서도 목사가 부족했기 때문에 서독 지역 개신교회 지도부가 이주를 권고한 대상은 주로 이들, 그중에서도 동독 출신이었다. 동독 지역의 교회 지도부 역시 서독에서 신학을 공부하고 있는 동독 출신 학생들을 귀환시키는 데 주력했다. 이를 위해 졸업 후 출신 지역 소재의 교회 근무를 조건으로 장학금을 지급하거나 도덕적인 의무감에 호소하며 이들의 귀환을 독려했다. 이들의 귀환 동기 역시 서독 출신 목사와 크게 다르지 않았다. 동독의 가족 친지에게 돌아가거나 동독에 약혼자를 두어 이주하는 것과 같은 개인적-가족적 요인도 작용했지만 종교적 신념이 더 큰 역할을 했다. 무엇보다 동독 출신으로 동독에서 종교적 사회화를 경험한 이들은 출신 지역 교회에 대한 사명감과 의무감을 지녔기 때문에 동독 개신교 지도부의 요청에 더 진지하게 귀를 기울인 것이다.[84]

이러한 상황의 요청에 부응해 동독으로 이주한 대표적 예로는 동독 개신교 지도자 팔케(H. Falke)를 들 수 있다. 그는 동유럽 강제추방민 출신으로 서독에서 신학을 공부하고 목사가 됐지만 1952년 자발적으로 동독으로 갔다. 또 동독 출신인 케른(M. Kern)은 1950년대 동독에서 신학 공부가 여의치 않아 서독 함부르크에서 수학 후 목사가 됐다. 그러나 그는 서독 교회에 부임할 수 있는 기회가 많았는데도 동독 개신교회의 열악한 상황을 개선하고자 1957년 동독으로 갔다.[85]

목회자의 동독 이주는 사실상 1950년대 중반 이후에 중단됐다. 동독 정권의 입장에서 볼 때 이들은 원치 않는 이주민 부류였기 때문이다. 1952년까지 서독/서베를린으로부터 목회자의 동독 이주는 엄격히 규제됐다. 이는 건국 초 사회주의 건설 과정에서 시행된 반종교 정책이 반영된 것이다. 그러다 1953년 스탈린 사후 일시적으로 해빙이 되면서 규제가 완화돼 이주 승인을 받는 데 큰 어려움이 없었다. 그러나 1954년 6

월 10일 통사당 중앙위원회가 서방의 영향력을 저지한다는 의도로 종교계 관련자의 이주를 원칙적으로 금한다고 결의하면서 다시 이주가 제한됐다. 그리고 1957년 이후에는 사실상 이주를 허가하지 않았다.[86]

이렇게 서독 이탈 주민의 주요 이주 동기를 몇몇 범주로 구분했지만 동독 이탈 주민처럼 역시 여러 요인이 겹치는 경우가 많았다. 서독 이탈 주민이 가장 빈번하게 언급한 동기는 무엇일까?[87] 우선 1954년 후반부에 서독 이탈 주민을 귀환자와 원주민으로 나누어 실시한 서독 측의 한 조사 결과에 따르면 귀환자의 52.8퍼센트가 개인적-가족적 동기로 귀향을 결정했고, 14.2퍼센트가 경제적 동기로 인해 서독을 이탈했다. 서독 원주민 출신도 개인적-가족적 동기로 서독을 이탈한 사람이 35.5퍼센트로 단일 요인으로는 가장 높은 비중을 차지했다. 그러나 원주민 이탈자의 24.5퍼센트가 장기적 실업, 31.2퍼센트가 기타 경제적 이유 때문에 동독으로 이주했다는 점을 고려하면, 귀환자와 달리 경제적 동기가 더 큰 비중을 차지했음을 알 수 있다. 반면 공산당원을 비롯해 정치적 신념 때문에 동독을 이탈한 원주민 이탈자는 1. 7퍼센트에 불과했다.[88]

이러한 경향은 1950년대 말 이래 1960년대까지 크게 변하지 않았다. 예컨대 1958년 서독 전독일문제부가 헬름슈테트(Helmstedt)를 비롯한 네 곳의 국경검문소를 통해 동독으로 간 서독 이탈 주민 9486명을 대상으로 이탈 동기를 조사한 결과에 따르면, 이 가운데 76퍼센트(7213명)가 동독에 있는 부모, 가족, 친구의 품으로 돌아가기 위해서라고 답했다. 그에 비해 11.3퍼센트(1073명)가 실직, 2.1퍼센트(200명)가 열악한 주거 상황을 이유로 제시했다. 한편 1965년과 1966년에 각각 1722명, 1469

명을 대상으로 시행한 조사 결과에 따르면, 서독 이탈 사유를 동독의 가족, 친지에게 돌아가기 위해라고 답한 사람이 각각 54.5퍼센트, 56.8퍼센트로 가장 큰 비중을 차지했다. 경제적 동기를 꼽은 사람은 각각 13.3퍼센트, 14.1퍼센트, 향수를 귀향 동기로 꼽은 사람도 각각 6퍼센트, 4.6퍼센트로 적지 않은 비중을 차지했다. 반면에 정치적 신념 때문에 동독으로 간다고 답한 사람은 불과 3명에 불과했다.[89] 1961년부터 1972년까지 광역행정구 줄로 돌아온 105명의 귀향 동기를 분석한 노이마이어 (G. Neumeier) 역시 서독 사회 내에서 새로운 인간적 유대관계를 만들지 못하고 사회적으로 고립감을 느낀 것이 핵심 귀향 동기라고 결론지음으로써 개인적-사회적 요인의 비중을 강조했다.[90]

종합해보면 서독 이탈 주민을 동독으로 이끈 주요 동기는 사회주의에 대한 정치적 신념보다는 가족적-개인적, 경제적 동기임을 알 수 있다. 대다수의 이탈 주민들은 통상적 이주민에게서 나타나는 흡인 및 배출 요인 기제에 따라 개인적으로 당면한 불만족스러운 상황을 타개하고, 더 나은 삶의 여건을 찾아 이동한 것이다. 그럼에도 이들의 이탈 동기 역시 냉전과 분단의 배경 속에서 동서독 정권에 의해 끊임없이 정치적으로 채색됐다. 이탈 동기가 개인적 문제 해결이 아닌 정치적 요인이어야 상대방 체제의 정당성을 부정하는 데 유리했기 때문이다. 이에 따라 동서독 정권 모두 자체 이탈 주민의 이탈 동기는 가급적 정치적 의미가 없는 것으로 축소하고, 상대방 체제 주민의 이탈 동기는 최대한 정치화하는 이중적 잣대를 적용했다. 이를테면 서독 정권은 1950~1960년대에 각종 언론 보도자료, 인터뷰, 소책자 등을 동원해 대부분의 서독 이탈 행위는 정치적 동기가 아닌 개인적 이유에서 비롯된 것이라고 강조했다.[91] 더불어 서독 이탈 주민을 부정적으로 이미지화했다. 서독의 전독일부가 발행한《소련 점령 지역 A부터 Z까지(SBZ von A bis Z)》의 6쇄본(1960)에서 서독 이탈 주민의 대다수는 범죄자, 채무자 혹은 사회 부적응자, 노동 회피자들로 규정됐다.[92] 이 역시 서독 이탈 주민 다수가 비정상적인 부류였다는 것을 부각함으로써 서독 이탈이 체제상의 문제에서 비롯됐다는 것을 부정했다. 범법자가 아닌데도 동독 이주를 택한 사람들은 동독을 제대로 알지도 못하면서 동독의 선전 내용만 믿고 어이없게 이주 결정을 내린 무지하고 경솔한 사람들, 아니면 서독의 좌익 세력, 진보적 지식인들처럼 순진하게도 얼마 안 가 깨지게 될 소비에트 체제에 환상을 가진 사람들로 치부했다.[93] 동독 정권이 동독 이탈을 서방의 선전에 현혹되거나 치기 어린 모험심에서 비롯되었다고 매도한 것처럼 서독 역시 서독 주민의 동독행을 부정적으로 평가 절하했다.

그러나 1959년에 서독 연방 정보부가 동독으로 처음 이주하는 서독 원주민 출신 172명과 동독으로 귀환을 결정한 동독 이탈 주민 출신 109명을 대상으로 실시한 조사 프로젝트 결과를 보면 다른 해석이 가능하다. 요컨대 조사 대상자의 약 3분의 1은 정치적 혹은 반(半)정치적[94] 동기로, 약 3분의 2는 가족 문제 혹은 채무와 처벌을 면하기 위해 동독으로 갔다. 약 10퍼센트는 동독 헌법이 주택 제공을 보장했기 때문이라고 답했다. 이를 정치적 혹은 반(半)정치적 요인으로 간주한다면, 개인적-가족적 동기 대 정치적 동기는 6 대 4 정도가 된다. 이러한 양상은 동독 이탈을 서독 체제와 관련되지 않은 지극히 개인적 문제로 규정한 서독 정권의 공식적 주장에 부합하지 않는다. 그래서인지 이 조사 결과는 무려 20년이 지난 후에야 공개됐다.[95]

또 다른 이탈 행렬: 서독 주민의 동독 이주

반면 동독 측은 서독 이탈 주민의 이탈 동기 가운데 개인적-가족적 요인은 뒤로 감추고, 정치적, 경제적 요인을 부각했다. 동독 정권은 1959년부터 서독 이탈 주민 수용소에서 실시한 설문조사 항목에서 아예 가족적 동기 요인을 제외했고, 그 대신에 경제적 동기 항목을 세분화했다. 이에 따라 이탈 주민의 응답 범위는 정치적, 경제적 범주에 국한됐고, 동독 정권은 이를 토대로 서독 이탈 동기를 서독의 정치적, 경제적, 사회적 모순으로 결론지었다. 일례로 1959년에서 1960년까지 동독 아이제나흐 수용소에 수용된 서독 이탈 주민을 대상으로 조사한 결과 최소한 3분의 2 이상이 사회경제적 궁핍, 약 10퍼센트가 정치적 동기로 인해 동독으로 넘어왔다고 결론지었다.[96] 이처럼 동서독 정권이 이탈 농기를 정치적으로 채색한 것은 서독 이탈 주민의 경우에도 피할 수 없는 일이었다.

서독 주민
유치를 위한
선전 정책

서독 주민이 동독으로 이주를 결정했을 때는 동독 체제가 자신의 불만
족스러운 삶의 여건을 개선해 줄 것이라는 기대가 작용했을 것이다. 동
독이 서독 주민을 유치하기 위해 벌인 홍보 및 선전 작업은 이러한 기대
를 갖게 하는 데 어느 정도 기여했다. 냉전과 분단 때문에 한 민족이 두
국가로 나뉘어 적대적으로 대립하고 있는 상황에서 동독 정권은 어떤
방식으로 서독 주민에게 동독을 살기 좋은 나라로 부각시켰을까?

 이탈 주민과 관련된 정치 선전이 대대적으로 벌어진 것은 1950년대
였다. 이는 서독 이탈 주민 유치 정책과 밀접히 연관돼 있다. 1950년대
초까지 이주민 유치에 소극적이던 동독 정권은 1950년대 중반 이후 대
규모 탈동독 행렬의 부작용이 가시화되자 노선을 바꾸어 서독 이탈 주
민을 적극 유치하기 시작했다. 이를 위해서는 자연히 동독에 대한 관심
과 호감을 유도하는 홍보와 선전이 필요했다. 이러한 작업은 한편으로
는 서독 체제의 모순을 부각해 부정적 인식을 조장하고, 다른 한편으로

그 대안으로서 동독 체제의 장점을 부각하는 방식으로 추진됐다.

대중매체를 통한 홍보

서독 주민의 동독 이주를 유도하기 위한 선전은 대중매체를 활용해 다양한 방식으로 전개됐다. 우선 팸플릿, 책, 잡지, 신문 등의 인쇄 매체를 들 수 있다. 베를린 장벽이 세워지기 전까지 동서베를린 간에는 통행이 가능했기 때문에 이러한 홍보물을 서독으로 가져와 배포하는 데 큰 어려움이 없었다. 그 과정에서 독일통일위원회(Ausschuß für deutsche Einheit)가 특히 중요한 역할을 했다. 1954년 설립된 이 기관은 아데나워 정권에 독일 분단의 책임을 전가하고 서독 체제를 비판하는 내용을 담은 출판물을 대량으로 제작해 배부했다. 또 동독 이주 관련 안내 책을 비롯한 출판물로 서독 주민 유치 작업에도 적극 동참했다. 독일통일위원회는 1956년 서독공산당이 불법화될 때까지 서독에 사무국을 두었기 때문에 이러한 홍보 활동에 유리했다.[97]

이러한 홍보물 중에는 동독 체제의 기본 구조와 특징을 알기 쉽게 풀어서 소개한 것도 있다. 대표적인 예가 1954년 발행된 《동독에 대한 250문 250답(250 Fragen 250 Antworten über die DDR)》이다. 독일통일위원회가 제작한 이 책은 동독의 정치, 사회, 경제 전반에 걸쳐 묻고 대답하는 형식으로 구성됐다. 홍보의 중점은 첫째, 동독 이주에 관심 있는 사람에게 동독 체제의 장점을 피력하고, 둘째, 서독 언론의 보도로 널리 퍼진 동독에 대한 부정적 인식, 예컨대 동독에서는 개인의 자유를 억압하고 성탄절도 기념하지 않으며 주민은 굶주림에 시달린다는 등의 부정적 인식을 바꾸는 데 목표를 두었다.

이에 따라 이 선전 책자는 우선 동독 최고의 권력기구는 인민 대표 기관인 인민의회(Volkskammer)임을 전제했다. 이어서 의회는 공개적으로 정부 부처를 문책할 수 있고, 언론 또한 대상을 가리지 않고 비판할 수 있으며, 이를 통해 문제점을 파악하고 해당 부처 담당자나 지도자를 교체한다고 주장했다. 또 동독에서는 노동자가 초과 노동을 하면 정당한 액수의 추가 임금이 지급되며, 서독보다 연금도 많고, 의료 혜택도 뛰어나며, 저렴한 비용으로 휴가를 즐길 수 있는 복지제도 역시 잘 갖추어져 있다는 등 노동과 복지 여건이 우수하다고 선전했다. 나아가 동독의 상점도 서독에 알려진 것과 달리 해외 수입품을 비롯해 다양한 품목을 갖추고 있고, 동서독 물품의 가격 비교 목록을 제시하며 서독에 비해 동독의 생활필수품 가격이 더 저렴하다는 것을 부각했다.[98]

다른 한편으로 동독 정권은 서독 이탈 주민의 사례를 담은 홍보물을 편찬해 서독 주민 유치 작업에 적극 활용했다. 동독 정권 스스로 체제를 자랑하는 것보다는 동독으로 이주한 서독인이 동독 체제의 장점을 선전하는 것이 훨씬 더 귀를 솔깃하게 만들기 때문이었다. 이러한 선전물은 대부분 서독 이탈 주민이 왜 서독을 등지게 됐는지를 설명하고, 이들이 동독으로 이주한 후 행복을 되찾았다는 내용으로 구성됐다. 일례로 1959년 가족과 함께 동독으로 이주한 레핑거(W. Leppinger)는 광부였던 남편이 1950년대 후반 광산 구조 조정 과정에서 해고 위기에 처하자 생계를 해결하기 위해 동독으로 왔다고 밝혔다. 그리고 동독 이주 후 생활이 만족스럽다고 강조했다. 요컨대 남편은 40세를 넘긴 늦은 나이인데도 국가 지원으로 광부에서 선반공으로 전업하기 위한 직업교육을 받고 있고, 서독 시세의 반도 안 되는 저렴한 집세를 내면서도 시설 좋은 집을 얻었을 뿐 아니라, 물가도 저렴해 생활비가 훨씬 적게 든다고 밝혔다. 또 동독에서는 서독과 달리 누구든 병에 걸리면 치료비가 무료이며, 치료 기간 중에도 6주 동안 임금의 90퍼센트를 받을 수 있기 때문에 미래에 대한 불안 없이 안심하고 살 수 있다고 강조했다.[99]

또 다른 예로 의사 출신 서독 이탈 주민 라이펜베르크(E. Reiffenberg)가 있다. 그는 서독에서는 의료보험사의 통제 때문에 비싼 약을 처방해 줄 수 없었지만, 동독에서는 아무 제약 없이 주민에게 좋은 약을 처방해 줄 수 있다고 증언함으로써 동독의 의료 혜택이 우수하다고 피력했다. 그 밖에 동독으로 이주한 폴머(E. Vollmer)는 광부로 취업했는데, 직장 내 교육위원회의 추천으로 3년간 교육대학에서 무료로 공부하게 됐고, 이 기간 동안 국가에서 장학금을 받아 생활비 걱정을 할 필요가 없었다고 기술하며 동독 교육 지원 시스템의 우수성을 부각했다.[100]

이처럼 동독 정권은 동서독 체제를 모두 경험한 서독 이탈 주민의 입을 통해 실업을 비롯한 자본주의 체제의 불안정성을 강조했다. 다른 한편으로는 동독은 다양한 사회복지제도를 구비해 주민이 걱정 없이 안정된 삶을 살 수 있고, 누구나 자신을 계발할 수 있는 기회가 보장된다는 점을 내세워 차별화했다.

더불어 동독 정권은 서독의 수용 시설을 상대로 동독 이탈 주민의 귀환을 독려하는 전단지도 배포했다. 통사당 베를린 지부가 1950년대 중반 제작해 배포한 전단지에는 "좋은 물건을 진열한 쇼윈도, 우아하게 차려입은 사람, 고급 자동차, 이런 것은 더 이상 파라다이스가 아니다.

나 스스로 확인하고 체험함으로써 진실을 알게 됐다"와 같은 귀환자의 진술을 바탕으로 한 내용이 담겨 있었다. 이들이 서독에서 살아본 후 동독 이탈을 후회하고 반성한다는 점을 부각하고 동독으로 돌아오는 이탈 주민은 따뜻하게 환영받고 일자리까지 얻을 수 있다는 선전이었다. 나아가 서독 정부와 서베를린시가 이탈 주민을 내세워 동독을 비방하고, 서베를린 노동자의 임금 인상을 비롯한 권리 투쟁을 막는 방패막이로 이용한다고 비판하며, 서독 정부에 이용당하지 말고 조국으로 돌아오라고 독려했다.[101]

서독 주민을 유치하기 위한 선전은 TV가 확대 보급되기 전까지는 주로 대중매체 가운데 가장 파급 효과가 컸던 영화와 라디오로도 했다. 동독 정권은 때로는 어려운 단어나 추상적 개념이 나열되는 출판물보다 영화나 라디오를 통해 감성을 공략하는 것이 효과적일 수 있다는 점에 주목해 시청각 매체를 선전에 적극 활용했다. 먼저 동독의 〈주간 뉴스 (Wochenschau)〉[102]와 기록 영화에 주목할 필요가 있다.

〈주간 뉴스〉는 흔히 영화가 시작되기 전에 상영하는 홍보 영상물로, 시사성이 강한 정치·사회·경제 문제를 다루었다. 이에 따라 〈주간 뉴스〉는 인쇄 매체로 선전한 내용을 영상으로 보여주는 효과가 있었다. 대표적인 예로 1950년대 동독의 〈주간 뉴스〉 '목격자(Augenzeuge)'는 라이프치히 박람회 영상을 바탕으로 동독 체제의 우수성을 선전했는데, 오랜 전통을 지닌 라이프치히 박람회는 국제적으로도 유명해서 많은 외국인이 찾아온다는 점을 강조했다. 또한 이 박람회에 전시된 동독산 트랙터, 직물 생산 설비 등을 부각해 동독의 기술 발전을 과시했다.[103] 동독 정권은 이러한 선전을 통해 동독이 처한 경제적 열세를 부정하고, 동독의 미래를 낙관적으로 전망한다는 것을 보여주려고 했다.

1954년 제작된 〈서독 라인 지방에서 온 7인의 방문객(Die Sieben vom Rhein)〉역시 전형적인 선전용 기록 영화다. 이 영화는 서독 라인 지역에 거주하는 7명의 노동자가 동독의 리자시를 방문해 제철·압연 공장을 견학하며 동독의 실상을 직접 접한 뒤 그동안 가졌던 부정적 편견을 버린다는 내용을 주로 담았다. 실화를 바탕으로 한 이 영화는 서독 노동자의 견학과 그들이 동독 노동자와 대화하는 과정을 그대로 쫓아간다. 동독의 발달한 산업 시설, 서독의 권위주의적 노사 관계와 달리 생산 원료를 제대로 조달하지 못한 공장 지도부를 동독 노동자들이 격의 없이 비판하는 민주적 생산 관계, 서독의 반에 불과한 집세 등에 놀라워하는 서독 노동자가 동독을 긍정적으로 재평가하게 되는 과정을 영상으로 전달한 것이다. 그 과정에서 서독 노동자 한 명은 동독으로 이주할 의사를 직접 언급하기도 했다.[104]

상업 영화 역시 동독 체제의 정당성과 우위를 선전하는 도구였다. 1957년 개봉된 2부작 영화 〈성과 오두막(Schlösser und Katen)〉은 북독일의 농촌 홀첸도르프를 배경으로 사회주의 건설 과정을 그렸다. 이 영화는 우선 제2차 세계대전이 끝나고 소련군이 입성하기 직전 이곳의 지배자인 백작이 서독으로 도주한 후 토지개혁과 농업 집단화가 진행된 사실을 묘사한다. 동독에서는 자본주의의 전형인 지배와 착취 구조를 폐지하고 모든 농민이 주인이 되는 공동체적 생산 체제로 변혁하고 있다는 점을 부각했다. 더불어 1957년 소련이 미국에 앞서 최초로 인공위성 스푸트니크호를 발사함에 따라 동구권에 확산된 사회주의 국가의 기술적 진보에 대한 자부심을 반영해 기계와 트랙터를 발판으로 한 동

독 농업 근대화의 비전을 제시했다.[105]

1960년대에도 영화를 통해 서독을 비방하고 동독 사회주의의 우위를 주장하는 선전은 계속됐다. 대표적으로 1962~1963년 제작된 기록 영화 〈아이들을 위해 조국으로(Der Kinder wegen, Flucht ins Vaterland)〉를 들 수 있다. 이 영화는 '나치 장성에게 더 이상 충성하고 싶지 않아' 동독으로 온 서독 탈영병, 빈민으로 전락해 가족 부양 능력을 상실한 광부 출신 서독 이탈 주민의 이야기를 담았고, 더 평화적이고 더 나은 동독으로 이주하는 사람이 가장 현명한 사람이라는 결론으로 마무리한다.[106]

그렇다면 동독에서 제작된 〈주간 뉴스〉나 각종 영화가 서독 주민에게 영향을 미칠 수 있었을까? 동서독이 이념 전쟁을 벌이며 대립하던 분단 시기에 동독에서 제작된 선전 영화가 서독에서 상영되는 데는 많은 제약이 따랐다. 처음에는 상영 허가를 받지 못했지만 대부분 수년 후 혹은 부분적으로 축약된 형태로 서독에서 상영됐다. 그러나 베를린에서는 달랐다. 4개국 공동 관리 지역인 서베를린에서 동독 영화는 검열을 거쳐 부분적으로 내용이 삭제되긴 했지만 대부분 동시 상영됐다. 설사 상영되지 않더라도 최소한 동서베를린 간의 통행이 자유로웠던 1950년대에는 서독 주민이 동베를린 영화관에서 동독 영화를 직접 볼 수 있었다. 베를린 장벽이 세워진 뒤에도 동독이 해외로 수출한 영화는 서독에서 기본적으로 상영이 가능했다.[107]

라디오 또한 냉전 시기에 서독 주민을 포섭하기 위한 정치적 도구로 적극 활용됐다. 특히 1948년 개국한 독일 방송(Deutschland Sender)은 서방을 향한 사회주의 선전의 발판 역할을 했다. 특히 〈서독에 전한다(Wir sprechen für Westdeutschland)〉는 서독 주민을 겨냥한 핵심 프로그램이었다. 동독 정권은 이러한 라디오 방송을 통해 1954~1955년 서독의 나토 가입과 재무장을 비판하며 서독이 독일을 전쟁의 위험으로 몰아간다고 비난했다. 또 서독의 강제추방민·난민·전상자부 장관인 오버렌더와 서독 대통령 뤼브케(H. Lübke) 등과 같이 과거 나치 전력을 지닌 공직자를 폭로하며 서독 체제의 정당성을 부정했다. 그뿐 아니라 서독 노동자의 파업을 보도하며 이들이 과격해지도록 부추기기도 했고, 1956년에는 서독공산당 해체와 같은 사건을 빗대어 서독 정권이 체제에 비판적인 정당을 금지하는 비민주적 정권이라고 비판했다.[108]

반면 동독에 대해서는 서독이 안고 있는 부정적 문제를 극복한 체제라는 긍정적인 면만 부각했다. 이러한 라디오 선전을 접하는 서독 주민은 소수에 불과했지만,[109] 최소한 서독 체제에 만족하지 못하는 사람이 동독 이주를 고려하고 결정하는 데 일부분 영향을 미쳤다고 볼 수는 있다. 일례로 1988년 서독을 떠나 동독으로 이주한 셸(K. Schehl)은 서독 이탈 전 날마다 동독의 라디오 방송을 들었고, 동독에 호감을 갖게 됐다고 밝혔다.[110]

물론 이러한 선전 작업이 서독 주민을 유치하기 위해서만 시행된 것은 아니다. 서독과 체제 경쟁을 벌이는 동독 정권으로서는 동독 주민에게도 서독 체제에 대한 부정적 인식을 심어주고 동독 체제의 우위와 정당성을 확신시켜 주려고 했다. 이는 특히 이탈 주민 문제로 골머리를 앓던 1950년대에 동독 이탈을 막기 위한 방안으로 적극 시행됐다. 즉 다양한 대중매체를 동원한 동독의 선전은 동서독 주민 모두를 대상으로 시행된 것이다.

공개 행사에 동원한 서독 이탈 주민

동독 정권은 서독 이탈 주민을 기자회견, 성명 발표 등과 같은 다양한 공개 행사에 동원했다. 무엇보다도 이탈 주민이 국내외 기자 앞에서 서독 체제의 모순을 폭로하고 동독 체제를 찬양함으로써 체제의 우위를 선전함은 물론이고, 이주를 망설이는 서독 주민에게 긍정적 영향을 미치려는 목적이었다. 이러한 공개 선전 행사에 적극 동원된 서독 이탈 주민은 대부분 국내외적으로 주목받을 만한 유명 인사 혹은 그들의 이탈이 사회적으로 큰 파장을 몰고 올 만한 부류였다.

대표적인 예는 욘이다. 앞에서 살펴본 대로 1954년 동독으로 넘어간 욘은 소련과 동독 정권의 지시에 따라 자신의 동독 이주 동기를 밝히는 성명을 발표했고, 기자회견을 비롯한 각종 행사에 모습을 드러냈다. 당시 욘은 친미 일변도의 외교, 재무장, 옛 나치 세력의 부활 등 아데나워 정권의 정책이 독일 통일을 저해한다고 비판하면서 동독이 독일 통일, 새로운 전쟁 발발 방지를 목적으로 활동하기에 더 나은 곳이라 강조했다.[111] 그러나 그의 정치적 이상은 서독 고위 관리의 동독행이라는 파격적 사건이 갖는 파급 효과를 이용해 서독 체제의 모순을 부각하려는 동독 정권에 정치적 도구로 이용됐을 뿐이다.

또 다른 예로는 1960년 동독으로 간 빈처(B. Winzer)와 글리가(A. v. Gliga)를 들 수 있다. 서독 연방군 장교 출신인 이들은 욘과 달리 사생활에서 문제가 많아 동독으로 도피한 사례다. 빈처는 도박에 빠져 많은 빚을 진 뒤에 이를 갚지 않은 채 동독으로 도주했다. 놀랍게도 돈이 궁했던 그는 서독 이탈 전인 1957년 말부터 서독 연방군에 대한 군사 정보를

서독 장교 출신으로, 나토의 침략 계획을 폭로하는 증인으로
선전 활동을 한 빈처

동독 측에 넘기고 그 대가로 돈을 받았다. 글리가 역시 서독 이탈 전 서류 위조와 사기 혐의로 구속 위기에 처했다. 그럼에도 이들은 동독 이주 후 한동안 마치 영웅과 같은 대접을 받았다. 동독 정권의 서독 이탈 주민 수용 원칙대로 하자면 이들은 돌려보낼 대상이지만, 전직 서독의 군

장교다 보니 정치적 활용도가 커서 머물게 한 것이다.

빈처와 글리가는 동독의 각본에 따라 국내외 기자를 대상으로 기자 회견을 열어 서독 연방군과 나토군이 이른바 '해방 정책'[112]을 내걸고 동독을 군사적으로 공격해 체제 전복을 꾀한다고 주장했다. 동독 정권은 이미 1955년 나토와 서독 연방군의 동독 공격 계획안으로 알려진 나토 전략 문서(작전명 데코 II)를 입수한 후 줄곧 서독과 서방의 침략 위협을 부각하며 공세를 이어왔다.[113]

이러한 상황에서 서독 연방군 장교 출신인 이들의 증언은 동독 정권의 선전 공세에 신빙성을 부여하고 동독을 평화를 추구하는 국가로 부각하는 데 더할 나위 없이 효과적이었다. 대표적인 예로는 1960년 7월 8일 빈처가 내외신 기자회견을 한 것을 들 수 있다. 당시 동독 정권은 빈처의 성명 내용은 물론 동독 주요 신문사 대표자들이 할 질문과 답변 내용까지 사전에 철저하게 짜맞추었다. 빈처는 이 기자회견에서 각본대로 작전 지도까지 제시하며 서독과 나토가 동독과 동유럽 사회주의 국가들을 상대로 전격전을 준비하고 있다고 폭로했다.[114] 나아가 동독 정권은 이를 그로부터 얼마 후 기습적으로 세운 베를린 장벽을 서방의 침공으로부터 동독을 방어하기 위한 것이라고 정당화하는 근거로도 적극 활용했다.

서독 주민 유치를 위한 견학 행사

1950년대 동독 정권은 동독에 있는 친척이나 가족을 방문하러 온 서베를린 주민을 견학 행사에 초대했다. 서독 주민에게 동독의 일상과 사회 발전상을 보여줌으로써 동독에 대한 부정적 인식을 바꾸고 호감을 유도할 수 있는 좋은 기회였기 때문이다. 이러한 행사는 주로 동독의 수도로 가장 내세울 것이 많은 동베를린을 중심으로 열렸다.

동베를린의 지역별 행정기관은 관할 지역을 방문한 서독인을 초대해 버스에 태우고 동베를린시내 관광을 시켰다. 견학 프로그램의 단골 방문지는 스탈린알레(Stalinallee)와 개척단 공화국(Pionierrepublik)이었다. 스탈린알레는 1950년대 초 세워진 동베를린의 신주택 지구로 무려 2.3킬로미터에 달했다. 소련 통치자 스탈린의 이름을 딴 이곳은 중앙난방에 온수가 나오고 가구가 갖춰져 있음은 물론 승강기까지 운행됐다. 그뿐 아니라 이 거대한 고층 주택 단지는 주변에 식당, 쇼핑센터, 우체국, 유치원, 학교 등을 포함해 당시로서는 새로운 차원의 근대적 주택 지구의 위용을 갖추었다.[115] 1950년 건립되고 1952년 동독 대통령 피크(W. Pick)에게 헌정된 개척단 공화국은 한꺼번에 1000명을 수용할 수 있는 대규모 청소년 캠프장으로, 최신식 체육관을 갖추었다. 동독 정권은 서독도 제2차 세계대전의 파괴적 여파에서 완전히 회복되지 않은 1950년대 초반에 서독인 방문객에게 이처럼 최신식 시설을 갖춘 곳을 자랑함으로써 동독의 사회주의 체제가 성공적으로 도약하는 중이라는 인상을 심어주고자 했다.

한편 동독 정권은 견학을 통해 동독 사회복지제도의 장점을 부각하려고 노력했다. 1950년대에 이미 서독이 경제적 격차를 벌이며 월등히 앞서가자 동독 정권은 이에 맞서 동독 사회복지제도의 우위를 내세우며 차별화했다. 이를 위해 동독 정권은 은퇴한 노령자가 좋은 시설에서 매달 28마르크씩 용돈까지 받으며 살고 있는 양로원, 적게는 하루, 많게는 월요일부터 금요일 오후까지 아이를 돌봐주는 다양한 탁아 시설, 동독 주민이 남녀 차별 없이 원하는 분야의 직업교육을 받는 현장 등을 견학시켰다.[116]

이러한 견학 행사는 동독 혹은 동베를린을 있는 그대로 보여주기보다 동독 체제를 선전하는 데 목적이 있었기 때문에 지극히 선택적이었다. 즉 동독의 발전, 성공을 과시할 수 있는 곳만 골라서 보여주었고, 동독의 이미지에 부정적 영향을 미칠 수 있는 곳은 견학 대상에서 철저히 배제했다. 이에 따라 견학에 참가한 서독 주민 가운데는 동독 체제에 좋은 인상을 받은 사람이 적잖았다.

견학 도중 질의응답을 통해 혹은 견학이 끝난 후 간담회[117]에 참가한 사람들은 자신들이 직접 본 동독의 실상이 알고 있던 것과 상당히 다르다고 언급했다. 이들은 스탈린알레 주택 단지에는 통사당 간부만 입주할 수 있다고 들었는데 일반 노동자도 산다는 점, 동독 경제가 취약해 많은 동독 주민이 굶주린다는 서독의 언론 보도와 달리 동베를린 상점에 물건이 넘쳐난다는 점에 놀라워했다. 나아가 서독과 비교해 동독 체제의 장점을 새롭게 발견하기도 했다. 서독에서는 선반공처럼 흔히 남성 직종으로 불리는 분야에서 여성의 취업이 철저히 배제되는 반면 동독에서는 성별에 구애받지 않고 이 분야에 진출할 수 있다는 점, 서독에 비해 탁아 시설이 잘 갖추어져 있을 뿐 아니라 위탁 비용마저 월등히 싼 동독의 육아지원제도, 그로 인해 한층 편해진 여성의 사회 활동, 은퇴 후 연금만으로도 안정된 노후를 보낼 수 있는 점을 높이 평가했다. 개중에는 서독으로 돌아가면 자신이 본 동독의 실상을 알리고 서독 언론의 왜곡된 보도를 정정토록 하겠다고 힘주어 말하거나, 심지어 즉석에서 동독으로 이주하겠다는 의사를 표명하고 이주 허가를 요청하는 참가자도 있었다.[118]

그러나 이들이 견학 과정에서 본 것은 동독의 일반적 모습과는 차이가 있었다. 짧은 기간에 동독의 상황을 정확하게 파악하기 어려울뿐더러 동독 정권이 철저히 전시 효과를 노려 긍정적인 면만 보여주었기 때문이다. 호화 상점만 하더라도 동베를린 번화가에 국한될 뿐 그 밖의 지역까지 해당되는 것은 아니었다. 다른 지역에서는 소비재가 늘 부족해 많은 동독 주민이 큰 불편을 겪고 있었다. 이러한 상황은 큰 기대를 안고 동독으로 이주한 서독 이탈 주민의 상당수가 실상을 제대로 경험한 후 실망해 다시 서독으로 되돌아간 것과 무관하지 않을 것이다.

서독 이탈 주민의
수용 절차

까다로운 수용 심사

서독 이탈 주민이 동독에 정착하기 위해서는 동독 이탈 주민이 서독에
정착할 때와 마찬가지로 일련의 수용 절차를 거쳐야 했다. 국경을 넘어
왔다고 동독이 모든 서독 이탈 주민을 받아준 것은 아니다. 일반적으로
서독인의 동독 이주는 두 가지 경로를 거쳤다. 첫째, 서독 이탈 주민의
일부는 미리 동독에 이주 신청을 하고 모든 것을 사전에 조율해 합법적
으로 이주했다. 이 경우 동독에서 이주 신청자의 신상을 조사하고 일자
리와 주택을 마련하는 데 일정 기간이 소요됐다. 동독 정부는 신상 조사
결과에 따라 원치 않는 신청자의 이주를 거절하기도 했다. 둘째, 정식
절차를 거치지 않고 무작정 국경검문소로 가서 동독 측에 이주 의사를
밝히는 서독인도 있었다. 이들은 일단 국경검문소와 서독 이탈 주민 수
용소에서 기본적인 조사와 교육을 거친 다음 최종 이주 승인을 받은 후

에야 동독에 정착할 수 있었다.

1950년대 초반까지 동독의 서독 이탈 주민 수용은 체계적이지 않았다. 동독 정권이 서독인 유치에 소극적이었기 때문이다. 일반적으로 서독 이탈 주민이 동서독 국경검문소로 와서 동독 이주 의사를 밝히면 국경수비대는 이들을 국경검문소 주변에 마련된 이탈 주민 신고소(Aufnahmestelle)로 데려갔다.[119] 이곳에는 동독 인민경찰, 해당 지역 내무부 직원, 국가안전부 소속 직원이 상주하며 이탈 주민의 서독 이탈 동기와 신상에 대한 기본 조사를 벌였다.

국가안전부는 서독 이탈 주민을 좀 더 체계적으로 조사하고, 이들의 진술 가운데 전략적으로 중요한 내용을 파악하는 데 길잡이가 될 수 있는 12장의 질문 리스트를 작성했다. 내용은 결혼 여부, 학력, 자녀 수, 직업, 거주지, 범법 사실 여부, 이탈 동기 등을 체크하는 것이었다. 서독 이탈 주민 가운데 귀환자를 대상으로는 과거 동독을 이탈한 동기가 무엇이고, 이탈 경로가 합법적 이주인지 아니면 불법 탈출이었는지를 체크하는 추가 항목이 있었다. 이는 주로 서독 이탈 주민과 접촉하게 되는 국경수비대, 국경검문소에서 여권 검사를 담당하는 국가안전부 요원, 그리고 수용소 직원이 참고했다. 한편 서독 이탈 주민에게는 3장의 설문지가 주어졌는데, 이 중 정치, 군사 분야에만 2장을 할애해 이들이 서독을 비롯한 서방 국가의 무장 기관, 나토군, 정보기관 혹은 서독의 방위산업체나 동독 이탈 주민 수용소에서 근무한 이력이 있는지 등을 세심하게 살폈다. 나아가 이들이 과거에 동독이나 서독에서 정당에 가입해 정치 활동을 했는지, 과거 동독 이탈 전 동독에서 불법 단체 소속이었거나 이탈 후 서독에서 동향단 활동을 했는지, 그리고 서독에서 정치적 난민 자격을 얻었는지 등도 상세히 물었다.[120] 이는 무엇보다 서독 이탈 주민을 가장해 침투할지 모르는 스파이를 가려내기 위한 것으로, 특히 동독으로 되돌아온 귀환자가 의심을 받았다.

서독에서 미리 이민 신청을 해 해당 지자체의 승인을 받고 넘어온 서독 주민은 1950년대 초반까지는 신고소에서 곧바로 정착하게 될 곳으로 이송됐다. 반면 사전 조율 없이 동독으로 넘어온 이탈 주민은 신고소에서 1차 조사를 받고 큰 결격 사유가 없으면 이탈 주민 격리 수용 시설(Quarantänelager)로 옮겨졌다. 이곳에서 잠시 기거하면서 경찰과 국가안전부의 본격적인 조사를 받았다.[121] 이러한 과정은 처음에는 1주일 정도로 예상됐지만, 1954년부터는 평균 약 2주일이 걸렸고, 예외적이면 석 달도 소요됐다.[122] 이처럼 동독 정권이 서독 이탈 주민의 신상을 엄격하게 조사한 것은 스파이나 불온자가 침투할지도 모른다는 불안감과 경계심 때문이었다. 이는 국가안전부 장관 밀케(Erich Mielke)가 1953년 4월 격리 수용 시설에서부터 모든 범죄적 요소를 밝혀내고 동독에 유용한 정보를 수집함은 물론 서독에 스파이로 침투시킬 사람을 포섭해야 한다는 지령을 내린 것에서도 확인할 수 있다.[123]

이처럼 1950년대 초반까지는 국경검문소 인근에 설치된 이탈 주민 신고소와 몇몇 격리 수용 시설을 중심으로 서독 이탈 주민 수용 절차를 밟았다. 그러다 1950년대 중반부터 동독 정권은 국경 지대 인근에 이탈 주민 수용 시설을 신설, 확대하고 수용 체제를 체계적으로 정비했다.[124] 이렇게 바뀐 이유는 첫째, 1950년대 중반부터 동독 정권이 서독 이탈 주민을 적극 유치하고, 또 동독으로 이주하는 서독 주민이 늘면서 수용 시설 확대와 수용 절차의 체계화가 필요했기 때문이다. 둘째, 냉전 시기에 널리 확산된 분단국 특유의 강박적 안보 관념 또한 큰 영향을 미쳤다. 동독 이탈 주민이 서독에서 스파이로 의심받은 것과 마찬가지로 서독 이탈 주민이 늘어갈수록 서독의 스파이 침투에 대한 동독 정권의 불안도 커졌다. 그런 만큼 서독 이탈 주민을 시설에 수용한 뒤 시간을 들여 충분히 조사해야 한다는 인식이 커졌고, 이를 위해서는 이탈 주민 수용소가 추가로 필요했을 것이다. 셋째, 서독 이탈 주민을 많이 받아들이면 파생되는 또 다른 사회적 위험 요소인 범죄자, 탈세자, 무위도식자와 같이 동독의 사회 발전에 아무 도움이 되지 않는 이들을 제대로 가려내기 위해서라도 정식 수용소를 통해 엄격히 검증하는 절차가 필요했기 때문이다.

수용소의 확충과 더불어 이탈 주민의 수용 기준도 좀 더 명확해졌다. 1965년까지 통용된 내무부 장관 직무 규정 7/57에 따르면 동독 이주 신청자 중 동독 측이 요구한 서류를 제대로 구비하지 않았거나 이탈 전 서독에 고정 거주지가 없었던 자, 전과자, 범죄자, 과거 수차례 동독 이주와 서독 귀환을 반복했거나 외인부대 혹은 첩보기관에 근무했던 서독인이 수용 거부 대상이었다.[125] 이 직무 규정은 1960년 보완을 거쳐 서독 이탈 주민 수용과 거절의 기준을 좀 더 구체화했다. 예를 들면 동독 이탈 주민이 진심으로 후회하고 앞으로 동독 법을 존중하고 사회주의 건설에 적극 동참할 것을 맹세하면 받아들일 수 있다는 기준이 첨가됐다. 더불어 정신이상자, 떠돌이, 불치병자, 거지, 매춘부, 여러 차례 동독을 불법 탈출했던 사람 등도 수용 불가 대상이었다.[126] 이렇게 수용 기준을 정하고 동시에 돌려보낸 서독 이탈 주민이 재차 동독으로 이주하려는 시도를 막기 위해 블랙리스트 혹은 인명 정보 카드를 작성해 각 지역 경찰서와 이탈 주민 신고소에 배치했다. 서독 이탈 주민의 신상 조사에 참고하도록 한 것이다.

초기 수용소에는 주로 서독 원주민 출신이 기거했다. 이들 대부분은 서독에서 이주 절차를 밟지 않고 온 서독인이었다. 귀환자는 대부분 자신이 살던 고향으로 돌아갔기 때문에 고향이 아닌 다른 지역에 정착하길 희망하는 귀환자만 수용소에 기거했다. 동독 정권이 적극적으로 서독 주민을 유치한 시기에는 특별한 문제가 없으면 가급적 국경검문소에서 곧바로 예정된 정착지로 신속하게 배치했다. 그러나 1950년대 말 동독 정권이 서독 이탈 주민을 많이 받아들이는 대신 엄격한 검증을 통해 간첩과 동독 사회에 부정적 영향을 미칠 사람을 걸러내는 쪽으로 방향을 바꾼 이후에는 무조건 수용소를 거치는 것이 의무화됐다. 이는 1958~1959년 서독 원주민 출신 이탈 주민에게 먼저 적용됐고, 1960년부터는 귀환자까지 포함해 전체 이탈 주민에게 적용됐다.[127]

서독 이탈 주민 가운데 일부는 별도로 분리 수용됐다. 예컨대 동독으로 넘어온 서독인 탈영병은 1962년까지 바우첸(Bautzen) 수용소에, 의사와 법조인 그리고 대학 교수를 비롯한 고학력 전문 지식인은 1957년부터 1963년까지 페르흐(Ferch) 수용소에 수용됐다. 1960년부터는 기존의 이탈 주민 수용소 외에 광역행정구 수용소(Bezirksheim 혹은 Bezirk-saufnahmeheim)가 추가로 설립돼 이탈 주민 수용 체제는 한층 더 보완됐다. 동독 최상위 행정구에 설립된 이 수용소는 동독 입성 후 처음 배정된 수용소에서 수 주간 심문을 비롯한 수용 절차를 거친 후 나가야 할 때가 됐는데도 취업과 주택 문제가 해결되지 않았거나 안보상 문제로 좀 더 신상 조사를 해야 하는 서독 이탈 주민을 위해 운영됐다.[128]

서독 이탈 주민이 서독에서 쓰던 물건을 동독으로 가지고 오려면 물품 목록을 작성해 사전에 검열을 받아야 했다. 특히 신문과 잡지, 책 등의 인쇄물, 음반 등의 반입은 매우 제한된 범위에서만 허용됐다. 서독에서 타던 승용차를 가져오는 것도 까다로웠는데, 귀환자의 경우 규제가 더 심했다. 1958년 드레스덴 광역행정구는 산하 하위 행정구가 귀환자에게 서독에서 타던 차를 가져오는 것을 허용한다고 비판하고, 이러한 차량은 해외·내독 무역부(Ministerium für Außenhandel und innerdeutschen Handel)의 승인을 받지 못해 경찰에 압류될 것이라고 지적했다. 또 계속해서 귀환자의 서독 차량 소유를 허가하는 일선 담당자는 징계 조치할 것이라고 경고했다.[129] 이는 고향에 연고가 있어 동독인과 접촉이 많을 수밖에 없는 귀환자가 서독 차를 타면 서독 자본주의를 동경하는 등의 부정적 영향이 더욱 확대될 것을 우려했기 때문이다.

서독에서 타던 차를 가져와도 서독 이탈 주민에게 크게 문제될 것은 없었다. 부속품에 문제가 있어도 서독의 가족이나 친지가 소포로 보내주거나 동독 방문 때 직접 가져다주기도 해서 수리할 수 있었다. 그뿐 아니라 대다수 동독인에게 서독산 차는 중고라 할지라도 선망의 대상이었기에 가져온 차량을 동독에서 실컷 탄 후에 동독 주민에게 팔 수 있었다. 1968년 한 서독 이탈 여성이 서독에서 가져온 자신의 차로 운전면허시험을 보던 중 시험관으로 동승한 경찰관한테서 차를 한 번만 운전하게 해달라고 부탁받을 만큼 동독인들이 서독 차를 동경했다는 것을 알 수 있다.[130] 이러한 상황을 고려하면 동독 정권의 우려는 기우가 아니었다. 그에 비해 서독에서 사용하던 TV와 가전제품은 비교적 반입이 쉬웠다. 물론 서독 라디오와 TV 프로그램을 청취하지 않는다는 전제하에 허락됐다.

　이처럼 동독 정권은 서독 이탈 주민이 서독 물품을 가져오는 것은 통제했지만, 이들이 지참한 서독 마르크는 환영했다. 이를 통해 동독의 외환 보유고를 늘릴 수 있었기 때문이다. 서독 이탈 주민은 규정상 동독 입국과 함께 소지한 외화를 모두 동독 국영 은행에 매도해야 했다.[131] 아주 약간의 외화만 보유할 수 있었고, 인터숍과 같이 공인된 곳에서만 사용할 수 있었다. 대부분의 서독 이탈 주민은 동독 이주 전 재산을 정리해 일부는 현금으로 가져와 동독에서 환전했고, 일부는 동독이 운영한 '선물 대행 및 소규모 수출사(Genex)'를 통해 동독에서 필요한 물건이나 지인을 비롯한 동독 주민에게 줄 선물을 구입했다. 이곳에서 거래되는 물품은 대부분 동독에서 제조됐기 때문에 서독 이탈 주민이 물품가로 지불한 서독 마르크도 대부분 동독이 보유할 수 있었다. 일례로 1981~1985년 동독이 서독 이탈 주민을 통해 확보한 외화만 해도 약 7500만 마르크에 달했다.[132]

　그러나 재산과 신변을 다 정리하고 온 서독 이탈 주민이 모두 동독에 정착할 수 있었던 것은 아니다. 국경검문소 부근의 이탈 주민 신고소와 서독 이탈 주민 수용소에서 시행된 검증 과정을 통해 일련의 서독 이탈 주민은 동독 정착이 거부돼 서독으로 되돌아가야 했다. 동독 이탈 행렬이 정점을 찍은 1950년대 중반에는 대략 전체 서독 이탈 주민의 3퍼센트 정도만이 이주를 거부당했다. 동독 정권이 서독 이탈 주민을 받아들여 동독 이탈 주민의 빈자리를 하나라도 더 메우고 또 추락한 동독의 위신을 끌어올리려고 했기 때문이다. 그러나 동독 정권이 1950년대 말 이탈 주민 유치 정책에서 한발 물러난 후에는 수용 거부 건수가 크게 늘어

1960~1962년 약 30퍼센트에 달했다.[133] 심지어 1960년대 말 블랑켄펠데(Blankenfelde) 수용소에서는 서독 이탈 주민의 60~70퍼센트가 수용 거부 판정을 받기도 했다.[134]

이처럼 수용이 거부돼 서독으로 돌아가야 할 경우 서독 이탈 주민은 많은 문제에 직면했다. 동독 이주로 인해 서독에 생활 기반이 남아 있지 않았기 때문이다. 우선 이들은 당장 새 일자리를 구해야 했다. 또 이들 가운데 동독으로 가기 전에 살던 집 계약을 해지하거나 살림살이를 처분한 사람은 당장 거처할 곳이 마땅찮았다. 서독으로 돌아온 이들은 동독 이탈 주민이 되어 수용 절차를 거쳐 서독 주민으로 인정받고 다시 시작할 수 있었지만, 모든 것이 정상화되기까지는 어려움을 감수해야 했다.

수용소의 일상

동독 이탈 주민과 마찬가지로 서독 이탈 주민도 대부분 수용소를 거쳐 동독에 정착할 수 있었다. 그렇다면 서독 이탈 주민 수용소의 생활 여건과 일상은 어떠했을까? 이탈 주민 수용소는 내무부 관할이었다. 수용소 운영진은 업무를 총괄하는 소장을 비롯한 행정 직원, 의사, 간호사 그리고 무장 경비원으로 구성됐다. 이들은 이탈 주민이 수용소를 떠나 본격적인 정착을 시작할 때까지 이들을 보호, 관찰, 감독하는 일을 했다.

1950~1960년대 서독 이탈 주민 수용소의 시설은 매우 열악했다. 관련 자료를 살펴보면 수용소에서 제공되는 식사의 질이 매우 낮고, 한 공

간에 수용 인원이 너무 많을 뿐 아니라, 위생 상태도 불량해 거주민의 불만이 컸다. 한 여성 서독 이탈 주민은 자신이 가게 된 수용소가 마치 '돼지우리'와 같았다고 회고했다.[135] 그럴 수밖에 없는 것이, 이곳에 머무는 이탈 주민 1인당 책정된 하루 생활비 지원이 2마르크에 불과했기 때문이다. 그런가 하면 남녀가 분리되지 않은 채 한 공간에 수용되기도 했다. 베를린 장벽이 세워진 뒤 이탈 주민 수가 줄고 상황이 훨씬 나아진 1970년대 말에도 수용소 건물 바닥이 완전히 망가지고 난방이 되지 않는 곳이 있었다. 또한 굴뚝이 함몰될 위험이 있다는 진단을 받았지만 수리 없이 그대로 사용해 끊임없이 민원이 제기되기도 했다.[136]

수용 시설뿐 아니라 수용소 관리 직원의 고압적 태도도 서독 이탈 주민을 힘들게 했다. 이들은 다수의 거주민을 통제하기 위해 훈육이라는 명목하에 종종 이탈 주민에게 폭력을 행사했다. 특히 뷔초프 수용소가 악명이 높았는데, 1954년 이곳에 거주했던 한 서독 이탈 주민은 수용소 관리 직원이 얼굴이 비뚤어질 정도로 이탈 주민을 구타한다는 내용을 담은 진정서를 통사당 중앙위원회에 제출했다. 결국 이 수용소는 폐쇄됐다. 또 프리치어(Pritzier), 사자(Saasa) 수용소의 예처럼 관리인이 수용소 내에서 뿐 아니라 공공장소에서도 고무 곤봉을 들고 이탈 주민을 대하는 일이 다반사였다.[137]

그런가 하면 서독 이탈 주민의 의사와 상관없이 짜인 일과도 많은 불편과 고통을 안겨주었다. 일반적으로 수용소의 하루 일정은 식사, 동독 보안기관의 면담 및 심문, 동독 정착에 필요한 사항을 익히는 정치 교육 등으로 구성됐다. 이 가운데 특히 서독 이탈 주민을 괴롭힌 것은 동독 보안기관의 심문이었다. 한두 번으로 끝나는 것이 아니라 수용소에 머무르는 동안 계속 반복됐기 때문이다. 서독 이탈 주민 심문은 동독 인민 경찰과 국가안전부 요원이 각 수용소에 상주하며 진행했다. 인민경찰 은 이탈 주민 가운데 범법자나 지명 수배자가 있는지, 이주민이 밝힌 신 상 정보가 사실인지를 조사했다. 반면 국가안전부는 비밀정보기관답게 이들로부터 서독 및 서방 연합국 관련 정보를 수집하고, 나아가 이탈 주 민을 가장한 스파이를 색출하는 데 주력했다. 수용소는 법적으로는 내 무부 직속이었지만, 실제로는 그 이면에서 국가안전부가 전체적인 통 제권을 행사했다. 이러한 심문은 동독 이탈 주민이 서독 수용 심사 과정 에서 서방 연합국 정보기관의 심문을 받는 것과 다름이 없었다. 분단국 의 이탈 주민이 잠재적 스파이로 의심받고 정보 제공자의 역할을 강요 받는 것은 냉전 시기에 피할 수 없는 숙명이었다.

이러한 안보와 스파이에 대한 강박관념은 동서 대립이 치열하고 서 독 이탈 주민의 유입이 많았던 1950년대에만 국한되지 않았다. 긴장 완 화에 따라 동서독 관계가 정상화되고 서독 이탈 주민 수가 소수에 불과 했던 1970년대 이후에도 적 혹은 국가 질서와 안전을 위협할 수 있는 사람의 침투를 저지하는 것은 변함없이 동독의 주요 관심사였다. 이에 따라 국가안전부는 모든 서독 이탈 주민을 잠재적 스파이로 가정하고, 이들의 허점을 파고들기 위해 이주 동기와 신상 명세를 놓고 집요하게 질문을 반복했다. 가족이 함께 넘어온 경우에는 각각 따로 불러 진술이 일치하는지도 체크했다. 서독 이탈 주민이 할 수 있는 그나마 최선은 국 가안전부의 요주의 대상이 되지 않게 조심하는 것이었다. 이는 1980년 대 동독으로 이주한 셸(K. Schehl)이 수용소 내에서 국가안전부 요원의 주목을 피하기 위해 불필요한 질문이나 언급을 철저히 삼가고, 가급

적 눈에 띄지 않게 행동했다고 회고한 것에서 엿볼 수 있다.[138]

귀환자 심문은 더욱 철저했다. 그 이유는 첫째, 귀환자가 동독 이탈 후 서독에서 수용 심사를 거쳤기 때문에 이들로부터 서독의 동독 이탈 주민 수용 체제에 대해 많은 정보를 얻어낼 수 있기 때문이었다. 국가안 전부 요원은 이들에게 서독에서 수용 심사를 받았던 수용소의 구조, 수 용 심사 절차, 수용소 관리 인력의 인상착의까지 꼼꼼히 물었다. 동독 이탈 후 서독의 기센 수용소에서 수용 심사 절차를 거쳤던 한 귀환자의 진술에 따르면, 국가안전부 요원이 그에게 얼굴 윤곽이 그려진 종이와 종이로 만든 다양한 모양의 코, 귀, 눈, 수염 등이 든 상자를 주고 기센 수 용소에서 그를 심문한 서독 및 서방 연합국 정보기관 요원의 얼굴을 재 현하게 했다. 요컨대 국가안전부 요원은 그에게 서독 연방정보원의 코, 미국 중앙정보국 요원의 눈, 서독 헌법수호청 요원의 입 등은 어떤 모습 인지 등을 물었고, 그는 해당하는 이목구비 조각을 골라 얼굴 윤곽 용지 위에 배열해 맞추었다.[139] 이러한 방식으로 국가안전부는 기센 수용소 에서 활동한 서방 정보원의 인상착의를 확인했다.

둘째, 귀환자는 태생적으로 요주의 대상이 될 수밖에 없었다. 동독을 이탈했던 이들이 굳이 되돌아온 것은 동독에서 스파이 짓을 하기 위해 서라는 의심을 받았기 때문이다. 더욱이 모든 동독 이탈 주민이 수용 절 차 과정에서 서방 연합국, 서방 비밀정보기관의 심문을 받았기 때문에 이러한 불신은 더욱 강할 수밖에 없었다. 이에 따라 국가안전부는 귀환 자가 과거 서방 정보기관에 어떤 정보를 제공했는지도 집중해서 추궁했 다. 수용소에서 서독 이탈 주민을 심문한 국가안전부 파견 요원은 귀환 자의 답변이 국가안전부가 서독의 동독 이탈 주민 수용소에 대해 자체적으로 이미 파악한 바와 일치하는지를 대조했고, 조금이라도 미심쩍은 대답을 하면 서독에 포섭된 스파이로 의심했다. 또 수용소에 머무르는 동안 일정 기간에 한 번씩 같은 질문을 던져 이탈 주민의 답변이 일관성이 있는지를 체크함으로써 진술 내용의 신빙성을 밝혀내려고 했다.[140] 이 때문에 수용 심사 과정은 귀환자에게 심리적으로 큰 부담이 됐다.

그뿐만 아니라 서독 이탈 주민은 수용소에 머무르는 내내 감시를 받았다. 국가안전부는 이탈 주민으로 위장해 침투한 스파이나 불온자를 색출하기 위해 수용소 내부를 도청했고, 또 비공식 정보원을 투입해 감시 업무를 맡겼다. 국가안전부가 비공식 정보원으로 포섭한 대상은 주로 수용소 관리 직원이었지만 서독 이탈 주민 내부에도 있었다. 일부 서독 이탈 주민은 국가안전부에 협력하면 자신의 이주 신청이 거부되는 일 없이 받아들여져 동독에 무난히 정착할 수 있을 것이라고 기대했다. 그리하여 첩자 제의를 받아들이고 수용소 내의 다른 이탈 주민을 감시해 정보를 제공했다.[141]

심지어 국가안전부는 비공식 정보원을 서독 이탈 주민으로 위장시켜 수용소에 투입했다. 대표적 사례로는 크레민스키(B. Kreminski)를 들 수 있다. 그는 1988년 국가안전부와 사전 준비를 해서 서독 이탈 주민으로 위장하고 동독 뢴트겐탈 수용소(Aufnahmeheim Röntgental)에 투입됐다. 이를 위해 그는 켈러만(B. Kellermann)이라는 이름의 가짜 서독 여권과 동베를린 1일 방문 비자까지 만들었다. 그의 임무는 수용소에서 신원 조사를 받는 서독 이탈 주민을 감시해 이들의 동향을 낱낱이 파악하고 스파이나 기타 불온한 자를 색출하는 것이었다. 그는 수용소 거주민과 어울리며 누가 무슨 말을 하는지 자세히 듣고 관찰한 후 일주일에

세 번씩 수용소에 파견된 국가안전부 요원에게 보고했는데, 의심을 피하기 위해 주로 심문 시간을 이용했다. 수용소에 머무른 이탈 주민은 모두 날마다 심문을 받았기 때문에 아무도 그가 첩자인 것을 눈치채지 못했다. 크레민스키의 활약에 힘입어 과거 동독을 불법으로 탈출한 귀환자 가운데 단서가 잡힌 총 44건을 수사했다.[142] 수용소에 머물던 서독 주민도 점차 자신들이 비밀리에 설치된 도청 장치 혹은 첩자를 통해 감시받는다는 것을 감지했다. 그 때문에 이들은 무언가 말실수를 해서 서독으로 돌려보내질까 봐 늘 긴장하고 불안해했다.

이러한 감시의 눈길은 수용소 관리 직원에게도 뻗쳤다. 얼마 전까지만 해도 서독 자본주의 체제에서 살다 온 이탈 주민을 상대해야 하는 만큼 이들에게는 투철한 사상과 통사당에 대한 충성심이 요구됐기 때문이다. 1977년 바르비(Barby) 수용소의 관리 인력 72명 중 일곱 명이 집중 감시를 받았고, 결국 세 명이 해고됐다. 이들이 동독 인민의회 선거에 불참했고, 또 국가와 당 지도부를 무시하는 발언을 했기 때문이다.[143] 또한 서독 이탈 주민이 동독에서 구하기 어려운 물건을 소지하다 보니 수용소 관리 직원이나 경비가 이에 혹해 부정 거래가 생길 수 있다는 우려 때문에도 이들을 감시했다. 단적인 예로 1961년 12월 초 수용소에 근무하는 한 시설 관리 기술자가 해고됐다. 서독 이탈 주민한테서 서독산 담배를 받고 수용소로 술을 가져오거나 내용물이 무엇인지도 모르면서 부탁받은 소포를 우체국으로 가져가 부쳐주었기 때문이다.[144]

동독 정권의 감시는 수용소 내부에만 국한되지 않았다. 서독 이탈 주민이 머무는 수용소 인근 지역 주민도 감시망에 포함됐다. 1987년 국가안전부의 한 보고서에 따르면 뢴트겐탈 수용소는 열두 개의 도로와 맞닿아 있었고, 인근에 700명의 주민이 거주했다. 동독 정권은 이들이 수용소의 상황을 듣고 볼 수 있다는 점을 우려했다. 특히 이들 가운데 113명이 서독을 자주 방문한다는 사실에 주목해 뢴트겐탈 수용소 정보가 서독에 새어나갈 것을 염려했다.[145] 이에 따라 국가안전부는 비공식 정보원까지 투입해 수용소 주변과 주민을 철저히 감시했다.

서독 이탈 주민의 일과에서 중요한 비중을 차지한 또 다른 요소는 정치 교육이다. 이주민을 사회에 통합하려는 노력은 수용소에서부터 시작돼야 한다는 생각으로 동독 정권은 서독 이탈 주민에게 정치·문화 교육을 했다. 자본주의 체제에서 살아온 서독 이탈 주민이 동독에 대해 잘 모르거나 편견을 가졌을 것이기 때문에 사회주의 체제에 신속히 융화하게 할 목적이었다.

정치·문화 교육의 구체적인 내용은 아이제나흐 이탈 주민 수용소가 만든 1966년 11월 교육 계획안에서 엿볼 수 있다. 이에 따르면[146] 평일에는 거의 국가기관의 공직자, 동독의 대중조직이나 기업 소속인, 전문 지식을 갖춘 개별 자원봉사자의 강연과 서독 이탈 주민과의 질의응답 및 자유 토론이 예정됐다. 이는 가장 핵심적인 교육 프로그램으로, 강의 주제는 '동독의 국영 기업', '농업협동조합이란 무엇이고, 이곳에서 노동은 어떻게 이루어지나?', '동독 국가인민군: 서독 연방군과는 다른 평화의 군대', '동등한 권리를 지닌 우리 국가의 구성원 여성', '유일하게 적법한 독일인의 국가로서 모든 애국주의 세력에게 평화와 독일 민족의 보존을 위한 투쟁의 토대인 동독', '서독 연방군과 달리 평화를 위해 싸우는 동독 인민군' 등으로 구성됐다. 이러한 교육은 이탈 주민에게 동독 사회주의 체제의 주요 구성 요소와 장점을 부각하는 동시에 동독이

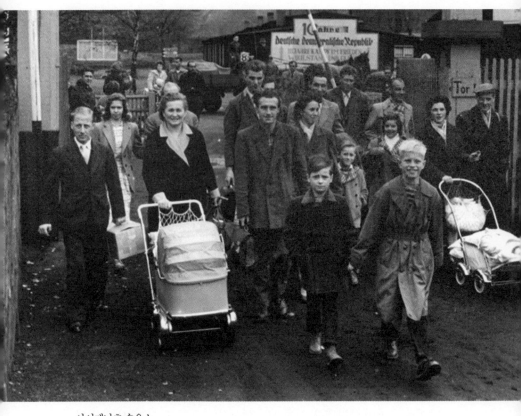

아이제나흐 수용소

서독보다 정당하고 우월한 체제임을 전제로 하는 지극히 이데올로기적 색채를 띠었다.

물론 다양한 문화 교육도 있었다. 이 역시 강의가 기본적이었지만, 슬라이드나 기록 및 상업 영화 등의 매체도 적극 활용했다. 슬라이드를 이용해 동독 각 지역의 향토문화를 알려주는 강연을 하거나 동독의 사회주의 건설 과정을 찬양하는 기록 영화 혹은 서독을 새로운 파시스트 체제로 규정하는 상업 영화 등을 상영했다. 기록 영화는 물론이고 상업 영화도 대부분 코미디나 로맨스물이 아닌 정치 교육을 뒷받침하는 내용으로 꾸며졌다. 새로운 용접 기술을 개발해 화물선을 신속히 완성한 로스토크 지역의 한 용접 작업반의 활약을 다룬 기록 영화〈용접 작업반(Schlosserbrigade)〉(1961), 나치 정권기에 자의적 판결로 많은 사람을 희생시킨 한 검사가 전후 서독에서 검사장에 오르기까지 승승장구하는 현실을 꼬집으며 서독의 불충분한 나치 과거 청산을 문제 삼은〈검사를 위한 장미(Rosen für den Staatsanwalt)〉(1959) 등을 들 수 있다.

일반적으로 이런 교육 프로그램은 조별 토론도 함께해 이탈 주민을 의식화하려고 시도했다. 그 밖에도 주말에는 스포츠나 문화 프로그램이 배치됐지만, 종류는 그리 다양하지 못했다. 탁구나 배구를 하는 정도였다. 가끔은 동독 예술인의 방문 공연이 있기도 했다. 아이제나흐 수용소의 11월 교육 계획안에 따르면 13일에 아이제나흐 가극단(Landestheater Eisenach)이 인기 오페라 곡에 맞추어 윤무를 선보이고 마술 공연을 하기로 예정되어 있었다.

아이제나흐 수용소의 사례처럼 수용소 내의 정치·문화 교육은 이데올로기적 성향이 강했다. 그러다 보니 서독 이탈 주민의 호응도 약했다.

서독 이탈 주민의 대다수가 사회주의에 대한 정치적 신념 때문에 동독으로 이주한 것이 아니기 때문이다. 심지어 자신은 정치 따위엔 아무런 관심도 없고 그저 벌이를 할 수 있는 곳에서 일할 뿐이며, 돈을 벌 수 있다면 동독이든, 서독이든 혹은 미국이든 전혀 상관이 없다고까지 밝힌 서독 이탈 주민도 있었다.[147] 그 때문에 다수의 서독 이탈 주민은 정치 선전의 성격이 강한 교육 프로그램을 따분해하거나 내용을 제대로 이해하지 못했다.

점차 수용소 내 교육 프로그램에 무관심하거나 적극적으로 동참하지 않는 이탈 주민이 속출했다. 1956년 5월 6일 자 아이제나흐 수용소 소장의 보고에 따르면 문화 교육 프로그램에 참여한 이탈 주민은 행사별로 10~40퍼센트에 불과했고, 많은 이탈 주민이 행사가 끝나기도 전에 자리를 뜨거나 야유를 보내며 행사 진행을 방해하기도 했다. 심지어 자리를 떠서 강연장이 텅 비는 사태를 막기 위해 수용소 측이 행사장의 출구를 봉쇄하는 웃지 못할 상황도 벌어졌다.[148] 1976년 바르비 수용소에 수용된 서독 이탈 주민은 정치적, 이데올로기적 내용이 담긴 강연이 시행되는 동안에 카드놀이를 하거나 주사위 게임도 했다.[149]

더욱이 동독과 서독을 선과 악의 이분법적 구도로 대비하는 교육 내용은 서독 이탈 주민, 특히 서독 원주민 출신의 반발도 불러왔다. 이들의 상당수는 경제적, 직업적 개선을 기대하고 동독으로 온 것이지, 사회주의를 신봉하거나 서독 체제 자체에 사망 선고를 내린 것은 아니었기 때문이다. 이는 서독 이탈 주민이 보인 다양한 반응을 통해 확인할 수 있다. 1963년 1월 카를마르크스시 광역행정구 수용소 소장의 보고에 따르면 통사당 전당대회에서 서독을 비판하는 내용이 TV에 나오자 들기 싫다며 꺼버리는 이탈 주민도 있었다.[150] 나아가 동독의 이데올로기적 교육에 대해 적극적으로 문제를 제기하는 일도 적잖았다. 즉 "베를린 장벽은 진짜 투기꾼이나 간첩을 막기 위해 세운 것인가? 아니면 동독을 서베를린으로부터 차단하기 위해서인가?", "왜 동독의 모든 정책은 통사당이 결정하나?", "동독에는 왜 야당이 없나?"라는 질문으로 동독을 진정한 민주주의 국가라고 선전하는 교육에 의구심을 표했다.[151] 또한 서독의 스파이 공작을 비판하는 동독 기민련 의원의 수용소 강연을 두고 한 이탈 주민은 "서베를린에 80개의 스파이 조직이 있다는 것을 어떻게 그리 정확히 아는가?"라는 질문을 던졌다.[152] 이를 통해 그는 간접적으로 동독에도 스파이 조직이 있지 않느냐고 문제 제기를 한 것이다. 그뿐만 아니라 서독 정권의 침략 야욕을 드러내는 선전에 대해서도 "서독 정부는 그처럼 호전적이지 않다"라고 주장했고, 반파시즘 방어벽이라는 명분으로 축조된 베를린 장벽의 존재 의미에 대해서도 문제를 제기하며 서독 정부는 침략 의도를 갖고 있지 않다고 반박했다.[153]

물론 서독 이탈 주민에게 긍정적 평가를 받은 프로그램도 있다. 예컨대 1966년 10월 아이제나흐 수용소는 과거 나치의 강제수용소 가운데 하나였던 부헨발트 강제수용소 추모지를 답사했다. 여기에 참가한 서독 이탈 주민은 파시즘이 자행한 범죄의 끔찍함을 깊이 느끼고, 서독의 불충분한 나치 청산을 비판하기도 했다.[154]

전체적으로 서독 이탈 주민의 호응도가 낮았는데도 수용소 내 교육의 기본 방향은 1980년대까지 바뀌지 않았다. 일선에서는 이러한 일방적 주입식 교육의 문제점을 파악하고 개선을 건의하는 움직임도 포착됐다. 1956년 11월 자유독일청년단 중앙위원회에 올라온 쇠네베크

(Schönebeck) 이탈 주민 수용소 상황에 대한 보고서[155]에는 교육 프로그램이 이탈 주민에게 너무 과중하고 마치 학교 교육안 같기 때문에 참여가 저조하며, 특히 청소년은 이러한 집단 교육보다는 자유롭게 얘기하고 스스로 질문하는 것을 선호한다는 비판적 문제 진단이 들어 있었다. 이와 함께 서독인은 동독 체제나 사회주의 전반을 모르기 때문에 "소련의 사회주의 건설"과 같은 주제로 교육하기보다는 단순한 문제, 예컨대 "동독은 왜 최초의 노동자-농민 국가인가?", "동독 시민의 권리와 의무" 등과 같은 것을 교육 내용으로 삼기를 제안했다. 그러나 그 이상으로 교육 체제와 내용을 바꾸려고 적극적으로 시도한 흔적은 찾아보기 힘들다. 오히려 이탈 주민 교육이 한계에 부딪히게 된 원인을 자체에서 찾기보다는 이탈 주민의 정치적 무관심으로 보는 일선 담당자의 태도가 눈에 띈다. 예컨대 아이제나흐 수용소 소장은 1966년 8월 월례 보고서에서 "준비가 철저했는데도 토론이 별로 활발하지 못했다. 수용소 거주민의 참여율이 저조했고 이들의 정신적 수준이 매우 낮다는 것도 원인으로 작용했다. 우리는 이들이 서독에서 살 때도 언론 보도에 전혀 관심이 없었고, 남베트남에서 자행된 야만적 전쟁, 북베트남 폭격과 같은 많은 사건도 수용소에 와서 처음 들었다는 것을 거듭 확인하게 된다"라고 이탈 주민의 태도를 비판했다.[156]

그런가 하면 수용소 생활에서 또 다른 애로 사항은 고립된 환경이었다. 수용소는 철저하게 외부와 분리됐다. 단적인 예로 뢴트겐탈 수용소는 숲 속에 있었고, 밖에서 볼 수 없게 골함석으로 높게 울타리를 세웠으며, 철조망까지 쳤다. 이처럼 숨 막히는 수용소 환경에 덧붙여 외출까지 통제하자 서독 이탈 주민의 불만은 극에 달했다. 1950년대에는 낮에 몇 시간 정도는 외출도 가능하고 수용소 내에서 자유롭게 돌아다닐 수도 있었다. 그러나 1960년대에는 통제가 엄격해져서 사실상 자유로운 외출은 불가능했다. 통행증을 받거나 수용소 소속 간호사나 기타 수용소 관리 인력을 대동해야 외출할 수 있었다.[157] 나아가 서독 이탈 주민이 수용소 외부인과 교류하는 것도 금지됐다. 1962년 1월 동독 내무부가 공표한 수용소 규정에 따르면 이탈 주민이 수용소에 거주하는 동안 가족이나 지인의 방문은 허락되지 않았다. 이탈 주민과 이들의 친척이 대대적으로 이의를 제기한 끝에 1966년 1월 방문 금지 규정은 다시 완화됐다.[158]

부모와 함께 동독으로 온 아이들도 이러한 수용소의 환경 때문에 많은 고통을 감내해야 했다. 1973년 부모의 이혼으로 아버지와 함께 동독으로 온 아홉 살 도트(A. Dott)는 바르비 수용소에 9개월간 머문 후 다시 3개월간 광역행정구 수용소에 있었다. 아이는 마음대로 밖에 나가지 못했고, 학교에도 갈 수 없었다. 철조망으로 둘러싸인 수용소 내에 갇혀 살다시피 하면서 철조망 사이로 밖에서 노는 다른 아이들을 부럽게 바라보기만 할 뿐이었다.[159]

더욱이 자나 깨나 서독 이탈 주민을 불안 요소로 본 동독 정권은 이들이 서독으로부터 전염병을 옮겨오는 매개체일 수 있다고 판단해 위험 요소를 사전에 차단하는 조치를 취했다. 예컨대 1988년 초 동독은 뢴트겐탈 수용소에 거주하는 서독 이탈 주민을 대상으로 에이즈 검사를 계획했다. 나아가 예방책의 하나로 서독 이탈 주민에게 수용소에 머무르는 동안 성행위를 자제하고 문란한 성생활을 하지 않겠다는 내용을 담은 서류에 서명하게 했다.[160]

이러한 수용소 환경은 자연히 부작용을 불러왔다. 많은 서독 이탈 주

뢴트겐탈 수용소

바르비 수용소

민이 감옥에 갇힌 것과 같은 답답함과 불안감에 시달렸고, 체류 기간이 길어질수록 증세는 악화됐다. 원래 수용소 체류 기한은 제한돼 있었다. 1955년 규정에 따르면 7일, 1958년과 1962년의 규정에 따르면 각각 14일, 21일을 초과할 수 없었다. 그러나 1950년대 후반 이후 갈수록 이탈 주민 조사를 엄격히 하면서 수용소 체류 기간은 점점 길어졌다. 1962년만 해도 서독 이탈 주민의 반 이상이 21일로 규정된 최대 체류 기간을 초과했다.[161] 하루 속히 취직하고 집을 구해 안정되게 살고 싶은 희망이 어긋나면서 많은 이탈 주민은 수면제를 복용해야 할 만큼 극심한 스트레스에 시달렸다.

어디 그뿐인가. 심리적 불안과 스트레스로 일부 이탈 주민은 점점 알코올에 의존하게 됐고, 그로 인해 수용소 내에서 크고 작은 폭력 사태가 벌어졌다. 나아가 불만에 차 예민해진 이탈 주민이 많아지면서 수용소 내에서 열리는 문화 교육 행사가 때로는 동독 정부와 동독 체제를 성토하는 장으로 바뀌기도 했다. 1963년 카를마르크스시 수용소 소장이 수용소 거주민의 불만과 비판이 너무 거세서 수용소 문을 닫고 싶을 지경이라고 토로한 것[162]만 봐도 서독 이탈 주민의 새 출발 역시 결코 순조롭지 않았다는 것을 짐작할 수 있다.

안타깝게도 수주 내지 수개월에 걸쳐 계속된 심문 과정에서 불안한 앞날을 비관해 자살하는 서독 이탈 주민도 있었다. 이러한 비극적 사건은 동독을 이탈했다가 돌아온 가이슬러(H. Geißler)의 사례에서 엿볼 수 있다. 가이슬러는 1988년 서독을 방문했다가 동독으로 돌아오지 않았다. 동독 정권은 그의 직장 동료를 동원해 서독의 친구 집에 머물고 있는 가이슬러에게 계속 전화로 돌아오라고 설득했다. 당연히 돌아오면 처벌받지 않고 이전과 마찬가지로 살 수 있다는 약속도 되풀이했다. 동독에 처자식을 남겨둔 그는 결국 고민 끝에 동독으로 돌아갔다.

그러나 집으로 돌아온 다음 날 그는 경찰에 소환돼 조사받고 뢴트겐탈 수용소로 이송돼 연일 국가안전부의 강도 높은 심문을 받았다. 동독으로 돌아오면 아무 문제도 없을 것이라는 약속과 달리 심문 과정에서 점차 자신에게 불리한 상황이 되자 가이슬러는 절망했다. 무엇보다 자신 때문에 이제 갓 대학생이 된 아들이 불이익을 당할까 봐 두려워했다. 결국 그는 심리적 압박을 견디지 못하고 수용소 건물 옥상에서 뛰어내려 자살했다.[163]

베를린 장벽 수립 여파로 서독 이탈 주민이 급감하자 동독에서도 1970년대에는 대부분의 수용소가 문을 닫았다. 이에 따라 수용 심사 절차는 점차 세 곳, 즉 마그데부르크의 바르비 수용소, 게라의 아이젠베르크사자(Eisenberg-Saasa) 수용소, 퓌르스텐발데의 몰켄베르크(Molkenberg) 수용소에서 진행됐다. 그나마도 1979년 뢴트겐탈에 이주민 수용소가 개원한 후에는 이들마저 폐쇄됐고, 이후 뢴트겐탈 수용소만 남았다. 다만 동독 정권은 예외로 광역행정구 수용소를 그대로 남겨두었고, 1986년에는 무려 2200만 마르크를 들여 7층짜리 건물을 신축하는 등 뢴트겐탈 수용소의 시설을 확장했다. 광역행정구 수용소마저 없애버리면 동독으로 이주하는 서독 이탈 주민 수의 미약함을 적나라하게 드러내 동독의 체면을 구기게 될 것을 염두에 두었기 때문이다.[164] 시설을 확장한 뢴트겐탈 수용소도 당시 서독 이탈 주민의 규모가 크지 않았던 점을 감안하면 실제로 필요했다기보다는 이탈 주민 문제에서 동독이 처한 열세를 상쇄하기 위한 외부 과시용이었다고 볼 수 있다.

동독 정착:
취업과 주택 마련을
중심으로

서독 이탈 주민 역시 수용소에서 검증이 끝나면 정착지로 보냈다. 처음에는 수용소에서 정착이 가능한 지역을 선정한 후 해당 지역의 동의와 도움을 얻어 배치했다. 그러다 1966년부터는 광역행정구의 내무부서가 경제계획위원회, 노동청과 협력해 누구를 어디로 보낼 것인지 결정했다. 정착지로 배치된 후에는 해당 지역의 이주민 사회통합위원회(Kommission zur gesellschaftlichen Eingliderung)가 내무부의 감독하에 취업, 주택 등 정착에 필요한 문제를 해결할 수 있게 도와주었다.[165] 그러나 서독과 달리 서독 이탈 주민 관련 법이나 별도의 정착지원제도는 없었다. 국가 차원에서 거처할 집을 마련해주고 취업을 지원했을 뿐, 나머지는 다른 동독 주민과 마찬가지로 동독의 사회복지제도 안에서 스스로 해결해야 했다.[166]

쉽지 않은 취업

이탈 주민을 정착시키는 부담을 놓고 보면 서독보다는 동독 정권 쪽이 훨씬 덜했다. 우선 대규모 동독 이탈 주민에 비해 서독 이탈 주민 수가 훨씬 적었다. 또 이탈 주민 가운데 다수는 동독 출신 귀환자로 대부분 자신이 살던 고향으로 돌아갔다. 그렇다면 수용소를 나온 후 이들의 본격적 정착은 어떻게 그리고 얼마나 성공적이었을까?

서독 이탈 주민 역시 동독에서 새 삶을 일구기 위해서는 취업이 급선무였다. 그런데 서독 이탈 주민의 가장 큰 불만 중 하나가 바로 취업 문제였다. 특히 동독 정권이 적극적으로 체제 선전을 한 1950년대에는 아주 심각했다. 서독 이탈 주민은 동독에 가면 좋은 일자리를 얻을 수 있을 것이라는 기대를 갖고 이주했지만 취업 여건이 그리 좋지 못했다. 특히 동독 정권은 서독 이탈 주민에게 경제 분야의 요직, 기업 운영에 중요한 기계 설비를 조종하거나 관리하는 일은 맡기지 않았다. 혹시라도 이들이 서방 세력의 사주를 받고 동독의 산업과 경제 인프라를 파괴할지도 모른다는 불안감 때문이었다.[167] 그뿐 아니라 적잖은 수의 서독 이탈 주민이 원치 않는, 즉 원래 직업과는 다른 혹은 철저히 비숙련 직종에 배치됐다. 그 이유는 우선 노동 수요와 공급의 불균형을 들 수 있다. 1950년대 대규모 동독 이탈로 인해 전체적으로는 노동력이 부족했지만 분야별로 보면 상황이 달랐다. 예컨대 숙련직은 자리가 포화 상태라 전문 직업교육을 마친 동독의 젊은이조차 전공이 아닌 다른 분야에 취업하는 경우가 흔했다.[168] 이에 따라 서독 이탈 주민의 취업 지원은 본인의 희망사항을 반영하기보다는 경제 정책과 노동 수요를 고려해 추진됐다. 이는 서독 이탈 주민에게 주로 동독에서 노동력 수요가 큰 분야, 요컨대 힘든 작업과 낮은 보수 때문에 동독인이 기피했던 농업, 광산업, 건설업 직종이 알선됐다는 것을 통해 엿볼 수 있다. 일례로 1956~1961년 아이제나흐 수용소에 거주했던 서독 이탈 주민에게 알선된 직업 통계에 따르면 이 세 분야에 배치된 이탈 주민이 평균 약 40.3 퍼센트에 달했다.[169] 즉 적잖은 서독 이탈 주민이 동독 원주민이 기피하는 직종에 투입됐고, 동독 원주민은 이를 발판으로 삼아 좀 더 선호도가 높은 직업을 가질 수 있었다. 서독 이탈 주민이 없었다면 동독 원주민에게 더 많은 보수를 주면서 기피 직종에 종사하도록 유도했을 것이다.[170]

또 동독 이탈 주민과 마찬가지로 서독 이탈 주민 가운데 체제의 성격과 관련이 깊은 직종 종사자는 특히 취업에 어려움을 겪었다. 서독에서 판매직, 행정직, 법조인 혹은 교사로 근무했던 사람 등이 이 범주에 속한다. 자본주의와 자유민주주의 체제에 맞게 훈련되고 서독 체제의 근간을 유지하는 데 중요한 역할을 한 이들이 성격이 완전히 다른 사회주의 체제에서 같은 직종에 취업하기는 쉽지 않았다. 배우, 문인, 언론인과 디자이너 같은 특수 직종 종사자 역시 같은 맥락에서 취업이 순조롭지 않았다.[171] 이러한 직종의 종사자 대다수는 보조 인력으로 투입되거나 직업적 강등을 경험했고, 전업도 고려해야 할 상황에 처했다.

이처럼 원치 않는 일자리에 종사하게 된 서독 이탈 주민은 즉각 반발했다. 이들이 고향을 등지고 동독으로 왔을 때는 그만큼 더 나은 삶을 기대했기 때문이다. 게다가 동독이 선전을 통해 장밋빛 전망을 제시했기 때문에 실망이 클 수밖에 없었다. 무엇보다 1956년 하반기에만 취업 불만을 토로하는 이탈 주민의 진정서가 수백 건에 달했다는 사실이 이를 반영한다. 이탈 주민은 특히 원래 자신의 직업 분야가 아닌 낯선 직종에 투입된 것, 너무 적은 소득, 농촌 지역 배치, 취업은 했지만 직장이 있는 곳에서 주택을 구하지 못해 호텔에 장기 거주해야 하는 상황 등을 문제로 지적했다.[172]

상황이 이렇다 보니 서독 이탈 주민은 마음에 들지 않는 직장을 버리고 여러 차례 다른 직장으로 옮겨 다녔다. 이에 따라 이직률이 높았다. 일례로 1955년 한 해 동안 동독의 한 갈탄 작업장에 25명의 서독 이탈 주민이 취업했는데, 이 가운데 연말까지 남아 있던 사람은 셋에 불과했다.[173] 이런 상황에서 서독 이탈 주민의 직업적 통합은 쉽지 않았다.

서독 이탈 주민의 취업이 원활하지 못했던 또 다른 이유는 공식적으로 표방한 이탈 주민 통합 정책과 일선 기관의 실행 사이에 간극이 컸기 때문이기도 하다. 동독 정권은 서독 주민을 겨냥해 동독을 노동자 천국으로 선전했기 때문에 이탈 주민의 취업 문제를 해결하려는 의지가 강했다. 그러나 때로는 이러한 동독 지도부의 뜻을 하부 기관과 일선에서 제대로 이행하지 않았다.

그 이유는 첫째, 서독 이탈 주민을 잠재적 불안 요소로 보는 시선이 지배적이다 보니 국가기관도 이주민의 고용에 전력을 기울이지 않았다. 단적인 예로 1950년대 동독의 중공업부(Ministerium für Schwerindustrie)는 산하 기업에 서독 이탈 주민을 경계하라는 지시를 내렸을 뿐 아니라, 정치적으로 민감한 사건이 발생하면 서독 이탈 주민의 고용을 중단하라고 지시했다.[174] 또 다른 예로 1955년 노르트하우젠 행정최고책임자는 관할 국영 기업에 서독 이탈 주민 채용 금지령을 내렸다. 이에 따라 이 지역의 모든 기업은 취업을 시도하는 서독 이탈 주민에게 일자리가 없다고 통보했고, 결국 국가감독중앙위원회(Zentralkommission für Staatliche Kontrolle)가 개입한 후에야 통제가 풀렸다.[175]

둘째, 노동 행정의 비효율로 인해 노동 수요와 공급 실태를 총체적으로 파악하지 못하다 보니 취업 알선도 지연되고, 서독 이탈 주민이 원래 자신의 분야가 아닌 다른 직종에 고용되는 상황에 처했다.[176] 또 서독 이탈 주민이 수용소를 나와 정착하게 될 지역의 행정기관에 미리 연락이 가지 않아 일자리를 미처 마련하지 못한 상태로 이탈 주민을 맞아 문제가 되기도 했다.[177]

셋째, 각 지역 노동청의 전시 행정도 문제였다. 이 기관들의 실적은 얼마나 많은 이탈 주민을 취업시켰느냐에 따라 평가됐다. 그 때문에 이들은 서독 이탈 주민의 취업률을 올리는 데만 급급했을 뿐, 이주민의 기대를 고려해 취업을 알선하려는 노력을 충분히 하지 않았다.[178]

넷째, 일선 기업이 서독 이탈 주민을 부정적으로 생각한 것도 정부의 이탈 주민 고용 방침을 충실히 따르지 않는 원인으로 작용했다. 특히 원치 않는 직장에 취업한 탓에 이직률이 높다 보니 이들에게 불성실하다는 편견까지 더해지면서 취업에 걸림돌이 됐다.

원래 동독 태생인 귀환자도 취업이 쉽지 않았다. 동독이 싫다고 떠났던 이들이 되돌아온 동기에 대한 불신과 조국을 배반했던 자라는 오명이 작용했기 때문이다. 또 동서독이 대립하는 민감한 상황에서 서독에 살다가 온 이들을 받아들이면 불필요한 잡음에 휩싸일 수 있기 때문이기도 했다. 일례로 동독의 노동행정기관이 동독을 떠나 1년간 서독에 거주했던 한 귀환자를 대규모 제빵 공장에 취업시키려 했지만, 해당 공장의 공장장이 채용을 거부했다. 서독에서 살다 온 사람을 채용하면 공

장 분위기를 흐리게 될 것이라는 우려 때문이었다.[179]

　설령 귀환자가 취업해도 과거에 일했던 직장과 직위로 곧바로 복귀하지 못했다. 교사였던 슈미트(W. Schmidt)는 1953년 동독을 이탈했다가 1960년 6월 귀환했는데, 처음에는 몇 달간 화물차 운전사로 성실히 일하면서 신뢰를 쌓고 인정받은 후 1960년 9월 다시 교사로 복직할 수 있었다.[180] 그러나 드레스덴에 있는 한 운수 회사의 고위 간부였던 메더(A. Mäder)는 슈미트만큼 복귀가 순조롭지 못했다.[181] 그는 1988년 동독을 이탈했다가 불과 일주일 만에 다시 돌아왔다. 이후 그는 수용 절차를 마친 후 고향으로 돌아와 과거에 근무한 직장에 출근했지만, 직장 동료들의 싸늘한 시선과 외면 속에서 해고 통보를 받았다. 메더는 동독을 이탈했던 기간이 어차피 휴가 기간이었기 때문에 문제될 것이 없고, 귀환 후 바로 일터로 복귀하지 못하고 결근한 것은 수용소에서 심문을 받아야 했기 때문이니 자신의 책임이 아니라고 항변하며 소송을 제기했다. 결과적으로 해고 통보는 철회됐지만, 박사 학위를 소지한 전문 인력인데도 더 이상 이전과 같은 간부직에 오를 수 없었다.

　그렇다면 모든 서독 이탈 주민이 취업하는 데 부정적 경험을 했고, 기본적으로 출셋길도 막혀 있었을까? 결론부터 얘기하자면 아니다. 기본적으로 베를린 장벽이 세워진 뒤에는 서독 이탈 주민 수가 급감했기 때문에 1950년대와 같은 혼란과 열악함은 훨씬 줄었다. 일단 동독 정부에 정치적으로 효용가치가 큰 이주민에게는 평범한 이주민에 비해 처음부터 특혜가 부여됐다. 대표적으로 서독 군인 출신인 빈처와 글리가를 들 수 있다. 베를린 장벽 수립 전후 서독과 나토의 위협에 맞서 독일과 세계 평화를 지키려고 동독으로 넘어온 명예로운 투사로 이름을 알리며 반서방 선전에 동원된 이들이었다. 빈처는 동독의 국영 방송 '독일 텔레비전 방송(Deutscher Fernsehfunk)'에서 편집인과 정치군사 평론가로 일했고, 글리가는 국가안전부 요원이 됐다. 빈처는 방송국 활동으로 인해 여러 차례 포상은 물론 포상금까지 두둑이 받았다.[182]

그 밖에 평범한 서독 이탈 주민 가운데 일부는 성공적인 직업 활동으로 고위직에까지 올랐다. 특히 대졸 이상 학력으로 전문직에 종사할 자격을 갖추고 더불어 동독 체제에 적극 동화된 서독 이탈 주민은 성공적으로 직업 경력을 쌓을 수 있었다. 앞서 언급한 비스키의 사례가 그러하다. 동유럽 강제추방민 출신인 비스키는 서독에서 대학 진학은 꿈도 꿀 수 없을 만큼 가정형편이 어려웠다. 그러나 대학에 꼭 진학하고 싶었던 그는 동독 이탈 주민으로부터 무상 교육을 지향하는 동독의 교육제도 이야기를 듣고 1959년 12월 6일 고등학생일 때 과감히 동독으로 갔다. 그렇다고 그가 곧바로 대학에 진학할 수 있었던 것은 아니다. 일반적으로 서독 이탈 주민은 일단 생산 현장에서 일정 기간 노동을 하면서 주위의 신임을 얻은 후에야 대학 교육을 받을 수 있었다. 비스키도 처음에는 마시는 차를 제조하는 공장에서 압착기 청소부로 일했다. 생각지 못한 일에다 임금도 적었지만 그는 이를 외부에서 온 자신이 믿을 만한지 시험해보는 과정이라 여기고 불평 없이 견뎠다.[183] 저녁에는 야간 고등학교에 다녔고, 떠나온 지 3개월 뒤에는 주간 정규 고등학교로 편입했다. 이어서 대학입학자격시험을 좋은 성적으로 통과해 1962~1966년 대학에서 철학과 문화학을 전공했고, 1976년에는 박사 학위를 받았다. 이후 비스키는 라이프치히 청소년연구센터 팀장, 대학 강사를 거쳐 1986년에는 포츠담 영화·텔레비전 방송대학(Hochschule für Film und

Fernsehen) 교수로 부임했고, 곧바로 총장이 됐다. 많은 서독 이탈 주민이 이주 초기 기대한 만큼의 취업 여건이 보장되지 않는 것에 실망하고 서독으로 돌아갔다. 그러나 비스키처럼 인내심을 갖고 주어진 상황에 적응하려고 노력하고, 또 동독 체제에 대한 충성심과 능력을 지닌 이탈 주민에게 자기 성취와 출세의 기회는 열려 있었다. 다만 그 과정에서 서독 이탈 주민이라는 출신 요소가 한계 요인으로 작용했는지, 했다면 어떤 면에서, 어느 정도였는지를 알아볼 필요가 있다. 이를 위해서는 앞으로 더 많은 수의 이탈 주민 사례에 대한 경험적 연구가 필요하다.

역시 쉽지 않은 주택 마련

서독 이탈 주민의 사회 통합에 또 다른 문제는 주택이었다. 안정된 주거지의 확보 없이 정착은 생각할 수 없기 때문이다. 그러나 취업과 마찬가지로 서독 이탈 주민에게 제대로 된 주택을 제공하는 것 역시 쉽지 않았다. 특히 1950년대에 서독 이탈 주민은 입주할 곳이 부족해 곤경에 처했다. 서독과 마찬가지로 동독에서도 1960년대까지는 주택난이 심각했고, 이탈 주민 수도 1950년대에 훨씬 많았기 때문이다. 주택 행정도 서독 이탈 주민을 특별히 배려하지는 않았다. 당시 총체적 주택난으로 인해 동독 주민의 고통이 컸기 때문에 일선 주택 문제 담당 기관은 서독 이탈 주민보다 집 없는 동독 주민을 우선시했다. 이에 따라 서독 이탈 주민은 주택 입주 대기 순번에서 뒷자리로 밀리는 일이 비일비재했다. 또 집을 구하지 못해 숙박비가 저렴한 호텔에 장기간 투숙하기도 했다.

자연히 서독 이탈 주민의 불만과 항의가 커졌고, 서독으로 돌아가는 사태도 일어났다. 대가족은 집을 구하기가 더욱 어려워서 여러 차례 이사해야 했다.[184]

상황이 이처럼 심각하다 보니 정부의 적극적인 대책이 필요했다. 서독 이탈 주민의 고충과 대대적인 불만을 파악한 동독 노동·직업교육부 장관은 1954년 4월 25일 자 지령을 통해 귀환자를 포함한 서독 이탈 주민에게 주택을 우선 배정하라고 지시했다.[185] 그런가 하면 지역의 기업과 주민이 나서서 서독 이탈 주민을 위해 일자리와 주택을 마련한다는 취지의 '애국주의 운동'도 추진했다. 예를 들면 드레스덴 광역행정청은 1956년 9월 11일 동독 내무부에 드레스덴의 주민과 기업이 힘을 합해 서독 이탈 청소년 691명의 거처와 2060개의 일자리를 마련할 것이라고 보고했다. 현재까지는 26명의 거처, 230개의 일자리를 마련했다고 덧붙였다.[186]

그럼에도 서독 이탈 주민의 상황은 그리 크게 나아지지 않았다. 동독 주민에게도 주택을 제공해야 하는 딜레마를 안고 있던 일선 주택 행정부서는 서독 이탈 주민을 우대하라는 상부의 지시를 그대로 따를 수 없었다. 이들은 대부분 동독 원주민을 우선하고, 서독 이탈 주민에게는 주로 동독인이 더 나은 집으로 옮기느라 비워진 낡은 거처를 배정했다. 1950년대 말 이후 동독 내무부의 이탈 주민 담당 부처가 동독 이탈 주민이 남기고 간 주택은 서독 이탈 주민에게 우선 할당하라는 지침을 내렸지만, 이 역시 일선에서 제대로 지켜지지 않았다.[187] 또 애국주의 운동도 겉으로는 자발적인 것처럼 보이지만 실제로는 민간에 서독 이탈 주민 문제의 일부분을 떠안기며 거처를 마련하는 데 드는 예산을 줄이려는 일종의 '관제 운동'으로 추정된다.

주택난이 만연한 1950년대 상황에서 애국주의 운동을 통해 약속받은 거처와 일자리 마련이 과연 얼마나 성공을 거두었는지는 미지수다. 그나마도 1950년대 말 이후 동독 정권이 서독인 유치 정책에서 한발 물러나면서 서독 이탈 주민 우선 지원 방침을 폐지하고 지역별로 허용하는 범위에서 최선을 다해 주택을 마련해주라고 지시함에 따라 상황은 더욱 불리해졌다.[188] 상황이 이러하다 보니 1950년대에는 동독 이주를 계획한 서독인이 미리 자신이 살고 싶은 동독 지역의 행정기관에 연락해 이주 가능성을 타진하면 일자리는 있어도 주택을 제공할 수 없으니 다른 지역에 신청해보라는 답변을 받기 일쑤였다.[189]

결국 지역 행정기관 사이에 갈등도 벌어졌다. 서독인 예거(Jäger)는 1955년 동독 에르푸르트(Erfurt)시에 이주 의사를 밝혔다. 그러자 에르푸르트시는 상부인 에르푸르트 광역행정청에 그를 받아들일 수 없다고 알렸다. 당시는 동독 정권이 서독인 유치에 한창 열을 올리던 때라 상부인 광역행정청은 수단과 방법을 가리지 말고 예거가 이주할 수 있도록 하라고 지시했다. 그러나 에르푸르트시는 예거를 다른 지역으로 보내라고 버티면서 이를 따르지 않았다.[190] 심지어 수용 심사 과정을 끝낸 이탈 주민을 인도하는 동독 인민경찰에게 "귀환자와 서독인을 이리로 보내지 마시오. 나도 이들을 도대체 어디로 보내야 할지 모르기 때문이오"라고 대놓고 역정을 내는 행정 책임자도 있었다.[191] 1950년대 말 서독 이탈 주민 열 명 중 하나가 동독이 선전한 대로 안락하고 위생적인 주택을 얻기 위해 동독으로 이주했다는 사실[192]을 감안할 때 이러한 상황은 서독 이탈 주민에게 큰 실망을 안겨주었다.

서독 이탈 주민이 급감한 1960년대에도 주택 문제는 완전히 해결되지 않았다. 1962년 5월 서독 이탈 주민이 제기한 청원의 80퍼센트가 주택에 대한 불만이었다. 그래서 정부는 주말 농장에 있는 간이 통나무집을 서독 이탈 주민의 임시 거처로 배정하는 것도 고려했다.[193] 심지어 일련의 동독 지역은 수용소에서 배정받은 서독 이탈 주민을 수용했다가 주택 문제를 해결하지 못해 결국 서독으로 돌려보냈다. 같은 시기에 로스토크로 배정된 서독 이탈 주민은 열흘에 한 번씩 거처를 바꾸며 무려 열두 번의 이사 끝에 겨우 집을 구할 수 있었다.[194] 설령 서독 이탈 주민이 집을 구했다 해도 새 보금자리라고 하기에는 시설이 너무 열악한 경우가 많았다. 처음부터 시설이 양호한 주택에 입주하는 특권은 동독 정권이 특혜를 줄 만한 여건을 갖춘 사람만이 누릴 수 있었다.

한 가지 궁금한 점이 있다. 1950년대 서독으로 넘어온 동독 이탈 주민이 대규모였으니 이들이 살던 집은 비었을 것이고, 서독 이탈 주민 수는 이에 한참 못 미쳤는데 왜 주택 문제가 그렇게 심각했을까? 우선 동독 주민의 이탈로 빈 주택의 상당수가 국정 운영에 필요한 용도로 쓰이거나 동독 정권이 여러 가지 이유로 특혜를 줄 사람을 위해 선점했고, 또 기존 주택 가운데 상당수가 거주하기에 적합하지 않을 정도로 낡고 열악해 주택난이 워낙 심각했다는 것으로 설명할 수 있다.[195]

그 밖에도 서독 이탈 주민의 주거 문제 해결이 어려웠던 데는 냉전의 안보 논리도 한몫했다. 동독 정권은 안보상의 이유로 서독 이탈 주민의 거주를 금지하는 일련의 지역을 선정했다. 주로 국경 인근 지역이었다. 드레스덴에는 이러한 거주 금지 지역이 30퍼센트나 됐다.[196] 가뜩이나 주택난으로 인해 서독 이탈 주민이 거처할 곳이 부족했는데 이러한 규제까지 더해졌으니 이들에게 신속히 안정적인 거처를 마련해주는 것이 더 어려울 수밖에 없었다.

동독 주민의 부정적 시선

서독 이탈 주민의 정착 과정을 이해하기 위해서는 동독 사회가 이들을 어떻게 인식하고 받아들였는지도 살펴보아야 한다. 동독 이탈 주민은 서독 원주민이 보여준 편견과 무시를 정착의 어려움으로 토로했는데, 서독 이탈 주민은 과연 동독 사회에서 어떤 대우를 받았을지 궁금하지 않을 수 없다.

　서독 이탈 주민을 대하는 동독 사회의 태도는 전 시기에 걸쳐 주로 부정적이었다. 특히 제2차 세계대전의 여파를 아직 극복하지 못한 1950년대에 때때로 서독 이탈 주민이 한 달에 3000명 넘게 오니 동독 주민의 반응은 적대적일 수밖에 없었다. 당시 동독은 1958년에야 배급 체제가 완전히 끝날 만큼 지속된 경제적 궁핍, 심각한 주택난 등 여러모로 불편하고 어려운 상황이었다. 자연히 서독 이탈 주민 때문에 자신들이 더 큰 부담을 짊어져야 한다는 불만이 커질 수밖에 없었다. 이러한 동독 주민의 반응은 앞서 살펴본 동독 이탈 주민을 대하는 서독 주민의 반응을 통해서도 충분히 유추할 수 있다. 다행히 베를린 장벽이 세워진 뒤에는 서독 이탈 주민 수가 급격히 줄고 동독 체제도 점차 안정돼 여론도 다소 좋아졌다.

　그럼에도 서독 이탈 주민은 동독 사회에서 많은 장벽에 부딪혔다. 우선 동독 주민은 이들의 이주 동기를 계속 의심했다. 한마디로 서독이 정치적으로 더 자유롭고 경제적으로 더 풍요로운데 도대체 이들이 왜 동독으로 이주했느냐는 것이다. 이는 십중팔구 '정신 나간 멍청이'거나 서독에서 죄를 짓고 도망쳐온 범죄자거나 일하기 싫어하는 사회 부적응자일 것이라고 단정 지었기 때문에 서독 이탈 주민은 주변의 불신을 감내해야 했다.[197] 원래 동독 출신인 귀환자는 '배신자'라는 꼬리표가 붙어 이전 직장 동료나 지인으로부터 외면받는 일이 많았다.

이러한 양측의 불편한 관계를 보여주는 사례는 다양하다. 우선 동독에 정착한 서독 이탈 주민은 직장 동료와 쉽사리 친해지지 못하고 겉돌았다. 그도 그럴 것이 직장 동료는 이들을 "어이, 서독 사람"이라고 부르며 빈정거렸다.[198] 서독 이탈 주민의 재이탈이 크게 어렵지 않았던 1950년대에는 이탈 주민에 대한 인식이 좋지 않다 보니 "언제 서독으로 날라버릴 것이냐?" 하고 대놓고 말하기도 했다.[199] 점심시간에도 회사 구내식당에서 혼자 식사하는 경우가 흔했다. 1986년 동독으로 이주한 서독 여성 나우만(F. Naumann)은 처음에 구내식당에서 동료와 함께 식사하려고 다가서면 그들이 일어섰고, 아무도 자신에게 말을 걸지 않았다고 회고했다.[200] 이러한 동료의 거리두기는 유독 서독 이탈 주민을 부정적으로 바라봤기 때문만은 아니다. 서독 이탈 주민이 통상적으로 국가안전부의 감시하에 놓이다 보니 이들과 엮이고 싶지 않은 마음에 더 가까이 오려고 하지 않았던 것이다.[201] 그뿐 아니라 동독인은 서독 이탈 주민 가운데 국가안전부에 포섭돼 자신들을 감시하는 끄나풀이 있다는 사실을 알고 있었다. 그러니 이들을 경계할 수밖에 없었다.

또 동독의 국영 공장은 서독 이탈 주민의 고용을 꺼렸다. 주로 서독 이탈 주민이 들쑥날쑥 나오거나 아예 무단결근을 하는 등 성실하지 않다는 것이 이유였다. 이는 서독 이탈 주민의 탓도 있지만, 한편으로 그들에게 적합한 일자리가 제공되지 못한 점도 크게 작용했다. 그러나 동독 주민은 이러한 배경을 헤아리기보다는 겉으로 드러나는 현상만 보고 서독 이탈 주민을 비판했다. 또한 흔히 소수자가 주류 사회에서 자주 직면하는 일반화의 문제, 즉 실제로 불성실한 태도를 보인 서독 이탈 주민은 소수지만 이를 마치 모든 서독 이탈 주민이 그런 것처럼 확대함으로써 사회적 편견을 양산했다.[202]

게다가 서독 이탈 주민을 향한 동독민의 시기와 질투도 만만찮았다. 특히 1950년대에는 동독 주민조차 여러모로 결핍된 것이 많다 보니 동포라도 어찌 됐든 외부인인 이들에게 먼저 일자리와 주택이 주어지는 것 같은 상황이 달가울 리 없었다. 한 서독 여성은 1954년 셋째 아이를 임신한 상태에서 동독으로 이주했다. 이들은 동독 이탈 주민이 남기고 간 방 두 칸짜리 아파트를 배정받았는데, 다섯 식구에게는 너무 비좁고 추웠다. 이처럼 열악한 주거 환경도 견디기 힘든데, 아파트 주민까지 이들을 냉대했다. 서독에서 이주해온 이들이 동독인보다 빨리 집을 얻었다고 여겼기 때문이다.[203] 1950년대 동독에서 제대로 된 집을 구하려면 먼저 서독으로 갔다가 돌아와야 한다는 말이 널리 퍼질 만큼 서독 이탈 주민을 지원하는 것 자체에 동독 주민은 거부감을 느꼈다.[204]

서독 이탈 주민 가운데 서독에 갔다가 귀환한 동독인이 정착 지원을 받게 되자 동독 원주민의 불만은 더욱 커졌다. 1954년 한 동독 이탈 주민이 서독에 정착하지 못하고 동독으로 돌아왔다. 동독 정권이 동독 이탈 주민에게 다시 돌아오면 이탈 전에 소유한 재산을 돌려준다고 선전하며 귀향을 부추기던 때였다. 그는 이탈 전에 거주하던 집과 소유물을 돌려받았다. 이로 인해 그동안 이 집에 살던 동독 주민은 퇴거해야 했다. 그리고 이 집의 차고를 이용하던 한 국영 기업도 다시 임대 계약을 맺어야 했다.

상황이 이렇게 되자 동독의 원주민은 나라를 버리고 서독으로 갔던 그에게 국가가 왜 이렇게 지원해주는지 이해할 수 없다며 분노했다.[205] 동독 정권이 동독 이탈 주민을 각종 선전을 통해 '서방의 매수에 넘어간 배반자'라고 격렬히 비난하면서도 이들의 귀환을 장려하고, 또 돌아온 이들에게 특별 지원을 해주는 이중성은 당연히 동독인에게 이해할 수 없는 모순으로 다가왔을 것이다. 이러한 부정적 여론이 얼마나 거셌는지는 1957년 동독 정권이 서독 이탈 주민에게 주는 특혜를 모두 폐지한 점을 통해 엿볼 수 있다.

동독 주민의 부정적 시선은 전체적으로 동독 체제가 안정되고 이탈 주민 수도 급감한 1960년대 이후에도 발견된다. 1979년 동독 여성과 결혼하기 위해 동독으로 이주한 자이델(H. Seidel)은 누군가 고의로 자신의 자동차 바퀴에 구멍을 내는 것과 불신으로 가득한 눈초리로 자신을 쳐다보는 사람들에게 익숙해졌다고 진술했다.[206] 또 1985년 동독 정권은 크게 늘어난 합법적 이주 신청에 대응해 2만 명의 동독 이탈 주민이 귀환을 신청했다고 대대적으로 선전했는데, 이때도 '배신자'라는 비난 아래 많은 동독 주민이 이들의 귀환을 반대했다.[207] 일반적으로 거주지를 옮긴다고 해서 배신자라고 비난받지는 않는다. 그러나 동독 주민의 이러한 반응은 동서독 간의 이주가 분단 시기 내내 냉전의 정치적, 이데올로기적 틀을 벗어나지 못했음을 보여준다.

서독 이탈 주민이 동독에 신속하고 순조롭게 정착하지 못한 또 다른 요인은 서독과 달리 동독에서는 동독 사회단체의 지원이 저조했다는 점이다. 물심양면으로 동독 이탈 주민을 지원했던 서독의 민간단체와 달리, 동독의 사회단체는 서독 이탈 주민의 정착을 지원하는 데 소극적이었다. 기본적으로 서독처럼 종교 단체나 사회복지 단체가 이탈 주민 수용소를 운영한 사례는 없었다. 또 이들은 수용소 내에 혹은 이탈 주민이 수용소를 나온 이후 정착하는 과정에서 도움을 청할 수 있는 상담처도 개설하지 않았다. 이는 기본적으로 통사당 정권이 모든 것을 주도하고 일반 민간단체는 독자적으로 사회정치 활동을 하기 어려운 동독 체제의 구조적 요인 때문이었다. 동독 주민의 자원봉사는 1963년 한 과학자가 사자 수용소에서 화성과 달 여행에 대해 강연한 것처럼 수용소의 정치·문화 교육 프로그램의 범위에서 개인적으로 재능 기부를 하거나 동독의 대중조직 혹은 국영 기업 대표가 동독 체제에 관해 강연하는 정도였다. 그런데 이들 단체는 그나마 예정된 강연을 사전 예고도 없이 취소하는 일도 적지 않았다.[208]

서독 이탈 주민 셸(Schel)의 사례가 이러한 상황을 잘 보여준다. 셸은 지극히 개인적이고 원자화된 서독과 달리 동독은 좀 더 인간적이고 공동체를 중요시한다는 점에 이끌려 동독 이주를 결정했다. 그러나 그는 동독에서 외톨이였다. 독소우호회(Gesellschaft für Deutsche Sowjetische Freundschaft)에 가입하고 싶었지만 아무도 그에게 가입 의사를 물어보지 않았다. 5월 1일 노동절이나 10월 9일 동독 건국기념일 행사 때 통상적으로 벌어지는 행진에도 셸은 초대받지 못했다.[209] 즉 그가 신속하게 동독 사회에 통합될 수 있도록 도움의 손길을 내밀고 이끌어준 사회단체는 없었다.

이처럼 동독 사회의 편견과 차별, 무관심에 직면한 서독 이탈 주민은 자신이 2등 국민이라고 느끼게 됐다. 그러자 이러한 처지에 불만을 토로하는 서독 이탈 주민의 진정서가 줄을 이었고, 이탈 주민 담당 기관과의 면담 때도 같은 문제가 제기됐다. 주로 동독 주민이 자신을 '2등 국민'으로 여기고 불신하기 때문에 아무도 사귈 수 없다거나, 대부분의 동독 주민이 자신을 두 개의 범주, 즉 명청이(동독으로 이주했다는 점에서) 아니면 범죄자로 취급한다는 내용이었다.[210]

설상가상으로 서독 이탈 주민은 서독에 있는 가족이나 친지와의 관계에서도 어려움을 겪었다. 이들이 동독 이주를 결정했을 때 가까운 가족, 친구, 지인은 종종 이들의 결정을 욕하거나 저주에 가까운 반응을 보이기도 했다. 서독 여성 지그리트(M. Sigrid)는 1958년 어린 딸과 함께 배우인 남편을 따라 동독으로 이주했다. 이로 인해 그녀는 주변의 모든 사람에게서 미친 사람 취급을 받았고, 남편은 공산주의자로 낙인찍혔으며, 이주 후에는 아예 서독의 가족과 연락이 단절됐다. 또 다른 서독 이탈 주민 엘마르(S. Elmar)는 동독으로 이주 결정을 내린 후 친척으로부터 국가안전부의 첩자로 매도됐고, 얼빠진 공산주의자라는 비난을 들었다. 더욱이 엄마를 제외한 친척이나 지인과 30년 넘게 관계를 단절하고 살아야 했다.[211] 익숙한 환경을 떠나 낯선 사회주의 체제로 이주해온 상황에서 향수를 달래줄 가족 친지와의 관계까지 단절된 이탈 주민은 더욱 심적인 고통이 컸을 것이다.

이러한 상황에서 서독 이탈 주민이 동독 이탈 주민처럼 단체를 조직해 서로 만나고, 자신들의 이해관계를 좀 더 적극적으로 대변할 수 있었다면 동독에 정착하기가 훨씬 수월했을 것이다. 그러나 동독 정권은 서독 이탈 주민끼리 만나거나 이들이 단체를 조직하는 것을 허용하지 않았다. 서독 체제를 경험하고 돌아왔거나 서독에서 사회화된 이들이 정착 과정에서 정치적으로 조직화되면 동독 주민에게 부정적 영향을 미칠 수 있다는 우려 때문이었다. 그래서 동독 정권은 서독 이탈 주민 간 교류의 싹을 철저히 제거했다. 이를테면 동독 거주 허가를 받은 서독 이탈 주민에게 정착지를 배정할 때 이들이 한곳에 집중되지 않도록 신경 썼다. 또 일선 취업 알선 기관에도 서독 이탈 주민이 특정 직장이나 분야에 집중적으로 고용되지 않도록 하라는 지시를 내렸다.[212]

종종 예외는 있었다. 마그데부르크시에 정착한 서독 이탈 주민 69명은 독일 우편국에 취업했다. 이들 가운데 다수는 화물차 운전사로 근무했다. 이 사실을 알게 된 상부 기관이 독일 우편국에 시정을 요구했지만, 독일 우편국 책임자는 인력이 부족하다는 이유로 그 지시를 좀처럼 따르지 않았다.[213] 또 다른 예로 콧부스(Cottbus)에서는 서독 이탈 주민을 요식업 분야에 집중적으로 배정했다. 이것이 문제가 되자 이 분야의 책임자들은 "당신들이 대체 인력을 데려오든지 아니면 우리가 문을 닫든지! 책임은 당신들이 지시오"라며 불만을 터뜨렸다. 이에 상부 기관은 경제적 필요만 생각해서 "예나 지금이나 기업의 보안은 생각하지 않고 귀환자나 서독인 이주민에게 경제의 요직을 맡기거나 이들을 같은 곳에 집중 배치한다"라며 질책했다.[214] 이처럼 서독 이탈 주민의 수용과 정착은 동독 정권의 강박적 안보 불안과 냉전 논리에서 결코 자유로울 수 없었다.

동독 스파이의 정착 사례: 기욤과 바크스

서독 이탈 주민 가운데는 서독에서 동독을 위해 스파이 활동을 하다가 동독으로 넘어온 사람도 있다. 대표적으로 앞서 언급한 바크스와 기욤을 들 수 있다. 바크스는 서독 출신으로 동독 국가안전부에 스파이로 포섭됐고, 기욤은 동독 출신으로 이탈 주민을 가장해 서독에 침투한 경우다. 또 바크스는 정체가 발각되기 전에 동독으로 넘어왔고, 기욤은 스파이 신분이 발각돼 서독에서 8년간 옥고를 치른 후 스파이 맞교환으로 귀환했다. 그렇다면 동독에서 이들의 삶은 어떠했을까?

우선 자동차 엔지니어로 서독에서 자동차 정비소를 운영하던 바크스는 동독 이주 후 계속 사업을 이어갔다. 그는 당연히 스파이 활동의 공로를 인정받아 좋은 조건에서 새 출발했다. 국가안전부로부터 재정 지원을 받아 동베를린 외곽에서 정비소를 개업했고, 국가안전부를 위해 차를 정비하고 개조했을 뿐 아니라 합성수지를 이용한 차량 용품을 개발하고 고속 보트까지 제작했다.[215] 그런가 하면 밀수와 암거래 전력이 있는 그는 서독의 화장품에서 나일론 제품에 이르기까지 동독 주민에게 선망의 대상인 물품을 서독에서 조달해와 되팔았다. 때로는 그가 직접 동서독 국경까지 가서 서독 화물차에 가득 실어온 서독 제품을 인수하기도 했다. 그뿐 아니라 그는 동독에서 당연히 수입이 규제된 볼보, 벤츠, BMW까지 보유했다.[216]

이러한 행보는 사회주의 계획경제, 냉전 상황에 비추어볼 때 완전히 이례적이고 동독 법규에도 어긋나는 일이다. 이는 그만큼 특혜를 누렸다는 것을 의미한다. 이에 힘입어 바크스의 사업은 1960년대 말까지 번

창했고, 그 덕에 그는 수영장까지 딸린 주택에 살았다. 그는 많게는 70명에 달하는 직원을 고용했는데, 월급도 더 많이 주고 보너스도 지급했다. 적자가 생기면 국가안전부가 메워주었다.[217]

이처럼 초기에는 동독 정권의 우대로 그가 하고자 하는 대로 살 수 있었지만, 1970년대에 들면서 그의 삶은 하락세로 접어들었다. 우선 1970년 그가 운영하던 정비소는 그의 반대에도 국영 기업으로 전환됐다. 동독 정권이 사회주의 체제에 위배되는 그의 예외적인 사업을 언제까지 눈감아줄 수는 없었기 때문이다. 또 1970년대 이래로 긴장 완화 추세가 본격화되고 울브리히트에서 호네커로 정권이 교체된 것도 작용했다. 바크스는 동서 대립이 치열하던 1950년대에 사보타주나 테러 등 반서독 활동의 전위에 있었기 때문에 긴장 완화 추세에 쉽게 동화되지 못했다. 그러니 계속해서 이 방면으로 자신의 존재감을 입증하려고 했고, 결국 서독과의 긴장 완화에 응했던 호네커 정권에는 필요하지도 달갑지도 않은 존재가 됐다. 나아가 바크스가 자신의 이해관계를 관철하기 위해 서독으로 이주하겠다는 협박 카드를 종종 사용했기 때문에 더욱 요주의 인물이 될 수밖에 없었다. 호네커 정권은 긴장 완화 추세에 힘입어 국제사회에서 동독의 국가적 지위를 인정받기를 원했다. 그렇기 때문에 스파이 활동을 통해 이전 시기에 동독이 자행한 범죄를 잘 알고 있는 바크스가 그 사실을 폭로할 경우 불러올 후폭풍을 우려한 것이다.[218]

바크스는 오히려 동독 정권이 긴장 완화 정책을 펼치며 너무 멀리 나갔다고 불만스러워했고 결국 호네커와 부딪칠 수밖에 없었다. 발단은 바크스가 자신의 존재 가치를 입증하려고 1972년 말 이스라엘 정보기관의 기록이 저장된 것으로 알려진 컴퓨터를 입수한 일이었다. 냉전 시기에 서방은 사회주의 국가에 컴퓨터 관련 제품 수출을 금했는데, 바크스가 불법 밀수한 것이다. 그는 그 대가로 국가안전부에 돈과 자신의 능력을 인정하라고 요구했다. 그러나 그에게 돌아온 것은 예상치 못한 시련이었다. 그가 장담한 것과 달리 컴퓨터에는 이스라엘 정보기관의 기록이 들어 있지 않았고, 국가안전부는 이 일을 빌미로 안 그래도 요주의 대상인 바크스를 제거하려고 나섰다. 이에 따라 바크스는 거의 2년간 구금됐고, 그다음에는 정신병원으로 보내졌다.

다행히 그는 정신병원에서 풀려나 1976년 다시 소규모 정비소를 운영했다. 하지만 여전히 영업 허가를 넘어서는 범주의 물건, 예를 들어 동독의 인민군대를 위한 레이더 스크린, 총격 속에서도 진로를 유지하고 시속 60킬로미터 속도를 낼 수 있는 첩보용 보트 같은 것을 만들었다.[219] 또 1984년 8월 23일 암 환자가 되어 죽음이 머지않았는데도 한 국가안전부 요원에게 마지막으로 앞서 언급한 반공단체 러시아 연대주의자 연합(NTS) 부설 인쇄소를 수류탄으로 폭파하게 해달라고 요청했다.[220] 결국 그는 11월 사망할 때까지 국가안전부가 더 이상 자신을 필요로 하지 않는다는 사실을 알아차리지 못했다. 그는 동독 이주 후 우대받고 경제적으로 안정된 상황에 있었지만, 더 이상 그가 설 정치적 활동 무대는 없었다.

한편 바크스와 달리 동독 이탈 주민 출신의 스파이 기욤은 바크스가 사망하기 몇 년 전인 1981년 동독으로 돌아왔다. 그도 처음에는 동독을 위해 스파이 활동을 한 공로를 인정받아 호네커의 초대도 받고 어렵지 않게 새로 출발했다. 그러나 그 역시 동독에서 공개적으로 정치 활동을 이어가는 것은 허락되지 않았다. 정체가 탄로 난 스파이이자 서독 총리

빌리 브란트의 사퇴를 불러온 장본인인 기욤이 동독에서 영향력을 행사하면 1970년대 이래로 안정화되어 가던 동서독 관계에 불협화음을 일으킬 가능성이 컸기 때문이다. 무엇보다 동독 정권 자체가 긴장 완화가 몰고 온 현상을 유지하려 했기 때문에 옥고를 치르고 귀환한 기욤을 철저히 통제해야 할 잠재적 문제 요소로 여겼다.

상황이 이러하니 귀환 후 기욤의 활동 입지는 좁을 수밖에 없었다. 원래 기욤은 스파이로 활동한 대가로 통사당 정치국에 한 자리를 얻거나 국가안전부 대서독 스파이 담당 장교가 되고 싶었다. 그러나 이는 성사되지 않았다. 당시 국가안전부 장관 대리인 볼프(M. Wolf)는 훗날 회고록에서 그 이유를 기욤이 오랫동안 스파이 업무에서 빠져 있었기 때문이라고 밝혔다.[221] 그러나 동독으로 귀환했을 때 기욤은 50대 중반으로 그리 많은 나이도 아니었고 오랫동안 서독에서 스파이 활동을 한 베테랑이었다. 그러니까 서독에서 수감 생활을 하느라 생긴 공백 때문에 그가 원하는 자리를 주지 않았다는 볼프의 주장은 설득력이 부족하다. 더욱이 예전처럼 일선에서 직접 스파이 활동을 하는 것도 아니고 한발 물러나 동독에서 이와 관련된 일을 하겠다는데도 말이다. 따라서 실제 이유는 기욤이 더 이상 세태와 정치적 여건에 맞지 않아서였을 가능성이 더크다.

그렇다고 동독이 기욤을 박대한 것은 아니다. 동독 정권은 그에게 정치적 영향력을 행사할 수 있는 지위는 허락하지 않았지만, 대신 명예를 선사했다. 그는 카를 마르크스 훈장을 받았고, 국가안전부 대령으로 임명됐다. 또 1985년에는 국가안전부 산하의 포츠담 법학대학(Juristische Hochschule in Potsdam)에서 '존경의 표현으로' 명예박사 학위를 받았다.

사인회까지 예고됐지만 사장된 기욤의 책

하지만 언론과 대중에 노출되지 않도록 훈장과 명예박사 학위 수여는
철저히 비공개로 진행됐다. 국가안전부 활동도 오로지 국가안전부 내
부에서 요원 교육에만 투입됐다.

　이처럼 기욤의 존재가 드러나지 않도록 통제한 국가안전부의 행태
는 이뿐만이 아니었다. 국가안전부는 기욤 부부의 첩보 활동을 담은 영
화 〈임무 완수(Auftrag erfüllt)〉를 제작했지만, 이를 공개 상영하지 않고
오직 국가안전부 요원의 교육용으로만 이용했다. 나아가 기욤이 집필

한 책 《진술(Aussage)》도 결국은 사장됐다. 기욤에 대해 아무것도 모르는 동독 주민에게 과거 그가 서독에서 스파이 활동을 했다는 것을 알리기 위해서 쓴 책이었다. 국가안전부는 1980년대에도 서독을 '전쟁 도발자의 아성'으로 여긴 강경주의자 기욤의 책이 불러올 부정적 여파를 우려한 나머지 책은 출판하되, 서점을 통해 보급되지는 못하도록 배후에서 통제했다. 요컨대 국가안전부는 1987년 기욤의 저서 출판 작업에 착수해 1988년 12월 책을 발간했고, 그를 동독 최고의 스파이 가운데 한 명이라는 제목으로 인터뷰 기사까지 나오게 했다. 그러나 그의 책은 아주 소량만 인쇄돼 극소수만이 접할 수 있었고, 얼마 뒤에는 아예 서점에서 사라졌다. '업무상으로만 이용'이라는 스탬프가 찍힌 채 도서관의 금서 보관장으로 보내진 것이다. 기껏해야 국가안전부 요원만이 교육 목적으로 이 책을 접할 수 있었다.[222] 이처럼 마치 그림자와 같은 존재가 된 기욤은 1995년 베를린에서 사망했지만, 그의 죽음 역시 언론에 보도되지 않았다. 결국 대중의 머릿속에서 잊힌 존재가 되고 말았다.

다시 서독으로: 재이탈

동독으로 이주한 서독 주민 가운데 상당수는 다시 서독으로 돌아갔다. 1959년과 1960년에는 거의 4분의 1이, 1961년에는 50퍼센트에 육박하는 이들이 돌아갔다.[223] 그 후에도 평균적으로 약 3분의 1이 동독을 재이탈했다.[224] 이것이 서독 이탈 주민에게만 해당되는 현상은 아니었다. 원래 이주는 더 나은 삶에 대한 기대를 갖고 하는 것인 만큼 이것이 충족되지 못하면 재이주를 시도하는 것이 자연스러운 반응이고, 동독 이탈 주민도 그러했다.

이들의 귀환 동기는 구체적으로 무엇이었을까? 귀환은 타의와 자의로 구분할 수 있다. 타의에 의한 귀환은 여러 결격 사유에 의해 동독 정권이 돌려보낸 것이다. 동독 정권은 서독 이탈 주민 가운데 동독 사회에 부정적 영향을 미치고 안보를 위협할 수 있다고 의심되는 사람을 돌려보냈다. 동독 측의 한 자료에 따르면 1959년 1787명에 달하는 서독 이탈 주민이 서독으로 추방됐는데, 주요 사유는 이들이 노동을 기피했고, 도덕적으로 해이했으며, 신원 조사 과정에서 거짓 진술을 하거나 동독에 거주하는 동안 서베를린에서 취업 활동을 했기 때문이다.[225] 구체적으로는 일자리를 알선했지만 제대로 출근하지 않았거나, 이탈 주민 수용소에서 폭행을 하고, 지나친 음주로 민폐를 끼치며, 전과자임에도 이를 밝히지 않고 신상 정보를 위조했다 발각되거나, 절도, 공금 횡령[226] 등을 한 이들이었다. 이러한 양상은 베를린 장벽 수립 이후 더 엄격해져서 아무리 탐낼 만한 전문 인력이라도 범법 사실이 발견되면 서독으로 돌려보냈다. 예컨대 전자공학을 전공한 한 서독인은 1962년 3월 30일 직접 자가용을 몰고 동독으로 넘어왔다. 전문 인력인 그는 주로 지식인에게 배정된 페르흐 수용소에 머물렀다. 그러나 그가 타고 온 자가용은 물론이고 차에 실려 있던 전기제품이 모두 훔친 것으로 드러났고, 그는 2개월 만에 서독으로 돌려보내졌다.[227]

그러나 겉으로 드러난 행위만이 아니라, 자세한 정황을 함께 살펴보면 서독으로 추방된 사람을 동독이 주장하는 대로 사회 부적응자나 범죄자로 일반화하는 것은 다소 문제가 있다. 우선 이들 가운데 적성과 능력에 합당하지 않은 일자리를 제공받아 직장 생활에 마음을 붙이지 못한 경우가 많은데, 이를 무조건 사회 부적응자, 노동 기피자 혹은 생산에 차질을 초래하려는 자로 일반화하긴 어렵다.

범죄자의 기준도 마찬가지다. 1959년 한 동독 측 조사 자료는 서독 이탈 주민이 동독에서 저지른 범죄행위를 사람 빼내오기(동독 이탈 유도), 국가 모독, 국가 비방, 국가권력에 대한 도전, 절도를 비롯한 재산권 침해, 여권법 위반 등으로 분류했다.[228] 그러나 이 가운데 재산권 침해를 제외한 나머지 범죄는 다른 관점에서 해석할 수도 있다. 동독에서 법 적용이 정치 논리를 따르는 경우가 많았다는 점을 고려하면 더욱 그렇다. 서독인이 동독의 비민주적 정치체제를 비판하거나 혹은 불만족스러운 상황에 대해 항의하면 국가 모독이나 비방, 국가권력에 대한 도전 등의 혐의로 충분히 범법자가 될 수 있었다. 이 조사 자료에 의하면 1958년 서독 이탈 주민의 범죄율은 전체의 8.8퍼센트에 달했고, 주로 정치적 범죄였다. 요컨대 사람 빼내오기 죄목으로 분류된 사람들 가운데 서독 이탈 주민이 차지한 비중은 36.5퍼센트였고, 국가 권력에 대한 도전이 17.2퍼센트, 국가 비방이 14.2퍼센트였던 데 비해 재산권 침해는 9.3퍼센트에 불과했다. 1960년과 1961년에 시행된 조사 결과를 봐도 죄목 분류 범주가 약간 다르지만 전체적으로 나타나는 양상은 비슷하다.[229] 서독 이탈 주민은 잠재적인 위험요소로 간주되어 감시를 당했기 때문에 이들의 일탈 혹은 위법행위가 더 쉽게 눈에 띄었을 것이고, 이것이 높은 범죄율로 나타난 측면도 있다.

동독 정권이 추방한 이들을 제외하면 서독 이탈 주민의 자발적 재이탈 사유는 다양하다. 우선 개인적, 가족적 동기를 들 수 있다. 1958년 단신으로 동독에 온 한 미성년자는 아직 부모의 동의 없이 스스로 결정할 수 있는 18세가 되지 않았기 때문에 부모의 요구에 따라 서독으로 돌아갔다.[230] 또 다른 젊은이는 서독에 있는 가족이 그리워서 혹은 아버지 사망 후 홀로된 어머니를 봉양하기 위해 서독으로 돌아가기도 했다.[231] 다른 한편으로 동독의 정착 여건이 서독 이탈 주민의 기대에 못 미쳤다는 점도 영향을 미쳤다. 서독 이탈 주민의 다수는 서독에서 경험한 사회경제적 결핍이 동독 이주를 통해 해소될 것이라고 생각했다. 또 체제 경쟁을 벌이는 분단 상황에서 상대방 체제로 가면 환대받을 것이라고 기대했을 것이다. 그러나 막상 동독에 와서 동서독 생활수준의 격차와 불충분한 소득, 열악한 주거 환경 등을 직접 겪어보니 실망이 클 수밖에 없었다.

동독으로 넘어오는 이탈 주민이 많고 동독 자체의 상황도 안정되지 않았던 1950년대의 이탈 주민은 당연히 열악한 여건 속에서 정착했다. 하지만 1960년대 이후에도 동독 사회에는 여러 면에서 부족한 것이 많았다. 서독 이탈 주민은 동독 주무관청에 불만을 제기하고 실랑이를 벌였지만 개선하겠다는 약속은 쉽사리 지켜지지 않았다. 오히려 동독 관청은 서독의 생활수준에 맞추어진 이들의 요구에 동독의 상황을 전혀 모르고 와서는 비현실적인 요구를 한다고 비판했다.

광역행정구 게라의 이탈 주민 주무관청이 국가안전부에 올린 보고서를 보면, 1964년 게라 소속의 하위 행정구 잘펠트로 이주해온 일곱 명의 서독인 가족을 비판적으로 평가했다. 이 가족은 동독 측이 마련해준 주택을 집세도 비싸고 지은 지 오래된 낡은 주택이라는 이유를 들어 퇴짜를 놓았다. 특히 부인은 여러 차례 면담에서 그들이 서독에서 살던

대로 모든 편의시설을 갖춘 주택을 달라고 요구했다. 또 그녀는 열대과 일이나 채소를 사기 위해 몇 시간씩 줄을 서야 하고, 서독보다 돈벌이도 어렵고, 융자금도 너무 적다는 불만을 늘어놓았다. 동독 관청의 실무자한테는 이러한 그녀의 태도가 허황될 뿐 아니라, 서독을 찬양하는 것으로도 비춰졌다.[232]

급기야 1971년 국가안전부 주무부서 Ⅶ은 국경검문소 인근의 이탈 주민 신고소에서 갓 넘어온 서독 이탈 주민을 면담할 때 취업, 주택, 거주지에 대해 충족되지 못할 요구를 하는 사람은 아예 그 자리에서 돌려보내라고 권고했다.[233] 이러한 상황은 결국 서독 이탈 주민의 재이탈, 즉 동독을 떠나 서독으로 다시 돌아가게 만들었다.

서독 이탈 주민이 동독 체제에 만족하지 못한 것은 경제적 혹은 직업적 이유 때문만은 아니었다. 좌파적 세계관을 지니고 동독의 사회주의 체제를 지지하거나 서독 이탈 전부터 동독에 호감을 가졌던 이탈 주민의 일부도 동독 체제의 실상을 직접 접한 뒤 실망해 재이탈을 시도했다. 오래전부터 열렬한 공산주의자이자 서독의 독일공산당[234] 당원이던 도트(M. Dott)는 1973년 딸과 함께 동독으로 이주했다. 공산당원으로서 동독과 접촉해온 그는 1971년 동독 연수를 갔다가 그곳에서 한 여성을 알게 됐고, 그녀와 결혼하기 위해 이주한 것이다. 바르비 수용소로 배정돼 9개월을 보내고 다시 광역행정구 수용소에서 3개월을 머문 그는 그 과정에서 동독에 대한 환상이 깨졌다. 결국 새로 일군 가족과 함께 여러 차례에 걸쳐 서독 이주를 신청했다.[235]

동독에 와서 정치 선전에 동원되며 환대를 누린 일부 서독 이탈 주민 중에도 다시 돌아간 사람이 있다. 서독 헌법수호청장이던 욘은 동독에 거주하면서 통일의 밑거름이 되려고 했지만 동독 정권의 정치 도구로 이용될 뿐 실제 동서독의 관계 개선이나 통일을 위해 독자적으로 할 수 있는 일이 없었다. 더욱이 그가 생각한 만큼 동독이 나치 청산을 철저히 하지 않은 것을 알게 돼 실망감도 컸다. 그는 청산돼야 할 나치 친위대 출신이 통사당이 주력하던 대서방 공작에 기용되는 것을 보고 분노했다.[236] 이에 따라 그는 자신이 잘못 생각했다는 것을 깨닫고 동독을 탈출해 서독으로 돌아갔다.

장교 출신인 글리가 역시 동독을 떠났다. 명예욕이 컸던 글리가는 국가안전부의 고위 장교 자리를 탐냈지만, 이것이 실현되지 않자 서독으로 돌아가기로 마음먹었다. 서독을 이탈한 사유가 사회주의에 대한 신념이 아니라 서독에서 저지른 범죄로 인해 처벌받을 것을 피하기 위해서이기 때문에 기본적으로 그는 동독 체제에 애착이 별로 없었다. 그러나 서독에서는 체포 명령이 내려져 있었고, 또 1961년 베를린 장벽까지 세워져 마음대로 돌아가기 어려운 상황이었다. 이에 그는 서독의 연방정보국과 접촉해 동독 관련 정보를 제공하는 조건으로 거래하면서 귀환할 기회를 만들려고 했다. 하지만 이러한 그의 행보가 동독 국가안전부의 감시망에 걸렸고, 결국 1963년 5월 18일 스파이 혐의로 체포됐다. 이후 재판에 회부돼 유죄 판결을 받은 그는 7년간 복역한 뒤 1969년 정치범 석방 거래를 통해 풀려나 서독으로 돌아갔다.[237]

그런가 하면 애초부터 동독에서는 일정 기간만 머문 후 곧 서독으로 돌아오겠다는 생각으로 이탈한 사람도 있었다. 1950년대 동독에 온 한 서독 청소년은 동독에서 견습 자리(Lehrstelle)를 얻어 직업교육을 받은 후 졸업하자마자 서독으로 돌아갔다.[238] 그가 동독에 온 것도 서독에서는 견습 자리를 얻지 못했기 때문이었다. 상대적으로 교육 지원에 더 적극적인 동독에서 필요한 수혜만 누린 후 돌아간 것이다. 마음만 먹으면 서독으로 가는 것이 그리 어렵지 않던 1950년대라 이러한 시도는 얼마든지 가능했다.

서독 이탈 주민의 재이탈에는 서독 이탈 동기가 어느 정도 영향을 미쳤다. 예를 들면 정치적 신념 때문에 혹은 동독 이주 전부터 어떤 이유에서든 동독에 호감을 지녔거나, 아니면 소명의식 때문에 동독으로 이주한 성직자처럼 확고한 목표가 있는 이탈 주민은 물질적 혹은 사회적 여건이 여의치 않더라도 동독을 떠나지 않았다.

예를 들면 전차 운전사였던 한 서독인은 1988년 동독으로 이주했다.[239] 정치적으로 좌파였고 서독공산당을 심정적으로 지지한 그는 1980년 동독에서 열린 국제 청소년 캠프에 참석한 이후 동독과 계속 교류했다. 그 과정에서 서독이 국가로는 부유하지만 빈곤과 노숙자 문제를 해결하지 못하는 정의롭지 않은 사회임을 인식하고 불만을 갖게 됐고, 평화주의자로서 반핵운동을 표명했다. 이러한 비판적 인식 뒤에는 서독에서 노조 시위에 연루돼 5년간 취업하지 못한 개인적 불운도 작용했다. 그리고 어머니가 동독 이탈 주민이라 동독에 친척이 있어 서독 이탈 전부터 자주 동베를린을 방문하기도 했다. 그러면서 물질주의적 가치관이 지배하는 서독과 달리 동독에서는 인간적 유대감이 느껴진다고 긍정적으로 인식했다. 동독으로 이주한 후 기관사 면허를 딴 그는 전차 운전사로 근무했다. 많은 서독 이탈 주민이 동독의 만성적 소비재 결핍에 불만이 많았지만, 동독 체제가 더 인간적이고 정의롭다고 여긴 그에게 이는 큰 문제가 되지 않았다. 자신이 좋아하는 기호품은 공급이 원활할 때 여유 있게 구입해 비축했고, 빵이나 우유 같은 생활필수품은 정부가 지원해 가격이 매우 저렴했기 때문에 생활하는 데 큰 불편이나 불만이 없었다.[240] 그는 동독 체제가 기대에 완전히 부합하지는 않지만, 그렇다고 동독 이주를 후회할 만큼 나쁘지도 않다고 여겼고, 통일도 서독이 동독에 합병되는 식으로 되기를 희망했다.[241]

또 다른 예로는 에더(Kartrin Eder)를 들 수 있다. 독일공산당 당원 출신으로 적극적으로 정치 활동을 하던 그녀는 1974년 뮌헨에서 서베를린으로 이사한 후 서베를린통사당(SEW)[242]에 가입했다. 그곳에서 동독의 유명 밴드인 '10월 클럽(Oktoberklub)'의 멤버였던 랄프(Ralf)를 만나 사귀게 됐다. 이듬해 에더는 결국 동독으로 이주했고, 1977년 둘은 결혼했다. 동독에서 언어치료학교 교사로 재직한 그녀는 아동의 정치교육은 조기에 실시하는 것이 좋다는 의견이었지만, 전체적으로 경직되고 권위주의적인 동독의 교육방식은 마음에 들어 하지 않았다.[243] 그럼에도 그녀는 동독 이주를 후회하지 않았다. 기본적으로 동독 체제가 표방하는 정치적 이상을 지지했기 때문에 동독에서 사는 데 별 문제가 없었던 것이다. 또 동독의 물질적 결핍도 크게 불편하지 않았다. 에더는 소비재 결핍이 만성화된 동독의 상황이 오히려 삶을 소박하게 만든다며 만족해했다. 또 생활필수품 가격도 싸고, 이주 후 처음에 구한 집도 작지만 살기에 충분했으며, 아이들도 동독의 자연을 즐기며 성장했다고 회고했다. 단지 서독에 거주하는 아버지의 생신을 맞아 서독 방문을 신청했는데, 가족을 동반하지 않고 혼자 단 며칠간만 머무르는 조건으로 어렵게 승인받은 점은 불만스러워했다.

또한 정치적으로 사회주의에 호감을 가진 이탈 주민은 동독 정부가 정착 지원을 제때 해주지 않아 불편을 겪더라도 큰 불만 없이 잘 견뎠다. 예컨대 한 서독 이탈 가족은 1962년에도 주택 수급 사정이 좋지 못해 정상 주택이 아닌 주말 농장의 오두막에 임시로 기거하게 됐다. 부엌도 없고 난방도 제대로 되지 않았으며 전기 시설도 없는 곳이었다. 이로 인해 일상생활에 지장이 많았지만 부부는 서독 이탈 주민 모임에서 대화를 나눌 때 자신들의 열악한 상황을 내세워 동독을 싸잡아 비판하지 않았다. 오히려 다른 서독 이탈 주민이 동독 생활을 놓고 불만을 토로할 때 서독이 안고 있는 문제를 언급하면서 토론이 부정적으로 흐르지 않도록 유도했다.[244]

종교적 소명의식에서 동독으로 건너온 성직자 역시 여러 면에서 삶의 제약을 받았는데도 동독에 머무르며 주어진 삶에 충실했다. 개신교 성직자 팔케는 1952년 성직자 부족으로 인한 동독 개신교회의 위기 상황을 접하고 동독으로 이주했다. 그는 국가안전부의 감시를 받았고, 목회 활동에도 방해를 받았지만, 묵묵히 자신의 소임을 다했다. 또 다른 개신교 성직자 케른은 동독 출신으로 함부르크에서 신학을 공부한 후 서독 출신 부인 잉그리트 케른(Ingrid Kern)과 함께 동독으로 돌아왔다. 그 역시 성직자가 부족해 위기에 처한 동독의 상황을 잘 알고 있었기 때문이다. 이주 후 그는 종교 지도자로서 활동했지만, 그 가족의 삶은 녹록지 않았다. 그의 아내는 베를린 장벽이 세워진 뒤 서독에 두고 온 가족을 만나지 못했고, 서독 방문 승인이 나지 않아 아버지의 장례식에도 참석하지 못했다. 또 원래 직업인 교사로서 활동할 수 없었으며, 자녀도 케른의 직업이 성직자다 보니 여러모로 삶에 제약을 받았다. 이처럼 케른 부부는 많은 어려움을 겪었지만 동독에서 목회 활동을 하며 살아온

세월을 긍정적으로 회고했다.[245]

귀환자와 서독 원주민 출신 이탈 주민을 비교하면 후자의 재이탈률이 더 높았다. 1954년 초부터 1961년 6월 30일까지 동독으로 이주해온 귀환자의 약 3분의 2는 동독에 머물렀지만, 서독 출신 이탈 주민은 50퍼센트에도 못 미쳤다.[246] 이는 충분히 예상 가능한 결과다. 서독 이탈 결정에 만족하는 정도는 귀환자에게서 더 높게 나타났다. 이들은 동서독 체제를 모두 경험하고 비교한 뒤 귀환을 결정했을 뿐 아니라, 동독으로 돌아가면 맞닥뜨리게 될 문제까지 사전에 충분히 심사숙고했기 때문에 동독 이주 후 크게 흔들리지 않았을 것이다.

반면 서독 원주민 출신 이탈 주민은 다수가 사회주의에 대한 정치적 신념보다는 동독으로 이주하면 좀 더 나은 여건에서 살 수 있으리라는 꿈을 안고 왔기 때문에 이것이 충족되지 않으면 다시 서독으로 돌아가고자 했다. 그뿐 아니라 동독에 고향이 있고 일가친척이 있는 귀환자와 달리, 이들은 동독과 긴밀하게 연결된 끈이 별로 없었다. 그래서 어려움이나 불만이 생기면 이를 감당하면서 동독에 뿌리를 내리기보다는 서독으로 돌아가기로 결정하는 편이 쉬웠을 것이다. 더욱이 베를린 장벽이 세워지기 전까지는 마음만 먹으면 큰 어려움 없이 돌아갈 수 있었기 때문에 서독 이탈 결정만큼이나 재이탈 결정도 쉽게 내렸다. 베를린 장벽이 세워진 뒤에도 서독 이탈 주민의 상당수는 동독으로 이주한 것을 후회하고 귀환을 결심했다. 이들 가운데 일부는 불법 탈출을 감행하거나 합법적 이주 신청을 하여 서독으로 돌아가려고 시도했다.[247]

그 밖에 정치적 이유로 돌아간 이탈 주민도 있었을 텐데, 이에 대해서는 자세한 정황을 알려주는 자료가 없다. 다만 서베를린으로 돌아와 수용 심사를 받은 서독 이탈 주민을 조사분석한 한 수용소 보고서(1961년 5월)에 따르면, 재이탈 동기로 정치적 압력을 꼽은 사람이 11.5퍼센트에 달했고, 가족 관련 문제가 31.1퍼센트, 동독 생활의 불만족이 34.2퍼센트였다. 즉 전체의 약 3분의 2가 가족과 물질적 생활 여건 때문에 동독을 이탈했으며, 정치적 동기는 그 비중이 낮았음을 알 수 있다.[248]

서독 이탈 주민의 재이탈은 특히 1950년대에 많았는데, 동서독 정권은 그 이유에 관심을 갖고 입장을 내놓았다. 동독은 재이탈의 원인을 동독 체제의 모순에서 찾는 것은 곧 동독에 대한 부정적 평가로 이어질 수 있어서 이를 철저하게 배제했다. 그 때문에 동독을 떠나 서독으로 간 사람들을 범죄자나 노동 기피자와 같이 질이 나쁜 사람들로 규정하고 그들에게 책임을 떠넘겼다. 동독 내부 원인으로는 기껏해야 일선 행정기관이 이들에게 온정을 베풀기보다 차가운 관료주의적 태도를 취했다거나 동독 사회단체의 지원이 뒷받침되지 않았다는 정도만 인정할 뿐이었다.[249]

한편 서독은 서독을 이탈한 주민이 다시 서독으로 돌아온 것은 동독 체제에 대한 불만에서 비롯된 것이라고 하여 정치적 동기를 부각했다. 반면에 서독 이탈 주민의 상당수가 서독에 두고 온 가족 때문에 되돌아왔다는 사실은 전혀 언급하지 않았다.[250] 동독 이탈 주민 문제에서 드러나듯이 이 역시 냉전 논리의 영향에서 자유롭지 못했다. 어떤 형태의 이주든 냉전과 분단 상황에서는 정치적 관점에서 해석되기 마련이다.

4

분단
독일의
가교

동독 이탈
주민

우편을 통한
동서독의
대화

동독 이탈 주민 문제를 연구할 때 가장 취약한 부분은 이들이 독일 분단사에 어떤 역할을 했느냐는 것이다. 분단 시기 수백만 명에 달하는 동독 이탈 주민의 서독 정착은 분단이 불러온 문제를 완화하는 역할을 했다. 비록 이들이 동독을 등지고 서독으로 왔지만 대다수는 동독과 단절되지 않았다. 동독에 가족과 친지가 남아 있었기 때문이다. 이에 따라 동독 이탈 주민은 서독 정착 후에도 이들과 연락을 주고받으며 교류의 끈을 이어갔다. 특히 베를린 장벽이 세워진 뒤 분단이 고착화되고 동서독 체제 간에 이질감이 깊어지는 상황 속에서 이들의 존재는 여러 면에서 동서독을 이어주는 연결고리였다.

편지 왕래

오랫동안 북한과 단절된 우리와 달리 독일은 분단 시기에도 동서독 주민 사이의 편지 교환이 가능했다. 편지는 지극히 평범한 의사소통 수단이다. 그러나 자유로운 왕래가 제약된 냉전과 분단 상황에서는 편지 왕래가 개인적 인간관계의 유지를 넘어 정치적 분단이 강요한 동서독의 단절을 저지할 수 있다는 점에서 좀 더 특별한 의미를 갖는다. 동서독 주민 간의 편지 왕래는 전쟁에서 이긴 연합국의 점령 통치기로 거슬러 올라간다. 제2차 세계대전이 끝난 직후 독일은 전승국의 군정하에서 전쟁 피해를 수습하는 데 주력했다. 이에 힘입어 1945년 5월부터 일단 지역별로 우편 업무가 재개됐고, 10월 이후에는 미국, 영국, 프랑스의 서방 3개국이 점령한 서독 지역과 소련이 점령한 동독 지역 간의 편지 왕래도 제한적으로나마 가능해졌다.[1]

그러나 냉전이 본격화되면서 서방 연합국이 1948년 6월 서독 지역에서 단독으로 화폐개혁을 하고, 이에 맞서 소련이 서베를린을 봉쇄하면서 양 지역 간 편지 왕래는 지극히 제한된 범위에서만 허용됐다. 1년 가까운 대립 끝에 서방 연합국과 소련은 1949년 5월 4일 뉴욕 협정을 통해 봉쇄 해제에 합의했다. 이어서 6월 20일 파리에서 열린 4개국 외무부 장관 회의에서 뉴욕 협정의 효력을 재확인하고 각각의 점령 지역에서 원활한 우편 교류를 보장하기로 결정했다.[2] 이를 토대로 우편 업무는 정상화됐고, 분단 이후에도 큰 지장 없이 계속됐다. 1968~1988년 서독에서 동독으로 17억 8500만 통, 동독에서 서독으로 22억 5000만 통의 편지가 발송됐다는 놀라운 사실은[3] 분단 상황에서도 동서독인 사이에는 광범위하게 의사소통이 되고 있었다는 것을 말해준다.

서신 왕래에서 중요한 역할을 한 것은 동독에 연고가 있는 동독 이탈 주민이다. 그 수가 수백만 명에 달했다는 점을 감안하면 이들로부터 비롯된 동서독 편지 교류의 영향력을 충분히 짐작할 수 있다. 동독 이탈 주민의 편지 교환 대상은 우선 동독에 거주하는 가족과 친척이었다. 운 좋게 일가족이 함께 동독을 이탈한 경우도 있지만, 아내와 자식을 두고 혼자 서독으로 넘어온 가장, 부모 형제를 남겨두고 단신으로 동독을 이탈한 청소년, 후일 데려갈 생각으로 자식을 부모에게 맡기고 떠난 부부 등 대부분의 동독 이탈 주민은 동독에 연고자가 있었다.

이들은 이탈 후 동독의 가족에게 편지를 써서 무사히 서독에 도착했음을 알렸고, 자신의 이탈로 인해 피해를 입지 않았는지를 확인하고 안부를 주고받았다. 이후 취업, 학업, 주택 마련 등 서독에서 새로운 삶의 기반을 마련하며 근황을 전했고, 동독에 있는 가족의 생일, 입학과 졸업, 장례 등 집안의 경조사에도 편지와 엽서로 축하 또는 위로의 마음을 전했다.[4] 이러한 동독 이탈 주민의 편지에 동독의 가족도 답장하면서 서로 편지 교류가 계속됐다. 이를 통해 분단 상황에서도 동독 이탈 주민과 동독에 남은 가족 간의 유대는 유지될 수 있었다. 편지 덕분에 동독에 거주하는 할머니가 서독에 거주하는 손녀에게 시험 잘 보라고 응원해주는 것도 가능했다.[5]

나아가 동독 이탈 주민은 친구, 직장 동료 등과도 편지로 연락을 이어갔다. 이들은 일상적 안부 외에도 부모와의 갈등, 연애사, 개인적 비밀 등 흔히 가족과 나누기 어려운 얘기를 서로 털어놓았다. 1948년 부모를 따라 서독으로 넘어간 에를러(G. Erler)는 동독 친구 슈베르트(H. Schubert)

에게 편지를 써서 권위주의적인 아버지 때문에 괴로운 마음을 토로했고, 결혼 후에는 아버지와 마찬가지로 권위주의적인 남편과의 갈등을 털어놓았다.[6] 특히 동독 이탈 주민을 바라보는 서독 사회의 부정적 편견으로 인해 서독인을 사귀는 것이 어려웠던 정착 초기에 동독 친구나 전 직장 동료와의 편지 왕래는 타향살이의 외로움을 덜어주었다.

그런가 하면 동독 이탈 주민은 이탈 전에는 전혀 알지 못하던 동독인과도 편지를 교환했다. 1958년 동독을 이탈한 슈미트(W. Schmidt)는 은퇴 후 취미로 우표를 수집했는데, 1987년부터 같은 취미를 가진 동독인 폴란트(H. Voland)와 편지를 주고받았다. 처음에는 우표 교환이 목적이었지만, 서로 대화가 잘 통해 우표 수집은 뒷전이 될 만큼 돈독한 관계가 되어 편지 교류를 이어갔다.[7]

이처럼 동독 이탈 주민과 동독인의 편지 왕래는 분단 시기에 동서독을 이어주는 징검다리 역할을 했다. 하지만 한편으로 이는 분단이 장기화되면서 깊어진 동서독 체제 차이를 새삼 인식하게 만든 매개체 역할도 했다. 예컨대 동독인은 동독 이탈 주민과 편지 교류를 하면서 일찍이 사회주의 계획경제의 취약함에 대비되는 자본주의 경제의 풍요로운 소비 생활을 접했다. 잘해야 동구권에 한해 해외여행을 할 수 있는 동독인과 달리 서독인은 전 세계를 자유롭게 여행할 수 있는 자유가 보장됐다는 점, 일자리가 보장되고 경쟁보다는 공동체 의식이 강조되는 동독에 비해 서독은 경쟁과 능력이 지배하고 직업적 성공이 돈으로 환산된다는 것도 파악했다.

1975년 동독인 부흐(H. Buch)가 서독에 거주하는 친구 슈나이더(H. Schneider)에게 보낸 편지에 "서독 에센의 슈나이더 가족과 동독 라이프치히의 부흐 가족이 사는 두 곳은 정말로 다른 세계"[8]라고 쓴 것처럼, 양측은 서신 왕래를 통해 서로 다른 체제의 동서독이 점차 동질성을 상실해간다는 것을 알게 됐다. 이런 맥락에서 편지 왕래는 동서독의 가교인 동시에 동서독의 이질화를 인식하게끔 하는 매개체이기도 했다. 그럼에도 체제의 이질성이나 이데올로기보다 더 근본적으로 작용한 것은 물론 가족 관계, 친구·동료 간의 감정적 유대였다. 이로 인해 동독 이탈 주민과 동독에 남은 가족이나 친지 간에 편지 왕래가 계속될 수 있었다.

그렇다면 분단 상황에서 동독 이탈 주민과 동독에 남은 연고자 간에 정치적 문제로 인한 갈등은 없었을까? 냉전이 첨예하게 전개된 1950~1960년대 서독 정권은 반공주의를 앞세워 동독을 '붉은 파시즘'으로, 동독 정권은 서독을 '미국 제국주의의 앞잡이'로 매도하며 각자 자기 체제의 정당성과 우위를 주장했다. 이에 따라 서로 다른 사회화와 정치 교육을 경험한 동독인과 서독인 사이에 오간 편지에서 정치적 사안을 둘러싼 갈등은 충분히 있을 수 있었다. 1957년 서독인 하우실트(K. Hauschild)가 동독에 거주하는 조카딸 네슬러(M. Nessler)에게 보낸 편지를 보면, 동독을 히틀러의 나치 독일에 비유하고 동독 체제의 비민주성을 비판하고 있다. 그러자 네슬레는 답장에서 민주주의를 표방하는 서독도 1956년 서독공산당을 자의적으로 불법화했다고 반박했다.[9]

그러나 대체로 이러한 충돌이 심각하게 이어지지는 않았다. 동독 이탈 주민과 동독에 남은 가족 혹은 친지 모두 정치적으로 강요된 분단에 맞서 자신들이 할 수 있는 최선의 방법이 서로 교류를 이어가면서 독일 민족으로서 함께 삶을 유지하는 것이라고 생각했기 때문이다. 이에 따라 이들의 편지 왕래에는 서로간의 관계를 악화시키지 않도록 암묵적인 규칙이 작용했다. 우선 동서독 체제의 우열을 가리는 비교나 정치적으로 민감한 사안은 언급을 자제했다. 양측 모두 그것이 편지를 통한 의사소통에 미칠 부정적 영향을 충분히 짐작할 수 있었기 때문이다. 또 이들은 정치체제의 차이는 인정하되, 개인의 일상에서 경험하는 공통점은 서로 확인했다. 이를테면 서독과 달리 동독에서는 해외여행의 자유가 보장되지 않는다는 차이는 인정하되, 옳고 그름의 가치판단 대신 해외여행에 필요한 자금 부족, 나이가 들어가면서 선뜻 여행을 떠나지 못하게 되는 제약 등을 이야기하며 공감대를 형성했다.[10]

그런가 하면 일부 동독 이탈 주민은 자기가 경험한 서독 사회 혹은 서방 국가의 부정적인 면도 비판함으로써 비민주적인 동독 체제와의 격차를 상대적으로 줄였다. 구체적으로 민주적 가치를 내세우는 서독 사회에도 직장 상사의 권위주의가 존재하고, 정치적 합의 도출이 쉽지 않다는 점, 경제는 발전했지만 여성의 취업은 부분적으로 어렵다는 점, 서방 국가 역시 소련과 마찬가지로 제3세계 국가에 무기를 제공해 많은 살상을 가능하게 했다는 비판 등을 들 수 있다.[11] 나아가 인류 공존을 위협하는 전쟁과 혼란에 대해서는 동서 진영 모두에게 책임을 묻고 각성을 촉구함으로써 체제 대립이 강요한 정치적 편 가르기를 피해 대화의 토대를 마련했다.

한편 동독인은 동독 사회의 공공연한 비밀인 편지 검열을 의식해 동독 사회주의 체제 자체를 두고 급진적 비판은 삼갔지만, 동독의 만성적 소비재 결핍, 종교를 고집하거나 양심에 따라 병역을 거부하고 공공 건설 영역에서 사회 복무를 선택하면 고등학교 혹은 대학 진학 좌절과 같은 불이익을 감수해야 하는 상황 등에 대해서는 종종 언급했다.[12] 그러나 이들이 검열을 피할 수 있는 상황[13]에서 편지를 쓰거나 혹은 어차피 동독 정권과의 충돌을 피할 수 없는 서독 이주 신청자는 동독 체제의 문제점을 급진적으로 비판하기도 했다. 다음의 예가 그렇다.[14]

에리히의 제11차는[15] 그야말로 자아도취의 축제였다. 사람들은 환호에 환호를 거듭했다. 오로지 성공 사례만이 나열됐다. 그런데 당과 인민은 정말로 강한 신뢰로 결합돼 있을까? 그렇게 신뢰가 강한데 왜 인민은 감시를 받고, 뒷조사를 당하며, 연행될지도 모른다는 생각에서 벗어나지 못하는가!
(……)
호네커가 집권한 이래로 동독에서 '실행되는' 사회주의는 장기적으로 볼 때 해결책이 될 수 없다. 노동자도 점차 일터에서 불만을 토로하기 시작한다. 한 15년쯤 피땀 흘려 돈을 벌어야 가능한 자동차를 사기 위해 그저 악착같이 일만 하는 데 지쳤기 때문이다. 또 엄청난 파국[16]을 겪은 지도 40년이 지났으니 이제 정상적인 삶, 즉 국가의 감독, '궁핍', 해가 갈수록 늘어나는 '소비재 결핍' 없이 살고 싶기 때문이다. 그러나 동독 언론은 이러한 문제에 대해서, 곧 사람들의 마음을 실제로 움직이게 하는 것에 대해서는 일언반구도 없다. 사람들이 자신의 한정된 생활 영역을 밖에서 한번 들여다보고 싶고, 한 번쯤은 파리나 로마로 여행을 가고 싶어 한다는 것도……. 볼프 비어만이 옳았다. 솥에 한가득 담긴 고깃국과 저렴한 집세, 그것이 결코 다가 아니다.

동독 정권은 동독인이 서독의 정치 선전과 자본주의의 흡인력에 노출될 것을 우려해 우편물을 검열했다. 특히 담당 부서인 국가안전부 M

국(우편검열국)은 서독에서 의심스러운 편지나 인쇄물을 받는 동독인을 요주의 인물로 등록하고 편지 내용을 지속적으로 검열했다.[17] 그 때문에 서독의 국가기관이나 민간 사회단체가 발행한 안내문에는 동독에 편지를 보낼 때 수령인을 곤란에 빠뜨리지 않도록 여러 가지 주의 사항, 요컨대 편지 속에 신문이나 기타 인쇄물을 동봉하지 말 것, 수령인이 동독 체제에 반대한다는 것을 드러내는 내용이나 동독을 비방하는 말은 쓰지 말 것 등을 명시했다.[18]

편지봉투는 대부분 풀로 밀봉하기 때문에 개봉하면 흔적이 남을 수밖에 없다. 따라서 동독인은 처음에는 국가안전부의 편지 검열 사실을 육안으로 알 수 있었다. 그래서 국가안전부는 갈수록 검열 기술을 발전시켰다. 이를테면 직접 손으로 편지를 개봉하는 대신 한꺼번에 대량의 편지를 개봉하고 개봉 흔적도 지울 수 있는 기계를 도입했다. 1980년대에는 뜨거운 김을 발사해 편지를 개봉하는 자동 기계를 이용해 시간당 600통을 검열했다. 뜨거운 김을 쏘이면 훼손될 내용물이 들어 있으면 반대로 차가운 김을 발사하는 기계를 이용했다. 개봉된 편지는 대부분 내용을 확인하고 복사한 후 다시 봉인했다. 1986년에는 수동이긴 하지만 종전에 비해 두 배나 빠르게 봉인 작업을 할 수 있는 기계도 발명됐다. 또 개봉 흔적을 없애기 위해 종종 편지를 다리미로 다리기도 했다.[19]

검열 작업을 거치느라 편지 배달이 늦어지거나 아예 배달되지 않는 일도 생겼다. 동독 이탈 주민과 동독에 남은 가족 혹은 친지는 그 나름의 방법으로 이러한 불법적 침해와 외부 개입을 방어하려고 노력했다. 예를 들면 이들은 검열기관이 편지를 쉽게 개봉하지 못하도록 밀봉한 편지봉투를 테이프로 다시 봉했다. 또 편지에 상대방한테서 바로 전

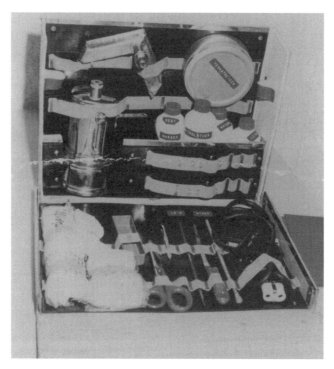

동독 국가안전부의
편지 검열 도구

편지 검열 시 비밀 개봉
스팀 도구

에 받은 편지 내용을 언급하거나 일련번호를 기록해 분실 여부를 가늠할 수 있게 하기도 했다. 예컨대 앞서 언급한 동독인 폴란트는 동독 이탈 주민 슈미트에게 보낸 1988년 4월 18일 자 편지[20]에서 "당신이 보낸 편지 no. 5는 유감스럽게도 받지 못했습니다!!?"라고 써서 편지의 수령 여부를 알리는 동시에 "!!?"라는 의미심장한 기호를 덧붙임으로써 검열을 통해 중간에서 편지를 읽게 될 국가안전부를 간접적으로 비판했다.

심지어 자신의 우편물이 중간에서 불법으로 검열된다는 것을 알아채고 편지나 소포에 미지의 검열관에게 전하는 말을 메모지에 적어 동봉하는 사람도 있었다. 동독인 보크(C. Bock)의 할아버지는 서독에서 편지나 소포를 보낼 때 자신의 우편물을 미리 개봉하게 될 미지의 동독 검열관에게 "좋은 하루 되세요!"와 같은 짧은 인사말, 편지에 쓴 특정 문장이 오해를 낳을 소지가 있을 경우 이에 대한 해명, 소포를 보내는 동기 등을 따로 메모지에 적어 넣었다.[21] 이 메모지는 보통 검열 과정에서 빼지만 때로는 그대로 배달이 되기도 했다. 보크 가족은 할아버지의 이러한 행동을 재미있어 했다. 이런 방식으로 동독인이라면 누구나 알고 있는 공공연한 비밀을 건드렸을 뿐 아니라, 할아버지의 메모를 보는 검열관의 표정이 어떠할지 상상해보는 것도 신났기 때문이다.[22] 폴란트나 보크 할아버지의 이러한 행위는 비록 소극적, 간접적이나마 동독 비밀경찰의 불법행위에 대해 문제를 제기한 것으로 볼 수 있다.

그뿐 아니라 동독인은 검열을 피하기 위해 인편을 이용하거나 동독 외의 지역에서 편지를 발송하기도 했다. 1950년대에는 통행이 가능했던 서베를린에서, 베를린 장벽이 세워진 뒤에는 휴가차 간 동유럽 사회주의 국가에서 편지를 부쳤다. 동구권 국가에서 보내는 것이라도 혹시모를 사태에 대비해 편지봉투에 본명을 쓰지 않았다. 이러한 상황이 종종 벌어졌기 때문에 발신자는 서독의 수신자에게 자신이 보내는 우편물의 발신인 이름이나 발신지 직인이 평소와 다르더라도 신경 쓰지 말라고 사전에 귀띔하기도 했다.[23]

이렇게 양측이 편지 교류에 의지를 보이면서 동서독의 대화는 정치적 분단의 벽을 넘나들 수 있었다. 사실 검열이 일상이 된 상황에서 서독 주민과 편지를 주고받는 것은 동독인에게 부담이 될 수 있었다. 동독 정권이 이데올로기의 침투를 우려해 서독인과 접촉하는 것을 공공연히 규제하는 상황에서 서독 주민, 그것도 동독에 등을 돌린 이탈 주민과 편지를 주고받는 이들은 요주의 대상이 될 수 있었기 때문이다. 실제로 자신과 가족이 불이익을 받게 될 것을 우려해 동독 이탈 주민에게 더 이상 편지를 보내지 말라고 부탁하는 동독인도 있었다. 한 예로 1982년 열 살 때 부모와 함께 동독을 이탈한 토비아스(Tobias)는 동독 친구들한테 연락을 했는데, 가장 친한 친구의 아버지가 자신이 통사당원이니 자기 아들과 연락하지 말아달라는 답장을 보내왔다.[24] 그럼에도 동독 이탈 주민을 매개로 한 동서독의 편지 교류는 상당한 규모로 지속됐다. 특히 동서독 교류가 확대된 1970년대 이전, 즉 동서독 정부 간의 정치적 공방이 치열했던 1950년대와 베를린 장벽 수립으로 분단이 고착된 1960년대에 편지로나마 꾸준히 교류한 것이 동서독의 단절을 막고 분단의 후유증을 완화하는 데 기여했다.

소포 교류

분단 시기 동독인과 서독인은 소포도 주고받았다. 편지와 마찬가지로 연합국의 점령 통치기에 소포 업무가 재개됐지만, 처음에는 동서독 간에 직송이 되지 않았다. 1946년 5월 16일 일단 연합국 4개국의 공동 관리 지역인 베를린과 소련 점령 지역 간에 소포 배송이 시작됐다.[25] 1947년 5월에는 베를린과 모든 연합국 점령 지역 간 소포 배송으로 확대되면서 베를린을 통해 제한적이나마 동서독 지역 간의 소포 왕래가 가능해졌다.

예컨대 동서독 지역 주민이 상대 지역으로 소포를 보낸다면 각각 동베를린과 서베를린에 거주하는 지인이나 통운 회사에 먼저 보내고, 이들이 본래의 수령인 주소를 적어 다시 발송했다. 1948년 소련의 서베를린 봉쇄 이후 양 지역 간의 소포 배송은 잠시 중단됐지만 1949년 5월 뉴욕 협정에 따라 재개됐다. 8월에는 소련 점령 지역이 먼저 서독 지역으로 직송 업무를 시작했고, 분단 직후인 11월에 서독이 뒤따르면서 베를린을 거치지 않고도 소포 왕래가 가능해졌다.[26] 1968~1988년 서독에서 동독으로 발송된 소포는 총 6억 3100만 개에 달했고, 동독에서 서독으로 우송된 소포는 2억 1900만 개였다.[27]

소포 교류에 적극적이었던 사람은 우선 동독에 연고가 있는 경우다. 동독에 특별한 연고가 없는 서독인도 1950~1960년대 서독 정부가 장려한 '동독으로 소포 보내기(Paket nach drüben)' 캠페인에 호응해 독일적십자사를 비롯한 민간 사회복지 단체에 물품을 기부했다. 이 캠페인은 통일이 될 때까지 '동독의 가난한 형제자매'를 도와 민족적 일체감을

동독으로 소포 보낼 것을 장려하는
홍보 포스터

서독에서 보낸 소포 내용물(동독인도 잘 아는 서독 대표 상품
에듀쇼 커피, 니베아 크림과 로션, 쾰른 향수 4711과 미용비누,
슈트랄러70 치약, 그 외에 생크림 제조용 분말, 초콜릿 등이
보인다)

유지한다는 취지를 내세운 서독 정부의 통일 정책의 하나였다. 더불어 서독 체제의 우위를 국내외에 각인하려는 정치 전략이기도 했다.[28] 동독에 거주하는 가족 친지와의 소포 교류는 계속된 반면, 동독에 연고가 없는 서독인은 단발성에 그칠 가능성이 높다는 점을 고려하면 분단 시기 동서독 소포 교류의 주역도 동독 이탈 주민으로 보는 것이 타당하다.

그러나 동독에 소포를 보내는 것은 편지나 엽서보다 훨씬 복잡했다. 동서독 관계가 정상화되는 1970년대 이전까지는 서독 정부가 동독을 승인하지 않고 일체의 조약 체결을 거부했기 때문에 동서독 간의 우편 업무는 각기 자체 규정에 따랐다. 이에 따라 상대측의 소포 규정을 제대로 숙지하지 못하면 소포가 반송되거나 압류됐다. 특히 동독 정권은 서독의 정치 선전과 서독 경제의 흡인력을 차단하고 밀반입과 암거래를 방지하기 위해 더욱 까다롭게 통제했다. 이를 위한 기본 토대는 1954년 공포된 '서독·서베를린 및 국외 소포 규정'이었다. 이 규정은 이후 몇 차례 새 시행령을 통해 약간씩 수정됐을 뿐 전면적인 변화는 없었다.

이에 따르면 서독인은 상업적 목적이 아닌 선물 용도로 동독에 연 12회, 한 번에 최대 7킬로그램까지 소포를 보낼 수 있었다. 그 때문에 7킬로그램을 초과하는 물건은 둘로 나눠 보내야 했다. 일례로 한 이탈 주민은 동독 친구가 크리스마스 선물로 부탁한 양탄자가 무게 한도를 초과하자 상점 주인의 도움을 받아 이를 둘로 나누어 하나는 친구 주소로, 다른 하나는 자신의 엄마 주소로 보냈다.[29] 이처럼 제한을 둔 것은 암거래를 막고 무엇보다 동독 제품보다 더 다채롭고 화려한 서독 물건에 동독인이 현혹되는 것을 막기 위해서였다.

품목별 허용량도 규제했는데, 커피와 코코아는 한 번에 각각 250그램, 초콜릿은 300그램, 담배는 50그램만 보낼 수 있었다.[30] 사용했던 의류나 구두 등은 반드시 거주지 지자체 보건소의 소독 인증서를 동봉해야 했고,[31] 자본주의 논리가 침투하는 것을 막기 위해 신문을 비롯한 서독 인쇄물로 물건을 포장하는 것도 금했다. 같은 논리로 정치적 내용이 담겨 있거나 정치적 파급 효과가 우려되는 책이나 잡지 등의 출판물도 엄격히 규제했는데, 허용 여부 판단은 전적으로 동독 정권의 자의적 기준에 달려 있었다. 일례로 '6월 17일은 서독 국경일이다'라는 문구만 들어 있어도 반동독 출판물로 간주됐다. 6월 17일은 1953년 동독 노동자의 반체제 봉기가 일어난 날이다. 서독 정부는 이 사건을 동독인이 서독과 통일하기를 원해 벌인 투쟁이라고 정치적으로 해석하고, 이날을 국경일로 지정했다. 따라서 동독 측은 이를 적대적으로 받아들인 것이다. 동독 측이 구독을 허용한 몇 안 되는 서독 잡지도 안에 구직 광고가 포함돼 있으면 배달이 금지됐다.[32] 동독 주민이 그것을 보고 서독으로 넘어갈 것을 우려했기 때문이다. 이처럼 까다로운 규제 때문에 인쇄물은 아예 소포로 보내지 않는 것이 현명했다. 그 밖에도 음반, 지도, 우표, 필름, 인화지, 녹음기 등 금지품이 많았다. 소포를 보낼 때는 상자 겉면 발송인 이름 옆에 반드시 '선물. 판매 상품 아님'이라고 기재해야 했다. 그렇지 않으면 세금을 물었다.

이러한 규제는 1970년대 동서독의 관계가 정상화된 이후에야 완화됐다. 1971년 7월부터 소포 허용량은 20킬로그램으로 늘었고, 1972년 9월 10일 새 시행령 공포와 함께 커피와 담배의 허용량도 각각 500그램, 250그램으로 늘어났다.[33] 1976년에는 중고 의류와 구두에 대한 소독 증명서 제출 의무가 해제됐고, 1983년에는 연간 12회에 국한된 소포 발송 규제도 폐지됐다. 마지막으로 1987년에는 음반, 카세트테이프, 녹음기 등도 금지 목록에서 삭제됐다.[34]

동독 이탈 주민이 소포로 보낸 것은 대체로 생활필수품이었다. 제2차 세계대전 패전국으로서 소련에 진 막대한 배상 부담과 중공업에 초점을 맞춘 사회주의 계획경제의 여파로 동독에서는 1958년까지 배급제가 시행될 정도로 생활필수품 공급이 부족했다. 이러한 상황을 잘 아는 1950년대의 동독 이탈 주민은 기호품 외에 당근, 양파, 콜리플라워 따위의 채소, 밀가루 같은 기본 식재료를 소포로 보내기도 했다.

1960년대 이후 동독의 경제 상황이 나아지면서 기본적인 생활필수품 공급은 늘어났지만, 동독인의 기호를 만족시키는 인기 소비재는 만성적으로 공급이 딸렸다. 이에 따라 동독 이탈 주민은 바나나, 파인애플, 오렌지 등의 열대과일, 저지방 마가린, 코코넛 오일, 레몬즙, 베이킹파우더, 통조림과 같은 식자재 그리고 커피, 초콜릿 등의 기호품과 화장품, 의류와 잡화에 이르기까지 다양한 물품을 보냈다. 동독 이탈 주민은 동독인이 무엇을 필요로 하는지 잘 알았기 때문에 사치품보다는 주로 실생활에 도움이 되는 것을 골라 소포더미를 꾸렸다. 한 독일인의 회고다.

나의 조부모는 1970년대 중반 서독으로 이주했다. 이후 조부모님은 우리에게 정기적으로 많은 소포를 보내주셨다. 우리가 무엇을 원하는지 매우 정확하게 알고 계셨고, 대부분 필요한 물품만 보내셨다. 그리고 대부분 우리가 텔레비전 광고를 보고 알고 있는 물건을 고르셨다. 왜냐하면 TV에서 본 물건이라면 우리가 더 기뻐한다는 것을 알고 계셨기 때문이다.[35]

그 외에도 동독 이탈 주민은 동독의 가족과 친지가 부탁하는 물품을 보내주었다.

편지와 마찬가지로 소포도 검열한다는 것을 아는 동독 이탈 주민은 동독의 친척에게 자신이 무슨 품목을 소포로 보냈는지 편지로 상세히 알렸다. 때로는 위험을 무릅쓰고 소포 속에 돈과 허용되지 않는 물건도 넣어 보냈다. 1986년 크리스마스 때 한 동독 이탈 주민은 동독에 사는 며느리에게 미리 편지로 곧 소포를 보낼 것이니 그 안에 든 호두를 꼭 맛보라고 일렀다. 얼마 후 소포가 도착했는데 그 안에는 포장된 호두만 가득 들어 있었다. 여러 가지 서독 물건을 잔뜩 기대하던 며느리는 순간 실망했지만 자세히 보니 놀랍게도 호두 속에 아주 작게 접은 서독 돈 100마르크가 들어 있었다. 또 다른 예로 하리보 젤리 봉지 속에 약을 넣거나 케이크 속에 장신구를 숨겨서 보내기도 했다.[36]

편지와 마찬가지로 소포 역시 동서독의 인적 교류를 지속시키는 데 중요한 역할을 했다. 동독 이탈 주민은 몸은 비록 서독에 있어도 동독에 두고 온 부모 형제와 친구의 생일, 조카의 입학과 졸업, 친척의 결혼 등에 선물이 든 소포를 보내 축하했다. 동독의 가족과 친지는 성탄절이면 크리스마스트리 앞에 모여 앉아 동독을 이탈한 가족이나 친지가 보내온 소포를 개봉하며 이들을 추억했다. 자유로운 왕래가 허용되지 않는 분단 상황에서 소포는 선물의 의미를 넘어 가족 구성원의 빈자리를 대신하는 특별한 의미도 지녔다.

또한 소포는 편지를 통한 동서독 주민의 교류를 활성화하는 데 어느 정도 도움이 됐다. 이탈 주민이 보낸 소포를 받은 가족이나 친지는 잘 받았다는 확인과 함께 감사의 뜻을 담은 편지를 보냈다. 때로는 친구나 형제에게 소포를 보내면서 친구의 자녀나 조카를 위한 선물을 동봉한 경우 이들까지 감사 편지를 보냈기 때문에 편지를 통한 교류의 폭은 더 확대됐다. 그뿐 아니라 동독 이탈 주민으로 인해 동독에 연고가 없는 서독인도 소포 보내기에 동참하면서 동서독을 잇는 징검다리 역할을 했다. 일례로 1961년 12월 10일 동독 이탈 주민 우테(B. Ute)는 동독에 거주하는 친구 아네그레트(S. Annegret)에게 편지로 성탄절 선물을 소포로 받게 될 것이라고 전했다. 더불어 그 소포 발송인은 자신의 지인이고, 동독에 연고는 없지만 동독인을 기쁘게 해줄 작은 선물을 하고 싶다는 의사를 표명해 너를 소개했다고 밝혔다.[37]

　물론 동독 이탈 주민만 소포를 보낸 것은 아니다. 동독 주민도 결코 받기만 하는 관계를 원치 않았다. 이에 따라 동독인도 답례로 소포를 보냄으로써 쌍방 교류로 확대됐다. 예컨대 동독 라이프치히 시장조사연구소(Institut für Marketforschung Leipzig)의 조사 결과에 따르면, 1978년 이후 해마다 약 900만에서 1100만 개의 소포가 서독으로 발송됐다.[38] 그러나 이들이 답례로 보낼 선물을 고르는 데는 많은 고민이 따랐다. 서독의 소비수준이 월등히 높았고, 또 동독인의 눈에 서독인은 없는 것 없이 풍족하게 사는 것처럼 보였기 때문에 질이 한참 떨어지는 동독 물건을 선물로 보낼 엄두를 내지 못했다. 게다가 동독에서 외부로 보낼 수 있는 품목과 물품 액수에는 제한이 많았기 때문에 선물로 보낼 것이 더더욱 마땅찮았다.[39] 이에 따라 동독인이 보낸 주요 품목은 아동 서적과 잡지, 독일 고전문학 고서, 동독의 유명 테너 가수 슈라이어가 부른 크리스마스 오라토리오 음반, 크리스마스 피라미드와 호두까기 인형 같은 전통 공예품 혹은 동독 지역 고유의 조리법에 따라 직접 구운 케이크, 옷본

등이었다.[40]

공예품은 동독 이탈 주민에게 고향을 기억하게 하는 애장품이자 서독인에게 선물하기에도 좋은 특산품이었다. 케이크는 여러 날이 걸리는 배송 과정에서 때로는 모양이 흐트러졌어도 예전에 즐겨 먹던 것이기에 받는 동독 이탈 주민한테는 큰 기쁨이었다.[41] 동독인이 직접 구워 보낸 케이크는 흔히 동독 이탈 주민이 보내준 버터와 마가린, 건포도, 베이킹파우더 등의 재료로 만들었기 때문에 동서독의 합작품이었다. 그런가 하면 동독 이탈 주민은 동독에서 제작된 옷본을 이용해 서독 옷감으로 옷을 지어 입기도 했다.[42] 기본적으로는 분단 시기 전체에 해당하지만, 특히 베를린 장벽 수립 직후 상호 방문이 일시적으로 거의 중단됐을 때 이러한 소포 교류는 편지 왕래와 함께 동서독을 이어주는 중요한 징검다리였다.

그런데 동독 이탈 주민이 보낸 소포는 다른 면에서도 분단 시기 동서독의 역사 발전이 상호 관련이 있음을 보여준다. 이들이 보낸 소포는 동독인에게 서독 자본주의 체제의 번영을 확인시키는 쇼윈도와도 같았다. 서독의 물건은 포장부터 화려했고, 서독산 초콜릿이나 커피 맛은 특별했으며, 비누와 목욕 용품의 향도 이들을 사로잡았다. 동독인은 서독산 원두커피를 특히 좋아했는데, 이는 베를린 장벽이 세워지기 전부터 두드러진 현상이었다. 당시에는 서베를린 출입이 가능했기에 동독인은 여러 경로로 서독산 커피를 동독으로 반입했고, 이 가운데 일부는 암거래가 되기도 했다. 동독 정권이 1972년 서독과 기본 조약을 체결할 때도 물품 교류 영역에서 우선순위를 차지한 것이 바로 커피였다.[43] 그 외에도 서독제 블라우스와 스타킹, 구김이 가지 않는 나일론 셔츠는 소재에서 디자인까지 최신 유행을 반영한 것으로, 동독인에게 선망의 대상이었다.

이처럼 지속적인 소포 교류를 통해 서독의 소비문화를 자주 접하게 된 동독인은 점점 소비에 대한 기대수준이 높아졌다. 이러한 경향은 1970년대 이후 소포 규제가 대폭 완화돼 서독 물품을 더 자주 접하면서 더 강해졌다. 소포 교류가 계속되면서 동서독 주민은 서로 상대측에서 생산된 물품의 모양, 맛과 향에 익숙해졌다. 일례로 한 동독인은 서독에서 소포를 부쳐준 친구에게 보낸 답장에서 서독산 보디 탈취제를 가방에 넣고 출근했더니 직장 동료들이 모두 냄새를 맡고 "아, 서독제!" 하며 알아보더라고 했다. 그러면서 어떻게 다들 냄새로 금방 서독제인지 알아맞히는지 정말 신기하다고 덧붙였다.[44] 따라서 동독 이탈 주민이 보낸 소포는 동독인에게 동서독 소비수준의 격차를 일상에서 피부로 느끼게 해주었고, 이는 장기적으로 동독 체제의 정당성을 잠식하는 데 일조했다.

동독 정권도 소포 교류가 갖는 위험성을 알고 있었다. 소포 역시 검열을 통해 규정에 위배되거나 위험 요소가 있는 물건, 예를 들어 무전기를 비롯해 첩보 및 준군사적 행위에 이용될 수 있는 도구, 필름, 출판물, 선전 전단지, 서방산 워크맨이나 스테레오 음향기와 같은 고가의 선물, 돈 등을 가려냈다.[45] 또 서독의 경제적 흡인력에서 동독인을 차단하기 위해 서독에서 오는 소포가 동독의 경제를 교란하려는 적의 음모라며 이데올로기를 앞세워 선전했다.[46] 그럼에도 동독 정권은 소포 교류를 전면 금지할 수 없었다. 이로 인해 안게 될 정치적 부담도 문제지만, 동독이탈 주민을 비롯해 서독인이 보내오는 소포가 만성화된 소비재 결핍을 메우는 데 무시할 수 없는 비중을 차지했기 때문이다. 그 때문에 동독 정권은 소포 교류의 부정적 파급 효과를 우려하면서도 필요한 소비재를 원활히 공급하지 못해 감당해야 할 동독인의 불만도 무시할 수 없었다.

이러한 딜레마는 서독에서 보내오는 소포가 동독인 가계에 실질적으로 보탬이 됐음을 보여주는 사례를 통해 엿볼 수 있다. 서독 브레멘에 정착한 한 동독 이탈 여성은 동독에 거주하는 조카에게 주방 세제와 세탁 세제, 욕실 청소 용품, 초콜릿과 과자 등을 꾸준히 보내주었다. 그녀가 사망한 후 더 이상 이러한 물건을 받지 못하게 된 조카는 동독을 이탈해 서독에 거주하는 한 친구에게 보낸 편지에서 이제야 비로소 가정용 화학제품 가격을 알게 됐고, "이제 우리 집에 달콤한 간식은 없다"라는 말로 아쉬움을 전했다. 서독의 친척이 보내준 소포가 살림에 도움이 됐음을 표현한 것이다.[47] 한 동독인 부부의 이야기도 동독 이탈 주민이 보낸 소포가 어떤 역할을 했는지 알려준다.

우리는 매우 적은 액수의 연금을 받았다. 그래서 과거 같은 아파트에 거주했던 사람들이 서독 브레멘에서 소포를 보냈을 때, 특히 커피와 생크림 경화제, 젤라틴, 인스턴트 수프를 받았을 때 정말 기뻤다.[48]

이러한 개인의 경험은 동독으로 유입된 서독 물품을 통계로 내보면 좀 더 큰 틀에서 유추할 수 있다. 우선 기호품인 커피를 살펴보면, 1975~1977년 서독에서 보내온 커피는 동독 전체 커피 소비량의 최소 20~25퍼센트에 달했다.[49] 외환 보유고가 부족해 동독 정권은 원두커피를 충분히 공급할 수 없었기 때문에 이렇게 들어온 커피는 결핍을 메우는 데 충분한 도움이 됐을 것이다. 이는 커피에 국한되지 않고 초콜릿과 같은 기호품, 의류 등 여러 물품도 마찬가지였다. 소포뿐 아니라 동서독 주민이 서로 방문하면서 상당한 양의 서독 물품이 동독으로 유입됐다. 예를 들면 1979년 서독에서 소포로 보내온 초콜릿 양이 7700톤, 서독인이 동독 방문 시 선물로 가져온 양이 7300톤, 서독을 방문한 동독인이 돌아올 때 지참한 양이 3600톤으로, 총 1만 8600톤의 초콜릿이 서독에서 동독으로 유입됐다. 이 세 경로를 통해 유입된 다른 주요 품목의 총량은 원두커피가 1만 6700톤, 스타킹 2500만 족, 비누 2450만 개, 여성복 상의 1270만 벌, 남성복 상의 260만 벌, 남녀 구두 220만 켤레, 시계 110만 개, 트랜지스터라디오 90만 대 등이었다.[50]

이처럼 서독에서 소포로 보내오는 물품의 양이 많다 보니 동독 정부가 설정한 물품 공급 계획량에서 서독산 물품이 차지하는 비중도 컸다. 1988년을 예로 들면, 이러한 경향은 특히 서독산 기호품과 의류에서 확인된다. 총 12개 품목 중 6개 부문에서 서독에서 유입된 물품이 정부가 설정한 공급 계획량의 30퍼센트 이상을 초과했다. 그중에서 코코아 분말과 여성복 상의는 각각 164퍼센트, 116퍼센트, 블라우스는 184퍼센트로 동독 자체 공급 계획량을 뛰어넘는 규모였고, 니트 상의가 45퍼센트, 셔츠가 37퍼센트, 스타킹이 30퍼센트로 뒤를 이었다.[51]

상황이 이러하니 동독 정권은 부작용을 알면서도 소포를 통한 서독 물품 유입을 허용할 수밖에 없었다. 필요에 따라서는 이를 정책적으로 적극 활용하기까지 했다. 단적인 예로 1977년 국제 원두 가격 인상으로 커피 파동이 일어나자 동독 정권은 서독 주민이 동독인에게 보낼 수 있는 커피 양에 대한 규제를 아예 해제했다. 커피는 동독인의 일상에서도 빠질 수 없는 필수품이었기 때문에 커피 공급 제한은 동독 주민에게 큰 불만이었다. 난제에 부딪힌 동독 정권은 결국 해결책의 하나로 커피 품목에 부과해온 소포 허용량 규제를 풀어 서독으로부터 더 많은 커피를 공급받을 수 있도록 특단의 조치를 내린 것이다.

그뿐 아니라 동독 정권은 1970년대 이후 서독에서 보내오는 소포 물품을 동독 경제체제의 일부분으로 삼기로 결정하고, 물품별로 연간 유입량에 대한 표본조사를 시행해 경제계획 수립에 반영했다.[52] 즉 서독에서 오는 소포를 통해 충당할 수 있는 양을 파악하고 자체 공급량을 정한 것이다. 그러다 보니 일련의 소비 품목은 전자가 후자를 초과하기도 했다. 예컨대 1986년 서독에서 보내온 소포로 유입된 코코아 가루가 약 2400톤인데, 동독 정부가 수입 공급한 양은 약 1200톤에 불과했다.[53]

이상의 내용을 종합해볼 때 서독에서 보내온 소포는 개인적 선물이었지만, 결과적으로 동독 경제를 부분적으로 지탱하는 역할을 했다. 동독 이탈 주민만이 소포를 보낸 것은 아니지만 이러한 소포 교류에 핵심 역할을 한 것이 바로 이들이었다. 분단 시기 이들이 보낸 물품은 취약한 동독 경제의 결핍을 메우며 일부분 동독 계획경제의 버팀목과 같은 역할을 했다. 이러한 맥락에서도 동독 이탈 주민이 분단 시기 동서독의 역사가 서로 관련을 맺으며 발전하는 데 영향을 미친 매개체임을 확인할 수 있다.

동서독의
방문 교류

동독 이탈 주민과 동독에 남은 가족이나 친지가 서로 편지와 소포를 교환하면서 결과적으로 동서독의 단절을 막고 분단의 고통을 완화하는 데 기여했다. 하지만 이에 못지않게 중요한 의미를 갖는 것은 동서독인의 상호 방문, 즉 직접적인 만남이었다. 분단 이후에도 동서독 주민이 서로 방문하는 길은 열려 있었다. 우선 서독인은 베를린 장벽이 세워지기 전까지 연 1회 동독의 부모, 형제를 방문해 최대 4주간 머물 수 있었고, 동독에 연고가 없는 서독인도 동베를린 1일 방문, 라이프치히 박람회 방문이 가능했다.[54]

물론 이러한 방문은 정세 변화에 따라 제한, 중단, 재개의 부침을 겪었다. 예컨대 1958년 미국·영국·프랑스·소련 4개국이 베를린에서 모두 철수하고 베를린을 비무장 자유도시로 만들자는 흐루쇼프의 제안에 따라 베를린 위기가 발생했을 때 서독인의 동독 방문은 급감했다. 또한 베를린 장벽이 세워진 직후 한동안은 거의 방문이 불가능했다. 냉전 기류가 다소 완화된 1963년 이후 동독 정권은 서독인에게 연 1회, 최대

4주 동안 가족 상봉을 위한 방문을 다시 허용했다. 또 1963년 12월 서베를린시 당국이 동독 정부와 통과사증협정을 체결함에 따라 서베를린 주민도 성탄절, 부활절 등 명절을 전후해 14~19일 정도 동베를린의 가족과 친척을 방문할 수 있게 됐다.[55]

동서독 관계가 개선된 1970년대에는 방문 여건이 대폭 개선됐다. 1971년 12월 서베를린시와 동독 정부 간에 체결된 '여행과 방문 간편화 및 개선 협정'과 1972년 5월 동서독 정부 간에 체결된 교통조약을 바탕으로 서독/서베를린 주민은 횟수에 상관없이 연간 30일 범위 내에서 동독의 가족과 친척은 물론 친구도 방문할 수 있게 됐다. 30일을 초과했더라도 긴급한 가정사가 생기면 추가 방문도 가능했다. 나아가 관광 목적으로 동독을 방문하거나 여행사를 통한 관광도 허용됐다. 이에 따라 1972년부터 1979년까지 해마다 평균 약 326만 명의 서베를린 주민과 약 263만 명의 서독 주민이 동독을 방문했다. 소련의 아프가니스탄 침공 이후 국제 정세가 다시 냉전으로 회귀하면서 1980년대 초 서독 주민의 동독 방문 횟수는 줄었다. 하지만 고르바초프의 개혁 정책에 따른 정세 변화, 1987년 호네커의 서독 방문 등 동서독 관계가 개선되면서 1986년 이후 다시 연평균 약 369만 명 정도의 서독인이 동독을 방문했다.[56]

그에 비해 동독인의 서독 방문은 훨씬 제약이 많았다. 1953년 중반까지 공무 수행을 제외하고는 극소수에 불과했다. 1953년 6월 동독에서 노동자 봉기가 일어난 후 동독 정권이 회유책의 하나로 동독인의 서독 방문을 대폭 허용했다. 이에 따라 1954년에서 1957년까지 해마다 평균 약 250만 명이 서독을 방문했다. 그러나 대규모 동독 이탈이 계속되자

통과사증협정으로 동독을 방문해 가족을 만나 눈물을
흘리는 서베를린 주민

동독의 가족과 만나 기쁨을 나누는 서독 주민

동독 방문, 가족 상봉의 기쁨

동독 정권은 1957년 12월 여권법을 개정해 서독 방문을 대폭 제한했고, 베를린 장벽이 세워진 뒤에는 공무로 인한 출장 외에는 거의 불가능해졌다. 동독인의 서독 방문은 1960년대 중반 다시 허용됐지만, 주로 은퇴한 동독인에게만 해당됐다. 요컨대 1964년 11월 이후 연금 생활자는 연 1회, 최대 4주간 서독에 거주하는 가족과 친척을 방문할 수 있었다. 1972년 동서독 간의 교통조약 체결 후 비로소 은퇴 전 연령에 해당하는 동독인도 서독에 거주하는 가족과 친척의 결혼, 문병, 조문 등과 같은 가정사에 한해 횟수에 관계없이 연간 30일 범위 내에서 방문이 가능해졌다. 1984년에는 서독의 친구를 방문하는 것이 허용됐고, 방문 기간도 60일로 확대됐다. 이러한 동서독 관계 정상화에 힘입어 1973년에서 1985년까지 해마다 130만~150만 명의 연금 생활자와 약 4만~6만 명의 일반 동독 주민이 서독을 방문했다.[57]

실향민인 동독 이탈 주민은 이 기회를 이용해 동독을 방문했다. 물론 이들의 방문에는 한동안 위험과 제약이 따랐다. 1957년 12월 동독이 여권법을 개정한 이후 동독 이탈이 불법이 됐기 때문에 이탈 주민은 동독을 방문할 엄두도 내지 못했다. 그러나 동독의 상황이 어느 정도 안정되면서 1964년 베를린 장벽이 세워지기 전에 동독을 이탈한 동독인을 처벌하는 규정이 폐지됐고, 자연스레 동독 방문의 길이 열렸다. 한편 베를린 장벽으로 인해 탈출로가 막힌 후 온갖 압력과 불이익을 감수하며 서독 이주를 요구한 끝에 합법적으로 동독을 떠난 이탈 주민은 대략 5년간 동독 방문이 금지됐고, 이후에도 방문 허가를 얻기 어려웠다.[58] 이는 무엇보다 동독 이탈의 여파가 가시기도 전에 이들이 자본주의의 풍요로운 기운을 내뿜으며 나타나 동독인에게 부정적 영향을 미칠까 봐 차단하기 위해서였다.[59] 그러나 반체제 세력이거나 베를린 장벽 수립 이후 불법적으로 동독을 탈출한 이탈 주민 등은 동서독 교류가 확대되는 1970년대 이후에도 입국 허가를 받기 어려웠다. 서베를린 당국의 통계에 따르면 1972년부터 1987년 5월 31일까지 8923명에 달하는 서베를린 주민의 동베를린/동독 입국이 거부됐는데, 이 가운데 반 정도가 동독 이탈 주민이었다.[60] 다행히 동독 이탈 주민이 동독 방문에 제약을 받더라도 이들의 가족과 친지가 서독을 방문할 수 있었다. 동독 이탈 주민이 서독에 거주한 것 자체만으로도 동서독 교류의 중요한 토대가 된 셈이다.

이처럼 제한된 범위에서나마 방문이 가능해지면서 동독 이탈 주민은 동독에 있는 가족이나 친지와 함께 부활절, 크리스마스, 연말연시를 보낼 수 있었다. 동독인도 서독으로 넘어간 자녀를 방문해 손자손녀의 출생과 성장을 지켜볼 수 있었고, 서독에 사는 고령의 부모나 가까운 친척의 병문안과 간호도 가능했다. 또 동독 이탈 주민과 동독에 있는 가족이나 친지는 편지로 약속을 정해 하루 방문이 허용된 동베를린에서 혹은 비교적 쉽게 동독 입국 허가를 받을 수 있는 라이프치히 박람회를 이용해 만나기도 했다. 동베를린 1일 방문 비자가 1982년 7월 이전에는 자정까지, 이후에는 다음 날 새벽 2시까지 유효했기 때문에 동독 이탈 주민이 운터덴린덴 거리의 유명한 린덴코르소 상가 내 주점에서 동독 친구와 맥주잔을 기울이는 것도 가능했다.

그런가 하면 동독 이탈 주민은 동독의 고속도로변에 위치한 휴게소에서도 가족이나 친지를 만날 수 있었다. 우리로서는 상상할 수도 없는 이러한 상황은 서베를린의 지리적 위치 때문이다. 서베를린은 동독에

Westberliner Bürger mit Tagespassierschein

동베를린 일일 방문을 위해 도시고속전철(S-Bahn)을 타고
베를린 프리드리히 거리역에 도착한 서베를린 주민

둘러싸인 섬과 같아서 서독으로 가거나 그 반대의 경우 기차를 타든 승용차로 가든 동독 구간을 통과해야 했다. 동독 정권은 서독인에게 통행을 허용하는 대신 까다롭게 통제했다. 예를 들어 승용차로 통과하는 경우 도로 사용료 징수는 물론 통과 구간에서 무단 정차 혹은 이탈을 금지했다. 그럼에도 서독 주민이 동독 구간에 발을 내디딜 수 있는 상황은 감시와 통제 속에서도 동서독이 만날 수 있는 틈새를 만들어냈다. 동독 이탈 주민은 서독/서베를린 주민이 동독 통과 구간 곳곳의 휴게소와 주유소에 출입할 수 있는 상황을 이용해 가족이나 친지를 만날 수 있었다. 편지나 전화로 사전에 어느 구간 휴게소에서 만날 것인지 정할 수 있었기 때문이다. 이에 따라 일요일에 동독 이탈 주민과 동독에 있는 가족이나 친지가 휴게소에서 만나 아침을 함께 먹는 가족 모임이 충분히 가능했다.[61] 이도 저도 여의치 않으면 동독인이 갈 수 있는 동유럽 국가에서 만나기도 했다.

이렇게 동독 이탈 주민과 동독에 있는 가족이나 친지가 가끔이라도 만나 회포를 풀 수 있었던 상황은 분단 시기 동서독의 인적 유대를 유지하는 데 중요한 역할을 했다. 무엇보다 서로의 근황을 눈으로 직접 확인하고 편지로 다 할 수 없는 대화를 나눔으로써 서로 다른 체제에서 살아가는 서로의 상황을 더 잘 이해할 수 있었다. 더욱이 동독의 가족이나 친지가 서독으로 이탈 주민을 방문하러 오면 종종 가까운 서독 원주민 이웃이나 지인도 알게 되는데, 그럼으로써 동독에 연고가 없는 서독인도 인적 교류의 범위로 편입됐다.[62] 이는 동독 이탈 주민이 동독을 방문할 때도 마찬가지였을 것이다. 이처럼 이웃이나 지인의 방문객을 통해 간접적으로라도 상대편 독일을 접할 수 있었던 점은 분단이 굳어지고 동서독의 이질화가 깊어지는 상황에서 동서독의 단절을 조금이나마 지연할 수 있는 연결고리 역할을 했을 것이다.

소포와 마찬가지로 이탈 주민의 동독 방문 역시 서독의 경제적 흡인력과 서방 문화를 전파하는 통로 역할을 함으로써 장기적으로 볼 때 분단 종식에 영향을 미쳤을 것이다. 이탈 주민은 동독에 갈 때 커피, 초콜릿, 와인, 담배와 같은 기호품과 청바지를 비롯한 의류 등 생활필수품을 선물로 가져가곤 했다. 이들은 동독에 소비재가 부족하다는 사실을 잘 알고 있기 때문에 주로 동독에서 구하기 어려운 물건을 준비했다.

소포와 마찬가지로 동독 방문 시에도 반입량과 허용 품목이 정해져 있었다. 예를 들면 담배는 250그램, 위스키나 럼주 같은 독주는 1리터, 포도주와 샴페인은 2리터로 제한됐고, 반입 물품의 총액은 500마르크를 초과할 수 없었다.[63] 그러나 이탈 주민은 다양한 방법으로 동독 국경 경찰의 눈을 피해 허용량을 초과하거나 카메라, 서방 가수의 음반, 출판물 등 반입 금지 품목을 밀반입했다. 1970년대 중반 동독의 일상을 그린 영화 〈조넨알레(Sonnenallee)〉(1999)는 이러한 상황을 잘 묘사한다. 영화에 등장하는 동독 이탈 주민 하인츠(Heinz)는 동베를린에 사는 여동생을 방문할 때 양말이나 속옷 속에 초콜릿과 하리보 젤리를 숨겨 가져오거나, 동독 여성이 열광하는 나일론 스타킹을 직접 신고 와서 여동생에게 벗어주었다. 또 이들은 동독에서 접하기 어려운 섹스, 공포, 범죄물류의 잡지나 동독 정권이 지정한 금서 등을 자동차 좌석 밑에 숨겨서 가져오기도 했다.[64] 혹은 본인이 구독한《슈피겔》,《슈테른》과 같은 서독의 대표적 시사 잡지를 버리지 않고 모아두었다가 상자에 담아 동독행 기차 한구석에 눈에 띄지 않게 숨겨두기도 했다.[65] 운 나쁘게 국경경찰이 이를 발견해도 자기 것이 아니라고 발뺌하면 그만이었다.

동독을 방문한 이탈 주민은 선물 외에도 조카나 손자 혹은 형제자매에게 용돈과 선물의 의미로 서독 돈을 주기도 했다. 이 돈은 그들이 인터숍에서 쇼핑할 때 쓰였다. 인터숍은 지불수단이 외화였기 때문에 1974년 동독인의 외화 소지 금지 규정이 폐지되기 전까지 소수의 특권층이 아니면 출입하기 어려운 곳이었다. 그러나 외화 소지 허용 이후에는 서독 마르크를 지닌 동독인이라면 인터숍에서 스타킹, 화장품, 카메라에서 커피메이커, 오디오, 티셔츠, 청바지, 자동차 부품에 이르기까지 일반 동독 상점에서 구할 수 없는, 다양한 서방 상품을 구입할 수 있었다. 1988년 10월 1일부터는 동서독 간에 상업 용도가 아닌 송금이 허용되면서 동독인이 외화를 소유할 수 있는 기회가 확대됐다. 이에 따라 인터숍 쇼핑도 크게 늘었다. 자연히 동독인과 서방 문화와의 접촉은 더욱 빈번해졌고, 이는 동독인에게 동서독 체제의 격차를 실감하게 만드는 요소로 작용했다.

나아가 동독인이 서독으로 이탈 주민을 방문할 수 있게 되면서 이러한 영향은 점점 확대됐다. 다양한 경로를 통해 알려진 서독 자본주의 체제의 풍요로움과 자유로움을 직접 눈으로 보았기 때문이다. 이로써 동독인에게 서독은 갈수록 비교의 척도가 됐고, 상대적으로 동독 체제에 대한 불만은 커져갔다. 1968년 한 동독인이 서독에 거주하는 아들 가족을 방문한 후 돌아와 쓴 편지에 "아쉽게도 꿈같은 날이 다 지나갔구나. 아직도 실감이 나지 않는다. 계속 너희들 생각만 나고. 내가 눈으로 직접 보고 일부는 직접 맛볼 수 있었던 근사한 것들이 계속 눈앞에 아른거리는구나. 지금 다시 이곳에서 질 낮은 찻잔, 볼품없는 쇼윈도와 지저분

동베를린 프리드리히 거리역 국경검문소에서
입국 심사를 받는 서독 주민, 1964년 10월

해 보이는 진열 상품을 보니 역겨움이 엄습해 당장 돌아가고 싶다"[66]라
고 털어놓은 것은 이를 단적으로 보여준다.

　동독 정권도 동독 이탈 주민을 비롯한 서독인의 동독 방문이 불러올
다양한 위험성을 잘 알고 있었다. 이에 따라 동독 정권은 1960년대까지
국경검문소에서 동독을 방문하는 서독인에게 불쾌할 정도로 까다롭게
입국 심사를 했고, 의무 환전 액수를 여러 차례 인상하는 등 동독 방문
을 어렵게 만들었다. 동독 정권은 의무환전제도를 시행했다. 이는 서독
인 또는 외국인이 동독을 방문할 경우 의무적으로 일정액을 동독 화폐
로 환전하도록 규정한 제도로, 1964년 1인당 하루 5마르크에서 1968
년 10마르크, 1973년 20마르크, 1980년 25마르크로 인상됐다.[67] 하루
방문이라도 적잖은 돈인데, 동독에 여러 날 머물거나 가족과 함께 방문
하면 경제적 부담이 컸기 때문에 의무 환전 액수 인상이 동독 방문에 미
친 영향은 과소평가할 수 없다. 그뿐 아니라 서방의 영향을 차단하기 위

해 통사당과 공공기관의 간부, 문서기록 관리자, 국가안전부 요원, 해외에 파견되는 전문 인력 등 사회 지도층과 국가 기밀 취급자에게는 서독에 거주하는 가족 혹은 친지와의 교류를 금지했다. 이로 인해 국가안전부 요원 피셔는 동독을 이탈한 딸과 연락을 단절하기까지 했다.[68]

그럼에도 동독 정권은 1970년대 이후 방문을 통한 접촉이 확대되는 것을 막을 수 없었다. 1973년 국제연합, 1975년 유럽안보협력회의에 가입한 동독은 그만큼 국제적 지위를 격상한 것에 대한 반대급부로 문호 개방과 인권 보장의 압력에 처했기 때문이다. 또 동독이 극심한 경제 위기에 처했던 1983년 10억 마르크의 차관을 받은 것처럼 동독이 서독의 경제적 지원을 받는 대가로 동서독 교류 확대를 용인할 수밖에 없었다. 게다가 동독 이탈 주민은 여러 시간씩 걸리는 짜증스러운 검문에도 동독 방문을 쉽게 포기하지 않았다. 국가 기밀 취급자에 해당하는 동독인도 서독에서 온 가족과 친지를 남의 눈에 띄기 쉬운 집이 아닌 레스토랑에서 만나거나 집에서 만날 경우에는 서독 가족이나 친지의 차를 두세 블록 떨어진 곳에 주차시키는 등의 방법으로 감시를 피했다.[69] 이렇게 여러 제약 속에서도 동독 이탈 주민과 동독에 남은 가족 혹은 친지가 서로 방문하면서 분단 체제는 계속 잠식되어 갔다.

통일을 위한 노력:
향우회, 동향단, 중부독일인연맹을
중심으로

통일과 동독 주민의 인권 보장 요구

통일을 위해서는 개인 차원에서 교류의 끈을 이어가는 것 외에도 통일 여론이 활발해져야 하고, 정부의 정책적 노력도 중요하다. 이에 비추어 볼 때 초기 서독 정부의 통일 정책은 동독 이탈 주민의 염원에 제대로 부응하지 못했고, 분단이 장기화되면서 통일 담론도 약해졌다. 1950년 대 서독의 아데나워 정권은 적극적으로 통일을 모색하기보다는 서방 통합에 주력했다. 통일은 서독과 서방 국가가 단합해 소련과 동독에 대한 힘의 우위를 확보하고 주도권을 장악할 때 달성할 수 있다고 보았다. 동독에 대해서도 서독의 단독 대표권 주장과 동독을 승인하는 국가와는 외교 관계를 맺지 않는다는 할슈타인 원칙을 바탕으로 철저히 불승인 정책을 택했다.

한편 동독의 울브리히트 정권은 건국 초기만 해도 독일은 결코 분리

될 수 없는 민주공화국이고 독일의 국적도 하나임을 강조했다. 그러나 1950년대 중반 이후에는 한 민족 두 국가인 현실을 받아들이고 동독을 독립된 국가로 만들려고 노력했다. 1956년 울브리히트는 서로 다른 체제를 가진 두 독일 국가가 먼저 가까워진 뒤 국가연합을 거쳐 단계적으로 통일하자는 내용의 국가연합안을 제시했지만, 어차피 실현 가능성은 없었다. 동독이 전제 조건으로 서독의 나토 탈퇴, 서독 독점 자본의 무력화, 핵심 산업을 국민 재산으로 환수, 동독 토지 모델에 따른 토지개혁과 학교 개혁 등 서독이 받아들일 수 없는 사항을 내세웠기 때문이다.[70]

1961년 베를린 장벽이 세워지면서 분단은 더욱 굳어졌다. 1969년 출범한 서독의 브란트 정부가 국제적 긴장 완화에 편승해 '접근을 통한 변화'를 모토로 새로운 통일 정책을 내세웠다. 그러나 이는 일단 동서독이 관계 개선을 통해 분단이 가져온 문제를 완화하는 데 주력하고, 통일은 장기적 과제로 돌린다는 것을 뜻했다. 1970년대 이후 서독 사회에서도 통일은 바람직하지만 현실적으로 먼 훗날의 일이거나 어려울 것이라는 회의론이 대세였고, 통일을 당면 과제로 보는 사람은 많지 않았다. 단적인 예로 1970년대 초 서독의 알렌스바흐 여론조사 연구소가 실시한 여론조사에서 가장 중요한 정치적 과제로 통일을 꼽은 서독인은 1퍼센트를 넘지 않았다.[71] 또 같은 연구소가 1976년 실시한 조사 결과에 따르면 동서독이 통일될 것이라고 믿는 사람도 13퍼센트에 불과했다.[72]

이러한 상황에서 동독 이탈 주민은 통일의 파수꾼 역할을 자처했다. 실향민이자 동독에 가족과 친지를 둔 이들의 통일 염원이 당연히 더 컸기 때문이다. 동독 이탈 주민은 통일이 서독 헌법인 기본법에 명시된 의무 과제임을 서독 사회에 끊임없이 상기시켰고, 서독의 정치 세력에게 통일을 위해 정치적으로 노력해달라고 촉구했다. 주로 동독 이탈 주민 단체가 이러한 활동에 나섰다. 분단 시기 서독에는 다양한 동독 이탈 주민 단체가 조직됐는데, 이들의 활동을 기록한 자료나 연구한 성과가 아직 많이 부족해서 여기서는 향우회, 동향단, 중부독일인연맹을 중심으로 살펴본다.

우선 향우회는 출신 고향별로 조직된 단체다. 보통 한 달에 한 번 정도 회원끼리 만나 밀접한 관계를 갖고, 또 각기 다양한 경로로 입수한 고향 소식을 서로 나누며 동독에 대한 관심을 유지했다. 규모는 작아도 가장 밑바닥에서 통일 의지를 다졌다고 볼 수 있다. 동향단은 동독 이탈 주민이 출신 주별로 결성한 전국적 단체로, 분단 상황에서 동독 지역의 토속어와 향토문화를 전승하고 유지하는 데 중점을 두었다.[73] 1968년 결성된 연합 단체인 중부독일인연맹은 향우회, 동향단, 기타 동독 이탈 주민 단체의 상부 조직으로, 서독에 정착한 동독 이탈 주민과 1700만 명에 달하는 동독인의 대변인임을 표방했다.

이들 단체는 활동 분야가 조금씩 달랐지만, 기본적으로 동독 이탈 주민의 서독 정착을 위해 법적, 제도적 지원을 확대하는 데 애썼다. 나아가 독일의 자주적 평화 통일에 앞장서고 동서독의 교류와 문화적, 정신적 통일을 유지하는 데 기여한다는 공동의 목표를 설정했다.[74] 이를 위해 분단 시기 내내 동서독의 정치 상황을 주시하면서 분단과 동독에 관련된 정치적 사안에 대해 입장을 표명하고 통일을 주창했다. 우선 이들은 서독 총리와 정부 부처는 물론 서독 정당 지도부를 방문해 통일이 정치 현안에서 멀어지지 않도록 관심을 환기했다. 특히 1960년대 이후 한 민족, 두 국가 체제가 굳어지는 징후에 경종을 울리고, 동독이 빠진 국가 체제는 통일이 될 때까지 임시 체제에 불과하다며 전독일주의를 주장했다.[75] 서독 정부의 대외 정책도 통일을 촉진하는 데 우선순위를 두어 추진해야 한다고 강조했다.[76] 이처럼 통일 의지가 확고했기 때문에 동독을 주권국가로 인정하는 것도 반대했다. 이는 곧 분단 상황을 받아들이는 것이기 때문이다.

이들의 정치적 입장은 신동방 정책과 함께 도전에 직면했다. '접근을 통한 변화'를 내세우며 동서독의 관계 개선을 모색하는 브란트 정부의 새로운 통일 정책은 패러다임의 전환이기 때문에 동독 이탈 주민이 민감하게 반응할 수밖에 없었다. 이는 특히 신동방 정책 직전에 창설된 이탈 주민 통합 단체인 중부독일인연맹을 통해 살펴볼 수 있다. 이 연맹은 신동방 정책으로 이산가족 상봉을 비롯해 분단이 가져온 고통이 완화되는 것은 환영했지만, 한편으로 부정적인 면을 우려했다. 무엇보다 연맹은 브란트 정부가 동서독의 관계 개선을 위한 사전 작업으로 1970년 소련, 폴란드와 각각 모스크바, 바르샤바 조약을 체결하고, 독일과 폴란드의 기존 국경선을 인정하는 것을 지켜보았다. 그러면서 독일이 자주적으로 통일할 수 있겠느냐 하는 의구심을 가졌다.[77] 중부독일인연맹 지도부가 1970년 4월 15일 브란트 총리와의 면담에서 "내 정책은 독일 민족이 유럽의 평화를 깨뜨리지 않으면서 자주적으로 운명을 결정할 수 있게 하는 것이며, 통일은 정부의 확고한 목표"라는 답변을 받아낸 것도 이런 맥락에서 이해할 수 있다.[78]

나아가 연맹은 1971년 서독 정부가 관청의 업무 용어에서 '중부 독일'이라는 고유한 명칭을 빼고 독일민주공화국(DDR, 동독의 정식 명칭)으로 지칭하려는 조짐을 보이자 이를 강력히 비판했다. 중부 독일은 어디까지나 지리적 위치에서 유래한 비정치적 개념인데,[79] 불가피한 경우가 아닌데도 동독 통사당이 고안해낸 용어를 그대로 받아들여서는 안 된다는 것이었다. 중부 독일 대신 독일민주공화국으로 지칭하는 것은 궁극적으로 서독이 독일 분단을 인정한다는 의미이기 때문이다.[80]

또한 1972년 동독과 체결한 기본 조약에 동독을 주권국가로 인정하지 않는다는 조항이 빠진 것을 지적했다. 서독 정부가 사실상 동독을 별개의 국가로 인정한 것이 아니냐며 문제를 제기한 것이다.[81] 더욱이 호네커 정권이 동서독의 조약 체결을 서독이 동독을 주권국가로 승인한 것으로 간주하고, 이른바 두 민족 두 국가론, 즉 사회주의 민족의 국가 동독과 자본주의-제국주의 민족의 국가 서독으로 구분하며 분리 차단 정책에 박차를 가하는 것을 보면서 이러한 우려는 깊어졌다.[82]

이렇게 중부독일인연맹은 처음에는 브란트의 신동방 정책에 부정적이었다. 그런데 1971년 10월 중순 서독 라인란트팔츠주 마인츠시에 거주하는 60여 명의 회원이 탈퇴하는 사건이 벌어졌다. 이들은 원칙적으로 정치적 중립[83]을 지켜야 할 연맹이 브란트 정부의 동서독 관계 개선 노력을 반대하는 야당 역할을 하는 것이 불만이라고 탈퇴 사유를 밝혔다.[84] 비록 이들 탈퇴자가 중부독일인연맹에서는 소수였지만, 연맹도 서독 주민 다수가 브란트 정부의 신동방 정책을 지지한다는 사실을 무시할 수만은 없었다. 이러한 상황에서 1973년 동방조약 체결과 긴장 완화를 반대하는 기민당 소속의 회장 볼라베(J. Wohlrabe)가 물러나고 사민당 소속인 크로이처(H. Kreutscher)가 취임했다. 이와 함께 중부독일인연맹은 동서 진영 및 동서독의 화해와 공존의 모색이 대세가 된 현실을 무조건 부정하지 않고[85] 동서독 왕래와 교류 확대는 환영하되 분단을 기정사실화하지 않도록 감시하는 이른바 '비판적 동행'을 표방했다.[86]

이 점에서 동독 이탈 주민 단체는 또 다른 실향민인 동유럽 강제추방민과 차이를 보여준다. 강제추방민은 제2차 세계대전의 여파로 집과 재산을 잃고 쫓겨났고 그들의 거주지는 동유럽 사회주의 국가의 영토로 귀속됐다. 자연히 반공주의적 성향이 강한 이들은 분단 시기 내내 실지를 회복해 고향으로 돌아가야 한다는 신념으로 적극적인 정치 활동을 벌였다. 그 때문에 브란트 정권이 사회주의권과 관계 개선을 시도하고 바르샤바 조약을 통해 오더나이세강을 독일과 폴란드의 국경선으로 인정해 과거 독일제국에 속했던 오더나이세강 이서 지역의 상실이 가시화되자, 이를 독일의 이해관계를 완전히 저버리는 '배신행위'라고 비난하고 강경 투쟁을 벌였다.[87]

그러나 중부독일인연맹의 입장은 달랐다. 동독과의 조약 체결이 결과적으로 동독을 국가로 인정하는 것이므로 독일 민족의 통일성을 유지한다는 이탈 주민 단체의 목표에는 어긋나지만, 브란트 정부의 정책을 궁극적으로 평가할 때는 그것이 분단이 가져온 문제를 얼마나 완화할 수 있느냐를 기준으로 하겠다고 한발 물러선 것이다.[88] 브란트 집권 후 동유럽 강제추방민 단체 지도부에서 사민당 소속 인사들이 배제된 것과 달리 사민당 소속인 크로이처가 1973년 중부독일인연맹 의장으로 선출된 것만 봐도 그렇다. 동독 이탈 주민 단체가 신동방 정책을 무조건 반대하지 않고 변화된 현실과 어느 정도 타협할 의사가 있었음을 보여준다.

동독 이탈 주민 단체가 표방한 이른바 '비판적 동행'은 다양한 형태를 띠었다. 이는 무엇보다 동서독 관계 개선에 가려져 통일을 위한 정책적 노력을 소홀히 하지 않도록 경계의 목소리를 내는 것이었다. 중부독일인연맹은 서독 정부와 정당 인사를 방문하거나 이들에게 서한을 보내 동독이 결코 별개의 국가로 외국이 될 수 없음을 강조하고, 서독 정부가 동서독 관계 개선을 통한 현상 유지에 머물지 않고 적극적으로 통일을 추진할 것을 촉구했다.[89]

또 서독 정부와 의회에 기본 조약을 비롯해 동서독의 관계 개선을 모색하는 일련의 조약이 동독으로부터 반대급부를 충분히 얻지 못한 채 성급하게 추진되고 있다고 문제를 제기했다. 그러면서 동독과의 조약 체결을 위한 협상 혹은 동독을 재정 지원할 때 동독인의 서독 방문 기회 확대, 동독 이탈 주민의 동독 방문 규제 해제 그리고 이들의 동독 방문 시 신변 안전 보장, 의무 환전액 인하 등을 요구해야 한다고 주장했다.[90]

나아가 중부독일인연맹은 동독의 유엔 가입에 대해서도 같은 입장을 보였다. 연맹은 이탈 주민이 동독에서 혹독하게 당한 경험을 내세우며 독재정권을 믿고 미리 수혜를 주면 부도날 것이라고 경고했다. 어디까지나 동독 정권이 민족 통일의 의지를 표명하고, 동독 주민에게 유엔 헌장에 명시된 대로 인권을 보장함은 물론 이주의 자유를 법적으로 보장하고, 지속적인 동서독 상호 방문 보장을 명문화하고, 베를린 장벽, 국경 탈주자에 대한 사살 명령 폐지 등을 보장하는 조건으로 동독의 유엔 가입을 지지하라고 촉구했다.[91]

한편으로 동독 이탈 주민 단체는 서독 정부가 긴장 완화의 조류에 휩쓸려 동독의 억압적 성격을 과소평가하는 것도 경계했다. 일례로 1973년 4월 5일 황금 시청 시간대에 룽게(E. Runge) 감독의 다큐멘터리 〈나는 동독인이다(Ich bin Bürger der DDR)〉가 서독 제1공영방송(ARD)에서 상영됐다. 이 영화는 아무런 설명 없이 동독의 한 공구 생산 공장과 그곳에 근무하는 한 직원의 집을 중심으로 평범한 동독인의 일상과 삶의 여건을 소개했고, 공장 노동자와 나눈 인터뷰를 카메라에 담았다. 영화는 공장장이 직원들에게 목표 생산량을 조기에 달성한 것에 감사하는 모습, 복잡한 절차를 거치지 않고 휴양지로 가족 여행을 갈 수 있도록 지원되는 동독의 복지제도, 자신의 생활수준에 만족한다는 노동자의 인터뷰, 한 노동자의 행복한 가정생활 모습 등 이상적 하모니를 주된 내용으로 담았다.

자연히 서독의 보수 진영은 이 영화를 가리켜 서독 자본으로 만든 공산주의 선전 영화라고 혹평했다.[92] 중부독일인연맹도 이러한 부류의 영화는 동독 주민을 감시하고 체제에 순응하지 않는 동독인을 정치적으로 탄압하는 동독의 억압적 현실을 감추거나 순화할 수 있다고 비판했다. 더욱이 감독 룽게가 사회주의자이기 때문에 상황을 객관적으로 전달하지 못한다고 문제를 제기했다.[93] 동독 이탈 주민은 기본적으로 동독 체제의 억압성을 경험하거나 목격한 경우가 많았기 때문에 동독 정권을 불신했다. 또 평소 동독의 상황을 잘 모르는 서독인에게 동독의 실상을 알려야 한다는 의무감도 강했다. 이에 따라 데탕트와 동서독 관계 개선을 배경으로 동독을 이전과는 다른 관점에서 접근하려는 이 영화에 우려를 드러내며 예민하게 반응한 것이다. 더욱이 영화 제작과 개봉 시점이 1970년대 초반으로, 독일 통일 정책의 패러다임이 바뀐 지 얼마 되지 않던 때였다. 그렇기 때문에 동독 이탈 주민 단체가 이러한 영화를 순순히 수용하기가 어려웠을 것이다.

나아가 동독 이탈 주민 단체는 1700만 동독인의 고통을 대변해야 한다는 책임의식에서 끊임없이 동독의 인권 문제를 이슈화했다. 중부독일인연맹은 1971년 8월 13일 베를린 장벽 수립 10주년을 맞아 호네커 정권에게 '국경 탈주자를 향한 사살 명령 폐지, 동서독/동서베를린 간 자유로운 왕래 보장'을 요구하는 성명을 발표했다. 한걸음 더 나아가 1973년에는 동독 총리 슈토프에게 서한을 보내 살상 무기가 배치된 동독 측 국경 지대의 상황이 긴장 완화 정책에서 표방하는 평화적 공존 원칙에 위배된다고 주장했다. 그러면서 인간의 존엄성과 안전을 우선하는 형태로 바꿀 것을 요구했다. 또한 동독인을 비민주적으로 억압하지 말고 자유, 인권을 보장함으로써 국제연합과 유럽안보협력회의 회원국으로서 의무를 다하라고 압력을 가했다. 또 다른 이탈 주민 단체인 중부독일난민연합(Bund der mitteldeutschen Fluchtlinge, BMF)[94]은 1986년 7월 이후 11월까지 동독 국경수비대의 발포 건수가 여덟 차례 있었다고 지적하며, 동독의 비위를 맞추기 위해 침묵하는 서독 정치가에게도 그 책임을 물어야 한다고 주장했다.[95] 그런가 하면 중부독일인연맹 의장인 도른부르크(J. Dornburg)는 1975년 12월 18일 동독 이탈을 시도하다 체포되거나 자녀를 남겨둔 채 이탈한 주민의 자녀를 다른 동독 주민에게 강제로 입양시키는 동독 정권의 행위를 비판했다. 나아가 서독 유럽안보협력회의 헬싱키 최종 문서와 유엔인권헌장에 위배되는 이러한 행위에 공식 항의하고 아이들이 부모에게 돌아갈 수 있도록 조치할 것을 요구했다.[96]

이처럼 동독 이탈 주민은 서독 정부가 상대적으로 동독 정권을 자극하는 정치적 발언과 행위를 삼간 1970년대에 동독 정권의 정치적 탄압을 비판하고 동독 주민을 대변하는 목소리를 냈다. 또한 분단이 장기화 되면서 점점 멀어지는 동독에 대해 서독 사회가 관심을 가지라고 촉구 했다. 이는 서독의 정치가가 동독의 지도부와 협의해 평화와 군축이라 는 큰 그림을 그리지만, 동독 주민이 개인적으로 맞닥뜨린 고통 역시 간 과해서는 안 될 책임 범주에 속한다는 것을 두루 알린 것이었다.[97]

동시에 동독 이탈 주민 단체는 국제사회를 겨냥했다. 예컨대 중부독 일인연맹은 1974년 8월 9일, 다가오는 9월 제네바에서 헬싱키 최종 의 정서 내용을 다룰 유럽안보협력회의를 겨냥해 서방 회원국에 동독인 의 이주의 자유를 보장하고, 그 연장선으로 베를린 장벽에서 자행되는 비인도적 살상을 중단하고 철조망을 제거할 수 있게 해달라고 청원했 다.[98] 또 같은 날 서독 주재 동유럽 사회주의 국가의 무역 대표부에 이 청원서를 동봉한 서신을 보냈다. 예를 들면 중부독일인연맹은 서독 주 재 불가리아 무역 대표부에 보낸 서신에서 동독인은 베를린 장벽과 철 통같은 국경 봉쇄 체제에 가로막혀 동독을 떠날 수 없다고 호소했다. 이 는 동독이 유엔 회원국으로서 보장해야 할 인권인 이주의 자유를 구속 하는 것이라며, 이러한 비정상적인 상황이 해결되지 않으면 유럽의 평 화 역시 달성될 수 없다고 주장했다.[99]

이처럼 통일을 염원하고 동독에 대해 관심을 촉구하는 이탈 주민 단 체의 활동은 정권이 교체된 1980년대에도 계속됐다. 1982년 사민당의 슈미트(H. Schmidt) 정권이 물러나고 보수 정당인 기민련의 콜(H. Kohl) 정부가 집권했다. 이에 따라 한쪽에서는 동서독 관계가 냉각될 것이라 는 우려가 컸지만, 콜 정부의 외교와 통일 정책은 이전과 크게 달라지지 않았다. 물론 콜 정부는 사민당 정권과 달리 동독의 사회주의 체제를 정례적으로 비판하고, 독일 통일은 어디까지나 '자유'에 기반을 두어야 한다고 강조했다. 그러나 이는 보수 세력 내 반대파의 목소리를 잠재우기 위한 일종의 정치적 수사에 가까웠다.[100] 실질적으로는 오히려 사민당의 동방 정책을 계승하고 발전시켰다. 단적인 예로 콜은 1982년 11월 29일 직접 호네커에게 서한을 보내 사민당 정권 때 동독과 체결한 모든 협정과 합의가 앞으로도 동서독 관계 발전의 기본이 될 것임을 재확인했다. 더불어 콜 정부 역시 동독과 선린 관계가 진전되기를 원한다고 적었다. 콜 정부가 이처럼 사민당 정권의 노선을 계승한 것은 이미 1970년대를 지나오면서 사민당의 동방 정책이 정치적, 법적 안정성과 대중의 지지를 확보했음을 알았기 때문이다.[101]

이처럼 분단이 갈수록 굳어지는 상황에서 정권이 교체됐는데도 동서독 관계가 현상 유지에 초점이 맞추어지자 통일 문제가 정치 현안에서 밀려나고 있었다. 이를 염려한 이탈 주민 단체는 꾸준히 자신들의 목소리를 냈다. 중부독일인연맹은 1988년 서독이 통일의 목표를 먼 훗날의 일로 미루거나 포기한 것처럼 보인다고 비판했다. 그러면서 독일 통일과 독일 민족의 자결권을 포기할 수 있다고 생각하는 사람은 동독 주민에게 등을 돌리는 것이고, 더불어 서독의 기반까지 파괴하는 것이라고 강조했다. 이와 함께 독일 통일 문제는 현상 유지 속에 매몰돼서는 안 되는 과제임을 환기하며, 서독 정부가 분단의 고통을 줄이는 데 머물 것이 아니라, 더 적극적으로 분단 극복을 목표로 삼아야 한다고 주장했다.[102]

나아가 콜 정부에 독일 통일의 필요성을 국제사회에 적극적으로 일깨울 것도 주문했다. 일례로 메클렌부르크 동향단은 1989년 콜에게 편지를 보내 1988년 12월 나토 정상회담에서 공표된 브뤼셀 선언이 나토의 독일 통일 지지를 명백히 밝힌 1967년의 하멜 선언과 달리 동독 체제의 안정화를 포함한 유럽의 현상 유지에 중점을 두었다고 지적했다. 이어서 독일 통일이 국제사회의 중심 이슈에서 배제되지 않도록 대외적으로 정치적 노력을 기울일 것도 촉구했다.[103]

동독 정권의 정치적 억압을 비판하고 동독 주민의 인권 보호를 요구하는 이탈 주민의 정치 활동은 1980년대에도 계속됐다. 이는 잘츠기터 (Salzgitter) 중앙기록보관소 문제를 통해 엿볼 수 있다. 니더작센주 잘츠기터에 위치한 이 보관소는 1961년 11월 동독 정권이 저지른 모든 인권 침해 행위 정보를 수집해 훗날 형사소추 시 필요한 증거 자료를 구축하기 위해 설립됐다. 이는 동독 주민에 대해서도 서독의 모든 정부기관이 보호 의무를 다해야 한다는 기본법의 정신을 실현하고, 다른 한편으로 동독 주민에게 독일이 하나의 조국임을 일깨우면서 동시에 서독의 통일 의지를 드러낸 것이다.

그러나 중앙기록보관소는 정치적으로 '뜨거운 감자'였다. 동독 정권이 동독 인권 침해 실태 조사를 주권 침해라고 비난하며 기록보관소 폐지를 요구했고, 서독의 정치 세력 내부에서도 서로 다른 입장 차이로 논쟁을 벌였기 때문이다. 요컨대 기민련을 비롯한 보수 세력은 보관소 유지를 옹호한 반면 사민당은 기록보관소가 동서독 관계 개선에 걸림돌이 된다는 이유로 폐지를 주장했다.

이러한 상황에서 동독 이탈 주민 단체는 잘츠기터 기록보관소의 보존을 적극 지지했다. 무엇보다 동독 정권 아래에서 저지른 모든 인권 유린을 기록하는 이 보관소의 존재는 동독 국경수비대에 부담이 될 것으로 보았다. 또한 이로 인해 국경수비대원이 탈주자를 정조준 사격만이라도 하지 않게 되면 그것만으로도 충분히 존재 이유가 있다고 옹호했다.[104]

동독 이탈 주민 단체는 다른 한편으로 동독과 활발히 교류하는 데도 앞장섰다. 이들은 정치적 분단 상태에서 민족의 일체성을 유지하기 위해서는 무엇보다 동독과 교류의 끈을 이어가야 한다고 보았다. 그리하여 동독에 있는 가족과 친지 그리고 동포에게 소포와 편지를 보낼 것을 꾸준히 홍보하고 실천했다. 일례로 중부독일인연맹 노르트라인베스트팔렌주 지부 소속 사회활동부는 해마다 약 3000개의 소포를 동독으로 보냈다.[105] 이보다 더 작은 단체인 중부독일난민연합 자르 지부도 1988년 375개의 소포를 동독으로 보냈고, 이를 위해 우송료만 약 2634마르크를 지출했다.[106] 이처럼 크고 작은 이탈 주민 단체가 각기 보낸 소포의 양을 합치면 상당한 규모였을 것이다.

그뿐 아니라 동독 이탈 주민 단체는 좀 더 직접적으로 동독인과 접촉해보라고 독려하는 계몽 활동에도 열심이었다. 중부독일인연맹은 1969년까지 34회선에 불과했던 동서독 전화선이 1970년대 이후 대폭 증설되자 동독에 있는 연고자와 전화 통화를 자주 하라고 독려했다.[107] 또한 1972년 교통조약 체결로 상호 방문과 여행의 기회가 확대되자, 비록 동독 정권의 통제 때문에 여행 조건이 까다롭다 해도 이 기회에 동독과의 교류를 넓히라고 호소했다. 특히 미래를 위해 젊은 세대에서도 동서독 간의 인적 연결고리가 끊어지지 않게끔 해야 한다고 강조했다. 더불어 동독 여행이나 방문 과정에서 겪은 문제 혹은 불편함을 알려주면 해당 정부기관과 면담할 때 해결할 수 있도록 노력하겠다고 약속했다.[108]

실제로 중부독일인연맹은 이와 관련해 정부 정책을 개선하려고 노력했다. 예를 들면 서독 정부는 1973년 6월까지 서독인이 동독 방문이나 여행 시 지불해야 하는 비자 수수료를 지원했다. 그러나 같은 해 7월 1일부터 이러한 혜택은 60세 이상 서독인만 누릴 수 있게 됐다. 중부독일인연맹은 동독 방문은 단순히 취미로 하는 여행 이상의 의미를 지닌다고 강조하며 정부 처사에 유감을 표했다. 요컨대 "동독에 있는 친척이나 지인을 방문하는 일이야말로 인간 대 인간으로 접촉을 심화하고 확대함으로써 독일인으로서의 공속감을 잃지 않고 유지할 수 있는 가장 효과적인 수단"이라고 밝히면서 그 때문에 소속 회원과 다른 서독 주민에게 가능한 한 자주 동독을 방문하라고 호소했다는 것이다. 그런데 동독 방문 때 기본적으로 날마다 10마르크를 의무 환전해야 하는데, 여기에 비자 수수료까지 내야 하면 경제적으로 부담이 돼 동독 방문이 줄어들 것이고, 특히 경제력이 아직 갖추어지지 않은 젊은 세대에게는 그 여파가 더 클 수밖에 없다고 강조했다.[109] 이 같은 이유로 연맹 지도부는 비자 수수료 지원 중단 결정을 거두어주길 강력히 요청했다.

동시에 동독의 호네커에게도 서신을 보내 의무 환전액 문제를 제기했다. 중부독일인연맹은 1974년 3월 1일 자 서신에서 동독 측이 1973년 말 이래 동독 방문객의 의무 환전액을 두 배로 올리면서 서독인의 동독 방문이 50퍼센트 정도 줄었다는 점을 지적했다. 더불어 이는 동서독 간 관계 정상화와 교류 증대를 목적으로 체결된 교통조약과 기본 조약의 정신과 목적에도 위배되기 때문에 의무 환전액을 줄여줄 것을 호소했다.[110] 그럼에도 동독 측이 의지를 보이지 않자 서독의 정치가에게 서신을 보내, 내독 무역 관계를 통해 동독 정권에 압력을 가해 이 요구 사항을 관철해야 한다고 촉구했다.[111] 이렇게 동독 이탈 주민 단체는 이탈 주민을 포함한 서독인의 동독 방문을 확대할 수 있는 여건 마련에 적극 개입했다.

동서독의 일체성을 강조하는 문화 활동

동독 이탈 주민 단체는 다양한 문화 활동을 통해 동독과의 역사적, 문화적 일체감을 강조했다. 동서독을 이어줄 수 있는 요소가 공동의 역사적 기반과 문화유산이었기 때문이다. 이들 단체는 동독의 문화 전통을 보존하고 서독에 널리 알리고자 노력했다. 특히 동독 정권이 1970년대 이래로 두 민족, 두 국가 논리를 내세우며 동서독의 일체성을 공식 부인함에 따라 자신들이 서독에서 고향의 문화를 지키고 가꾸는 것이 더욱 필요하다고 보았다.[112] 나아가 사회주의 정권하에서 점점 왜곡되어 가는 향토문화를 바로잡아야 한다는 의무감 때문이기도 했다. 메클렌부르크 동향단은 고향의 문화가 오로지 이데올로기적 관점으로만 해석돼 점점 이질적으로 왜곡되고 있다면서, 이를 바로잡으려면 메클렌부르크 출신 이탈 주민이 원래 모습대로 그리고 자유롭고 다면적으로 메클렌부르크 문화를 가꾸어야 한다고 강조했다.[113]

동독 이탈 주민 동향단은 분단 시기 내내 다양한 활동을 이어갔다. 우선 '고향의 날' 행사를 정기적으로 개최했다. 메클렌부르크 동향단은 1951년부터 메클렌부르크와 접경 지역인 서독 슐레스비히홀슈타인주의 소도시 라체부르크에서 1박 2일로 '고향의 날' 행사를 개최했다.[114]

서독 전역에 흩어져 사는 메클렌부르크 출신 이탈 주민이 함께 모여 고향의 소중함을 되새기고, 통일 의지를 다짐하는 장이었다. 동향단 소속 청소년의 민요와 민속춤 공연, 독일을 대표하는 메클렌부르크 출신 유명 작가의 연극 공연과 시 낭독 등 다채로운 향토문화 공연이 이어졌고, 이를 통해 메클렌부르크도 독일 문화유산의 일부임을 알리려고 애썼다. 또한 참가자는 토속어로 "메클렌부르크는 우리의 영원한 고향이다"라고 쓴 현수막과 메클렌부르크주 깃발을 들고 메클렌부르크주가(州歌)와 독일 찬가를 부르며 시가행진도 벌였다. 나아가 버스와 보트를 타고 메클렌부르크와 라체부르크의 접경 지역을 답사하며 먼발치에서나마 고향을 그리워하는 마음을 달랬고, 억압받는 동독인에게 인사 메시지를 담은 풍선 1000개도 날려 보냈다. 이러한 다양한 프로그램을 통해 고향을 되찾고 통일하려는 것이 자신들을 포함한 전 독일인의 과제임을 재확인했다.

메클렌부르크 동향단 고향의 날 행사는 특히 대규모 탈동독 행렬이 이어진 1950년대에 성황이었는데, 1952년에는 참가자가 8000명에 달했다.[115] 이처럼 참가자가 많다 보니 1958년부터는 이들을 위한 특별 열차도 편성됐다. 메클렌부르크 동향단의 고향의 날은 전국 연합 행사 외에도 각급 지부별로 서독 곳곳에서 벌어졌다. 1960년대 이후 참가자 수는 감소했지만 높은 참가율은 어느 정도 유지됐다. 예컨대 1963년에도 참가자가 수천 명에 달했고, 1980년에는 약 2500명이 참여했다.[116]

정기 행사 외에도 동독 이탈 주민 단체는 지속적으로 문화·홍보 활동에 나섰다. 향우회, 동향단, 중부독일인연맹을 비롯한 이들 단체는 먼저 신문, 잡지, 소식지 등을 발행해 고향 소식을 전하고, 동독의 문화유

'고향의 날' 행사에 참가한 메클렌부르크 출신 동독 이탈 주민

산과 정치, 경제 상황을 다룬 정보를 제공했다. 베를린 장벽이 세워질 때까지는 서베를린을 통해 고향과 연락이 가능했고, 장벽 수립 이후에도 동독과 접촉할 수 있었기 때문에 이러한 활동이 가능했다. 또 서독으로 갓 넘어온 동독 이탈 주민도 중요한 정보의 출처가 됐다. 이러한 간행물의 예로는 중부독일동향단연합이 발행한 《중부 독일인(Der Mitteldeutsche)》, 메클렌부르크 동향단의 향토 소식지 《우리 메클렌부르크(Unser Mecklenburg)》 등을 들 수 있다. 동독 이탈 주민 중에는 거주 지역에 동향단 지부가 없어서 동향인과 접촉이 어려운 경우가 종종 있었는데, 그래서 이탈 주민 단체가 발행하는 잡지나 신문 혹은 소식지는 이들에게 중요한 의미를 지녔다.

또한 이탈 주민 단체는 자신의 출신 지역을 대표하는 문인·화가의 작품 전시회와 동독 지역의 역사와 문화를 다룬 도서 전시회도 꾸준히 개최했다. 메클렌부르크 동향단 지부는 1960년 11월 7일 19세기의 메클렌부르크 출신 유명 문인 로이터(F. Reuter)의 탄생 150주년을 맞아 전국 곳곳에서 기념행사를 치렀다. 또한 1968년 6월 15일 제17회 고향의 날 행사 기간에는 라체부르크시청 홀에서 1945년 이후 메클렌부르크를 주제로 쓰인 약 150권이 넘는 책을 전시하고, 관람객에게 책에 관한 흥미 있는 정보도 제공했다. 전시된 책은 주로 메클렌부르크 후원회 회원의 개인 소장 도서로, 수많은 시민이 드나드는 시청의 장점을 이용해 서독인에게 메클렌부르크를 홍보한 것이다.[117]

나아가 동향단 행사를 통해 동독의 전통 향토 예술을 알리기도 했다. 작센 동향단은 1987년 작센주의 전통 유리·목공예품, 유명한 마이센 도자기, 마이센 도기로 만든 메달과 화폐 등을 선보였다.[118] 한편으로는 동독의 역사와 문화 강연을 비롯한 다양한 학술 문화 행사도 마련했다. 한 예로 메클렌부르크 동향단은 중세에 식민과 정주가 이어진 메클렌부르크 지역의 개척사와 메클렌부르크가 속한 저지대어 및 민요를 알리는 강연회를 열었고, 도시 탄생 750주년을 맞는 비스마르시 기념 강연회를 주최했다. 또 동독의 인권 문제와 동서독의 정치적 관계, 통일 정책 등을 주제로 세미나와 학술 대회도 개최했다.[119]

이러한 행사에서는 흔히 슬라이드를 함께 상영했다. 메클렌부르크 동향단은 메클렌부르크의 자연과 주민의 삶을 담은 슬라이드를, 특히 1970년대 이후에는 동독 이탈 주민이 메클렌부르크를 방문할 기회가 넓어진 덕분에 최근 모습을 담은 새 슬라이드를 보여줄 수 있었다. 한 조사 결과에 따르면 메클렌부르크 동향단 노르트라인베스트팔렌주 지부 소속 21개 단체 가운데 20개가 1979년에만 총 192회 이상 행사를 치렀다.[120]

동독 이탈 주민 단체는 젊은 세대를 대상으로 다양한 프로그램을 선보였다. 기성세대는 동독에서 태어나 동독을 경험했지만 젊은 세대는 그렇지 않았다. 규모가 작은 향우회는 청소년 조직이 따로 없었고, 연합 단체인 중부독일인연맹도 청소년 조직을 운영하지 않았다. 그러나 고향의 전통을 지키려는 동향단은 젊은 세대의 이탈 주민을 위해 청소년 조직을 만들었다. 예컨대 메클렌부르크 동향단은 해마다 고향의 날 행사 때 청소년 조직을 민속춤 공연과 캠프파이어 등 여러 행사에 참여시켰다. 또 청소년을 대상으로 통일의 의지를 심어주는 강연, 토론회를 마련했다. 한 예로 1968년 노르트라인베스트팔렌주 메클렌부르크 동향단은 오순절 때 수도 본에서 청소년 대상 강좌를 마련하고, 서독의 다양

한 통일 정책 노선을 주제로 전문가를 초빙하기도 했다.[121]

1960년대 후반에서 1973년 중반에 걸쳐 각 동향단은 문화재단도 설립했다. 일례로 메클렌부르크 동향단은 1973년에 메클렌부르크 관련 문화유물 수집과 정리 그리고 전 독일 문화유산의 일부로서 지니는 가치 보존을 목표로 메클렌부르크 재단을 설립했다.[122] 이 재단은 풍물, 서적, 문헌 기록 등을 수집하고, 관련 전시를 열고, 다른 지역의 이탈 주민 단체가 주최하는 전시를 위해 소장품을 대여해주었다. 1976년에는 메클렌부르크의 역사와 문화 연구자에게 5000마르크의 지원금을 제공하기로 결정했다. 이러한 모든 활동을 원활히 수행하기에는 재단의 운영 자금이 충분치 않아, 정기적으로 기부를 독려하기도 했다. 메클렌부르크 출신의 많은 동독 이탈 주민이 이에 동참했는데, 이들 중 일부는 자신이 사망할 경우 화환을 보내는 대신 화환 값을 재단에 기부해달라는 유지까지 남겼다.[123]

처음에 라체부르크 의회 건물 내 좁은 공간에서 시작한 메클렌부르크 재단은 1986년 과거 병영으로 사용됐던 건물을 대대적으로 보수해 이전했다. 이후 재단은 이곳을 동독인과 서독인의 만남, 교류의 장소로 활용했다. 예컨대 동독 관련 서적, 그림, 전통의상, 동전 등을 구매하거나 기부받아 메클렌부르크 하우스에서 전시회를 열었다. 또 서독 원주민이 동독을 좀 더 친숙하게 느낄 수 있도록 동독 관련 세미나, 강연, 영화 상영도 적극 추진했다. 1987년 9월에는 노르트라인베스트팔렌주의 역사 교사들이 이곳에서 5일에 걸쳐 답사를 포함한 동독 세미나를 열었다. 그로부터 한 달 후 재단은 슐레스비히홀슈타인주 정치교육센터와 공동으로 동독 답사팀을 조직했다. 또 1987년 10월 26일부터 30일까지 4일간 고등학생을 위한 세미나를 열면서, 메클렌부르크 1일 답사도 함께 포함했다. 1988년 5월 26일에는 동독 로스토크로부터 독어학자인 게르네츠(H.-J. Gernetz) 교수를 초빙해 독일 저지대 언어의 역사를 주제로 강연회를 열었다. 10월 16일에는 메클렌부르크 출신의 동독 민요 듀엣 '평발(De Plattfööt)'의 공연이 열렸는데, 표가 매진될 만큼 반응이 좋았다.[124]

동독 이탈 주민 단체가 주최한 행사에는 주로 이탈 주민이 모였지만, 서독인도 다양한 방식으로 참여했다. 기본적으로 행사 개최지의 지방자치단체나 주민 단체는 이들의 행사를 지원했는데, 주로 동독 이탈 주민 단체와 서독의 지방자치단체가 맺은 후원 관계가 바탕이 됐다. 이는 동독 이탈 주민 단체의 활동에 매우 큰 비중을 차지했다. 후원 관계를 맺은 서독의 크고 작은 지자체가 각종 행사를 다양하게 지원했기 때문이다. 예컨대 1953년부터 메클렌부르크 동향단을 후원해준 라체부르크의 상위 행정구역인 라우엔부르크(Lauenburg)는 동향단의 전국 고향의 날 행사가 라체부르크에서 열렸을 때 진행을 도왔다. 슐레스비히홀슈타인주 정부도 1963년 메클렌부르크 동향단과 후원 관계를 맺고 동독 이탈 주민 활동을 위해 장소 제공과 재정 지원 등 다양하게 도움을 주었다. 뤼베크시 경찰 악대가 해마다 메클렌부르크 동향단 고향의 날 행사에서 음악을 들려주고, 메클렌부르크 동향단이 슐레스비히홀슈타인주 정부의 재정 지원에 힘입어 문화 재단을 창설한 예 등을 통해서도 이를 확인할 수 있다. 또한 후원 주들은 이탈 주민 단체를 위해 상설 전시 향토관을 마련해주고 기존 박물관 안에 전시 공간도 제공했으며, 이탈 주민 단체가 향토 서적이나 달력을 제작하거나 혹은 전시에 필요한 향토 기념물을 수집하는 데도 재정 지원을 했다.[125] 그 밖에도 튀링겐 동향단을 후원한 노르트라인베스트팔렌주는 1965년 동향단 소속의 고령의 이탈 주민이 요양원에서 3주 동안 휴양할 수 있도록 지원했다.[126] 이런 맥락에서 베를린-브란덴부르크 동향단 지도부에서 활약한 바더(Werner Bader)는 1965년 후원 관계를 맺은 서독 바덴뷔르템베르크주의 후원금이 없었더라면 동향단의 활동이 상당히 제약을 받았을 것이라고 회고했다.[127]

동독 이탈 주민 단체의 행사에는 서독 각계의 지도자와 민간단체 대표도 참여했다. 1986년 5월 29일에서 6월 1일까지 동독 튀링겐 지역과 접경지인 바이에른주의 루트비히스슈타트시에서 레에스텐 향우회(Heimatkreis Lehesten)의 만남의 날 행사가 열렸다. 그 자리에 루트비히스슈타트시장을 비롯해 지자체 관료, 정당, 국경경찰, 지역 종교 및 민간 사회단체, 합창단, 등산회 등의 대표도 동참해 찬조 연설을 했다. 특히 동독 이탈 주민 출신인 시장은 과거 루트비히스슈타트시 주민이 레에스텐을 포함한 튀링겐 지역에서 취업 활동을 했을 만큼 양 지역이 밀접히 연결된 생활공간이었음을 회상하며 분단과 동독 이탈 주민의 실향에 안타까움을 표했다.[128] 다른 참가자도 이에 공감하며 통일의 당위성을 강조했다. 루트비히스슈타트 국경경찰은 접경지대를 통해 동독의 삼엄한 국경 경비 체제와 인근 동독 지역의 상황을 보여주는 슬라이드를 상영하기도 했다.

분단된 지 40년이 가까워오는 시점인데도 해외로 이주한 레에스텐 출신 동독 이탈 주민까지 참석했다는 것은 이러한 모임이 이탈 주민에게 어떤 의미인지를 잘 보여준다. 이러한 행사는 레에스텐 향우회에 국한되지 않았다. 레에스텐과 마찬가지로 튀링겐 지역에 속한 프롭스트 첼라, 잘펠트, 그레펜탈 출신 이탈 주민도 정기적으로 국경 지대에서 만났다. 당장 가지는 못해도 그들이 떠나온 고향을 먼발치에서나마 보고 싶었던 것이다.

그런가 하면 다양한 프로그램과 먹을거리를 갖춘 동향단의 고향의 날과 같은 행사는 지역 주민도 함께 즐길 수 있고 규모도 컸기 때문에 행사가 거듭되면서 연중 문화행사의 일부분으로 자리를 잡았다. 흔히 동독 이탈 주민 관련 행사는 지역 언론에서 보도됐는데, 규모나 화제성이 큰 행사는 중앙 언론도 다루었다. 이에 따라 행사에 동참하지 않거나 가까이 지켜보지 못한 서독인도 동독 이탈 주민 행사의 취지나 이들이 강조하는 통일 메시지를 간접적으로 접할 수 있었다. 또한 1965년 각 동향단의 연합 단체인 중부독일동향단연합이 슐레스비히홀슈타인주 정부와 함께 주최한 〈바르트부르크(Wartburg)〉[129]와 같은 전시회는 많은 서독 학생이 찾아와 관람했다.[130]

베를린 장벽이 세워지기 전, 서베를린 왕래가 가능했을 때는 이곳에서 열리는 향우회나 동향단 행사에 동독 주민도 참석할 수 있었다. 이러한 모임이 언제, 어디서 열리는지에 대한 정보는 여러 경로로 얻을 수 있었다. 동독에서도 수신이 가능했던 리아스(RIAS) 라디오 방송[131]을 통해 동향단 모임 정보를 얻을 수 있었고, 또 동독 이탈 주민이 서독에서 보내오는 동향단 간행물이나 기타 서독에 있는 동독 이탈 주민과의 개인적 교류를 통해서도 알 수 있었다. 베를린 장벽 수립과 함께 동독인의 참여는 원칙적으로 불가능해졌지만, 언제나 그렇듯이 예외는 항상 있게 마련이다. 일부 동독인은 그 이후에도 공식적으로 허용된 서독 방문이나 출장 기회를 이용해 서독/서베를린에서 열리는 모임에 참석했다. 이는 특히 동독 이탈 주민이 동독의 가족 혹은 친지에게 편지나 소식지를 보내 동향단과 향우회 모임 일정을 알려주거나 이들이 서독을 방문했을 때 참석을 권유한 데서 비롯됐다.[132] 아예 서독 방문 날짜를 동독 이탈 주민 단체의 행사 날에 맞추라고 설득하기도 했다.[133] 일부 이탈 주민 단체는 행사에 참여하는 동독인의 여비를 마련하기 위해 내독부(Bundesministerium für innerdeutsche Beziehungen)에 경제적 지원을 요청했다. 어떤 경로로든 서독에서 열린 이탈 주민 모임이나 기타 행사에 참석한 동독인은 이후에도 거기서 만난 고향 사람과 편지로 연락을 주고받으며 관계를 이어갔다.[134]

이처럼 동독인이 모임에 참여하는 것을 안 동독 국가안전부는 비공식 정보원을 참여자의 한 사람으로 투입해 모임이 어떻게 진행되고, 동독 주민 누가 참여했는지를 알아보게 했다. 그렇게 해서 파악한 동독인 참가자를 소환해 먼저 그가 비공식 정보원으로 국가안전부에 협력할 의사가 있는지를 묻고 포섭을 시도했다. 요컨대 서독에서 동독 이탈 주민 단체가 개최하는 행사에 참여해 상황을 살피고 국가안전부에 보고하라는 것이었다. 이에 응하지 않으면 앞으로 모임에 참여하지 말라고 압력을 가했다.[135] 이러한 상황을 알게 된 동독 이탈 주민 단체는 행사에 참여한 동독인의 이름을 가급적 노출하지 않았고, 언론에도 동독에서 온 참가자의 이름이나 거주지를 언급하지 말라고 요청했다.[136] 다음에 또 행사에 참여하기 위해서는 이들의 존재가 알려지면 안 되기 때문이었다.

평화의 교란자와 통일의 파수꾼 사이에서

동독 이탈 주민 단체가 동독 주민의 대변자로서 통일 의지를 강조하며 다양하게 활동했지만, 이것이 항상 순조롭게 성공적으로 진행되지는 않았다. 이들의 활동이 한계를 안고 있었던 것에는 몇 가지 배경 원인이 있다. 첫 번째는 정세 변화에 따라 서독 사회에서 이들의 정치적 입지가 부침을 겪게 된 것을 들 수 있다. 1950년대 동독 이탈 주민의 상당수는 동독 체제에 대한 불만 혹은 사회주의로의 전환 과정에서 빈번했던 동독 정권의 정치적 탄압으로 인해 서독으로 넘어왔다. 그 중에는 이탈 후에도 정치적 탄압의 후유증에 시달리는 사람도 있었고, 기업이나 토지를 몰수당한 사람도 많았다. 여기에 냉전의 대립적 풍토까지 더해져 1950~1960년대 이탈 주민 단체는 반공주의적 성향을 띠었다.[137] 소련점령지역난민연합이 1960년 공산주의자가 교직에 있으면 학생에게 부정적 영향을 미친다는 이유로 진보 성향의 역사학 교수 리메크(R. Riemeck)의 강의를 폐지하라고 공개적으로 요구한 것이 이러한 상황을 집약적으로 대변해준다.[138] 이는 서독의 단독 대표권 행사, 동독 불인정, 반공주의를 기조로 삼은 아데나워 정권의 노선에 부합했다. 이에 따라 동독 이탈 주민 단체는 전독일문제부로부터 재정적 지원을 받았고 이들의 사회정치적 활동에도 큰 제약이 없었다. 또 베를린 장벽이 세워지기 전까지 이들은 수도 많고 통일이 사회적 의제로서 영향력을 완전히 상실하지 않았기 때문에 실향민인 이들은 독일 문제에 관한 한 발언권을 인정받을 수 있었다.

그러나 앞서 살펴본 대로 신동방 정책을 펼친 1970년대 서독 정부는 가급적 동독과의 갈등을 피하고 동서독 관계를 개선하는 데 초점을 맞추었다. 그러다 보니 동독을 주권국가로 인정하지 말라는 압력을 가하고 동독 정권의 인권 탄압 문제를 계속 이슈화시킨 동독 이탈 주민 단체는 1970년대 이후 동서독의 관계 개선과 화해를 방해하는 평화 교란자 혹은 냉전을 부추기는 싸움꾼으로 인식됐다.[139] 또한 정세에 맞지 않는다는 이유로 조직을 해체하라는 권고도 받았다.[140]

이들의 정치적 활동과 시류 사이의 격차는 1953년 6월 17일 동독에서 일어난 노동자 봉기 기념일을 둘러싸고 벌인 논쟁에서도 확인할 수 있다. 소련의 개입으로 봉기가 진압된 이후 서독은 이날을 '독일 통일의 날'로 명명하고 국경일로 삼았다.[141] 1950년대에는 해마다 다양한 기념 행사가 열렸고, 서독 주민의 호응도 좋았다. 1960년대까지 해마다 많게는 500만 명에 달하는 서독 주민이 이날 통일 시위를 벌였는데, 1961년만 해도 3만 건 이상의 집회가 열렸다.[142] 그러나 베를린 장벽이 수립된 1960년대 이후 분단이 고착화되고 통일이 점차 요원해지면서 기념일을 공감하는 정도도 약해졌고, 점점 '노는 날'로 퇴색돼갔다. 게다가 1966년 대연정에 참여한 사민당이 '접근을 통한 변화'를 내걸고 동독과의 관계 개선을 꾀하고, 1970년대에는 집권당으로서 신동방 정책을 추진하면서 이 기념일은 사라질 위기에 처했다. 동독 정권이 껄끄러울 수밖에 없는 이 기념일을 계속 문제 삼고 반발해왔기 때문에 사민당 정권으로서도 부담스러웠기 때문이다.[143]

이처럼 독일 통일의 날이 동서독 모두에서 환영받지 못하는 기념일이 되는 것에 동독 이탈 주민 단체는 비판의 목소리를 냈다. 이들은 해마다 6월 17일이 되면 변함없이 동독 노동자 봉기를 기리고 통일의 의미를 강조하는 행사를 열었다. 많은 이탈 주민이 동독 노동자 봉기를 직접, 간접으로 경험했고, 실향민으로서 통일의 의지가 컸기 때문에 여느 서독 주민에 비해 애착이 더 컸을 것이다. 이에 따라 동독 이탈 주민은 사민당 집권기에 변화된 기념일의 위상을 놓고 문제 제기를 했다. 이들은 1953년의 동독 노동자 봉기가 부당한 권력의 사슬을 끊고 자유로워지려는 모든 인간의 노력의 상징이자 독일 민족의 통일을 향한 의지를 대변하는 것이기 때문에 잊지 않아야 한다고 강조했다. 나아가 국가 차원의 기념행사가 급감하고 사회적 무관심 속에서 행사 참가자도 초라할 만큼 적은 이때 이 기념일을 없애려는 정치권의 논의에 심각한 우려를 표명했다. 이날이 진정한 국가기념일로 거듭나려면 대통령이 참여하는 국가 차원의 기념식을 거행하고, 동독 노동자 봉기와 관련해 역사적 의미를 부여할 수 있는 곳에서 공식 행사를 열며, 젊은 세대를 위해 학교에서도 이에 대해 적극 교육할 것 등을 제안했다.[144]

그럼에도 이들의 목소리는 시류의 변화를 막기에는 역부족이었다. 서독인의 지지보다는 시대의 흐름을 읽지 못하고 동서독 관계를 불편하게 만드는 문제아로 보는 부정적 반응으로 되돌아온 것이다. 이러한 상황에 대해 1972년 메클렌부르크 동향단의 신임 회장이 된 플린트(K. W. Flint)는 "전쟁(냉전도 마찬가지)을 혐오하는 사람이 있다면 그것은 바로 우리다. 우리는 전쟁으로 고향을 잃었고, 냉전으로 돌아갈 곳이 없어졌다. 냉전을 부추기는 싸움꾼은 냉전을 야기한 동독에 있다. 동독은 서독 정부의 긴장 완화 정책에 민족 분리 정책으로 응답했다. 실제로 상황이 변화될 수 있다면 가장 먼저 열렬히 환영할 사람은 바로 우리다. 누가 우리보다 더 그것을 원하겠는가!"[145]라고 반박했다. 더불어 이탈 주민 단체는 신동방 정책으로 인해 정치적 흐름이 극좌 세력에게만 유리하게 됐고, 공산주의와의 대결은 더 이상 관심사가 아니며, 반공주의는 욕이나 마찬가지가 됐다고 불만을 토로했다.[146]

　문제는 이들을 불편하게 여기는 부정적 시선에 국한되지 않았다. 사민당 집권기에 서독 연방정부는 물론 사민당 정권이 들어선 주정부가 동독 이탈 주민 단체 지원 예산을 대폭 삭감했다. 중부독일인연맹이 받는 후원금의 95퍼센트 이상이 정부 예산에서 나왔다는 사실을 통해 충분히 짐작할 수 있듯이[147] 이러한 삭감 조치로 인해 동독 이탈 주민 단체는 재정 문제에 봉착했다. 이 역시 변화된 정세와 더불어 이들의 정치적 활동을 제약하는 요인이 됐다. 정부 지원이 단체 활동 예산에 큰 비중을 차지하면서 이들은 정부의 눈치를 보지 않을 수 없게 돼 자신들의 목소리를 맘껏 내기가 어려웠다. 이러한 상황은 신동방 정책을 표방한 사민당 정권기는 물론이고, 1980년대 콜 정권기에도 크게 달라지지 않았다. 이 시기에 동서독 관계는 변화나 발전 없이 정체기에 들어섰기 때문에 서독의 정치가는 계속해서 동독과의 갈등을 피하려고 했다.[148] 이에 따라 이탈 주민 단체가 현상 유지를 타개하고 적극적인 통일 정책 시행을 요구하거나 동독의 인권 문제를 부각하는 활동을 할 경우 재정 지원을 받는 데 제약이 따랐을 것이다.

　이러한 상황은 1982년 9월 10~12일 열린 중부독일인연맹 지도부 회의를 통해 확인할 수 있다. 연맹이 내무부의 재정 지원에 의존하다 보니 통일 정책과 관련한 의견을 내놓는 데 소극적이 된다는 비판의 목소리가 나온 것이다.[149] 또한 1989년 7월 중부독일인연맹 중앙사무국장 에슈바흐(Eschbach)는 '중부독일인연맹의 상황에 대한 테제(Thesen zur

Situation des BMD)'를 작성해 연맹의 재정적 의존성 때문에 중부독일인 연맹 사무국이 활동 프로젝트를 신청하고 결산할 때 관료의 요구 사항을 반영할 수밖에 없다고 지적했다. 나아가 에슈바흐는 이러한 상황이 지속되면 결국 동독 이탈 주민 단체의 활동 비중이 서독 정부와 이견의 소지가 있는 정치 활동에서 문화 활동으로 바뀌게 될 것이라고 강조했다.[150]

동독 이탈 주민 단체의 추진력을 약화시킨 또 다른 배경 요인은 이탈 주민 단체의 내부에서 찾을 수 있다. 이는 우선 이탈 주민 단체의 규모와 관련이 있다. 분단 시기 전체 이탈 주민이 최소 통계치를 기준으로 해도 360만 명에 육박했는데도 이탈 주민 단체에 가입해 활동하는 이탈 주민 수는 상대적으로 적었다. 이는 향우회, 동향단 등 개별 이탈 주민 단체와 무소속인 이탈 주민을 회원으로 둔 상부 조직 중부독일인연맹의 회원이 20만 명 정도에 불과했다는 것을 통해 확인할 수 있다. 이점은 제2차 세계대전 후 동유럽 지역에서 쫓겨난 강제추방민의 경우와 비교가 된다.[151]

이처럼 동독 이탈 주민 단체가 활성화되지 못한 데는 여러 요인이 작용했다. 강제추방민과 달리 동독 이탈은 집단 운명이 아닌 개인의 선택이었고, 동독 이탈 주민은 서독 정착 초기에 많은 어려움을 겪었지만 방치되거나 크게 불이익을 받지도 않았다. 또한 젊고 숙련된 인력이 다수라 비교적 빠른 시기에 서독 사회에 자리 잡았다. 또 강제추방민은 과거 삶의 터전이 더 이상 독일 영토가 아닌 실지가 돼 이를 되찾기 위해 조직적으로 정치 활동을 벌였다. 하지만 동독 이탈 주민에게 동독은 통일이 되면 다시 돌아갈 수 있는 곳이고, 분단 시기에도 방문이 가능했다.

특히 1970년대 이후에는 동서독 주민의 상호 방문이 제도적으로 보장
돼 동독의 가족이나 친지와의 만남도 한층 확대됐다. 이러한 요인이 복
합적으로 작용하면서 단체 활동에 큰 의미를 두지 않는 이탈 주민도 많
았다.[52]

분단이 장기화되고 세대교체가 되면서 이러한 경향은 더 심해졌다.
1970~1980년대로 갈수록 열성적으로 활동한 1세대가 노령화되고 상
대적으로 젊은 세대의 이탈 주민이 제대로 충원되지 못함에 따라 이들
단체의 규모는 점점 축소됐다. 이에 따라 1980년대에는 단체 활동이 더
욱 활기를 잃고 해산으로 이어지기도 했다. 1988년 말 메클렌부르크 동
향단 바이에른주 지부는 상부 조직인 중부독일인연맹에 탈퇴를 요청
하는 서신을 보냈다. 회원이 고령으로 사망했거나 이사 등으로 너무 감
소해서 연맹에 회비를 내기가 버겁기 때문이었다.[53]

기존 회원이 노령화되는 문제를 해결하기 위해서는 젊은 이탈 주민
의 충원이 필요했다. 하지만 노령화된 단체는 젊은 이탈 주민에게 흡인
력을 발휘하지 못했다. 에슈바흐는 이 문제를 지적했다.

1980년대 서독으로 온 이탈 주민을 중부독일인연맹에 잡아두는 것은 소
수의 경우에만 가능해 보인다. 듣자 하니 이들이 이탈 주민 단체에 가서 마
주하게 되는 것은 새내기 이탈 주민의 문제로 관심의 영역을 넓히지 못하
고 30~40년 전 그들이 겪은 문제만 되풀이해 얘기하는 고령 회원의 친목
회다.[54]

상황이 이렇다 보니 젊은 이탈 주민은 발길을 돌렸고, 설사 이탈 주

민 단체에 가입한다 해도 C신분증 자격 인정, 전쟁부담조정법에 의거한 재산 피해 보상 등 필요한 도움만 받고는 탈퇴해버리는 경우가 적잖았다.[155]

한편 동독 이탈 주민 단체의 활동이 서독 사회에서 저변을 확대하지 못하게 된 한계는 이들이 전개한 문화 활동의 방향에서도 찾을 수 있다. 동독 이탈 주민 단체는 급별로 많은 문화 행사를 주최했지만 분단이 장기화될수록 관심과 호응을 크게 이끌어내지 못했다. 그 주된 원인은 활동의 방향이 주로 과거 지향적이었기 때문이다. 동향단이나 중부독일인연맹이 발행한 출판물 혹은 학술 문화 활동의 상당수가 동독의 특정 도시 혹은 마을의 과거 역사나 전통적 향토문화에 치중했다. 이에 따라 이들은 전통적인 추수감사절 축제, 가축 도축 잔치, 사육제 등을 언급하면서 과거 독일인은 현재 동독 지역에 해당하는 곳에서 어떻게 살았는지를 보여주는 회고적 관점을 지향했다.[156] 이처럼 까마득히 먼 과거에 형성된 동독 지역의 향토문화를 서독 사회에 알리고 보존함으로써 동독 지역이 독일의 역사와 문화의 일부임을 널리 알리는 것은 충분히 의미가 있었다. 그러나 1970~1980년대로 갈수록 동독에 대한 관심이 줄어드는 상황에서 동독의 향토문화에 관심을 가지는 서독인은 많지 않았다. 동독 이탈 주민 단체의 문화 행사는 그들만의 행사가 되기가 쉬웠다.

그렇다면 동독 이탈 주민의 정치, 문화 활동이 영향력을 발휘하기 위해서는 어떤 변화가 필요했을까? 첫째, 동독 이탈 주민 단체가 통일을 지상 과제로 삼고 통일의 파수꾼을 자처하는 것은 충분히 이해할 수 있지만, 이를 위해서는 동서 진영과 동서독 관계 변화에 능동적으로 대처하는 것이 필요했다. 신동방 정책이 표방한 독일 통일 정책의 전환은 일시적 현상이 아니었고 1980년대 들어 정권이 교체됐어도 기본 방향은 지속됐다. 그 때문에 동독 이탈 주민 단체가 정치적 영향력을 유지하기 위해서는 이러한 현실을 냉정히 파악하고 자체적으로도 변화를 모색하는 것이 바람직했다. 요컨대 반공주의를 떨쳐버리지 못한 채 동서독 관계 개선을 추구하는 정부 정책을 회의적으로 바라보는 소극적인 감시자에 머물거나 통일에 대한 당위성을 원론적으로 고집하기보다는, 변화된 상황에서 서독 사회의 통일 논의에 적극 동참하고 정부 정책에 실질적으로 영향을 미칠 수 있는 방안 등을 구체적으로 모색하는 것이 필요했다.

그러나 지금까지 접한 자료에 국한해보면 이러한 면에서 이탈 주민 단체의 고민과 변화의 노력은 부족했던 것으로 보인다. 이탈 주민 단체가 주최한 세미나에서 통일 문제를 다루기는 했지만, 이탈 주민 단체의 입지가 갈수록 좁아지는 상황에서 그것만으로 서독 사회에서 통일 논의를 이끌어가기에는 역부족이었다. 오히려 동독 이탈 주민 단체가 1970년대 이래로 이탈 주민으로서 동서독의 교류에 주도적 역할을 할 수 있는 실질적 방안을 모색하거나 혹은 독일 통일 과정에서 발생할 문제가 무엇이고 이탈 주민 단체가 할 수 있는 일은 무엇인지, 통일을 어떻게 대비해야 하는지 등 구체적인 문제를 깊이 논의하고 방안을 모색했다면 좀 더 성공적이었을 것이다. 또한 민관 차원에서 활발히 추진된 동독 연구 작업에 적극 동참하는 것도 이탈 주민으로서 입지를 넓히기 위해 충분히 생각해볼 수 있는 방안이었다.

동독 이탈 주민 단체 내에서도 이러한 문제점을 비판적으로 인식하고 변화가 필요하다고 주장하는 회원도 있었다. 대표적으로 1971년부터 중부독일인연맹 노르트라인베스트팔렌주 지부 회장을 지낸 바더는 1970년대 말 이탈 주민 단체가 변해야 한다고 지적했다. 그는 통일이 과연 가능한지, 가능하다면 언제 될지 모르므로 중부독일인연맹이 구체적으로 통일 방안을 내놓지 않아도 부끄러울 것이 없지만, 최소한 통일을 둘러싼 여러 실질적 문제를 놓고 고민하고 논의해야 한다고 주장했다. 예를 들면 통일은 1937년 독일제국에 속했으나 제2차 세계대전 후 폴란드에 귀속된 오더나이세강 이동 지역을 다시 되찾는 형태로 해야 할지, 통일 후 시장경제가 주가 될 경우 동독의 국영 기업은 어떻게 처리해야 할지, 농업협동조합에 소속됐던 농민은 다시 독립적 자영농이 될지, 동독 이탈 주민은 통일 후 동독에 두고 온 재산에 대한 소유권을 인정받을 수 있을지, 동독의 사회복지법은 유지해야 할지, 아니면 없애야 할지 등 통일과 함께 맞닥뜨리게 될 다양한 문제를 놓고 이탈 주민 단체도 깊이 논의하고 입장을 정리해 목소리를 내야 한다는 것이었다.[157] 결론적으로 그는 이탈 주민 단체가 분단 초기의 과거사에 얽매여 통일 논의에서 제자리걸음을 하기보다는 미래 지향적 관점에서 새로운 방향을 모색하지 않으면 서독 사회의 통일 논의에서 입지가 약화될 수밖에 없다고 진단한 것이다. 그럼에도 동독 이탈 주민 단체 내에서 이러한 움직임은 활발해지지 못했다.

둘째, 동독 이탈 주민이 좀 더 독립적으로 활동하기 위해서는 재정 문제를 적극 해결하는 것이 바람직했다. 사실 이탈 주민 단체는 분단 시기 내내 자체적으로 재정을 충당할 수 있는 바탕을 만들지 못했다. 일반적으로 단체의 재정적 토대는 회원이 내는 회비다. 그런데 동독 이탈 주민의 회비는 너무 적었다. 1960년대에 이르기까지 동독 이탈 주민 동향단을 비롯한 동독 이탈 주민 단체의 월 회비는 25페니히에서 최대 50페니히에 불과했다. 이로 인해 동향단 주 지부의 연간 회비 총액이 고작 1000마르크 정도인 경우도 많았다.[158] 그러다 보니 이탈 주민 단체의 활동이 전적으로 정부 지원에 의존할 수밖에 없었다. 단적인 예로 1972년 중부독일인연맹은 정부 지원금이 활동 예산의 96퍼센트를 차지했고, 자체적으로 조달한 액수는 4퍼센트 정도에 불과했다.[159]

이러한 열악한 상황을 타파할 수 있는 지름길은 연맹 회원의 회비를 인상하는 것이었다. 중부독일인연맹 내부에서도 이를 논의했고, 그 결과 1977년 1월부터 연맹 총회에 파견되는 각 지부 대의원에게 1인당 400마르크를 부과해 자체 예산을 8퍼센트로 끌어올렸다.[160] 그러나 회원 전체를 대상으로 하는 회비 인상은 불가능했다. 중부독일인연맹 주 지부 가운데 일부 활발하게 활동하는 단체는 회비 인상에 동의했지만, 연맹에 소속된 각 동향단 회장은 이를 반대했다. 중부독일인연맹이 만들어지기 전에도 이미 이탈 주민 단체 내에서 회비 인상을 두고 논의가 있었지만, 번번이 부정적 반응이 다수였다. 동향단 회장이 반대를 고집한 데는 무엇보다도 회비가 인상되면 회원 탈퇴가 우려된다는 점이 크게 작용했을 것이다. 그런데 회비 인상이 관철되지 못한 배경에는 돈 문제뿐 아니라, 정부가 이탈 주민 단체를 지원하는 것이 당연하다는 확고한 인식도 자리 잡고 있었다. 요컨대 이탈 주민은 실향민으로서 특별한 상황에 처해 있는 서독 주민이기 때문에 정부는 지원할 의무가 있고, 또 자신들이 동독 이탈 주민에게 상담을 비롯해 서독 정착에 필요한 다양한 지원을 하고 있으니 정부 지원을 받을 자격이 있다고 보았다. 그렇기

때문에 회비를 인상할 이유가 없다는 것이다.[161]

이러한 주장도 일부분 타당하지만, 1970년대 이후 정부 예산이 삭감되고 이탈 주민 단체의 입지가 위축되는 상황에서 정부 지원에 대한 의존성을 과감하게 줄이고 독자적인 활동 기반을 넓혀가지 못한 점은 아쉽다. 1975년 이미 당시 중부독일인연맹 회장이던 크로이처는 정부 지원이 축소돼 연맹의 활동이 제약을 받을 것이고, 이는 곧 연맹의 존립을 위협할 것이라고 주장했지만, 회비 인상은 관철되지 못했다. 사실 이것이 그리 어려운 것도 아니었다. 예외적으로 중부독일인연맹 노르트라인베스트팔렌주 지부는 회원에게 월 3마르크의 회비를 받았고, 이를 통해 필요한 예산의 70퍼센트를 스스로 조달했다.[162] 자신들이 계획한 프로젝트나 행사가 재정 문제로 취소되는 것을 감수하면서까지 회비 인상을 반대해야 할 만큼 회비 인상액이 이탈 주민에게 부담이 됐는지는 의문이다.

셋째, 분단이 길어지면서 이탈 주민 단체의 활동이 좀 더 대중의 관심을 얻기 위해서는 문화 활동에서도 시기 상황에 맞게 변화하려는 노력이 필요했다. 이탈 주민 단체의 문화 활동은 주로 동독 지역 도시의 탄생 기념일이나 마을 연대기, 풍속 등의 향토문화를 과거 지향적 관점에서 다루는 데 초점이 맞춰져 있었다. 그러나 분단이 장기화되는 추세를 고려하면 가까운 과거 혹은 현재의 관점에서 동서독의 문화적 연결고리를 부각하는 쪽으로 방향을 모색하는 것도 필요하지 않았을까 한다. 예를 들면 과거 동독 지역에서 탄생한 향토 작가만이 아니라 괴테나 실러와 같이 전 독일인을 아우르는 문인을 다룸으로써 정치적 분단에도 동서독의 문화적 뿌리는 같다는 것을 보여줄 수 있었을 것이다. 특히 괴테와 실러는 원래 서독 지역에서 태어났지만 이들에게 제2의 고향이라고 할 수 있는 동독의 바이마르에서 활약했으니 상징적인 의미도 더 크지 않았을까. 또 라이너 쿤체, 볼프 비어만과 같이 서독에도 널리 알려진 동독 출신 문인을 초빙해 함께 행사를 치렀다면 분단의 벽을 초월한 '문학의 밤'이 될 수 있었고, 서독인에게 좀 더 쉽게 다가갈 수 있었을 것이다.

이는 문학에만 해당하지 않는다. 동독 이탈 주민 가운데는 비어만과 같은 문인 외에도 학자, 가수, 영화배우 등이 많았던 만큼 이탈 주민 단체가 이들을 후원하고 적극 활용해 활동했다면 더 많은 서독인의 관심을 얻고, 민족적 일체감을 높이는 데 훨씬 효과적이었을 것이다. 일례로 중부독일인연맹 노르트라인베스트팔렌주 지부는 동독 로스토크 출신의 유명 문인인 켐포브스키(W. Kempowski)를 초청해 강연을 열었다. 그는 당대의 문학이 독일 통일을 어떻게 다루는지, 시의 정치적 기능은 무엇인지를 주제로 강연했다.[163] 그러나 아쉽게도 이러한 시도는 노르트라인베스트팔렌주에서만 있었을 뿐 다른 이탈 주민 단체로 확산되지 못했다.

같은 맥락에서 동독 이탈 주민 단체가 발행한 출판물이 동독 지역의 과거 역사뿐 아니라 동독 여행을 앞둔 서독인에게 길잡이가 될 수 있는 실질적 정보를 더 상세히 다루었다면 동서독의 징검다리 역할을 좀 더 성공적으로 해낼 수 있었을 것이다. 특히 동서독의 관계가 개선되면서 1970년대 이후 동독을 방문하는 서독 주민이 해마다 수백만 명에 달했지만 동독 지역의 여행 정보를 얻기 위해 이탈 주민 단체가 만든 간행물을 살펴본 사람은 실망할 수밖에 없었다.[164] 그들의 관심사를 충족해줄 만한 내용이 별로 없었기 때문이다. 연간 수백만 명에 달하는 사람이 동독을 직접 보고 경험할 수 있었던 독일의 상황은 우리와 비교할 때 큰 축복이었다. 분단이 점점 더 굳어지는 상황에서 과거 독일의 녹색 심장부로 불린 튀링겐, 한자동맹의 역사를 간직한 로스토크, 프리드리히 대왕이 축조한 포츠담의 상수시 궁전 등 동독 지역을 둘러보는 여행은 동독 지역의 문화유산을 생각해 볼 수 있는 기회였다. 여행을 통해 서독에서 태어나 동독의 상황을 잘 모르는 이탈 주민의 자녀와 서독 원주민은 동독을 좀 더 가깝게 느낄 수 있었을 것이다. 따라서 긴장 완화와 동서독 관계 개선이 대세가 된 상황에서 동독이 고향이라는 차별성을 지닌 동독 이탈 주민 단체가 오히려 적극 나서서 동독 방문 여행 안내와 홍보 활동을 했다면 동서독의 가교 역할을 인정받으며 좁아진 입지를 좀 더 넓힐 수 있었을 것이다.[165]

　또한 동독 이탈 주민 단체가 잡지나 신문 등을 통해 활동할 때 중앙 언론의 역할을 할 수 있도록 구심점을 만들었으면 서독 여론에 좀 더 큰 영향을 미칠 수 있었을 것이다. 크고 작은 동독 이탈 주민 단체는 분단 시기에 신문과 잡지를 발행했다. 그러나 이탈 주민을 대표하는 중앙 언론, 즉 전문 편집인이 주도하여 서독인도 독자로 확보할 수 있을 만큼 질 높은 주간 및 월간 신문을 발행하는 데는 실패했다. 그러다 보니 이탈 주민 신문이나 잡지는 종류는 많았지만 대부분 발행 부수가 1만 부에 한참 못 미쳤고, 자연히 서독 여론에 미치는 영향력은 미미했다. 1969년 중부독일인연맹이 결성될 때도 여러 신문을 통합해 중앙 기관지로 만들려고 시도했지만, 기존의 신문 발행인이 신문 발행으로 인한 수입을 포기하려고 하지 않았기 때문에 역시 실패했다. 이들 발행인은 신문의 종류가 많을수록 중부 독일의 다양한 면을 알 수 있어서 좋고, 무엇보다 이탈 주민의 관심은 자신이 떠나온 고향이기 때문에 동독 전체를 대변하는 중앙 신문의 존재를 원치 않는다고 주장했다.[166]

그러나 중앙 신문으로 통합되더라도 얼마든지 신문에서 다양한 동독 지역 소식을 전할 수 있기 때문에 이러한 주장은 설득력이 부족하다. 오히려 출신 지역에 매몰된 근시안적 태도와 금전적 이해관계가 얽히면서 반대한 것이다. 동독 이탈 주민 단체가 구심점 역할을 할 수 있는 대표 기관지를 만들고 발전시켜 나갔다면 서독 언론계에서 지엽적인 존재로 머물지 않고 좀 더 영향력을 확대할 수 있었을 것이다. 또한 구독료를 통해 이탈 주민 단체의 재정 결핍을 보완하는 데도 부분적으로나마 도움이 됐을 것이다.

결론적으로, 이탈 주민 단체의 활동은 여러 면에서 한계를 갖고 있었다. 그럼에도 이들이 분단 시기에 통일이라는 목표를 위해 다양한 방식으로 기울인 노력을 부정할 수는 없다. 통일이 서독 정부의 당면 현안에서 점차 멀어지고 동독 정권이 갈수록 동독을 별개의 주권국가로 만들려는 분리 차단 정책을 노골적으로 추진하는 상황에서 동독 이탈 주민 단체의 활동은 최소한 서독 사회에서 통일 논의가 끊이지 않고 명맥을 유지해오는 데 어느 정도 기여했다고 볼 수 있다.

나오는 말

1989년 동독을 대변혁의 소용돌이로 몰아넣은 탈동독 행렬은 갑작스럽게 비롯된 것이 아니라 분단 시기 내내 지속됐다. 수백만 명에 달하는 동독인이 동독에서 일군 모든 것을 포기하고 때로는 생명의 위협까지 감수하면서 서독으로 간 이유가 있었다. 그것은 동독 정권의 정치적 탄압과 비민주적인 체제 운영에서부터 취약한 경제 수준으로 인해 개개인이 일상에서 겪은 결핍, 서독에 있는 이산가족과의 결합, 1980년대로 가면서 깊어진 동독의 미래에 대한 암울한 전망 등에 이르기까지 다양했다. 이러한 이탈 행렬은 1950년대 동독의 국가적 존립을 위태롭게 만들어 베를린 장벽 수립으로 이어졌다. 그 후에도 동독인은 합법적 서독 이주를 요구하며 동독 정권에 압력을 가했으며, 1989년 여름 이후 점화된 대규모 탈출 행렬은 결국 베를린 장벽 붕괴를 비롯해 동독의 정치적 대변혁의 중요 동인으로 작용했다. 이를 통해 동독 이탈은 동독 사회주의 체제의 위기와 실상을 보여주는 지표였음을 알 수 있다.

수백만 명에 달하는 동독 이탈 주민을 받아들이는 것은 서독으로서는 큰 도전이었다. 그럼에도 이들은 심각한 사회적 충돌 없이 예상보다 빨리 서독에 정착했다. 그 원동력은 기본적으로 동독 이탈 주민이 같은 독일인이었다는 점이다. 동포라는 공통분모는 대규모 이탈 주민의 수용과 정착 지원을 놓고 서독 사회의 합의를 이끌어내는 데 유리하게 작용했다. 이탈 주민으로서도 언어나 역사적 전통이 같다 보니 이주민으로서 져야 할 부담을 한층 덜어낼 수 있었다. 또한 서독 정부가 동독 이탈 주민에게 같은 국적을 부여해 서독인과 동등한 권리를 보장함으로써 정착 지원에 따른 논란의 소지를 차단하고, 다양한 정착지원제도를 바탕으로 능동적으로 대처한 것이 실질적으로 중요한 역할을 했다. 특히 이탈 주민 문제를 서독 연방정부가 전담하지 않고 주정부, 종교 단체를 비롯한 민간 사회단체와의 유기적 협력과 책임 분담을 통해 효율적으로 풀어간 점, 이탈 주민 특별 대책을 따로 마련하기보다는 이들을 기존 사회보장제도 안으로 흡수해 정착 기반을 마련하는 동시에 서독인의 반발에 따른 사회적 갈등을 최소화한 점이 주효했다.

무엇보다도 동독 이탈 주민의 사회 통합을 위한 핵심 원동력은 비약적인 경제 발전에 있었다. 이는 특히 대규모 이탈 주민이 서독으로 넘어온 1950년대에 해당한다. '라인강의 기적'으로 상징되는 경제 발전에 힘입어 서독은 이탈 주민을 노동시장으로 흡수하고, 각종 정착 지원의 물적 토대를 마련할 수 있었다. 경제력의 뒷받침이 없었다면 수백만 명에 달하는 동독 이탈 주민의 정착은 더 큰 사회적 마찰을 불러오고, 더 오랜 시간을 거친 후에야 가능했을 것이다. 대규모 탈동독 행렬과 서독 경제의 폭발적 확장이 병행된 것은 이탈 주민과 서독 사회 모두에게 행운이었다.

그러나 이탈 주민 통합의 성공 신화 이면에는 이들이 개인적으로 겪은 난관이 있었다. 특히 대규모로 동독을 이탈하던 1950년대는 열악한 수용소 생활, 직업적 강등, 전업 혹은 노동력 착취를 감수해야 했다. 서독 사회의 편견, 요컨대 이들을 정부 지원에 의존해 놀고먹으려는 반사회적 존재나 잠재적 범죄자, 간첩으로 보는 불신도 만만찮았다. 이탈 주민의 정착 지원을 보며 상대적 박탈감을 토로하거나 이탈 주민을 자신의 일자리를 빼앗아가는 경쟁자로 여기는 서독인도 적잖았다. 더욱이 사회주의 체제에서 사회화된 동독 이탈 주민이 완전히 생소한 자본주의적 가치관과 행동양식을 익히고 적응해야 했던 것 역시 어려운 도전이었다. 이러한 복잡한 상황 속에서 적잖은 수의 이탈 주민은 서독인과 융화되지 못했고, 이들의 인간관계도 이탈 주민 내부로 한정되는 경우가 흔했다. 이들의 물질적인 정착 여건은 1960년대 이후 눈에 띄게 개선됐지만 원주민 사회의 편견, 재사회화의 어려움, 이탈 주민의 사회적 고립 문제는 쉽게 해결되지 않았다. 이러한 맥락에서 보면 이주민 가운데 특권적 지위를 누린 동독 이탈 주민도 외국인 이탈 주민이 정착 과정에서 부딪히는 문제를 공유했고, 이 점에서 사회적 통합이 경제적 통합보다 훨씬 더 오래 걸리는 과제임을 알 수 있다.

분단 시기에 주민 이탈은 동에서 서로 이어진 것만은 아니다. 서독 주민 역시 다양한 동기에서 더 나은 삶을 꿈꾸며, 때로는 도피처를 찾아 동독으로 갔다. 그런데 이러한 서독 이탈 주민 가운데 다수는 동독 이탈 주민이었다. 고향과 가족을 그리워하는 마음, 자본주의 체제에 대한 부적응, 경제 문제, 사회적 고립 등으로 인해 이들은 서독에 정착하지 못하고 서독 이탈 주민이 돼 돌아간 것이다.

물론 서독 원주민 출신 이탈 주민 역시 서독으로 귀환하는 경우가 적잖았다. 일부는 동독의 수용 기준에 못 미쳐 돌려보내졌고, 일부는 동독 현실에 실망해 자발적으로 돌아갔다. 이를테면 열악하고 억압적인 수용소 환경, 체계적 정착 지원의 부재, 기대에 못 미친 취업 여건과 경제 수준, 동독 사회의 편견과 차별 등이 이들의 발길을 서독으로 향하게 했다. 사회주의적 가치관에 동조하거나 호감을 지녔던 사람 혹은 종교적 사명감에서 동독으로 이주한 개신교 성직자와 같이 이주 목표가 확고한 사람은 동독의 물질적 결핍이나 정치적 부자유에도 큰 불만 없이 동독 사회에 정착했다. 하지만 이주를 통해 더 풍족하고 편리한 삶을 꿈꾼 사람은 오래 견디지 못하고 다시 동독 이탈 주민이 돼 돌아왔다.

이처럼 분단 시기에 독일인은 제약이 있는 여건에서도 이주를 감행했다. 예나 지금이나 인간은 더 나은 삶의 여건을 찾아 이동한다는 점에 비추어보면 이는 이례적인 것도, 비난받을 일도 아니다. 그러나 분단과 냉전이라는 특수 상황에서 체제 이탈은 체제의 정당성과 우위, 안보 문제와 직결돼 정치적 공방의 중심에 서게 만든다. 소수만이 체제에 대한 저항과 정치적 탄압으로 인해 동독을 이탈했고, 다수는 각기 이유는 다르지만 동독에서의 삶의 여건에 만족하지 못해 서독으로 이주했다. 하지만 서독 정권은 오랫동안 이탈 주민에게 정치적 난민의 외피를 입혔고, 이탈 주민을 토대로 서독 체제의 우위를 주장하는 근거로 삼았다. 반면에 동독 정권은 동독 이탈이 체제의 문제에서 비롯됐음을 인정하지 않고 이탈 주민을 적의 선전에 넘어간 '배신자', '국가 반역자'로 규정했다. 즉 냉전의 대립과 경쟁 구도가 이주민 문제에도 고스란히 반영됐던 것이다.

분단 40년 동안 수백만 명에 달하는 동독인이 서독에 정착한 것은 분단 독일사에 무시할 수 없는 영향을 미쳤다. 동독 이탈 주민은 비록 동독을 떠났지만 분단 시기 내내 두고 온 가족 혹은 친지와 편지, 소포, 상호 방문을 통해 가족관계와 우정을 이어 나가며 동서독 교류의 매개체 역할을 했다. 독일 분단 극복이 1970년대 동서독 관계 정상화와 동서독 교류를 촉진한 정치적 차원의 노력에 힘입은 바도 크다. 하지만 동서 진영 간, 동서독 간의 정치적 부침에도 일상의 영역에서 아래로부터 부단히 지속된 이러한 교류와 소통이 갖는 의미 역시 과소평가해서는 안 될 것이다. 또한 이탈 주민 단체는 실향민답게 다양한 정치, 문화 활동을 통해 동서독이 하나의 민족임을 널리 알리고, 통일 의지를 일깨우려고 노력했다. 비록 이러한 활동이 분단이 길어지고 1970년대 이후 국제정세의 변화와 서독 통일 정책의 패러다임 전환에 능동적으로 대처하지 못해 사회정치적으로 큰 추동력을 갖지는 못했지만 통일의 당위성을 놓고 논의의 맥을 이어간 것만큼은 부정할 수 없다.

이러한 논의를 종합해보면 동독 이탈 주민은 이주사적으로나 독일 분단사적으로 중요한 연구 대상임을 알 수 있다. 그럼에도 아직도 연구해야 할 문제가 많이 남아 있다. 예를 들면 연령이나 학력, 직업 경력, 배정된 정착지의 사회경제적 여건, 세대 등에 따라 동독 이탈 주민의 사회 통합 정도나 서독인과의 관계도 서로 달랐을 것이다. 동독 이탈 주민의 사회 통합을 좀 더 다양한 각도로 보기 위해서는 이러한 연구가 진전되어야 한다. 또한 동독 이탈 주민이 동서독 각각에 미친 영향과 이들로 인한 동서독 역사 발전 사이의 관련성을 좀 더 구체적으로 연구할 필요도 있다. 아직까지 많은 것이 베일에 싸여 있는 서독 이탈 주민과 동독 이탈 주민의 비교 연구로 시야를 확대하는 것도 이러한 맥락에서 필요한 작업이다. 그런가 하면 동독 이탈 주민 연구 분야에서 가장 취약한 이탈 주민 단체의 활동과 여기에 서독 사회의 관심과 호응이 어떠했는지도 깊이 연구할 필요가 있다. 더불어 동독 이탈 주민 문제 연구를 완결하기 위해서는 통일 과정에서 동독을 이탈한 동독인의 정착 문제도 살펴봐야 할 것이다. 이러한 작업은 문서고 작업을 비롯한 자료 발굴, 지역사와 주제별 세부 연구가 필요한 만큼 후속 연구 과제로 남긴다.

분단 상황의 차이로 인해 독일의 사례는 북한 이탈 주민과 비교해 서로 다른 점이 많다. 북한 이탈 주민은 동독 이탈 주민과 비교할 수 없을 정도로 적고, 동독 이탈 주민이 동서독 교류의 매개체 역할을 한 것과 달리 우리는 소규모 이산가족 상봉조차 제대로 하지 못하는 실정이다. 그럼에도 독일의 사례는 우리에게 시사하는 바가 있다. 동독 이탈 주민의 사회 통합에 중요한 역할을 한 서독의 사회복지제도, 정부와 주 그리고 민간 사회단체가 보여준 보완적 협력 구도는 북한 이탈 주민의 규모가 확대될 경우에 대비해 우리가 준비해야 할 것이 무엇인지를 알려준다.

또한 서독도 경제적 통합에 비해 사회적 통합이 쉽지 않았다는 점에 비춰볼 때 거의 단절된 형태로 분단을 경험한 우리는 물질적인 면을 넘어 더욱 적극적인 사회 통합 대책을 마련해야 한다. 나아가 동독 이탈 주민을 통해 분단국의 이탈 주민이 분단의 벽을 허무는 데 어떤 역할을 할 수 있는지를 염두에 두고 우리 역시 북한 이탈 주민을 불청객으로 보는 부정적 인식에서 벗어나 이들이 남북한의 가교로서 갖는 잠재력에 주목해야 할 것이다.

동독 이탈 주민 문제의 연구 동향

분단과 냉전 상황에서 동서독을 넘나든 동독 이탈 주민의 역사는 독일 분단사와 관련해 연구사적, 시사적 의미가 적잖다. 독일이 통일된 지 30년이 다 되어 가는데, 그동안 이들은 어떤 관점에서 연구되었고, 얼마나 진척됐을까? 최근까지 진행된 국내외의 연구 동향을 간략하게 소개한다.

선행 연구의 첫 번째 부류는 동독 이탈을 불러온 배경과 구체적인 이탈 과정을 분석해 동독 이탈이 동독 붕괴에 미친 영향을 다루었다. 많은 동독인이 1989년 여름부터 가을까지 헝가리와 체코를 통해 서독으로 탈출하면서 국제사회의 이목을 끌었다. 단기간에 수만 명으로 확대된 동독 이탈 행렬은 동독 시민에게 첨예한 위기의식을 불러일으켰고, 이는 1989년 가을 대규모 민주화 시위를 촉발하는 동인으로 작용했다. 이런 맥락에서 1989년의 대규모 동독 이탈이 동독 붕괴에 미친 영향은 통일 후 언론과 학계의 관심 대상이 됐다.

그러나 동독 주민의 체제 이탈은 1989년에 갑자기 등장한 것이 아니라, 분단 시기 내내 지속된 현상이었다. 단적인 예로 1961년 베를린 장벽이 세워진 것도 1950년대의 대규모 동독 이탈과 밀접하게 관련돼 있다. 그럼에도 통일 전까지 동독 이탈 주민 문제에 대한 전문 학술 연구는 미진했다. 출판물은 주로 동독 이탈 주민의 개인 체험을 바탕으로 이탈 동기와 과정을 소개하는 것이거나,[1] 특정 시기에 국한해 소규모 동독 이탈 주민을 대상으로 한 설문조사를 통해 동독 이탈 주민의 신상, 이탈 동기 등을 분석한 사회학자의 경험적 연구 결과 같은 것이었다.[2] 통일 후에야 동독의 붕괴 원인과 결부해 동독인이 동독을 이탈하게 된 정치적, 사회적, 경제적 배경과 탈출 경로를 좀 더 구체적으로 연구한 성과가 배출됐다. 더불어 이탈 주민의 신상과 개인적 이탈 동기를 다룬 연구도 한층 보완됐다.[3]

또 다른 부류는 탈동독민의 서독 정착을 다루었다. 통일 전까지 서독 학계의 이주민 연구는 주로 제2차 세계대전의 패배로 과거 독일제국에 속한 동유럽에서 강제로 추방돼 서독으로 이주해온 독일인의 정착과 사회 통합에 집중됐다. 시기적으로 이들보다 조금 늦게 서독으로 넘어온 동독 이탈 주민은 상대적으로 주목받지 못했고, 대부분 동유럽 강제추방민을 다룬 문헌에서 지엽적으로 다루어졌다.[4] 동독 이탈 주민에게 초점을 맞추었다 해도 주로 설문조사나 실태조사를 바탕으로 단기적 관점에서 이들의 취업, 사회 적응 및 만족도, 혹은 이탈 주민 수용소의 상황을 조사한 사회학적 연구였다.[5] 그에 비해 동독 이탈 주민이 분단과 냉전의 이중 모순 속에서 어떻게 서독에서 새로운 삶의 터전을 일구고 정착했는지, 서독의 정착지원제도는 이를 어떻게 뒷받침했는지를 구체적으로 분석한 연구 성과는 찾아보기 힘들다. 이러한 문제를 다루었다 해도 이탈 주민의 수용 절차와 이들의 경제적 통합, 서독 원주민과의 관계 등에 대한 기본 윤곽만을 알려주는 정도에 불과했다.[6]

통일 후에도 이에 관한 연구는 크게 진전되지 않았지만, 그래도 연구의 지평은 확대됐다. 우선 역사학자인 하이데마이어(H. Heidemeyer)는

1949년부터 1961년 베를린 장벽 수립 이전까지 동독 이탈 주민의 수용 기준과 관련법의 제정 과정을 서독의 정치적 맥락과 서독 연방·주 정부 및 정당 간의 역학 관계 속에서 분석했다.[7] 이를 통해 1950년대 서독의 이탈 주민 통합 정책과 정착 지원 시스템의 기본 골격이 어떻게 마련됐는지도 밝혀졌다. 그러나 연구의 초점이 법적, 제도적인 면에 맞추어져 실제로 동독 이탈 주민의 서독 정착이 어떻게 이루어졌고, 얼마나 성공적이었는지를 설명하기에는 부족했다. 그런가 하면 종교 단체인 베를린개신교난민구호회의 이탈 주민 지원 활동을 다룬 쾰러(G. Köhler)의 저서《긴급 난민 수용(Notaufnahme)》을 통해 서독의 민간단체가 이탈 주민의 사회 통합에 어떤 역할을 했는지를 부분적으로나마 파악할 수 있게 됐다.[8]

최근에는 동독 이탈 주민이 임시로 머물던 수용소를 다룬 연구가 진전되면서 대다수의 이탈 주민이 거쳐야 했던 수용 심사와 이들이 임시로 머문 수용소의 실태가 좀 더 구체적으로 밝혀졌다.[9] 이와 함께 대규모 이탈 주민이 집단 거주하고 관리된 1950년대의 수용소가 장기 체류 시 인간의 독립적 자아 상실, 무기력, 퇴행을 부르는 '총체적 기관'으로 작용할 수 있는 공간이었음을 지적하는 연구 성과도 나왔다.[10]

한걸음 더 나아가 일련의 선행 연구는 수용소와 동독 이탈 주민이 분단과 냉전 상황에서 얼마나 정치적으로 민감한 존재였는지를 비판적으로 조명했다. 예를 들면 하이데마이어는 논문〈정치적 무대로 기능한 수용소(Flüchtlingslager als Bühne der Politik)〉에서 1950년대에는 유명 정치가가 이탈 주민 수용소를 방문해 서독이 이탈 주민을 보살피고 통일 추진의 의무를 다하고 있음을 과시하고 동독 체제의 불법성을 부각했다는 점을 근거로 수용소가 냉전 이데올로기를 전파하는 정치적 무대로 기능했다고 강조했다.[11] 또한 동독 이탈 주민 수용소가 분단 시기 동서 진영, 동서독 간 첩보전의 온상이었고, 그 과정에서 동독 이탈 주민으로 위장한 동독 스파이가 서독으로 침투했으며,[12] 반대로 동독 이탈 주민이 서방 연합국과 서독 반공주의 정치단체에 포섭되어 반동독 첩보 활동에 투입됐음을 밝히는 연구 성과도 발표됐다.[13] 그런가 하면 아커만(V. Ackermann)은 《진짜 난민(Der "echte" Flüchtling)》[14]에서 왜 1950년대 서독의 정계, 행정부, 학계, 언론이 동독 이탈 주민에게 '진짜 난민', 즉 정치적 난민 상(像)을 부여했는지, 그리고 이것이 동독 이탈 주민의 행위에 어떠한 영향을 미쳤는지를 노르트라인베스트팔렌주에 정착한 이탈 청소년을 중심으로 분석했다. 이를 통해 아커만은 이탈 주민 문제가 갖는 정치적 의미를 좀 더 구체적으로 밝혔다.

한편 선행 연구 성과의 또 다른 일부는 서독 이탈 주민에 대한 것이었다. 서독 이탈 주민은 서독을 떠나 동독으로 간 독일인이다. 이들의 존재는 동독 이탈 주민과는 대비되는 역방향의 이탈을 보여주지만, 동독 이탈 주민과도 밀접한 관련이 있다. 이들의 약 3분의 2가 서독에 안착하지 못하고 동독으로 돌아간 동독 이탈 주민 출신이기 때문이다. 따라서 이들에 대한 연구는 부분적으로 동독 이탈 주민 연구의 연장으로 볼 수 있다. 대표적인 연구 성과는 우선 슈멜츠(A. Schmelz)의 《냉전기 분단 독일의 이주와 정치(Migration und Politik im geteilten Deutschland während des Kalten Krieges)》로, 1950년대에서 1960년대 중반까지 서독 이탈 주민의 신상, 이탈 동기, 동독 정권의 수용 정책, 서독 이탈 주민의 취업과 주택 마련, 이들에 대한 동독 주민의 반응 등 서독 이탈 주민을 총체적으로 다루었다.[15] 이를 통해 동독으로 간 서독인을 다룬 전문 연구 성과가 의아할 정도로 없는 상황에서 서독 이탈 주민 연구를 위한 중요한 토대를 마련했다. 슈퇴버(B. Stöver)와 바이스바흐(T. Weißbach)도 서독 이탈 주민의 이탈 동기와 동독 정권의 이탈 주민 정책을 다루었는데, 슈멜츠와 달리 이탈 주민 유형별로 다양한 사례를 함께 소개했다.[16]

한편 슈톨(U. Stoll)과 노이마이어(Neumeier)는 각각《서독에서 다시 동독으로(Einmal Freiheit und zurück)》, 〈동독 이탈 주민의 귀환. 1961~1972 줄(Suhl) 지역 사례 연구(Rückkehrer in die DDR. Das Beispiel des Bezirkes Suhl 1961 bis 1972)〉[17]에서 서독 이탈 주민이 되어 다시 돌아온 동독인에 초점을 맞춰 분석했다. 슈톨은 뢴트겐탈 수용소를 중심으로 1980년대에 귀환한 동독 이탈 주민의 귀환 동기, 뢴트겐탈 수용소 내에서 이들이 귀환자로서 겪어야 했던 어려움, 귀환자를 이용한 동독 정권의 선전 정책 등을 다루었고, 노이마이어는 1961년부터 1972년까지 동독의 최상위 행정구 중 하나인 줄 지역으로 돌아온 귀환자의 신상과 귀환 동기를 분석하는 지역사적 접근을 시도했다.

다른 한편으로 동독 이탈 주민이 분단사에 미친 영향을 다룬 연구 성과도 발표됐다. 예컨대 클라이네르트(U. Kleinert)는 노르트라인베스트팔렌주에 정착한 독일인 이주민의 경제활동을 연구해 동독 이탈 주민이 강제추방민과 함께 1950년대 중반 이후 서독 경제가 팽창하는 과정에서 필요로 했던 노동력을 공급함으로써 경제 발전에 기여한 점을 밝혀주었다.[18]

그런가 하면 수적으로는 손가락으로 꼽을 정도지만 동독 이탈 주민이 동서독을 잇는 가교 역할을 담당한 면을 다룬 연구 성과도 배출됐다.

예컨대 디치(I. Dietzsch)는 분단 시기에 이탈 주민을 포함해 동서독 주민 사이에 오간 편지를 토대로 동서독 주민 간 교류를 분석했다.[19] 또 헤르텔(C. Härtel)과 카부스(P. Kabus)가 편저한《서독에서 보내온 소포(Das Westpaket)》[20]는 분단 시기 동서독 주민이 주고받은 소포의 내용과 그에 대한 추억 그리고 서독에서 보낸 소포가 동독의 경제 혹은 소비 생활에 미친 영향 등을 흥미롭게 설명했다. 이 연구 성과들은 동독 이탈 주민에게만 국한하지 않고 동서독 주민 전체를 대상으로 했지만, 동독인이 편지와 소포를 주고받은 서독의 가족 친지 중 상당수가 이탈 주민 출신이었다는 점을 감안하면 이탈 주민 관련 연구 성과로 인정해도 큰 무리는 없을 것이다.

그렇다면 국내 학계의 동독 이탈 주민 연구 상황은 어떠할까? 독일 통일 전까지 동독 이탈 주민을 다룬 국내의 연구 성과는 전무했다. 통일 후에야 사회·정치학자들이 북한 이탈 주민에 대한 시사점을 염두에 두고 발 빠르게 동독 이탈 주민에 대한 연구 성과를 발표했다. 그중 다수는 동독 이탈 주민의 체제 이탈 배경과 서독의 동독 이탈 주민 수용 절차 그리고 이탈 주민의 취업, 주거 지원, 복지 혜택 등에 관련된 정착 지원 법규와 제도의 내용, 민간단체인 서독 개신교회가 부조 활동의 일환으로 시행한 동독 이탈 주민 지원 등을 다루었다.[21]

일련의 연구 성과는 남한의 북한 이탈 주민 통합 정책과 서독의 동독 이탈 주민 통합 정책을 비교 분석했다. 이들은 공통적으로 서독이 이탈 주민 문제에 성공적으로 대응했다고 평가하는 한편, 남한의 탈북민 지원 정책의 미진함을 지적하고, 독일 사례에서 얻을 수 있는 시사점을 제시했다.[22]

이러한 선행 연구를 통해 동독인의 체제 이탈 사유, 이들을 수용하기 위해 서독이 구축한 법적, 제도적 지원 체제의 내용, 나아가 앞으로 예상되는 북한 이탈 주민 문제에 한국이 어떻게 대비해야 할지에 대한 제언에 이르기까지 기본적인 윤곽은 밝혀졌다. 그러나 분단 시기 동독 이탈 주민의 삶을 좀 더 다각도로 밝히고 이들의 존재를 독일 분단사에 제대로 자리매김하기 위해서는 아직 갈 길이 멀다. 또한 역사학자인 내가 보기에는 시정돼야 할 오류도 눈에 띈다. 대표적으로 선행 연구의 상당수가 시기적 차이를 간과함으로써 마치 서독이 처음부터 모든 동독 이탈 주민을 받아들여 정착을 지원하고 법적, 제도적 지원 체제를 완비한 것 같은 인상을 준다. 이는 역사적 관점에서 연구가 이루어지지 않았기 때문이다. 동독 이탈 주민에 대한 서독의 초기 대응은 무조건 수용이 아니라 정치적 난민을 원칙으로 하는 선별적 수용이었고, 이탈 주민에 대한 정착 지원도 불충분했을 뿐 아니라 수용된 동독 이탈 주민이 모두 동등한 지원을 받은 것도 아니었다. 우리가 긍정적으로 평가하는 서독의 이탈 주민 통합 정책은 이러한 법적, 제도적 미비점을 장기간에 걸쳐 끊임없이 보완하고 개선한 결과이지, 하루아침에 마련된 것이 아니다. 그러므로 이러한 점에 대한 상세한 연구 없이 독일을 성공 사례로 간주하고 우리의 길잡이로 삼는 것은 문제가 될 가능성이 있다. 최근에야 겨우 동독 이탈 주민의 체제 이탈과 서독 정착 그리고 동서독의 경계인이라 할 수 있는 이들이 분단사에 미친 영향 등을 분단 40년의 역사적 맥락 속에서 조명하려는 역사학계의 연구 성과가 배출됐다.[23]

이상에서 살펴본 국내외의 연구 동향을 종합해볼 때 여러 면에서 연구 공백이 눈에 띈다. 첫째, 동독 체제에 대한 불만으로 동독을 이탈하게 된 배경과 대규모 동독 이탈이 불러온 동독 사회주의 체제의 위기 상황을 다룬 연구 성과는 많이 나왔지만, 그 외의 문제에 대한 연구는 여전히 미흡하다. 동독 이탈 주민의 정착 문제만 보더라도 이탈 주민 관련 법과 정착 지원 제도 자체의 내용은 알려져 있지만, 이탈 주민의 구체적인 서독 정착 현황이나 서독 시민사회의 역할 그리고 이탈 주민 통합의 성공 신화에도 불구하고 동독 이탈 주민이 낯선 서독 체제에 적응하면서 직면한 어려움은 무엇이었는지 등에 대해서는 전문 연구 성과가 별로 없다.

둘째, 동독 이탈 주민 정착에 대한 연구가 1950년대에 집중된 불균형도 문제다. 베를린 장벽 수립 후 이탈 주민 수는 급감했지만 동독이 붕괴할 때까지 동독 이탈은 부단하게 지속됐고, 이탈 주민의 사회 통합은 여전히 중요한 사회문제였다. 따라서 1960년대 이후까지로 연구 범위가 확대돼야 할 것이다.

셋째, 동독 이탈 주민이 서독 사회에서 벌인 다양한 사회정치적, 문화적 활동에 대한 연구도 시급히 추진돼야 한다. 거의 빈손으로 넘어온 동독 이탈 주민은 이탈 주민 단체를 조직해 정착 지원 제도를 개선하기 위해 노력했다. 이는 서독의 이탈 주민 통합 정책이 꾸준히 개선된 것과 무관하지 않을 것이다. 나아가 동독 이탈 주민은 분단이 고착화되는 상황에서 동서독의 가교 역할도 담당했다. 이들 가운데 다수는 이탈 후에도 동독과 연결된 끈을 놓지 않았고, 다양한 방식으로 동서독 교류에 앞장섰으며, 동독 지역의 문화를 알리고 보존하려는 노력도 기울였다. 또 1700만 명의 동독인을 대변해 동독의 인권 탄압을 문제화하고, 통일의 당위성을 일깨우는 정치 활동도 전개했다. 따라서 이러한 문제에 대해서도 연구가 구체화돼야 할 것이다.

넷째, 동독 이탈 주민 문제에 대한 연구를 세부적으로 발전시키는 것도 중요하지만, 이들의 문제를 총체적으로 살펴보는 개론서도 필요하다.[24] 특히 동독 이탈 주민에 대한 전문 연구가 아직 많이 부족한 국내 상황에서 이러한 개론서는 이탈 주민 문제가 독일 분단사에 갖는 의미를 총체적으로 파악하는 데 도움이 되는 것은 물론이고, 후속 연구를 활성화할 수 있는 토대 역할을 할 수 있을 것이다.

이상에서 언급한 여러 문제는 동독 이탈 주민 문제를 이해하기 위해 가장 기본적으로 연구돼야 할 사항이다. 이에 대한 연구가 충분히 뒷받침될 때 이탈 주민 문제를 세부적으로 연구하는 것도 한층 용이해질 것이다. 나는 이 점을 염두에 두고 분단 시기 동독 주민의 동독 이탈과 이들의 서독 정착사를 역사적 관점에서 재조명하며 선행 연구가 남긴 여러 미비점을 보완하려고 했다. 동독 이탈 주민 문제는 앞으로도 더 연구돼야 할 주제인 만큼 책 한 권에 모든 것을 담을 수는 없지만, 이 책이 동독 이탈 주민을 총체적으로 다룬 개론서로서 독일 분단사를 이해하는 데 작은 초석이 될 수 있기를 기대해본다.

주

들어가는 말

1 통일부에 따르면 2018년 9월 현재 한국에 입국한 북한 이탈 주민 수는 3만 2147명에 달한다. https://www.unikorea.go.kr/unikorea/business/statistics.

2 북한을 탈출해 남한으로 온 북한 주민을 흔히 '탈북자', '탈북민'이라고 하지만, 법적인 용어는 '북한 이탈 주민'이다.

3 백주희, 〈탈북자와 조선족, 같은 사람 아니에요?〉, 《동아닷컴》 2013년 5월 27일, http://news.donga.com/3/all/20130527/55431439/1.

4 물론 2005년 이탈 주민에 대해 전반적으로 다룬 B. Effner/ H. Heidemeier(eds.)의 《Flucht im geteilten Deutschland》가 출판됐다. 같은 시기에 같은 제목으로 열린 전시회와 연계해 나온 이 책은 짧은 시간에 이탈 주민 수, 이탈 동기와 서독 정착 문제 등을 파악할 수 있는 장점을 지녔지만, 주제별로 충분한 설명이 전제된 전문 연구서로 보기에는 다소 부족하다.

1. 독일에서 또 다른 독일로: 분단 시기 동독 주민의 이탈 행렬

1 동독 이탈 주민은 1950년 제정된 긴급수용법(Notaufnahmegesetz)에 따라 일련의 수용 심사 절차를 거쳐 서독 영주권과 정착 지원을 받을 수 있는 자격을 얻었다.

2 좀 더 상세한 내용은 다음의 표 〈동독 이탈 주민 통계 1949~1989(단위: 1000명)〉 참조.

연도	전입 전출 통계	긴급수용심사 등록 통계
1949		59,2
1950	337,3	197,8
1951	287,8	165,6
1952	232,1	182,4
1953	408,1	331,4

1954	295,4	184,2
1955	381,8	252,9
1956	396,3	279,2
1957	384,7	261,6
1958	226,3	204,1
1959	173,8	143,9
1960	225,4	199,2
1961	233,5	207,0
1949~1961	3,582,5	2,668,5
1962	15,3	21,4
1963	35,0	42,7
1964	29,5	41,9
1965	29,5	29,6
1966	24,3	24,1
1967	20,7	19,6
1968	18,6	16,0
1969	20,6	17,0
1970	20,7	17,5
1971	19,9	17,4
1972	19,7	17,2
1973	17,3	15,2
1974	16,2	13,3
1975	20,3	16,3
1976	17,1	15,2
1977	11,6	12,1
1978	14,4	12,1
1979	15,4	12,5
1980	15,8	12,0
1981	18,3	14,5
1982	15,5	12,8
1983	13,4	10,7
1984	42,3	38,7
1985	28,4	26,3
1986	29,5	26,2
1987	22,8	19,0
1988	43,3	39,9
1962~1988	595,4	561,2
1989	388,4	343,9
1962~1989	983,8	905,1
전체	4,566,3	3,573,6

주

B. Effner/ H. Heidemeyer, "Die Flucht in Zahlen," B. Effner/ H. Heidemeyer(eds.), *Flucht im geteilten Deutschland*(Berlin-Brandenburg, 2005), p.28. 시기적 추이를 좀 더 명확히 파악하기 위해 1949~1961년, 1962~1988년, 1962~1989년의 이탈 주민 수를 합산해 첨가했다. 베를린 장벽 수립 이후를 1988년까지와 1989년 둘로 나눈 것은, 1989년 에 동독의 정치적 변혁과 맞물려 대규모로 주민이 탈출하면서 그 이전 시기와 확연히 구분 되기 때문이다.

3   Effner/ Heidemeyer, "Die Flucht in Zahlen," p.27.

4   베를린 장벽 수립 이전과 이후 동독 이탈의 양상은 확연히 다르다. 베를린은 독일의 제2차 세계대전 패배의 여파로 승전국인 미국, 영국, 프랑스, 소련의 공동 관리 지역이었기 때문 에 분단 후에도 열린 통로 역할을 했다. 요컨대 동서 베를린 간에는 지하철과 도시고속전 철(S-Bahn)이 계속 운행됐고 주민 왕래도 가능했다. 1950년대 동독인은 이러한 베를린의 특수 상황을 이용해 대규모 동독 이탈을 감행했다. 그러나 동독 정권이 1961년 8월 베를린 장벽을 세워 탈출로를 차단함에 따라 1950년대와 같은 대규모 동독 이탈은 불가능해졌다.

5   통사당은 소련 점령기인 1946년 독일공산당이 동독 지역의 사민당(SPD)을 강제로 통합 해 만든 사회주의 정당으로, 동독이 붕괴할 때까지 지배 정당으로 군림했다.

6   C. Kleßmann, "Aufbau eines sozialistischen Staates," Bundeszentrale für politische Bildung(ed.), *Deuschland in den fünfziger Jahren. Information zur politischen Bildung Nr. 256*(Bonn, 1997), p.26. 동독 지역은 개신교가 지배적이었기 때문에 주로 개 신교회가 공격의 대상이 됐다.

7   M. Richter, "1949~1961. Der 'Aufbau des Sozialismus' in der DDR," Bundeszentrale für politische Bildung(ed.), *Geschichte der DDR. Information zur politischen Bildung Nr. 231*(Bonn, 1991), p.13.

8   B. Ciesla, "Wirtschaftliche Entwicklung und Lebenslage in der DDR," Bundeszentrale für politische Bildung(ed.), *Deutschland in den fünfziger Jahren*, p.40.

9   Richter, "1945~1961. Der 'Aufbau des Sozialismus'," p.12.

10 주민등록사무소 집계에 따르면 1952년 동독 이탈 주민은 약 23만 2000명에 달했는데, 1953년 약 40만 8000명으로 급격히 늘었다. 긴급수용심사를 토대로 한 집계도 1952년 약 18만 2000명에서 1953년 약 33만 1000명으로 급격한 증대 추이를 보여준다. 주2 참조.

11 동독 정권은 신노선 공표 이후 사회주의 체제로 변혁하는 속도를 완화하고 여러 사회 계층 의 불만을 해소하려는 조치를 취했지만, 이 과정에서 노동자는 소외됐다. 요컨대 동독 정 권은 1953년 5월 말 공업·건설 노동자의 표준 작업량을 늘려 불만을 야기했는데, 신노선 으로 전환한 후에도 이를 철회하지 않았다. 이에 반발해 1953년 6월 16일 베를린 건설 노 동자가 파업을 단행했고, 그다음 날인 17일에는 봉기로 발전했다. 봉기는 베를린에서 시 작됐지만 곧 전국으로 퍼졌고, 노동자 외에도 동독 체제에 불만을 가진 많은 동독인이 참

여해 대규모 반정부 시위로 확산됐다. 위기에 처한 동독 정권은 결국 소련 탱크 부대의 지원에 힘입어 간신히 이를 진압할 수 있었다. 노동자 봉기에 대해서는 l.-S. Kowalczuk, *17. Juni 1953. Geschichte eines Aufstands* (München, 2013); G. Knopp, *Der Aufstand 17. Juni 1953* (2003, Hamburg) 참조.

12 이는 동독 출신 문인 뢰스트(E. Roest)의 회고에 따른 내용이다. W. Kenntemich et al.(eds.), *Das war die DDR* (Berlin, 1993), pp.40~41.

13 Kenntemich et al.(eds.), *Das war die DDR, p.43.*

14 Kleßmann, "Aufbau eines sozialistischen Staates," p.29.

15 제네바정상회담은 스탈린 사후 일시적 긴장 완화의 기류에 힘입어 포츠담회담 이후 10년 만에 재개된 서방 3개국(미국, 영국, 프랑스)과 소련 최고 지도자 간의 회담을 뜻한다. 양측은 유럽의 안보와 군축, 독일 문제 등을 논의했지만, 입장 차이로 인해 별 성과를 거두지 못했다.

16 Der Leiter des Notaufnahmeverfahrens in Gießen an den Herrn Bundesminister für Vertriebene, Flüchtlinge und Kriegsgeschädigte, 1956. 1. 27, Bundesarchiv Koblenz (이하 BA Koblenz로 표기함), B 150/4125 Bd. 1.

17 대표적으로 헝가리와 폴란드를 본받아 동독을 근본적으로 개혁해야 한다고 주장했던 하리히(W. Harich)가 있다. 그는 1951년 동베를린 훔볼트 대학 철학과 교수가 됐지만, 1953년 통사당의 교조적 문화와 언론 정책을 비판했다는 이유로 대학을 떠나야 했다. 1954년 이후 동독 아우프바우 출판사(Aufbau-Verlag)의 편집장으로 활동했지만 1957년 기소돼 10년형이 선고됐다.

18 H. Weber, *DDR. Grundriß der Geschichte 1945~1990* (Hannover, 1991), p.90.

19 Richter, "1945~1961. Der 'Aufbau des Sozialismus'," p.16.

20 1958년 이탈 주민 수는 주2 참조.

21 Kleßmann, "Aufbau eines sozialistischen Staates," p.30.

22 이상의 내용은 D. Storbeck, "Flucht oder Wanderung? *Zeitschrift für sozialwissenschaftliche Forschung und Praxis*, 14(1963), p.166 참조.

23 흐루쇼프의 회고록에 따르면 동독인 이탈 문제를 해결하기 위한 대안은 동독을 포기하거나 서베를린을 동독에 편입하는 것, 아니면 장벽을 세워 탈출로인 베를린을 봉쇄하는 것이었다. 동독은 당연히 포기할 수 없었고, 서베를린 통합은 전쟁 없이는 불가능했다. 따라서 남은 길은 장벽 축조뿐이었다. 베른트 슈퇴버, 최승완 역, 《냉전이란 무엇인가. 극단의 시대 1945~1991》, 2008, 역사비평사, 106쪽.

24 "Der Westen tut nichts," *Bildzeitung*, 1961. 8. 16.

25 베른트 슈퇴버, 최승완 역, 《냉전이란 무엇인가. 극단의 시대 1945~1991》, 107쪽.

26 Republikfluchten mit PM 12a, 작성자, 작성 연도 미상, Bundesarchiv Berlin(이하 BA Berlin으로 표기), DO 1/11/963, p.30.

27 송충기, 〈동서독 경계선에 대한 정치사회사적 연구(1945~1961) — 동독 국경 경찰의 일상을 중심으로〉, 《독일 연구》 20호, 2010년 12월, 156쪽.

28 I. Bennewitz/ R. Potratz, *Zwangsaussiedlungen an der innerdeutschen Grenzen. Analysen und Dokumente* (Berlin, 1994), pp.27~28.

29 불과 수일 내에 8331명이 하루아침에 정든 집과 고향을 잃어버리게 됐다. 이러한 자의적 조치에 몇몇 주민은 자살을 택했고, 일부는 완강히 저항하다 체포됐다. B. Eisenfeld/ R. Engelmann, *13. 8. 1961. Mauerbau. Fluchtbewegung und Machtsicherung* (Berlin, 2001), p.19.

30 송충기, 〈동서독 경계선에 대한 정치사회사적 연구(1945~1961)〉, 160쪽.

31 Leiter der HVDVP, Vorlage für die Mitglieder des Kollegiums, 1961. 6. 1, BA Berlin, DO 1/11/967, p.97. 참고로 1952년 동독 정권이 동서독 국경 경비 체제를 강화하기 전까지 이탈 주민의 56.7%가 동서독 국경을 넘어 서독으로 갔고, 베를린을 통해 이탈한 동독 주민은 43.3%에 불과했다. G. Birkenfeld et al., *Sprung in die Freiheit* (München, 1953), p.19.

32 HV Deutsche Volkspolizei, Informationsbericht Nr. 2 über die Maßnahmen zur Verhinderung des Menschenhandels und des illegalen Verlassens der DDR, 1961. 7. 28, Stiftung der Archiven und Massenorganisationen der ehemaligen DDR(이하 SAPMO로 약칭), DY 30/IV 2/9.02/6.

33 이상의 설명 내용은 J. Kalt, "Auf Umwegen in den Westen," J. Kleindienst(ed.), *Von hier nach drüben. Grenzgänge, Fluchten und Reisen 1945~1961* (Berlin, 2001), p.233, 235 참조.

34 Erika D. aus Bochum an Annegret S. aus Ost-Berlin, 1961. 8. 24, http://www.museumsstiftung.de/briefsammlung/post-von-drueben(이하 Post von drüben으로 약칭함).

35 동독 이탈 주민이 남기고 간 살림살이는 흔히 가족이나 친지가 대신 처리했다. 때로는 이탈 주민이 친했던 이웃에게 편지를 보내 책장이나 소파 등의 살림살이 가운데 마음에 드는 것을 골라 갖고 창고에 두고 온 연료도 갖다 쓰라고 전하기도 했다. Abschrift!(한 이탈 주민 여성이 서베를린에서 보낸 편지의 사본-필자 설명), 1955. 12. 27, BStU, MfS GH Nr. 34/74, Bd. 4, p.36.

36 C. Kleßmann, *Zwei Staaten, eine Nation. Deutsche Geschichte 1955~1970* (Bonn, 1988), p.330; Weber, *DDR. Grundriß der Geschichte*, p.97.

37 K. Schröder, *Der SED-Staat. Geschichte und Strukturen der DDR* (München, 1998), p.220.

38 주2 참조.

39 C. Vollnhals, "Das Ministerium für Staatssicherheit. Ein Instrument totalitärer

Herrschaftsübung," H. Kaelbe et al.(eds.), *Sozialgeschichte in der DDR* (Stuttgart, 1994), p.501.

40 비공식 정보원은 국가안전부가 동독 사회를 감시하기 위해 포섭한 일반인으로, 이들 은 국가안전부의 지시에 따라 이웃, 동료, 친구, 심지어 자신의 배우자까지 감시했다. 비 공식 정보원이 얼마나 됐는지에 대해서는 각기 다른 주장이 있다. 예컨대 동독의 모드 로(H. Modrow) 정부는 이들의 수를 약 10만 9000명으로 제시했지만, 전 국가안전부 장 관 엥겔하르트(H. Engelhardt)는 18만 명이라고 주장했다. 심지어 라이프치히 시민위원 회(Bürgerkomitee Leipzig)는 수십만 명으로 추정했다. K. W. Fricke, *MfS intern* (Köln, 1991), p.43.

41 비어만은 동독의 유명한 저항 가수이자 시인으로, 체제 비판적 가사에 직접 곡을 붙여 노 래했다. 이로 인해 동독 정권에 눈엣가시 같은 존재였던 그는 1976년 서독에서 순회공연 을 하던 중 자의적으로 국적을 박탈당해 귀국이 금지됐다.

42 하베만은 동독의 화학자로 반나치 저항운동에 가담했다. 원래는 서독 출신으로 제2차 세 계대전 후 동독으로 가 동베를린 훔볼트 대학 교수, 인민의회 의원 등을 지냈지만, 1960년 대 이후 동독 사회주의 체제의 억압성을 비판하고 민주화를 촉구했다. 이로 인해 그는 정 치적 탄압을 받았다. 자연과학자 출신의 반체제 인사라는 점에서 소련의 반체제 물리학자 사하로프에 비견됐다.

43 이들은 1980년대를 대표하는 체제 비판 세력으로, 1970년대 말부터 형성됐다. 이들의 목 표는 정치권력을 획득하거나 사회주의 체제를 전면 부정하는 것이 아니라, 적극적인 사회 참여를 통해 1970~1980년대 동독 사회가 직면한 다양한 사회문제를 해결하는 데 동참하 는 것이었다. 이러한 건설적 의도에도 동독 정권이 통사당 노선에서 이탈하는 사회·정치 조직을 인정하지 않았기 때문에 이들은 주로 동독 개신교 교회의 울타리 속에서 활동했다. 1980년대 후반에 이르러 이들은 동독 정치체제의 근본적 민주화 없이 시민의 비판적 정 치 참여는 불가능하다는 각성과 함께 인권 보장과 민주적 개혁을 요구하는 민주화 세력으 로 발전했고, 이러한 경험을 바탕으로 1989년 가을 동독의 정치적 대변혁의 구심점 역할 을 할 수 있었다. 이에 대해서는 최승완, 〈동독의 민주화 세력 연구: 1980년대 체제 비판적 그룹들을 중심으로〉,《서양사론》57집, 1998, 55~94쪽 참조.

44 P. Borowski, "Die DDR in den sechziger Jahren," Bundeszentrale für politische Bildung(ed.), *Zeiten des Wandels. Deutschland 1961~1974. Informationen zur politischen Bildung, Nr. 258* (Bonn, 1998), p.23.

45 S. Wolle, *Die heile Welt der Diktatur* (Berlin, 1998), pp.202~203. 동독 정권은 사회보장 정책 시행에 따른 경제적 부담을 알면서도 이로 인한 재정 지출을 줄이지 못했다. 동서독 의 경제 및 소비 수준의 격차로 인해 동독인의 불만이 갈수록 커지는 상황에서 그나마 이 러한 복지 혜택마저 줄어들면 정권 유지의 기반이 더 위태로워질 것이라고 인식했기 때문 이다.

46 Familie K. aus Dresden an Familie M. nach Achen, 1982. 6. 25, Post von drüben(주 34 참조).

47 드레스덴을 제외한 동독 전 지역에서 서독 TV 프로그램을 시청할 수 있었다.

48 K. Hager, *Erinnerungen* (Leipzig, 1996), p.385.

49 "Wenn einer eine Pfeife ist, eignet er sich nicht, dass sie ihn verehren," Ausschnitte aus dem Interview mit R. Hildebrandt(2001. 6), https://www.hu-berlin.de/de/ueberblick/menschen/prominente/hildebrandt.

50 슐체와 지크만 사건에 대해서는 A. v. Arnim-Rosenthal, *Flucht und Ausreise aus der DDR* (Erfurt, 2016). p.42, p.44; T. Flemming, *Die Berliner Mauer. Grenze durch die Stadt* (Berlin, 2000), p.13 참조.

51 데틀링의 탈출담은 1963년 〈기관차 234호의 탈주(Durchbruch Lok. 234)〉라는 제목으로 서독에서 영화화됐다. 당시 기차에는 그의 탈주 계획을 모르고 탑승한 동독인 승객도 있었는데, 기차가 서베를린에 당도한 후 각자 의사에 따라 서베를린에 남거나 동독으로 돌아갔다.

52 동독 정권이 분단 시기에 설치한 지뢰는 무려 130만 개에 달했고, 통일 후 지뢰 제거 작업에 총 8000만 마르크가 소요됐다. "Neue Suche nach Minen auf Grenzstreifen," *Sächsische Zeitung*, 2001. 7. 31, p.2.

53 K. W. Fricke, "Merkwürdige Schluß-Diskussion," *Deutschland Archiv* (이하 DA로 표기함), 28(1995), p.113.

54 H.-H. Hertle/ M. Nooke, 140 Todesopfer an der Berliner Mauer 1961~1989, 2017. 8, http://www.chronik-der-mauer.de/system/files/dokument_pdf/2017_08_08_140_Mauer_Todesopfer_Liste_Internet_dtsch_FINAL.pdf. 그럼에도 분단 시기 동서독 국경이나 베를린 장벽을 넘다가 사망한 희생자 수는 여전히 정확히 파악할 수 없다.

55 이상의 내용은 T. Henseler/S. Buddenberg, *Tunnel 57. Eine Fluchtgeschichte als Comic* (Berlin, 2013), pp.9~11 참조.

56 이에 대한 상세한 내용은 Henseler/Buddenberg, *Tunnel 57*; K.-M. v. Keussler/ P. Schulenburg, *Fluchthelfer. Die Gruppe um Wolfgang Fuchs* (Berlin, 2011); E. Sesta, *Der Tunnel in die Freiheit* (München, 2001) 참조. 이 땅굴을 파는 데 처음에는 34명이 동참했지만 마지막까지 남은 사람은 소수에 불과했다. 그만큼 땅굴 작업은 극한 노동과 인내를 요구했다.

57 데트엔에 따르면 과거 탈출 지원 활동을 한 사람들의 회고와 국가안전부 문서를 통해 볼 때 대학생 탈출 지원 팀은 최소 열두 개로 추정된다. M. Detjen, *Ein Loch in der Mauer. Die Geschichte der Fluchthilfe im geteilten Deutschland 1961~1989* (München, 2005), p.96.

58 무기징역이 공식적으로 법규화된 것은 1977년이지만, 동독 정권은 이미 1962년 동독

의 유명 실내 사이클 선수 출신으로 동독 이탈 후 탈출 전문 도우미로 활동하다 체포된 자이델(H. Seidel)에게 정치적 보복의 의미로 무기징역을 선고했다. 자이델은 4년 복역 후 정치범 석방 거래에 따라 풀려났다. M. Detjen, "Fluchthelfer nach dem Mauerbau," *DA*, 35(2002), p.802. 정치범 석방 거래는 동독 정부가 몸값을 받고 동독 정치범을 서독으로 방면한 것을 말하는데, 1963년부터 양국 정부 간에 비밀리에 시행됐다. 1963년 말부터 1989년 말까지 이를 통해 석방된 동독인은 총 3만 3862명에 달했다. 그들 가운데 일부는 탈출에 실패했거나 합법적인 서독 이주를 관철하기 위해 투쟁하다 투옥된 동독인이었다. 동독 정부는 불온 세력을 방출하고 경제적 수입도 올릴 수 있었기 때문에 이 거래에 응했다. 1989년까지 서독이 지불한 몸값은 약 3400억 마르크였다. W. Brinkschulte, *Freigekauft. Der DDR-Menschenhandel* (München, 2012), p.187. 서독 정부는 이를 화폐가 아닌 물품으로 지불했고, 동독은 이를 팔아 외화를 조달했다.

59 M. Nooke, "Erfolgreiche und gescheiterte Fluchten," A. H. Apelt(ed.), *Flucht, Ausreise, Freikauf* (Halle, 2011), p.25. 기르만 팀은 땅굴 외에도 다양한 방식으로 이들의 탈출을 도왔다.

60 이상의 내용은 Detjen, *Ein Loch in der Mauer*, pp.82~83, pp.148~149; Henseler/Buddenberg, *Tunnel 57*, p.84 참조.

61 "Drei vergehen," *Berliner Zeitung*, 1966. 1. 21. 탈출에 투입된 차량 중에는 필요에 따라 동독, 서독, 서베를린 번호판으로 자동 전환되는 장치를 탑재한 것도 있었다. Information über die Aktivitäten der insbesondere von der BRD und Berlin(West) aus gegen die DDR operierenden Menschenhändlerbanden zur Organisierung und Durchführung der Abwerbung und Ausschleusung von Bürgern der DDR, 1973. 7. 3, Bundesbeauftragter für die Unterlagen des Staatssicherheitsdienstes der ehemaligen Deutschen Demokratischen Republik(이하 BStU로 약칭), MfS ZAIG, Nr. 2200, p.7.

62 1952년 5월 동독 정권이 동서독 국경선을 완전히 차단한 후 서베를린과 동독을 연결하는 교통, 통신이 단절됐다. 이후 서베를린 주민의 동독 방문은 사실상 불가능해졌고, 베를린 장벽 수립 후에는 동베를린마저 방문할 수 없게 됐다. 통과사증협정은 이러한 상황에 활로를 열어주었다. 그러나 매년 갱신을 원칙으로 한 이 협정은 1966년 더 이상 갱신되지 못했다. 이에 따라 서베를린 주민은 1970년대에 와서 동서독 관계가 정상화될 때까지 긴급한 가정사에 한해서만 동베를린을 방문할 수 있었다.

63 Detjen, *Ein Loch in der Mauer*, p.114. 스칸디나비아반도 여행이 탈출 루트에 이용된 것은 1962년 1월부터였다. 이는 필자가 2015년 8월 29일 베를린에서 탈출 전문 도우미의 활동에 대한 전시회 〈Risiko Freiheit. Fluchthilfe für DDR-Bürger 1961~1989(이하 Ausstellung Risiko Freiheit로 표기)〉를 관람하여 얻은 정보다. 이 전시회의 내용은 디지털화되어 현재 https://www.risiko-freiheit.de/tour.html?tour=1#5에서 접할 수 있다.

64 Arnim-Rosenthal, *Flucht und Ausreise*, p.60.

65 B. Müller, *Faszination Freiheit. Die spektakulärsten Fluchtgeschichten* (Berlin, 2000), pp.81~82. 자금은 보수 정당인 기민련 계열에서 조달했고, 장비는 서베를린의 경찰이 비밀리에 제공했다.

66 M. Detjen, "Fluchthelfer nach dem Mauerbau," *DA*, 35(2002), p.800.

67 이처럼 고액의 사례비로 인해 동독 이탈 주민은 이탈 후 많은 빚을 안게 됐다. 서독 정부는 이 점을 고려해 이탈 주민이 이탈 과정에서 발생한 비용 관계를 증빙하면 재정 지원을 시행했다. Das Gesamtdeutsche Institut an Eckard Albrecht, 1971. 7. 28; Das Gesamtdeutsche Institut an Resine Vonsien, 1971. 8. 3, Ausstellung Risikofreiheit, https://www.risiko-freiheit.de/tour.html?tour=1#5.

68 이는 동베를린의 한 술집에서 비밀리에 거래된 외국인 여권이 2만 마르크(동독 마르크)에 달했다는 것에서도 충분히 짐작할 수 있다. Detjen, "Fluchthelfer nach dem Mauerbau," p.800.

69 Ausstellung Risikofreiheit, https://www.risiko-freiheit.de/tour.html?tour=1#5 참조.

70 이상의 내용에 대해서는 Detjen, "Fluchthelfer nach dem Mauerbau," p.801, p.803 참조.

71 Apelt(ed.), *Flucht, Ausreise, Freikauf*, p.40; Ausstellung Risikofreiheit, https://www.risi-kofreiheit.de/tour.html?tour=1#5.

72 이상의 내용은 H. Richter, "Fluchthilfe und Aufklärung als Lebensfrage," Apelt(ed.), *Neuanfang im Westen*, pp.95~97 참조.

73 이상의 사례들에 대해서는 Ausstellung Risikofreiheit, https://www.risiko-freiheit.de/tour.html?-tour=1#5 참조.

74 Ausstellung Risikofreiheit, https://www.risiko-freiheit.de/tour.html?-tour=1#5 참조.

75 Ausstellung Risikofreiheit, https://www.risiko-freiheit.de/tour.html?-tour=1#5. 틸레는 탈출을 지원한 죄로 1년간 구금됐고, 그녀의 엄마는 불법 탈출한 죄로 4년형을 받았지만 10개월 후 정치범 석방 거래로 풀려났다.

76 당시 이 사건은 서독을 떠들썩하게 했고, 그 화제성에 힘입어 미국에서 영화로 제작돼 1982년 개봉했다. 영화의 원제목은 〈한밤의 탈출(Night Crossing)〉이고, 독일에서는 〈바람을 타고 서독으로(Mit dem Wind nach Westen)〉라는 제목으로 개봉했다. 그가 타고 온 열기구는 나일라 향토박물관에 전시돼 있다. 그의 탈출담은 J. Petschull, *Mit dem Wind nach Westen. Die abenteuerliche Flucht von Deutschland nach Deutschland* (München, 1980) 참고.

77 다양한 탈출 사례에 대해서는 Müller, *Faszination Freiheit* 참조.

78 Müller, *Faszination Freiheit*, pp.57~74 참조.

79 이는 베를린 소재 체크포인트찰리 박물관(Museum Haus am Checkpoint Charlie, 일명 장벽 박물관으로도 불림)의 전시 내용을 통해 얻은 정보다.

80 "Der dritte Mann wartete im Grab," *Der Spiegel*, Nr. 13/1962, pp.41~42.

81 HA VI, Auswertung und Kontrollgruppe, Information Nr. 2/80: Probleme ungesetzlicher Grenzübertritte unter Ausnutzung der Ähnlichkeit aus dem Jahre 1979, 1980. 3. 21, BStU, HA VI, Nr. 10381, p.82. 그의 시도는 실패한 것으로 추정된다.

82 앞에서 언급한 두 사례에 대해서는 U. Stoll, *Einmal Freiheit und zurück* (Berlin, 2009), p.103; H.-G. Aschenbach, "Flucht aus dem goldenen Käfig und Neubegeinn als Arzt," Apelt(ed.), *Neuanfang im Westen*, pp.149~151 참조.

83 이는 H. Wendt, "Die deutsch-deutschen Wanderungen: Bilanz einer 40 jährigen Geschichte von Flucht und Ausreise," *DA*, p.390, 표 2를 토대로 산출한 수치인데, 벤트(Wendt)는 수용 심사 과정을 통해 등록된 이탈 주민을 대상으로 했다.

84 서독은 동독과 달리 자유선거를 실시해 합법적으로 정부를 구성했다는 점을 근거로 단독 대표권을 주장했고, 1955년 동독 정권을 인정하는 나라와는 외교 관계를 단절한다는 내용의 할슈타인 원칙을 공표했다. 이에 따라 동독은 1960년대 후반까지 사회주의 국가 12개국만이 외교적으로 인정하는 국가였다. 동서독이 서로 경쟁하는 상황에서 동독이 국제사회에서 주권국가로 인정받는 것은 동독 체제의 정당성과도 직결됐기 때문에 동독 정권으로서는 이 문제의 해결이 큰 과제였다.

85 B. Eisenfeld, "Geschichte und Vielfalt der Ausreisebewegung," A. Seeck(ed.), *Das Begehren, anders zu sein. Politische und kulturelle Dissidenz von 68 bis zum Scheitern der DDR* (Münster, 2012), p.69.

86 Information über die Unterbindung und Zurückdrängung von Versuchen zur Erreichung der Übersiedlung nach der BRD und nach Westberlin (VVS I 084283), BA Berlin, DO1/34/34126.

87 Information über Bestrebungen von Bürgern der DDR, die DDR zu verlassen und Wohnsitz in nichtsozialistische Staaten und Westberlin zu nehmen, SAPMO, DY 30/IV2/2.039/308, p.31.

88 K. Schroeder, "Ursachen, Wirkungen und Folgen der Ausreisebewegung," Apelt(ed.), *Flucht, Ausreise, Freikauf*, p.60.

89 Schroeder, "Ursachen, Wirkungen und Folgen der Ausreisebewegung," pp.61~62.

90 조사 대상자의 63%가 이주 신청 후 2년 이내에 승인을 받았고, 여섯 명 가운데 한 명이 3~4년, 열 명 가운데 한 명이 5년 이상을 기다렸다. K. F. Schuhmann, "Flucht und Ausreise aus der DDR insbesondere im Jahrzehnt ihres Untergangs," Der Deutsche Bundestag(ed.), *Materialien der Enquete-Kommission "Aufarbeitung und Folgen*

der SED-Diktatur in Deutschland, "*V/3* (Baden-Baden, 1995), p.2391.

91 Festnahmebericht, 1977. 1. 30, MfS, HA VI, Nr. 499, pp.4~6, p.11.

92 Provokatorisch-demonstrative Handlung eines Bürgers der DDR durch Besteigen eines Schornsteines des Heizkraftwerkes Kulkwitz/Leipzig. BStU, MfS ZOS, Nr 2771, p.73.

93 F. Kempe, Die DDR und die Ausreiseproblematik. Arbeitspapier Nr. 24 des Instituts für Internationale Politik und Regionalstudien (Berlin, 1998), p. 48.

94 B. Eisenfeld, "Die Ausreisebewegung – eine Erscheinungsform widerständigen Verhaltens," U. Poppe et al.(ed.), *Zwischen Selbstbehauptung und Anpassung* (Berlin, 1995), p.206, 표 3 참조.

95 이는 무려 7000여 건에 달했다. Hinweise zu von Persönlichkeiten des politischen und gesellschaftlichen Lebens der BRD an die zuständigen Organe der DDR herantragenen "humanitären" Anliegen im Zeitraum 1. Januar 1981 bis 31. Dezember 1986, BStU, MfS ZAIG, Nr. 16162, pp.1~18 참조.

96 Eisenfeld, "Geschichte und Vielfalt der Ausreisebewegung," p.74.

97 1984년 호네커의 특별 조치로 서독으로 이주한 동독인 한 명당 평균 약 두 건의 새로운 이주 신청이 있었다. Internationale Gesellschaft für Menschenrechte (ed.), *Die Ausreisebewegung aus der DDR* (Frankfurt/M., 1989), p.4.

98 이에 대해서는 G. Jeschonnek, "Ausreise – das Dilemma des ersten deutschen Arbeiter- und -Bauern-Staates?", F. Kroh(ed.), 《*Freiheit ist immer Freiheit*》. *Die Andersdenkenden in der DDR* (Franktfurt/M., 1988), pp. 234-267 참조.

99 이러한 체제 비판적 시민 운동 그룹은 이주 신청자들이 자신들의 활동에 참여하는 것을 반기지 않았다. 이들의 목표는 동독 사회주의 체제를 개혁하는 데 있었던 반면, 이주 신청자들은 동독에 대한 기대를 접고 동독을 떠나려고 했기 때문이다. 특히 동베를린 지역의 그룹은 이주 신청자들이 이주 승인을 더 빨리 받기 위해 자신들을 이용하려고 한다는 불신 혹은 이들과 함께 행동할 경우 자신들의 개혁 논의가 묻혀버리게 될 것이라는 위기감 때문에 명백히 거리를 두고 상호연대와 협력을 거부했다. Kempe, Die DDR und die Ausreiseproblematik, pp. 69-73 참조.

100 Eisenfeld, "Die Ausreisebewegung," p.202, 표1 참조.

101 R. Thieme, Antragstellungen auf ständige Ausreise. Versuch einer Bilanz aus soziologischer Sicht, Diss., Humboldt Universität zu Berlin (1990), p.26.

102 A. O. Hirschmann, "Abwanderung, Widerspruch und das Schicksal der Deutschen Demokratischen Republik," *Leviathan*, 20 (1992), pp.335~336.

103 Abteilung für Sicherheitsfragen, Information über die Vorbeugung und Zurückdrängung von Übersiedlungsersuchen nach der BRD und nach Berlin vom

7.3.1988, SAPMO, DY 30/IV2/2.039/308, p.69.

104 R. Hilmer, "Motive und Hintergründe von Flucht und Ausreise aus der DDR," Der Deutsche Bundestag(ed.), *Materialien der Enquete-Kommission "Aufarbeitung von Geschichte und Folgen der SED-Diktatur"* VII/1(Baden-Baden, 1995), p.328. 정확한 조사 대상자 수나 연도별 통계 같은 구체적인 정보는 제시되지 않았다.

105 Die Bedeutung der offensiven Kontrolle und Bearbeitung opertativ bedeutsamer Rückverbindungen ehemaliger DDR-Bürger mit dem Ziel der Aufdeckung und Verhinderung von Erscheinungsformen der politisch-ideologischen Diversion im Inneren der DDR, Diplomarbeit an der MfS Juristischen Hochschule Potsdam, 1988, BStU, MfS JHS, Nr. 21174.

106 Bundesministerium für Gesamtdeutsche Fragen(ed.), *Die Flucht aus der Sowjetzone und die Sperrmaßnahmen des kommunistischen Regimes vom 13. August 1961 in Berlin*(Bonn, 1961), p.16. 유감스럽게도 정확한 조사 대상자 수나 연도별 통계 같은 구체적인 정보는 제시되지 않았다.

107 H. Heidemeyer, *Flucht und Zuwanderung aus der SBZ/DDR 1945/1949-1961* (Düsseldorf, 1994), p.50.

108 Statistisches Bundesamt(ed.), *Statistisches Jahrbuch 1975 für die Bundesrepublik Deutschland*(Stuttgart, 1975), p.82, 표 4.18.1.

109 Statistisches Bundesamt(ed.), *Statistisches Jahrbuch 1989 für die Bundesrepublik Deutschland*(Stuttgart, 1989), p.73, 표 3.39. 이 통계는 수용 심사 과정에서 집계된 이탈 주민을 대상으로 한 것이다.

110 이러한 상황은 다음의 표〈동독 이탈 주민의 연령 구조, 1955~1959〉를 보면 좀 더 구체적 으로 알 수 있다.

연령대	동독 전체(%)	동독 이탈 주민(%)	서독 전체(%)
25세 이하	36.5	50.3	37.2
25~44세	21.9	25.9	25.6
45~64세	28.4	18.4	26.7
65세 이상	13.2	5.4	10.5

Bundesministerium für Gesamtdeutsche Fragen(ed.), *Die Flucht aus der Sowjetzone*, p.16.

111 Statistisches Bundesamt(ed.), *Statistisches Jahrbuch 1975*, p.82, 표 4.18.1 참조. 이 통계는 긴급수용심사를 통해 집계된 동독인을 대상으로 했다.

112 문서고에서 발견한 동독 측 자료는 주로 1970~1980년대에 동독을 떠나기 위해 이주 신청 서를 제출한 동독인을 조사, 분석한 것이다. 이주 신청자가 동독을 떠나고자 했고 또 이들 가운데 적잖은 수가 결국은 이주 승인을 받았다는 점을 고려하면, 동독 이탈 주민의 사회

적 프로필을 분석할 수 있는 자료가 부족한 상황에서 이들을 통해 동독 이탈 주민의 신상이나 동독 이탈 동기를 추정해보는 것은 큰 무리가 없을 것이다.

113 Statistisches Bundesamt(ed.), *Statiches Jahbuch 1961 für die Bundesrepublik Deutschland* (Stuttgart, 1961); Statistische Berichterstattung über die Entwicklung von Versuchen zur Erreichung der Übersiedlung(Ohne Rentner und Invaliden): Berichtszeitraum 1.1.1972 bis 31.12.1984, Anlage 1 zu VVS I 084283(주86 참조), BA Berlin, DO1/34/34126. 조사 대상에 퇴직자나 근무가 불가능한 자는 포함되지 않았다.

114 Statistisches Bundesamt (ed.), *Statistische Jahrbuch 1989*, p.73, 표 3.39를 토대로 계산했다.

115 1983년에서 1986년까지 가장 위험부담이 컸던 국경 탈출자의 대다수가 25세 이하였다는 사실도 이를 반영한다. Information über Bestrebungen von Bürgern der DDR(주 87 참조), p.49 참조.

116 이 시기 이탈 주민의 직업 분야에 대한 구체적인 내용은 다음의 표 〈동독 이탈 주민의 직업 분야, 1952~1961〉 참조.

직업 분야	1952~1957(%)	1958(%)	1959(%)	1960(%)	1961(%)
농림·축산	7.6	4.5	5	7.4	4.5
공업·수공업	20.7	19.3	20.1	21.3	22.4
전문 기술	1.9	2.1	2.4	2.6	3
상업·운수업	11.8	11.8	12	11.8	11.9
가사도우미·의료·사회복지	4.9	5.8	5.3	4.8	4.9
행정·법조	2.9	4.4	3.8	3.5	3.4
지식인·예술	1.5	2.6	2	1.9	2
기타 취업	11	10	10.1	7.4	8.6
취업자 전체	62.3	60.5	60.7	60.7	60.5
은퇴	4.4	6.8	10.3	7.6	8.3
전업주부	11.9	11.3	10.3	10.5	9.5
아동·학생	21	20.2	17.7	20.4	20.4
대학생	0.4	1.2	1	0.8	1.3
전체	100	100	100	100	100

Bundesministerium für Gesamtdeutsche Fragen(ed.), *Die Flucht aus der Sowjetzone*, p.16; Statistisches Bundesamt(ed.), *Statistische Jahrbuch 1964 für die Bundesrepublik Deutschland* (Stuttgart, 1964), p.74, 표 6을 종합해 작성한 것이다. 1952년부터 1957년까지의 수치는 평균치로, 원래 통계 자료에 그렇게 통합해서 제시된 것임을 밝혀둔다.

117 Bundesministerium für Gesamtdeutsche Fragen(ed.), *Die Flucht aus der Sowjetzone*, p.17.

118 이 시기 이탈 주민의 직업 분야에 대해서는 다음의 표〈동독 이탈 주민의 직업 분야, 1963~1974〉참조.

직업 분야	1963(%)	1965(%)	1968(%)	1970(%)	1971(%)	1972(%)	1974(%)
농림·축산	1.4	1.5	0.5	0.6	0.6	0.9	0.6
공업·수공업	8.4	8.3	5.8	5.8	6.9	11.2	9.6
전문 기술	0.8	1	1.2	1.1	1.7	2.4	2.8
상업·운수업	3.7	4.3	2.5	2.8	3.3	4.9	5
가사도우미·의료·사회복지	1.9	2.2	1.3	1.3	1.7	2.3	3.6
행정·법조	0.3	0.4	1.2	0.8	1.9	1.9	3
지식인·예술	0.5	0.5	0.6	0.7	0.7	1.3	2
기타 취업	5.2	3.3	1.4	1.8	0.8	1.1	0.8
취업자 전체	22.2	21.4	14.5	14.9	17.7	25.8	27.2
은퇴	66.8	71	70.1	72.7	70	63.8	59
전업주부	6.4	4.2	12.7	9.6	9.1	7.1	5.6
아동·학생	4.3	2.9	2.1	2.3	2.6	2.5	7.5
대학생	0.3	0.5	0.6	0.5	0.6	0.8	0.7
전체	100	100	100	100	100	100	100

이 표는 필자가 발견한 개별 통계를 통합해서 작성했기 때문에 일부 연도는 빠져 있다. 참고 자료는 다음과 같다. Statistisches Bundesamt(ed.), *Statistisches Jahrbuch 1964*, p.74 표 b; *Statistisches Jahrbuch 1971*, p.58, 표 b; *Statistisches Jahrbuch 1973*, p.68, 표 b; *Statistisches Jahrbuch 1975*, p.82, 표 4.18.2. 이 통계 자료는 수용 심사 과정에서 등록된 이탈 주민을 대상으로 한 것으로 총수는 15만3563명에 달한다.

119 Übersicht über die Zusammensetzung der Personen, die mit einem rechtswidrigen Ersuchen auf Übersiedlung in Erscheinung traten-Zeitraum 1977 bis 1978, BA Berlin, DO 1/34/34126.

120 V. Ronge, *Von drüben nach hüben*(Wuppertal, 1985), p.15. 롱게는 1984년 봄 호네커의 이례적 이주 승인 조치로 서독으로 올 수 있었던 18세 이상의 동독 이탈 주민 2000명에게 설문지를 배부했는데, 응답자는 약 25%에 달했다. Ronge, *Von drüben*, p.13.

121 Ronge, *Von drüben*, p.15

122 이와 관련해 서술되는 내용은 주116과 주118에서 제시된 통계표를 토대로 한 것이다. 더불어 직종별 비율은 이 두 표에서 제시된 취업자만을 대상으로 다시 통계를 낸 것임을 밝혀둔다.

123 D. Zilch, "'Republikflucht' von Jugendlichen als Widerstand? Ursachen und Motive," U. Hermann (ed.), *Protestierende Jugend. Jugendopposition und politischer Protest in der deutschen Nachkriegsgeschichte*(Weinheim, 2002), pp.257~258.

124 Präsidium des Ministerrates, Beschluß 10/24 zum Schutze der friedliebenden Jugend Westdeutschlands, 1955, 4. 28, BA Berlin, DO 1/9237.

125 이는 당연히 최소 수치에 해당한다. 왜냐하면 주116과 주118의 통계에서 직종을 정확히 알 수 없거나 직종 간 비중을 구분하기 어려운 '기타 취업자', '가사도우미·의료·사회복지 종사자'는 통계에 포함하지 않았기 때문이다. 가사도우미는 비전문직이지만 의료·사회복지 분야의 경우 전문직 종사자의 비중이 적잖을 것이다.

126 이는 1960년까지 농업 종사자가 약 14%로 축소되었다는 것을 통해 엿볼 수 있다. A. Schild, "Gesellschaftliche Entwicklung," Bundeszentrale für Politische Bildung(ed.), *Deutschland in den fünfziger Jahren. Informationen zur politischen Bildung Nr. 256* (Bonn, 1997), p. 4.

127 Ronge, *Von drüben*, p.16.

128 K. F. Schumann et al., *Private Wege der Wiedervereinigung* (Weinheim, 1996), p.114, 표 3.1 참조.

129 Information über Bestrebungen von Bürgern der DDR(주87 참조), p.33.

130 Information über die Unterbindung (VVS I 084283)(주86 참조). 1971년부터 1981년까지 전문대학 이상 학력 소지자의 동독 전체 평균은 15.6%였다. Bundesministerium für Innerdeutsche Beziehungen(ed.), *DDR Handbuch* (Köln, 1985), p.1223. 이 점에 비추어볼 때 동독 이탈 주민 중 대학 졸업자의 비율은 전체 평균과 비슷하거나 근소하게 낮았음을 알 수 있다.

131 Bundesministerium für Innerdeutsche Beziehungen(ed.), *DDR Handbuch*, p.1223.

132 Hilmer, "Motive und Hintergründe von Flucht und Ausreise aus der DDR," p.325.

133 아이젠펠트와의 인터뷰 내용에 따르면 동독 이탈 주민의 경우 5년 정도 동독 방문이 허용되지 않았다.

134 개인의 이탈 동기는 매우 다양하기 때문에 여기서 그것을 전부 재구성하기는 어렵다. 단지 이탈 주민의 진술과 기존 연구 성과를 토대로 빈도가 높은 동기 요인을 범주화하려고 시도했다.

135 Bundesministerium für Gesamtdeutsche Fragen(ed.), *Die Flucht*, pp.43~45, p.48; Birkenfeld et al., *Sprung in die Freiheit*, pp.77~86.

136 Bundesministerium für Gesamtdeutsche Fragen(ed.), *Die Flucht*, p.44, pp.61~62.

137 Bundesministerium für Gesamtdeutsche Fragen(ed.), *Die Flucht*, p.44~46.

138 Bundesministerium für Gesamtdeutsche Fragen(ed.), *Die Flucht*, p.71.

139 Bundesministerium für Gesamtdeutsche Fragen(ed.), *Die Flucht*, pp.63~64.

140 E. Rudolph, "Nüber gemacht und Literaturredakteur geworden," A. H. Apelt(ed.), *Neuanfang im Westen* (Halle, 2013), pp.48~49.

141 Schumann et al., *Private Wege der Wiedervereinigung*, p.77.

142 Schumann, "Flucht und Ausreise aus der DDR," p.2383.

143 Ronge, *Von drüben*, p.18.

144 Bundesministerium für Gesamtdeutsche Fragen(ed.), *Die Flucht*, p.52.

145 Bundesministerium für Gesamtdeutsche Fragen(ed.), *Die Flucht*, p.48, p.65.

146 BA Berlin, DO 1/11/963, p.78. (문서의 제목과 작성자 불분명함)

147 이는 그녀의 딸이 한 인터뷰 내용에 근거한 것이다. Interview mit R. Assmann(2000. 6. 21), 녹취록, Erinnerungsstätte Notaufnahmelager Marienfelde(이후 ENM으로 약칭*), ZZ000451.

148 BA Berlin, D0 1/11/963, p.72. (문서의 제목과 작성자 불분명함. 이후 같은 경우의 문서에 별도의 언급을 생략함)

149 BA Berlin, D0 1/11/963, p.70; Bericht über die mutmaßlichen Ursachen der Republikfluchten von Jugendlichen der Leunawerke, SAPMO, DY 30/IV 2/13/398(문서 작성 연도는 1957년으로 추정됨).

150 Internationale Gesellschaft für Menschenrechte(ed.), *Die Ausreisebewegung*, p.10.

151 인터숍은 동독 정권이 외화를 벌어들이기 위해 1962년부터 외국인이 드나드는 항구와 공항 그리고 서독인이 동독 방문 시 통과하는 국경검문소, 호텔 등에서 운영한 면세점이었다.

152 Aussagen, SAPMO, DY 30/IV 2/2.039/308, p.52.

153 Aussagen, SAPMO, DY 30/IV 2/2.039/308, p.54, p.57.

154 I.-S. Kowalzcuk, *Die 101 wichtigsten Fragen: DDR*(München, 2009), p.76.

155 Schumann, "Flucht und Ausreise aus der DDR," p.2384.

156 Analyse der Republikfluchten von personen der Intelligenz, 1959. 4. 15, BA Berlin, DO 1/34/21719.

157 성인식은 동독의 청소년이 14세가 됐을 때 치르는 의식이다. 성인식 이후에는 성인으로 인정을 받고 신분증도 나왔으며, 교사도 존칭을 썼다. 성인식은 동독 정권이 교회의 견진이나 성찬식을 대체하기 위해 시행한 일종의 반종교 정책으로, 청소년은 성인식 과정에서 국가에 충성을 맹세했다. 성인식에 참여하지 않으면 상급 학교나 대학 진학의 길이 막히고, 학교를 졸업한 후에도 견습생 자리를 얻기 어려웠으며, 부모에게도 압력이 가해졌다. 페터 가이스·기욤 르 캉트랭, 《독일 프랑스 공동 교과서: 1945년 이후 유럽과 세계》, 휴머니스트, 2008, 270쪽.

158 Schumann et al., *Private Wege der Wiedervereinigung*, pp.80~81, p.86; Aussagen, SAPMO, DY30/IV2/2.039/ 308, pp.51~52; Hauptverwaltung der Volkspolizei-Hauptabteilung K, Analyse der Republikfluchten von Personen der Intelligenz vom 15. 4. 1959, BA Berlin, DO 1/34/21719; Bezirksbehörde der Deutschen

Volkspolizei Neubrandenburg, An die Hauptverwaltung Deutsche Volkspolizei, 1958.9.10. BA Berlin, DO 1/11/968, p.23.

159 Analyse der Republikfluchten von personen der Intelligenz. BA Berlin, DO1/34/21719.

160 Schumann et al., *Private Wege der Wiedervereinigung*, p.76. 괄호 안의 내용은 필자가 독자의 이해를 돕기 위해 삽입했다.

161 이에 배신감을 느낀 그의 부인은 그가 서독에서 정치적 난민 자격을 획득했다는 사실을 알고 당시 동유럽강제추방민·난민·전상자부 장관 오버렌더에게 편지를 보내 그는 가정을 버린 범죄자일 뿐 결코 정치적 난민이 아니라고 주장하고 재검토를 요청했다. 그녀 나름의 복수를 한 셈이었다. An das Flüchtlingsministerium, Herrn Minister Oberländer, 1955.2.17. BA Koblenz, B 150/4133 Bd. 2.

162 C. Friedrich, "Zur psychischen Situation von DDR-Zuwanderern," *DA*, 21(1988) p.529, 표 3.

163 B. Eisenfeld, "Gründe und Motive von Flüchtlingen und Ausreiseantragstellern aus der DDR," *DA*, 36(2003), p.104.

164 Heidemeyer, *Flucht und Zuwanderung aus der SBZ/ DDR*, p.57; J. Rösler, "Abgehauen. Innerdeutsche Wanderungen in den fünfziger und neunziger Jahren und deren Motive," *DA*, 36(2003), pp.563~565; J. Roesler, "Deutsch-deutsche Wanderungen 1949 bis 1990," C. Burrichter et al.(eds.), *Deutsche Zeitgeschichte von 1945 bis 2000* (Berlin, 2006), pp.1261~1262.

165 Schumann et al., *Private Wege der Wiedervereinigung*, p.72, 표 2.2.

166 Bundesministerium für Gesamtdeutsche Frage (ed.), *Die Flucht*, p.64.

167 Chefinspektor der Volkspolizei an ZK der SED vom 25.3.1953, SAPMO, DY 30/IV 2/13/394, p.99.

168 Gemeinsame Direktive des Ministers der Justiz des Generalstaatsanwaltes und des Ministers des Innern über die Anwendung des Paßgesetzes vom 25.2.1958, BStU, MfS HA IX, Nr. 1421, p.50.

169 Forschungskollektiv, Die politisch-operativen Aufgaben des MfS zur Vorbeugenden Verhinderung und offensiven Bekämpfung feindlicher und anderer politisch-operativ relevanter Handlungen im Zusammenhang mit Versuchen von Bürgern der DDR, die Übersiedlung nach nichtsozialistischen Staaten und Westberlin zu erreichen (MfS JHS-Nr. 27/85), 1985, BStU, MfS ZKG, Nr. 1646, pp.5~7.

170 ZK der SED, Richtlinien über Maßnahmen gegen die Republikflucht und zur Werbung von Fachkräften in Westdeutschland vom 22.12.1952, SAPMO, DY 30/

JIV 2/3/351, p.52.

171 "Fast täglich erscheint die Kripo," *Berliner Zeitung*, 1953. 2. 1; ZK der SED, Richtlinien über Maßnahmen gegen die Republikflucht(주170 참조), p.50; "In dieses Elend wurden sie gelockt," *Neues Deutschland*, 1953. 2. 5.

172 "Von Terrorcliquen in Westberlin unter Druck gesetzt," *Berliner Zeitung*, 1958. 1. 11.

173 Eisenfeld, "Die Ausreisebewegung," p.216.

174 Internationale Gesellschaft für Menschenrechte(ed.), *Die Ausreisebewegung*, p.33.

175 서독 이주 신청 후 승인을 기다리던 동독인 프랑크(K. Frank)가 1988년 6월 서독 친구에게 보낸 편지. Internationale Gesellschaft für Menschenrechte(ed.), *Die Ausreisebewegung*, p.11에서 재인용.

176 Information über Bestrebungen(주87 참조), pp.36~37.

177 Schumann, "Flucht und Ausreise," p.2390.

178 B. Eisenfeld, "Die Verfolgung der Antragsteller auf Ausreise," U. Baumann/H. Krug, *Politisch motivierte Verfolgung. Opfer von SED-Unrecht*(Freiburg, 1998), p.127.

179 Schumann, "Flucht und Ausreise," p.2390.

180 Kempe, Die DDR und die Ausreiseproblematik, p.30.

181 H. J. Maaz, *Der Gefühlsstau*(Berlin, 1990), p.125.

182 Wendt, "Die deutsch-deutschen Wanderungen," pp.387~388.

183 Ausstellung Risiko Freiheit, https://www.risiko-freiheit.de/tour.html?-tour=1#5.

184 Ausstellung Risiko Freiheit, https://www.risiko-freiheit.de/tour.html?-tour=1#5.

185 Detjen, "Fluchthelfer nach dem Mauerbau," p.802.

186 당시 이 탈출 작전은 볼프강 푸크스 팀이 시행했는데, 동독의 수비대와 총격을 벌인 팀원은 초벨(C. Zobel)이었다. 혼란 속에 벌어진 일이라 사건 정황을 정확히 알 수 없는데도 그는 자신이 슐츠를 죽게 했다는 죄책감 때문에 오랫동안 고통 속에서 살았다. 그러나 동독 측은 이미 사건 발생 당시 내사를 통해 슐츠가 어두운 밤 시야가 불분명한 상황에서 동료의 탄환에 맞아 사망했다는 것을 알았다. 그럼에도 이를 극비에 부치고 탈출 도우미에 대한 공세를 이어갔다. 안타깝게도 초벨은 1990년 초 자신이 가해자가 아니라는 사실을 알지 못한 채 세상을 떠났다. Henseler/Buddenberg, *Tunnel 57*, pp.30~31, p.33 참조.

187 이상의 내용은 Detjen, "Fluchthelfer nach dem Mauerbau," p.803 참조.

188 서베를린은 지리적으로 동독에 둘러싸여 있기 때문에 서베를린에서 서독, 서독에서 서베를린으로 가기 위해서는 반드시 동독 구간을 통과해야 했다. 이 조약으로 동독 구간 통행이 제도화됨에 따라 서독인의 동독 구간 정차가 가능해졌다. 탈출 전문 도우미는 이 구간으로 침투해 동독 이탈 주민과 접선해 이들을 개조된 차에 숨겨 탈출을 시도했다. 동독 정권이 바로 이 점을 문제로 삼은 것이다.

189 Detjen, "Fluchthelfer nach dem Mauerbau," p.806.

190 K. W. Fricke, "Fluchthilfe als Widerstand im Kalten Krieg," *Aus Politik und Zeitgeschichte*, B 38/1999, p.10.

191 Merkmale des Äußeren von Personen, BStU, MfS, HA VI, Nr. 13273. 서독인이 동독으로 와서 자신의 여권을 동독인에게 준 후 여권을 분실했다고 신고하는 일이 종종 있었다. 이들의 여권을 받은 동독인은 여권 사진을 교체해 탈출을 시도했다. 따라서 입국자의 습관이나 특이 사항을 파악해 기록해둔다면 여권을 위조했더라도 위장 탈출자를 색출하는 데 도움이 됐을 것이다.

192 M. Tantzscher, *Die verlängerte Mauer* (Berlin, 2001), pp.69~70. 이들 국가는 오스트리아, 그리스, 터키와 국경을 접하고 있었다. 동독의 국가안전부 자체 조사에 따르면 1980년 불법 탈출 시도로 기소된 737명 가운데 76.5%가 동유럽 사회주의 국가를 통해 탈출을 시도했다. BStU, MfS HA IX, Nr. 421. Bd. 2, p. 33.

193 이상의 내용은 Tantzscher, *Die verlängerte Mauer*, pp.69~70.

194 H. H. Grimmling, "Käfig der Freiheit," Apelt (ed.), *Neuanfang im Westen*, p.174.

195 C. Ross, "…sonst sehe ich mich veranlasst, auch nach dem Westen zu ziehen," *DA*, 34 (2001), p.616.

196 Thieme, Antragstellung auf ständige Ausreise, p.59에서 재인용.

197 Information über die Unterbindung (주86 참조), p.144.

198 Information über Bestrebungen (주87 참조), p.39.

199 Ross, "…sonst sehe ich," pp.617~618.

200 "Gefälschte Kommunalwahl 1989. Der Anfang vom Ende der DDR," *taz*, 2009. 5. 7, http://www.taz.de/!5163548.

201 Eisenfeld, "Die Ausreisebewegung," p.202, 표 1.

202 이는 1968년 체코슬로바키아에서 발생한 민주적 봉기를 소련이 개입해 진압한 것을 정당화하기 위해 당시 소련공산당 서기장 브레즈네프가 발표한 것으로, 어느 사회주의 국가든 위기에 처하면 이는 곧 사회주의 진영 전체에 대한 위협이 될 수 있기에 다른 사회주의 국가가 이에 개입할 권리를 가진다는 내용이었다.

203 소련 외무부 대변인이었던 게라시모프(G. Gerasimov)는 고르바초프의 변화된 동유럽 정책으로 이들이 독자적인 정치를 시행할 수 있게 됐다는 점에서 미국 팝가수 프랭크 시나트라의 히트 곡 〈마이 웨이〉에 빗대어 이를 '시나트라 독트린'이라고 했다.

204 Armin-Resenthal, *Flucht und Ausreise aus der DDR*, p.90.

205 손선홍, 《분단과 통일의 독일 현대사》, 소나무, 2005, 299~300쪽.

206 김영탁, 《독일 통일과 동독 재건 과정》, 한울, 1997, 132쪽.

207 김영탁, 《독일 통일과 동독 재건 과정》, 133쪽.

208 K. H. Jarausch, *Die unverhoffte Einheit 1989~1990* (Frankfurt/M., 1995), p.37.

209 손선홍,《분단과 통일의 독일 현대사》, 303쪽.

210 1989년 11월 한 달 동안 13만 3429명이 동독을 떠났다. 손선홍,《분단과 통일의 독일 현대사》, 311~312쪽.

2. 동독 이탈 주민에서 서독 시민으로

1 서독의 언론인 쿠베(W. v. Cube)는 1953년 2월 14일 바이에른 방송국의 한 라디오 프로그램에 나와 동독 이탈 주민을 받아들이는 것은 "자살행위나 다름없는 휴머니즘"이라고 비판하며, 이들이 넘어오지 못하도록 국경을 봉쇄할 것을 주장했다. 그의 주장은 다소 과격하게 표현됐지만, 당시 서독 사회의 전반적인 여론을 대변하는 것이었다. Heidemeyer, *Flucht und Zuwanderung*, p.295.

2 대표적인 예로 기민련 의원 틸만(R. Tillmann)은 1950년 2월 9일 열린 서독연방의회 내 전독일위원회 5차 회의에서 이러한 의견을 강력히 피력했다. Heidemeyer, *Flucht und Zuwanderung*, p.104.

3 Heidemeyer, *Flucht und Zuwanderung*, pp.97~98.

4 Heidemeyer, *Flucht und Zuwanderung*, p.101.

5 E. Kimmel, "Das Notaufnahmeverfahren," *DA*, 38(2005), p.1024. 이러한 사민당의 입장은 1949년 11월 16일 열린 사민당 간부회의에서 범죄자가 아닌 이상 그 어떤 독일인도 강제로 다른 독일 국가로 되돌려 보낼 수 없다고 결의한 것을 통해 엿볼 수 있다. Heidemeyer, *Flucht und Zuwanderung*, p.100.

6 이상의 내용은 Heidemeyer, *Flucht und Zuwanderung*, p.100, p.103 참조.

7 Heidemeyer, *Flucht und Zuwanderung*, p.108. 정부 여당이 강제송환을 주장한 것은 실질적 문제보다도 이 조치가 갖는 상징적 의미 때문이었다. 즉 누구나 다 수용되는 것이 아니라 기준에 부합하지 않는 이탈 주민은 되돌려 보낸다는 원칙을 공표해 동독인이 경솔하게 동독을 이탈하지 않도록 심리적 제약을 가하려고 한 것이다. 기민련은 중재위원회가 구성되기 전부터 이미 이탈 주민의 송환이 목적이 아니라 강제송환 원칙이 법규로 선포될 때 동독 이탈을 더 효과적으로 억제할 수 있기 때문에 이를 추진하는 것이라고 공공연히 말해왔다. 따라서 기민당도 중재위원회의 이러한 제안을 받아들일 여지가 충분했다. Heidemeyer, *Flucht und Zuwanderung*, pp.105~106.

8 동독 이탈 주민 수용소에는 두 종류가 있었다. 하나는 수용 심사 기간 동안 혹은 수용 심사 후 배정된 정착지에 도착하기 전에 임시로 거주하는 경유수용소(Durchgangslager)이고, 다른 하나는 수용 심사는 통과했으나 주택을 구하지 못했거나 거주 허가를 받지 못해 불법 체류하게 된 이들이 장기적으로 기거하는 거주수용소(Wohnlager)였다.

9 G. Köhler, *Notaufnahme. Evangelische Flüchtlingsseelsorge* (Berlin, 1991), p.72.

10 동독을 이탈했다 귀향한 한 금속노동자의 진술문 사본. 1959. 8. 28, BStU, MfS AOP, Nr. 12324/63.

11 K. R. Allen, *Befragung-Überprüfung-Kontrolle* (Berlin, 2013), p.16.

12 HA VII/2, Betr.: Auszug aus dem U.-Vorgang, 1959. 5. 28, BStU, MfS AOP, Nr. 12324/63.

13 Köhler, *Notaufnahme*, p.76.

14 Köhler, *Notaufnahme*, p.78.

15 Kimmel, "Das Notaufnahmeverfahren," p.1028.

16 1960년대 초까지도 베를린의 마리엔펠데(Marienfelde) 수용소 내에는 결핵이 확산돼 있었다. Kimmel, "Das Notaufnahmeverfahren," p.1027.

17 C. Nieske, *Republikflucht und Wirtschaftswunder. Mecklenburger berichten über ihre Erlebnisse 1945 bis 1961* (Schwerin, 2001), p.144~145.

18 마리엔펠데 수용소에 대해서는 Erinnerungsstätte Notaufnahmelager Marienfelde (ed.), *1953~2003. 50 Jahre Notaufnahmelager Marienfelde* (Berlin, 2003) 참조.

19 이러한 상황에 대해서는 V. Ackermann, *Der echte Flüchtling. Deutsche Vertriebene und Flüchtlinge aus der DDR 1945~1961* (Osnabrück, 1995), pp.154~155 참조.

20 H. J. Koerber, *Die Heimatvertriebenen und die Flüchtlinge aus der Sowjetzone in Westberlin* (Berlin, 1954), p.118.

21 E. Kimmel, *"… war ihm nicht zuzumuten, länger in der SBZ zu bleiben". DDR-Flüchtlinge im Notaufnahmelager Marienfelde* (Berlin, 2009), p.77.

22 서독에 거주하는 가족이나 친지의 집에서 신세를 질 수 있는 사람은 수용소에 갈 필요가 없었다. 이 경우 숙식비에 해당하는 돈을 제공받았다. Nieske, *Republikflucht*, pp.145~146.

23 물론 이는 무상 몰수가 아니라 보상을 원칙으로 시행됐다. 그러나 이 법은 1955년까지 불과 세 개의 연방주에서 열일곱 차례 적용됐을 뿐이다. 이는 이 법규가 실제 적용을 우선으로 하기보다는 지자체의 공간과 건물을 좀 더 원활히 이탈 주민 수용에 이용할 수 있도록 압력을 가하는 수단으로서 의미가 더 컸다는 것을 말해준다. Heidemeyer, *Flucht und Zuwanderung*, p.156.

24 An den Herrn Regierenden Bürgermeister von Berlin-Schöneberg, 1953. 2. 26, Landesarchiv Berlin(이하 LA Berlin으로 표기함), B Rep. 009, Nr. 128.

25 수용소의 열악한 상황에 대해서는 Köhler, *Notaufnahme*, p.100, p.147; E. Pfeil, "Probleme der Aufnahme und Unterbringung von Sowjetzonenflüchtlingen in westdeutschen Städten," *Städtehygiene*, 4(1953), H. 12, pp.1~3 참조.

26 이는 1950년 스웨덴의 유럽 선교회가 설립한 휴양 시설로, 산모와 아기 각각 30명 정도가 4주간 머무를 수 있었다. Senator für Arbeit und Sozialwesen von Berlin(ed.),

Deutsche flüchten zu Deutschen (Berlin, 1956), p.73.

27 Interview mit F.-G. Brill(2000.12.12), 녹취록, ENM, ZZ000048. 특히 동독에 두고 온 가
    족이 통사당원일 경우 곤란한 상황에 처할 확률이 높았기 때문에 이탈 주민의 걱정이 컸
    다. 그 방책으로 동독을 이탈한 사람은 이탈 후 자신이 가족 몰래 이탈을 계획하고 시행에
    옮겼음을 나타내는 전보와 편지를 보냈다. 일례로 서베를린에 거주하는 남성을 알게 돼 약
    혼한 한 동독 여성은 베를린 장벽 수립 직후 동독을 불법적으로 탈출했고, 서베를린에 도
    착한 즉시 통사당원인 아버지에게 자신이 약혼자에게 와 있음을 알리고 용서를 구하는 짧
    은 전보를 보냈다. 이어서 며칠 후에는 자신이 약혼자와 함께 있고 싶어서 동독 관청에 서
    베를린 이주를 신청했지만 받아들여지지 않아 탈출할 수밖에 없었다는 해명과 함께 죄송
    하다는 내용의 편지를 보내 다시 한 번 아버지가 자신의 이탈과는 무관함을 보여주려고 했
    다. 그러나 아버지는 딸의 탈출 계획을 미리 알고 있었고, 이탈 후 자신에게 미칠 화를 면
    하기 위한 방편으로 딸에게 이탈 후 이렇게 하라고 지시했다. Interview mit V. Dörrier-
    Breitwieser(2004.6.14), 녹취록, ENM ZZ000062.

28 C. Oesterreich, *Die Situation in den Flüchtlingseinrichtungen für DDR-
    Zuwanderer in den 1950er und 1960er Jahren* (Hamburg, 2008), p.165.

29 Oesterreich, *Die Situation*, pp.163~164.

30 Erinnerungsstätte Notaufnahmelager Marienfelde(ed.), *1953~2003. 50 Jahre
    Notaufnahmelager Marienfelde* (Berlin, 2003), p.39에서 재인용.

31 서베를린이 아닌 서독으로 배정을 받은 동독 이탈 주민은 비행기를 타고 가야 했다. 서베
    를린이 동독에 둘러싸인 형세인지라 육로로 가려면 동독 구간을 통과해야 하는데, 그 과정
    에서 동독 이탈 주민의 안전을 보장할 수 없었기 때문이다. 이들의 항공 수송은 주로 서독
    과 베를린 노선을 운항하는 국내선 비행기의 빈 좌석을 이용하는 형태로 이루어졌다. 이를
    위해 서베를린 템펠호프 공항에 동독 이탈 주민이 차례로 대기하다 비행기를 탈 수 있도록
    임시 가건물도 마련됐다. Kimmel, "Das Notaufnahmeverfahren," p.1028.

32 Senator für Arbeit und Sozialwesen von Berlin, *Jahresbericht über die
    Entwicklung der Berliner Flüchtlingssituation im Jahre 1957*(Berlin, 1958), p.21에
    제시된 통계표(Entwicklung des Verteilungsschlüssels)를 기반으로 평균을 산출했다.

33 서독 건국 전까지 난민 문제는 연합국 점령 통치 지역 내 주정부가 관할했다. 1949년 설립
    된 동유럽강제추방민·난민·전상자부는 그동안 과거 점령 통치기에 주정부가 담당했던 동
    유럽 강제추방민과 동독 이탈 주민의 사회 통합 그리고 전상자 처리 문제를 담당했다.

34 동독 이탈 주민은 충분한 생계 능력을 지녔다는 것을 인정받기 위해 두 종류의 서류를 제
    출해야 했다. 하나는 고용주 확인서로, 이탈 주민의 고용 날짜, 담당 업무, 보수가 명시
    돼 있어야 했다. 다른 하나는 동독 이탈 주민에게 임대하는 주택의 크기가 명시된 임대인
    의 확인서였다. 기센 수용소 소장이 동독 이탈 주민을 대상으로 한 안내 공지 서식 사본
    (Anlage 5). BA Koblenz, B 150/4082 Bd. 2.

35 H. Berg, "Notaufnahmelager," *Zeitschrift für Geopolitik in Geschichte und Politik*, 27(1956), p.48.

36 1장 주2 참조.

37 이러한 맥락에서 하이데마이어는 1950년대 이탈 주민 수용소가 냉전 논리를 전파하는 정치 무대로 기능했다고 강조했다. H. Heidemeyer, "Flüchtlingslager als Bühne der Politik," H. Bispinck/K. Hochmuth(eds.), *Flüchtlingslager im Nachkriegsdeutschland*(Berlin, 2014), pp.74~91 참조.

38 "In dieses Elend wurden sie gelockt," *Neues Deutschland*(이하 ND로 표기함), 1953. 2. 5; G. Schafferdt, "'Das wahre Vaterland'. Die Ost-West-Migration in der DDR-Propaganda", *Zeitgeschichte-online*, August 2012, https://zeitgeschichte-online. de/kommentar/das-wahre-vaterland.

39 Senat von Berlin, *Flüchtlinge überfluten die Insel Berlin*(Berlin, 1953), p.66. 이 단체는 반공주의적 성향을 띤 이탈 주민 단체로 동독 주민에게 법적 자문을 해주었다. 나아가 동독 행정기관 내의 협력자들의 도움으로 정보를 수집해 동독 체제의 불법적 성격을 고발하고, 동독 스파이의 서독 침투를 막는 데 활동의 목표를 두었다. 이 단체에 대해서는 F. Hagemann, *Der Untersuchungsausschuß Freiheitlicher Juristen 1949-1969* (Frankfurt/M. 1994); Allen, Befragung-Überprüfung-Kontrolle, pp. 121-161 참조.

40 K. Ahme, Das derzeitige Flüchtlingsproblem in der Berliner Sicht, 1958. 2, Archiv für Diakonie und Entwicklung(이하 ADE로 약칭함), HGST 6001.

41 Heidemeyer, *Flucht und Zuwanderung*, p.45, 표 4.

42 Senator für Arbeit und Sozialwesen von Berlin, *Jahresbericht über die Entwicklung der Berliner Flüchtlingssituation im Jahre 1957*, p.25.

43 동유럽강제추방민·난민·전상자부 장관은 1955년 1월 20일 최소한 서베를린에서 1년 이상 체류한 자에게 재심 신청 자격을 부여할 것, 재심 통과 후 서독 지역으로 분산 배치될 이탈 주민을 받아들일 연방주의 부담을 고려해 재심 통과자를 매달 최대 800명으로 제한하는 지령을 내렸다. Der Bundesminister für Vertriebene, Flüchtlinge und Kriegsgeschädigte an die Landesflüchtlingsverwaltungen, an die Vertreter der Länder beim Bund, 1955. 1. 20, BA Koblenz, B 150/4094.

44 소련 점령 지역 난민 지위는 동유럽강제추방민·난민법 제3조에서 다루었는데, 1953년 법 제정 당시에는 이렇게 엄격한 의미의 정치적 난민으로 규정됐다. 그러나 이후 법 개정을 통해 심사 기준이 완화됐다. 요컨대 1957년에는 정치적 탄압을 받지 않아도 심각한 양심의 갈등에 직면한 경우, 1961년에는 생계 기반이 파괴돼 동독을 떠난 경우에도 이탈의 불가피성을 인정받을 수 있는 고려 대상이 됐다. 즉 소련 점령 지역 난민 지위를 인정받을 수 있는 기회가 확대된 것이다. Bundesgesetzblatt, Jahrgang 1957, Teil I Nr. 47, http://www.bgbl.de/xaver/bgbl/start.xav?startbk=Bundesanzeiger_

BGBl&jumpTo=bgbl157s1207.pdf, p.1208; Bundesgesetzblatt, Jahrgang 1961, Teil I Nr. 85, http://www.bgbl.de/xaver/bgbl/start.xav?startbk=Bundesanzeiger_BGBl&jumpTo=bgbl161s1882.pdf, pp.1885~1888.

45 이 법의 제정과 개정 과정은 Heidemeyer, *Flucht und Zuwanderung*, pp.203~232 참조.

46 동독 이탈 주민 가운데는 강제추방민 출신도 있었다. 제2차 세계대전 후 동유럽 지역에서 추방된 독일인의 다수가 서독으로 넘어왔지만, 일부는 동독으로 이주했다. 그러나 동독 체제에 불만을 지닌 강제추방민은 동독을 이탈해 서독으로 갔다. 떠나온 곳이 동독이니 동독 이탈 주민이지만 원래 출신 지역이 동유럽이기 때문에 이들은 심사를 통해 강제추방민으로 분류돼 신분증 A와 B를 부여받았다.

47 이는 1961년 6월 5일 시행된 서독의 인구조사 결과다. 이 수치는 H. R. Koch, "Flucht und Ausreise aus der DDR," *DA*, 19(1986), p.51, 표 4를 토대로 필자가 계산한 것이다.

48 1장 주116 참조. 동독 측 통계에 따르면 1955년에는 동독 이탈 주민의 64%가 노동자였다. Gegenüberstellung eines Quartalsdurchschnittes der einzelnen sozialen Kategorien für die Jahre 1954 bis 1956. BA Berlin, DO 1/11/963, p.245.

49 1953년 6월의 한 통계에 따르면 미숙련 노동자는 30.5%에 불과했다. Zentralbüro des Hilfswerkes der Evangelischen Kirche in Deutschland, *Eingliederung der Sowjetzonenflüchtlinge* (Stuttgart, 1954), p.115.

50 P. Lüttinger, "Der Mythos der schnellen Integration," *Zeitschrift für Soziologie*, 15(1986), p.23.

51 Zentralbüro des Hilfswerkes der Evangelischen Kirche in Deutschland(ed.), *Leitfaden für Sowjezonenflüchtlinge* (Stuttgart, 1954), p.83.

52 U. Kleinert, *Flüchtlinge und Wirtschaft in Nordrhein-Westfalen 1945~1961* (Düsseldorf, 1988), p.104.

53 Senator für Arbeit und Sozialwesen von Berlin (ed.), *Deutsche flüchten Deutschen*, p.71.

54 Kleinert, *Flüchtlinge und Wirtschaft*, p.119.

55 G. Fleischhauer, *Vom Neubürger zum Heilbronner* (Heilbronn, 1992), p.175.

56 이들의 경제적 가치를 돈으로 환산하면 300억 마르크에 달한다는 견해도 제시됐다. W. Abelshauser, *Wirtschaftsgeschichte der Bundesrepubik Deutschland 1945~1980* (Frankfurt/M., 1983), p.96.

57 Der hessische Minister des Innern an dem Herrn Bundesminister für Vertriebene, Flüchtlinge und Kriegsgeschädigte, 1958. 3. 28, BA Koblenz, B 150/4082 Bd. I.

58 이에 대해서는 이 책의 160~161쪽 참조.

59 Nieske, *Republikflucht*, p.202.

60 Nieske, *Republikflucht*, p.200. 부업 농가란 농업에 종사하긴 하지만 농업 소득이 전체 수입의 반에 못 미치는 경우를 뜻한다.

61 동유럽강제추방민·난민법 71조에 의거해 동독에서 자신의 점포를 운영했거나 견습생 교육 자격증을 보유한 경우도 수공업자명단에 이름을 올릴 수 있었다.

62 이상의 설명 내용에 대해서는 Zentralbüro des Hilfswerkes der Eangelischen Kirche in Deutschland, *Eingliederung der Sowjetzonenflüchtlinge*, p.122; Aktenvermerk zur Anerkennung der Prüfungszeugnisse von Lehrern aus der SBZ, 1956. 9. 10, LA Berlin, B Rep. 007, Nr. 24; Interview mit Dieter Dubrow, 녹취록, ENM, ZZ 000065; M. Mößlang, "Elitenintegration im Bildungssektor. Das Beispiel der Flüchtlingsprofessoren 1945~1961," D. Hoffmann et al.(eds.), *Vertriebene in Deutschland*(München, 2000), p.386 참조.

63 정부의 완전고용 기준은 경기에 따라 달랐다. 1955년 당시 서독 정부의 완전고용 기준은 실업률 5.1%였지만 1967년에는 0.8%였다. 경기가 침체될 때 완전고용의 기준이 되는 실업률은 높아졌다. Lüttinger, "Der Mythos der schnellen Integration," p.23; Bundesministerium für Vertriebene, Flüchtlinge und Kriegsgeschädigte(ed.), *Die Flucht aus der Sowjetzone*(Bonn, 1965), p.13.

64 일례로 베를린에서는 건물의 30% 이상이 완전히 파괴됐고, 가옥의 25%가 사람이 더 이상 살 수 없을 정도였다. Oesterreich, *Die Situation*, p.50.

65 M. Krummacher, "Sozialer Wohnungsbau in der Bundesrepublik in den fünfziger und sechziger Jahren," A. Schildt/A. Sywottek(eds.), *Massenwohnungen und Eigenheim* (Frankfurt/M., 1988), p.441.

66 이는 서독이 건국하기 전인 1946년 연합국의 점령 법규에 의거해 시행됐다. 이에 따라 서독에서 주택 마련은 주택 시장을 통한 사적 거래를 통해 자유롭게 이루어지지 못했다. 주택청은 반나치 투사, 나치 희생자, 다자녀 가정, 장애인, 전상자, 폭격으로 집을 잃은 사람 등에게 우선 주택을 배정했다. 1953년 주택관리법(Wohnraumbewirtschaftungsgesetz) 제정을 기점으로 주택청의 통제가 완화됐다. 공공 임대주택의 경우 주택청이 계속 배정권을 독점했지만, 그 외에는 주택 소유자가 임차인을 선택하고 주택청의 승인을 받는 방식으로 바뀌었다. 주택청의 권한은 이후 점점 더 축소됐지만 1968년에야 완전히 폐지됐다. Oesterreich, *Die Situation*, pp.52~53; D. Hanauske, *"Bauen, bauen, bauen…!" Die Wohnungspolitik in Berlin(West) 1945~1961*, p.785.

67 E. Heizer, "Glücklich, dass wenigstens jeder Flüchtling in Berlin ein Dach über dem Kopf hat," Bispinck/Hochmuth(eds.), *Flüchtlingslager im Nachkriegsdeutschland*, p.167.

68 이상의 내용은 V. Ackermann, "Homo Barackensis – Westdeusche Flüchtlingslager in den 1950er Jahren," V. Ackermann et al. (eds.), *Anknüpfungen*(Essen, 1995), pp.339~

340 참조.

69 Heidemeyer, *Flucht und Zuwanderung*, p.178, 표 12 참조.

70 Heidemeyer, *Flucht und Zuwanderung*, p.176.

71 Protokoll der 172. Sitzung am 21. 2. 1957, U. Enders/J. Henke (eds.), *Die Kabinettsprotokolle der Bundesregierung, vol. 10: 1957* (München, 2000), p.161. 연방정부 역시 동독 이탈 주민 문제를 해결하기 위한 주정부의 협력이 부족하면 주택 건설 보조금을 지급하지 않겠다고 압박했다. 대규모 동독 이탈 주민이 야기한 사회경제적 부담을 두고 연방과 주 정부 사이에 이러한 밀고 당기기가 계속됐지만, 주정부는 동독 이탈 주민 통합에 대한 책임 분담을 근본적으로 회피하지 않았다.

72 Heidemeyer, *Flucht und Zuwanderung*, p.178. 표 12 참조. 참고로 1957년 정부가 지급한 건설 지원 총액은 5억 350만 마르크였다.

73 "Verwendung der Haushaltsmittel für den Flüchtlings-Wohnungsbau," *Flüchtlings-Anzeiger* (1957), Nr. 2, p.4.

74 Senator für Arbeit und Sozialwesen von Berlin (ed.), *Deutsche flüchten Deutschen*, p.51.

75 이러한 공동 거주 문제에 대해서는 Oesterreich, *Die Situation*, pp.350~352 참조.

76 "'Läden für Flüchtlinge," *Morgenpost*, 1954. 8. 4.

77 "Flüchtlingslager wird Wohnsiedlung," *Der Tagesspiegel*, 1962. 1. 27; Heidemeyer, "Flüchtlingslager als Bühne der Politik," p.87.

78 1961년 전반기까지 정부의 재정 지원으로 지어진 주택 가운데 실제로 동독 이탈 주민이 거주한 경우는 대략 60~65%에 그쳤다. 이렇게 지원을 통해 건축된 새 주택을 이탈 주민이 아닌 다른 사람에게 분양하는 것 자체는 허용됐지만, 이는 어디까지나 이탈 주민에게 다른 거처를 제공하는 조건하에서만 가능했다. Wolfrum an Schwipper, 1961. 6. 30, BA Koblenz, B 286/1078.

79 Hanauske, *Bauen, bauen, bauen...!*, p.681.

80 Wolfrum an Schwipper, 1961. 6. 30, BA Koblenz, B 286/1078.

81 Herbert aus Lauenburg/Elbe an Walter, G. nach Kirchheim, 1957. 11. 8, http://www.museumsstiftung.de/briefsammlung/post-von-drueben. 이는 베를린의 우편전신박물관 재단(Museumstiftung Post und Telekommunikation)이 분단 시기에 동서독 주민이 주고받은 편지와 엽서를 수집해 공개한 온라인 서비스다(이하 Post von drüben으로 표기함).

82 M. Beer, "Die deutsche Nachkriegszeit als Lagergeschichte," Bispinck/Hochmuth (eds.), *Flüchtlingslager im Nachkriegsdeutschland*, p.56.

83 전쟁부담조정법에 따라 받을 수 있는 혜택에 대해서는 Zentralbüro des Hilfswerkes der Evanglischen Kirche (ed.), *Leitfaden für Sowjetzonenflüchtlinge*, pp.78~83 참조.

84 Zentralbüro des Hilfswerkes(ed.), *Leitfaden*, p.38.

85 이들은 구금자지원법이 제정되기 전에도 종전 후 귀향한 전쟁포로에 준하는 지위를 인정
받아 생계 지원을 받았다. 이는 제2차 세계대전과 냉전의 희생자를 같은 선상에서 고려한
것이다. 그러나 그 혜택은 구금 피해자의 사망과 함께 중단됐고, 이후 유가족에게 별도의
지원은 시행되지 않았다. 1955년 구금자지원법이 제정됨에 따라 이들은 독립적인 지원 대
상으로 규정됐고, 정착 지원도 확대됐다.

86 G. Granicky, *Die Betreunng der politischen Häftlinge. Gesetze, Verordnungen
und Erlasse zum Häftlingshilfegesetz*(Troisdorf, 1956), pp.61~62.

87 Heidemeyer, *Flucht und Zuwanderung*, p.260.

88 Zentralbüro des Hilfswerkes(ed.), *Leitfaden*, p.75.

89 Bundesministerium für Vertriebene, Flüchtlinge und Kriegsgeschädigte(ed.),
Merkblatt für Inhaber des Flüchtlingsausweises C (Sowjetzonenflüchtlinge)(Bonn,
1957), p.11.

90 Zentralbüro des Hilfswerkes(ed.), *Leitfaden*, pp.36~37.

91 이상에서 언급한 교육 지원에 대해서는 R. Schneider, "Mathematiker bürgerlicher
Herkunft und Softwarenpionier," Apelt(ed.), *Neuanfang im Westen*, p.61; Zentral-
büro des Hilfswerkes(ed.), *Leitfaden*, p.128, p.130; Beihilfen zur Eingliederung
jugendlicher Zuwanderer (Garantiefonds). Abschnitt XXII des Erlasses des Bundes-
minister für Familien und Jugendfragen vom 16. 12. 1958 über Richtlinien für den
Bundesjugendplan mit Gültigkeit ab 1.4.1959, ADE, HGST 6911 참조.

92 이는 1957년 동독을 이탈한 자이링(W. Seiring)과 2012년 8월 10일 베를린에서 인터뷰하
면서 얻은 정보다.

93 Zentralbüro des Hilfswerkes(ed.), *Leitfaden*, pp.39~40.

94 Heidemeyer, *Flucht und Zuwanderung*, p.237.

95 실업 급여를 포함한 실업자 지원은 1956년까지 주 담당 소관이었다가 취업알선·실업
보험법이 제정되면서 비로소 통일적인 법규가 마련됐다. Heidemeyer, *Flucht und
Zuwanderung*, p.239.

96 M. Kubina, "Das Recht auf Freizügigkeit," *Zeitschrift des Forschungsverbundes
SED-Staat*, 28(2010), p.84.

97 Oesterreich, *Die Situation*, p.135. 그나마 이는 무상 지원이 아니라 항목별로 합산돼 수
혜자가 소득이 생기는 즉시 상환해야 했다. 거주 수용소에는 불법체류자 외에도 수용 심사
는 통과했으나 일자리나 집을 구하지 못한 이탈 주민도 거주했는데, 체류 기간이 길어질수
록 상환 액수가 누적돼 부담이 됐다.

98 Vermerk für Herrn Dr. V. Schönberg, 1957. 7. 4, ADE, HGST 6506.

99 Oesterreich, *Die Situation*, p.102.

100 Koerber, *Die Heimatvertriebenen und die Flüchtlinge*, pp.107~108.

101 Der Senator für Arbeit und Sozialwesen von Berlin, *Jahresbericht über die Entwicklung der Berliner Flüchtlingssituation 1955* (Berlin, 1956), p.13.

102 Ronge, *Von drüben nach hüben*, p.87; BStU, MfS HA IX, Nr. 1277, p.126

103 피스에 의하면 그런 대로 양호했던 수용소 상황은 1980년대 말 변화를 겪게 된다. 1984년 호네커의 이례적 이주 승인으로 이탈 주민 수가 한 번 크게 증대한 후 한동안은 소강 상태였다. 그러다 1988년을 기점으로 동독 이탈 주민 수가 다시 크게 늘어났다. 소장인 피스는 1989년 수용 인원을 늘리기 위해 이탈 주민 수가 급감한 1960년대 이래로 창고에 보관해 온 이층침대를 다시 배치했다(정확한 시기는 언급하지 않음). 이에 따라 1실 2인 거주에서 4인으로 늘어났다. 그러나 진짜 문제는 1989년 가을부터였다. 1989년 9월 이후 동유럽을 통해 탈출에 성공한 동독인들이 대규모로 쇄도했기 때문이다. 이에 따라 1980년대 후반 대략 평균 5000명을 전후로 이탈 주민을 수용한 마리엔펠데 수용소는 1989년 5만 명이 넘는 이탈 주민에게 거처를 제공해야 했다. 1950년대를 연상시키는 이러한 비상사태는 준비되지 않은 상황에서 대규모 인원을 동시에 수용해야 했던 수용소 측과 이러한 과포화 상태로 열악한 환경에서 지내야 했던 이탈 주민 모두에게 큰 시련이었다.

104 Grimmling, "Käfig der Freiheit," p.179.

105 Studie zu den Wirkungen von Lebensverhältnissen der BRD bzw. Westberlins auf ehemalige DDR-Bürger, 1984. 2, BStU, MfS HA IX, Nr. 3815, p.17.

106 Erinnerungsstätte Notaufnahmelager Marienfelde(ed.), *1953~2003*, p.36.

107 Bundesgesetzblatt 1969, Teil I Nr. 51, http://www.bgbl.de/xaver/bgbl/start. xav?startbk=Bundesanzeiger_BGBl&jumpTo=bgbl169051.pdf, pp.590~591.

108 J.-Y. Hur, *Die Integration ostdeutscher Flüchtlinge in der Bundesrepublik Deutschland durch Beruf und Qualifikation* (Frankfurt/M., 2010), p.76.

109 Hur, *Die Integration ostdeutscher Flüchtlinge*, pp.75~76.

110 "Anerkennung der Lehrbefähigung. Eine Entscheidung des Verwaltungsgerichts Düsseldorf," *BMD Beratungsdienst*, Nr. 42/1984, p.22. 서독의 교육과정만을 기준으로 하면 이와 다른 교육과정을 거친 동독 이탈 주민은 질적으로 서독 교사와 동등한 교육을 받았음에도 자동으로 불이익을 받을 수밖에 없었다. 일부 동독 이탈 주민 출신 교사는 이를 부당하게 여겨 행정소송을 제기했다.

111 "Hilfen für Übersiedler aus der DDR." Bundestagsdrucksache 10/1463 vom 21.05.1984, *BMD Beratungsdienst*, Nr.42/1984, p.3.

112 Bundesgesetzblatt 1980, Teil I Nr. 43, http://www.bgbl.de/xaver/bgbl/start. xav?startbk=Bundesanzeiger_BGBl&jumpTo=bgbl180s1085.pdf, p. 1094.

113 Bundesgesetzblatt 1970, Teil I Nr. 112, http://www.bgbl.de/xaver/bgbl/start. xav?startbk=Bundesanzeiger_BGBl&jumpTo=bgbl170s1637.pdf, p. 1643. 최대

1200마르크까지 공제가 가능했다.

114 60 Jahre Kindergeldgesetz, 2014.10.14. http://www.bpb.de/politik/hintergrund-aktuell/193015/60-jahre-kindergeldgesetz; J. Haberland, "Eingliede-rungshilfen für Zuwanderer aus der DDR," *BMD Beratungsdienst*, Nr. 43/1985, p.27.

115 U. Franke, "Sorge um die Tochter und Neuanfang in Köln," Apelt(ed.), *Neuanfang im Westen*, pp.162~164.

116 필자는 2011년 8월 22일 베를린에서 인터뷰했다. 처음에 혼자 동독에 남았던 그의 누나도 결국은 서독으로 넘어왔다.

117 Der Bundesminister des Innern(ed.), *Wegweiser für Flüchtlinge und Übersiedler aus der DDR(Bonn, 1986)*, p.25.

118 "Eingliederungshilfen für Zuwanderer aus der DDR," *BMD Beratungsdienst*, Nr. 43/1985, p.21.

119 "Hilfen für Übersiedler aus der DDR," Bundestagsdrucksache 10/1463 vom 21.05.1984, *BMD Beratungsdienst*, Nr. 42/1984, p.6. 합법적 이주자는 이삿짐을 서독으로 가져올 수 있었다.

120 Besondere Richtlinien zur Föderung der beruflichen Eingliederung über 35 Jähriger ausgesiedelter oder aus der DDR und Berlin(Ost) zugewanderter Studienbewerber.

121 "Eingliederungshilfen für Zuwanderer aus der DDR," *BMD Beratungsdienst*, Nr. 43/1985, pp.22~23. 이 지원책은 1982년 10월 11일부터 더 이상 장학생을 뽑지 않는 것으로 종결됐다. 그러나 1985년 오토-베네케 재단이 재원을 마련해 30세 이상 50세 미만을 대상으로 같은 내용으로 지원을 시행했다.

122 "Geldzuwendungen an Bewohner der DDR," *BMD Beratungsdienst*, Nr. 13 &14/1977, p.8.

123 Das Diakonische Werk-Innere Mission und Hilfswerk der evangelischen Kirche in Deutschland(ed.), *Leifaden für Sowjetzonenflüchtlinge*(Stuttgart, 1968), pp.106~107.

124 "Nachricht und Hinweise," *BMD Beratungsdienst*, Nr. 28/1980, p.20.

125 "Neue Regelung für Aussiedler und Übersiedler," *BMD Beratungsdienst*, Nr. 45/1985, p.20.

126 Heidemeyer, *Flucht und Zuwanderung*, p.264.

127 "Soforthilfe-Eingliederung-Lastenausgleich," *BMD Beratungsdienst*, Nr. 43/1985, p.18

128 Plenarprotokoll Nr.: 03/158 vom 5. 5. 1961 des Deutschen Bundestages, 3. Wahlperiode, 158. Sitzung, 1961. 5. 4. http://dipbt.bundestag.de/doc/

btp/03/03158.pdf, p.9118, p.9120.

129 Gesetz über Hilfsmaßnahme für Deutsche aus der sowjetischen Besatzungszone Deutschlands und dem sowjetisch besetzten Sektor von Berlin. 이 법은 1971년 난민지원법(Flüchtlingshilfegesetz)으로 이름이 바뀌었다.

130 이상의 내용은 Flüchtlingshilfegesetz in der Fassung v. 15. Mai. 1971, Bundesministerium des Innern(ed.), *Lastenausgleich -Flüchtlingshilfe -Häftlingshilfe* (Bonn, 1971), p.45 참조.

131 정부 여당은 무엇보다 재산 피해 보상을 인정하는 것은 동독 이탈 주민이 머지않아 고향으로 돌아갈 수 있다는 희망을 포기하는 것이라는 이유를 내세워 이들을 오랫동안 수혜 대상에서 제외했다. "Auch CDU für Gleichstellung von Flüchtlingen und Vertriebenen," *Tagesspiegel*, 1964. 7. 18.

132 "Auch CDU für Gleichstellung von Flüchtlingen und Vertriebenen"(주131 참조).

133 Heimatkreis Prenzlau in der Landmannschaft Berlin Mark -Brandenburg, Mitteilung, 1970. 3, http://www.uckermaerkischer-geschichtsverein.de/wp-content/uploads/2013/11/HK-Briefe-1970.pdf.

134 "Stand der Flüchtlingsgesetzgebung," *BMD Beratungsdienst*, Nr. 5/1975, p.7.

135 나머지 15%는 주정부가 부담했다.

136 Senator für Arbeit und Sozialwesen von Berlin(ed.), *Deutsche flüchten zu Deutschen*, p.72.

137 Senator für Arbeit und Sozialwesen(ed.), *Deutsche flüchten zu Deutschen*, p.72.

138 K.-H. Baum, "Die Integration von Flüchtlingen und Übersiedlern in die Bundesrepublik Deutschland," Der Deutsche Bundestag(ed.), *Materialien der Enquete-Kommission "Aufarbeitung von Geschichte und Folgen der SED-Diktatur in Deutschland," VIII/1* (Baden-Baden, 1999), pp.515~516.

139 Köhler, *Notaufnahme*, p.189. 이 책에서 학생의 활동이 이루어진 시점은 언급되지 않아 알 수 없다. 다만 정황상 1950년대로 추정된다.

140 이러한 봉사활동은 Köhler, *Notaufnahme*, p.185, p.193; U. Bach-Puyplat, *Im Westen* (Frankfurt/M., 2008), p.43; Senator fur Arbeit und Sozialwesen von Berlin(ed.), *Deutsche flüchten zu Deutschen*, p.72. 참조.

141 한국과 마찬가지로 독일의 적십자사도 분단 시기에 서독과 동독의 적십자사로 나뉘었다. 서독의 적십자사는 1951년, 동독의 적십자사는 1952년에 조직됐다.

142 베를린 장벽이 세워진 이후에는 이탈 주민이 급감하면서 적십자사의 수용 시설은 열 개로 감소했다. D. Riesenberger, *Das Deutsche Rote Kreuz. Eine Geschichte 1864~1990* (Paderborn, 2002), pp.481~482.

143 이상의 내용은 Arbeierwohlfahrt der Stadt Berlin(ed.), *Jahrbuch der*

Arbeierwohlfahrt der Stadt Berlin 1958/1959, pp.31~33 참조. ENM, Ordner "Fremdedienststellen Verbände Organisationen Außerhalb Arbeiter Samariter Bund bis B Ⅲ."

144 Deutsches Rotes Kreuz(이하 DRK로 약칭함) Landesverband Berlin, Betreuung der Flüchtlinge durch das Rote Kreuz, 1954. 5. 12. ENM, Ordner "Fremdedienststellen Verbande Organisationen Außerhalb D-K."

145 DRK Landesverband Berlin, Betreuung der Flüchtlinge(주144 참조), 수용된 어린이 환자의 대다수는 당시 가장 위험한 전염병이었던 홍역을 앓았다.

146 DRK Landesverband Berlin, Betreuung der Flüchtlinge(주144 참조).

147 "Jubiläume der guten Stube," *Telegraf*, 1958. 9. 19.

148 DRK Landesverband Berlin, Betreuung der Flüchtlinge(주144 참조).

149 Riesenberger, *Das Deutsche Rote Kreuz*, p.486.

150 Innere Mission und Hilfswerk der Evangelischen Kirche in Deutschland(ed.), *Die Flüchtlingssituation. Eins Studie* (Stuttgart, 1958), pp.34~37; Stellungnahme der Deutschen Liga für Menschenrechte, 1952. 8. 23(Anlage des Briefes von der Deutschen Liga für Menschenrechte an Herrn Senator für Sozialwesen, 1952. 8. 25). ENM, Ordner "Fremdedienststellen Verbände Organisationen Außerhalb D-K."

151 Stellungnahme der Deutschen Liga für Menschenrechte(주150 참조).

152 Stellungnahme der Deutschen Liga für Menschenrechte(주150 참조).

153 K. Ahme, "Der derzeitige Flüchtlingsproblem in der Berliner Sicht," 1958. 2, p.3, ADE, HGST 6001 참조.

154 Köhler, *Notaufnahme*, pp.88~89.

155 Hilfskomitee für politische Häftlinge der Sowjetzone, Haftbescheinigung, 1960. 11. 30. ENM, Ordner "Fremdedienststellen Verbände Organisationen Außerhalb D-K."

156 Pädagogische Beratungsstelle Freiheitlicher Lehrer und Erzieher, Bescheinigung, 1959. 8. 7. ENM, Ordner "Fremdedienststellen Verbände Organisationen Außerhalb L-U." 사민당은 SPD, 통사당은 SED로 표기하기 때문에 오타의 가능성을 제기한 것이다.

157 셰퍼의 사례에 대해서는 Schönberg an Herrn Rechtsanwalt Hans Joachim Lemme, 1958. 4. 23, ADE, HGST, Nr. 6911 참조.

158 이 연맹은 적십자사, 노동자복지회를 비롯한 일련의 베를린 민간 사회복지 단체의 연합조직이다.

159 Liga der Spitzenverbände der freien Wohlfahrtspflege in Berlin an Herrn Stauss Wehner, Senator für Arbeit und soziale Angelegenheiten, 1964. 1. 15. ADE, HGST

Nr. 6914.

160 Liga der Spitzenverbände an Herrn Stauss Wehner(주159 참조).

161 Liga der Spitzenverbände an Herrn Stauss Wehner(주159 참조).

162 〈바르바라의 호소〉는 동독이 붕괴할 때까지 1년에 52회씩 36년간 게재됐다. 바르바라는 이 단체의 창립 회원으로 동독 이탈 주민 지원 활동에 중심적 역할을 했다.

163 Köhler, Notaufnahme, p.295.

164 Köhler, Notaufnahme, p.279에서 재인용. 그러나 이런 기부 의류가 이탈 주민에게 항상 좋은 기억만 남겨준 것은 아니다. 흔히 민간 지원 단체는 옷을 모아놓은 의류 창고 개방 날 수용소에 거주하는 동독 이탈 주민을 찾아와 이곳에 가서 옷을 골라 입으라고 적극 권했다. 일부 이탈 주민은 이러한 상황을 달갑게 여기지 않았다. 자신들을 함부로 보고 기부에 적절치 않은 물건을 내놓는 서독인이 있어 모든 의류 상태가 좋지만은 않았기 때문이다. 그중에는 계절에 맞지 않거나 낡고 얼룩이 묻어 버려야 할 옷도 많았다. 그럼에도 직접 찾아온 이탈 주민 지원 단체 관련자에게 예의를 다하기 위해 내키지 않아도 의류 창고로 가고, 입지 않을 것을 알면서도 옷을 골라 들고 오는 일도 있었다. 이처럼 호의이긴 하나 어찌 보면 강요된 도움을 받아야 하는 상황이 때로는 이탈 주민에게 서글픔을 느끼게 했다. U. Bach-Puyplat, Im Westen (Frankfurt/M. 2008). p.56. 이 책은 한 동독 여성의 동독 이탈 과 서독 정착 과정을 다룬 소설이다. 소설이지만 내용이 매우 사실적이고, 또 저자가 자신이 쓴 내용은 모두 실제로 일어난 일임을 밝혔기 때문에 참고자료로 활용했다.

165 Oesterreich, Die Situation, p.327.

166 Flüchtlings-Starthilfe E. V. Hamburg, Tätigkeitsbericht 1962, ENM, Ordner "Fremdedienststellen Verbände Organisationen Außerhalb D-K."

167 이 단체는 1953년 함부르크에서 열두 명의 여성 회원이 모여 활동을 시작했다. 1962년 이 단체의 지원을 받은 동독 이탈 청소년은 411명에 달했다. Flüchtlings-Starthilfe E. V. Hamburg, Tätigkeitsbericht 1962 (주166 참조).

168 당시 수강료의 4분의 3은 정부가 지원했기 때문에 이 단체는 나머지 수강료를 내주었다. Flüchtlings-Starthilfe E. V. Hamburg, Tätigkeitsbericht 1962 (주166 참조).

169 두 지원 사례에 대해서는 Flüchtlings-Starthilfe E. V. Hamburg, Tätigkeitsbericht 1962 (주166 참조); Flüchtlings-Starthilfe, 25 Jahre Flüchtlings-Starthilfe E. V. Hamburg (Hamburg, 1977), ENM, Ordner "Fremdedienststellen Verbände Organisationen Außerhalb D-K" 참조.

170 그럼에도 이 단체는 총 1200만 마르크의 성금과 그에 상응하는 물품을 모아 이탈 주민을 지원했으니, 일개 단체로서는 엄청난 활약을 한 셈이다. H. E. Lange, "Rubrik 'Barbara bittet' erscheint zum ersten Mal in der ZEIT," Das Kalenderblatt, Bayerischer Rundfunk, 2016. 7. 29. http://www.br.de/radio/bayern2/sendungen/kalenderblatt/2907-rubrik-barbara-bittet-erscheint-in-der-zeit-100.html.

171 "Flüchtlingskinder nach Holland," *Telegraf*, 1955. 2. 4.

172 이상의 내용은 Arbeiterwohlfahrt der Stadt Berlin, *Jahrbuch der Arbeiterwohlfahrt der Stadt Berlin* (Berlin, 1951), p.15, ENM, Ordner "Fremdedienststellen Verbände Organisationen Außerhalb Arbeiter Samariter Bund bis B III" 참조. 적십자사를 비롯한 다른 민간 지원 단체도 이 시설을 이용할 수 있었다.

173 Köhler, *Notaufnahme*, pp.334~335. 휴양세는 관광 혹은 휴양을 목적으로 지어진 시설을 유지하기 위해 해당 지역 지자체가 외부 방문객에게 부과한 세금을 뜻한다.

174 Flüchtlings-Starthilfe, *Tätigkeitsbericht 1962* (주166 참조).

175 Die Gildearbeit im CVJM Berlin, 1976. 3. Vereinsarchiv des CVJM Berlins, B 15.

176 Bach-Puyplat, *Im Westen*, pp.92~93.

177 "Barbara bittet. 76 Frauen helfen," *Zeit-Online*, 1980. 12. 19, http://www.zeit.de/1980/52/76-frauen.

178 Zentralbüro des Hilfswerk des Ev. Kirche in Deutschland (ed.), Merkblatt für Zuwanderer aus der DDR, deren Aufnahme in das Bundesgebiet abgelehnt worden ist, 1953. 8, ADE, ZB, Nr. 1209.

179 Generalsekretariat des Heimatlosen-Lagerdienst CVJM/YMCA Dortmund (ed.), *Wegweiser im Westen*, 1950년대로 추정됨, ENM, Ordner "Fremdedienststellen Verbände Organisationen Außerhalb B-C."

180 Zentralkommitee des Hilfswerks der Ev. Kirche in Deutschland (ed.), Merkblatt für Studenten und Abiturienten aus der sowjetischen Besatzungszone und dem sowjetisch besetzten Sektor von Berlin (Stuttgart, 1956).

181 Reichsverband der CVJM/Heimatlosen Lagerdienst Kassel, *Soziale Dienste*, 1960. ENM, Ordner "Fremdedienststellen Verbände Organisationen Außerhalb B-C."

182 Reichsverband der CVJM, *Soziale Dienste*, 1960 (주181 참조).

183 CVJM, *Mut zum Dienen* (정황상 1955년 혹은 1956년으로 추정됨), p.13. ENM, Ordner "Fremdedienststellen Verbände Organisationen Außerhalb B-C."

184 Riesenberger, *Das Deutsche Rote Kreuz*, p.480.

185 Köhler, *Notaufnahme*, p.180.

186 가정방문뿐 아니라 종교 단체가 시행한 정착 지원은 이탈 주민의 신앙 여부와 상관없이 시행됐다. 또 내가 지금까지 조사한 것에 국한해서 볼 때 종교 단체가 정착 지원을 매개로 이탈 주민에게 신앙을 강요한 경우는 거의 없었다.

187 Köhler, *Notaufnahme*, p.180.

188 Köhler, *Notaufnahme*, p.284에서 재인용.

189 Köhler, *Notaufnahme*, p.350에서 재인용.

190 Köhler, *Notaufnahme*, p.351.

191 Evangelische Flüchtlingsmission und Missionsdienst, "Wort und Zeugnis"-Hilfe-
Juli 1965, ENM, Ordner "Fremdedienststellen Verbände Organisationen Außerhalb
D-K."

192 H. Graf, "Der Weg der Kampfgruppe," Kampfgruppe gegen Unmenschlichkeit (ed.),
Der Weg der Kampfgruppe gegen Unmenschlichkeit (Berlin, 1953), p.12.

193 Allen, *Befragung*, p.103.

194 Graf, "Der Weg der Kampfgruppe," p.13.

195 E. Heitzer, "Humanitäre Organisation und Nachrichtendienst: die Kampfgruppe
gegen Unmenschlichkeit (1948~1959) im Bundesnotaufnahmeverfahren,"
Zeitschrift für Geschichtswissenschaft, 64 (2016), H. 2, p.149. 미국 CIA 문서에 따르면
이들의 수는 1952년 무려 600여 명에 달했다.

196 Allen, *Befragung*, p.101. 인권투쟁회는 심지어 이탈 청소년까지 스파이로 포섭해 그들
의 공작에 이용했다.

197 Allen, *Befragung*, pp.101~102.

198 Allen, *Befragung*, p.109.

199 Allen, *Befragung*, p.77.

200 Allen, *Befragung*, p.82.

201 Heidemeyer, *Flucht und Zuwanderung*, p.316.

202 참고로 동독 정권은 1952년 행정 개혁을 실시해 기존의 연방제를 폐지하고, 전국을 열네
개의 광역행정구(Bezirk)로 개편했다. 동독 이탈 주민이 서독에서 조직한 동향단은 이 행
정 개혁 이전에 동독에 존재했던 주를 기준으로 조직됐다.

203 Heidemeyer, *Flucht und Zuwanderung*, p.324. 그 배경 원인은 4장에서 자세히 다루
기로 한다.

204 I. Gückel, *Bund der Mitteldeutschen (BMD). Chronik eines Verbandes 1969~1993*
(Bonn, 1993), pp.4~5.

205 Nieske, *Republikflucht*, p.156.

206 Gesamtverband der Sowjetzonen-Flüchtlinge, Zeugnis, 1967. 10. 30, BA
Koblenz, B 286/402; Gesamtverband der Sowjetzonen-Flüchtlinge, Referat
Flüchtlingsbetreuung, Arbeitsbericht für Monat Dezember 1965, 1965. 12. 27,
BA Koblenz, B 286/1045. 이러한 상담원의 활동에 드는 비용은 국가에서 지원을 받았
다. Der Bundesminister für Gesamtdeutsche Fragen an den Gesamtverband der
Sowjetzonenflüchtlinge, 1967. 4. 4, BA Koblenz, B 286/402.

207 Aus der Arbeit des BMF Landesverband Saar im Berichtsjahr 1988, *Mitteilungblatt*,
1989. 1. BA Koblenz, B 286/1416.

208 W. Amtage an den Gesamtverband der Sowjetzonenflüchtlinge, 1969. 10. 4, LA

Berlin, B Rep. 232-30, Nr. 1.

209 "Beilhilfen aus dem Hilfsfonds des Bundes der Mitteldeutschen," *BMD Informationsdienst*, Nr. 12/1971, p.7.

210 Bezirksamt Wilmersdorf von Berlin, Abt. Sozialwesen an Frau Alma Wendt, 1963. 8. 26, LA Berlin, B Rep. 232-30, Nr. 49.

211 Der Senator für Arbeit und Soziales von Berlin, Bescheid: Dem Antrag des Herrn Gerhard Arens vom 5.2. 1976, 1976. 8. 13, LA Berlin, B Rep. 232-30, Nr. 1.

212 J. Stange an den Senator für Arbeit und Soziales von Berlin, 1976. 11. 1, LA Berlin, B Rep. 232-30, Nr. 1.

213 "Unsere Forderung zur Verbesserung der Flüchtlingsgesetzgebung," *Mitteilungen des Gesamtverbandes der Sowjetzonenflüchtlinge*, Nr. 3/1954, BA Koblenz, B 150/4111.

214 "Erklärung des Präsidiums des Bundes der Mitteldeutschen (BMD) zur Deutschlandpolitik," *BMD Informationsdienst*, Nr. 11/1971, p.6.

215 "Bund der Mitteldeutschen fordert Gleichstellung von Übersiedlern aus der DDR mit Aussiedlern," *BMD Pressedienst*, 1986. 6. 16, BA Koblenz, B 286/1432. 동유럽 거주 독일인은 제2차 세계대전 직후 강제추방 과정에서 대부분 서독으로 이주했지만, 일부는 그 지역에 남았다. 이들과 이들의 가족은 1950년대 이후 이주를 신청해 뒤늦게 서독으로 왔는데, 이들 역시 초기의 동유럽 강제추방민과 마찬가지로 정부의 정착 지원을 받았다. 1950/60년대 까지만 해도 이들 가운데 전쟁 세대가 남아 있었지만 1970년대 이후에는 세대가 교체되어 제2차 세계대전으로 인한 강제 추방민과는 연결고리가 약해졌다. 동독 이탈주민 단체는 이러한 점을 근거로 문제를 제기한 것이다.

216 BMD, An die Vorsitzenden der Bundesfraktionen, 1971. 2. 3, BA Koblenz, B 286/770; Eklärung des Präsidiums des Bundes der Mitteldeutschen (BMD) zur Deutschlandpolitik," *BMD Informationsdienst*, Nr. 11/1971, p.6.

217 Vereinigung der Opfer des Stalinismus, Änderungsvorschläge für das Häftlingshilfegesetz, 1977. 9. 8, BA Koblenz, B 286/526.

218 Bundesvorsitzender des Gesamtverband der Sowjetzonen-Flüchtlinge, Entschließung zum Wohnungsbau, 1958. 12. 11. BA Koblenz, B 286/1078.

219 Gesamtverband der Sowjetzonenflüchtlinge, Wohnungsbau für Sowjetzonenflüchtlinge, 1957. 12. 12, BA Koblenz, B 286/1058.

220 An das BM für V, F und K Pressereferat Dr. Schlicker, 1965. 3. 5, BA Koblenz, B 286/1049.

221 "Leistungen an Aussiedler und Zuwanderer aus der DDR," *BMD Beratungsdienst*, Nr. 46/1986, pp.5~14.

222 Der Bundesminister für Gesamtdeutsche Fragen an den Gesamtverband der Sowjetzonenflüchtlinge, 1957. 6. 14, BA Koblenz, B 150/4083C.

223 "Deutsche helfen Deutschen' Spendenkonto 121212," *BMD Beratungsdienst*, Nr. 41/1984, pp.1~2.

224 Gückel, *Bund der Mitteldeutschen (BMD)*. p.24.

225 이에 대해서는 전시회 안내서 B. Effner et al.(eds.), *Verschwunden und Vergessen. Flüchtlingslager in West-Berlin bis 1961* (Berlin, 2011) 참조.

226 Zentralbüro des Hilfswerkes, *Eingliederung der Sowjetzonenflüchtlinge*, p.34.

227 대표적 사례로 Nieske, *Republikflucht* 참조.

228 Zentralbüro des Hilfswerkes, *Eingliederung der Sowjetzonenflüchtlinge*, p.139.

229 Zentralbüro des Hilfswerkes, *Eingliederung der Sowjetzonenflüchtlinge*, p.35.

230 이상의 내용은 Zentralbüro des Hilfswerkes, *Eingliederung der Sowjetzonenflüchtlinge*, p.143, p.156 참조.

231 Interview mit Dieter Dubrow(2000. 4. 5), 녹취록, ENM, ZZ000065.

232 Ackermann, *Der echte Flüchtling*, p.237.

233 이는 이탈 직후의 일시적 상황이 아니라 서독에 온 지 수년이 지난 후에도 변하지 않은 것으로 보인다. G. Balzer/H. Ladendorf, *Die gesellschaftliche Eingliederung der jugendlichen Flüchtlinge aus der sowjetischen Besatzungszone im Lande Nordrhein-Westfalen* (Troisdorf, 1960), p.54.

234 베를린 장벽이 세워지기 전까지는 베를린이 열린 통로였기 때문에 마음만 먹으면 귀향이 가능했다. 더욱이 동독 정권은 1953년 스탈린 사후 도래한 일시적 해빙기에 이탈했던 주민이 돌아오면 죄를 묻지 않겠다고 회유했다. 이에 따라 거주 허가를 받지 못했거나 서독에 적응하지 못한 일부 동독인이 되돌아갔다. 이들은 귀향 후 동독 정권의 심문에 응해 서독 간첩이 아님을 입증하고, 서독의 동독 이탈 주민 수용소를 비롯해 서방 정보기관의 심문 과정 등에 대한 정보를 제공해야 했다. 그러나 1957년 12월 동독 정권이 계속되는 탈동독 행렬을 막기 위해 이탈을 범죄로 규정함에 따라 이후 귀향자는 처벌 대상이 됐다.

235 Interview mit Bärbel Gräf(2003. 5. 17), 녹취록, ENM, ZZ000118.

236 Nieske, *Republikflucht*, pp.158~159.

237 Interview mit Johann Glockzin(2003. 4), 녹취록, ENM, ZZ000113.

238 Mößlang, "Elitenintegration im Bildungssektor," p.392. 이로 인해 그는 수년간 법적 투쟁을 벌여야 했다.

239 An den Herrn Vertriebenenminister Oberländer, 1956. 2. 9, BA Koblenz, B 150/4133 Bd. 1.

240 Senator für Arbeit und Sozialwesen von Berlin(ed.), *Deutsche flüchten zu Deutschen*, p.63.

241 이상의 사례에 대해서는 Oesterreich, *Die Situation*, p.207; Senator für Arbeit und Sozialwesen von Berlin(ed.), *Deutsche flüchten zu Deutschen*, pp.63~64 참조.

242 An das Innenministerium des Landes Baden-Württemberg, 1967. 5. 8, BA Koblenz, B 150/4133, Bd 1.

243 이때는 신청 서류에 자신을 전남편의 미망인으로 기재했다. Der Hessische Minister des Innern als Staatsbeauftragter für das Flüchtlingewesen an den Herrn Bundesminister für Vertriebene, Flüchtlinge und Kriegsgeschädigte, 1963. 5. 24, BA Koblenz, B 150/4133, Bd 1. 이러한 사실은 서독 정부가 동독 이탈 주민의 신원을 파악하고 관리하는 데 허점이 있었음을 보여준다.

244 Senator für Arbeit und Sozialwesen von Berlin(ed.), *Deutsche flüchten zu Deutschen*, p.64.

245 Nieske, *Republikflucht*, p.164.

246 Ackermann, "Homo Barackensis," p.336.

247 이상의 내용은 Oesterreich, *Die Situation*, pp.290~291 참조.

248 Interview mit C. Oesterreich(2000. 1. 21), 녹취록, ENM, ZZ000291.

249 이상의 내용은 Oesterreich, *Die Situation*, pp.218~221 참조. 직접 인용된 부분은 p.221 참조.

250 Oesterreich, *Die Situation*, p.238.

251 Oesterreich, *Die Situation*, p.391.

252 Oesterreich, *Die Situation*, p.240.

253 Oesterreich, *Die Situation*, pp.240~241에서 재인용. 이 동독 여성은 눈물로 인터뷰를 마쳤다. 동독 이탈의 소용돌이 속에서 수년간 교육 공백이 있었음에도 그에 대한 보충도 없이 졸업반으로 보냈으니 그녀가 제대로 교육을 받았을 리 없다. 본인도 이 사실을 평생 수치스럽게 생각했기 때문에 아무에게도 말하지 않았고, 훗날 이를 만회하기 위해 평생교육 과정을 찾아다녔다고 한다. 이 사례를 통해 이탈 주민 수도 많고 정착지원제도도 아직 제대로 갖추어지지 않은 1950년대 상황에서 동독 이탈 아동이 감당해야 했던 삶의 무게를 엿볼 수 있다. 이 인용문에서 괄호 안 내용은 이해를 돕기 위해 필자가 삽입한 것이다.

254 Oesterreich, *Die Situation*, p.294에서 재인용.

255 Zentralbüro des Hilfswerkes, *Eingliederung der Sowjetzonenflüchtlinge*, p.99.

256 Hanauske, "*Bauen, bauen, bauen....!*", p.806.

257 Nieske, *Republikflucht*, p.203.

258 K. Hinst, *Das Verhältnis zwischen Westdeutschen und Flüchtlingen* (Bern/Stuttgart, 1968), p.44.

259 J. Engert, "Neuanfang in West-Berlin," Apelt(ed.), *Neuanfang im Westen*, p.23.

260 Oesterreich, *Die Situation*, p.296.

261 Interview mit C. Österreich (2000, 1, 21), 녹취록, ENM, ZZ000291.

262 Engert, "Neuanfang in West-Berlin," p.23.

263 Interview mit Dieter Dubrow (2000, 4, 5), 녹취록, ENM, ZZ 000065 참조.

264 Ronge, *Von drüben nach hüben*, pp.48~49에서 재인용.

265 A. Stabrey, Erfahrungen ehemaliger DDR-Bürger in der BRD, WDR III, Sendung Monitor, 1986, 8, 17, BStU, MfS ZAIG, Nr. 9307, Teil 1, p.3.

266 Stabrey, Erfahrungen ehemaliger DDR-Bürger in der BRD (주265 참조).

267 동서독의 소비수준 차이는 이미 1950년대에도 명백했다. 1960년대 이후 분단이 장기화되면서 격차는 더욱 벌어졌다. 더욱이 1950년대에는 서베를린에 가서 서독 상품을 접하고 물건을 사기도 했지만, 베를린 장벽 수립으로 이러한 접촉 가능성이 차단됐기 때문에 이탈 후 눈으로 접한 서독의 소비수준을 보고 더 놀랄 수밖에 없었을 것이다.

268 Franke, "Sorge um die Tochter und Neuanfang im Westen," p.166.

269 이상의 설명은 "DDR-Flüchtlinge. Wie die Motten," p.30 참조.

270 "DDR-Flüchtlinge. Wie die Motten," p. 30.

271 "Bürokratie macht den Übersiedlern das Leben schwer," *BMD Beratungsdienst*, Nr. 44/1985, p.14.

272 Aschenbach, "Flucht aus dem goldenen Kafig," pp.153~154.

273 K.-H. Rutsch, "Freiheit ist unbezahlbar," Apelt (ed.), *Neuanfang im Westen*, pp. 210-212.

274 Rutsch, "Freiheit ist unbezahlbar," p.221.

275 Kimmel, ……war ihm nicht zuzumuten, pp.47~48 참조.

276 이상의 내용은 "DDR-Flüchtlinge. Wie die Motten," p.31 참조.

277 V. Ronge, "Die soziale Integration von DDR-Übersiedlern in der Bundesrepublik Deutschland," *Aus Politik und Zeitgeschichte*, B 1-2/1990, p.44.

278 "Zur pauschalen Verdächtigungen von DDR-Uebersiedlern erklaert der sozialdemokratische bundestagsabgeordnete," *Tagesdienst, Informationen der sozialdemokratischen Bundestagsfraktion*, Ausgabe 2318, 1985. 11. 26, BA Koblenz, B 286/1432.

279 E. Thiemann, "Erfolg als Journalistin und Engagement für die Opfer der DDR-Justiz," Apelt (ed.), *Neuanfang im Westen*, p.111.

280 K. Pratsch, *Die Integration der DDR-Übersiedler der Ausreisewelle 1984 in die Bundesrepublikanische Gesellschaft. Fallstudie* (Wuppertal, 1985), p.117. 이영란, 〈통일 이전 탈동독민의 서독 적응 실태에 대한 연구〉, 《아세아 연구》 121호, 2005, 218~219쪽에서 재인용.

281 K. Patsch/V. Ronge, "So einer wartet nicht auf das Arbeitsamt," *DA*, 18 (1985), p.165.

282 H.-P. Arp, "Integrationsprobleme der Übersiedler aus der DDR," *DA*, 19(1986), p.374.

283 K. Helber, "Mein Freund ist der Schlüssel zum Erfolg und das Wiederfinden der eigenen Stimme," Apelt(ed.), *Neuanfang im Westen*, p.143.

284 이하에서 언급되는 조사 결과는 B. Lindner, "Trennung, Sehnsucht und Distanz," *DA*, 37(2004), p.998 참조.

285 H. Krunewald, "Kein Stoff zum Lachen," M. Ahrends(ed.), *Mein Leben, Teil Zwei* (Köln, 1989), p.27.

286 Interview mit V. Dörrier-Breitwieser(2004.6.16), 녹취록, ENM, ZZ000113.

287 프랑케의 사례에 대해서는 Franke, "Sorge um die Tochter," pp.167~168 참조.

288 H. Ludwig, "Ich habe immer noch eine Sinnlücke," Ahrends(ed.), *Mein Leben, Teil Zwei*, p.78.

289 A. Rosenbladt, "Alles Pseudo," Ahrends(ed.), *Mein Leben, Teil Zwei*, p.107.

290 Krunewald, "Kein Stoff zum Lachen", p.36.

291 H. Noll, "Die Leute, die hier zusammenbleiben, haben gewonnen," Ahrends(ed.), *Mein Leben*, pp.51~52.

292 이들은 1984년 초 동독을 이탈해 노르트라인베스트팔렌주의 대도시에 정착한 동독인 가운데 6개월간 서독에 거주한 30가구를 대상으로 인터뷰를 실시했다. 6개월 후 이들 을 다시 인터뷰했을 때는 4가구가 빠진 26가구가 응했다. K. Pratsch/V. Ronge, "Arbeit finden sich leichter als Freunde," *DA*, 18(1985), p.717.

293 Pratsch/Ronge, "Arbeit finden sich leichter als Freunde," *DA*, 18(1985), p.723. 조사 자는 조사 대상의 규모가 작아서 자신들의 조사 결과가 대표성을 띠기 어렵다는 점을 언급 했다.

294 Pratsch/Ronge, "Arbeit finden sich leichter als Freunde," *DA*, 18(1985), p.725.

295 동독 이탈 주민의 경우 처음 2년간은 수강료가 면제됐다. "Verstärkte Hilfe für Aussiedler aus der DDR," *Volksblatt Berlin*, 1984.8.11.

296 이 책을 저술하는 기간 동안 달리 해석할 수 있는 자료를 발견하지 못했지만 이를 단정 지 을 수는 없다. 어디까지나 현재까지라고 유보적으로 이해하는 것이 바람직할 것이다.

3. 또 다른 이탈 행렬: 서독 주민의 동독 이주

1 A. Schmelz, *Migration und Politik im geteilten Deutschland während des Kalten Krieges* (Opladen, 2002) 참조.

2 슈타지는 비밀정보기관인 국가안전부의 약칭이다. 슈타지는 분단 시기에 각종 불법 수단

을 동원해 동독인을 감시하고 체제 비판 세력을 탄압했다. 특히 분단 시기에 일반인을 비공식 정보원으로 포섭해 배우자를 비롯한 가족, 친지 등을 감시하게 하고 또 사회의 주요 인사들이 이러한 비공식 정보원으로 활동한 사실이 통일 후 폭로되면서 독일 사회를 충격으로 몰아넣었다.

3 B. Stöver, *Zuflucht DDR. Spione und andere Übersiedler* (München, 2009), pp.8~9.

4 Stöver, *Zuflucht DDR*, p.9.

5 Schmelz, *Migration und Politik*, p.39, 표 I.1 참조.

6 "In den drei Tagen. 110 kamen in die DDR. Lemmer hat wieder einmal gelogen," *Neues Deutschland*(이하 ND로 약칭), 1965. 1. 25. 그런데 서독 측은 이러한 공방이 벌어질 때 동독 측 주장을 전면적으로 반박할 수 없었다. 서독 주민은 누구나 서독이든 동독이든 자신이 원하는 곳에서 살 자유가 있다고 인정했기 때문에 동독으로 이주하는 사람을 정확히 파악해 기록하는 서독의 국가기관이 없었다. 이에 따라 서독 이탈 주민 수를 둘러싸고 동독과 공방을 벌일 때 자체 통계 자료 결핍으로 강력하게 대응할 수 없었던 것이다. Die angebliche Flucht aus der BRD. Ein Propaganda-Märchen der SED-Zahlen ohne jeden Wert, 정황상 1959년 말, 아니면 1960년으로 추정됨, BA Koblenz, B 150/4166.

7 Schmelz, *Migration und Politik*, p.40, 표 I. 2 참조.

8 Stöver, *Zuflucht DDR*, p.80.

9 Schmelz, *Migration und Politik*, p.97.

10 Abt. Staatliches Eigentum, Bericht über die Durchführung der Verordnung über die in das Gebiet der DDR und den demokratischen Sektor von Gross Berlin zurückkehrenden Personen vom 11.6.1953, BA Berlin, DC 1/5189.

11 Schmelz, *Migration und Politik*, pp.103~104.

12 U. Ziegler, *Die Migrationspolitik in der DDR zwischen Restriktion und Anwerbung* (München, 2010), p.10.

13 이는 Schmelz, *Migration und Politik*, p.40, 표 I. 2를 토대로 산출했다.

연도	전체	귀환자(%)	서독 원주민(%)
1954	75,867	41,999(55.4)	33,868(44.6)
1955	72,922	41,937(57.5)	30,985(42.5)
1956	73,868	48,625(65.8)	25,243(34.2)
1957	77,924	58,247(74.7)	19,677(25.3)
1958	55,500	43,103(77.6)	12,397(22.3)
1959	63,083	41,580(65.9)	21,503(34.1)
1960	42,479	26,850(63.2)	15,629(36.8)
1961	33,703	22,653(67.2)	11,050(32.8)

1962	14,442	9,474(65.6)	4,968(34.4)
1963	6,987	4,419(63.2)	2,568(36.8)
1964	6,973	4,293(61.6)	2,680(38.4)
1965	6,710	4,750(70.8)	1,960(29.2)
1966	4,292	2,935(68.4)	1,357(31.6)
1967	2,653	1,855(69.9)	798(30.1)
1968	1,563	1,087(69.5)	476(30.5)
전체	538,966	353,807(65.6)	185,159(34.4)

14 독일은 제2차 세계대전에서 지면서 군대를 해산했다. 그러나 냉전이 본격화되는 과정에서 서독은 1955년 군사 주권을 회복하고 나토에 가입했으며, 서독 연방군도 창설하게 됐다.

15 Schmelz, *Migration und Politik*, pp.128~129.

16 Schmelz, *Migration und Politik*, pp.112~113.

17 주13 참조.

18 이 보고서는 구체적인 예로 서독 이탈 주민 1389명 가운데 247명이 서독에서 자행한 범죄행위로 인해 동독으로 왔고, 나머지는 동독에서 형사처벌 대상이 됐다고 보고했다. Schmelz, *Migration und Politik*, p.139.

19 Schmelz, *Migration und Politik*, p.140.

20 Schmelz, *Migration und Politik*, p.212. 서독과 달리 동독은 외국인 노동력을 고용해 노동인력 부족 문제를 해결하려는 시도를 적극적으로 하지 않았기 때문에 서독 이탈 주민이 노동력 충원 대안으로 충분히 의미를 지녔다.

21 Schmelz, *Migration und Politik*, p.181.

22 이러한 상황은 서독으로 넘어간 동독인이 동독에 있는 지인에게 쓴 편지에서도 확인할 수 있다. 1959년 8월 동독을 이탈한 치과 의사 쉬트(Schütt)는 동독으로 보낸 한 편지에서 동서독 국경 봉쇄가 더 강화될 것이기 때문에 동독 이탈이 곧 불가능해질 것이라는 예상을 전했다. 또 다른 의사 출신 이탈 주민 베르너(Werner)도 베를린이 어느 날 갑자기 봉쇄될까 봐 두렵다는 내용의 편지로 당시 분위기를 전했다. BA Berlin, DO 1/34/21719.

23 Schmelz, *Migration und Politik*, p.40, 표 I. 2. 서독 연방통계국 자료에 따르면 1962년 서독 이탈 주민 수는 8797명으로 더 적다. Stöver, *Zuflucht DDR*, p.85에 제시된 통계표 참조.

24 Stöver, *Zuflucht*, p.85의 통계표를 이용해 평균을 냈다. 이 통계표는 서독 측 통계 자료를 토대로 한 것이다. 베를린 장벽 수립 이후 전체 시기를 아우르는 동독 측 통계 자료는 아직 발견하지 못했다.

25 BStU, MfS Rechtsstelle, Nr. 128 Bd. 2, p.208, p.210.

26 Bericht über die Aufnahme und Eingliederung der Rückkehrer und Zuziehenden unter besonderer Berücksichtigung der Gewährleistung der inneren Sicherheit und zu Problemen der Übersiedlung nach Westdeutschland und Westberlin, 1962. 5. 15, SAPMO, DO 1/17282. 송환율은 1959년 8.6%, 1960년 17.7%, 1961년 21.3%에 달했다.

27 현재 이러한 문제를 다룬 연구 성과와 자료는 지극히 한정돼 있다. 1950년대와 부분적으로 1960년대까지는 자료가 뒷받침되지만 1970~1980년대 서독 이탈 주민의 사회적 면모를 체계적으로 분석한 연구 성과나 출판된 자료는 거의 없다고 해도 과언이 아니다. 이를 해결하기 위해서는 문서고 작업을 통한 자료 발굴이 시급하다. 이에 따라 이 문제에 대한 논의는 1950~1960년대를 중심으로 전개하고, 1970~1980년대의 내용은 제한된 범위에서 살펴볼 수밖에 없음을 밝혀둔다.

28 Schmelz, *Migration und Politik*, p.58, 표 I.8a를 토대로 평균을 냈다. 이 표에서 41세 이상 이탈 주민에 대한 1960년과 1963년의 통계 수치는 제시되지 않았다.

29 Schmelz, *Migration und Politik*, p.59, 표 I.8b를 토대로 평균을 낸 것이다.

30 세부적으로 살펴보면 15세 이하가 3.8%, 16~20세 이하가 45.7%, 21~25세가 19%였다. 40세 이상은 5.7%에 불과했다. G. Neumeier, "Rückkehrer in die DDR. Das Beispiel des Bezirks Suhl 1961 bis 1972," *Vierteljahrshefte für Zeitgeschichte*, 58 (2010), p.83. 일개 지역, 그것도 서독 이탈 주민 가운데 귀환자만을 대상으로 한 이 조사 결과가 전체적으로 대표성을 가질 수는 없지만, 자료가 부족한 현 상황에서는 1960년대 전반 이후 경향을 최소한 부분적으로나마 살펴볼 수 있을 것이다.

31 이상의 내용은 T. Weißbach, *Schwerer Weg. Übersiedlung aus der Bundesrepublik Deutschland und West-Berlin in die DDR 1961~1989* (Hamburg, 2011), pp.90~91 참조. 연령대별 세부정보는 제시되어 있지 않다.

32 Schmelz, *Migration und Politik*, p.57, 표 I.7을 토대로 평균을 낸 것이다.

33 Schmelz, *Migration und Politik*, p.65, 표 I.9 참조. 업종별로는 광산, 제련 및 금속 가공업에 종사하는 노동자가 주를 이루었다. Büro des Präsidiums des Nationalrats der National Front des demokratischen Deutschland, *Unsere ganze Sorge und Hilfe den Übersiedlern aus Westdeutschland* (Berlin, 1959), p.1.

34 Schmelz, *Migration und Politik*, p.65, 표 I.9.

35 Neumeier, "Rückkehrer in die DDR," p.75.

36 Schmelz, *Migration und Politik*, p.65, 표 I.9.

37 Stöver, *Zuflucht*, p.52.

38 C. Röhlke, "Entscheidung für den Osten," Effner/Heidemeyer (eds.), *Flucht im geteilten Deutschland*, pp.106~107. 그러나 킬링은 동독을 직접 경험한 후 약 2년 만에 동독 체제에 적응할 수 없다는 이유로 다시 서독으로 되돌아왔다.

39 J. Roesler, *Rübermachen. Politische Zwänge, ökonomisches Kalkül und*

verwandtschaftliche Bindungen als häufigste Motive der deutsch-deutschen Wanderungen zwischen 1953 und 1961 (Berlin, 2004), p.40.

40 이하의 설명은 Bericht über Übersiedlugen von westdeutschen Freunden in die DDR, SAPMO, DY 24/14397(작성일 미상, 다른 관련 서류와 대조할 때 1951년 4월로 추정됨) 참조.

41 자유독일청소년단의 지침에 따르면 서독에서 정치 활동으로 인해 1년 반 이상의 구형이 예상되거나 체포 명령이 떨어지고 기소장이 발부된 경우 서독 지부가 기관 차원에서 해당 자의 동독 이주를 추천할 수 있었다. 반공주의의 서슬이 시퍼렇던 1950년대 초 이러한 행 사에 참여한 서독 청소년은 설령 정치적 탄압을 받지 않는다 해도 학교에서 퇴학되거나 부모가 보수주의자일 경우 집에서 쫓겨나기도 했다. Bericht über Übersiedlugen von westdeutschen Freunden in die DDR, SAPMO, DY 24/14397.

42 Roesler, *Rübermachen*, p.41.

43 Roesler, *Rübermachen*, p.41.

44 G. Gerecke, *Ich war königlich-preßischer Landrat* (Berlin, 1970), p.384.

45 Roesler, *Rübermachen*, p.42; Stöver, *Zuflucht DDR*, p.160.

46 Stöver, *Zuflucht*, p.182. 나치 시대 공공 부문에 종사했던 자들의 재임용을 규정한 서 독 기본법 제131조에 의거해 전후 시행된 탈나치화 과정에서 축출됐던 옛 나치 관료의 90%가 복귀할 수 있었다. P. Krause, *Der Eichmann-Prozeß in der deutschen Presse* (Frankfurt/M., 2002), p.79.

47 Stöver, *Zuflucht*, p.182. 스탈린은 1952년 3월 10일 서방 연합국에 독일 통일과 중립화 를 주제로 회담을 제안했다. 그러나 서방 연합국과 서독 정부는 이를 서독의 서방 통합을 방해하려는 교란 작전으로 간주하고 곧바로 거부했다.

48 BStU, MfS AP, Nr. 11263/56, Bd. 16, p.90, Stöver, *Zuflucht DDR*, pp.164~165에서 재 인용. 인용문에서 '히틀러 암살 시도 기념일'은 독자의 이해를 돕기 위해 필자가 삽입한 것 이다.

49 Stöver, *Zuflucht DDR*, p.176.

50 M. Meyen u.a., "Walter Hagemann, die Politik, die Medien und die Publizistikwissenschaft," *Zeitschrift für Geschichswissenschaft*, 61 (2013), p.140.

51 Meyen u.a., "Walter Hagemann," p.141.

52 바크스에 대해서는 E. Fuchslocher/M. Schabitz (eds.), *Wechselseitig. Rück-und Zuwanderung in die DDR 1949 bis 1989* (Berlin, 2017), pp.110~111; Stöver, *Zuflucht DDR*, pp.238~266 참조.

53 동독이 피난처를 제공한 적군파 출신 이주민은 열 명에 달했다. Wechselseitig, Rück-und Zuwanderungen in die DDR 1949 bis 1989, http://wechselseitig.info/de/ausstellung/kontext/rafstasi.

54　이상의 내용은 Fuchslocher/Schabitz(eds.), *Wechselseitig*, pp.98~101 참조.

55　"Rückwanderung und Abwanderung auf der Bundesrepublik in die Sowjetzone," 1960.8.5, BA Koblenz, B 150/4166.

56　Schmelz, *Migration und Politik*, p.91. 그러나 1953년 이래로 서독에 45개 이상의 종합 병원과 의학연구소가 수립되고, 1950년대 중반 서독의 재무장으로 인해 젊은 의료 인력의 일부가 군대로 흡수됨에 따라 서독에서는 의사의 취업 기회가 확대됐다. 이는 서독 의사의 동독 이주를 감소시키는 부정적 요인으로 작용했다. Roesler, *Rübermachen*, p.51.

57　L. Wisky, *So viele Träume. Mein Leben* (Berlin, 2005), p.36.

58　Weissbach, *Schwerer Weg*, pp.148~149.

59　AH Pritzier, Monatsbericht über die Kultur-politische Arbeit im Monat September, 1963.10.4, BA Berlin, DO 1/13884; C.-U. Quandt, *Sie kamen aus Westdeutschland zu uns* (Leipzig, 1959)에서 G. Stölting 부분을 참조. 이 책에는 쪽수가 제시돼 있지 않다.

60　대학교회는 특별히 대학생에게 개방된 교회로, 가톨릭과 개신교 대학 소재지에서 운영됐다.

61　Weißbach, *Schwerer Weg*, pp.144~147 참조.

62　Weißbach, *Schwerer Weg*, p.39.

63　Weißbach, *Schwerer Weg*, p.40.

64　Büro des Präsidiums des Nationalrats, *Unsere ganze Sorge und Hilfe*, p.1.

65　Fuchslocher/Schabitz(eds.), *Wechselseitig*, pp.84~85 참조.

66　Röhlke, "Entscheidung für den Osten," p.105.

67　Stoll, *Einmal Freiheit und zurück*, p.37. 칠은 자신이 먼저 서독에 정착한 후 이산가족 결합을 신청해 동독에 두고 온 처자식을 데려올 계획이었다. "Ich gehe nach drüben. Über einen Mann, der vom Westen in die DDR übersiedelte," Südwestrundfunk, SWR2 Leben, 2008, 6. 24, Manuskript. https://www.swr.de/-/id=11727934/property=download/nid=8986864/1jz8flg/ swr2-tandem-20130821-1920.pdf, p.3. 아쉽게도 현재는 기한이 지나 다운로드할 수 없다.

68　Neumeier, "Rückkehr in die DDR," p.89.

69　"Heimat DDR", *Schweriner Volkszeitung*, 1965.12.28.

70　Stoll, *Einmal Freiheit*, pp.103~104.

71　Beispiele über Republikfluchten und Rückkehrer im Stadtbezirk Friedrichshain, 1958.1.10, BA Berlin, DO 1/11203, p.98.

72　Beauftragter der ZKK im Ernst-Thälmann-Werk, Bericht über gesamtdeutsche Arbeit, 1954.11.30, BA Berlin, DC 1/5189, Bd. 2.

73　정확하게는 9486명 가운데 7213명(76%)이 이렇게 답했다. 그에 비해 취업 문제로 귀환을 결심한 경우는 1073명(11.3%)에 불과했다. Schmelz, *Migration und Politik*, p.46.

74 Stoll, *Einmal Freiheit*, p.105.

75 Weißbach, *Schwerer Weg*, p.91.

76 Stoll, *Einmal Freiheit*, p.63. 그가 언제 분계선을 넘었는지는 제시돼 있지 않다.

77 Rat des BZ Magdeburg, Leiter der Abt. 1A, An die M d I, Abt. 1A, 1961. 1. 14, BA Berlin, DO 1/14739.

78 Information über im Ausnahmefall in die DDR wiederaufgenommene Person, 1985. 3. 7. BStU, MfS ZKG, Nr. 17370, p. 19.

79 기음의 사례에 대한 상세한 내용은 Stöver, *Zuflucht DDR*, pp.266~288 참조.

80 Stöver, *Zuflucht DDR*, p.279. 이러한 맞교환은 냉전 시기에 서방과 사회주의 국가 사이에서 통상적으로 이루어졌다. 맞교환은 일대일을 비롯해 일대다, 다대다에 이르기까지 다양한 형태로 이루어졌다. 1985년 6월 11일 포츠담 근교의 글리니케 다리(Glienicke Brücke)에서 네 명의 동구권 스파이와 25명의 미국 CIA 스파이의 맞교환이 이루어진 것이 최대 규모였다. "Agentenaustausch. 'Wer jetzt noch abhaut, wird erschossen'," *Spiegel Online*, 2010. 6. 8, http://www.spiegel.de/einestages/agentenaustausch-a-948965.html.

81 Stöver, *Zuflucht DDR*, p.279.

82 이상의 내용은 C. Lepp, "Gegen den Strom. West-Ost-Übersiedlungen in der evangelischen Kirche," http://www.bpb.de/245909 참조.

83 Lepp, "Gegen den Strom".

84 Lepp, "Gegen den Strom".

85 팔케와 케른의 사례에 대해서는 Fuchslocher/Schabitz(eds.), *Wechselseitig*, pp.55~59 참조.

86 Lepp, "Gegen den Strom".

87 통계 자료의 한계 때문에 분단 시기 전체를 아우르는 총체적 양상을 알 수는 없지만, 기존 자료를 토대로 기본적 윤곽을 파악해보는 것도 의미가 있을 것이다.

88 Schmelz, *Migration und Politik*, pp.45~46.

89 Schmelz, *Migration und Politik*, p.46.

90 Neumeier, "Rückkehr," pp.89~90.

91 Wechselseitig, Rück-und Zuwanderungen in die DDR 1949 bis 1989, http://wechselseitig.info/de/ausstellung/kontext/propaganda; "50000 wanderten in die Zone ab," *Die Welt*, 1960. 4. 12.

92 Stöver, *Zuflucht*, p.95.

93 Stöver, *Zuflucht*, pp.90~91.

94 조사자는 합리적 고려를 통해 내린 직업적-경제적 결정과 행위도 이 범주로 파악했다.

95 이상의 내용은 Stöver, *Zuflucht DDR*, pp.90~91 참조.

96   Schmelz, *Migration und Politik*, p.250, 표 V. 5b 참조.

97   Stöver, *Zuflucht*, p.56.

98   이상의 내용은 Ausschuß für deutsche Einheit (ed.), *250 Fragen 250 Antworten über die DDR* (Berlin, 1954), p.10, p.18, pp.33~57, pp.72~73, pp.82~83 참조.

99   Bezirksfreidensrat Magdeburg(ed.), *Mein Weg in die Deutsche Demokratische Republik* (Magdeburg, 1960), 이 책자에는 원래 쪽수가 명시돼 있지 않다.

100 C.-U. Quandt, *Sie kamen aus Westdeutschland zu uns* (Leipzig, 1959). 폴머는 어떤 서독 기업이 노동자에게 이러한 기회를 주는 교육위원회를 두고 있느냐고 반문했다.

101 SED Bezirksleitung Groß–Berlin, An aller Insassen der Westberliner Flüchtlingslager. 이 전단지의 작성 시기는 알 수 없으나 1954년 이후로 추정된다. 이 전단지는 베를린 눈물의 궁전(Tränenpalast)에서 열리고 있는 상설전시회 〈눈물의 궁전. 독일 분단의 현장(Tränenpalast. Ort der deutschen Teilung)〉에 전시돼 있다.

102 〈주간 뉴스〉는 1945년부터 1994년까지 우리나라의 극장에서 상영된 〈대한 뉴스〉와 같은 것이다.

103 "Leipziger Frühjahresmesse," *Der Augenzeuge. Die DEFA Wochenschau. Die 50er Jahre 1950~1959*, DVD(Berlin, 2004).

104 이 영화는 동독의 유명 부부 감독인 앤드루(Andrew)와 아넬리 손다이크(Annellie Thorndike)가 제작한 것이다. 나는 2005년 베를린 소재 독일연방 영화 아카이브 (Bundesarchiv Abteilung Filmarchiv)에서 이 영화를 보았다.

105 이 영화는 2004년 DVD로 출시됐다.

106 Stoll, *Einmal Freiheit*, p.14. 나치 장성이란 서독의 아데나워 정권이 전후 탈나치화하는 과정에서 축출한 나치 출신 군인을 대대적으로 복귀시킨 것을 비판하는 의미를 담고 있다.

107 Stöver, *Zuflucht*, p.66.

108 K. Arnold, "Ein Programm für den Westen? Der Deutschlandsender," K. Arnold & C. Classen(eds.), *Zwischen Pop und Propaganda. Radio in der DDR* (Berlin, 2004), pp.201~202.

109 1950년대 중반 서독의 알렌스바흐 여론조사 연구소(Institut für Demoskopie Allensbach) 가 조사한 연구 결과에 따르면, 동독의 라디오 방송을 듣는 서독 주민은 2~6%였다. 또 1971년 응용사회과학연구소(Institut für angewandte Sozialwissenschaft)가 서베를린 주 민을 대상으로 시행한 연구 결과에 따르면 서베를린 주민의 3%가 매일, 11%가 가끔 동독 라디오 방송을 들었다. 이들 가운데는 정치적 내용의 방송보다는 음악을 듣느라 동독 라디 오를 청취한 사람도 많았다. Arnold, "Ein Programm für den Westen?", p.203.

110 "Ich gehe nach drüben," Manuskript der Sendung SWR 2(주67 참조), p.4.

111 이 책 p.286 참조.

112 해방 정책(롤백 정책)은 트루먼 정부가 내세운 봉쇄 정책에 이어 1950년대 미국이 추진한

대공산권 전략을 뜻한다. 아이젠하워 정부의 국무장관 덜레스가 입안했다. 이는 소극적 방어보다 적극적 공세로 전환해 소련의 세력권에서 소련의 영향력을 무력화시킨다는 목표를 지향했다.

113 일례로 이 문서는 1959년 《전쟁 선동자들 다시 준동하다(Deutsche Kriegsbrandstifter wieder am Werk)》라는 제목으로 독일통일위원회가 펴낸 다큐멘터리 시리즈 가운데 하나로 출판됐다. Stöver, *Zuflucht*, p.193.

114 Erklärung des Majors der Bundeswehr, Bruno Winzer, auf der internationalen Pressekonferenz am 8. 7. 1960 in Berlin, BStU, MfS, ZAIG Nr. 10590, pp.32~39; Durchführung einer Pressekonferenz im Rahmen der Agitationskampagne "Straußenei", 1960.7.1. BStU, MfS ZAIG, Nr. 10590, pp. 6~9참조

115 Stalinallee, 2009.7.14, https://www.berlinstreet.de/1435 참조.

116 Rat der Stadtbezirk Köpenick, Abt. Org.Instrukteure, Bericht über die Zusammenkunft mit westdeutschen Besuchern beim Rat der Stadtbezirk Köpenick am 1.10.1953, LA Berlin, C Rep. 104, Nr. 181.

117 일반적으로 견학을 주관한 동독의 기관은 견학 후 다과회를 겸한 간담회를 열어 서독인 방문객이 어떤 인상을 받았는지 확인하고, 토론을 벌여 이들에게 동독에 대한 긍정적 인식을 심어주려고 했다.

118 이상의 내용은 Magister von Groß-Berlin, Bericht über die im Oktober 1953 durchgeführte Aufklärungsarbeit unter den westdeutschen Besuchern im demokratischen Sektor von Groß-Berlin, LA Berlin, C Rep. 104, Nr. 181 참조.

119 이러한 국경 지대의 신고소는 처음에 그레베스뮐렌(Grevesmühlen), 슈반하이데(Schwanheide), 오에비스펠데(Oebisfelde), 마리엔보른(Marienborn), 노르트하우젠(Nordhausen), 하일리겐슈타트(Heiligenstadt), 게르스퉁겐(Gerstungen), 슈말카덴(Schmalkaden), 프롭스트첼라(Probstzella), 구텐퓌르스트(Gutenfürst), 베를린에 설치됐다. T. Wunschik, "Migrationspolitische Hypertrophie. Aufnahme und Überwachung von Zuwanderern aus der Bundesrepublik Deutschland in der DDR," *IMIS-BEITRÄGE*, 2007, H. 32 p.46.

120 이상에 대한 내용은 Stöver, *Zuflucht*, pp.87~88 참조.

121 이 시설은 1952년부터 마련됐는데 뷔초프(Bützow), 아이제나흐(Eisenach), 프랑크푸르트오데르(Frankfurt/Oder), 부르크(Burg), 네슈비츠(Neschwitz)에 있었다. Wunschik, "Migrationspolitische Hypertrophie," p.41.

122 Stoll, *Einmal Freiheit*, p.12.

123 J. Müller, *Übersiedler von West nach Ost in den Aufnahmeheimen der DDR am Beispiel Barbys* (Magdeburg, 2000). p.7.

124 대표적인 신설 수용소로는 사자(Saasa), 베를린 블랑켄펠데(Blankenfelde), 바르비

(Barby) 수용소를 들 수 있다. 1961년까지 동독의 이탈 주민 수용소의 규모는 상당히 확
대됐다. 1950년대 가장 많은 서독 이탈 주민이 거처간 곳은 아이제나흐 수용소로, 전체
서독 이탈 주민의 약 3분의 1을 수용했는데, 1953~1954년에는 50%를 넘었다. 1960년
대에는 바르비 수용소가 이에 준하는 역할을 했다. Schmelz, *Migration und Politik*,
pp.228~229.

125 Müller, *Übersiedler von West nach Ost*, p.9.

126 Müller, *Übersiedler von West nach Ost*, p.10.

127 Schmelz, *Migration und Politik*, p.229.

128 Weißbach, *Schwerer Weg*, p.61.

129 Weißbach, *Schwerer Weg*, p.126.

130 Weißbach, *Schwerer Weg*, p.152.

131 Merkblatt für Übersiedlung in die DDR, 1975, BA Koblenz, B 286/924; F. K.
Waechter an Frau Dr. Else Becker, 1977. 6. 22, BA Koblenz, B 286/924.

132 T. Wunschick, "Die Aufnahmelager fur West-Ost-Migranten," *Deutschland Archiv
Online*, 2013. http://www.bpb.de/geschichte/zeitgeschichte/deutschlandarchiv/
wunschik20130802/ ?p=all.

133 1959년 서독으로 돌려보내진 이탈 주민은 전체의 12.1%였던 데 비해 1960년에는 27.3%,
1961년에는 30.1%, 1962년에는 28%였다. Schmelz, *Migration und Politik*, p. 167, 표
III.6 참조.

134 Weißbach, *Schwerer Weg*, p.42.

135 Schmelz, *Migration und Politik*, p.235.

136 Weißbach, *Schwerer Weg*, p.64.

137 Schmelz, *Migration und Politik*, p.241.

138 "Ich gehe nach drüben," Manuskript der Sendung SWR 2(주67 참조), p.7.

139 Stoll, *Einmal Freiheit*, pp.51~52.

140 Stoll, *Einmal Freiheit*, p.106.

141 Wunschick, "Migrationspolitische Hypertrophien," p.57.

142 이상의 내용은 Stoll, *Einmal Freiheit*, p.64 참조.

143 Müller, *Übersiedler von West nach Ost*, p.85.

144 AH Blankenfelde, Monatsbericht für den Monat Dezember 1961, 1962. 1. 4, BA
Berlin, DO1/13582.

145 Stoll, *Einmal Freiheit*, p.18.

146 이하의 설명은 Aufnahmeheim Eisenach, Abt. Kultur, Plan der politisch-kulturelle
Betreuung im Monat November 1966, 1966. 10. 24, BA Berlin, DO 1/14501 참조.

147 Schmelz, *Migration und Politik*, p.259.

148 Weißbach, *Schwerer Weg*, p.54.

149 Schmelz, *Migration und Politik*, p.260.

150 Weißbach, *Schwerer Weg*, p.67.

151 AH Pritzier Kreis Hagenow, Monatsbericht über die Kultur-politische Arbeit im Monat Oktober, 1963. 11. 4; AH Pritzier Kreis Hagenow, Monatsbericht über die Kultur-politische Arbeit im Monat Februar, 1963. 3. 1, BA Berlin, DO 1/13884.

152 AH Blankenfelde, Monatsbericht für den Monat Dezember. 1961, 1962. 1. 4, BA Berlin, DO 1/13582.

153 AH Eisenach, Monatsbericht für den Monat November. 1966, 1966. 12. 5, BA Berlin, DO 1/14501.

154 AH Eisenach, Monatsbericht für den Monat Oktober 1966, 1966. 11. 7, BA Berlin, DO 1/14501.

155 Bericht an das Sekretariat des Zentralrates v. 27.11.56 über die Arbeit im Aufnahmeheim Schönebeck, SAPMO, DY 24/14397.

156 AH Eisenach, Monatsbericht für den Monat August, 1966. 9. 9, BA Berlin, DO1/14501.

157 Stöver, *Zuflucht*, p.120. 다른 연구 성과는 1960년대 중반에 외출이 금지됐다고 주장한 다. Fuchslocher/Schabitz(eds.), *Wechselseitig*, p.19.

158 Schmelz, *Migration und Politik*, p.234.

159 Fuchslocher/Schabitz(eds.), *Wechselseitig*, p.28.

160 Weißbach, *Schwerer Weg*, p.40.

161 Schmelz, *Migration und Politik*, p.233.

162 Fuchslocher/Schabitz(eds.), *Wechselseitig*, p.21.

163 가이슬러의 비극적 이야기는 Stoll, *Einmal Freiheit*, pp.77~88 참조.

164 Stoll, *Einmal Freiheit*, pp.62~63. 이들 수용소의 빈 공간은 다른 용도로 사용됐다. 예컨 대 포츠담 광역행정구 수용소는 학술 모임이나 연수 장소 혹은 주택난을 완화하기 위해 거 주 공간으로 이용됐다. Stoll, *Einmal Freiheit*, p.64.

165 Müller, *Übersiedler von West nach Ost*, p.32.

166 서독 이탈 주민을 연구한 자료는 전체적으로 미비하지만 서독 이탈 주민의 정착 과정을 구 체적으로 밝힌 연구 성과는 거의 없다고 해도 과언이 아니다. 그러므로 이 문제를 상세히 다루기 위해서는 장기적으로 문서고 작업을 비롯한 자료 개발이 필요하다. 또 필자가 문서 고 작업을 하며 파악한 내용에 따르면, 이탈 주민의 상세한 정착 실태를 밝히는 데 도움이 될 문서의 상당수가 개인 정보 보호를 위한 문서고 규정에 묶여 열람이 제한적이다. 이러 한 어려움으로 인해 현 상황에서 자료가 뒷받침되는 1950~1960년대의 취업과 주택 문제 를 중심으로 서독 이탈 주민의 정착 상황을 살펴보고자 한다.

167 Wechselseitig, Rück-und Zuwanderungen in die DDR 1949 bis 1989, http://
wechselseitig.info/de/ausstellung/kontext/leben-und-erfahrungen.

168 Schmelz, *Migration und Politik*, p.272. 이러한 상황은 젊은 층의 동독 이탈을 부추긴 주
요 원인 가운데 하나다.

169 Schmelz, *Migration und Politik*, p, 255, 표 V.6을 토대로 평균을 냈다. 1956년에는 무려
53.4%에 달했다.

170 A. Schmelz, "West-und Ost-Migranten im geteilten Deutschland der fünfziger
und sechziger Jahre," J. Motte et al.(eds.), *50 Jahre Bundesrepublik, 50 Jahre
Einwanderung* (Frankfurt/M., 1999), p.97.

171 Schmelz, *Migration und Politik*, pp.275-276.

172 Schmelz, *Migration und Politik*, p.273.

173 Schmelz, *Migration und Politik*, p.275. 동독에 온 지 불과 몇 주 만에 수차례 직장을 옮
기는 경우도 비일비재했다. Schmelz, *Migration und Politik*, p.274.

174 Schmelz, *Migration und Politik*, p.272.

175 Zentrale Kommission für Staatliche Kontrolle, Staatliche Verwaltung, Bericht
über die von den staatlichen Organen eingeleiteten Maßnahmen zur Aufnahme
und Betreuung von westdeutschen Bürgern, insbesondere von Bauern und
Jugendlichen, 1955. 5. 20, BA Berlin, DC 1/5189 Bd. 1.

176 Schmelz, *Migration und Politik*, p.273.

177 Zentrale Kommission für Staatliche Kontrolle, Bericht über die von den staatlichen
Organen eingeleiteten Maßnahmen(주175 참조).

178 Schmelz, "West-und Ost-Migranten," p.97.

179 Bericht über gesamtdeutsche und gesamtberliner Arbeit, 1958. 1. 10, LA Berlin, C
Rep. 134-12, Nr. 3.

180 Rat der BZ Magdeburg, Leiter der Abt. IA an die MdI, Abt. 1A, 1961. 1. 14, BA Berlin,
DO 1/14739.

181 메더의 사례에 대해서는 Stoll, *Einmal Freiheit*, p.56 참조.

182 Stöver, *Zuflucht DDR*, pp.199~200.

183 Bisky, *So viele Träume*, p.39.

184 Schmelz, *Migration und Politik*, pp.279~281.

185 Bericht über die Arbeit auf dem Gebiet der Inneren Angelegenheiten in
Durchführung des Beschlußes des Parteibüros(작성 연도는 문서의 내용으로 볼 때 1956
년 10월 이후로 추정됨), BA Berlin, DO 1/9237.

186 An die Regierung der DDR, Ministerium des Innern, HA Innere Angelegenheiten,
Abt. Bevölkerungsbewegung vom 11. 9. 1956, BA Berlin , DO 1/8883.

187 Schmelz, *Migration und Politik*, p.282.

188 An das Staatssekretariat für Innere Angelegenheiten, Genossen Staatssekretär Hegen, 1956. 3, BA Berlin, DO 1/8883.

189 Zentrale Kommission für Staatliche Kontrolle, Staatliche Verwaltung, Bericht über die von den staatlichen Organen eingeleiteten Maßnahmen(주175 참조).

190 Bevollmächtigter der Zentralen Kommission für staatliche Kontrolle im Bezirk Erfurt, Berichte über die Überprüfung der Arbeit der örtlichen Organe des Staates auf dem Gebiet der gesamtdeutschen Arbeit, 1955. 3. 17, BA Berlin, DC 1/5189, Bd. 1.

191 An das Staatssekretariat für Innere Angelegenheiten, Genossen Staatssekretär Hegen, 1956. 3, BA Berlin, DO 1/8883.

192 Stöver, *Zuflucht*, p.123.

193 Schmelz, *Migration und Politik*, p.283.

194 이상의 내용은 Bericht über die Aufnahme und Eingliederung der Rückkehrer und Zuziehenden unter besonderer Berücksichtigung der Gewährleistung der inneren Sicherheit und zu Problemen der Übersiedlung nach Westdeutschland und Westberlin, 1962. 5. 15, BA Berlin, DO 1/17282 참조.

195 Bericht über die Aufnahme und Eingliederung der Rückkehrer (주194 참조).

196 Bericht über die Aufnahme und Eingliederung der Rückkehrer (주194 참조).

197 베른트 슈퇴버, 최승완 옮김, 〈피난처 동독? 왜 50만 서독인은 분단 시기에 동독으로 갔을까?〉, 《역사비평》 91호(여름), 2010, 260쪽.

198 Schmelz, "West-und Ost-Migranten" p.92.

199 Bericht über den Einsatz zur Frage "wie leben und arbeiten die Jugendlichen, die aus Westdeutschland in die DDR übersiedeln und zurückkehren" und "wie arbeiten die Leitungen des Verbandes mit ihnen," 1956. 12. 22, SAPMO DY 24/18474.

200 Fuchslocher/Schabitz(eds.), *Wechselseitig*, p.33.

201 "Liebe kennt doch grenzen," *Hamburger Morgenpost*, 2016. 11. 20.

202 Bezirksleitung der FDJ Cottbus, Bericht über die bisher eingeleiteten Maßnahmen zur Verbesserung der Arbeit mit Freunden, die aus WD in die DDR übersiedelten, 1957. 5. 18, SAPMO, DY 24/18474.

203 Schmelz, *Migration und Politik*, p.280.

204 Fuchslocher/Schabitz(eds.), *Wechselseitig*, p.9.

205 Schmelz, *Migration und Politik*, p.293.

206 DDR: Flucht aus dem Westen, *Der Tagesspiegel*, 2007. 11. 7, http://www.tagesspiegel.de/themen/brandenburg/ddr-flucht-aus-dem-westen/1090000.

html.

207 Abt. Parteiorgane des ZK, Information über die weitere Resonanz der Bevölkerung auf die veröffentlichten Auszüge aus Briefen ehemaliger DDR-Bürger, 1985. 3. 8, BStU, MfS ZKG, Nr. 17373, pp. 23~24. 2만 명이 귀환 신청을 했다는 동독 측 주장은 과장이다. 실제로는 약800명 정도에 불과했다. F. W. Florian, "Die Ausreisewelle aus der DDR", *Deutschlandfunk Kultur*, 2014. 11. 5, https://www.deutschlandfunkkultur. de/vor-30-jahren-die-ausreisewelle-aus-der-ddr.976.de.html?dram:article_id=302366.

208 AH Blankenfelde, Monatsbericht für den Monat Oktober, 1961. 11. 18, BA Berlin, DO 1/13582.

209 "Ich gehe nach drüben," Manuskript der Sendung SWR 2(주67 참조), p.8.

210 Schmelz, *Migration und Politik*, p.296.

211 지그리트와 엘마르의 사례는 Schmelz, *Migration und Politik*, pp.301~302 참조.

212 Ministerium des Innern, Staatliche Plankommission, Arbeitsrichtlinie Nr. 1 für die Aufnahme und Eingliederung von Rückkehrern und Zuziehenden aus Westdeutschland und Westberlin, 1959. 9. 30, BA Berlin, DO 1/21265.

213 Bericht über die Aufnahme und Eingliederung der Rückkehrer(주194 참조).

214 Bericht über die Aufnahme und Eingliederung der Rückkehrer(주194 참조).

215 Flucslocher/Schabitz(eds.), *Wechselseitig*, p.110.

216 이상의 내용은 Stöver, *Zuflucht*, pp.260~261 참조.

217 Fuchslocher/Schabitz(eds.), *Wechselseitig*, p.111.

218 Stöver, *Zuflucht*, p.264.

219 Fuchslocher/Schabitz(eds.), *Wechselseitig*, pp.112~113.

220 Stöver, *Zuflucht*, p.265.

221 Stöver, *Zuflucht*, p.284.

222 이상의 내용은 Stöver, *Zuflucht*, pp. 286~287 참조.

223 Schmelz, "West-Ost-Migranten," p.101, 표 2.

224 Wechselseitig, http://wechselseitig.info/de/ausstellung/kontext/ leben-und-erfahrungen.

225 Abt. Innere Angelegenheiten, Sektor I, Die Aufnahme von Rückkehrern und Zuziehenden aus Westdeutschland und Westberlin zeigt 1959 und im Januar 1960, 1960. 3. 9, BA Berlin, DO 1/13964.

226 일례로 한 서독 이탈 주민은 동독으로 이주해 국영 판매점에서 근무했는데, 1957년 말 이곳의 판매 대금 1200마르크를 갖고 서독으로 도주했다. 놀랍게도 이 서독인은 그 후 이름까지 바꾸고 다시 동독으로 왔다가 정체가 발각돼 체포됐다. Intelligenzheim Ferch,

Monatsbericht für den Monat Juli, 1958. 8. 3, BA Berlin, DO1/9287.

227 절도한 물건은 면도기 24개, TV 한 대, 소형 카메라 한 대였다. Fuchslocher/ Schabitz(eds.), *Wechselseitig*, pp.24~25.

228 Abt. Innere Angelegenheiten, Sektor I, Die Aufnahme von Rückkehrern und Zuziehenden aus Westdeutschland und Westberlin zeitgt 1959 und im Januar 1960, 1960. 3. 9, BA Berlin, DO 1/13964.

229 1960년/1961년의 범죄 통계에 따르면 서독 이탈 주민의 범죄율은 각각 전체의 10.5%, 11.9%였다. 1960년의 경우 간첩 행위 및 사람 빼내오기 죄를 지은 사람 가운데 43.5% 가 서독 이탈 주민이었고, 국가 비방이 16.7%, 저항이 13.5%였다. 1961년에도 간첩 행위 로 기소된 사람의 52%가 이들이었고, 사람 빼내오기 죄가 33.3%, 사보타주 및 분열 책동 이 23.6%에 달했다. A, Schmelz, "Die West-Ost-Migration aus der Bundesrepublik in die DDR 1949-1961," *Archiv für Sozialgeschichte*, 42(2002), pp. 42-43; Bericht über die Aufnahme und Eingliederung der Rückkehrer(주194) 참조.

230 Monatsbericht des AH Schönebeck/Elbe für den Monat Dez. 1958, 1959. 1, BA Berlin, DO 1/9287.

231 Bericht über den Einsatz zur Frage "Wie leben und arbeiten die jugendlichen,"(주 199 참조).

232 Weißbach, *Schwerer Weg*, p.134.

233 Weißbach, *Schwerer Weg*, p.135. 국가안전부 주무부서 VII은 동독 내무부와 내무부 직 속 기관을 담당했다. 이탈 주민 수용소를 비롯한 서독 이탈 주민 문제는 내무부 소관이었 다.

234 서독의 공산당은 1950년대 반공주의 세력이 커지면서 1956년 불법화되었다가 1968년 다시 합법화됐다.

235 Fuchslocher/Schabitz(eds.), *Wechselseitig*, p.29.

236 Stöver, *Zuflucht*, p.180.

237 이상의 내용은 Stöver, *Zuflucht*, pp.203~204; Fuchslocher/Schabitz(eds.), *Wechselseitig*, pp.44~45 참조.

238 Bericht über den Einsatz zur Frage "Wie leben und arbeiten die jugendlichen,"(주 199 참조).

239 이하에서 설명된 그의 사례는 Weißbach, *Schwerer Weg*, pp.156~182 참조.

240 Weißbach, *Schwerer Weg*, p.177.

241 Weißbach, *Schwerer Weg*, p.182.

242 서베를린 통사당은 동독 통사당의 지시와 재정적 지원을 받았던 좌파 정당이었다.

243 이하 그녀의 사례에 대한 설명은 Fuchslocher/Schabitz(eds.), *Wechselseitig*, pp.68~69 참조.

244 Bericht über die Aussprache mit Rückkehrern und Zuwanderern in Madeburg, 1962. 10. 26. BA Berlin, DO 1/14759.

245 이상의 내용은 Fuchslocher/Schabitz(eds.), *Wechselseitig*, pp.58~59 참조.

246 Stöver, *Zuflucht*, p.89.

247 Schmelz, *Migration und Politik*, p.304, p.306.

248 Schmelz, *Migration und Politik*, p.311. 이 보고서에 조사 대상 인원수는 제시되지 않았다.

249 Schmelz, *Migration und Politik*, p.308.

250 Schmelz, *Migration und Politik*, p.311.

4. 분단 독일의 가교: 동독 이탈 주민

1 H. Steinmetz/D. Elias, *Geschichte der deutschen Post, Bd.4: 1945 bis 1978* (Bonn, 1979), p.416.

2 Steinmetz/Elias, *Geschichte der deutschen Post*, p.417.

3 이는 김영탁, 《독일 통일과 동독 재건 과정》, p.114 표 7을 토대로 합산한 것이다. 이를 연평균으로 환산하면 서독에서 동독으로 보낸 편지는 약 8500만 통, 반대의 경우는 약 1억 700만 통에 달한다. 1950년대 동서독 간 우편 교류에 대한 통계는 아직 발견하지 못했다.

4 이러한 다양한 내용의 편지를 주로 베를린의 우편전신박물관재단(Museumstiftung Post und Telekommunikation)이 수집한 편지와 엽서의 일부를 공개한 온라인 서비스(http://www.museumsstiftung.de/briefsammlung/post-von-drueben, 이하 Post von drüben으로 약칭함)를 이용해 검토했다.

5 Martha R. aus Ostbelin an Carla K nach Westdeutschland, 1967. 4. 20, Post von drüben(주4 참조).

6 I. Dietzsch, *Grenzen überschreiben?* (Köln, 2004), pp.104~105.

7 I. Dietzsch, "Geheimnisbündelei en masse?," J. Kallinich/S. de Pasquale(eds.), *Ein offenes Geheimnis. Post-und Telefonkontrolle in der DDR* (Berlin, 2002), p.128.

8 Dietzsch, *Grenzen überschreiben?*, p.167에서 재인용. 슈나이더가 동독 이탈 주민인지는 확실치 않지만, 그에 상관없이 이 편지 내용은 충분히 보편성을 갖는다고 판단해 인용했다.

9 Dietzsch, *Grenzen überschreiben?*, pp.152~153. 서독 정부는 1950년대 초 서독공산당이 2% 정도에 불과한 득표율로 이미 정치적 영향력을 완전히 상실해 체제 위협 세력이 될 수 없었고 더욱이 서독공산당이 합법적 정치 활동을 표방했음에도 '반국가적 체제 전복 세력'이라는 근거를 내세워 공산당을 불법화했다.

10 Dietzsch, *Grenzen überschreiben?*, pp.160~161.

11 Oskar H. aus Meckenheim an Marie Louise P. nach Zittau am 1. 9. 1968; Oskar H. aus Meckenheim an Marie Louise P. nach Zittau am 16. 12. 1973; Erika D. aus Moosburg an Annegret S. nach Ost-Berlin am 14. 11. 1984; Ute B. aus Ulm an Annegret S. nach Ost-Berlin am 28. 3. 1986; Ute B. aus Ulm an Annegret S. nach Ost-Berlin am 4. 5. 1961, 이상 모두 Post von drüben(주4 참조).

12 Marie Louise P. aus Zittau an Oskar H. nach Meckenheim am 15. 3. 1964; Marie Louise P. aus Zittau an Oskar H. nach Meckenheim am 24. 10. 1968, Post von drüben(주4 참조).

13 예를 들면 동독 주민은 인편으로 편지를 보내거나 혹은 서베를린 왕래가 가능했던 시기에는 서베를린으로 가서 편지를 부쳤다. 베를린 장벽 수립 이후에는 동유럽 국가로 휴가를 간 참에 그곳에서 서독으로 편지를 발송했고, 때로는 위장 주소를 이용하기도 했다. U. Gerig, *Brief Kontakt. Alltägliches aus dem anderen Teil Deutschlands*(Böblingen, 1987), p.5.

14 Gerig, *Brief Kontakt*, p.81. 이 편지는 한 동독인이 서독으로 간 친구에게 프라하에서 보낸 것이다.

15 에리히는 동독 지도자 호네커의 이름이고, 11차는 1986년에 열린 제11차 통사당 전당대회를 말한다.

16 제2차 세계대전에서 독일이 패전한 것을 의미한다.

17 서베를린에서 발간된 한 일간지에 따르면, 1962년 당시 이러한 편지 검열에만 약 3000명이 투입됐다. "Schnüffelei mit Methode," *Berliner Morgenpost*, 1962. 9. 2. 그런데 우편 검열은 동독만의 일은 아니었다. 최근 역사가 포슈에포트(J. Foschepoth)는 건국 이후 1968년까지 동독에서 발송된 약 2억 5000 내지 3억 개의 우편물이 서독과 미국 정보 기관에 의해 개봉되거나 폐기됐다고 폭로했고, 이를 근거로 서독 역시 국민 감시 체제를 구축했다고 주장했다. "Kontrolle von DDR-Post. Spitzel drüben, Spitzel hüben," *Zeit Online*(2009. 12. 21), http://www.zeit.de/politik/deutsch-land/2009-12/ddr-postkontrolle-pau; J. Foschepoth, *Überwachtes Deutschland*(Göttingen, 2012).

18 Bundesministerium für gesamtdeutsche Fragen(ed.), *Merkblatt. Was ist im Post- und Fernmeldeverkehr mit der Sowjetzone zu beachten?*(Bonn, 1952).

19 검열에 대한 이상의 내용은 S. de Pasquale, "Ich hoffe, dass die Post auch ankommt.' Die Brief-und Telegrammkontrollen des Staatssicherheitsdienstes der DDR," Kallinich/Pasquale(eds.), *Ein offenes Geheimnis*, pp.63~64 참조.

20 Dietzsch, "Geheimnisbündelei," p.134 참조.

21 A. Hergeth, "Die Popularisierung der Maßnahmen Zollorgane werben für ihren Einsatz, C. Härtel/P. Kabus(eds.), *Das Westpaket*(Berlin, 2001), p.96.

22 Hergeth, "Die Popularisierung der Maßnahmen Zollorgane," p.96.

23 Gerig, *Brief Kontakt*, p.68.

24 A. & S. Schädlich(eds.), *Ein Spaziergang war es nicht. Kindheiten zwischen Ost und West* (München, 2012), pp. 161~162.

25 Steinmetz/Elias, *Geschichte der deutschen Post, Bd. 4*, p.417. 제2차 세계대전이 끝난 후 미국, 영국, 프랑스 3개국은 서베를린을, 소련은 동베를린을 분할 점거했다. 동독은 1949년 헌법에서 동베를린을 수도로 공표했고, 소련 역시 동베를린을 동독의 영토로 인정했다. 반면 서베를린은 서방 연합국의 반대로 서독 영토로 귀속되지 못했다. 따라서 이 조치는 서베를린과 동베를린을 포함한 동독 지역 간의 소포 업무 개시를 의미한다.

26 Steinmetz/Elias, *Geschichte der deutschen Post, Bd. 4*, p.417.

27 김영탁, 《독일 통일》, 114쪽, 표 7을 합산한 것이다.

28 1950년대 서독 정부는 이 캠페인에 최대한의 호응을 이끌어내기 위해 동독의 빈곤함을 대대적으로 선전했다. 그 여파로 동독 이탈 주민을 포함한 서독인 가운데 일부는 동독의 생활수준이 향상된 1960년대 이후에도 쌀, 밀가루, 설탕과 같은 기본 식재료를 소포로 보냈다. 나아가 자신들이 입다 버릴 정도로 낡은 옷도 가난한 동독 상황에서는 감지덕지할 것이라는 생각으로 보냈다. 이러한 일부 서독인의 오판과 우월감은 동독인에게 수치심과 상처를 안겨주었다. 이에 따라 캠페인 시행 기관은 안내문을 통해 서독인에게 동독의 변화된 상황을 알리고 동독에서도 어려움 없이 구할 수 있는 기초 생활필수품은 보내지 말라고 거듭 당부했다. C. Härtel, "Ostdeutsche Bestimmungen für den Paketverkehr im Spiegel westdeutscher Merkblätter," Härtel/Kabus(eds.), *Das Westpaket*, p.48.

29 I. Dietz, "Deutsch-deutscher Gabenaustausch," Neue Gesellschaft für Bildende Kunst(ed.), *Wunderwirtschaft. DDR-Konsumkultur in den 1960er Jahren* (Köln/Weimar/Wien, 1996), pp.209~210.

30 B. Lindner, "Dein Päckchen nach drüben," Härtel/Kabus (eds.), *Das Westpaket*, p.28.

31 1964년 10월 서독 전독일지원활동사무소(Büro für gesamtdeutsche Hilfe)가 발행한 설명서에 따르면 새 옷을 사서 보낼 경우 가격표와 영수증을 첨부해 중고 옷이 아님을 증빙해 소득 문제를 피하라고 권고했다. Härtel, "Ostdeutsche Bestimmungen für den Paketverkehr," p.49.

32 Bundesministerium für gesamtdeutsche Fragen(ed.), *Merkblatt. Was ist im Post- und Fernmeldeverkehr mit der Sowjetzone zu beachten?*(Bonn, 1952).

33 Fachschule der Zollverwaltung der DDR "Heinrich Rau," Fachgebiet Zollrecht(ed.), *Gesetz über das Zollwesen der DDR* (Plessow, 1976), p.87.

34 Härtel, "Ostdeutsche Bestimmungen," pp.51~52. 연간 12회로 규정된 소포 발송 제한 해제는 서독 측에만 해당됐고, 동독 주민은 여전히 연간 12회에 한해 서독으로 소포를 보

낼 수 있었다.

35 Hergeth, "Die Popularisierung der Maßnahmen," p.96에서 재인용. 여기서 텔레비전 광고는 동독인이 몰래 본 서독 방송에 나온 광고를 말한다.

36 이상의 사례는 K. Aehnlich, "Tante Bärbels Befreiung," Härtel/Kabus(eds.), *Das Westpaket*, p.191; K. Soch, "Päckchen von drüben," 2017. 3. 20, http://www.bpb.de/geschichte/ zeitgeschichte/deutschlandarchiv/244718/paeckchen-von-drueben, p.82 참조.

37 Ute B. aus Ulm an Annegret S. nach Ost-Berlin, 1961. 12. 10, Post von drüben(주4 참조).

38 Lindner, "Dein Päckchen," p.34.

39 동서독의 관계가 개선된 시점인 1973년에도 광석, 유리 제품, 귀금속, 동독이 자랑하는 광학 기구, 도자기, 작업복, 유아복·아동복, 침구 용품, 우표, 지도, 고기 및 육류 가공품, 식용유 등 반출 금지 품목이 많았다. Fachschule der Zollverwaltung (ed.), *Gesetz über das Zollwesen der DDR*, p.91. 나아가 1955년 서독으로 보내는 소포의 물품 가격은 최대 30마르크로 규정됐고, 1972년 서독과 기본 조약을 체결한 이후에야 100마르크로 인상됐다. Lindner, "Dein Päckchen," p.36.

40 Erika D. aus Schieder an Annegret S. nach Ost-Berlin, 1972. 10. 15, Post von drüben(주4 참조). A. Gröschner, "Handelsware, keine Geschenksendung," Kallinich/Pasquale(eds.), *Ein offenes Geheimnis*, p.174.

41 H. Pleschinski, "Wenn sie drüben was reichlich haben, dann ist es Schnaps," Härtel/Kabus(eds.), *Das Westpaket*, p.64.

42 Erika D. aus Schieder an Annegret S. nach Ost-Berlin, 1970. 1. 21, Post von drüben (주4 참조).

43 V. Wünderich, "Die Kaffekrise von 1977," *Historische Anthropologie*, 11(2003), p.243

44 Dietzsch, *Grenzen überschreiben?*, p.133.

45 그 과정에서 1984~1989년에만 소포에 동봉된 서독 화폐 약 3200만 마르크와 약 1000만 마르크 상당의 물품이 동독 정권의 손에 들어갔다. U. S. Döinghaus, "Eine gesonderte Behandlung jenseits des Regellaufs," Härtel/Kabus(eds.), *Das Westpaket*, p.65.

46 "Hetze gegen Päckchen," *Berliner Morgenpost*, 1961. 10. 31.

47 Gerig, *Brief*, p.124.

48 R. Köhler, *Weihnachten in Berlin. 1949~1989*(Berlin, 2003), p.145.

49 Wünderich, "Die Kaffekrise," p.243.

50 M. Judt(ed.), *DDR-Geschichte in Dokumenten*(Bonn, 1998), p.157.

51 Lindner, "Dein Päckchen nach drüben," p.37.

52   이 작업은 라이프치히 시장조사연구소가 했다. 이 연구소는 1960년대 말부터 엑스레이와 같은 투시 장비 등을 통해 불법으로 표본조사를 한 후 이를 토대로 서독에서 보내오는 연간 소포량을 품목별로 추산했다. 이 작업은 소수에 의해 극비리에 추진됐다. 작업이 끝난 후 관련 자료는 철저하게 폐기됐고, 조사 결과는 극비 문서로 보관됐다. Lindner, "Dein Päckchen nach drüben," pp.37~38 참조.

53   A. Kaminsky, "Nieder mit den Alu-Chips. Die private Einfuhr von Westwaren in die DDR," Härtel/Kabus(ed.), *Das Westpaket*, p.176.

54   김영탁,《독일 통일》, 101쪽.

55   김영탁,《독일 통일》, 103쪽.

56   이상의 내용은 김영탁,《독일 통일》, 104~105쪽 참조. 여기서 제시된 통계 수치는 104쪽 표3을 토대로 했다.

57   이상의 내용은 김영탁,《독일 통일》, 105~106쪽.

58   이는 아이젠펠트와의 인터뷰(2001년 8월 13일, 베를린) 내용이다. 그러나 이는 공식 규정이 아니기 때문에 모든 이탈 주민에게 일괄적으로 적용됐다고 보기는 어렵다.

59   Staatiche Kommitee für Rundfunk, Redaktion Monitor, DDR-Einreiseverbot für in den Westen ausgereiste Bürger, 1987. 2. 14, BStU, MfS, HA IX, Nr. 17609, p.31.

60   Das DDR-Grenzsicherungssystem - Die Demarkationslinie zur Bundesrepublik, BStU, MfS, HA I, Nr. 13691, p.137.

61   Stoll, *Einmal Freiheit*, p.93.

62   Familie Z aus Erfurt an Bärbel S. nach Gelsenkirchen am 21. 10. 1979, Post von drüben(주4 참조).

63   Fachschule der Zollverwaltung der DDR(ed.), *Gesetz über das Zollwesen*, p.86.

64   C. Härtel/P. Kabus, "Zwischen Gummibärchen und Playboy," Härtel/Kabus(eds.), *Das Westpaket*, p.16.

65   J. Voigt, *Westbesuch*(Berlin, 2011), p.66.

66   Paul K. aus Ost-Berlin an Georg K. nach West-Berlin, 1968. 9. 23, Post von drüben (주4 참조).

67   의무 환전액 인상으로 서독인의 동독 방문이 어려워지자 서독 정부는 가능한 한 많은 서독인이 동독을 방문할 수 있게 하기 위해 동독에 차관을 제공했다. 서독의 차관이 제공된 후 1974년 11월 15일 동독 방문 1일 의무 환전액이 20마르크에서 13마르크로, 동베를린 방문은 10마르크에서 6.5마르크로 인하됐다. 또 연금 수령자는 환전 의무 대상에서 제외됐다. 그러나 1979년 말 소련이 아프가니스탄을 침공해 신냉전 시기가 도래하자 1980년 10월 9일 동독과 동베를린 상관없이 의무 환전액은 25마르크로 인상됐고, 면제 대상이었던 연금 수령자와 16세 이하 아동 및 청소년도 다시 환전 대상에 포함됐다. 손선홍,《분단과 통일의 독일 현대사》, 소나무, 2005, 239~240쪽.

68 Hauptabt. XVIII/5, OPK "Locke," Reg.-Nr. XV/58482, 1985. 8. 9, BStU, MfS, HA XVIII, Nr. 15899.

69 Joachim Nawrodd, "DDR-Besuche. Informationen - wichtiger als Geschenke," *Zeit Online* (1980. 1. 4), http://www.zeit.de/1980/02/informationen-wichtiger-als-geschenke.

70 한운석, 〈대결과 공존을 거쳐 통일로〉, 신주백/김승렬 외, 《분단의 두 얼굴》, 역사비평, 2005, 46쪽.

71 W. Weidenfeld/K.-R. Korte(eds.), *Handbuch zur deutschen Einheit 1949~1989~1999* (Bonn, 1999), p.308.

72 Institut für Demoskopie Allensbach(ed.), *Allensbacher Jahrbuch der Demoskopie 1974~1976, Bd. VI* (Wien/München/Zürich, 1977), p.83.

73 동향단을 전문적으로 연구한 자료는 현재 전혀 없는 상황이다. 필자가 발견한 소수의 자료가 주로 메클렌부르크 동향단에 관한 것이기 때문에 이 책에서는 메클렌부르크 동향단의 사례를 중심으로 서술하기로 한다.

74 Bund der Mitteldeutschen, "Das Aktionsprogramm des Bundes der Mitteldeutschen," *BMD-Beratungsdienst*, Nr. 11/1976, pp.3~4; Bund der Mitteldeutschen, BMD-Handbuch Teil 1 (Bonn, 1986), p.40, p.45, p.47, p.52, p.54, pp.55~56 참조.

75 Bund der Mitteldeutschen, *Durch Einigkeit zur Einheit* (Bonn, 1969), p.20.

76 Königsteiner Kreis. Vereinigung der Juristen, Volkswirte und Beamten aus der SBZ, Entschließung, 1966. 11, BA Koblenz, B 286/535.

77 "Die Freiheitsglocke," *BMD-Informationsdienst*, Nr. 1/1971, p.4.

78 "Einheit der Nation und Selbstbestimmungsrecht wahren," *BMD-Informationsdienst*, Nr. 6/1970, p.2.

79 독일 분단 후 서독에서는 중부 독일을 동독을 가리키는 개념으로 사용했다. 이는 제2차 세계대전 패전으로 상실하게 된 오데르-나이세강 동쪽의 동부 독일, 서독과 더불어 독일을 가리키는 지리적 개념군을 형성했다. 따라서 동독을 중부 독일로 일컫는 것은 하나의 독일을 대변하는 의미를 지닌다.

80 "Bund der Mitteldeutschen nahm in Berlin Stellung zu beabsichtigtem Regierungserlaß," *BMD-Informationsdienst*, Nr.10/1971, p.4.

81 Gückel, *Bund der Mitteldeutschen*, p.11.

82 이러한 맥락에서 중부독일인연맹은 자동차 번호판에 독일을 의미하는 D(Deutschland) 대신 독일연방공화국(서독, BRD)을 새기는 사람은 결국 동독의 분리 차단 정책을 지원하는 것이라고 주장했다. BMD zur nationalen Frage, BMD Pressedienst, Nr. 116(연도는 정황상 1974년으로 추정됨), BA Koblenz, B 286/1505.

83 중부독일인연맹 정관 제2조 제8항에 '연맹은 정당이나 종파와 무관하게 독립적으로 활동한다'고 명시돼 있다. Satzung des Bund der Mitteldeutschen, BMD(ed.), *BMD Hanbuch, Teil 1* (Bonn, 1986), p.8.

84 Erklärung, 1971. 10. 15, BA Koblenz, B 286/770; Bund der Mitteldeutschen, *Durch Einigkeit zur Einheit*, p.12; "Keine Spaltung des Bundes der Mitteldeutschen," *BMD-Informationsdienst*, Nr. 13/1971, pp.7~8.

85 이는 크로이처가 1973년 8월 초 자유베를린방송(SFB)과 한 인터뷰에서 '중부독일인연맹이 두 개의 독일 국가, 하나의 민족을 인정하는지'를 묻는 질문에 답변한 내용을 통해 엿볼 수 있다. 그는 당시 "우리 모두는 자의든 타의든 독일 땅에 두 개의 국가가 생겨나 존속한다는 것을 존중해야합니다. 다른 독일 국가의 존재를 부정하고 무시하는 것은 어리석은 짓입니다. 그러했던 시기는 지났습니다. (······) 현재 가장 우선적으로 해야 할 과제는 민족의 공속성을 유지하는 것입니다"라고 말했다. Interview Dieter Bub mit dem Präsidenten des Bund der Mitteldeutschen, Herrn Hermann Kreuzer, 1973. 8. 1/2.(0시 5분), BA Koblenz, B 286/769.

86 Hauptabteilung A, Abt. II, Objektauskunft zum revanchistischen Dachverband "Bund der Mitteldeutschen" e.V. in der Bundesrepublik Deutschland, 1988. 10. 1, BStU, MfS, HA XX ZMA, Nr. 663, p.258.

87 Hauptabteilung A, Abt. II, Objektauskunft zum revanchistischen Dachverband "Bund der Mitteldeutschen"(주86 참조), pp.256~257. 심지어 추방민 단체는 브란트 정부의 신동방 정책을 저지하기 위해 미국에서 서독의 긴장 완화 정책을 반대하는 보수강경파 세력을 동원하는 로비 활동을 벌이기도 했다. 이에 대해서는 베른트 슈퇴버, 〈정치적 압력단체로서의 연방공화국 내 피추방민 협회〉, 《분단과 전쟁의 결과: 한국과 독일의 비교》, 역사문제연구소 국제학술대회 자료집, 2007. 10, 75~88쪽 참조.

88 Hauptabteilung A, Abt. II, Objektauskunft zum revanchistischen Dachverband "Bund der Mitteldeutschen"(주86 참조), p.258.

89 BStU, MfS Hauptverwaltung Aufklärung, Nr. 1346, pp.51~52 참조.

90 BStU, MfS Hauptverwaltung Aufklärung, Nr. 1346, p.52 참조.

91 Entwurf einer Erklärung des Präsidiums, des Bundesvorstandes und der Bundesdelegierten-Versammlung des Bundes der Mitteldeutschen, Mainz vom 22. 4. 1972, BA Koblenz, B 286/769.

92 "Überall Harmonie. Ein ARD-Film über DDR-Bürger wird wegen 'kommunistischer Propaganda' angegriffen-zu Unrecht," *Der Spiegel*, Nr. 14/1973, p.170. 룽게는 원래 촬영 대상이 대본 없이 자유롭게 얘기한 내용을 그대로 반영하는 방식으로 영화를 만들었다. 그러나 동독 체제의 성격상 주민이 기탄없이 자신의 의견을 피력하기는 어려운 상황이었다. 그 때문에 영화에 등장한 동독 노동자의 이야기는 동독에 대한 긍정적인 내용

뿐이었고, 동독의 발전 과정에서 야기된 문제나 동독 사회의 갈등과 같은 면은 전혀 드러나지 않았다. 이에 따라 서독 야당은 이 영화 속 동독 노동자의 인터뷰 내용의 신빙성에 문제를 제기했다. S. Brandt, "DDR ganz brav". 6. 4. 1973, *Zeit Online*, http://www.zeit.de/1973/15/ddr-ganz-brav.

93 당시 BMD 회장이었던 기민련 소속의 볼라베는 "친공산주의 작가로부터는 객관적 정보를 기대할 수 없기 때문에 독일 TV는 이들을 고용하지 말아야 한다"라고 주장했다. BMD-Präsident Jürgen Wohlrabe zum WDR-Film "Ich bin Bürger der DDR," *BMD Pressedienst*, Nr. 80, 1973. 4. 6, BA Koblenz B286/1505; "Zum Film 'Ich bin Bürger der DDR,' *BMD-Informationsdienst*, Nr. 1/1973, p.4.

94 이 단체는 중부독일인연맹 설립 이전에 동독 이탈 주민을 대변하는 대표 조직이었던 소련 점령지역난민연합이 1973년 해체된 후 잔여 회원이 별도로 만든 단체다.

95 이상의 내용은 "Der Bund der Mitteldeutschen zum 12. 13. August 1971," *BMD-Informationsdienst*, Nr. 11/1971, p.5; BMD, Der Präsident, An den Vorsitzenden des Ministerrates der DDR Herrn W. Stoph, 1973 8. 6, BA Koblenz, B 286/790; "Menschenrechte dulden keine Grenzen," *BMD-Beratungsdienst*, Nr. 13 & 14/1977, pp.2~3; W. Nagele, "Und das Morden geht weiter," *BMF Pressedienst*, 1986. 11. 26, BA Koblenz, B 286/1416 참조.

96 Bund der Mitteldeutschen verurteilt Mißachtung der Menschenrechte in der DDR, *BMD Pressedienst*, Nr. 142, 1975. 12. 18, BA Koblenz, B 286/1505 참조. 동독 정권은 구금 중인 정치범의 자녀나 정치범 석방 거래와 탈출을 통해 동독을 떠난 동독인이 동독에 남겨둔 자녀를 부모의 동의 없이 다른 동독인 가정으로 입양시켰다. 명분은 이들을 더 좋은 환경에서 올바르게 교육하기 위해서라는 것이었지만 이는 명백히 탄압이었다. 한 예로 레이(A. Ley)는 1988년 동독 탈출을 시도하다 체포돼 5년형을 받고 구금됐는데, 당시 생후 3개월에 불과했던 그의 아들은 아동병원에서 곧바로 다른 가정으로 입양됐다. 1989년 동독의 정치적 변혁 과정에서 사면된 레이는 이후 20년 넘게 아들의 행방을 백방으로 찾았지만, 2013년 겨우 아들이 동독 체제에 충성심을 지닌 다른 가정에 입양됐다는 사실을 알게 됐다. 그럼에도 현행 제도상 그는 입양을 무효화할 수 없었고, 무엇보다 30년 가까이 다른 부모 밑에서 성장한 아들을 2018년 여름까지 만나보지도 못했다. 이처럼 가족까지 파괴했던 동독 정권의 만행은 비단 레이의 경우만이 아니었기 때문에 통일 후 많은 독일인이 잃어버린 자식을 찾기 위해 애쓰고 있다. M. Götzke, "Zwangsadoptionen. Die gestohlenen Kinder der DDR," Deutschlandfunk, 2018. 4. 5, https://www.deutschlandfunk.de/zwangsadoptionen-die-gestohlenen-kinder-der-ddr.1769.de.html?dram:article_id=414839.

97 Nagele, "Und das Morden geht weiter"(주95 참조).

98 BMD, Appell des BMD an die Konferenz für Sicherheit und Zusammenarbeit in

Europa anläßlich des 13. August, 1974, 8. 9, BA Koblenz, B 286/692.

99 BMD, An die Handelsvertretung der Volksrepublik Bulgarien, Herrn Alexander Grigorow, 1974. 8. 9, BA Koblenz, B 286/692.

100 이동기, 〈보수주의자들의 '실용주의'적 통일정책: 1980년대 서독 콜 정부의 동방 정책 계승〉, 《역사비평》83호, 2008, 364~365쪽.

101 이동기, 〈보수주의자들의 '실용주의'적 통일정책〉, 367~368쪽.

102 이상의 내용은 BStU, MfS, HV Aufklärung, Nr. 1346, p.52 참조.

103 Der Vorstand der Landmannschaft Mecklenburg, An Bundeskanzler H. Kohl, 1989. 5. 22. BA Koblenz, B 286/1411.

104 "Lebenssicherung für die Deutschen in der DDR," *Frankfurter Allgemeine Zeitung*, 1988. 8. 9.

105 W. Bader, *Brücke und Klammer. Arbeit für die Wiedervereinigung Deutschlands* (Bonn, 1994년경), p.33.

106 BMF Landesverband Saar, Leistungsbericht 1988, *Mitteilungsblatt*, 1989, 1, BA Koblenz, B286/1416. 동독 이탈 주민 단체는 소포를 보낼 때 주로 단체 회원의 도움을 받아 동독인 주소를 확보했다. 회원은 동독에 거주하는 자신의 가족 혹은 친지의 주소를 알려주거나 동독을 방문하는 동안 생활이 어려운 동독인의 주소를 파악해 제공했다. Objektverwaltung "W," Abt. XV, Information betr. Einschätzung der Tätigkeit der Landmannschaft Sachsen in Hannover, 1961. 3. 21, BStU, MfS HA XX, Nr. 5438, p.86.

107 Bund der Mitteldeutschen, Rundbrief zum Jahresbeginn, 1973. 1. 17, BStU, MfS, HA XX ZMA, Nr. 663, p.128.

108 이상의 내용은 Bader, *Brücke*, p.36; "Weinachtgrüsse nach drüben–aber wie?," *BMD Informationsdienst*, Nr. 3/1973, p.8; Bund der Mitteldeutschen, Rundbrief zum Jahresbeginn(주107 참조), p.130.

109 Präsident des BMD Kreutzer, An den Bundeskanzler der BRD Herrn Willy Brandt (초안, 작성 날짜는 정황상 1973년으로 추정됨), BA Koblenz, B 286/769.

110 BMD, An den Ersten Sekretär des ZK der SED, Herrn Erich Honecker, 1974. 3. 1, BA Koblenz, B 286/791.

111 BMD, An den Fraktionsvorsitzenden der CDU, 1975. 11. 15, BA Koblenz, B 286/502.

112 Bund der Mitteldeutschen, Rundbrief zum Jahresbeginn(주107 참조), p.129.

113 Landmannschaft Mecklenburg, 10 Thesen zur Konzeption für die Mecklenburgische Kulturarbeit, 1988. 11. 20, BA Koblenz, B 286/1411.

114 이 행사의 내용과 진행 과정에 대해서는 Heitmann, *25 Jahre Landmannschaft Mecklenburg*; Mecklenburger Heimattage 1964 in Ratzeburg, BStU, MfS, BV

Rostock AS, Nr. 121/76, pp.164~167; Bericht von GI "Salem," 1960. 7. 5, BStU, MfS, BV Rostock AS, Nr. 121/76, pp.189~195 참조.

115 Heitmann, *25 Jahre Landmannschaft Mecklenburg*, p.8.

116 Heitmann, *25 Jahre Landmannschaft Mecklenburg*, p.31; "Starker Regen zwang zu politischer Abstinenz," *Lübecker Nachrichten*, 1980. 6. 10, BA Koblenz, B 286/1014.

117 이상의 내용은 Heitmann, *25 Jahre Landmannschaft Mecklenburg*, p.20, p.54 참조.

118 Einladung und Programm des Sachsentreffen für 4. 10. 1987, BA Koblenz, B 286/1414.

119 Heitmann, *25 Jahre Landmannschaft Mecklenburg*, p.90.

120 Landmannschaft Mecklenburg, Jahresbericht 1979, BA Koblenz, B 286/1014.

121 Heitmann, *25 Jahre Landmannschaft Mecklenburg*, p.55.

122 R. Stutz, "Bewahrung, Pflege und Vermittlung kultureller Überlieferungen Mecklenburgs durch die Stiftung Mecklenburg," Rostock 2008, p.2, Stiftung Mecklenburg (Archiv), Nr. 1058.

123 Stutz, "Bewahrung"(주122 참조), p.4.

124 이상의 내용은 Stutz, "Bewahrung," p.7 참조. 평발은 메클렌부르크 출신의 보컬 빌케(P. Wilke)와 기타리스트 라스(K.-D. Lass)로 이루어진 2인조 듀엣으로 1979년 결성됐다. 이들의 노래는 민요와 블루스, 컨트리 장르가 섞인 경향을 띠었고, 가사는 동향 출신의 유명 문인 로이터(F. Reuter)와 타르노프(R. Tarnow)가 저지대 언어로 발표한 시의 영향을 받았다. 이들은 경쾌한 노래로 인기를 끌어 동독뿐 아니라 해외에서도 공연을 했다.

125 Bundeslandmannschaft Thüringen, Tätigkeits-und Sachbericht im Jahre 1965, 1966. 3. 21, BA Koblenz, B 286/238.

126 Bund der Mitteldeutschen an den Herren Geschäftsführern der mitteldeutschen Landmannschaften, 1972. 1. 26, BA Koblenz, B 286/769.

127 W. Bader, *Die Landmannschaft Berlin-Mark Brandenburg* (Norderstedt, 2011), p.50.

128 BStU, MfS, BV Gera AKG, Nr. 0090, p.12.

129 바르트부르크는 동독 아이제나흐 인근에 위치한 성으로, 루터가 이곳에 머물며 라틴어본 성경을 독일어로 번역했다고 전해져온다.

130 VLM Landesverband Schleswig-Holstein, Jahresbericht 1965, BA Koblenz, B 286/1505.

131 리아스는 1946년 2월 제2차 세계대전이 끝난 후 독일에 주둔했던 미군의 라디오 채널로, 동독 체제를 비판하는 내용의 방송을 꾸준히 시행했다. 서독은 1961년 9월부터 대동독 프로그램을 제작해 리아스를 통해 송출했다. 동독에서 서독 방송 청취는 금지됐지만 일일이 이를 통제할 수 없었기 때문에 많은 동독인이 리아스의 라디오 방송을 즐겨 들었다.

132　Regierung der DDR, MfS HA V an das MfS Bezirksverwaltung Rostock, Abteilung
　　V/3, 1960. 6. 20, BStU, MfS, BV Rostock AS, Nr. 121/76, pp.201~202.

133　Bericht über die Tätigkeit der Landsmannschaften und deren Einrichtungen.
　　Besprechung vom 17. Juni 1965, 1965. 6. 19, BStU, MfS, BV Neubrandenburg Abt.
　　XX, Nr. 231. p.81.

134　Heimatvereinigung Burg und der Kreise Jerichow I und II, An den BMD – Bundes
　　Geschäftsführung, BA Koblenz, B 286/923.

135　Teilnahme am Bundestreffen der "Mecklenburger Landmannschaft" in Ratzeburg,
　　1960. 8. 12, BStU, MfS, BV Rostck AS, Nr. 121/76, p.186.

136　BStU, MfS, BV Gera AKG, Nr. 0090, p.18.

137　시대적 상황을 감안할 때, 특히 1950년대는 동독 이탈 주민의 반공주의적 성향이 강했을
　　때인데, 이들이 펼친 공개적 혹은 조직적 반공주의 활동을 알려주는 자료는 의외로 거의
　　발견하지 못했다. 이에 대해서는 앞으로 후속 작업이 필요하다.

138　Anlage des Briefes von GSF an M. Richter vom 9. 9. 1960, BA Koblenz 286/1049.

139　Heitmann, *25 Jahre Landmannschaft Mecklenburg*, p.83.

140　Bader, *Brücke und Klammer*, p.40.

141　책임 생산량 증대에 대한 불만으로 시작된 6월 노동자 봉기는 곧 여타 동독 시민도 참여한
　　전국적 저항으로 확대됐고, 그 과정에서 봉기자는 동독 정부의 퇴진, 자유선거, 독일 통일
　　등의 요구 사항을 내걸었다. 이 점을 내세워 서독은 이날을 국가기념일로 정한 것이다.

142　C. Gunkel, "Der 17. Juni. Tag der deutschen Zwietracht," *Spiegel Online*, 2015. 10. 3,
　　http://www.spiegel.de/einestages/tag-der-deutschen-einheit-nationalfeiertag-
　　17-juni-a-1055106.html.

143　사민당 정권에 앞서 아데나워 정권도 독일 노동자 봉기 기념일을 없애려고 시도했다. 원래
　　이 기념일을 발의한 것은 당시 야당이었던 사민당이었다. 일차적으로 동독 노동자 봉기를
　　기념하는 의미도 있지만, 이 기념일을 통해 사민당이 통일 정책의 주도권을 잡고 독일 통
　　일보다 서방 통합에 우선순위를 둔 아데나워 정권과 집권당을 수세로 몰려는 정치적 목적
　　도 다분히 작용했다. 그러나 1966년부터 사민당이 '접근을 통한 변화'를 내세우며 긴장 완
　　화 노선을 추진하면서 이 휴일은 사민당에 부담스러워졌다. 이에 따라 사민당은 1967년
　　기민련과 함께 노동자 봉기 기념일을 없애려고 시도했지만 아무런 대안 없이 공휴일을 없
　　앤다는 이유로 서독 노조의 격렬한 반대에 부딪혀 실패했다. 이후 동서독 관계 개선이 본
　　격적으로 추진된 1970년대 사민당 정권은 이 기념일을 기본조약이 가결된 5월 23일로 대
　　치하려고 시도했지만 야당인 기민련이 사민당 정부의 신동방 정책을 방해하기 위해 이에
　　반대 입장을 취했고, 결국 통일이 될 때까지 기념일로 유지됐다. Gunkel, "Der 17. Juni."
　　(주142 참조).

144　이상의 내용에 대해서는 Beschlußantrag, 1) für die Sitzung des Präsidium des BMD am 26. 4. 1975, 2)(vorbehaltlich des Beschluß für die Sitzung des Bundesvorstandes des BMD am 26. 4. 1975), 1975. 4. 21, BA Koblenz, B 286/692.

145 Heitmann, *25 Jahre Landmannschaft*, p.83에서 재인용.

146 Problembereiche Ostverträge und Innenpolitik(문서 작성 시기는 1970년대로 추정됨) BA Koblenz, B 286/525.

147 Bader, *Brücke und Klammer*, p.67.

148 Gückel, *Bund der Mitteldeutschen*, p.25.

149 Rexrodt, Protokollberichtigung über die Sitzung des Bundesvorstandes v. 10-12. 9. 1982 in Bad Oyenhausen, 1983. 4. 5, BA Koblenz, B 286/1415.

150 Bader, *Brücke und Klammer*, p.67. 이 문건은 연맹 지도부에게만 돌렸다.

151 일례로 강제추방민의 대표 단체 가운데 하나로 여전히 존재하는 강체추방민연맹(Bund der Vertriebenen)의 경우 1963년 회원수가 230만 명에 달했다. *Online-Lexikon zur Kultur und Geschichte der Deutschen im östlichen Europa*, https://ome-lexikon. uni-oldenburg.de/begriffe/bund-der-vertriebenen-bdv.

152 필자도 이탈 주민 출신 독일인과 인터뷰를 했지만, 아쉽게도 이러한 단체에서 활동한 사람은 만나지 못했다.

153 Landesverband Bayern der Landmannschaft Mecklenburg an den Landesverband Bayern des Bundes der Mitteldeutschen, 1988. 12. 5, BA Koblenz, B286/1411.

154 Bader, *Brücke und Klammer*, p.67에서 재인용.

155 Bader, *Brücke und Klammer*, p.75.

156 Bader, *Brücke und Klammer*, p.63.

157 W. Bader, *Geborgter Glanz. Flüchtlinge im eigenen Land, Organisationen und ihr Selbstverständnis* (Bonn, 1979), p.113.

158 Bader, *Geborgter Glanz*, p.101.

159 Bader, *Geborgter Glanz*, p.103.

160 Bader, *Geborgter Glanz*, p.105.

161 Bader, *Geborgter Glanz*, pp.106.

162 Bader, *Geborgter Glanz*, pp.106~107.

163 Bader, *Brücke und Klammer*, p.61.

164 Bader, *Brücke und Klammer*, p.61.

165 Bader, *Brücke und Klammer*, pp.62~64.

166 Bader, *Geborgter Glanz*, p.108.

1 E. v. Hornstein, *Der deutsche Not. Flüchtlinge berichteten* (Köln/Berlin, 1960); *Berlin-Friedrichstraße 20.53 Uhr. Die Flucht von Schülern der Max-Planck-Oberschule in Ostberlin* (Sonderausabe für das Bundesministerium für Gesamtdeutsche *Fragen* (Bad Godesberg, 1965); J. Petschull, *Mit dem Wind nach Westen* (München, 1980).

2 V. Ronge, *Von drüben nach hüben* (Wuppertal, 1985); D. Storbeck, "Flucht oder Wanderung?. Eine Rückschau auf Motive, Folgen und Beurteilung der Bevölkerungsabwanderung aus Mitteldeutschland seit dem Kriege," *Zeitschrift für sozialwissenschaftliche Forschung und Praxis*, 14(1963), pp.153~171.

3 D. v. Melis/H. Bispinck(eds.), *Republikflucht. Flucht und Abwanderung aus der SBZ/DDR 1945 bis 1961* (München, 2006); M. Detjen, *Ein Loch in der Mauer. Die Geschichte der Fluchthilfe im geteilten Deutschland 1961~1989* (München, 2005); B. Eisenfeld, "Die Ausreisebewegung – eine Erschinungsform widerständigen Verhaltens", U. Poppe et. al(eds.), *Zwischen Selbstbehauptung und Anpassung* (Berlin, 1995), pp.192~223; R. Hürtgen, *Ausreise per Antrag. Der lang Weg nach drüben* (Göttingen, 2014); J. Roesler, "Abgehauen. Innerdeutsche Wanderungen in den fünfziger und neunziger Jahren und deren Motive", *Deutschland Archiv*, 36(2003), pp.562~574; M. Meyen, "Die Flüchtlingsbefragungen von Infratest: Eine Quelle für die Geschichte der frühen DDR", *Beiträge zur Geschichte der Arbeiterbewegung*, 42(2000), pp.64~77; R. Thieme, Antragstellungen auf ständige Ausreise. Versuch einer Bilanz aus soziologischer Sicht, Diss., Humboldt-Universität zu Berlin(1990); A. O. Hirschmann, "Abwanderung, Widerspruch und das Schicksal der Deutschen Demokratischen Republik," *Leviathan*, 20(1992), pp.330~358; B. Eisenfeld, "Gründe und Motive von Flüchtlingen und Ausreiseantragstellern aus der DDR," *Deutschland Archiv*, 36(2003), pp.89~105; D. Zilch, "Republikflucht von Jugendlichen als Widerstand? Ursachen und Motive," U. Hermann(ed.), *Protestierende Jugend* (Weinheim, 2002), pp.243~261.

4 H. Wagner, *Die Heimatvertriebenen und Sowjetzonenflüchtlinge in Rheinland-Pfalz* (Berlin, 1956); H. R. Kollai, *Die Eingliederung der Vertriebenen und Zuwanderer in Niedersachsen* (Berlin, 1959); P. Hüttenberger/F. Wiesmann(eds.), *Flüchtlinge und Vertriebene in Nordrhein-Westfalen. Forschungen und Quellen* (Düsseldorf, 1988). 통일 후에 출간된 G. Fleischhauer, *Vom Neubürger zum Heilbronner* (Heilbronn, 1992)도 이러한 관점에서 쓰였다.

5   E. Pfeil, "Probleme der Aufnahme und Unterbringung von Sowjetzonenflüchtlingen in westdeutschen Städten," *Städtehygiene*, 4(1953), H. 12, pp.1~5; R. Wanstrat, Strukturanalyse der politisch nicht anerkannten Flüchtlinge in West-Berlin, Teil 1: Lagerinsassen, Teil II: Die außerhalb der Lager lebenden Zugewanderten(Berlin, 1953); R. Grenzer, "Die Flucht aus der sowjetischen Besatzungszone. Ergebnisse des Notaufnahmeverfahrens," *Raumforschung und Raumordnung*, 11(1953), pp. 172-178. G. Balzer/H. Ladendorff, *Die gesellschaftliche Eingliederung der jugendlichen Flüchtlinge aus der sowjetischen Besatzungszone im Lande Nordrhein-Westfalen* (Troisdorf, 1960); K. Hinst, *Das Verhältnis zwischen Westdeutschen und Flüchtlingen* (Stuttgart, 1968); K. Pratsch/V. Ronge, "So einer wartet nicht auf das Arbeitsamt. Die Integration der DDR-Übersiedler in die westdeutsche Gesellschaft," *Deutschland Archiv*, 21(1988), pp.158~169; C. Friedrich, "Zur psychischen Situation von DDR-Zuwanderern," *Deutschland Archiv*, 21(1988), pp.526~533; K. Pratsch/V. Ronge, "Arbeit finden sie leichter als Freunde", *Deutschland Archiv*, 18(1985), pp.716~725.

6   대표적으로는 H. J. Koerber, *Die Heimatvertriebenen und die Flüchtlinge aus der Sowjetzone in Westberlin* (Berlin, 1954) 참조. 여기서 쾨르버는 수용 심사를 통과하지 못한 동독인의 상황도 간략하게나마 다루었다.

7   H. Heidemeyer, *Flucht und Zuwanderung aus der SBZ/DDR 1945/49~1961* (Düsseldorf, 1994).

8   G. Köhler, *Notaufnahme. Evangelische Flüchtlingsseelsorge. Vierzig Jahre im Dienst für Umsiedler, Aussiedler und Übersiedler in Berlin* (Berlin, 1991). 쾰러의 저서는 동독 이탈 주민 뿐 아니라 제2차 세계대전 직후 대규모로 서독으로 유입된 동유럽 강제추방민과 과거 독일 제국에 속했던 동유럽 지역에 한동안 더 거주하다가 1950년대 이후 서독으로 이주해온 독일계 이주민과 외국인 배우자를 포함한 그들의 가족도 다루었다. 그러나 지면의 대부분은 동독 이탈 주민에 할애하고 있다.

9   C. Oesterreich, *Die Situation in den Flüchtlingseinrichtungen für DDR-Zuwanderer in den 1950erund 1960er Jahren* (Hamburg, 2008); E. Kimmel, "…war ihm nicht zuzumuten, länger in der SBZ zu bleiben". *DDR-Flüchtlinge im Notaufnahmelager Marienfelde* (Berlin, 2009); E. Heizer, "Glücklich, dass wenigstens jeder Flüchtling in Berlin ein Dach über dem Kopf hat – Notaufnahmelager für Flüchtlinge aus der SBZ/DDR in West-Berlin bis 1961", H. Bispinck/K. Hochmuth (eds.), *Flüchtlingslager im Nachkriegsdeutschland* (Berlin, 2014), pp.164~189; A. Hoffrichter, "Uelzen und die Abgelehnten", *Flüchtlingslager im Nachkriegsdeutschland*, pp.190~209; J. v. Laak, "Das Notaufnahmelager

Gießen. Ein Seismograf der deutsch-deutschen Beziehungen?," D. Brunner et al. (eds.), *Asymmetrisch verflochten? Neue Forschungen zur gesamtdeutschen Nachkriegsgeschichte* (Berlin 2013), pp.97~114; J. v. Laak, *Einrichten im Übergang. Das Aufnahmelager Gießen 1946–1990* (Frankfurt/M. 2017).

10 V. Ackermann, "Homo Barackensis-Westdeutsche Flüchtlingslager in den 1950er Jahren," V. Ackermann et al.(eds.), *Anknüpfungen. Kulturgeschichte – Landesgeschichte – Zeitgeschichte . Gedenkschrift für Peter Hüttenberger* (Essen, 1995), pp.302~319. '총체적 기관'은 캐나다 출신의 사회학자 고프먼(E. Goffmann)이 발전시킨 개념으로 감옥이나 병영 혹은 정신병원처럼 모든 구성원이 동일한 취급을 받고, 일상생활 전체가 엄격한 규율에 의거해 관리되는 곳을 뜻한다.

11 H. Heidemeyer, "Flüchtlingslager als Bühne der Politik," Bispinck/Hochmuth (eds.), *Flüchtlingslager*, pp.74~91.

12 E. Michels, *Guillaume, der Spion: Eine deutsch-deutsche Karriere* (Berlin, 2013); E. Schmidt-Eenboom, "Das Notaufnahmelager Marienfelde und die westlichen Nachrichtendienste," *Zeitschrift für Geschichtswissenschft*, 64(2016), H. 2, pp.113~128; P. Maddrell, "Die West-Geheimdienste und die Flüchtlinge aus Ostdeutschland," *Zeitschrift für Geschichtswissenschft*, 64(2016), H. 2, pp.129~144.

13 E. Heitzer, *Die Kampfgruppe gegen Unmenschlichkeit (KgU). Widerstand und Spionage im Kalten Krieg 1948–1959* (Köln, 2015); E. Heitzer, Humanitäre Organisation und Nachrichtendienst. Die Kampfgruppe gegen Unmenschlichkeit (1948~1959) im Bundesnotaufnahmeverfahren, *Zeitschrift für Geschichtswissenschft*, 64(2016), H. 2, pp.145~160; K. R. Allen, *Befragung-Überprüfung-Kontrolle* (Berlin, 2013).

14 V. Ackermann, *Der echte Flüchtling. Deutsche Vertriebene und Flüchtlinge aus der DDR 1945–1961* (Osnabrück, 1995).

15 A. Schmelz, *Migration und Politik im geteilten Deutschland während des Kalten Krieges. Die West-Ost-Migration in die DDR in den 1950er und 1960er Jahren* (Opladen, 2002).

16 B. Stöver, *Zuflucht DDR. Spione und Andere Übersiedler* (München, 2009); T. Weßibach, *Schwerer Weg. Übersiedlung aus der Bundesrepublik Deutschland und West-Berlin in die DDR 1961~1989* (Hamburg, 2011).

17 U. Stoll, *Einmal Frieheit und zurück* (Berlin, 2009); G. Neumeier, "Rückkehr in die DDR. Das Beispiel des Bezirks Suhl 1961 bis 1972", *Vierteljahrshefte für Zeitgeschichte*, 58(2010), pp.69~91.

18 U. Kleinert, "Die Flüchtlinge als Arbeitskräfte – zur Eingliederung der Flüchtlinge

in Nordrhein-Westfalen nach 1945", K. J. Bade(ed.), *Neue Heimat im Westen* (Münster, 1990), pp.37~60; U. Kleinert, *Flüchtlinge und Wirtschaft in Nordrhein-Westfalen 1945~1961* (Düsseldorf, 1988).

19 I. Dietzsch, Grenzen überschreiben?(Köln, 2004); I. Dietzsch, "Geheimnisbündelei en masse?", J. Kallinich/S. de Pasquale(eds.), *Ein offenes Geheimnis. Post-und Telefonkontrolle in der DDR* (Berlin, 2002), pp.127~140.

20 C. Härtel/P. Kabus(eds.), *Das Westpaket. Geschenksendung, keine Handelsware* (Berlin, 2001).

21 박명선, 〈서독의 동독 난민 정책과 사회통합〉, 《역사비평》 38호, 1997, 239~260쪽; 이영란, 〈통일 이전 동독 이탈 주민의 서독 적응 실태에 대한 연구. 1984년 서독에 정착한 동독 이탈 주민을 중심으로〉, 《아세아연구》 121호, 2005, 197~225쪽; 김도협, 〈동독 이주민에 대한 서독 정부의 성공적 대응 정책에 관한 일고〉, 《세계헌법연구》 18권 2호, 2012, 23~45쪽; 서정일, 〈구동독 주민의 동독 이탈 및 서독 사회 적응 과정에 관한 사회문화적 고찰〉, 《독일언어문학》 42집, 2008. 12, 189~211쪽; 김영윤, 〈서독 정부의 동독 이탈 주민 정착 지원〉, 《제17회 한반도 평화포럼 자료집》, 2009, 7~39쪽; 허준영, 〈서독의 동독 이탈 주민 통합 정책에 관한 연구〉, 《한국행정학보》, 46권 1호, 2012, 265~287쪽; 이동기, 〈서독 민간단체의 동독 이탈 주민 정착 지원〉, 《제17회 한반도 평화포럼 자료집》, 2009, 43~56쪽.

22 김태수, 〈남한-서독 간 체제 이탈 주민 정책의 상호 비교〉, 《한국 사회와 행정 연구》 22권 2호, 2011, 229~248쪽; 윤창규, 〈탈북 이주자의 사회 정착 지원 개선 방안에 대한 연구 - 서독 정부의 구동독 이주민 관계 대책 및 지원 정책과의 비교를 중심으로〉, 고려대학교 석사 학위 논문, 2001, 34~78쪽; 김진욱, 〈한국과 독일의 탈출 이주민 정착·지원 정책에 대한 비교 연구〉, 《중앙대학교 민족발전연구》 2호, 1998, 229~264쪽.

23 최승완, 〈동독 이탈 주민에서 서독 시민으로 - 1950년대 서독의 탈동독민 통합 정책〉, 《이화사학연구》 46집, 2013, 457~500쪽; 최승완 〈독일 통일의 가교-동독 이탈 주민〉, 《이화사학연구》 48집, 2014, 199~237.

24 이러한 개론서로는 B. Effner/H. Heidemeyer, *Flucht im geteilten Deutschland* (Berlin-Brandenburg, 2005)를 들 수 있다. 이 책은 짧은 시간에 이탈 주민 전반에 걸쳐 파악할 수 있는 장점을 지녔지만, 짧은 분량으로 인해 주제별 설명이 충분치 않다.

참고 문헌

국외
---

1. 문서고 자료

1) Bundesarchiv Koblenz

B 150/4060 Bd. 1, 2; 4074; 4082 Bd. 1, 2; 4083c; 4094; 4111; 4113; 4116; 4125, Bd. 1; 4133
　　　Bd. 1, 2; 4141 Bd. 1, 2; 4165; 4166

B 286/40; 238; 295; 380; 402; 403; 455; 483; 502; 504; 525; 526; 535; 689; 692; 753; 769;
　　　770; 790; 791; 801; 804; 808; 816; 819; 824; 835; 915; 916; 923; 924; 927; 968; 976;
　　　977; 1014; 1045; 1047; 1049; 1058; 1078; 1351; 1409; 1410; 1411; 1413; 1414; 1415;
　　　1416; 1423; 1432; 1461; 1462; 1466; 1505; 1584

2) Bundesarchiv Berlin (Lichterfelde)

DC 1/ 280; 872; 1249; 5189 Bd. 1, 2; 14739

DC 9/ 115 Bd. 1

DO 1/ 11/776; 779; 780; 963; 967

DO 1/34/21718; 21719; 21721; 21723; 21724; 27105; 34126

DO 1/ 8883; 9090; 9235; 9237; 9253; 9287; 11203; 13582; 13882; 13884; 13941; 13964;
　　　14000; 14501; 14517; 14652; 14653; 14739; 14744; 14759; 14760; 14781; 14782;
　　　16442; 16534; 14773 ; 17282; 17283; 21265; 27780; 27955

DO 102/657

3) Landesarchiv Berlin

B Rep. 002, Nr. 7948

B Rep. 007, Nr. 6; 24

B Rep. 008, Nr. 82; 143; 146; 155; 336; 386

B Rep. 009, Nr. 127; 128

B Rep. 232-30, Nr. 1; 16; 22; 33; 49; 50; 55; 69; 72

C Rep. 103, Nr. 204

C Rep. 104, Nr. 181

C Rep. 134-12, Nr. 3; 4

C. Rep. 149-12, Nr. 3821

C Rep. 303, Nr. 39

ZS 468

4) **Stiftung Archiv der Parteien und Massenorganisationen der DDR im Bundesarchiv (SAPMO)**

DY 24/14397; 18474; 18475

DY 30/IV 2/2.039/308; 310

DY 30 IV 2/9.06/105

DY 30 IV 2/9.02/6

DY 30/IV 2/13/394; 397; 398

DY 30/J IV 2/3/351

DY 30/16534

DY 34/22230

5) **Bundesbeauftragter für die Unterlagen des Staatssicherheitsdienstes der ehemaligen DDR (BStU)**

MfS, AIM, Nr. 20847/63

MfS, AS , Nr. 121/76

MfS, AOP, Nr. 12324/63

MfS, AU, Nr. 32/55 Bd. 1; 16162

MfS, BV Gera AKG, Nr. 0085; 0089; 0090

MfS, BV Neubrandenburg, Abt XX, Nr. 231; 234; 235; 254; 265

MfS, BV Rostock AS, Nr. 121/76

MfS, GH, Nr. 34/73, Bd. 4, Bd. 11

MfS, HA I, Nr. 13691; 14903; 18379

MfS, HA II, Nr. 42851; 42854; 42856; 42874; 43414

MfS, HA VI, Nr. 499; 13237

MfS, HA VII, Nr. 3622; 3831; 5874 ; 6626

MfS, HA VIII, Nr. 15459; 15899; 15959

MfS, HA IX, Nr. 421 Bd. 2; 683 Bd. 1, 3; 1272; 1276; 1277; 1421; 1911; 2928; 3024; 3250; 3459; 3815; 3826; 4009; 4116; 4392; 4603; 5202; 5205; 5893; 10117; 14378; 14425; 17609

MfS, HA XX, Nr. 1485; 5438; 6003; 7720; 9742; 20014

MfS, HA XX ZMA, Nr. 663

MfS, HV Aufklarung, Nr. 1346

MfS, JHS, Nr. 20410

MfS, Rechtsstelle, Nr. 128, Bd. 2, 3, 4; 129 Bd. 3; 131; 1065

MfS, ZAIG, Nr. 2200; 4534; 7726; 9307, Teil 1, 2; 10590; 16162

MfS, ZKG, Nr. 105; 745; 758; 1101; 1646; 2094; 7917; 10590; 16637; 17370; 17373; 17374; 17376; 17377

MfS, ZOS, Nr. 21

MfS, Arbeitsbereich Neiber, Nr. 184.

6) Erinnerungsstätte Notaufnahmelager Marienfelde(ENM)

Ordner Fremdedienststellen Verbände Organisationen Außerhalb Arbeiter Samariter

Bund bis B III; B –C; D –K; L –U; V –

Z 000113; 000195; 000291; 000457

ZZ 000451; 000048; 000062; 000065; 000067

7) Archiv für Diakonie und Entwicklung(ADE)

Allg. Slg. 934; 935; 936

HGST 1205; 1331; 1335; 1339; 6001; 6506; 6906; 6909; 6910; 6911; 6913; 6914; 8851; 8858

HGST R 1330

ZB 314; 1200; 1203; 1205; 1209; 1210; 1600

ZBB 840; 1524; 1997

BST 111; 138; 221; 695; 866

BST N. 138

8) Vereinsarchiv des CVJM Berlins

B 15; 22; 26; 27; 39

B 26–27 Anzeiger

J 24; 27

9) Stiftung Mecklenburg

Stutz, R., "Bewahrung, Pflege und Vermittlung kultureller Überlieferungen

Mecklenburgs durch die Stiftung Mecklenburg," Rostock 2008, Stiftung

Mecklenburg (Archiv), Nr. 1058.

2. 단행본

Abelshauser, W., *Deutsche Wirtschaftsgeschichte seit 1945* (München, 2004).

Abelshauser, W., Wirtschaftsgeschichte der Bundesrepublik Deutschland 1945~

1980 (Franktfurt/M., 1983).

Abelshauser, W., *Die langen fünfziger Jahre. Wirtschaft und Gesellschaft der Bundesrepublik Deutschland* (Düsseldorf, 1987).

Ackermann, V., *Der echte Flüchtling. Deutsche Vertriebene und Flüchtlinge aus der DDR 1945~1961* (Osnabrück, 1995).

Ahrends, M.(ed.), Mein Leben, Teil Zwei(Köln, 1989).

Allen, K. R., *Befragung–Überprüfung–Kontrolle. Die Aufnahme von DDR-Flüchtlingen in West-Berlin bis 1961* (Berlin, 2013).

Apelt, A. H.(ed.), *Flucht, Ausreise, Freikauf. (Aus-)Wege aus der DDR* (Halle, 2011).

Apelt, A. H.(ed.), *Neuanfang im Westen. Zeitzeugen berichten 1949~1989* (Halle, 2013).

Arnim–Resenthal, A., *Flucht und Ausreise aus der DDR* (Erfurt, 2016).

Ausschuß für deutsche Einheit(ed.), *250 Fragen 250 Antworten über die DDR* (Berlin, 1954).

Bach–Puyplat, U., *Im Westen* (Frankfurt/M., 2008).

Bader, W., *Brücke und Klammer. Arbeit für die Wiedervereinigung Deutschlands* (Bonn, 1994년경).

Bader, W., *Die Landmannschaft Berlin–Mark Brandenburg* (Noderstedt, 2011).

Bader, W., *Geborgter Glanz. Flüchtlinge im eigenen Land. Organisationen und ihr Selbstverständnis* (Bonn, 1979).

Balzer, G./Ladendorf, H. *Die gesellschaftliche Eingliederung der jugendlichen Flüchtlinge aus der sowjetischen Besatzungszone im Lande Nordrhein-Westfalen* (Troisdorf, 1960).

Bennewitz, I./Potraz, R., *Zwangsaussiedlungen an der innderdeutschen Grenze. Analysen und Dokumente* (Berlin, 1994).

Berlin–Friedrichstraße 20.53 Uhr. Die Flucht von Schülern der Max-Planck-Oberschule in Ostberlin (Bad Godesberg, 1965).

Bezirksfreidensrat Magdeburg(eds.), *Mein Weg in die Deutsche Demokratische Republik* (Magdeburg, 1960).

Birkenfeld, G. et al., *Sprung in die Freiheit* (München, 1953).

Bispinck, H./Hochmuth, K.(eds.), *Flüchtlingslager im Nachkriegsdeutschland* (Berlin, 2014).

Bönisch, G./Wiegrefe, K.(eds.), *Die 50er Jahre. Vom Trümmerland zum Wirtschaftswunder* (München, 2006).

Brinkschulte, W., *Freikaufgewinnler. Die Mitverdiener im Westen* (Frankfurt M./Berlin, 1993).

Bund der Mitteldeutschen, *BMD-Handbuch Teil 1* (Bonn, 1986).

Bund der Mitteldeutschen, *Durch Einigkeit zur Einheit. Gründung am 19. und 20. April 1969 in Berlin* (Berlin, 1969).

Bundesministerium des Innern (ed.), *Lastenausgleich-Flüchtlingshilfe-Häftlingshilfe* (Bonn, 1971).

Bundesministerium des Innern (ed.), *Wegweiser für Flüchtlinge und Übersiedler aus der DDR* (Bonn, 1986).

Bundesministerium für Gesamtdeutsche Fragen (ed.), *Die Flucht aus der Sowjetzone und die Sperrmaßnahmen des kommunistischen Regimes vom 13. August 1961 in Berlin* (Bonn, 1961).

Bundesministerium für Gesamtdeutsche Fragen (ed.), *Merkblatt. Was ist im Post-und Fernmeldeverkehr mit der Sowjetzone zu beachten?* (Bonn, 1952).

Bundesministerium für innerdeutsche Beziehungen (ed.), *DDR Handbuch* (Köln, 1985).

Bundesministerium für innerdeutsche Beziehungen, *Die Entwicklung der Beziehungen zwischen der Bundesrepublik Deutschland und der DDR* (Bonn, 1973).

Bundesministerium fur Vertriebene, Fluchtlinge und Kriegsgeschadigte (ed.), *Die Flucht aus der Sowjetzone* (Bonn, 1965).

Büro des Präsidiums des Nationalrats, *Unsere ganze Sorge und Hilfe den Übersiedlern aus Westdeutschland* (Berlin, 1959).

Das Diakonische Werk-Innere Mission und Hilfswerk der evangelischen Kirche in Deutschland (ed.), *Leifaden für Sowjetzonenflüchtlinge* (Stuttgart, 1968).

Detjen, M., *Ein Loch in der Mauer. Die Geschichte der Fluchthilfe im geteilten Deutschland 1961~1989* (München, 2005).

Deutsche Rotes Kreuz, *Wegweiser für Zuwanderer aus der DDR*, 발행일 미표시.

Diekmann, K.(ed.), *Freigekauft. Der DDR-Menschenhandel* (München, 2012).

Dietzsch, I., *Grenzen überschreiben? Deutsch-deutsche Briefwechsel 1948~1989* (Köln, 2004).

Effner, B. et al.(eds.), *Verschwunden und Vergessen. Flüchtlingslager in West-Berlin bis 1961* (Berlin, 2011).

Effner, B./Heidemeyer, H.(eds.), *Flucht im geteilten Deutschland* (Berlin-Brandenburg, 2005).

Eisenfeld, B./Engelmann, R., *13. 8. 1961. Mauerbau. Fluchtbewegung und Machtsicherung* (Berlin, 2001).

Enders, U./Henke, J.(eds.), *Die Kabinettsprotokolle der Bundesregierung, Bd. 10: 1957* (München, 2000).

Erinnerungsstätte Notaufnahmelager Marienfelde (ed.), *1953~2003. 50 Jahre*
Notaufnahmelager Marienfelde (Berlin, 2003).

Erinnerungsstätte Notaufnahmelager Marienfelde, *Fluchtziel Berlin. Die Geschichte*
des Notaufnahmelagers Berlin-Marienfelde (Berlin, 2000).

Fachschule der Zollverwaltung der DDR, "Heinrich Rau," Fachgebiet Zollrecht (ed.),
Gesetz über das Zollwesen der DDR (Plessow, 1976).

Fleischhauer, G., *Vom Neubürger zum Heilbronner. Die Eingliederung der Flüchtlinge*
und Heimatvertriebenen im Stadtkreis Heilbronn nach dem Zweiten
Weltkrieg (Heilbronn, 1992).

Flemming, T., *Berlin im Kalten Krieg. Der Kampf um die geteilte Stadt* (Berlin-
Brandenburg, 2008).

Flemming, T., *Die Berliner Mauer. Grenze durch eine Stadt* (Berlin, 2000).

Fuchslocher, E./Schabitz, M.(eds.), *Wechselseitig. Rück- und Zuwanderung in die DDR*
1949 bis 1989 (Berlin, 2017).

Foschepoth, J., *Überwachtes Deutschland. Post- und Telefonüberwachung in der alten*
Bundesrepublik (Göttingen, 2012).

Fricke, K. W., *MfS intern. Macht, Strukturen, Auflösung der DDR-Staatssicherheit* (Köln,
1991).

Gereke, G., *Ich war königlich-preußischer Landrat* (Berlin, 1970).

Gerig, U., *Brief Kontakt. Alltägliches aus dem anderen Teil Deutschlands* (Böblingen,
1987).

Granicky, G., *Die Betreunng der politischen Häftlinge. Gesetze, Verordnungen und*
Erlasse zum Häftlingshilfegesetz (Troisdorf, 1956).

Gückel, I., *Bund der Mitteldeutschen (BMD) e.V. Chronik eines Verbandes*
1969~1993 (Bonn, 1993).

Hagemann, F., *Der Untersuchungsausschuß Freiheitlicher Juristen 1949-1969*
(Frankfurt/M. 1994).

Hager, K., *Erinnerungen* (Leipzig, 1996).

Hanauske, D., *"Bauen, bauen, bauen···!" Die Wohnungspolitik in Berlin (West) 1945~*
1961 (Berlin, 1995).

Härtel, C./Kabus, P.(eds.), *Das Westpaket. Geschenksendung, keine Handelsware* (Berlin,
2001).

Heidemeyer, H., *Flucht und Zuwanderung aus der SBZ/DDR 1945/1949~1961*
(Düsseldorf, 1994).

Heitmann, P., *25 Jahre Landmannschaft Mecklenburg 1951~1976* (Hamburg, 1978).

Heitzer, E., *Die Kampfgruppe gegen Unmenschlichkeit. Widerstand und Spionage im Kalten Krieg 1948~1959* (Köln, 2015).

Henseler, T./Buddenberg, S., *Tunnel 57. Eine Fluchtgeschichte als Comic* (Berlin, 2013).

Hinst, K., *Das Verhältnis zwischen Westdeutschen und Flüchtlingen* (Bern/Stuttgart, 1968).

Hornstein, E., *Der deutsche Not. Flüchtlinge berichten* (Köln/Berlin, 1960).

Hur, J.-Y., *Die Integration ostdeutscher Flüchtlinge in der Bundesrepublik Deutschland durch Beruf und Qualifikation* (Frankfurt/M., 2010).

Hürtgen, R., *Ausreise per Antrag. Der lange Weg nach drüben. Eine Studie über Herrschaft und Alltag in der DDR-Provinz* (Göttingen, 2014).

Innere Mission und Hilfswerk der Evangelischen Kirche in Deutschland (ed.), *Die Flüchtlingssituation. Eins Studie* (Stuttgart, 1958).

Institut für Demoskopie Allensbach (ed.), *Allensbacher Jahrbuch der Demoskopie 1974~1976, Bd. VI* (Wien/München/Zürich, 1977).

Internationale Gesellschaft für Menschenrechte (ed.), *Die Ausreisebewegung aus der DDR* (Frankfurt/M., 1989).

Jarausch, K. H., *Die unverhoffte Einheit 1989~1990* (Frankfurt/M., 1995).

Judt, M.(ed.), *DDR-Geschichte in Dokumenten* (Bonn, 1998).

Kallinich, J./Pasquale, S. de (eds.), *Ein offenes Geheimnis. Post-und Telefonkontrolle in der DDR* (Berlin, 2002).

Kenntemich, W. et al.(eds.), *Das war die DDR. Eine Geschichte des anderen Deutschland* (Berlin, 1993).

Keussler, K.-M./Schulenburg, P., *Fluchthelfer. Die Gruppe um Wolfgang Fuchs* (Berlin, 2011).

Kimmel, E., *"···war ihm nicht zuzumuten, länger in der SBZ zu bleiben". DDR-Flüchtlinge im Notaufnahmelager Marienfelde* (Berlin, 2009).

Kleindienst, J.(ed.), *Von hier nach drüben. Grenzgänge, Fluchten und Reisen 1945~1961* (Berlin, 2001).

Kleinert, U., *Flüchtlinge und Wirtschaft in Nordrhein-Westfalen 1945~1961* (Düsseldorf, 1988).

Kleßmann, C., *Zwei Staaten, eine Nation. Deutsche Geschichte 1955~1970* (Bonn, 1988).

Kleßmann, C./Lautzas, P.(eds.), *Teilung und Integration. Die doppelte deutsche Nachkriegsgeschichte als wissenschaftliches und didaktisches Problem* (Bonn, 2006).

Kleßmann, C./Wagner, G.(eds.), *Das gespaltene Land. Leben in Deutschlnad 1945 bis*

1990 (München, 1993).

Kludas, H., *Briefe von Deutschland nach Deutschland* (München, 1959).

Knopp, G., *Der Aufstand 17. Juni 1953* (Hamburg, 2003).

Koerber, H. J., *Die Heimatvertriebenen und die Flüchtlinge aus der Sowjetzone in Westberlin* (Berlin, 1954).

Köhler, G., *Notaufnahme. Evangelische Flüchtlingsseelsorge* (Berlin, 1991).

Köhler, R., *Weihnachten in Berlin. 1949~1989* (Berlin, 2003).

Kollai, H. R., *Die Eingliederung der Vertriebenen und Zuwanderer in Niedersachsen* (Berlin, 1959).

Körner, H., *Der Zustrom von Arbeitskräften in die Bundesrepublik Deutschland 1950~ 1972* (Frankfurt/M., 1976).

Kowalczuk, I.-S., *17. Juni 1953. Geschichte eines Aufstands* (München, 2013).

Kowalczuk, I.-S., *Die 101 wichtigsten Fragen. DDR* (München, 2009).

Krause, P., *Der Eichmann-Prozeß in der deutschen Presse* (Frankfurt/M., 2002).

Lehmann, A., *Im Fremden ungewollt zuhaus. Flüchtlinge und Vertriebene in Westdeutschland 1945~1990* (München, 1994).

Lemke, M., *Die Berlinkrise 1958 bis 1963* (Berlin, 1995).

Maaz, H. J., *Der Gefühlsstau* (Berlin, 1990).

Melis, D./Bispinck, H. (eds.), *Republikflucht. Flucht und Abwanderung aus der SBZ/ DDR 1945 bis 1961* (München, 2006).

Michels, E., *Guillaume, der Spion. Eine deutsch-deutsche Karriere* (Berlin, 2013).

Müller, B., *Faszination Freiheit. Die spektakulärsten Fluchtgeschichten* (Berlin, 2000).

Müller, J., *Übersiedler von West nach Ost in den Aufnahmeheimen der DDR am Beispiel Barbys* (Magdeburg, 2000).

Nieske, C., *Republikflucht und Wirtschaftswunder. Mecklenburger berichten über ihre Erlebnisse 1945 bis 1961* (Schwerin, 2001).

Oesterreich, C., *Die Situation in den Flüchtlingseinrichtungen für DDR-Zuwanderer in den 1950er und 1960er Jahren* (Hamburg, 2008).

Petschull, J. *Mit dem Wind nach Westen* (München, 1980).

Quandt, C.-U., *Sie kamen aus Westdeutschland zu uns* (Leipzig, 1959).

Riesenberger, D., *Das Deutsche Rote Kreuz. Eine Geschichte 1864~1990* (Paderborn, 2002).

Roesler, J., *Rübermachen. Politische Zwänge, ökonomisches Kalkül und verwandtschaftliche Bindungen als häufigste Motive der deutsch-deutschen Wanderungen zwischen 1953 und 1961* (Berlin, 2004).

Ronge, V., *Von drüben nach hüben. DDR-Bürger im Westen* (Wuppertal, 1985).

Rytlewski, R./Opp de Hipt, M., *Die Deutsche Demokratische Republik in Zahlen 1945/1949~1980* (München, 1985).

Schädlich, A. & S.(eds.), *Ein Spaziergang war es nicht. Kindheiten zwischen Ost und West* (München, 2012).

Schildt, A./Sywottek, A.(eds.), *Modernisierung im Wiederaufbau. Die westdeutsche Gesellschaft der 50er Jahre* (Bonn, 1993).

Schmelz, A., *Migration und Politik im geteilten Deutschland während des Kalten Krieges. Die West-Ost-Migration in die DDR in den 1950er und 1960er Jahren* (Opladen, 2012).

Schreiber, H., *Kanzlersturz. Warum Willy Brandt zurücktrat* (München, 2003).

Schröder, R., *Der SED-Staat. Geschichte und Strukturen der DDR* (München, 1998).

Schumann, K. F. et al., *Private Wege der Wiedervereinigung. Die deutsche Ost-West-Migration vor der Wende* (Weinheim, 1996).

Senat von Berlin, *Flüchtlinge überfluten die Insel Berlin. Denkschrift des Senats von Berlin* (Berlin, 1953).

Senator für Arbeit und Sozialwesen von Berlin(ed.), *Deutsche flüchten zu Deutschen* (Berlin, 1956).

Senator für Arbeit und Sozialwesen von Berlin, *Jahresbericht über die Entwicklung der Berliner Flüchtlingssituation 1957* (Berlin, 1958).

Senator für Arbeit und Sozialwesen von Berlin, *Jahresbericht über die Entwicklung der Berliner Flüchtlingssituation 1955* (Berlin, 1956).

Senator für Arbeit und Sozialwesen von Berlin, *Jahresbericht über die Entwicklung der Berliner Flüchtlingssituation 1956* (Berlin, 1957).

Sesta, E., *Der Tunnel in die Freiheit* (München, 2001).

Statistisches Bundesamt(ed.), *Statistisches Jahrbuch 1961 für die Bundesrepublik Deutschland* (Stuttgart, 1961).

Statistisches Bundesamt(ed.), *Statistisches Jahrbuch 1964 für die Bundesrepublik Deutschland* (Stuttgart, 1964).

Statistisches Bundesamt(ed.), *Statistische Jahrbuch 1971 für die Bundesrepublik Deutschland* (Stuttgart, 1971).

Statistisches Bundesamt(ed.), *Statistische Jahrbuch 1973 für die Bundesrepublik Deutschland* (Stuttgart, 1973).

Statistisches Bundesamt(ed.), *Statistische Jahrbuch 1975 für die Bundesrepublik Deutschland* (Bonn, 1975).

Statistisches Bundesamt(ed.), *Statistische Jahrbuch 1989 für die Bundesrepublik Deutschland* (Bonn, 1989).

Steinmetz, H./Elias, D., *Geschichte der deutschen Post. Bd. 4: 1945 bis 1978* (Bonn, 1979).

Stoll, U., *Einmal Freiheit und zurück. Die Geschichte der DDR-Rückkehrer* (Berlin, 2009).

Stöver, B., *Zuflucht DDR. Spione und andere Übersiedler* (München, 2009).

Tantzscher, M., *Die verlängerte Mauer. Die Zusammenarbeit der Sicherheitsdienste der Warschauer-Pakt-Staaten bei der Verhinderung von "Republikflucht"* (Berlin, 1998).

Untersuchungsausschuß Freiheitlicher Juristen, *Untersuchungsausschuß Freiheitlicher Juristen. Zielsetzung und Arbeitsweise* (Berlin, 1961).

Voigt, J., *Westbesuch* (Berlin, 2011).

Wagner, H., *Die Heimatvertriebenen und Sowjetzonenflüchtlinge in Rheinland-Pfalz* (Berlin, 1956).

Weber, H., *DDR. Grundriß der Geschichte 1945~1990* (Hannover, 1991).

Weidenfeld, W./Korte, K.-R.(eds.), *Handbuch zur deutschen Einheit 1949~1989~1999* (Bonn, 1999).

Weißbach, T., *Schwerer Weg. Übersiedlung aus der Bundesrepublik Deutschland und West-Berlin in die DDR 1961~1989* (Hamburg, 2011).

Wisky, L., *So viele Träume. Mein Leben* (Berlin, 2005).

Wolle, S., *Die heile Welt der Diktatur* (Berlin, 1998).

Zentralbüro des Hilfswerkes der Eangelischen Kirche in Deutschland(ed.), *Leitfaden für Sowjezonenflüchtlinge* (Stuttgart, 1954).

Zentralbüro des Hilfswerkes der Evangelischen Kirche in Deutschland, *Eingliederung der Sowjetzonenflüchtlinge* (Stuttgart, 1954).

Ziegler, U., *Die Migrationspolitik in der DDR zwischen Restriktion und Anwerbung* (München, 2010).

3. 논문 혹은 책에 수록된 글, 잡지 기사, 보고서 및 안내문

"DDR-Flüchtlinge. Wie die Motten," *Der Spiegel*, Nr. 53/1979, pp.30~31.

"Der dritte Mann wartete im Grab," *Der Spiegel*, Nr. 13/1962, pp.40~55.

"Überall Harmonie. Ein ARD-Film über DDR-Bürger wird wegen 'kommunistischer Propaganda' angegriffen - zu Unrecht," *Der Spiegel*, Nr. 14/1973, pp.169~171.

Abelshauser, W., "Der Lastenausgleich und die Eingliederung der Vertriebenen und Flüchtlinge-Eine Skizze," Schulze, R. et al.(eds.), *Flüchtlinge und Vertriebene in der westdeutschen Nachkriegsgesellschaft* (Hildesheim, 1987), pp.229~238.

Ackermann, V., "Homo Barackensis - Westdeusche Fluchtlingslager in den 1950er Jahren," Ackermann, V. et al. (eds.), *Anknüpfungen* (Essen, 1995), pp.302~319.

Aehnlich, K. "Tante Bärbels Befreiung," Härtel/Kabus(eds.), *Das Westpaket*, pp.181~192.

Ambrosius, G., "Der Beitrag der Vertriebenen und Flüchtlinge zum Wachstum der westdeutschen Wirtschaft nach dem Zweiten Weltkrieg," *Jahrbuch für Wirtschaftsgeschichte*, 36(1995), pp.39~71.

Arnold, K., "Ein Programm für den Westen? Der Deutschlandsender," Arnold, K./Classen, C. (eds.), *Zwischen Pop und Propaganda. Radio in der DDR* (Berlin, 2004), pp.191~208.

Arp, H.-P., "Integrationsprobleme der Übersiedler aus der DDR," *Deuschlnand Archiv*, 19(1986), pp.372~375.

Aschenbach, H.-G., "Flucht aus dem goldenen Käfig und Neubegeinn als Arzt," Apelt(ed.), *Neuanfang im Westen*, pp.147~155.

Baum, K.-H., "Die Integration von Flüchtlingen und Übersiedlern in die Bundesrepublik Deutschland," Der Deutsche Bundestag(ed.), *Materialien der Enquete-Kommission "Aufarbeitung von Geschichte und Folgen der SED-Diktatur in Deutschland,"* VIII/1 (Baden-Baden, 1999), pp.511~706.

Beer, M. "Die deutsche Nachkriegszeit als Lagergeschichte," Bispinck/Hochmuth(eds.), *Flüchtlingslager im Nachkriegsdeutschland*, pp.47~72.

Berg, H., "Notaufnahmelager," *Zeitschrift für Geopolitik in Geschichte und Politik*, 27(1956), pp.46~50.

Bispinck, H., "Motive für Flucht und Ausreise aus der DDR," Effner/Heidemeyer(eds.), *Flucht im geteilten Deutschland*, pp.49~66.

Bispinck, H., "Republikflucht. Flucht und Ausreise als Problem für die DDR-Führung," Hoffmann, D. et al.(eds.), *Vor dem Mauerbau. Politik und Gesellschaft in der DDR der fünfziger Jahre* (München, 2003), pp.285~310.

Borowski, P., "Die DDR in den sechziger Jahren," Bundeszentrale für politische Bildung(ed.), *Zeiten des Wandels. Deutschland 1961~1974. Informationen zur politischen Bildung, Nr. 258* (Bonn, 1998), pp.22~31.

Böske, K., "Selbstverständlich kein ständiger Begleiter des Sozialismus. Der Intershop," Härtel/Kabus(eds.), *Das Westpaket*, pp.213~232.

Bund der Mitteldeutschen, *BMD-Informationsdienst*, 1970~1973.

Bund der Mitteldeutschen, *BMD-Beratungsdienst*, 1984~1989.

Ciesla, B., "Wirtschaftliche Entwicklung und Lebenslage in der DDR," Bundeszentrale für politische Bildung(ed.), *Deutschland in den fünfziger Jahren. Information zur politischen Bildung Nr. 256* (Bonn, 1997), pp.39~45.

Detjen, M., "Fluchthelfer nach dem Mauerbau," *Deutschland Archiv*, 35(2002), pp.799~806.

Dietzsch, I., "Deutsch-deutscher Gabenaustausch," Neue Gesellschaft für Bildende Kunst(ed.), *Wunderwirtschaft. DDR-Konsumkultur in den 1960er Jahren* (Köln/Weimar/Wien, 1996), pp.204~213.

Dietzsch, I., "Geheimnisbündelei en masse?," Kallinich/Pasquale(eds.), *Ein offenes Geheimnis. Post-und Telefonkontrolle in der DDR*, pp.127~140.

Döinghaus, U.S., "Eine gesonderte Behandlung jenseits des Regellaufs," Härtel, /Kabus(eds.), *Das Westpaket*, pp 65~82.

Effner, B./Heidemeyer, H., "Die Flucht in Zahlen," Effner/Heidemeyer(eds.), *Flucht im geteilten Deutschland*, pp.27~32.

Eisenfeld, B., "Die Verfolgung der Antragsteller auf Ausreise," Baumann, U./Krug, H., *Politisch motivierte Verfolgung. Opfer von SED-Unrecht* (Freiburg, 1998), pp.117~136.

Eisenfeld, B., "Die Ausreisebewegung-eine Erscheinungsform widerständigen Verhaltens," Poppe. U. et al.(eds.), *Zwischen Selbstbehauptung und Anpassung* (Berlin, 1995), pp.192~223.

Eisenfeld, B., "Geschichte und Vielfalt der Ausreisebewegung," Seeck, A.(ed.), *Das Begehren, anders zu sein. Politische und kulturelle Dissidenz von 68 bis zum Scheitern der DDR* (Münster, 2012), pp.68~81.

Eisenfeld, B., "Gründe und Motive von Flüchtlingen und Ausreiseantragstellern aus der DDR," *Deuschland Archiv*, 36(2003), pp.89~105.

Engert, J., "Neuanfang in West-Berlin," Apelt(ed.), *Neuanfang im Westen*, pp.20~34.

Franke, U., "Sorge um die Tochter und Neuanfang in Köln," Apelt(ed.), *Neuanfang im Westen*, pp 162~170.

Fricke, K.W., "Fluchthilfe als Widerstand im Kalten Krieg," *Aus Politik und Zeitgeschichte*, B 38/1999, pp.3~8.

Fricke, K.W., "Merkwürdige Schluß-Diskussion," *Deutschland Archiv*, 28(1995), pp.113~115.

Friedrich, C., "Zur psychischen Situation von DDR-Zuwanderern," *Deutschland Archiv*, 21(1988), pp.526~533.

Fritze, L., "Das Ausreise-Phänomen," *Sinn und Form*, 42(1990), pp.197~210.

Fritze, L., "Ausreisemotive - Hpothesen über die Massenflucht aus der DDR, *Leviathan*,

19(1990), pp.39~54.

Grenzer, R., "Die Flucht aus der sowjetischen Besatzungszone. Ergebnisse des Notaufnahmeverfahrens," *Raumforschung und Raumordnung*, 11(1953), pp.172~178.

Grimmling, H. H., "Käfig der Freiheit," Apelt(ed.), *Neuanfang im Westen*, pp.171~187.

Gröschner, A., "Handelsware, keine Geschenksendung," Kallinich/Pasquale(eds.), *Ein offenes Geheimnis*, pp.171~176.

Hahn, A., "Wie du mir - so ich dir.' Berlin im Postkrieg," *Das Archiv*, 3(2009), pp.38~41.

Härtel, C., "Ostdeutsche Bestimmungen für den Paketverkehr im Spiegel westdeutscher Merkblätter," Härtel/Kabus(eds.), *Das Westpaket*, pp.45~56.

Härtel, C./Kabus, P., "Geschenksendung, keine Handelsware," Kallinich/Pasquale(eds.), *Ein offenes Geheimnis*, pp.195~206.

Härtel, C./Kabus, P., "Zwischen Gummibärchen und Playboy," Härtel/Kabus(eds.), *Das Westpaket*, pp.9~24.

Heidemeyer, H., " Flüchtlingslager als Bühne der Politik," Bispinck/Hochmuth(eds), *Flüchtlingslager im Nachkriegsdeutschland*, pp.74~91.

Heizer, E., "'Glücklich, dass wenigstens jeder Flüchtling in Berlin ein Dach über dem Kopf hat'-Notaufnahmelager für Flüchtlinge aus der SBZ/DDR in West-Berlin bis 1961," Bispinck/Hochmuth(eds.), *Flüchtlingslager im Nachkriegsdeutschland*, pp.164~189.

Heizer, E., "Humanitäre Organisation und Nachrichtendienst. Die Kampfgruppe gegen Unmenschlichkeit(1948~1959) im Bundesnotaufnahmeverfahren," *Zeitschrift für Geschichtswissenschaft*, 64(2016), H. 2, pp.145~160.

Helber, K. "Mein Freund ist der Schlüssel zum Erfolg und das Wiederfinden der eigenen Stimme," Apelt(ed.), *Neuanfang im Westen*, pp.138~146.

Hergeth, A., "Die Popularisierung der Maßnahmen. Zollorgane werben für ihren Einsatz," Härtel/ Kabus(eds.), *Das Westpaket*, pp.83~96.

Hilmer, R., "Motive und Hintergründe von Flucht und Ausreise aus der DDR," Der Deutsche Bundestag (ed.), *Materialien der Enquete-Kommission, VII/1* (Baden-Baden, 1995), pp.322~329.

Hirschmann, A. O., "Abwanderung, Widerspruch und das Schicksal der Deutschen Demokratischen Republik," *Leviathan*, 20(1992), pp.330~358.

Hoffrichter, A., "Uelzen und die Abgelehnten," Bispinck/Hochmuth(eds.), *Flüchtlingslager im Nachkriegsdeutschland*, pp.190~209.

Jeschonnek, G., "Ausreise - das Dilemma des ersten deutschen Arbeiter- und Bauern-

Staates?," Kroh, F.(ed.), ⟨⟨*Freiheit ist immer Freiheit*⟩⟩. *Die Andersdenkenden in der DDR* (Franktfurt/M., 1988), pp. 234-267.

Kalt, J., "Auf Umwegen in den Westen," Kleindienst(ed.), *Von hier nach drüben*, pp.231~253.

Kaminsky, A., "Nieder mit den Alu-Chips. Die private Einfuhr von Westwaren in die DDR," Härtel/Kabus(ed.), *Das Westpaket*, pp. 161~180.

Kempe, F., Die DDR und die Ausreiseproblematik. Arbeitspapier Nr. 24 des Instituts fur Internationale Politik und Regionalstudien (Berlin, 1998).

Kimmel, E., "Das Notaufnahmeverfahren," *Deutschlnd Archiv*, 38 (2005), pp.1023~1032.

Kimmel, E., "Die ostdeutschen Ungarn-Flüchtlinge des Sommers 1989 in der westdeutschen Presse," *Deutschland Archiv*, 40 (2007), pp.630~637.

Kleinert, U., "Die Flüchtlinge als Arbeitskräfte - zur Eingliederung der Flüchtlinge in Nordrhein-Westfalen nach 1945," Bade, K. J.(ed.), *Neue Heimat im Westen. Vertriebene, Flüchtlinge, Aussiedler* (Münster, 1990), pp.37~60.

Kleßmann, C., "Aufbau eines sozialistischen Staates," Bundeszentrale für politische Bildung(ed.), *Deuschland in den fünfziger Jahren. Information zur politischen Bildung Nr. 256* (Bonn, 1997), pp.24~31.

Kleßmann, C., "Spaltung und Verflechtung-Ein Konzept zur integrierten Nachkriegsgeschichte 1945 bis 1990," Kleßmann, C./Lautzas, P.(eds.), *Teilung und Integration* (Bonn, 2006), pp.20~37.

Kleßmann, C., "Verflechtung und Abgrenzung. Aspekte der geteilten und zusammengehörigen deutschen Nachkriegsgeschichte," *Aus Politik und Zeitgeschichte*, B 29-30/1993, pp.30~41.

Koch, H. R., "Flucht und Ausreise aus der DDR," *Deutschland Archiv*, 19 (1986), pp.47~52.

Krummacher, M., "Sozialer Wohnungsbau in der Bundesrepublik in den fünfziger und sechziger Jahren," Schildt, A /Sywottek, A(eds.), *Massenwohnungen und Eigenheim* (Frankfurt/M., 1988), pp.440~460.

Krunewald, H., "Kein Stoff zum Lachen," Ahrends(ed.), *Mein Leben, Teil Zwei*, pp.23~39.

Kubina, M., "Das Recht auf Freizügigkeit," *Zeitschrift des Forschungsverbundes SED-Staat*, 28 (2010), pp.75~89.

Laak, J., "Das Notaufnahmelager Gießen. Ein Seismograf der deutsch-deutschen Beziehungen?", Brunner, D. et al.(eds.), *Asymmetrisch verflochten? Neue Forschungen zur gesamtdeutschen Nachkriegsgeschichte* (Berlin, 2013), pp.97~114.

Laak, J., "Zwischen Bewältigung der Kriegsfolgen und Einübung demokratischer Prozesse," Bispinck/Hochmuth (eds.), *Flüchtlingslager im Nachkriegsdeutschland*, pp.142~163.

Lieschke, M., "Arbeiten trotz Einschränkungen," Apelt (ed.), *Neuanfang im Westen*, pp.188~197.

Lindner, B., "Dein Päckchen nach drüben," Härtel/Kabus (eds.), *Das Westpaket*, pp. 25-44.

Lindner, B., "Trennung, Sehnsucht und Distanz," *Deutschland Archiv*, 37 (2004), pp.991~1000.

Ludwig, H., "Ich habe immer noch eine Sinnlücke", Ahrends (ed.), *Mein Leben, Teil Zwei*, pp.73~81.

Lüttinger, P., "Der Mythos der schnellen Integration," *Zeitschrift für Soziologie*, 15 (1986), pp.20~36.

Maddrell, P., "Die West-Geheimdienste und die Flüchtlinge aus Ostdeutschland. Nachrichtendienstarbeit im 'goldenen Zeitalter' der Spionage (1945 - 1965)," *Zeitschrift für Geschichtswissenschaft*, 64 (2016), pp. 129~144.

Major, P., "Vor und nach dem 13. August 1961. Reaktionen der DDR-Bevölkerung auf dem Bau der Berliner Mauer," *Archiv für Sozialgeschichte*, 39 (1999), pp.325~354.

Meyen, M., "Die Flüchtlingsbefragungen von Infratest. Eine Quelle für die Geschichte der frühen DDR", *Beiträge zur Geschichte der Arbeiterbewegung*, 42 (2000), pp.64~77.

Meyen, M./Löblich, M./Wiedemann, T., "Walter Hagemann, die Politik, die Medien und die Publizistikwissenschaft. Eine Fallstudie zur Geschichte der Sozialwissenschaften nach dem Zweiten Weltkrieg," *Zeitschrift für Geschichtswissenschaft*, 61 (2013), pp.140~158.

Mößlang, M., "Elitenintegration im Bildungssektor. Das Beispiel der Flüchtlingsprofessoren 1945~1961," Hoffmann, D. et al. (eds.), *Vertriebene in Deutschland* (München, 2000), pp.371~395.

Neumeier, G., "Rückkehrer in die DDR. Das Beispiel des Bezirks Suhl 1961 bis 1972," *Vierteljahrshefte für Zeitgeschichte*, 58 (2010), pp.69~91.

Noll, H., "Die Leute, die hier zusammenbleiben, haben gewonnen," Ahrends (ed.), *Mein Leben, Teil Zwei*, pp.48~72.

Pasquale, S. de, "'Ich hoffe, dass die Post auch ankommt.' Die Brief-und Telegrammkontrollen des Staatssicherheitsdienstes der DDR," Kallinich/Pasquale (eds.), *Ein offenes Geheimnis*, pp.57~73.

참고 문헌

Pfeil, E., "Probleme der Aufnahme und Unterbringung von Sowjetzonenflüchtlingen in westdeutschen Städten," *Städtehygiene*, 4(1953), H. 12, pp.1~5.

Pleschinski, H., "Wenn sie drüben was reichlich haben, dann ist es Schnaps," Härtel/Kabus(eds.), *Das Westpaket*, pp.57~64.

Pratsch, K./Ronge, V., "Arbeit finden sie leichter als Freunde," *Deutschland Archiv*, 18(1985), pp.716~725.

Pratsch, K./Ronge, V., "So einer wartet nicht auf das Arbeitsamt. Die Integration der DDR-Übersiedler in die westdeutsche Gesellschaft," *Deutschland Archiv*, 21(1988), pp.158~169.

Richter, H., "Fluchthilfe und Aufklärung als Lebensfrage," Apelt(ed.), *Neuanfang im Westen*, pp.89~98.

Richter, M., "1949~1961. Der 'Aufbau des Sozialismus' in der DDR," Bundeszentrale für politische Bildung(ed.), *Geschichte der DDR. Information zur politischen Bildung Nr. 231* (Bonn, 1991), pp.10~17.

Roesler, J., "Abgehauen. Innerdeutsche Wanderungen in den funfziger und neunziger Jahren und deren Motive," *Deutschland Archiv*, 36(2003), pp.562~574.

Roesler, J., "Deutsch-deutsche Wanderungen 1949 bis 1990," Burrichter, C. et al.(eds.), *Deutsche Zeitgeschichte von 1945 bis 2000* (Berlin, 2006), pp.1253~1264.

Röhlke, C., "Entscheidung für den Osten," Effner/Heidemeyer(eds.), *Flucht im geteilten Deutschland*, pp.97~114.

Ronge, V., "Die soziale Integration von DDR-Übersiedlern in der Bundesrepublik Deutschland," *Aus Politik und Zeitgeschichte*, B 1-2/1990, pp.39~47.

Rosenbladt, A., "Alles Pseudo," Ahrends(ed.), *Mein Leben, Teil Zwei*, pp.99~108.

Ross, C., "… sonst sehe ich mich veranlasst, auch nach dem Westen zu ziehen," *Deutschland Archiv*, 34(2001), pp.613~627.

Rudolph, E., "Nüber gemacht und Literaturredakteur geworden," Apelt(ed.), *Neuanfang im Westen*, pp.46~56.

Rutsch, K.-H., "Freiheit ist unbezahlbar," Apelt(ed.), *Neuanfang im Westen*, pp.207~222.

Schild, A., "Gesellschaftliche Entwicklung," Bundeszentrale fur Politische Bildung(ed.), *Deutschland in den fünfziger Jahren. Informationen zur politischen Bildung Nr. 256* (Bonn, 1997), pp.3~10.

Schmidt-Eenboom, E., "Das Notaufnahmelager Marienfelde und die westlichen Nachrichtendienste," *Zeitschrift für Geschichtswissenschaft*, 64(2016), pp.113~128.

Schmelz, A., "West-und Ost-Migranten im geteilten Deutschland der fünfziger und sechziger Jahre," Motte, J. et al.(eds.), *50 Jahre Bundesrepublik, 50 Jahre Einwanderung* (Frankfurt/M., 1999), pp.88~108.

Schmelz, A., "Die West-Ost-Migration aus der Bundesrepublik in die DDR 1949-1961," *Archiv fur Sozialgeschichte*, 42(2002), pp.19~54.

Schneider, R., "Mathematiker bürgerlicher Herkunft und Softwarenpionier," Apelt(ed.), *Neuanfang im Westen*, pp.57~72.

Schroeder, K., "Ursachen, Wirkungen und Folgen der Ausreisebewegung," Apelt(ed.), *Flucht, Ausreise, Freikauf*, pp.46~68.

Schumann, K. F., "Flucht und Ausreise aus der DDR insbesondere im Jahrzehnt ihres Untergangs," Der Deutsche Bundestag(ed.), *Materialien der Enquete-Kommission "Aufarbeitung und Folgen der SED-Diktatur in Deutschland,"* V/3 (Baden-Baden, 1995), pp.2359~2405.

Storbeck, D., "Flucht oder Wanderung? Eine Rückschau auf Motive, Folgen und Beurteilung der Bevölkerungsabwanderung aus Mitteldeutschland seit dem Kriege," *Zeitschrift für sozialwissenschaftliche Forschung und Praxis*, 14(1963), pp.153~117.

Thiemann, E., "Erfolg als Journalistin und Engagement für die Opfer der DDR-Justiz," Apelt(ed.), *Neuanfang im Westen*, pp.99~113.

Thieme, R., Antragstellungen auf standige Ausreise. Versuch einer Bilanz aus soziologischer Sicht, Diss., Humboldt Universität zu Berlin(1990).

Vollnhals, C., "Das Ministerium für Staatssicherheit. Ein Instrument totalitärer Herrschaftsübung," Kaelbe, H. et al.(eds.), *Sozialgeschichte in der DDR* (Stuttgart, 1994), pp.498~518.

Wanstrat, R., Strukturanalyse der politisch nicht anerkannten Flüchtlinge in West-Berlin, Teil 1: Lagerinsassen, Teil II: Die außerhalb der Lager lebenden Zugewanderten (Berlin, 1953).

Wendt, H., "Die deutsch-deutschen Wanderungen-Bilanz einer 40jährigen Geschichte von Flucht und Ausreise," *Deutschland Archiv*, 24(1991), pp.386~394.

Wennemann, A., "Zwischen Emanzipation und Konformitätsdruck. Zuwanderer aus SBZ und DDR in Niedersachsen," Bade, K.J.(ed.), *Fremde im Land. Zuwanderung und Eingliederun im Raum Niedersachsen seit dem zweiten Weltkrieg* (Osnarbrück, 1997).

Wünderlich, V., "Die Kaffekrise von 1977," *Historische Anthropologie*, 11(2003), pp.241~261.

Wunschik, T., "Migrationspolitische Hypertrophie. Aufnahme und Überwachung von Zuwanderern aus der Bundesrepublik Deutschland in der DDR," *IMIS-BEITRÄGE*, 2007, H. 32, pp.33~60.

Zilch, D., "Republikflucht von Jugendlichen als Widerstand? Ursachen und Motive," Hermann, U. (ed.), *Protestierende Jugend. Jugendopposition und politischer Protest in der deutschen Nachkriegsgeschichte* (Weinheim, 2002), pp.243~261.

Zentralkommitee des Hilfswerks der Ev. Kirche in Deutschland (ed.), Merkblatt für Studenten und Abiturienten aus der sowjetischen Besatzungszone und dem sowjetisch besetzten Sektor von Berlin (Stuttgart, 1956).

4. 신문

"Fast täglich erscheint die Kripo," *Berliner Zeitung*, 1953. 2. 1.

"In dieses Elend wurden sie gelockt," *Neues Deutschland*, 1953. 2. 5.

"Menschenräuber verhaftet," *Der Tag*, 1953. 4. 21.

"Läden für Flüchtlinge," *Morgenpost*, 1954. 8. 4.

"Flüchtlingskinder nach Holland," *Telegraf*, 1955. 2. 4.

"Verwendung der Haushaltsmittel für den Flüchtlings-Wohnungsbau," *Flüchtlings-Anzeiger* (1957), Nr. 2.

"Jubiläume der guten Stube," *Telegraf*, 1958. 9. 19.

"50000 wanderten in die Zone ab," *Die Welt*, 1960. 4. 12.

"Agenten als Flüchtlinge," *Der Abend*, 1961. 7. 21.

"Der Westen tut nichts," *Bildzeitung*, 1961. 8. 16.

"Hetze gegen Päckchen," *Berliner Morgenpost*, 1961. 10. 31.

"Flüchtlingslager wird Wohnsiedlung," *Der Tagesspiegel*, 1962. 1. 27.

"Schnüffelei mit Methode," *Berliner Morgenpost*, 1962. 9. 2.

"Auch CDU für Gleichstellung von Flüchtlingen und Vertriebenen," *Tagesspiegel*, 1964. 7. 18.

"In den drei Tagen. 110 kamen in die DDR. Lemmer hat wieder einmal gelogen," *Neues Deutschland*, 1965. 1. 25.

"Drei vergehen", *Berliner Zeitung*, 1966. 1. 21.

"Verstärkte Hilfe für Aussiedler aus der DDR", *Volksblatt Berlin*, 1984. 8. 11.

"Lebenssicherung für die Deutschen in der DDR," *Frankfurter Allgemeine Zeitung*, 1988. 8. 9.

"Neue Suche nach Minen auf Grenzstreifen," *Sächsische Zeitung*, 2001. 7. 31.

"Liebe kennt doch grenzen," *Hamburger Morgenpost*, 2016. 11. 20.

5. 기타(DVD, 인터넷 자료)

Der Augenzeuge. Die DEFA Wochenschau. Die 50er Jahre *1950~1959*, DVD (Berlin, 2004).

Walter Ulbricht auf einer internationalen Pressekonferenz am 15. Juni 1961, Niemand hat die Absicht ⋯⋯ Tondokumente zur Mauer, DVD (Koln, 2001).

"Agentenaustausch 'Wer jetzt noch abhaut, wird erschossen'," *Spiegel Online*, 2010. 6. 8, http://www.spiegel.de/einestages/agentenaustausch-a-948965.html.

"Barbara bittet. 76 Frauen helfen," *Zeit-Online*, 1980. 12. 19, http:// www.zeit.de/1980/52/76-frauen.

"Gefälschte Kommunalwahl 1989. Der Anfang vom Ende der DDR," *taz*, 2009. 5. 7, http://www.taz.de/!5163548.

"Kontrolle von DDR-Post. Spitzel drüben, Spitzel hüben," *Zeit Online*, 2009. 12. 21, http://www.zeit.de/politik/deutschland/2009-12/ddr-postkontrolle-pau.

Boštic, V., "Wie westliche Dienste DDR-Flüchtlinge benutzten," *Welt*, 2013. 4. 14, https://www.welt.de/geschichte/article115247333/Wie-westliche-Dienste-DDR-Fluechtlinge-benutzten.html.

Brandt, S., "DDR ganz brav", 1973. 4. 6, *Zeit Online*, http://www.zeit.de/1973/ 15/ddr-ganz-brav.

DDR. Flucht aus dem Westen, *Der Tagesspiegel*, 2007. 11. 7, http:// www.tagesspiegel.de/themen/ brandenburg/ddr-flucht-aus-dem-westen/1090000.html.

"Erste Station. Röntgental," 2010. 2. 10, https://www.mdr.de/zeitreise/artikel93792.html.

Gotzke, M., "Zwangsadoptionen. Die gestohlenen Kinder der DDR,"Deutschlandfunk, 2018. 4. 5, https://www. deutschlandfunk.de/zwangsadoptionen-die-gestohlenen-kinder-der-ddr.1769. de.htmldram:article_id=414839.

Gunkel, C., "Der 17. Juni. Tag der deutschen Zwietracht," *Spiegel Online*, 2015. 10. 3, http://www. spiegel.de/einestages/tag-der-deutschen-einheit-nationalfeiertag-17-juni-a-055106.html.

Lange, H. E., "Rubrik 'Barbara bittet' erscheint zum ersten Mal in der ZEIT," Das Kalenderblatt, Bayerischer Rundfunk, 2016. 7. 29. http://www.br.de/radio/ bayern2/sendungen/kalenderblatt/2907- rubrik-barbara-bittet-erscheint-in-der-zeit-100.html.

Heimatkreis Prezlau in der Landmannschaft Berlin Mark-Brandenburg, Mitteilung, 1970. 3. http://www.uckermaerkischer-geschichtsverein.de/wp-content/

uploads/2013/11/HK-Briefe1970.pdf.

Hertle, H. H./Nooke, M., 140 Todesopfer an der Berliner Mauer 1961~1989, 2017. 8, http://www.chronik-der-mauer.de/system/files/dokument_pdf/2017_08_08_14 0_Mauer_Todesopfer_Liste_Internet_dtsch_FINAL.pdf.

http://www.museumsstiftung.de/briefsammlung/post-von-drueben.

"Ich gehe nach drüben. Über einen Mann, der vom Westen in die DDR übersiedelte," Südwestrundfunk, SWR2 Leben, 2008, 6. 24, Manuskript, https://www.swr.de/-/id=11727934/property=download/ nid=8986864/1jz8flg/swr2-tandem-20130821-1920.pdf(지금은 다운로드 기간이 지나 인터넷에서 접할 수 없다).

Lepp, C., "Gegen den Strom. West-Ost-Übersiedlungen in der evangelischen Kirche," http://www.bpb.de/245909.

Nawrodd, J., "DDR-Besuche. Informationen-wichtiger als Geschenke,"*Zeit Online*, 1980. 1. 4, http://www.zeit.de/1980/02/informationen-wichtiger-als-geschenke.

Bundesinformationszentrum Landwirtschaft, "Was ist eigentlich ein Nebenerwerbslandwirt?," https://www.landwirtschaft.de/landwirtschaft-verstehen/wie-funktioniert-landwirtschaft-heute/was-ist-eigentlich-ein-nebenerwerbslandwirt.

Plenarprotokoll Nr.: 03/158 vom 5. 5. 1961 des Deutschen Bundestages, 3. Wahlperiode, 158. Sitzung, 1961. 5. 4. http://dipbt.bundestag.de/ doc/btp/03/03158.pdfp.

Soch, K., "Päckchen von drüben," 2017. 3. 20, http://www.bpb.de/geschichte/zeitgeschichte/deutschlandarchiv/244718/paeckchen-von-drueben.

Wechselseitig, Rück-und Zuwanderungen in die DDR 1949 bis 1989, http://wechselseitig.info/de/ ausstellung/einfuehrung.

Weyh, F. F., "Die Ausreisewelle aus der DDR", *Deutschlandfunk Kultur*, 2014. 11. 5, https://www.deutschlandfunkkultur.de/vor-30-jahren-die-ausreisewelle-aus-der-ddr.976.de.html?dram:article_id=302366.

Wunschick, T., "Die Aufnahmelager für West-Ost-Migranten," *Deutschland Archiv Online*, 2013. 3. 7, http://www.bpb.de/geschichte/zeitgeschichte/deutschlandarchiv/wunschik20130802/?p=all.

Stalinallee, 2009. 7. 14, https://www.berlinstreet.de/1435.

https://www.risiko-freiheit.de/tour.html?tour=1#5

1. 단행본

김승렬·신주백 외,《분단의 두 얼굴. 테마로 읽는 독일과 한반도 비교사》, 역사비평사, 2005.

김영탁,《독일 통일과 동독 재건 과정》, 한울, 1997.

김학성,《동서독 인적 교류 실태 연구》, 민족통일연구원, 1996.

베른트 슈퇴버, 최승완 역,《냉전이란 무엇인가. 극단의 시대 1945~1991》, 역사비평사, 2008.

손선홍,《분단과 통일의 독일 현대사》, 소나무, 2005.

페터 가이스·기욤 르 캥트랭,《독일 프랑스 공동 교과서: 1945년 이후 유럽의 세계》, 휴머니스트, 2000.

통일원,《동서독교류협력 사례집》, 통일정책실 제2정책관실, 1994.

한운석,《하나의 민족, 두 개의 과거》, 신서원, 2003.

2. 논문

김도협,〈동독 이주민에 대한 서독 정부의 성공적 대응 정책에 관한 일고〉,《세계헌법연구》18권 2호, 2012, 23~45쪽.

김영윤,〈서독 정부의 동독 이탈 주민 정착 지원〉,《제17회 한반도 평화포럼 자료집》, 2009, 7~39쪽.

김진욱,〈한국과 독일의 탈출 이주민 정착·지원 정책에 대한 비교 연구〉,《중앙대학교 민족발전연구》2호, 1998, 229~264쪽.

김태수,〈남한-서독 간 체제 이탈 주민 정책의 상호 비교〉,《한국 사회와 행정연구》22권 2호, 2011, 229~248쪽.

박명선,〈서독의 동독난민정책과 사회 통합〉,《역사비평》38호, 1997, 239~260쪽.

베른트 슈퇴버,〈정치적 압력단체로서의 연방공화국 내 피추방민 협회〉,《분단과 전쟁의 결과- 한국과 독일의 비교》, 역사문제연구소 국제학술대회 자료집, 2007. 10, 75~88쪽.

베른트 슈퇴버, 최승완 옮김,〈피난처 동독? 왜 50만 서독인은 분단 시기에 동독으로 갔을까?〉,《역사비평》91호, 2010년, 242~268쪽.

서정일,〈구동독 주민의 동독 이탈 및 서독 사회 적응과정에 관한 사회문화적 고찰〉,《독일언어문학》42집, 2008. 12, 189~211쪽.

송충기,〈동서독 경계선에 대한 정치사회사적 연구(1945~1961)-동독 국경경찰의 일상을 중심으로〉,《독일 연구》20호, 2010, 153~176쪽.

윤창규,〈탈북 이주자의 사회정착 지원 개선 방안에 대한 연구: 서독 정부의 구동독 이주민 관계 대책 및 지원정책과의 비교를 중심으로〉, 고려대학교 석사학위 논문, 2001.

이동기, 〈보수주의자들의 '실용주의'적 통일정책-1980년대 서독 콜 정부의 동방정책 계승〉,
《역사비평》83호, 2008, 350~373쪽.

_____, 〈서독 민간단체의 동독 이탈 주민 정착 지원〉, 《제17회 한반도 평화포럼 자료집》, 2009,
43~56쪽.

이영란, 〈통일 이전 탈동독민의 서독 적응 실태에 대한 연구-1984년 서독에 정착한 탈동독민을
중심으로〉, 《아세아연구》121호, 2005, 197~225쪽.

최승완, 〈독일 통일의 가교-탈동독민〉, 《이화사학연구》48집, 2014, 199~237쪽.

_____, 〈탈동독 행렬과 동독 사회주의의 붕괴〉, 《역사비평》65호, 2003, pp.249~276.

_____, 〈동독의 민주화 세력 연구-1980년대 체제 비판적 그룹들을 중심으로〉, 《서양사론》
57집, 1998, 55~94쪽.

_____, 〈동독 이탈 주민에서 서독 시민으로-1950년대 서독의 탈동독민 통합정책〉,
《이화사학연구》46집, 2013, 457~500쪽.

한운석, 〈대결과 공존을 거쳐 통일로〉, 신주백·김승렬 외, 《분단의 두 얼굴》, 역사비평, 2005,
41~70쪽.

허준영, 〈서독의 동독 이탈 주민 통합정책에 관한 연구〉, 《한국행정학보》, 46권 1호, 2012,
265~287쪽.

3. 인터넷 자료

김보영, 〈다문화! "방과 후에 남아……" 때론 말이 칼보다 아픕니다〉, 《이데일리》, 2018. 7. 9,
http://www.edaily.co.kr/news/news_detail.asp?newsId=01315286619272880&
mediaCodeNo=257&OutLnkChk=Y.

백주희, 〈탈북자와 조선족, 같은 사람 아니에요?〉, 《동아닷컴 뉴스》, 2013. 5. 27, http://
news.donga.com/3/all/20130527/55431439/1.

사진 출처

28, 29쪽

동서 베를린의 경계에 위치하여 분단의 상징이 된 브란덴부르크문 @shutterstock

브란덴부르크문 앞으로 설치되는 베를린 장벽 / 출처: https://wiki.staatspolitik.de

장벽으로 인해 하루아침에 둘로 나뉜 베를린 / 출처: Zoom Fotoblog-Blogs-Tagesanzeiger

33쪽

표지판 하나로 4개국 점령지역 경계를 표시했던 1950년대 베를린 / 출처: B. Eisenfeld/R. Engelmann, *13. 8. 1961. Mauerbau* (Berlin, 2001), p. 43.

동서 베를린의 경계지역, 서베를린의 미국 점령지역을 출발해 소련 점령지역인 동베를린으로 향하는 시가전차, 1950년대 @shutterstock

44, 45쪽

베르나워 거리 주택의 서베를린 쪽 창문을 통한 탈출. 서베를린 주민과 소방대원이 도움을 주기 위해 모여 있다 / 출처: A. v. Arnim-Rosenthal, *Flucht und Ausreise aus der DDR* (Erfurt, 2016), p. 42

베르나워 거리 주택의 서베를린 쪽 창문을 통한 탈출 / 출처: ullstein bild blog

탈출을 막기 위한 동독 측의 창문 봉쇄 / 출처: https://www.jugendopposition.de

베를린 장벽이 제 모습을 갖춘 후 베르나워 거리, 1962년 10월 @shutterstock

47쪽

1962년 8월 17일 베를린 장벽을 넘어 탈출을 시도하다 사살된 페히터(P. Fechter) / 출처: T. Flemming, *Die Berliner Mauer* (Berlin-Brandenburg, 2008), p. 26.

49쪽

한꺼번에 57명을 탈출시킨 땅굴을 재현한 모습 / 출처: A. V. Boštic, "Wie die Stasi vom wichtigsten Fluchttunnel erfuhr," *Welt*, 2013. 5. 20.

땅굴을 통해 탈출에 성공한 동독인 / 출처: http://www.chronik-der-mauer.de

53쪽

탈출에 이용된 여권 원본, 원본을 위조한 여권 / 출처: http://www.fluchthilfe.de

58쪽

자동차 트렁크 안의 비밀공간에 숨어 탈출을 시도한 동독인 / 출처: "Unter Verschluss: Die geheimen Schicksale der DDR-Frauen," *Spiegel Online*, 2009. 11. 4.

그림으로 보는 자동차 개조 탈출 / 출처: T. Purschke, "Als ein Cadillac-Besitzer die Stasi narrte," *Welt*, 2013. 11. 9.

차에 숨어 탈출하려다 발각된 동독인 / 출처: http://www.weltderwunder.de

60, 61쪽

슈트렐치크 가족이 타고 온 열기구 / 출처: https://www.br.de

열기구를 타고 탈출한 슈트렐치크 가족 / 출처: N. Koch-Klaucke, "Ballon-Flucht. Die Geschichte, die der Film nicht zeigt," *Berliner Kurier*, 2018. 9. 17.

장벽 경계에 위치한 동독 건물에서 장벽 너머 반대편으로 자일 설치 / 출처: B. Müller, *Faszination Freiheit* (Berlin, 2000), p.61.

아들이 안전하게 와이어로프를 탈 수 있도록 장비를 만든 홀츠아펠 / 출처: B. Müller, *Faszination Freiheit* (Berlin, 2000), p.65.

102쪽

위장 탈출을 막기 위한 동독 국경검문소 출입국 감시·통제 인력의 눈썹 모양 식별 훈련 / 출처: BStU, MfS HA VI, Nr. 13273.

113쪽

프라하 주재 서독대사관 앞에 천막을 치고 머물며 서독으로 보내줄 것을 요구한 동독인 / 출처: P. Huth, "Genscher – der Mann, der die Menschen in die Freiheit führte," *Berliner Zeitung*, 2016. 4. 1.

116, 117쪽

베를린 장벽 추모지(Gedenkstätte Berliner Mauer)에 자리한 베를린 장벽 희생자 추모 공간 @최승완

126, 127쪽

이탈 후 수용 심사 등록을 위해 줄지어 늘어선 동독 이탈 주민, 베를린 쿠노 피셔 거리에 위치한 신고소, 1953년 / 출처: B. Effner et al.(eds.), *Verschwunden und*

Vergessen (Berlin, 2012), p. 4.

수용 심사 단계별 진행을 보여주는 카드. 단계가 끝날 때마다 이 카드의 해당 칸에 도장을 받았다 / 출처: Erinnerungsstätte Notaufnahmelager Marienfelde(ed.), *1953-2003. 50 Jahre Notaufnahmelager Marienfelde* (Berlin, 2003), p. 20.

132, 133쪽

1950년대 수용소 상황 / 출처: B. Effner et al.(eds.), *Verschwunden und Vergessen* (Berlin, 2012), p. 4.

수용소에서 배식을 기다리는 이탈 주민, 마리엔펠데 수용소 1956년 / 출처: Erinnerungsstätte Notaufnahmelager Marienfelde(ed.), *1953-2003. 50 Jahre Notaufnahmelager Marienfelde* (Berlin, 2003), p. 28.

서베를린의 마리엔펠데 수용소 / 출처: Foto-Blog Berlin Shots

186쪽

기부된 옷을 고르는 이탈 주민 / 출처: B. Effner et al.(eds.), *Verschwunden und Vergessen* (Berlin, 2012), p. 11.

285쪽

동독으로 간 서독 고위 공직자 오토 욘(우측 두 번째), 동독 고위인사와 환담 중 / 출처: B. Stöver, *Zuflucht DDR* (München, 2009), p. 177.

315쪽

서독 장교 출신으로, 나토의 침략 계획을 폭로하는 증인으로 선전 활동을 한 빈처 / 출처: B. Stöver, *Zuflucht DDR* (München, 2009), p. 195.

334쪽

아이제나흐(Eisenach)수용소 / 출처: T. Wunschik, "Die Aufnahmelager für West-Ost-Migranten," *Deutschland Archiv Online*, 2013. 3. 7.

340, 341쪽

뢴트겐탈 수용소 / 출처: BStU, MfS, HA VII, Nr. 4549

바르비 수용소 / 출처: T. Wunschik, "Die Aufnahmelager für West-Ost-Migranten", *Deutschland Archiv Online*, 2013. 3. 7.

366쪽

사인회까지 예고됐지만 사장된 기욤의 책 / 출처: B. Stöver, *Zuflucht DDR* (München, 2009), p. 286.

389쪽

동독 국가안전부의 편지 검열 도구 / 출처:J. Kallinich/S. de Pasquale(eds.), *Ein offenes Geheimnis*(Berlin, 2002), p. 73.

편지 검열 시 비밀 개봉 스팀 도구 / 출처:J. Kallinich/S. de Pasquale(eds.), *Ein offenes Geheimnis*(Berlin, 2002), p. 73.

393쪽

동독으로 소포 보낼 것을 장려하는 홍보 포스터 / 출처:C. Härtel/P. Kabus(eds.), *Das Westpaket*(Berlin, 2001), p. V.

서독에서 보낸 소포 내용 / 출처:C. Härtel/P. Kabus(eds.), *Das Westpaket*(Berlin, 2001), p. III.

406, 407쪽

통과사증협정으로 동독을 방문해 가족을 만나 눈물을 흘리는 서베를린 주민 / 출처: T. Flemming, *Die Berliner Mauer*(Berlin-Brandenburg, 2008), p. 68.

동독의 가족과 만나 기쁨을 나누는 서독 주민 @Stiftung Haus der Geschichte der Bundesrepublik Deutschland

동독 방문, 가족 상봉의 기쁨 @Stiftung Haus der Geschichte der Bundesrepublik Deutschland

410쪽

동베를린 일일 방문을 위해 도시고속전철(S-Bahn)을 타고 베를린 프리드리히 거리역에 도착한 서베를린 주민 @Stiftung Haus der Geschichte der Bundesrepublik Deutschland

414쪽

동베를린 프리드리히 거리역 국경검문소에서 입국 심사를 받는 서독 주민, 1964년 10월 / 출처:S. F. Kellerhoff, "Der Tränenpalast als Sackgasse im Herzen Berlins", *Welt*, 2011. 9. 13.

432쪽

'고향의 날' 행사에 참가한 메클렌부르크 출신 동독 이탈 주민 / 출처:P. Heitmann, *25 Jahre Landmannschaft Mecklenburg*(Hamburg, 1978), p. VIV.

찾아보기